杭州师范大学经亨颐教育学院　主办

新儿童研究 第四辑

THE JOURNAL OF NEW CHILD STUDIES

张斌贤　于伟　主编

广西师范大学出版社
· 桂林 ·

图书在版编目(CIP)数据

新儿童研究. 第四辑 / 张斌贤, 于伟主编. —桂林: 广西师范大学出版社, 2023.8

ISBN 978-7-5598-6248-8

Ⅰ. ①新… Ⅱ. ①张… ②于… Ⅲ. ①儿童教育-研究 Ⅳ. ①G61

中国国家版本馆 CIP 数据核字(2023)第 138499 号

新儿童研究 第四辑
XINERTONG YANJIU DISIJI

出 品 人: 刘广汉
策划编辑: 刘美文
责任编辑: 伍忠莲
装帧设计: 李婷婷

广西师范大学出版社出版发行
(广西桂林市五里店路 9 号　　邮政编码:541004
网址:http://www.bbtpress.com)
出版人:黄轩庄
全国新华书店经销
销售热线: 021-65200318　021-31260822-898
运河(唐山)印务有限公司印刷
(唐山市芦台经济开发区农业总公司三社区　邮政编码: 063000)
开本: 787 mm×1 092 mm　1/16
印张: 24　　字数: 511 千
2023 年 8 月第 1 版　　2023 年 8 月第 1 次印刷
定价: 68.00 元

目 录

■笔谈一 儿童游戏与文明

于 伟	游戏、人性及率性	001
刘晓东	纯粹儿童及其游戏的宇宙论意义	006
黄 进	儿童游戏之叙事	014
修海乐 撰 韦彩云 译	从玩的伦理学到跨文化游戏	020
孙丽丽	游戏 ——让儿童过有意义的理性生活	025
张 莉	仪式、精神与自由 ——游戏中的幼儿园儿童同侪文化研究	034

■笔谈二 幼儿园课程的逻辑起点

侯莉敏	新时代背景下幼儿园课程的逻辑起点	040
黄 进	儿童经验是幼儿园课程的逻辑起点	043
刘铁芳	幼儿园课程的逻辑起点是幼儿生活	046
李 旭	本土经验 ——新时代背景下幼儿园课程的逻辑起点	047
高振宇	儿童学与幼儿园课程的逻辑起点	049
王华婷	当下幼儿园课程的逻辑起点审视	051

王　瑜　幼儿成长是新时代背景下幼儿园课程的逻辑起点　053

杨妍璐　走向细小的微观叙事
——幼儿园课程的逻辑嬗变　056

■儿童哲学研究

托马斯·E.杰克逊　撰
冷　璐　谢乃馨　译　最初的惊奇与儿童哲学　059

张建慧　安贝尔·斯特朗·马凯亚　撰
张建慧　译　积极校园文化培养
——夏威夷儿童哲学对威基基小学的影响　073

高振宇　学前教育师范生眼中的儿童哲学
——基于H高校的个案分析　092

倪凯歌　幼儿园实施儿童哲学
——独特性、价值与模式　112

王　丽　德勒兹哲学对西方儿童哲学的影响析论　131

易百玲　儿童哲学课程在幼儿园一日活动中的实践研究　138

王安琪　其实有一百
——5—6岁儿童做哲学方式的调查与研究　162

■儿童友好研究

侯莉敏　从发现儿童到发明儿童
——儿童教育的多视角研究　181

李少梅　儿童友好视角下家庭和幼儿园学习环境与儿童发展　189

苗雪红　苏霍姆林斯基的“快乐学校”
——儿童友好教育的典范　196

孙梦菊　肖二平　儿童友好型校园环境的内涵、特征与路径　204

刘　宇　儿童友好城市背景下公共游戏空间营造的特点与经验　212

曹雁飞　教育学的遐思
——通向儿童整全生命成长的友好时空观　223

徐　越　章鹏英　亲社区充能站
——儿童友好视角下构建社校融通的学后乐园路径研究　228

■儿童文学与艺术研究

佐尔坦·索赫吉　撰
张铜小琳　译
学习、游戏与创造
——早期艺术鉴赏的多种形式　236

花　萌　英国凯特·格林纳威奖简述及对我国绘本译作的启示　242

■儿童研究的视角与方法

丹尼尔·托马斯·库克　撰
冷　璐　译
熊秉真　刘晓东　点评
何谓儿童
——儿童研究的核心问题与发展历程　250

蒲慕州　撰　许建美　点评
刘欣欣　整理　高振宇　校对
古埃及时期的儿童与童年　266

孙爱琴　儿童是什么
——论作为方法的儿童　275

陶金玲　胡坤宁　儿童
——福娃抑或顽童　285

邓永城　刘晓丽　潘天群　儿童的认知推理与行为选择
——基于选数博弈的调查分析　293

张铜小琳　论童年的开—端性
——兼评伊恩·麦克尤恩《时间中的儿童》的童年观　307

■日常生活中的儿童研究

林德宏　走进儿童精彩的哲学世界　322

赵志毅　“航”行在未知的大海上
——幼儿成长现象描述　336

■书评

刘　莘　天使、魔鬼与孩子
——《我亲爱的甜橙树》导读　367

编者按：

文明诞生以来，游戏就是人类生活尤其是童年生活的重要组成部分。无论是传统游戏还是电子游戏，游戏本身对儿童发展具有多方面的价值。剖析不同类型的游戏对儿童的意义，构建具有游戏精神的活动与空间，是儿童学研究的一个经典课题。儿童不仅是游戏的“消费者”，而且是游戏的“生产者”。他们在生活中不断创造游戏、修改游戏的规则，所以游戏恰是儿童主体力量的表征，这一点是新时代儿童学研究应特别关注的。同时我们需要意识到，游戏不仅是一种活动，而且是一种文化现象，通过游戏我们可以更近距离地了解某个国家或社区、某个民族或种族、某个历史时期儿童的文化甚至是整个社会的文明发展程度。因此本专题旨在从哲学、文学、社会学、教育学等多个学科角度，全面省思和考察游戏对儿童发展的价值，挖掘儿童游戏的哲学与伦理学内涵，剖析游戏背后的儿童文化现象，揭示游戏对儿童教育的多重启示，希望以此推进对儿童游戏的系统化研究。

关键词： 游戏；人性；哲学；文化；精神

游戏、人性及率性*

◎ 于　伟[①]，东北师范大学教育学部

一、游戏是什么

游戏(game)是适合于儿童身心发展特点的一种独特的活动形式，是对成人的社会活动的一种初级的模拟活动，是儿童将来参加劳动和社会活动的准备。游戏对学龄前儿童的发展有非常重要的意义。游戏对他们来说是学习，是劳动，也是一种严肃的教育形式，是他们认识世界的一种手段和途径。[②]

古希腊哲学家亚里士多德认为游戏是劳作后的休息和消遣，是本身不带任何目的性的一种行为活动。康德认为游戏是艺术的初级阶段。康德所讲的游戏活动，指摆脱了感性的物质需要和理性的道德强制的活动。它能够消除一切强制，使人在物质和精神、感性和理性方面都得到自由。席勒认为游戏基本与艺术同义。人类在生活中要受到精神与物质的双重束缚，在这些束缚中就失去了理想和自由。于是人们利用剩余的精神创造一个自由的世界，它就是游戏。这种创造活动，产生于人类的本能。赫伯特·斯宾塞和伽达默尔也都对游戏有过阐释。赫伯特·斯宾塞认为，人类在完成了维持和延

* 本文系杭州师范大学“儿童研究国际研讨会”上的主题发言稿。

① 于伟，东北师范大学教育学部教授，东北师范大学附属小学校长。

② 中国小学教学百科全书总编辑委员会教育卷编辑委员会：《中国小学教学百科全书》(教育卷)，沈阳：沈阳出版社，1993年，第182页。

续生命的主要任务之后,还有剩余的精力存在,这种剩余的精力的发泄,就是游戏。游戏本身并没有功利目的,游戏过程的本身就是游戏的目的。而在伽达默尔这里,游戏成为艺术的基本结构。

约翰·胡伊青加(Johan Huizinga)有一本书很有名,即《人:游戏者——对文化中游戏因素的研究》。书里说,游戏是生命体仅仅出于喜爱而进行的多余活动,那些出于物质需要和道德义务而进行的必须活动则不是游戏。“游戏的最主要的特征,即游戏是自愿的,是事实上的自由。”①也就是说,在人的活动中,自愿与自由存在必然的联系。

二、游戏的形态进化

(一)动物界的游戏

有人对动物界的游戏做过这样的研究,认为其有单独游戏、战斗游戏和操纵事物游戏三种。

表1 动物界的游戏

游戏种类	游戏特征	列举的事例
单独游戏	不需要伙伴,动物可以独自进行	马驹连续扬起前蹄,轻盈地蹦跳;猴子在地上翻滚,荡秋千
战斗游戏	两个以上的动物参加,是社会行为	叶猴互相推挤;北极熊摔跤
操纵事物游戏	表现动物支配环境的能力	北极熊玩木棍或石头;野象“踢”草球

(二)人的游戏

有了人类,就有了人的游戏。大家对游戏都比较熟悉,从古到今,人的生活、生存、生命离不开游戏。

从史蒂芬·罗素(Steven Russell)在1962年开发了第一个电子游戏《太空战争》(Space Wars),到中国电子竞技队EDG斩获2021英雄联盟全球总决赛冠军,电子游戏逐渐融入我们的日常生活。2022年6月17日,中国音像与数字出版协会电子竞技工作委员会成立大会在北京召开。电子竞技工作委员会的成立是我们这个时代游戏形态变化的一个重要标志。

2021年,中国电子竞技行业市场规模达到1 673亿元。中国有不少学院研究电子竞技,培养电子竞技人才。2022年全球受欢迎的游戏有《王者荣耀》《和平精英》《光·遇》《我的世界》《金铲铲之战》《剑侠世界3》《第五人格》《使命召唤手游》《战争与文明》《荒野乱斗》等。年轻人更熟悉游戏,我都是跟学生学习的,比如《征途》《魔兽争霸》《梦幻西游》等。很多青少年喜爱游戏,受到游戏的影响。

> 例如:《梦幻西游》没有过度的打怪升级,没人逼你练功自保,就是一个生活的翻版。邻居的孩子调皮了你要去制止,夫妻吵架了你要去调解。每个人都有参与感,都有成就感。②

① [荷]约翰·胡伊青加:《人:游戏者——对文化中游戏因素的研究》,成穷译,贵阳:贵州人民出版社,1998年,第10页。

② 引自东北师范大学附属小学学生采访片段。

根据国外调研公司Newzoo发布的报告,全球游戏公司2021年营销排名,腾讯排在首位。

(三)未来元宇宙:现实与虚拟融合卷入所有人的游戏

"元宇宙"概念始于1992年国外科幻作品《雪崩》里提到的"metaverse"(元宇宙)和"avatar"(化身)。人们在"metaverse"里可以拥有自己的虚拟替身,这个虚拟世界就叫作元宇宙。元宇宙把现实和虚拟融合在一起。

20世纪七十年代到九十年代出现了大量的开放性多人游戏。也就是说,游戏本身的开放世界形成了元宇宙的早期基础。2003年,游戏《第二人生》(Second Life)发布。它在理念上帮我们部分解放了现实世界所面临的窘境。我们在现实世界中最痛苦的一件事是不能快速调整自己的身份,而在虚拟世界中,我们可以通过拥有自己的分身来实现,所以游戏《第二人生》为我们提供了过一种新生活的可能性。

2020年人类社会到达虚拟化的临界点。2021年10月13日,第一家元宇宙全国社团机构——中国民营科技实业家协会元宇宙工作委员会在北京成立。我们通常认为2021年是元宇宙元年。

总之,"元宇宙"现在已经成为一个很流行的概念。那到底什么是元宇宙?

"metaverse"(元宇宙)即"meta"(超越)+"verse"(宇宙),指超越现实的虚拟世界。① 人们在这个虚拟世界中会有一个全新的身份,能够构建新的社交体系,能够按照这个身份不间断地"生活下去"。这个世界能够通过高度真实感的还原技术,为用户带来沉浸式的体验。

电影《头号玩家》里的"绿洲"、动漫《刀剑神域》中的沉浸式虚拟世界,就是想象中的元宇宙。现在,元宇宙不再是一种想象,人们正在利用增强现实(AR)、虚拟现实(VR)和互联网(internet)的技术手段,使现实中的人类在数字化技术的加持下进入元宇宙,凭借网络重新定义自己,体验一种全新的生活。

三、游戏的思想议题进化

从古到今,西方在不同时代有不同的关于游戏的思想议题。

表2 西方不同时代游戏说的不同思想议题

时代	古希腊	中世纪	近代	现代	后现代	元宇宙时代
议题	世界是什么	创世游戏	人性的自由及审美	存在	语言	人性的解放、发现世界上的另一个自己、现实与虚拟融合

古希腊的人们很重视游戏(思想议题:世界是什么)。赫拉克利特认为世界是宙斯的游戏,或者用更具体的表述,即"世界是火的自我游戏"。② 中世纪西方游戏说的思想议题是创世游戏,近代西方游戏说的思想议题是人性的自由及审美。

康德深受启蒙哲学的影响,强调人和价值,强调理性与自由。康德将审美的自由特质与游戏的自由本性结合起来,认为它们都揭示了人的自由本质。在康德看

① 胡乐乐:《"元宇宙"解析》,《中国社会科学报》2022年4月6日第A10版。

② [德]尼采:《希腊悲剧时代的哲学》,周国平译,南京:译林出版社,2011年,第75页。

来，游戏是自由的而且本身是使人快适的，而劳动则是强制的，是使人不适的。“艺术甚至也和手艺不同；前者叫作自由的艺术，后者也可以叫作雇佣的艺术。我们把前者看作好像它只能作为游戏，即一种本身就使人快适的事情而得出合乎目的的结果（做成功）；而后者却是这样，即它能够作为劳动，即一种本身并不快适（很辛苦）而只是通过它的结果（如报酬）吸引人的事情，因而强制性地加之于人。”①

席勒也有很多阐释。审美游戏说，人有三种冲动：“感性冲动”、“形式冲动”（理性冲动）和“游戏冲动”。我们很熟悉席勒的教育著作《审美教育书简》。席勒认为游戏使人性中的理性和感性变得和谐，使人在精神方面和物质方面都得到自由。正是游戏，只有游戏，才能使人达到完美并同时发展人的双重天性。席勒认为：“只有当人充分是人的时候，他才游戏；只有当人游戏的时候，他才完全是人。”②席勒还认为，游戏不只是娱乐和玩耍，而是人类自由本性和完整人格充分展现的途径和证明，游戏意味着人的诞生和人性的复归。

现代西方游戏说的思想议题，比较典型的说法为：游戏是生活形式。伽达默尔认为：“游戏的主体不是游戏者，而游戏只有通过游戏者才得以表现。”③后现代西方游戏说的思想议题是语言。德里达提出了基于反语音中心主义或逻各斯中心主义的结构主义立场的游戏说，目的是防止秩序（包括思想、文化、道德体系）的僵化和极权化，并且试图透过结构中的结构性分析，导引出结构中的隐喻式游戏精神和深藏于其中的充满娱乐精神与行动精神的自由创造原则。

元宇宙时代西方游戏说的思想议题是人性的解放、发现世界上的另一个自己、现实与虚拟融合。谈到人的解放、人的自由的时候，我们就想起了马克思、恩格斯在《德意志意识形态》里这些经典的话：“而在共产主义社会里，任何人都没有特定的活动范围，而是都可以在任何部门内发展，社会调节着整个生产，因而使我有可能随自己的兴趣今天干这事，明天干那事，上午打猎，下午捕鱼，傍晚从事畜牧，晚饭后从事批判，这样就不会使我老是一个猎人、渔夫、牧人或批判者。社会活动的这种固定化，我们本身的产物聚合为一种统治我们、不受我们控制、使我们的愿望不能实现并使我们的打算落空的物质力量，这是迄今为止历史发展的主要因素之一。”④元宇宙为这种自由的解放提供了一定的基础，因为马克思看到了生产力和生产关系的变革是很重要的。这里边我们看到了科学技术的发展对人的自由解放的重要作用。

四、元宇宙时代率性教育的回应

（一）游戏对儿童意味着什么

“教育”一词的古希腊文“paideia”，词根是“pais”（儿童）和“paidia”（儿童运动

① ［德］康德：《判断力批判》，邓晓芒译，杨祖陶校，北京：人民出版社，2002年，第147页。

② ［德］席勒：《审美教育书简》，冯至、范大灿译，北京：北京大学出版社，1985年，第80页。

③ ［德］伽达默尔：《真理与方法：哲学诠释学的基本特征》，洪汉鼎译，上海：上海译文出版社，1999年，第132页。

④ ［德］马克思、恩格斯：《马克思恩格斯选集》（第1卷），中共中央马克思恩格斯列宁斯大宁著作编译局编译，北京：人民出版社，1995年，第85页。

或游戏)。[1] 当然,这是一种说法,关于“教育”一词的古希腊文还有其他说法。儿童正是通过游戏被引向那些他们长大成人后会让其变好的东西上去。游戏是儿童生活的基本方式,是符合儿童天性的梦想世界的表征,是儿童精神世界与儿童文化的表现形式。游戏是纯粹的人的本性的活动,并与人性的自由、审美等直接相关。

当然,元宇宙世界也给教育带来了不确定性。学校不一定是儿童的乐园。技术对儿童来说可能是强迫、占有、统治……人工智能、大数据、互联网是否可以让儿童学得更好、更快、更有效?缺少对儿童精神世界的关怀、情感的关怀,技术可能是伤害,甚至是灾难!虚拟现实对儿童来说未必都是幸福的事情。虚拟现实对儿童一部分的自然天性(比如好动、好问、好探究、好想象、好创造等)可能是巨大的威胁,甚至是毁灭!例如儿童的想象力,可能人工智能越强大,儿童的想象力越萎缩……

在这样一个元宇宙时代,让儿童尽可能地复归现实、自然,走近泥土,也是一个不错的选择。因为城市里的儿童离自然、泥土开始有距离了,甚至有的儿童离现实开始有距离了,甚至久远了。

(二)游戏对高质量发展时代的小学教育意味着什么

游戏精神意味着无功利性。游戏精神本身意味着自由,自由是创造之源。游戏精神表达着一种内在的愉悦。所以我们要正确看待学习和玩耍的关系。毛泽东认为,爱活动是儿童的天性,没有严加禁止的必要,不要让小学生变成小老头。1953 年 6 月 30 日,毛泽东在接见中国新民主主义青年团第二次全国代表大会主席团时提出青少年要学、玩兼顾。“青年人就是要多玩一点,要多娱乐一点,要跳跳蹦蹦”,“一方面学习,一方面娱乐、休息、睡眠”。[2] 他在延安的时候写过这样的话:“又学习,又玩耍。”[3]

东北师范大学附属小学提出的“率性教育”办学理念,在一定意义上重视了儿童的天性。学校提出“保护天性、尊重个性、培养社会性”,在一定意义上也体现了游戏精神。学校认为优质小学大概是这样的:是儿童喜欢的“慢步调空间”;是儿童可以胡思乱想、体验探究的“智慧之家”;是儿童想象力、创造力发展的“梦工厂”。

(三)游戏对课堂意味着什么

强调情境、具象、操作、体验,才能为儿童的创造力留出空间。东北师范大学附属小学强调无论是教育还是教学都要“有过程”,让儿童有体验、操作、思考的时间和过程。元宇宙时代,儿童的课堂现实和虚拟现实如何共存,这是需要我们认真思考的重大课题。我的想法是要保护儿童的想象力、好奇心,要注重“有过程”的教育,强调情境、归纳、体验、探究、操作……

(四)游戏对艺术教育意味着什么

康德认为,游戏和艺术审美是活动自由和生命力的标志。音乐和美术是感觉游戏的艺术。诗是想象力的自由游戏。

---

① 裴蕾丝,尚俊杰:《回归教育本质:教育游戏思想的萌芽与发展脉络》,《全球教育展望》2019 年第 8 期,第 40 页。

② 中共中央文献研究室编:《建国以来重要文献选编》(第 4 册),北京:中央文献出版社,2011 年,第 236 页。

③ 此为毛泽东 1941 年元旦给延安保育院小学学生金德崇的题词。

游戏的本质是作为主体的人的想象力与知性的自由协调活动所引起的自由游戏的情感状态。尊重儿童的自由，就要求艺术教育减少整齐划一、减少强制：以宽容之心对待儿童，为儿童创设自主选择的环境，引导儿童掌握限度；唤醒儿童的体验：在教育生活中引导儿童主动参与，尊重和理解儿童在教育过程中的体验；鼓励儿童探索：欣赏儿童的问题，引导儿童去发现、学习，注重教育过程的生成性。

（五）游戏对学校管理意味着什么

好的学校管理，要打破一刀切，打破完美主义，要严而有度，要给学生"留白"，有自由的空间、闲暇的时间和沉思的时间，这样才可能有不被压制的审美力、想象力、创造力……

纯粹儿童及其游戏的宇宙论意义 *

◎ 刘晓东①，华东师范大学教育学部

一、"纯粹儿童"概念

在 2019 年杭州师范大学的儿童研究会议上，我曾将中国哲学中的"赤子"概念称为"纯粹儿童"。②

什么是纯粹儿童？康德将先天认识能力称为"纯粹理性"。这种纯粹，其实就是自然性、先天性、先验性和宇宙性。本文所谈的游戏的宇宙论意义，旨在将儿童的游戏抽象和提升为纯粹儿童的游戏，从而进一步揭示儿童的游戏体现着自然目的、自然意志，并因此而具有宇宙论意义。纯粹儿童的游戏是纯粹游戏。

在康德看来，物自体是绝对的，而人对物自体的认识是相对的。张载《正蒙·太和篇》云："有象斯有对，对必反其为。"由于纯粹儿童（赤子）还没有将物自体宇宙视为自己的对象，其自身与宇宙是一体的，因而，纯粹儿童与物自体一样是绝对的。

儿童少"人为"，所以其自身与作为物自体的宇宙更接近一体状态。而"人为"则将人自身与物自体宇宙对立起来，正所谓"有象斯有对"。相对成人，儿童更容易与物自体宇宙相往还，其表现也会更多体现物自体宇宙的真机。纯自然、无"人为"、充满真机的世界是纯粹的世界，我们可称之为"天国"。

当人的社会、人的文化、人的世界能够"归根复命"（《老子》）、"绝假纯真"（李贽《童心说》）、"无为"（《老子》）时，天国便降临人间，理想国便得以实现。纯粹儿童的世界与天国、理想国是一致的、

* 本文系国家社会科学基金教育学一般课题"儿童哲学研究及其教育学意义"（项目编号：BAA190234）研究成果。

① 刘晓东，教育学博士，华东师范大学教育学部教授、博士生导师。

② 在这次会议上，托马斯·E. 沃特伯格（Thomas E. Wartenberg）以《绘本、哲学与儿童》为题的发言结束后，我在点评环节提出"纯粹儿童"概念。见《新儿童研究》（第三辑），桂林：广西师范大学出版社，2022 年，第 89 页。

同一的。

历史上，华兹华斯《大颂诗》曾认为儿童来源于天国，儿童还带有天国的余晖，而成人则处于灰暗的尘世远离天国。显然，他的同时代人、年长他 12 岁的威廉·布莱克也有这种认识。诗人威廉·布莱克将儿童世界视为美妙的“天真”世界，而成人世界则是悲惨的经验世界。威廉·布莱克著有《天真之歌》《经验之歌》。与华兹华斯同龄的荷尔德林也将儿童的世界称为天国的世界。荷尔德林曾写道：“童年的宁静！天国的宁静！我多少次在爱的观照中静静伫立在你面前，欲思考你！但是我们只对失而复得的东西有概念；关于童年，关于纯洁，我们没有概念。”①

二、游戏中的儿童是纯粹儿童

当一个儿童面对成人，从成人那里获得相互依恋和必要的衣食住行等生存、生活保障，当这些生存条件满足之后，往往会百无聊赖。这时，他就需要找一个或几个儿童一起游戏。当他看到熟悉或陌生的儿童，会尝试互动交往。他抱着为游戏而游戏的渴望，两眼放光，往往会以这样的话语来开启游戏之门：“让我们一起玩吧！”于是，在他们眼睛对视的那一刹那，游戏的世界便诞生了，或者说，便一起进入了他们所特有的那个游戏世界。

丰子恺曾这样描绘游戏中的儿童：“当他热衷于一种游戏的时候，吃饭要叫到五六遍才来，吃了两三口就走，游戏中不得已出去小便，常常先放了半场，勒住裤腰，走回来参加一歇游戏，再去放出后半场。”②许多成人不理解儿童游戏的需要和游戏的意义，因此不能严肃地对待儿童的游戏，甚至粗暴地阻止儿童游戏，于是就成为儿童游戏的破坏者。而有些成人虽然多多少少理解儿童游戏的意义，但往往只是旁观、羡慕，而难以真正地加入儿童的游戏世界。

儿童，尤其是幼童，在从事游戏（无限游戏）时，便是纯粹儿童。也只有在游戏时，才是纯粹儿童。为什么说是纯粹儿童呢？因为儿童的游戏是以游戏自身为目的，没有任何游戏以外的目的和功用。这是真正的为游戏而游戏的游戏。在这种游戏里，儿童的生命得以自然、自由、顺畅地表达、表现。在这种游戏里，儿童时刻处于欢快的、愉悦的生长中，儿童时刻处于高质量的成长中。尽管儿童的游戏是以游戏自身为目的，没有任何游戏以外的目的和功用，但实现了游戏所承担的自然目的、自然意志和自然设计的蓝图（即造物主的目的、意志和蓝图）。这远远超出、高出一切外在的目的和功用。

为什么儿童热衷于找儿童游戏，而难与成人一起游戏呢？这是因为儿童游戏的秘密在成人那里自动隐匿，成人变得不再好玩，从而不再是天然的游戏伙伴。成人为什么不再好玩？因为成人体现的是社会的、文化的世界。成人的这种社会性、文化性与儿童游戏的纯粹性、宇宙性是对立的。游戏作为存在（Sein）、作为本有（Ereignis），在异己的社会性、文化性面前，会“对人隐匿自身”③。

① [德]荷尔德林：《荷尔德林文集》，戴晖译，北京：商务印书馆，1999 年，第 9 页。
② 丰子恺著，林非编：《随感十三则》，见《丰子恺散文集》，西安：太白文艺出版社，2016 年，第 14 页。
③ [德]海德格尔：《海德格尔文集：什么叫思想》，孙周兴译，北京：商务印书馆，2017 年，第 12 页。

三、葆有“最初一念之心”（赤子童心）的成人或可永续纯粹儿童状态

游戏的儿童、儿童的游戏不喜欢成人做伙伴，会不会有例外？有。

季羡林写过一篇文章《三个小女孩》（该文文末注明写于1996年8月12日，季羡林时年85岁），描绘他与三个小女孩的故事。

> 我生平有一桩往事：一些孩子无缘无故地喜欢我，爱我；我也无缘无故地喜欢这些孩子，爱这些孩子。如果我以糖果饼饵相诱，引得小孩子喜欢我，那是司空见惯，平平常常，根本算不上什么“怪事”。但是，对我来说，情况却绝对不是这样。我同这些孩子都是邂逅，都是第一次见面。我语不惊人，貌不压众，不过是普普通通，不修边幅，常常被人误认为是学校的老工人。这样一个人而能引起天真无邪、毫无功利目的、二三岁以至十一二岁的孩子的欢心，其中道理，我解释不通，我相信，也没有别人能解释通，包括赞天地之化育的哲学家在内。①

为什么季羡林受到孩子喜欢？

季羡林自己解释说：“像奇迹一般，在八十多年内，我遇到了这样三个小女孩，是我平生一大乐事，一桩怪事，但是人们常说，普天之下，没有无缘无故的爱。可是我这‘缘’何在？我这‘故’又何在呢？佛家讲因缘，我们百姓讲‘缘分’。虽然我不信佛，从来也不迷信，但是我只能相信‘缘分’了。”②

我以为一定不只是缘分，季羡林一定有其他许多成人没有而孩子特别喜欢的精神品质，一定是经过人生的淬炼而形成的可直入儿童世界的精神品质。

“在我走到那个长满了野百合花的地方之前，这三个同我有着说不出是怎样来的缘分的小姑娘，将永远留在我的记忆中，保留一点甜美，保留一点幸福，给我孤寂的晚年涂上点有活力的色彩。”③可以看出，与孩子之间的友情，给予季羡林的晚年以甜美、幸福和生命活力，也就是说，给予老人的晚年生活极大的助力。

“我一生能遇到这样三个小女孩，就算是不虚此生了。”④可见，季羡林十分珍视与这三个小女孩之间的情谊。这种珍视可谓比山高比水深了。季羡林的一生取得了令人瞩目的学术成就，但他似乎更看重这三个小女孩对自己的青睐。在这种天真的青睐里，三个儿童接纳了这个成人（老人）丰富的生活世界、文化世界，以及他的人生阅历和经验，而这个成人（老人）面对三个儿童的青睐时，直观儿童纯粹的世界，直悟赤子童心。这是作为纯粹儿童的三个儿童与作为纯粹儿童的一个成人（老人）的相互发现。这是值得留意和深思的。

一个成人，尤其是饱经风霜、阅人无

---

① 中国作协创研部编：《1996年中国散文精选》，武汉：长江文艺出版社，1998年，第23页。

② 同上，第29页。

③ 同上。

④ 同上，第28页。

数、览遍繁华、取得极高的学术成就又在摸爬滚打中历练到能御风而行于滚滚红尘中的老人,依然能不失赤子之心,能发出“我一生能遇到这样三个小女孩,就算是不虚此生了”的感慨,表明他对儿童、童年、赤子有极高的感悟、洞察、认同和崇敬。同时表明,成人世界与儿童世界、成人文化与儿童文化并不是处于“两隔”状态。儿童本来就接近纯粹儿童状态,而成人往往已经远离纯粹儿童状态,要实现儿童与成人依然能够相互青睐的关系,关键在于成人及其精神世界和文化创造能够永续纯粹儿童状态。

苏轼《定风波 · 南海归赠王定国侍人寓娘》有此佳句:“万里归来颜愈少。微笑。笑时犹带岭梅香。试问岭南应不好。却道。此心安处是吾乡。”“万里归来颜愈少”,即所谓历尽千帆,归来仍是少年。“此心安处是吾乡”,“此心”可理解为赤子童心。以赤子童心为“吾乡”,那便寻得桃花源、理想国而得以安心、栖居。即便历尽千帆,只要“此心”不失自性,葆有童心,那么归来依然是赤子、真人、佛陀、大丈夫。我将那处于天生状态的、葆有“最初一念之心”的赤子称为“纯粹儿童”,亦将纯粹儿童的永续不失视为人生修为的最高境界。

四、纯粹儿童及其游戏在海德格尔《根据律》中的崇高地位

为了讨论游戏的宇宙论意义,这里我介绍一下海德格尔的《根据律》系列讲座中的思想。

根据律是在17世纪由莱布尼茨所发现的。“没有什么是没有根据的”①,这就是根据律。也就是说,没有什么是没有原因地发生。莱布尼茨写道:“为何某种东西宁可实际存在而不是全然不在,根据在自然之中。”②“必定实际地存在一种最初的原因”,也即“一切事物的最终的(最高的)存在着的根据”。③ 莱布尼茨补充道:“(那种必然作为最高根据的存在着的东西)通常是用一个词即上帝而被命名的。”④

但在海德格尔《根据律》系列讲座最后一讲的结论部分,这里的所谓上帝变成了具有“王者风范的儿童”和“伟大的儿童”。⑤ 其实,这并不突兀。

海德格尔对古希腊哲学家赫拉克利特“残篇52”相当重视。“世界是一个游戏的儿童,玩着棋子游戏;主宰是儿童。”⑥在其巨著《尼采》中,海德格尔对赫拉克利特“残篇52”做了新的德文翻译。“主宰是儿童”,其实已经将儿童置于极高的位置。

在海德格尔之前,宗教改革运动末期的捷克牧师、教育家夸美纽斯在其著作《母育学校》中,将儿童视为上帝的形象、上帝的灵魂、上帝的种子、上帝的代表。也就是说,夸美纽斯曾将儿童与上帝紧密联系起来。但海德格尔《根据律》系列讲座让儿童取代了上帝的位置。当然,我们

---

① [德]海德格尔:《根据律》,张柯译,北京:商务印书馆,2016年,第106页。
② 同上,第54页。
③ 同上,第55页。
④ 同上。
⑤ 同上,第243页。“孩子”概念的外延过大,并不专指儿童。我引用海德格尔《根据律》张柯译本时,将“孩子”均改为“儿童”。
⑥ [德]海德格尔:《尼采》(上卷),孙周兴译,北京:商务印书馆,2017年,第350页。

也可以将此视为赫拉克利特“主宰是儿童”思想在现代的新生。

让我们看看海德格尔《根据律》第十三讲是怎样讲游戏着的儿童与根据律之间的关系的。

> 关于αἰών，赫拉克利特说了些什么？“残篇52”中写道：αἰών παῖς ἐστι παίζων, πεσσεύων παιδὸς ἡ βασιληίη。存在之天命置送，乃是一个游戏着的儿童，一个游戏着棋戏的儿童。属于儿童的是那个王国——亦即，ἀρχή，那创建着的、掌管着的奠基活动，对存在者的存在（das Sein dem Seienden）。存在之天命置送：一个游戏着的儿童。
>
> 因而也就有伟大的儿童。那最伟大的、通过其游戏之柔和而呈现王者风范的儿童乃是那种游戏的秘密，人和人之一生正是被带到这种游戏中去了，人的本质就被放置在这种游戏上面了。
>
> 那个伟大的儿童，赫拉克利特在αἰών中所发见的世界游戏的伟大儿童，为何游戏？儿童游戏，因为儿童游戏。①
>
> 这个“因为”（Weil）沉没在游戏中。游戏没有“为何”。儿童游戏，因为/当着儿童游戏（Es speilt, dieweil es spielt）。始终只是游戏：最高的东西和最深的东西。②
>
> 但这个“只是”乃是全部，是一，是唯一者。
>
> 没有什么是没有根据的。存在与根据：同一者。作为建立着根据的东西，存在没有任何根据，存在作为“离开根据”而游戏着那种游戏，这种游戏作为天命置送向我们传递了（zuspielt）存在与根据。
>
> 问题始终在于，倾听着这种游戏的诸定律的我们是否与之共同游戏，如何与之共同游戏，是否及如何使我们适用于这种游戏。③

海德格尔认为的具有王者风范的儿童，可以象征上帝或虚指上帝，亦可以是我们周边的儿童和我们曾经所是的儿童。但是，伟大的儿童只可能是指现实中的活生生的一个一个又一个的儿童。

“为何宁可某种东西实际存在，而不是什么都没有，根据在诸物之本性中。”④于是，我们即可作出这样的推论：儿童为什么存在，而不是不存在，根据在其本性中。而其本性是：其从事游戏活动，先天

① 希腊文αἰών，往往被译为“时间”，海德格尔认为如此翻译是不妥的。于是，海德格尔在其20世纪三四十年代所著的《尼采》一书中，重新翻译了赫拉克利特“残篇52”。海德格尔写道：“αἰών这个希腊词语难以得到合乎实事的翻译。它指的是世界整体，但同时指时间，并且通过时间而与‘生命’相关联，意指生命过程本身。”［德］海德格尔：《尼采》（上卷），孙周兴译，北京：商务印书馆，2017年，第350页。后来在《根据律》系列讲座中，海德格尔又说：“这个词很难翻译。人们通常译为：‘Weltzeit’［世代］。”又说αἰών是“世界化和时间化了的世界”。［德］海德格尔：《根据律》，张柯译，北京：商务印书馆，2016年，第242—243页。

② 这句话的意思是游戏乃最高的东西和最深的东西。事实上，本文语境中的游戏乃是那个贯彻和支配了海德格尔一生思路的基础问题：存在与人之关联（Bezug）。［德］海德格尔：《根据律》，张柯译，北京：商务印书馆，2016年，第243页。

③ ［德］海德格尔：《根据律》，张柯译，北京：商务印书馆，2016年，第243—244页。

④ 同上，第58页。

地从事游戏活动。其所有的活动,所有的精神生活(科学、艺术梦想等),均发源于这种先天的游戏活动。

根据律一方面叫作没有什么是没有根据的;一方面叫作没有什么是没有为何的。但海德格尔还曾引用安格鲁斯·西里修斯(Angelus Silesius)的一首标题为《没有为何》的诗,这些诗句似乎在与根据律唱反调:

> 玫瑰是没有为何的;它绽放,因为它绽放,
> 它并不留意它自身,也不问,人们是否看到它。

安格鲁斯·西里修斯是神秘主义者和宗教诗人,是莱布尼茨的同时代人而略长于莱布尼茨,莱布尼茨曾受其神秘主义思想的影响。

但海德格尔论证说,其实上述诗句并不违反根据律,因为"为何"致力于对根据发问,而"因为"则带来根据。①

在我看来,这些诗句体现的是自然目的、自然意志,并且是与人的社会、文化层面的东西无所谓有关或无关,甚至这些东西本身便是人之所以存在、人作为存在者而存在的依据。

海德格尔认为:"思想是一种听和一种看。"②思想是对存在的听和看,需要耳和眼,但耳闻和目见只是必要条件,不是充分条件。③ 像贝多芬那样的人,听力有障碍以后,所听到的或许比先前还要更多,还要更伟大。④ 古希腊思想家有一种思想:相同者只有通过相同者而被知晓。⑤ 歌德受古希腊这种思想影响,而用德文诗句表达出来:

> 倘若眼睛不是太阳般的,
> 我们又如何能发见光芒?
> 倘若神的本己力量不是生活在我们当中,
> 神性的东西又如何能让我们迷醉又痴狂?⑥

这就意味着,人对宇宙的思想是本己对存在的应和,是和谐共奏。

明代罗汝芳提出,谁人的耳不是赤子时的耳,眼不是赤子时的眼,心不是赤子时的心?纯粹儿童(赤子),是人生的开端,纯粹儿童(赤子)指示着人生的使命、目的和道路。也就是说,纯粹儿童(赤子)主宰人的一生。

海德格尔亦有类似的思想。他在《根据律》系列讲座最后一讲,也就是第十三讲的最后一部分写了这么一段话:"存在之天命置送,乃是一个游戏着的儿童,一个游戏着棋戏的儿童。属于儿童的是那个王国——亦即,ἀρχή,那创建着的、掌管着的奠基活动,对存在者的存在(das Sein dem Seienden)。存在之天命置送:一个游戏着的儿童。因而也就有伟大的儿童。

① [德]海德格尔:《根据律》,张柯译,北京:商务印书馆,2016年,第79页。
② 同上,第100页。
③ 同上,第102页。
④ 同上,第110页。
⑤ 同上,第102页。
⑥ [德]歌德:《歌德著作集》,转引自[德]海德格尔《根据律》,张柯译,北京:商务印书馆,2016年,第103页。

那最伟大的、通过其游戏之柔和而呈现王者风范的儿童乃是那种游戏的秘密，人和人之一生正是被带到这种游戏中去了，人的本质就被放置在这种游戏上面了。那个伟大的儿童，赫拉克利特在 αἰών 中所发现的世界游戏的伟大儿童，为何游戏？儿童游戏，因为儿童游戏。”①

由此亦可见，海德格尔“主宰是儿童”的思想与罗汝芳的赤子之心说是可以相互会通的。

海德格尔这段话的大义在《根据律》前十二讲乃至于第十三讲均有详细的讨论。前面的漫长文本是其思想的铺垫，旨在最后时刻把赫拉克利特的“残篇 52”亮出来，从而提出自己有关儿童、儿童游戏在其整个存在哲学里的地位问题。他所谓“儿童游戏，因为儿童游戏”这类表述，在前面的讲座里均布下草蛇灰线——其利用别人的诗词等各种引文，来详细地阐释什么是为何、什么是因为等。

海德格尔在这里所讲的游戏，其主体是前面所谓具有“王者风范的儿童”、那些“伟大的儿童”。在《根据律》系列讲座的最后，海德格尔用一个看似天真却极端严肃的问题来结尾：是否与儿童共同游戏，是否倾听儿童游戏的诸定律，以及我们如何与儿童共同游戏、如何适用于这种游戏？这个问题使儿童在其整个存在哲学体系中极端崇高的地位凸显出来。

这里面有非常精彩的东西，比如其中包括对哲学的一种新的定义、新的概念，“思想是一种听和一种看”，甚至所谓的听和看是必要的但不是充分的。海德格尔甚至认为像贝多芬这样的人听力有障碍以后所听到的或许比先前还要更多更伟大。他还说相同者只有通过相同者而相互知晓，这在认识论上应该是非常重要的思想。这与康德的纯粹理性、先验哲学是可以相互会通的。这就意味着人对宇宙的把握是一种共鸣，其实是与中国古代“天人合一”思想类似的思想。

海德格尔的哲学和中国古代的哲学有相同之处。比如在明代的罗汝芳看来，赤子是人生的开端，赤子指示着人生的使命、目的和道路。也就是说，赤子主宰人的一生。海德格尔也有类似的思想。他写道：“因而也就有伟大的儿童。那最伟大的、通过其游戏之柔和而呈现王者风范的儿童乃是那种游戏的秘密，人和人之一生正是被带到这种游戏中去了，人的本质就被放置在这种游戏上面了。”②由此就可以看出海德格尔与罗汝芳的赤子之心说是可以相互会通的。

五、置身物种进化金字塔塔尖的纯粹儿童

儿童之所以是主宰，还在于人之所以是人的进化论秘密——幼态持续。按照幼态持续学说，人是愈进化愈年轻，愈进化愈年幼，真正向婴儿复归。也就是说，“复归于婴儿”（《老子·第二十八章》）、“不失赤子之心”（《孟子·离娄下》）是人所特有的进化——幼态持续——的基本守则。置身于物种进化的金字塔塔尖的，恰恰是纯粹儿童（赤子）。

哥白尼通过天文学将人从王座上推下，康德通过先验哲学将人又拉回王座

① ［德］海德格尔：《根据律》，张柯译，北京：商务印书馆，2016 年，第 242—243 页。
② 同上，第 243 页。

上。尼采、海德格尔通过各自的哲学与古希腊赫拉克利特会通，将游戏的儿童立于王座上，被康德拉回王座的人（这个混杂着“赤子”“成人”“社会”“文化”等混沌概念）被移除。这个游戏的儿童是赤子、婴儿，他才是真正的主宰。

儿童的游戏和游戏的儿童具有宇宙论意义，于是游戏和儿童便具有了宇宙论地位。尼采将儿童视为精神三变（同一者的永恒轮回）中永恒的起点和目的，儿童作为起点，自始至终主宰着整个精神运动的过程。海德格尔喊出“主宰是儿童”“是所有主宰者的主宰”，而欧根·芬克的伟大发现在于，他明确指出游戏具有宇宙性。

哲学史家有必要将哲学家的思想、原封不动的哲学家头脑中活生生的哲学，表述为准确的哲学知识。但是，一旦哲学史家作为哲学家的身份出现而构筑自己的哲学理论，那么当他们会通一系列的哲学史中的哲学家的思想并使其相互阐释时，他们就必须使思想脱离前述哲学知识的桎梏而发生某种神奇的变异，从而让这些知识本身具有弹性和生长性，乃至具有魔幻力，例如尼采、海德格尔对赫拉克利特“残篇52”的解读。我个人也认为，赫拉克利特“残篇52”其义是模糊的，却是一块很好的“打火石”，当哲学家遭遇到它时，其哲学想象力和哲学思维会被点燃。不仅具有哲学思维，还应当具有哲学想象力，那种梦想的力量。就像法国哲学家加斯东·巴什拉（Gaston Bachelard）在其所著的《梦想的诗学》中所体现、所倡导的那样。没有尼采、海德格尔对“残篇52”的打量、着迷、想象、变形，便不可能使其深刻地影响尼采和海德格尔自身相关哲学的构思和论述。尼采和海德格尔对“残篇52”的所谓理解、认识、把握其实是有沉迷、灵感、变形、燃烧、冶炼的。这是哲学梦想使然。谈到这里，我们得说，在从事哲学尤其是哲学梦想方面，儿童恰恰是行家里手。也可以说，做哲学是一种游戏。

谈游戏中的宇宙性问题，必然涉及如下问题：这个儿童长大成人后还具有宇宙性吗？《老子·第四十八章》云：“为学日益，为道日损。”随着儿童一天天被文化所习染，其自然性、宇宙性之外的东西如滚雪球一般逐渐将其包裹起来。这些将其包裹的东西有“（自然）无为”，也有“人为（硬造）”。“无为”其实质依然是自然的，而“人为”则是人的负担。负担累积到一定程度，人就会疲惫不堪、作茧自缚。如何丢弃这些负担呢？中国的儒、道、释都开出了药方。

儒家：“不失赤子之心。”（《孟子·离娄下》）

道家：“复归于婴儿。”（《老子·第二十八章》）

禅宗：见性成佛。

儒、道、释三家所论有别，其实一也。我称之为“儿童主义”，即在文化层面上也要保持幼态持续。

西方也有类似的说法。例如，赫拉克利特宁肯看儿童游戏也不愿意参加市政会议，当然这有点激进决绝。但其生活哲学、精神姿态依然是值得深思与学习的。耶稣主张成人回转而再度成为儿童，指出进入天国的都是像儿童那样的人。

主张“儿童是成人之父”的华兹华斯在《大颂诗》里，认为儿童是永生的，其实质就是认为儿童具有宇宙性（天国、天光等）。他给成人提供的教训见于《大颂诗》结尾处，依然是回归童年、回归自然。通过回归童年而得以永生；通过回归童年而再度进入天国，沐浴天光！

反对异化，倡导人类解放，尤其倡导无产阶级解放的马克思则主张人对自然的复归，以及人对自然的提升，即所谓人的自然化、自然的人化。他主张，未来的理想世界是向着人的本性复归的世界。

而法国思想家瓦纳格姆主张，未来的理想社会应当是回归儿童般纯净主体性的社会。

……

古往今来类似的说法，不一而足，都是对人的理想国、乌托邦的畅想与描绘。

我们在这里谈儿童游戏的宇宙性，其目的依然是，让人们认识到纯粹儿童（赤子）在哲学史中具有核心地位，当然迄今主要是处于隐蔽状态的、几乎尚不为人所知的核心地位。在西方，赫拉克利特、尼采、海德格尔一系，尤其还包括威廉·布莱克、华兹华斯、荷尔德林等人，是童年的崇拜者、讴歌者，他们是"儿童"概念的伟大发现者。卢梭，尽管是现代意义上的儿童发现者，但儿童的统治地位在其思想体系里也是隐蔽的，隐蔽于他倡导人们满足于人内在的自全自足这一哲学观念里。在中国，儿童的地位体现在人文世界的统治者的地位。这主要表现在孟子和孟子主义一系的思想家那里，主要包括陆（九渊）、王（守仁）、罗（汝芳）和李（贽）等人，到了现代，主要是周作人尤其是丰子恺。迄今，儿童作为神、作为宇宙主宰的思想，见于西方，尚未在中国思想史里发现。

无论是中国还是西方，儿童在社会、文化中都具有根基地位，在儿童与成人关系中具有开端的、创造者的地位，在政治学中则体现自然目的、自然意志，都在呼唤建立儿童主义的哲学体系，建设通往未来的儿童主义文明的道路。这一切似在言说儿童的重要地位，以及童年/儿童研究的重要意义。

儿童游戏之叙事

◎ 黄　进[①]，南京师范大学教育科学学院

20世纪八十年代以后，社会科学领域有关叙事的研究汗牛充栋，其中有一个并不太起眼的部分——游戏的叙事研究。它如果不能成为一个类型，也许可以成为一个特殊的主题，甚至这个主题更能体现人存在的意义，倘若我们记起约翰·胡伊青加提出过"人是游戏者"的重大命题。什么是游戏叙事？这里必须做一个界定，不然容易引起歧义。我们现在流行的电子游戏经常会有脚本，因此游戏本身就会呈现出它的叙事脉络。儿童的假装游戏或者其他游戏也有它的叙事性特征。但

① 黄进，女，博士，现任南京师范大学教育科学学院教授，博士生导师，中国学前教育研究会学前教育基础理论专业委员会主任。主要从事学前教育基本理论研究，同时涉足儿童游戏与儿童艺术等研究领域。

这里探讨的不是游戏本身的叙事性，而是说我们如何去叙述自己游戏的经历。人们都需要叙述自己曾经的经历，当然包括游戏的经历，不管是成人还是儿童。

一、游戏叙事之存在

为了表明游戏叙事是一种非常广泛的存在，我们需要一些例证。在一些思想家、文学家的自传故事中，尤其是回顾童年的作品中，游戏叙事是非常重要的一部分。这里试图引用的例证是德国思想家瓦尔特·本雅明（Walter Benjamin）。他有一篇短文叫《旋转木马》，以第三人称的视角叙述了自己年幼的时候在柏林坐旋转木马的一些感受。他这样描述刚坐上旋转木马的情形："音乐响起，这个孩子便蓦地离开了母亲滑向前方。起先他害怕离开妈妈，但过后马上发现自己是多么勇敢。"①当旋转木马开始了它的有规律的旅程之后，"他像威严的统治者那样，安然高坐于那属于他的世界之上。在外围的边线上出现了连成一线排成行的树木和当地人。这时候，母亲也出现在了这样一个东方国度里。接着，丛林中冒出了一个树梢，而他却像数千年前曾见过一样望着它"②。在旋转木马上，这个孩子进入了一种对世界的整体性的体验。"对万物周而复始的兴奋，早已成为孩子的智慧所在，而生命也早已成为一种原始的统治狂热。隆隆作响的配器作为成功的关键处于这种狂热的中心位置。"③接下来就是旋转木马要停止了。"随着乐声缓缓放慢，世界便开始结结巴巴地说出话来，树木也开始会动脑筋思考问题，木马也成了越来越不确定的地基。"④

这篇短文鲜明地展现了一个常见的叙事结构，一个孩子登上了旋转木马告别了一种常规生活，进入了一个全新的、自我统治的世界，获得了对日常世界的另一种视角。然而他的统治只是一种幻觉，最后重回现实世界，找到了和现实世界的一种联系，这种联系似乎是复杂的，既有失去的遗憾，也有回归的安定感。瓦尔特·本雅明拥有一种非凡的还原儿童感觉的能力，在回到现实的过程中，"世界便开始结结巴巴地说出话来，树木也开始会动脑筋思考问题"——用一种非常微妙、生动的拟人手法，呈现了孩子回到一个没有办法再左右的世界的感受。对孩子来说，这一定是一次不寻常的体验。按照德国哲学家恩斯特·卡西尔（Ernst Cassirer）的说法，"一个伟大的画家或音乐家之所以伟大并不在于他对色彩或声音的敏感性，而在于他从这种静态的材料中引发出动态的有生命的形式的力量"⑤。和我们最大的不同在于他们拥有那种极其卓越的为日常经验赋形的能力，能够将精深微妙的情感或者精神世界形诸他们所用的语言。从瓦尔特·本雅明这里，或许我们能够看到，对孩子而言，乘坐旋转木马所带来的不寻常的体验，是孩子从一种不自主的状态成为一个统治者，又转而失去这个世界。正是这种不寻常的体验使之成为孩

① ［德］瓦尔特·本雅明：《柏林童年》，王涌译，南京：南京大学出版社，2010年，第40页。
② 同上。
③ 同上。
④ 同上。
⑤ ［德］恩斯特·卡西尔：《人论》，甘阳译，上海：上海译文出版社，1985年，第203页。

子童年生活中印象深刻的一部分。

我们幼小的儿童其实也不断在正式地或者非正式地叙述他们的游戏经历。这里呈现一些幼儿园孩子用画叙述的故事。他们刚打过一场水仗，在教师的引导下，画了非常多的关于打水仗的画，叙述了自己的游戏经历。3—4 岁儿童的口语叙事是非常简单的，两句话、三句话、四句话甚至有时候一句话，但是将他们的画和语言结合起来看，就能很好地理解他们经历了什么。比如第一个孩子的画。他说：“今天玩水枪很开心，我用水枪喷了好多人。水里还有些绿色的东西。”这幅画的主体是他自己，他脸上挂着水滴，手里握着一把红色的水枪往外喷射，他站在水池里很得意。打水仗的过程一定有很多细节，他为什么要记录下这样的一段经历呢？

图 1　第一个孩子关于打水仗的画

我们再来看第二个孩子的画。她说：“小猫站在小山上看我和李××玩水枪。”我们可以看到，这幅画中天上飘着白云，她和朋友站在水池里拿着水枪互相喷水，蓝色的脸表示他们脸上都是水。大水池旁边有一个小水池，小水池旁边有一座小山，小山上站着一只小猫，小猫对面，她还画了一个恐龙化石的头。这就很有意思了，她为什么要记录下这样的一段经历呢？那只小猫真的存在吗？小猫真的在看他们打水仗吗？

图 2　第二个孩子关于打水仗的画

第三个孩子关于打水仗的画，画中一个孩子在打水仗的过程中把小水池踩了一个洞，水全跑到边上去了。他真的在画纸上掏了一个洞来表示。这个洞是他真正想要叙述的经历——是他在那一瞬间踩出来的。

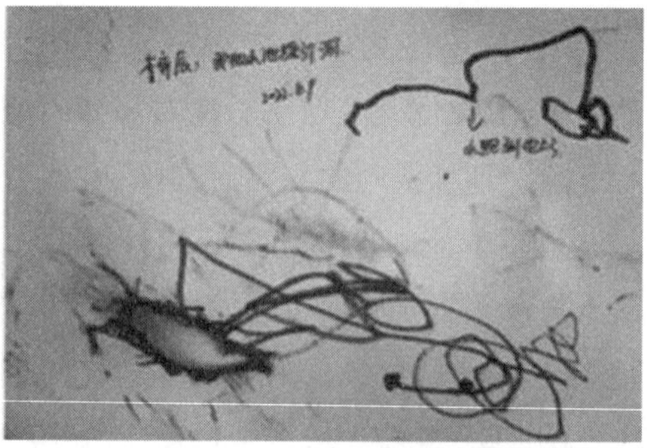

图 3　第三个孩子关于打水仗的画

关于打水仗，三个故事都不同。还有很多个故事，它们都各不相同。引发第一个故事叙述的冲动是什么呢？我们会看到孩子用水枪喷射了很多人的成就感，以及轻微的攻击带来的快感。第二个故事叙述了孩子和朋友的互动，而且出现了一只小猫的独特视角。第三个故事则是孩子用身体在水中去塑造一个平时不大可能出现的空间，他瞬间捕捉到了，把它变成了永远。这是一些对游戏经历的叙述，很有意思。

二、不寻常的体验引发游戏叙事

这里需要讨论的一个话题是：引发游戏叙事的普遍的冲动是什么呢？也许我们可以说，是游戏中一种不同寻常的体验。

我们先来看一看瓦尔特·本雅明在讲述他的童年经历时的一些理由。他说："在我1932年身居国外时已开始明白，我即将不得不与自己出生的那个城市做长久甚至是永久的告别"，"我的内心曾多次体验过疫苗接种法的益处。因而这样的境地我依旧遵循此法，有意唤起我心中那些在流亡岁月里最能激起我思乡之痛的画面——来自童年的画面"。[①] 这种不寻常首先来自生活中的独特体验，是孩子乘坐旋转木马的体验于日常世界中的不寻常。瓦尔特·本雅明于1900年前后在柏林度过的童年正是现代主义崛起时期，也是大都市生活形成时期。尽管他是一个儿童，但乘坐旋转木马这种大型机器动力玩物，却是被时代塑造的童年生活的独特体验，也构成了他永生难忘的记忆。其次是他有一种特殊的处境，就是他一生都在漂泊，48岁那年离世，这是一种不同寻常的人生经历。因此，他的游戏叙事是由好几层不同寻常的境遇推动的。瓦尔特·本雅明用几十年的思想和阅历来阐述童年曾经发生过的乘坐旋转木马的体验和经历。在我们当下，幼儿园的孩子在玩游戏以后，也会叙述自己的经历，但往往表达的是即时的感受，和瓦尔特·本雅明以及其他成人的叙事看上去很不一样。成人的人生经历比儿童要多，拥有的社会阅历、思想的广度与深度和孩子有区别，成人讲述童年故事时，是将他童年时的体验构筑在了他当下对时代和社会的整个理解之中。瓦尔特·本雅明是这样解释的："在此，就像不可使接种的疫苗主宰健康的身体一样，这思念的情感同样也不应主宰我的精神。我努力节制这种情感，旨在从特有的社会发展必然性中，而不是从带偶然性的个人传记角度去追忆往日的时光。"[②]这是一种深思熟虑后的节制。如果我们有兴趣去逐句阅读他的童年回忆录，可能会领悟到，这种孩子在旋转木马上获得的统治体验和自由感，只是一种幻觉。这种幻觉是从哪里来的呢？文中其实点明了，是由大型蒸汽机驱动的游乐设施带来的，它可能让你产生某种奇妙的、复杂的感受，可是游乐设施停止以后，它又轻易地剥夺了你的梦幻感。瓦尔特·本雅明在文中布下的这种草蛇灰线将一个孩子的生动体验引向了产生这种体验的社会文化和技术条件。幼儿园的孩子去叙述自己刚刚经历的打水仗，和去国离乡的思想家叙述自己儿时乘坐旋转木马的经历，两者的差距不言而喻。

但我们还是能够看到它们的同一性和连续性。一个儿童叙述自己在游戏中的不寻常的体验，和成人在生活中叙述自己的不寻常体验有共同之处，所隔的只不过是年深日久的生活的距离，成人的社会经验更多，拥有的叙述资源更丰富。瓦尔特·本雅明非常有意识地把那种儿童的幻想、幻觉和一些现代社会的物象建立联系，来完成一种对成型中的现代主义的体验和表

① [德]瓦尔特·本雅明：《柏林童年》，王涌译，南京：南京大学出版社，2010年，第91页。
② 同上。

达，有很强的思想性。如果当时他处在一个七八岁的年龄，他可能仅仅是叙述这种乘坐旋转木马的快乐。但正如人生之童年相较于成年，并不是两个完全不同的人，只不过是处于不同的阶段，从一个儿童要成长为一个思想家——一个运用自己所有的人生经历去思考和叙述游戏体验的人，还有很长的路。我们不能因为两者相距遥远，就认为儿童对自身游戏经历的叙述没有意义或价值，或者只有工具性价值。杰罗姆·布鲁纳（Jerome Bruner）议论过儿童叙事："儿童很早就进入了叙事的世界。他们发展了有关世界应该怎样的预期，而且，和成人一样，他们的预期表现出了对奇异之事的偏爱。和成人一样，他们对于预期之外的东西高度敏感，甚而被这些奇异之事所吸引。在他们的幼年游戏中充满了对预期以外事物的迷恋。"①杰罗姆·布鲁纳的观点给我们的启发是，如果儿童想对自己经历的游戏进行叙述，那也是一种对预期以外事物的迷恋。叙述和分享这些经验，是儿童富有情感地解释、思考它们的过程，是重新将它们放置、安顿于世界的过程。在这一过程中，不仅游戏经历被重新建构了，世界也获得了新的调整，并复归平静。因此，游戏叙事是一种双向建构。尽管儿童的游戏叙事与思想家的游戏叙事有很大的不同，然而它们同根同源，属于人类叙事文化的一部分。

三、游戏叙事介于历史叙事和虚构叙事之间

游戏叙事作为一种特殊主题的叙事，有一种模糊性，介于历史叙事和虚构叙事之间。叙述国家、民族的历史或者叙述个人的历史，都可以称为历史叙事。这种叙事尽可能地排除虚构的成分，尽管叙事的过程中会按照一些主观意愿来理解历史，但虚构并不是它的目的。叙述想象的故事，比如文学、电影等，这些可以称为虚构叙事。游戏叙事是叙述自己的游戏经历，它是暧昧不明的，处在一种历史叙事和虚构叙事的中间地带。它是发生过的经历，具有历史叙事的特征；它又是游戏的经历，本身有假想、想象的虚构特征。或者我们可以这样说，游戏叙事是如实地去叙述一次虚构的经历。可是怎么能够保证我们在叙述的时候不会继续发生虚构，不会继续生出新的想象，不会用虚构去填补原来虚构的漏洞呢？这就是一个很有意思的话题。比如幼儿园里一个3岁孩子的故事。她简单地搭建了一个架空的结构，说："这是长颈鹿的家，因为它很高。"后来她去玩了，回来之后又在上面搭了一个弧形的顶。现在变成了什么？她说："这是我哥哥的家。"现在"长颈鹿的家"变成了"我哥哥的家"。如果你觉得这是一个问题，对她表示很困惑："你前面说这是长颈鹿的家，现在怎么变成了你哥哥的家了呢？"她毫不犹豫地回答："我哥哥就是养长颈鹿的呀！"也就是说，她在回答别人问题的过程中，重新构筑了一个想象，填补了一些漏洞，生出了新的想法。因此说游戏叙事既是一种对游戏经历的叙述，也是一种对可能性的开启。

比如前文第二个孩子关于打水仗的画中那只站在小山上看孩子打水仗的小猫，它真的存在吗？实际上它不存在。他

① ［美］杰罗姆·布鲁纳：《故事的形成：法律、文学、生活》，孙玫璐译，北京：教育科学出版社，2006年，第25页。

的老师可以证明这一点。那所幼儿园里确实有一座小山,可是小猫为什么会在孩子打水仗的时候在那儿呢?这是一个幻想。但小猫为什么会出现在孩子的游戏叙事里呢?它具有怎样的功能?或者说,孩子为什么会去虚构一只站在小山上的小猫去看他们打水仗呢?而且小猫还占据了一个特别重要的位置。如果问孩子,孩子可能会说"我喜欢小猫","我以前在小山上见过小猫","我想要小猫来看我们打水仗",等等。这意味着什么呢?既然是玩游戏,那虚构、想象、幻想就是一种游戏的现实,游戏的现实和真正的现实不一样,它不仅意味着发生过的,还意味着曾经发生的、即将发生的、可能发生的和希望发生的。而在功能上,这只小猫的存在增加了不同寻常之处,更有叙述的必要,像是多了一个假想伙伴,这个伙伴提供了一种独特的视角,孩子甚至可以代入小猫的视角旁观自己打水仗。这个故事就有了一种叙述上的无限的可能性,小猫承担了一种开启可能性的功能。顺便要谈的教育问题是,在教育过程中儿童进行游戏叙事时,教师往往让儿童落入一种精确的现实叙述或者一种叙事规范的窠臼,这样就会让儿童把故事讲死了。

四、游戏叙事作为儿童教育的方法

在很多幼儿园里,游戏叙事已经成为一种教育方法。这是本文讨论这个问题的缘由。自从不论是在纲要、指南等文件中还是在实践中,游戏作为幼儿园的基本活动以后,一直都有对儿童游戏进行反馈的环节和活动。过去叫作游戏点评,后来叫作游戏分享。以前比较常见的做法是教师在游戏结束之后,对游戏中出现的问题进行评论,表扬表现好的孩子,批评表现不好的孩子,包括不遵守纪律、不好好玩、不按玩法玩等。后来我们日益看重孩子叙述的主体性,请孩子来叙述在游戏中表现怎么样,做了些什么,遇到了哪些问题,是怎么解决的。当前,有很多幼儿园在尝试,在游戏之后要孩子画下他们的游戏经历,辅之以语言,教师帮助孩子记录下来。然而我们并没有深入地讨论过,为什么要做这些事情。我们的理由可能是"培养孩子表达的能力""培养孩子观察的能力""满足孩子表达的需要",也可能是看到别人在做因此自己也做,还有可能是这些图画和文字能够挂在活动室的墙壁上,让环境显得比较丰富,也比较有"儿童的声音"。

如果不是由于外在的要求和规制,儿童的游戏叙事会是多种多样的,有可能叙述他们遇到的困难、疑惑和矛盾,有可能怀着渴望来分享他们的故事,有可能叙述自己觉得最有意思的一个场景。总之,一定是发生了什么不寻常的、非规范性的事件(包括那种假想中的),才使得他们有叙述的愿望。杰罗姆·布鲁纳论证过,"是不规范事件激发了年幼儿童进行叙述的力量"①。有研究发现,不规范的故事相比规范的故事,催生了大量的叙述性发挥。当问孩子过生日时为什么高兴,孩子感到很困惑,有的孩子只是耸耸肩,好像为成人伪装的天真感到尴尬。而要孩子回答过生日时为什么不高兴,孩子却是积极的,有多种回答。

① [美]杰罗姆·布鲁纳:《有意义的行为》,魏志敏译,长春:吉林人民出版社,2011年,第75页。

这里要反思的第一个问题是，既然游戏叙事来自儿童不寻常的体验，那学校如何去生发孩子愿意叙述的、值得叙述的丰富体验呢？如果我们的教育生活是贫乏的、单一的，或者，如果我们将游戏视为对现实生活亦步亦趋的模仿，要求儿童按照我们确定的“正确的玩法”来玩，很可能游戏会成为一种规范性的、没有可能性的生活，这样就消泯了丰富的游戏叙事的可能。第二个问题是，如何更好地成为儿童游戏叙事的阅读者和理解者？不寻常的体验促发游戏叙事，这只是这个过程的一半，另一半是我们如何去成为儿童想要分享经历的那个人。试想想我们的教育机构里，有多少次让人尴尬的“明知故问”，有多少儿童的故事被敷衍性地听着。当儿童想和我们分享他美妙的想象世界时，我们却只是想着将这一切化为等级化评价的依据，儿童分享的热情将会渐渐消失。尤其当游戏叙事成为教师美化学校墙壁的工具或者成为要求儿童按部就班完成的任务时，我们就不要指望它能表达儿童那激动人心的、不同寻常的体验。第三个问题是，如何更好地丰富儿童叙述的方式，而不是让他们落入某种单一的模板和套路之中？要充分利用高质量的文化资源，提供多元化的叙述模板，才可能释放游戏叙事的成长潜能，让这种叙事成为人类文化的回声。

从玩的伦理学到跨文化游戏

◎ 修海乐　撰　韦彩云　译[①]

在本文中，虽然我将对游戏(game)进行理论化，但并非要探讨博弈论(game theory)——博弈论是分析经济和战略选择的数学理论的一个分支，尽管我所采取的方法背后有类似博弈论的概念。

这也不是一名游戏玩家(gamer)的反思，因为我并非一名游戏玩家。任何类型的游戏对我都没有吸引力，这并非我的兴趣所在，也并非我的日常活动。

那关于这个主题我想表达什么呢？我自己也很想知道这一点，但我认为游戏方式，至少在某种程度上，是我们一天中最寻常的活动。

我想讨论的是游戏如何定义我们所有人的生活，包括我这样的非游戏者(non-gamer)。非游戏者与不玩游戏是不同的；

---

① 修海乐(Harold P. Sjursen)，1942年出生，美国社会研究新学院(New School for Social Research)博士，师从著名思想家和政治理论家汉娜・阿伦特(Hannah Arendt)教授。纽约大学坦登工学院(Tandon School of Engineering, New York University)哲学系荣休教授，2008年被联合国教育、科学及文化组织国际工程教育中心(UNESCO International Center for Engineering Education，简称UICEE)授予“UICEE工程教育卓越奖”，为美国哲学协会(American Philosophical Association)、美国科学促进会(American Association for the Advancement of Science)和亚洲研究协会(Association for Asian Studies)等专业协会成员，先后在我国担任北京航空航天大学、华东理工大学访问教授，主要研究领域为科学技术哲学、工程伦理学和亚洲哲学等。
韦彩云，江苏丹阳人，南京师范大学教育科学学院博士生，主要研究方向为儿童哲学、童年哲学和教育哲学。

事实上，支撑这些言论的一个论点是，社会倾向于以类似游戏的方式构建经验。例如，我们对自由意志的理解在很大程度上是从选择和行动的角度出发。也就是说，我们发现自己面临一系列选择——有时选择甚少，有时选择甚多。在岔路口是向左走还是向右走？我该从哪个门进去？许多人认为，不选择就等于放弃我们的自由，甚至导致我们作为一个完全的人的地位下降。当然，这种选择或决定意味着行动，如果没有后续的行动是不完整的。这些选择和行动决定了我们成为什么样的人，也决定了我们在这个世界上的存在。以这种方式理解游戏，澄清了存在主义对生活的描述。

在2021年举行的杭州师范大学线上论坛中，我对玩耍（play）与游戏（game）进行了区别和对比。我对自发或自然玩耍，以及它如何塑造儿童的性格和促进道德发展感兴趣。我认为，数字技术（尤其是人工智能驱动的增强现实）正在模糊自发玩耍（natural play）和规则游戏（rule-defined game）之间的区别，挑战儿童的道德发展，甚至可能产生不利的影响。在对此的评论中，我并未回避这一论点，而是全然地接受它，我认为这在数字技术和电子游戏出现之前就已经是一个问题。但我认识到，虽然游戏可能会带来不利的后果，但也可能会带来解放的品质。

众所周知，游戏是一项严肃的事业。我的意思并不仅仅是说游戏在商业上很重要，而是说在作为广泛的人类活动的动力的意义上游戏很重要。英文中“田径”（athletics）一词源自古希腊文“athlein”，意为“争夺奖品”。因此，它是社会对奖励的追求。奥林匹克运动会与宙斯（Zeus）联系在一起，宙斯是古希腊神话中诸神和人类的主宰，是善与恶的传播者。体育比赛的最终奖品被理解为美好的生活。

最初的奥林匹克运动会不仅包括我们这个时代所理解的体育运动，还包括各种各样有助于提升生活的艺术。这一传统或许至少可以解释西方社会对竞技体育的强烈兴趣，以及对竞技运动员的崇拜——他们几乎被提升到神的地位。但是，这种崇敬让提高完赛的分数和标准成为游戏的重要特质了吗？换言之，生活在一个充溢着体育的社会，是否就足以解释游戏对价值观形成的深刻影响呢？

我们可以用问题解决与思维的区别来类比游戏和自发玩耍的差异。在我之前的演讲中，我将自发玩耍描述为非结构化的，即不受协议和规则支配，其范围亦不受限制。从创意的意义上来说，自发玩耍是创造性的，当其抓住了其他人的想象力时它也是社会性的；但若游戏不为他人所理解则会是孤独的，也部分由于这个原因，自发玩耍常常被认为是无益的。好心的教育者和一些成人会因为这个理由扼杀充满想象力的、非结构化的儿童的自发玩耍，因为他们担心这样的“无所事事”无助于儿童在这个世界上成功。而游戏则鼓励遵守规则，强调竞争和合作的必要性，后者常常被视为有效竞争的最佳手段。同样，游戏提供了明确的成功标准，但这一点并不适用于自发玩耍。成为一名游戏玩家意味着能在诸多方面获得益处。

问题解决类似游戏，有结构、协议、规则和策略，都是为了解决问题。它有明确的成功标准，明显是世俗的。而思维则完全不同，它有一种不指向任何特定解法的开放性。汉娜·阿伦特在她的作品《精神生活》(*The Life of the Mind*)中这样描述思维：

> 思维以沉思为目的，并以沉思告终，沉思不是一种主动状态，而是一种被动状态；这就是精神活动的支撑点。按照基督教时代的传统，当哲学成为神学的女仆时，思维就成为沉思，而沉思以沉思告终，它是一种令人愉快的灵魂状态，此时，精神不再致力于认识真理，而是期待一种将来的状态，并暂时以直觉接受它。……在现代，思维首先成为科学、有组织结构的知识的女仆；即使思维在现代是十分主动的，遵照现代性的这个重要信念——我只知道自己创造的东西，但仍然是数学，尤其是非经验科学，最终成为科学的科学，并解答被现象掩盖的自然和宇宙规律，而在数学中，精神看来只能摆弄自己。①

因此，如我之前所言，我的初步假设是，自发玩耍与游戏的区别类似思维与问题解决的区别，而且游戏本身是一种问题解决练习的例子。(这已经赋予了游戏比其他的可能性更高的地位，但是我们必须注意到，如果游戏或问题解决想要取代思维，那么注定会失去一些重要的东西。)

为了验证我的假设，我一直在思考美国哲学家阮(C. Thi Nguyen)最近的一些作品。他提出了一个有趣的主张，即游戏是让特定形式的主体性具体化的一种方式。他这样说：

> 对一些人来说，游戏是一项微不足道的事业；它们只是一种消遣无聊和消磨时间的方式。更糟糕的是，游戏可能看起来像是一种自我放纵，让人享受竞争、胜利和地位带来的快乐。毕竟，接受这些武断的规则和目标会有什么意义？游戏中那些无目的的打斗有什么意义？我认为答案是，游戏的规则和目标一点也不武断。它们实际上是一种为玩家选用的具体化特定形式的主体性的方式。这正是使游戏成为一种独特的艺术形式的原因。此类游戏的设计者不仅仅创造游戏的环境和障碍。他们为玩家指定目标和能力；他们塑造了玩家在游戏中所栖息的主体性架构。游戏设计师在主体性之间工作。而玩家在玩游戏时，以一种可控的、有限的方式流畅地承担着另一种主体性。②

他的意思是，通过玩游戏，所谓的独特的人类能力可能会根据游戏显现出来。他描述的一款名为《手语》(Sign)的“关于发明语言的真人角色扮演游戏”说明了这种能力。他的论点是，这款游戏不仅仅是美学的几个子类别之一——包括视觉艺术、小说、电影和传播，而且因为(至少部分)这个游戏的主要活动是基本语言的习得，它更接近汉娜·阿伦特所说的思维。因此，阮的论点挑战了我的假设，即需要遵守规则的正式游戏类似问题解决而非

① Hannah Arendt, *The Life of the Mind*. New York: Harcourt, Inc., 1978.

② C. Thi Nguyen. Games and the Art of Agency. *Philosophical Review*, 2019, 128(4), pp. 423-462.

思维。当然,我并不完全反对他的观点,尽管我并不完全信服。

如果他所说的独特的人类能力像思维一样,那么它也是实用的,与汉娜·阿伦特的"思维"概念不同。它将通过一种并非简化到仅仅是算计的问题解决的活动来达到实际目的。这种形式的游戏能在人类心理活动的思维和问题解决的方式之间架起桥梁吗?让我们看看阮所引用的游戏。在游戏附带的手册中,潜在玩家被告知:

> 《手语》是一款关于被理解的游戏。要被理解,就需要沟通,而这并非易事。这是一场关于权利的游戏,关于一种在游戏中诞生的语言,它发生在不太可能发生此事的地方。
>
> 20 世纪七十年代的尼加拉瓜没有手语。如果你是听力有障碍和语言有障碍的人,你必须从零开始自己建构。你可能有一些与值得信赖的人共享的简单手势,但只不过是一些夸张的动作用以满足基本需求。即使与亲密的朋友,你也很难深入表达。
>
> 你的孤独很真实。
>
> 1977 年,情况发生了变化。来自全国各地的听力有障碍和语言有障碍的儿童被带到首都马那瓜的一所实验学校。他们被要求学习唇读,但绝大多数儿童并未学成。不过,这里发生了令人吃惊的事情。
>
> 这些孩子第一次与他们真正的同龄人在一起。这些孩子能够相互理解并成为朋友。因为没有语言可以交流,孩子做了他们唯一能做的事——他们一起创造了一种语言。毫不夸张地说,这些孩子奠定了现代尼加拉瓜手语的基础,让全国的听力有障碍和语言有障碍的人由此可以发声。
>
> 让我们在《手语》这款游戏里,跟随他们开启一段旅程。

这个故事最引人注目的一点是,孩子发明手语是出于一种最初的共同体感觉:孩子对人的认同感在他人与自己的亲切感中产生。这种移情认同的态度暗示了保罗·利科(Paul Ricoeur)的吉福德(Gifford)讲座的主题为"哲学伦理的基础"。他在讲座中介绍了自己的概念。① 由此可以推测,玩游戏的某种特质可以唤起一种有意识的同理心,进而促进道德意识。

《手语》游戏受到这个故事的启发,结构非常精密——阮提到了游戏的严格限制——每名参与者都被分配到一个有故事的角色,他们有着必须与他人交流的秘密或内心的真相。沟通的规则是严格的(游戏是在沉默中进行的),但这种严格要求玩家全心全意地投入游戏中,认真地争取胜利。阮表示:"人为的规则、武断的目标和玩家对获胜的执着……是游戏成为一种独特的艺术形式和人类自我发展的宝贵工具的原因。"

我想将这一观点与 A. S. 尼尔(Alexander Sutherland Neil)的观点进行对比。A. S. 尼尔创办了实验性的夏山学校(summerhill school),而这所学校运作的前提则恰恰相反,即强加的结构和对个人自由的限制扼杀了儿

① Paul Ricoeur, Soi-même comme un autre. Paris: Seuil, 1990.

童天生的伦理意识和同理心。[1] 就像我在介绍玩的伦理学时所说的:

> 这所学校的指导原则是,学生可以根据学校的信条"自由,而非许可"(freedom not license)而自由行事。在A. S. 尼尔的童年发展观中,孩子渴求知识,但不喜欢被强迫学习。如果在适当的养育环境中给予自由,孩子不仅会在智力上(这仍然需要接触教育资源),而且会在道德上发展出积极的公民和社会意识。放纵问题对A. S. 尼尔来说根本不是问题。因此,非结构化、自发或自然玩耍与良性增长和发展之间的界限是似是而非的。

阮通过引入体验美学(aesthetics of experience)来调和这种紧张。他所说的审美体验的典型形式是关系性的。在他的例子中,攀岩的美学不仅是对攀岩者自身运动的美学,而且是运动与岩石之间关系的美学。这不仅是因为我的动作优雅,而且是因为我优雅的动作是对特定困难的解决。

阮认为,游戏可以提供这种体验,但并非所有的游戏都可以。他(和我们所有人一样)对数字和互联网游戏文化的一些趋势表示关切和担忧。文化环境与游戏之间的关系是复杂的。在文化起决定作用的条件下,游戏体验可能更像威廉·戈尔丁(William Golding)所描绘的《蝇王》(*Lord of the Flies*)中的场景,而非尼加拉瓜儿童构建的相互支持、共情的共同体的场景。

关于什么样的游戏发展了阮所说的明显的人类主体性,以及游戏的美学如何形成从思维到问题解决的桥梁,这些问题在我心中仍然悬而未决。我们是否认为语言游戏和角色扮演游戏符合道德或性格发展的类型?怀疑的暂停是能够产生这样结果的游戏美学的一部分吗?

围绕这些问题,哲学家需要重新组合。海德格尔和汉娜·阿伦特也许已经警告过我们,让游戏模式化所固有的危险;维特根斯坦和约翰·奥斯丁(John Austin)让我们深入了解了日常语言是如何将问题解决与思维联系起来的。

关于玩游戏的美学和严格限制的价值,我将以罗伯特·弗罗斯特(Robert Frost)在被问及自由诗(free verse)时的评论结尾:

> 就我而言,写诗时没有诗歌形式对我的阻碍,我就像放下球网打球一样满意……写自由诗就像放下球网打球一样。

① Alexander Sutherland Neil, *Summerhill: A Radical Approach to Child Rearing*. New York: Pocket Books, 1977.

游 戏

——让儿童过有意义的理性生活

◎ 孙丽丽[①]，杭州师范大学经亨颐教育学院

一、游戏是儿童日常生活与理性生活的完整表达

生活是纷繁复杂、多姿多彩的，就如“灌木丛”[②]一样。儿童的整个生活指的是儿童的生活世界。“生活世界”概念最早由胡塞尔提出来，在他那里，生活世界是一个人活动于其中并且自明地预设的直观世界，具有非课题性的特征。后来，海德格尔、卢卡奇、维特根斯坦、阿格妮丝·赫勒、舒茨、哈贝马斯等都对生活世界有过明确论述，丰富了“生活世界”概念的内涵。他们都指出，生活世界是由日常生活世界和非日常生活世界两个亚领域辩证统一的世界。阿格妮丝·赫勒在她的代表作《日常生活》中明确指出，日常生活不等同于生活世界。她把生活世界划分为个体再生产的日常生活世界和社会再生产的非日常生活世界。日常生活的特性就在于它的自发性、重复性和习惯性。也就是人每天在生活中自然而然地发生的领域，具有一种抵御改变的惰性。非日常生活的主要特性在于它的自觉性、流变性和创造性。在非日常生活领域，人们不是像在日常生活中那样循规蹈矩，而是超越日常生活处处求新。因此，生活并不仅是简化为立足现实的日常生活，即生活的记事本，在那里就找不到儿童所固有的灵性、梦想和惊异的踪影了。儿童心理学家“让·皮亚杰的研究将儿童的智慧描绘成完全另一种样子。他证实了，儿童的智慧在两架纺织机上编织，这是两架不同的纺织机，一架在上，一架在下，在生命的最初岁月里，下机面所进行的编织工作要重要得多。这是儿童自己的事情，儿童围绕着自己的需求杂乱无章地吸收和凝结能使他满意的一切。这是主观性、愿望、游戏，以及顽皮任性的一面，也就是弗洛伊德所说的欲望原则。相反，上机面是社会环境逐渐造成的。儿童愈来愈感到社会环境的压力。上机面是客观性、言语、逻辑概念的一面，总之，是现实性”[③]。“看不到这两个方面的观察家，认为表演只在一个平面上进行的观察家，只能得到极端混乱的印象，因为每一个面都有自身的逻辑。”[④]也就是说，“就人类来讲，有两种水平的生活。第一种水平进行的是实现物质文明而进行的奋斗，这包括政治、法律、经济、技术等一系列活动，这些活动事务的直接目的就是形成物质生活资料的丰富和社会的稳定，我们称之为‘物质层次上求实

---

① 孙丽丽，山东威海人，杭州师范大学经亨颐教育学院副教授。

② “灌木丛”这一说法出自哈贝马斯《后形而上学思维》一书。书中提出“生活世界”是一个充满前见的原发境域，是“灌木丛”，它的各个枝条（自然、社会、历史、当下、真假、善恶、美丑、是非等）缠绕在一起，形成一个错综复杂的整体。

③ ［苏］维果茨基：《维果茨基教育论著选》，余震球选译，北京：人民教育出版社，1994年，第62—63页。

④ 同上，第63页。

的生活’，有人喻为‘散文式的生活’。另一种水平就是人类的科学的求真、艺术的求美和伦理的求善的活动，这是人类不畏任何艰难险阻，不计利害得失的自由想象的精神层次的生活，有人喻之为‘诗的生活’。物质层次的‘散文’式的活动意味着功利的、合理化的、有条理的实际生活，它是循规蹈矩的，按部就班的，而精神层次的‘诗意’的生活则是以跳跃的，想象的，不计功利的生活，它注重生活的价值体验和审美体验。这两种生活对人类来讲都是必需的”①。生活不仅是物质层次的生活，而且是诗的、精神的生活，正是这些精神层次的生活的淡化，而迷恋日常的、散文式的生活，把人的世界简化为物的世界，使人生失去意义，也放逐了教育的真正功能：教育非它，乃心灵的转向。

游戏是儿童与生俱来的本能，没有不游戏的儿童，没有儿童不喜欢游戏。游戏是儿童的精神生活，是一种区别于日常生活（平常生活）的生活，是儿童完整生活世界的展开。关于游戏与生活的最早论述可以追溯到柏拉图，他说游戏是神圣的，生活必须作为游戏来过。约翰·胡伊青加在《人：游戏者——对文化中游戏因素的研究》中，将柏拉图的“生活”概念换作文化，人在本质上是一个游戏者，儿童更是一个游戏者，游戏是儿童生活的一个最根本的范畴。而康德从人的自由本性为游戏立论，席勒则从美和艺术的角度来论述游戏冲动，指出游戏不仅是感性生活，而且包含理性生活。“等到想象力试用一种自由形式的时候，物质性的游戏就最终飞跃到审美游戏了。我们必须把这称为‘飞跃’，因为在这里一种全新的力在活动，因为在这里立法的精神第一次干预盲目本性的活动，它使想象力的任意活动服从于它的永恒不变的一体性，把它的自主性加进可变的事物之中，把它的无限性加进感性事物之中。”②人在游戏中达到了生活和想象的统一。维特根斯坦则将语言等同游戏，又等同生活形式，直接将游戏与生活世界联系起来。而到了后现代，伽达默尔也关注了游戏与生活的问题。伽达默尔指出：“游戏并不是在游戏者的意识或行为中具有其存在，而是相反，它吸引游戏者入它的领域中，并且使游戏者充满了它的精神。游戏者是把游戏作为一种超过他的实在性来感受。”③此后，对儿童游戏进行研究的哲人和学者很多，他们对儿童游戏的研究都不曾离开过对儿童生活世界的探讨。比如福禄培尔把玩具称为“恩物”，也就是造物主赐予儿童的礼物，那么游戏是儿童内在生活的自我展现。“就是说，儿童的生活必须为了获得欢乐而必然地犹如鲜花从丰满的花蕾中开放那样从内部绽出来。欢乐是这一年龄阶段一切少年活动的灵魂。”④霍尔和格鲁兹则分别论述了游戏与儿童的过去和未来的生活紧密相连。“儿童游戏是儿童对其整个生活的表达（表现），如果哪种游戏理论不能涵盖儿童的整个生活，那么这种理论是

① 转引自金生鈜《理解与教育：走向哲学解释学的教育哲学导论》，北京：教育科学出版社，1997年，第74—75页。
② ［德］席勒：《审美教育书简》，冯至、范大灿译，上海：上海人民出版社，2003年，第231页。
③ ［德］伽达默尔：《真理与方法：哲学诠释学的基本特征》，洪汉鼎译，上海：上海译文出版社，1999年，第141页。
④ ［德］福禄培尔：《人的教育》，孙祖复译，人民教育出版社，2001年，第275页。

不必要的。”①

因此，儿童游戏中生活着两个心灵：最初的心灵——是充满联系的儿童心灵，第二个心灵——是在成人的影响下产生的，感受有类别的世界。

二、游戏是儿童同化现实无限创造的诗性（理性）生活

生活中的儿童是未完成的人，是不断发展的、生长的人。因此，儿童游戏中的生活世界不是让游戏成为生活的描摹，而是要体现一定的创造性，这样才能满足儿童不断发展的需要。班马在《前艺术思想——中国当代少年文学艺术论》中提到的“儿童游戏反儿童化”是说儿童游戏一方面模仿成人生活（也就是儿童自然接触的生活）的倾向；另一方面超越日常生活，即儿童在游戏中生活在一个超现实的世界里。儿童在游戏中有用不完的精力，有无限的奇思妙想，且常常有惊人的壮举。在让-罗尔·布约克沃尔德（Jon-Roar Bjørkvold）《本能的缪斯——激活潜在的艺术灵性》里，儿童游戏的这种特性被称为“缪斯式突破”。同生活世界一样，正是在这个意义上，我们说儿童游戏不仅是对生活的模仿或是反映，而且会表现出无限的创造性。

亚当·戈普尼克（Adam Gopnik）在2002年9月30日出刊的《纽约客》上发表了一篇题为《遇见查里·拉维欧里先生》的文章。对她来说，这么幼小的孩子能够用假装交谈的几句话去捕捉现代人生活中的矛盾，真是难以置信！以下是亚当·戈普尼克引述孩子的话：“‘我今天遇见查里·拉维欧里，’她说，‘他正在工作。’接着，她又笑眯眯地说下去，‘可是，我们一起跳上了一辆出租车。’‘然后呢？’我们问。‘我们随便吃点儿午餐。’但后来查里·拉维欧里并没有吃午餐，而是跳进了其他许多辆出租车，错过了其他许多个约会，最后再次跳进奥利维娅的出租车，于是新一轮的出租车大战开始。”这个幻想游戏对某些当代生活的荒谬做了精妙的评论。“游戏并不是主体想服从现实，而是想把现实同化于自己。”②我们再来看，孩子讲的《红绿灯》的故事。“红绿灯里住着三位公主，红裙子公主、黄裙子公主和绿裙子公主。红裙子公主很喜欢自己的表演，因为在她表演的时候，人们都安静地停下来。黄裙子公主和绿裙子公主见了就不高兴了，因为人们总是看几眼就走了。然后呢，三位公主就吵闹了起来。红绿灯出故障了，人们乱成了一锅粥，警察叔叔把红绿灯关掉了，让一个修理工在红绿灯那里安装一个更衣室，修理工便对三位公主说：‘我来给你们安装一个更衣室。’现在有了更衣室，红裙子公主、黄裙子公主和绿裙子公主都高兴了。行人也不乱糟糟了。”听完这个有趣的故事，笔者查询后惊讶地发现，红绿灯的由来竟然跟孩子讲的这个故事有相似之处。19世纪初，在英国中部的约克城，红、绿裙装分别代表女性的不同身份，着红裙装表示已婚，着绿裙装表示未婚。当时，英国

---

① Margaret Lowenfeld. Play in Childhood. M. R. C. S., L. R. C. P., *Psychological Director of the Institute of Child Psychology*, London, 1991, p. 23.

② ［瑞士］让·皮亚杰：《儿童的心理发展》（心理学研究文选），傅统先译，济南：山东教育出版社，1982年，第43页。

伦敦议会大厦前经常发生马车撞人的事故,受红、绿裙装的启发,于1868年12月10日诞生了由英国机械师德·哈特设计、制造的第一盏红、绿两色煤气交通信号灯。

对成长中的儿童来说,游戏生活是儿童精神和认识的诞生地,是儿童发展取之不尽、用之不竭的源泉。

(一) 游戏之于儿童自我的认识

我不是坏人

"有人必须演狼。"小红帽说完,戴上绒布小红斗篷。

"我不是坏人。"另一个幼儿辩驳道。他穿马甲,打领带。

"她其实是爸爸猎人,但是,你假装有巨大的牙齿。"

"像狼那样吗?你看,狼咬过我,所以我的牙齿越来越强壮,我像是一匹狼。"

"当你的牙齿像狼一样强壮的时候,你是不是变成另外一个人了?"

"我不是太强壮,我只是有一点点强壮。做爸爸不可以太强壮,有时候他可以那么强壮。"

"你知道的啊,我一直都只是在假装。"

同样的情形,在儿童游戏中不断上演。一次在《狼和小羊》的故事表演中,表演狼的小朋友非常开心,他不断要求重演,在他的要求下,一个故事表演了5次才结束。"我是谁"这是个哲学问题。这其实是一个很难回答的问题。古希腊阿波罗神庙中曾镌刻着这样一道神谕:"认识你自己。"可是儿童在游戏中,却能自如地区分并转换。当你一定程度上发生了改变,你还是你,有时候的你只是在假装。假装游戏对发现我们是谁至关重要。

(二) 游戏之于儿童自我与他人关系的认识

抢椅子游戏

在一个生日会上,大家玩起了抢椅子游戏。

以往没有抢到椅子的孩子一脸严肃地坐在一边。

"他不能没有椅子坐。"孩子提议道,"这是他的生日会,这不公平!"

"这个游戏就是这样玩,你知道的。"有孩子说。

"这不公平,让我们再来玩一次,但这一次椅子都放回去,不拿走了。好吗?这样,大家都有椅子坐。"

孩子如释重负,欢呼雀跃。

门的职责

"这个游戏表演有什么问题吗?"

"扮演门的小朋友站在那里,大家都没有做开门和关门的动作,扮演门就很无聊啊!"

"其他小朋友需要假装打开门,进门以后还要假装关上门。"

"这是个旋转门,大家表演时需要跟着门转一圈。"

……

儿童游戏的世界也是一个社会交往的世界。"游戏本能的任务是创造秩序,或为社会交往赋予形式。"①对孩子来说,

① [芬]尤卡·格罗瑙:《趣味社会学》,向建华译,南京:南京大学出版社,2002年,第186页。

游戏的乐趣已经不仅仅是竞争，他们更在游戏中体会到尊重的价值与意义——公平，并因此感到更加自在。这就是游戏建构社会生活的意义。

（三）游戏之于儿童“真”的认识

一小块拼图不见了①

四个小朋友正在玩“邮局”游戏，突然发现拼图少了一块。几个孩子有些慌乱。一个孩子一边找一边讲故事。“有一块拼图，它孤孤单单地流浪在某一个地方。他们努力找到了一块，一块，又一块，还有假装的又一块。后来，全部都找到了。”另一个孩子问：“什么是假装的又一块？”这个讲故事的孩子说：“它的形状不对，可是没有人注意到，所以你把它塞进去了。”其他几个孩子也被激发讲故事的兴趣。“从前，有一块拼图。我的不像你的，我的是金色的。他们必须去找另一块上面有太阳的（恰巧是丢失的那块拼图），这个拼图只差一块就完整了。后来有个男生来了，他知道，就差一块拼图。他看到一块拼图，可是不是那一块。”一个女孩也讲了她的拼图故事，只是被藏进了公主的故事里。“有一个公主，她看见城堡有一个破洞，因为有一块拼图不见了。接着来了两姐妹，她们是公主。有一位公主去游泳，她在水里倒立，她看见一块拼图，可是拼图游走了。而且，另一位公主也抓不到那块拼图，它游得比较快，是一块游泳拼图。”

小男孩与玫瑰花

小男孩寻找玫瑰花的种子。他找到了，觉得肯定是玫瑰花的种子，于是就种下去了。可是有一些种子长出来是乌桕，还有香樟。

“为什么会长出乌桕和香樟呢？”

“因为玫瑰花的种子和香樟的种子长得很像，都是黑黑的、小小的。”

“因为玫瑰花和香樟长在一起，风一吹就把它们的种子弄混了。”

“因为小男孩去问大人玫瑰花种子长什么样，他只听说是圆圆的、小小的，不知道颜色，所以就把乌桕和香樟的种子当成玫瑰花的种子。”

……

游戏中，孩子的反应并不是随意的。这个游戏既反映了儿童正在经历的事件，也在游戏中为他们设计了一个迫切需要回答的问题，然后一路跟着这个问题发展的轨迹，获得一种聚焦的多角度的理性思考，寻找解决问题的多种可能性，这可以避免教育中过分强调的唯一性和标准答案的僵化。也正是在这个意义上，儿童教育研究者薇薇安·嘉辛·佩利（Vivian Gussin Paley）指出，儿童游戏中呈现的最重要的，如果说只有一个主题，那就是“想象”。

（四）游戏之于儿童“善”的认识

灰姑娘宝宝的故事

“我是灰姑娘宝宝，这里没有凶的姐姐，所以，你不可以对我凶。你

① 原案例见［美］薇薇安·嘉辛·佩利《游戏是孩子的功课：幻想游戏的重要性》，杨茂秀译，昆明：云南出版集团晨光出版社，2018 年，第 118—122 页。

可以做个好姐姐。”

她们把灰姑娘变成宝宝。

“现在，我是婴儿，你是姐姐。”

“我们可以是两姐妹，婴儿还没生下来。”

“嘘——婴儿正在蘑菇底下哭呢。”

“我是好仙女，我带她去参加舞会。”

“那要等她长大一点儿。我们还没演完她是婴儿的时候，而且她爸爸现在还不是王子，要到后来才是。”

“别忘了，她爸爸后来也是超级英雄。”

“有一个宝宝名叫灰姑娘，她还太小，不能去参加舞会，她的妈妈要带她去公园。”

“假装我是好妈妈。”

“有坏妈妈吗？”

“后妈吗？不，只有一个妈妈，一个好妈妈。好妈妈还在。”

“这时候，我们都还很快乐。”

孩子更喜欢灰姑娘是一个宝宝，他们知道这个童话故事的内容，但他们并不急于表演成熟的角色。儿童游戏中通常会花费大部分的时间重新去发现故事中角色的婴儿时期。小红帽宝宝、灰姑娘宝宝、太空超人宝宝、骷髅王宝宝，没被变成宝宝的英雄是很少的。为什么他们喜欢花费时间去玩英雄宝宝的游戏呢？他们经历过的婴儿生活与他们玩的有关英雄的幻想游戏，在各种想象角色身上融为一体。孩子从体验英雄宝宝恢复权利获得愉悦感，同时，英雄宝宝的生活突破了原有故事形象的恶，使得他们可以去探讨简单、纯朴的善。

大灰狼的故事

“大灰狼被剖开肚皮会很难受的。”

“我们不是真的剖开，我们是假的，这样做动作。”

“我们可以离远一点，这样它就不难受了。”

“我们的手要这样接着大灰狼的头，要不然它会摔疼的。”

“哦，是的。我们大家一起帮忙，不要让它摔得很疼。”

“是的。”

……

这个游戏中的对话，孩子虽然知道大灰狼做错了事情需要接受惩罚，但他们仍然能将自己的感受与想象角色相类比，从而表现出对角色的同情和善意。

（五）游戏之于儿童“美”的探讨

几个孩子正围在桌边用橡皮泥捏娃娃。

化了装的公主

“我捏的是公主，你看多漂亮的裙子！你捏的是什么？”

“我捏的是万圣节化装舞会上的王子，你难道看不出来吗？”

“那我捏的公主也是化了装的公主。”

“所以你捏的也并不是长得漂亮的公主，只是化装成公主！”

“看我这个，我捏的是巫婆，哈哈，你们会怕吗？”

“好了，那现在我们可以一起去讨糖了！”

小女孩和桂花树

有一天，小女孩在操场上玩，她发

现了一棵树。她看见那棵树是光秃秃的，叶子和花都没有。第二天，她拿了放大镜和手机去找那棵光秃秃的树。她用放大镜看了一下树枝，她看见树枝上有一朵小花，然后她用手机软件扫描了一下那棵树，知道那棵树是桂花树，那朵小花是桂花。第三天，她想了一个办法，她给那棵光秃秃的树挂上很多朵装饰的小花，桂花树变得漂亮了。

我们看到，当孩子做游戏时，美与丑是可以相互转化的。他们会以多元的角度去思考，并会以自己的实际行动去创造美的事物，从而体验和建构出能带来喜悦和开心的事物就是美的。

儿童游戏的意义是，通过想象的自由，超越日常生活，追求其本真的意义。游戏使人获得自由的秘密在于其超越经验，而超越经验依靠想象。儿童在游戏中舒展的想象之翼是本真或原始的，或如马克思所说是真实的想象，不像成人只追求想象的真实。两者的本质在于，前者想象的主体与客体亲密无间，后者则以主体与客体分立为前提。这样的想象诚如让-保罗·萨特所言："想象并不是意识的一种偶然性的和附带具有的能力，它是意识的整体，因为它使意识的自由得到了实现……人之所以能够从事想象，也正是因为他是超验性自由的。"①儿童在充满想象的游戏（任何游戏都带有想象性质）中超越了日常经验的束缚，甚至有意颠倒了日常经验（例如在日常经验中超人英雄是令人畏惧的、至高无上的等，但在儿童游戏中都成为超人宝宝）。他们的身心于是不再有任何挂碍，从而理所当然地获得自由的欢愉，也不断获得分析和理性思考。

三、让儿童过有意义的理性生活

理性生活是儿童成长的"精神植被"，主张儿童过理性生活，并不是一般意义上的将儿童过早带入科技化、符号化、信息化的世界，使之失去生命真实、原始野性。例如过早地教算术、背诵答案等。恰恰相反，而是主张让儿童融入诗性生活，生长儿童的野性。游戏扎根于儿童的真实生活世界，因而极具生命活力和不朽魅力。

在儿童游戏过程中，教师是儿童生活的伙伴，儿童学习的促进者。依循着儿童游戏的兴趣和需要，通过语言提示、发问或回馈，可以支持儿童在游戏中从不同的角度思考他人的观点和情绪，与他人合作解决问题，等等。即多彩地展现和探索儿童的完整生活世界，构筑健全的儿童文化生态。

（一）在玩物游戏中，让儿童了解自己的动作和物体之间的关系

有毒的河

"不要去那里！那条河有毒！"

"我的脚中毒了吗？"另一个幼儿问。

"不要担心，我会让别人看不见你。你摸一下这张纸，现在，我已经帮你解了毒，纸上是别人看不见的字。"

"你是说刚才我中毒了。现在我的毒已经解了。"

"如果隐身了，我还会知道那条河有毒吗？"教师问，"我是动物园管理员。"

---

① ［法］让-保罗·萨特：《想象心理学》，褚朔维译，北京：光明日报出版社，1988年，第281页。

"当然会。不过你只有在不隐身的时候才会中毒,然后你会踏进河里,因为别人可以看见你踏进那条河。要不你用隐形墨水写个牌子做标记吧,给你!"

他接过隐形墨水,用手指蘸着墨水,一边写一边说道:"有毒。"(当然只是做了个×的标记)

"突出一点儿!要突出一点儿!"

"可这是用隐形墨水写的啊!"

"对,只有隐身的人才能看见。坏人是不能隐身的,他们看不见,就会掉进有毒的河里。这可是一个好主意!"

"那我的动物还能看见我吗?"教师问。

"放心吧,再摸一下你就是双重隐身了。除了你的动物,没人能看见你。"

这段表演的重点似乎变成了预测动作与可能发生的故事之间的关系。"发现"成为游戏探索的主题。1989年,诺贝尔化学奖获得者达德利·赫施巴赫(Dudley R. Herschbach)在以"发现"为主题的学术会议中告诉听众,任何学科,教师与儿童都要去发明故事的场景、情节和角色,就像小时候那样自然地做事,以便从鲜活的视角去研究日常所见的普普通通的现象。

当儿童在游戏中主动操作和不断尝试操作某个物体时,教师可适时运用下列四种开放式问题,激发儿童思考物体和事件之间的关系。[①] (1)改变物体,预测和验证物体将如何反应。例如问:"如果……结果可能会怎么样?""如果你……(做某件事),看看结果会怎么样?"(2)改变物体,以产生一个预测的反应。例如问:"你能想到一个方法……(做某件事)吗?""还有其他什么不同的方法可以做……(某件事)吗?"(3)察觉如何产生预期的结果或做比较。例如问:"你想怎么做……(某件事)?""哪种方法做……(某件事)较有效或较容易?""怎样能使这个物体和那个物体变得不一样?""怎样能使这个物体产生不同的结果?"(4)解释原因。例如问:"为什么会发生……""为什么会有这样的结果?"

(二)在建构游戏中,联系儿童的自我经验进行引导

可以有一座桥吗

当一条用积木搭的毒水河开始威胁娃娃角时,孩子开始抱怨。

"积木占据的空间太大了,这里的人也太吵闹了。"(其实这也没什么不对,总有一些孩子喜欢移动到舞台的中心,摆出一副想要独掌全局的样子)

"可以有一座桥吗?像×××搭的同样的桥,让我们到河对岸去。"教师说(以游戏者的身份)。

那些演毒水河剧本的孩子悄悄调整了他们的情节,场景也有数次修改。例如,加上一座桥,一个堤坝,一位驾着银色小船的公主。另外,一个动物园管理员变成双重隐身人和一只美洲食蚁兽坐着魔法枕头一起过河。孩子很享受修改故事情节的过程。"假装我是什么"总会以不同的形式出

① Constance Kamii and Rheta DeVries, *Physical Knowledge in Preschool Education: Implications of Piaget's Theory*. Englewood Cliffs, New Jersey: Prentice-Hall, 1978, pp. 48-52.

现，它是孩子保持流畅度的基础，也是变成良好教室氛围的根基。这种游戏中的自我调整能带来儿童良好的社交言谈、社会责任。只要我们给他们机会去找出解决之道，孩子就会证明他们的能力。

你能找出像这块积木一样的另一块积木吗？（分类）你能使这条路和那条路一样长吗？（空间关系，问题解决）如果你把这块积木放在这里，将会怎么样？（预测）你如何连接这两块积木？（问题解决）你能用圆的积木搭一栋房子吗？（假设，问题解决）如果把这块大的积木放在最上面，它会掉下来吗？（假设，问题解决）我们可以搭出同样的路吗？（比较）

（三）在角色游戏中，以问题让儿童明确概念和意义

白雪公主的妈妈死了

"白雪公主的妈妈为什么要死呢？"（教师问）

"因为妈妈生孩子要去医院，可是白雪公主的妈妈生孩子没有去医院，身旁也没有医生。"

"因为生了宝宝呀！我妈妈说生宝宝很痛，很危险。"

"因为宝宝在妈妈肚子上开了一个洞，这个洞如果没有缝好就会很危险。"

"妈妈是怎么生宝宝的？是宝宝开个洞吗？"（教师问）

"不是的，我是直接从妈妈肚子里出来的。"

"不是，是医生用手术刀在妈妈的肚子上划开一个洞，再把宝宝拉出来。"

"我是医生用钳子夹出来的。"

"你们觉得妈妈在生宝宝的时候会是什么感觉？"（教师追问）

"我觉得妈妈会很痛，平时我擦破一点儿皮就很痛了，更别说在肚子上划开一个洞了。"

"妈妈说生宝宝时打过麻药，可是药效过后还是会很痛。"

"我觉得妈妈肚子会很重，走路会很累。"

……

在这个游戏中，教师的提问使得孩子的思维变得更发散。通过游戏，让孩子学会如何看待事物并了解其中的意义，他们会去找寻角色及情境，让观念转化为有生命的创意展现。

索尔·斯米兰斯基（Saul Smilansky）说，教师作为游戏者，在游戏中可以成为儿童天然的导师。通过参与孩子的游戏，教师支持了孩子的思考、孩子的行为。教师的介入，让孩子通过眼睛和他人的感受来重新看待和进行游戏。

（四）在同伴游戏中，同伴互动支持儿童深入思考

两个3岁的孩子同时拉着一只娃娃的手，叫喊着"我的，我的"。教师请这两个孩子暂时离开娃娃角，去尝试别的活动。一个孩子停在画架前，胡乱地用红色颜料画了个圆，然后跑去做黏土。他一边做一边讲故事。"有一只老虎，后来，又有一只狮子。狮子想要吃掉老虎，突然一阵大风吹来，它们粘在一起，在地上打了个滚，它们成为了好朋友。"接着，他拉来刚刚和他争抢娃娃的那个孩子，一个演老虎，一个演狮子，两个孩子假装粘在一起，在地上打个滚，直到演到最后一句，“它们成为了好朋友”。

“老虎和狮子成为好朋友，是因为它们粘在一起了，对吗？”教师问。

“不，它们一直是好朋友，”孩子解释道。

教师指导的最佳方式是只需要重复并表达对儿童所说的内容感兴趣。儿童在游戏中会自主合作，共同解决问题。开放的游戏环境给儿童带来了创造有趣故事的自然能力。通过彼此对话帮助儿童发展这些经验和技能，儿童可以在游戏中明确意义，学会宽容和尊重，获得社会认同。

在同伴游戏中，教师还可以引导儿童彼此商量和决定一些游戏规则，以激发儿童思考人际关系。例如，如何帮助被拒绝的儿童？如果都想得到该怎么办？教师则需要随时在儿童游戏过程中，以适当的问题或建议引发儿童考虑其行为的可能后果、想到别人的立场、察觉到游戏规则的重要性，引导儿童在游戏中学习同伴互动和处理人际互动问题。

卡尔·雅斯贝尔斯说：“人的回归才是教育改革的真正条件。”①正如席勒告诉我们：“只有当人是完全意义上的人，他才游戏；只有当人游戏时，他才完全是人。”②换句话来比喻儿童游戏与儿童生活的关系也是如此，只有当游戏是生活中的游戏时，它才是游戏；只有当生活作为游戏来过时，它才是完满的生活。

仪式、精神与自由

——游戏中的幼儿园儿童同侪文化研究

◎ 张　莉③，广州体育学院

本文将从五个方面展开。借鉴荷兰学者约翰·胡伊青加的“游戏”概念。“游戏为一种完全有意置身于‘日常’生活之外的、‘不当真的’但同时又强烈吸引游戏者的自由活动。”④同时，游戏具有内在动机、自主选择、好玩的体验、扭曲外在现实来调适游戏者的乐趣的特征。本研究中的游戏是儿童自发展开的，不涉及教师组织的游戏活动。

儿童同侪文化是指儿童与同侪在幼儿园生活世界中交往所形成和发展起来的稳定的生活方式，是由一套集体表征体系所组成的儿童同侪群体典型的思考、理解、回应周围世界的方式。研究解决的问题是：游戏中幼儿园儿童同侪交往生成了

---

① ［德］卡尔·雅斯贝尔斯：《什么是教育》，邹进译，北京：生活·读书·新知三联书店，1991年，第51页。

② ［德］席勒：《审美教育书简》，冯至、范大灿译，上海：上海人民出版社，2003年，第124页。

③ 张莉，教育学博士，广州体育学院学前教育教研室教师，硕士研究生导师。

④ ［荷］约翰·胡伊青加：《人：游戏者——对文化中游戏因素的研究》（第2版），成穷译，贵阳：贵州人民出版社，2007年，第12页。

怎样的文化样态？采用民族志研究方法，选取了广州市一所幼儿园的一个班级，我把它称为“苹果班”，我在这个班从中班下学期一直跟到大班上学期，也就是一个学年的时间。进入田野研究的现场，我的角色是一个非典型成人，进入儿童生活中和他们一起上课、做游戏、午睡等。我并不是在幼儿园里对孩子有一些指挥、掌控、指导和领导的成人角色。我借鉴、运用了中国台湾学者张芬芬的资料分析五步骤，从文本化、概念化到命题化，在命题化过程中，生成了三个命题，然后将其用图表化来进行核对，最后形成一个理论解释的框架。

研究发现，儿童的游戏是一种独特的仪式。仪式在社会学中，是一种“有规律的、不断重复的社会行为”①。仪式的意义在于它是构造生命的一种能够让我们联系起来、能够传递意义的过渡行为。约翰·胡伊青加认为，“无论是仪式，还是音乐、舞蹈、战争、竞技运动与狩猎活动等，所有人类社会中的那些伟大的原型活动，从一开始就渗透着游戏”②。儿童游戏具有一种象征性，在游戏中，儿童是彼此相互关联的，而且能够构建成为一个共同体。儿童构建了游戏的过渡仪式与分享的游戏，游戏本身是一种互动的仪式。

游戏的过渡仪式，我借鉴了阿诺尔德·范热内普(Arnold Van Gennep)提出的过渡仪式的三个阶段：分割、边缘和聚合。儿童在幼儿园的生活具有集体性质，他们在集体中，会把群体所建构出来的游戏空间视为一种群体的共同感，只有属于我们群体的一分子，才会被允许进入游戏中。因此，在儿童游戏空间的内和外之间存在一条无形的边界，虽然它没有显性的标识，但孩子还是能够意识到它的存在。而且，当孩子在观看其他孩子开展游戏的时候，他自己和游戏群体里的孩子都知道彼此是相互隔离的，那条无形的边界会告示孩子他没有进入游戏空间、他是处于一个边缘阶段、他还没有具备共同游戏的资格。因此，孩子会试图表现出接近同伴的一些行为，来参与同伴的游戏，运用一些程序化的表演进入已有的游戏空间，这就可以看作一次聚合的完成。这是一个田野笔记的例子：当时我和一个名叫马涵菡的小朋友在走廊的柜子上玩橡皮泥，有一个名叫童楚霞的小女孩走过来。她说：“我也想玩橡皮泥。”她看到柜子上放了一些小东西，拿起一个戒指，问马涵菡：“这是什么？”马涵菡说：“是珠子、螺丝，还有戒指。”然后另外一个小女孩也过来了，童楚霞借助这个戒指，说：“我想跟你一起玩，可以吗？”这个时候马涵菡就说：“可以。”美国童年社会学家威廉·A. 科萨罗(William A. Corsaro)的研究当中也谈到了这种现象，但是他所观察到的是，儿童很少会直接对其他儿童提出进入游戏的请求，因为这样的方式大多会以否定告终。③ 但是我在苹果班的观察中发现，孩

① [德]洛蕾利斯·辛格霍夫：《我们为什么需要仪式：心灵的意义、力量与支撑》，刘永强译，北京：中国人民大学出版社，2009 年，第 7 页。

② 转引自张庭华《游戏：人类文化发生发展的源动力——胡伊青加〈人：游戏者〉评介》，《海南师范学院学报》(自然科学版)2005 年第 1 期，第 94 页。

③ [美]威廉·A. 科萨罗：《我们是朋友——走进儿童内心世界》，张京力、单桐译，北京：科学普及出版社，2012 年，第 29 页。

子大部分都会对正在游戏的同侪直接地提出请求，如果不能够直接被接受，孩子会以语言或者肢体靠近的方式，来帮助自己过渡到游戏中。这个可以用英国社会学家维克多·特纳（Victor Turner）所提出的“流动体验”概念来解释。维克多·特纳说：“在通过流动体验而获得阈限的过程中，每一个参与仪式的人都会亲历一些即刻提升或逆转社会地位的行为。”①童楚霞就是通过玩具戒指这一道具表演，自然地将自己的身份从游戏的旁观者逆转成为一个局内人，成功进入了游戏空间。

苹果班的孩子构建了非常多样的游戏过渡仪式，不仅仅是直接进入的方式。我们可以看看这一段关于小男孩早餐过后的自主游戏。自主游戏的过程中，一个名叫黄俊熙的小男孩，拿了一筐插塑放到榻榻米上。另一个名叫刘磊磊的小男孩走过来说：“我可以搬椅子来吗？”黄俊熙点点头，说：“可以。”刘磊磊就把椅子搬过来坐下，两个人各自搭插塑并开始讨论。这时，另一个名叫吴昊昊的小男孩跑过来说：“我想过来一起玩。”黄俊熙说：“我不想跟你玩。”但是吴昊昊不听黄俊熙的，转身去搬椅子，坐在旁边。黄俊熙说：“我不喜欢和你玩这个。”吴昊昊又说：“我有贴片……”意思是他可以跟黄俊熙交换。黄俊熙依然拒绝，说：“我不想和你玩，你太调皮了。”这时，吴昊昊跑去搬了一筐积木过来，因为没有被准许进入游戏，他就自己开始搭积木。一个名叫钱炎杰的小男孩吃完饭，搬椅子过来，没有问黄俊熙和刘磊磊，就拿起筐里的插塑搭起来，没有人阻止他。他们对话时，吴昊昊听见了，说：“这是破烂机器。”吴昊昊心里有一点不高兴，因为他没有被准许进入那个游戏空间。黄俊熙看着吴昊昊说：“是机器人。”吴昊昊用机器人的腔调说：“你不跟我玩，我就叫它破烂机器。”黄俊熙仍然不搭理他。吴昊昊开始采取另外一种策略，他用他的积木去触碰黄俊熙搭的机器人。他两只手交叉，一只手拿着一块圆形积木，说：“俺来也。”钱炎杰问：“‘俺来也’是什么意思？”这时吴昊昊越过黄俊熙，与刘磊磊用手里的玩具打斗起来，其实这时候游戏已经开始了。钱炎杰没用任何的语言，直接用行动加入了游戏。刘磊磊和吴昊昊都直接运用语言请求的方式，但刘磊磊被直接准入了，吴昊昊被拒绝了。他为什么会被拒绝？我当时问了黄俊熙，他说：“因为吴昊昊吃饭太慢了，太调皮了，所以我不想跟他玩。”吴昊昊虽然没有获得同侪语言上的准入，但是他利用搭建好的玩具和旁边的孩子展开互动，实际上他已经加入游戏空间，自然地成为游戏群体中的一分子。

另外一个游戏片段是一群小女孩在玩过家家。当时这几个小女孩带了过家家的玩具来幼儿园，曾佩儿问她们可不可以一起玩，收到的答复是不可以，只能够两个人玩，不能够三个人玩、四个人玩。吴瑜语在旁边观察，发现曾佩儿用语言准入行不通，当她听到其他孩子说：“要炒西瓜了。”她就说：“我来烧水。”她自然而然地进入这个游戏空间里。儿童所建构的过渡仪式，解决了参与游戏的问题。通过和同侪一起游戏，儿童积累了丰富的社会

① ［英］维克多·特纳：《仪式过程：结构与反结构》，黄剑波、柳博赟译，北京：中国人民大学出版社，2006年，第7页。

交往经验，既能参与集体活动，又能保持个体独立。

儿童构建了一种仪式是分享的游戏，互动的仪式。在过去的研究中，儿童的“分享”概念通常是指个体与他人共同享用某种资源①，可能更多倾向于一种有形的、物质层面的分享，比如分享食物，分享玩具。但我留意到，在苹果班儿童喜欢通过重复性的、共同性的语言或者动作来分享他们生活中的趣事和经验，分享成为一种情感和精神的聚集。

下面这个例子，经常在幼儿园做观察的教育工作者会非常熟悉。孩子已经进入大班，教师在讲解握笔的姿势。有孩子把铅笔放在嘴唇上方，把嘴向上噘，让笔停在人中和嘴唇之间，其他孩子看到了也把嘴噘起来，看谁的笔留在人中和嘴唇之间的时间最长，如果笔突然掉下来，大家就会哈哈大笑。从这个游戏中可以看到，这个动作一开始是单独的儿童的行为，后来慢慢地成为儿童群体的共同行为。兰德尔·柯林斯(Randall Collins)的“互动仪式”概念谈到互动仪式实际上有四种组成要素，第一是既定场域中的群体聚集；第二是参与者的界限区分；第三是有共同的关注焦点，是集体兴奋确立的过程；第四是共享情感体验及移情。② 因此刚才人中和嘴唇夹铅笔的动作是这次互动仪式的群体符号，儿童对这一群体符号表现出共同的关注，并用实际行动表达了这种关注。儿童通过分享这一互动仪式参与群体中，彼此分享同一种行为，增进了儿童在沟通、认知、动作等方面的能力，推进了相互之间的亲密关系。

还有几个片段。第一个片段，看到孩子的这个游戏让我觉得匪夷所思。我和刘磊磊、吴昊昊、李恒在一起看书。吴昊昊突然对着书上一个黑色的像头发炸开的图案，将头往上面撞，大叫道：“铁头功！”李恒指着书说：“这不是毛毛虫吗？”旁边刘磊磊也低头往地上撞，说：“铁头功！”一会儿，吴昊昊对刘磊磊说：“你试下铁头功。”刘磊磊也学着往地上撞，撞完两人呵呵地笑。另外一个片段，一群孩子把一堆树叶堆在一个呼啦圈里，然后把树叶往天空撒，嘴里说：“万岁！万岁！”其他的孩子也跟着一起大喊树叶万岁万岁，树叶掉在地上，大家开心地笑起来。我想分析究竟是什么让儿童感觉到这种集体的节奏。兰德尔·柯林斯说：“互动仪式的核心是一个过程，在该过程中参与者发展出共同的关注焦点，并彼此相应感受到对方身体的微观节奏与情感。”③也就是说，儿童通过一起做重复的动作，体验一种共同的情感，并一再通过这一群体符号表达集体兴奋感和团结感，在重复的游戏中体现自我。儿童试图寻找一种有相似意义的动作，他们分享的是这个动作的意义。某个动作使大家联系在一起，一起行动来获得一种共同的情感。

游戏的精神，我使用的词是“忘”。我发现儿童擅长在日常生活中随时随地去开辟，或者是生产出一个他们可以随时随地投入游戏过程中的游戏空间。下面这个例子：孩子坐在座位上等待吃餐点的时候，有的孩子两个手环抱成半圆形，另外

① 王海梅、陈会昌、谷传华：《关于儿童分享的研究述评》，《心理科学进展》2004 年第 1 期，第 52 页。

② 张莉：《幼儿园儿童同伴文化研究》，重庆：西南大学出版社，2022 年，第 174 页。

③ [美]兰德尔·柯林斯：《互动仪式链》，林聚任、王鹏、宋丽君译，北京：商务印书馆，2009 年，第 85 页。

一些孩子就在对面用食指、中指交替走进这个“门”，孩子会迅速地关注，看谁的反应快，在“门”没关的时候把手指退出来，周围的孩子也慢慢参与进来。我观察到孩子自由展开游戏基本上是集体活动的间隙，孩子能够自主活动的时间是游戏开展最为频繁的时刻。儿童随时随地为自己和同侪划定一块游戏空间，是为了更大程度上与同侪参与共同的活动。通过积极地参与游戏把自己和群体融合在一起，证明自己是群体中的一员。另外，儿童游戏的开展实际上出于一种精神渴求，因此并不需要追寻游戏内容的实际意义。比如这个场景令我非常疑惑：在教师组织的体育游戏活动区，两个小男孩手拉手，用手不停地往额头上敲，放下之后另外一个孩子说：“轮到我了。”他也开始用手不停地往自己的额头上敲。当时我一直在思考，他们为什么这么做？这么做的意义是什么？孩子的表情很严肃，而且非常投入，就像这个世界里只有他们两个人。可能对儿童来说，他们的游戏本就不需要成人所认为的一些意义，游戏本身就是意义。

儿童随时可以找到替代物，用物品来以物代物将自己很快代入游戏的角色中。比如刘磊磊，他趴在地上，背上放了一只靠垫，靠垫上放了几本书，他做了几个敲门的动作，他把自己当作一只乌龟，忘记了本来的自己，使得他做的游戏超越了游戏者本身。他不需要借助任何道具就能开展游戏，随时就可以把身体当作各种道具，而且配合语言的运用和同侪进行自由、愉快地交流，在自由游戏的过程中爆发一种共同的精神和情感。

游戏和它的呈现方式是非常自由和具有创造性的，孩子会同构假想和真实的生活，表现为非常多的戏剧扮演游戏。同构假想和真实的生活是儿童通过游戏来建构一种属于儿童的社会生活，通过假想的游戏社会来同构他们所观察到的家庭、社会和幼儿园生活。游戏中也有性别体制、社会角色分工和权利关系的体察，正是这种映射机制反映了儿童所体验和感知的真实的生活。比如曾佩儿运用游戏表现她在日常生活中所观察到的权利关系，而且她非常享受对生活与周围人物的掌控，在游戏中她的角色权利会呼应儿童日常生活中的同侪关系。通常能够扮演支配性角色的都是被教师或者同侪认可的能力比较强的孩子，能力相对弱一些的孩子在游戏中大多会扮演服从性角色。李志远扮演自动取款机来控制其他孩子的行为。李志远在这个儿童同侪群体中不受欢迎，但他可以通过这种虚拟的方式成为一种具有掌控力的角色。儿童通过游戏里具有强势地位的角色来确证成为有能力把握自己生活的人。

同时，在戏剧扮演游戏中，流行文化对儿童的影响非常大。儿童游戏不是全盘复制卡通的剧情，而是儿童对情节的一种再创造。流行文化作为一种工具影响游戏创意的发展，但有一个令我非常诧异的地方，我观察农村幼儿园儿童的游戏，发现他们很少运用卡通元素，游戏比较少受流行文化影响。我们未来要研究，为什么城市和农村幼儿园的儿童游戏中所呈现出来的文化样态会有这样的差别。

儿童在游戏中发展过渡仪式，是在发展应对挑战的因应策略。在互动仪式中，儿童表达共同的关注、体验集体兴奋感和团结感，在游戏中分享动作、体验、情感和意义。他们的游戏既表征了儿童世界的秩序，也是集体创造的一种超越现实的理想世界。他们会在游戏中将成人与儿童的权利关系淋漓尽致地表达出来。他们忘掉的是真实生活中“弱小”的自己，而在游戏世界中体验和理解另一个“自己”。儿童游戏图景中呈现的幼儿园生活、家庭生活中的性别角色和权利关系是成人文化的投射，大众传播媒介播放的卡通也是成人文化的投射，我们应思考成人文化和儿童文化之间的关系。

编者按：

建构新时代幼儿园课程基本理论的话语体系，首先要关注学科本身的逻辑起点。有的学者认为，幼儿园课程首要且根本的价值是对幼儿的发展价值，促进幼儿发展是新时代背景下幼儿园课程的逻辑起点；有的学者认为，儿童经验、本土经验是新时代背景下幼儿园课程的逻辑起点；还有的学者认为，儿童生活是新时代背景下幼儿园课程的逻辑起点。我们正处于为中华民族伟大复兴奋斗的新时代，处于新的互联网形态下的经济社会，如何促进幼儿发展？幼儿发展的目标是什么？对个体而言，幼儿要发展成什么样的人？对国家、社会而言，要把幼儿培养成什么样的人？本期邀请各位专家探讨新时代背景下幼儿园课程的逻辑起点，廓清学前教育理论的基本问题，为幼儿发展成什么样的人和为国家培养什么样的人的方向性与价值性目标提供基点。

关键词： 幼儿园；课程；逻辑起点；经验；儿童学

新时代背景下幼儿园课程的逻辑起点

◎ 侯莉敏[①]，广西师范大学教育学部

习近平总书记在中国共产党第十九次全国代表大会上的报告指出："经过长期努力，中国特色社会主义进入了新时代，这是我国发展新的历史方位。"在这个承前启后、继往开来的时代，在新的历史条件下，学前教育作为国民教育的重要组成部分，幼儿园课程作为学前教育的核心要素，应该走向何方？这是一个关系学前教育高质量发展的重要问题。

一、从历史发展的角度回溯幼儿园课程的逻辑起点

逻辑起点是一个理论的起始范畴。幼儿园课程的逻辑起点就是回到幼儿园教育的起始问题，即回应幼儿园"教什么"和"如何教"两大问题；幼儿园课程的逻辑起点实际上关涉幼儿园课程的本质和价值问题，是关系正确进行幼儿园课程研究与实践的首要问题。全面了解幼儿园课程发展的基本事实，是探讨幼儿园课程的逻辑起点、认识幼儿园课程的本质及其发展规律的重要前提。

在我国幼儿教育史上，最早的幼儿教育机构是1903年在武昌诞生的湖北幼稚园，这所幼儿园在制度和实践活动方面均模仿日本。到五四运动前后，由外国教会举办的幼儿园成为我国幼儿教育机构的主体，它带有明显的宗教性；而随着蒙养园的发展，幼儿教育中的西洋化、宗教化问题日益凸显，这既不符合当时的中国国情，也不

① 侯莉敏，广西师范大学教育学部学前教育系教授，中国学前教育研究会理事长。

符合科学教育的潮流。一批爱国的教育家深感教育危机严重,纷纷主动探索幼儿教育的中国化道路,其中以陈鹤琴创办的南京鼓楼幼稚园的实验最具代表性,影响也最为深远。中华人民共和国成立以后,受当时特殊的环境影响,幼儿园课程建设一直处于停滞状态;在经历了"文化大革命"以后,恢复队伍和教育秩序成为当时主要的任务,幼儿园课程的改革犹未可及。由此可见,中华人民共和国成立初期幼儿园课程的建设处于萌芽阶段,关于幼儿园课程的本质及其价值等逻辑起点问题还没有得到考虑。

"文化大革命"结束后,教育事业处在恢复与发展时期。1981 年,由教育部制定并印发的《幼儿园教育纲要(试行草案)》是我国第一部幼儿教育工作指南。此文件旨在科学地确定"教什么"和"如何教"的问题,明确提出幼儿园教育是为入小学打好基础,为造就一代新人打好基础。这些表述表明关于幼儿园课程的社会价值(为社会服务的功能)已经得到较多的关注。在改革开放的大背景下,教育领域大规模自上而下的改革已经在酝酿中,幼儿园课程改革也跟随着这股浪潮。《幼儿园工作规程(试行)》就是在这一背景下应运而生的。此文件主要解决当时严重的"分科课程""以教师为中心"的问题,提出要树立"完整儿童"的课程观,重视教育活动,让幼儿在活动中发展。尽管此文件中已经开始呼吁社会各界重视幼儿的发展价值,但在教育实践中大家对儿童是什么、如何促使儿童获得真正发展等问题还没有充分理解,因而真正的幼儿园课程学习活动还没有完全形成,把上课等同游戏的现象还很严重。

进入 21 世纪以来,以幼儿的发展价值作为幼儿园课程的逻辑起点的认识得到不断深化。2001 年,教育部印发《幼儿园教育指导纲要(试行)》,文件明确指出"幼儿园教育是基础教育的重要组成部分,是我国学校教育和终身教育的奠基阶段",要"为幼儿一生的发展打好基础"。2012 年,教育部印发《3—6 岁儿童学习与发展指南》,从"什么是科学的学前教育"角度提出了明确的建议,强调课程实施的整体性,注重五大领域的相互渗透,以促进幼儿身心全面和谐发展。2016 年,教育部印发《幼儿园工作规程》,再次强调幼儿园应"遵循幼儿身心发展特点和规律,实施德、智、体、美等方面全面发展的教育,促进幼儿身心和谐发展"。2020 年,教育部印发的《中华人民共和国学前教育法草案(征求意见稿)》进一步从法律层面强化了学前儿童的主体地位,专设"第二章学前儿童"对幼儿的权利提出了明确的法律保护。至此,"以儿童为本位"的基本理念逐渐家喻户晓、深入人心。为有效地防止和纠正学前教育"小学化"倾向,2010 年以来,教育部展开了一系列治理"小学化"现象的工作。这一系列举措,实则是在不断回应幼儿园课程"培养人""教育人"的基本价值,是对学前儿童作为独立个体的普遍性和特殊性的深入认识。

通过以上梳理可以看到,社会价值和儿童价值一直是我国幼儿园课程发展过程中关注的两个重要方面,这个过程呈现了从以社会本位为主的价值取向到以幼儿发展为基本诉求的个人本位价值取向的变化。这个变化也让我们越发清晰地认识到幼儿的发展价值作为幼儿园课程的逻辑起点,是由其本身的特殊性和发展的需求所决定的。这是因为，幼儿园课程是以幼儿的发展特点为基础而构建的经验体系，其直接作用对象必定是幼儿；幼儿园课程结构的任何方面都受到幼儿发展的制约，教师及社会对幼儿园课程的影响也以幼儿发展为参照。具体来说，幼儿的发展特点、规律及任务决定了幼儿园课程的基本价值倾向，决定了幼儿园课程的目标、内容及活动形式；政治、经济、科学等社会价值通过幼儿价值加以体现。因而，幼儿的发展价值既是幼儿园课程的逻辑起点，也是认识幼儿园课程本质和价值的出发点和落脚点。

二、新时代走向未来的幼儿园课程的逻辑起点

幼儿期是人生的启蒙期，是塑造健康人格和形成良好思想品德的重要时期。立德树人是新时期国家对学前教育事业改革发展的重要指示。落实立德树人根本任务是幼儿园课程改革实践的必然要求。“双减”时代，在立德树人、为党育人、为国育才使命的价值目标引领下，如何构筑新时代走向未来的幼儿园课程的逻辑起点非常重要。

2021年，联合国教育、科学及文化组织发出“重新思考教育的未来”的倡议，提出当今世界正处于一个转折点。我们已然明了，知识和学习是实现更新和变革的基础。然而教育尚未兑现其助力我们塑造和平、公正和可持续未来的承诺，面向教育的新社会契约应让我们能够换一种方式去思考学习以及学生、教师、知识和世界之间的关系。这对幼儿园课程的逻辑起点会产生怎样的思考呢？这启示我们：教育面对的是一个个活生生的、动态发展的人，他们会随着时代的推进、文化的变迁不断发生变化，而这种变化让我们不得不重新思考“教什么”和“如何教”的问题。即如果幼儿园不再教授通用的内容，那么我们应该“教什么”及“如何教”才能培养出战胜未知挑战的学习者？这恰恰是新时代走向未来的幼儿园课程的逻辑起点必须思考的问题。

关于“教什么”的问题，毫无疑问，具有创新或创造能力的人需要某个领域的专业知识，它是新知识产生的原材料；学习者要将知识应用于不断变化的情境中，不仅要具备各种技能，比如元认知技能、社会与情感技能和身体技能，还要有知识与技能的使用态度和价值观。因而，能力的内涵不仅是知识和技能的获得，还包括充分利用知识、技能、态度和价值观应对复杂的需求。对学前儿童而言，他们的学习以直接经验为基础，而经验是有机体与环境相互作用的结果，是整体的、有机的、有内在联系的。我们应立足幼儿生活，关注环境中人、事、物对其的影响，帮助其获得经验的提升和能力的发展。

关于“如何教”的问题，必须让学习者从教育中完成蜕变，成为有反思意识的主体，积极地投入学习过程中以实现自身理解和认定的目标，而不是简单地从教师那里接受固定的教学或者指导。对幼儿园课程而言，需要着力于四个方面：一是帮助幼儿成为主动学习者，学会“如何学习”。支持和激发每个幼儿释放热情，创设富有教学隐喻的学习环境，让幼儿在不同的学习体验及机会之间建立联系；帮助幼儿打下坚实的基础，尤其强调读写及数学、情感与自我调节的重要性；始终以游戏为基本活动，鼓励幼儿在与材料交互、与同伴交往、与成人互动中，获得主动学

习和发展。二是倡导教师角色更多元，更富有专业能力，更关注情感联结。教师、幼儿互动始终是幼儿园课程实践的重要主线。人与人之间的交往关系始终是学习的起点，要将学习共同体的成员(教师、幼儿)通过合作、互动的方式组织起来，并在此间推进幼儿社会情感能力发展，学会交往、合作和沟通。三是纳入更多角色，形成有机共同体。将家长、教师、社区等纳入课程设计，让其成为组织者、观察者和参与者，共享资源，协同合作支持幼儿全面发展。四是创设多元、综合、可持续、可创新的课程体系。基于数字化技术，联系生活，形成多元、综合、可持续、可创新的课程体系，为儿童的终身学习奠定基础。

课程是培养未来人才的蓝图，今天的课程就是明天的社会。在新时代背景下，我们更应该以保障幼儿的生存、发展和教育权利为核心，遵循幼儿学习与发展的规律和特点，尊重幼儿整体性发展原则，坚持生活化、自然化、游戏化的课程理念，对幼儿园课程进行改革，促进儿童德、智、体、美、劳全面发展，为培养担当民族复兴大任的时代新人奠定基础。

儿童经验是幼儿园课程的逻辑起点

◎ 黄　进[①]，南京师范大学教育科学学院

要回应当下幼儿园课程变革的问题，我们或许可以悬置起黑格尔提出“逻辑起点”概念时，指望由此入手通过演绎来构建完备而严密的理论体系的企图。教育学作为一门实践性非常强的学科，理论世界和实践世界无时无刻不处于相互渗透和循环之中。它是“活”的学问，模糊的边界使它的科学性、独立性不断被质疑，却也让它因与不同学科以及现实生活持续交换能量，而拥有非凡的生命力。

一、浮动于基本问题意识之中的逻辑起点

儿童教育作为一门“活”的学问，意味着它具有多元的、变动的意义框架和观察方式，而且处于历史生成之中。如果我们将逻辑起点理解为开端、依据和本源，贯彻始终而不断生成，它是活生生的而不是抽象的，它是关系性的而不是本质性的，它是处于逻辑和历史的统一之中而不是割裂的，那么探讨幼儿园课程的逻辑起点就有了很强的现实意义。这样一来，不同的观察方式，逻辑起点可能不一样，儿童、发展、文化、社会、活动、生活都可能成为逻辑起点——如果我们打算从那里开始说。然而，纵观现代教育和幼儿园教育发展的历史，我们会发现，不论有多少个理论流派，不论这样的逻辑起点有多少种提法，最基本的、要解决的问题却是比较稳定的，这些问

① 黄进，女，博士，现任南京师范大学教育科学学院教授，博士生导师，中国学前教育研究会学前教育基础理论专业委员会主任。主要从事学前教育基本理论研究，同时涉足儿童游戏与儿童艺术等研究领域。

题相互之间有着密切的关联,形成了问题链。也许我们需要的,是看到这些问题中蕴藏的矛盾和冲突,是探寻不同的理论如何采取不同的思考和解决问题的方式。

比如,儿童教育一直面临解决这样一些问题,它们常常以“对子”的形式出现:天性和文化的关系问题,个体和社会的关系问题,知识和经验的关系问题,游戏和教学的关系问题,传统和现代的关系问题,等等。在知识和经验的关系问题上,卢梭的思考方式是感官经验在时间上处于绝对优先的地位,童年期不应该学习文化知识;而裴斯泰洛齐则用直观法来构筑从感官经验通往知识之路。在游戏和教学的关系问题上,福禄培尔采用一种改造了的“游戏”概念,以恩物和其他一些材料为媒介,将幼儿的主动活动与成人的教育意图统合起来;而瑞吉欧教育则是在生活中采用一些对儿童深具吸引力和意义的项目探究,使游戏中的想象、创造与对事物、现象的理论建构融合为一个过程。在传统和现代的关系问题上,有理论流派主张学习那些有历史传承的、具有永恒价值的人文知识;约翰·杜威却强调,文化遗产只有和现在的生活发生联系,才具有巨大的意义。

这些问题都是非常根本和重要的。但对幼儿园课程而言,也许知识和经验的关系问题更具优先性。第一个原因是,尽管“课程”已经延展为一个无所不包的概念,但考察这一概念的历史由来和当下的使用方式,都很明确地指向了“教和学什么”的问题,也就是教育内容的问题。第二个原因是,这一问题的澄清,往往能带来另一个很典型的学前教育基本问题的解决——游戏和教学的关系问题。因为游戏和教学,都离不开内容,离不开成人念兹在兹的“儿童该学什么、学到了什么”的意识;所以,处理人类文化科学知识与儿童的经验之间关系的问题,在幼儿园课程研究和实践中占据核心地位。

二、以儿童经验作为幼儿园课程的逻辑起点

儿童经验是在这样一个问题背景下浮现出来的。无论幼儿园作为一种机构化的教育承担着怎样的社会职能,无论课程有多么强调社会文化的价值取向,它必须以儿童的经验为根据,在现代社会,这不仅是一种人文意识,而且是一项科学原理。将儿童经验视为幼儿园课程的逻辑起点,是现代以来儿童教育树立起来的最重要的理念之一,而且在当前有着极强的警示和启示意义。

其一是,能让我们在当前急功近利、追逐流行文化的社会风潮中,坚守儿童本位的课程意识。儿童具有积极、主动成长的力量,有自己的想法和情感,他们是在生活中、游戏中认识和了解这个世界的,同时构建着自己的精神和意义世界,这一切经历就是儿童的经验,它们也构成了幼儿园课程的源头活水。约翰·杜威曾经指出:“儿童的世界是一个具有他们个人兴趣的人的世界,而不是一个事实和规律的世界。儿童世界的主要特征,不是什么与外界事物相符合这个意义上的真理,而是感情和同情。”①正因为如此,儿童比起

① [美]约翰·杜威:《学校与社会:明日之学校》,赵祥麟、任钟印、吴志宏译,北京:人民教育出版社,2005年,第112页。

成人来说，更容易交流、做朋友。深具默契和共通性的童心，是自然给予人类的礼物。陈鹤琴将幼儿园课程目标定为“做人，做中国人，做现代中国人”①，也可以理解为一种教育的逻辑，首先是成为具有共通性的人，其次是成为特别界定的人。如果将社会规范、学科知识作为出发点来倒推幼年期需要什么，采用知识简化或者道德、道理低幼化的方式来构建课程，很容易走向一条忽视幼年期的身心发展特点和需要的道路——尽管这并不是这些主张的初衷。在这样的情形下，儿童生活和游戏中的那些自主出现的、多样化的、个别化的、生机萌动的发展征兆，往往会受制于规定好的、统一的社会规范、知识技能的目标，因得不到关注而没有成长的可能。更有风险的是，他们逐渐失去对这个世界的兴趣、热爱和真诚。杰罗姆·布鲁纳提醒过我们：“早期学习活动是在一个周围充满矛盾的环境中进行的，因为它经常成为取得父母满意或喜爱的一个渠道，或者成为对同辈竞争武库中的一件武器，结果是，这种学习变得代价很高，或者变为一种求生本能的冲动。”②在这样的情形下，儿童学到的那些知识与一些消极情感联系在一起，最终影响了学校中的学业学习和人格成长。

其二是，以儿童经验为幼儿园课程的逻辑起点，能让我们注意文化建构的次序和力量。首先，以抽象符号体系为载体的知识，必须以活生生的体验和经验的世界为土壤，才有被理解的可能，才有焕发生机、创新创造的可能。经验和知识不是割裂的，而是一个流动的连续体，然而它们有发生的方向和次序，只有遵循了这样的次序，经验才可能生成真知，真知才可能反哺经验和生活，提升它们的价值和意义。打乱次序，知识将成为无源之水、无本之木，无论用多少技巧去传授，都无法在儿童的世界里生根。其次，只要认真考察，我们都会发现，儿童的经验源于我们广阔的社会生活。虽然儿童的经验世界有其特殊性，但是它仍然处于我们社会生活的经纬之中，不断与成人的世界交换信息，发生相互作用。蒙台梭利不允许孩子在儿童之家玩假装游戏，因为她发现在阶级对立的社会中，儿童常常把自己想象成贵族老爷、贵妇人，颐指气使地让别的孩子做奴仆。而当下的儿童，有着各种消费喜好，热衷屏幕游戏，也都有其社会生活的经验来源。也许可以这样说，儿童的需求、愿望、思维方式是相似、相通的，而这些需求、愿望、思维方式指向的事物和对象，却深受社会文化的影响。

幼儿园课程需要关注儿童经验扩展和提升的方向。生活不停止，儿童的经验也不会停止，他们不断将周围成人说的话、做的事，自己看到的现象、接触的信息，按自己的方式同化到心灵中去。而儿童最善于领会的，不是客观中立的知识概念和规则，而是我们生活中的意图、信念、情感和趣味。这意味着我们希望培养什么样的孩子，最好的方法是自己努力去做这样的人，自己去追求这样的文化，这样才可能和孩子形成真正的对话和交流，而不是喊口号、讲大道理、搞形式主义。另外，幼儿园课程要甄别、

① 陈鹤琴：《创建中国化科学化的现代幼儿教育》，北京：金城出版社，2002 年，第 388 页。

② ［美］杰罗姆·布鲁纳：《布鲁纳教育论著选》，邵瑞珍等译，北京：人民教育出版社，2018 年，第 213 页。

选择、利用优质的文化艺术资源，用以支持、扩展儿童的经验世界，让它们不仅成为儿童体验、思考和交流的工具，而且成为我们共有的精神家园。

幼儿园课程的逻辑起点是幼儿生活

◎ 刘铁芳[①]，湖南师范大学教育科学学院

幼儿园课程的逻辑起点是幼儿生活。幼儿和成人不一样，幼儿的自我还没有形成，幼儿在朝向自我的发展过程中，自我意识还没有打开，完全把幼儿放在社会化的境遇中，很难揭示幼儿的发展内涵。我们需要回到幼儿的发展现实，来探讨幼儿发展的内在可能性究竟在哪里。这是思考幼儿园课程的逻辑起点在哪里的问题。幼儿发展的基础是幼儿园课程的逻辑起点。

在西方国家，幼儿教育总会带有浓厚的宗教色彩，这是西方国家开展幼儿教育的重要维度。中国幼儿园课程的逻辑起点是什么？幼儿园课程的逻辑起点是超越时代、超越地域的，具有普遍性。中国幼儿园课程的逻辑起点，既有普遍性，又有特殊性。我在《游戏到审美——教育引领与儿童美好生活建构》中说，儿童游戏有三个基本阶段，儿童玩积木是体力游戏，是儿童力量的展现、力量的释放，是生命最初的原点，是生命自然的状态。儿童由自然走向人文，审美是中介。比如当孩子与爸爸一同有声有色地唱着“王老先生有块地，咿呀咿呀哟”之时，孩子的生命世界呈现出积极而美好的姿态。其中所蕴含的儿童美好生活的基本质素主要体现为审美，简单、有趣和爱的陪伴。站在儿童教育的立场，就是在爱的陪伴中引导儿童全身心地融入简单、有趣的审美情境之中，以爱、美、优雅的节奏浸润儿童的身心，带出儿童美好的生活状态。这里的关键质素体现为契合儿童天性的审美情境。在这里，童谣表演游戏中一种简单的重复所显现出来的节奏感，构成儿童个体初始性的审美情境，就是在简单而有趣的重复中逐渐敞开儿童生活的秩序。

在审美中，儿童从自然世界走向文化世界，单纯而复杂的儿童生活隐含着儿童发展的可能性。中国儿童的生活如何展开，和西方有着不同的路径，这是中西方儿童发展的对照。中国儿童的生活，不仅仅和传统文化相融合。我们需要思考的是中国儿童生活的内在秩序问题。一个国家和民族，内在的、隐性的心灵结构、精神结构，是儿童个体发展的内在秩序。“双减”政策落地，可以说是重新梳理儿童发展的秩序。正如孔子所云：“弟子入则孝，出则弟，谨而信，泛爱众，而亲仁。行有余力，则以学文。”（《论语·学而》）这句话是说：“弟子在家要孝顺父母，出门在

① 刘铁芳，湖南师范大学教育科学学院教授。

外要尊敬兄长，要行为谨慎、言语有信用，博爱众人，亲近仁者。这些都做到了还有余力的话，就去学习文化知识，并不断修养自己的德行。”

我们来看孔子的这句话所包含的幼儿成长的逻辑。幼儿在日常生活中，需要打开自我。按照幼儿发展的逻辑，首先向父母打开自我，然后向兄弟打开自我，让生活处于自然状态中，让幼儿融入周围关系中。马克思曾说，人的本质“是一切社会关系的总和”［《马克思恩格斯选集》（第1卷）］。幼儿生命自我打开，融入社会关系中，先从家庭关系开始，这些关系发展的基础是爱，爱的方式多种多样，孔子的这句话说了是孝敬父母、尊敬兄长。而单纯的知识，与生活并没有根本性关系。在日常生活中，引导幼儿爱家庭、爱社区、爱自然等，幼儿在这些关系中获得整体发展，然后学习知识，充实自己的生活，长大后更好地回馈家庭、报答社会和报效国家。

正因为如此，幼儿园课程的逻辑起点是儿童生活。而家长和教师，有时候把这些顺序弄反了，先学习知识，只要学好知识，生活中的事情可以少参与、不参与，于是出现儿童长大以后空心化、遇到挫折轻生等问题。我们提出幼儿园课程的逻辑起点是儿童生活，涉及以上很多问题，需要切实地从儿童生活出发，让儿童在社会关系中获得身心成长，成长为现代中国人。

本土经验

——新时代背景下幼儿园课程的逻辑起点

◎ 李 旭[①]，贵州师范大学教育学院

2017年10月18日，习近平总书记在中国共产党第十九次全国代表大会上的报告中指出：“经过长期努力，中国特色社会主义进入了新时代，这是我国发展新的历史方位。”新时代强调坚定道路自信、理论自信、制度自信、文化自信，以符合中华民族伟大复兴的历史进程。在新时代背景下思考幼儿园课程的逻辑起点这个问题，目的在于推进幼儿园本土课程实践，总结、提炼、构建幼儿园本土课程理论，助推幼儿园本土课程走出一条理论自信、文化自信的道路。“逻辑起点是一个理论或一门学科的起始范畴，它制约或影响着该学科理论体系的建构。”[②]从这一逻辑起点的内涵出发，笔者试图围绕新时代赋予幼儿园课程的特定内涵，简要地阐述新时代背景下幼儿园课程的逻辑起点。

首先，厘清幼儿园教育体系是思考幼儿园课程的逻辑起点的前提。幼儿园教育

① 李旭，贵州师范大学教育学院教授。
② 朱家雄：《学前教育学的逻辑起点——玩与教的两难（四）》，《幼儿教育》（教育教学）2014年第5期，第4页。

在整个学前教育体系中属于3—6岁幼儿机构教育。从纵向联系来看，幼儿园教育前承0—3岁婴幼儿托育，后启小学一年级教育；从横向联系来看，幼儿园教育与幼儿家庭教育、幼儿社区（会）教育紧密相连。幼儿园教育有着明确的育人目的、系统的课程设置及专业的师资队伍，统摄幼儿家庭教育与幼儿社区（会）教育以促进幼儿学习与发展。在幼儿园教育中，幼儿的学习发展是目的，课程是重点，教师是关键。幼儿园教育中的一切事务都围绕这三个方面展开，即将教师有效组织起来，以幼儿园课程为中介有目的、有计划地对幼儿施加影响，从而促进幼儿学习与发展。从以上判断可以看出，幼儿园课程是幼儿园教师影响幼儿学习与发展的系统内容，是幼儿园教育目的达成的手段。因此，幼儿园课程的逻辑起点，就是影响幼儿学习与发展的课程体系的起始范畴。

其次，幼儿园课程逻辑起点须兼顾幼儿学习的经验起点与文化属性。幼儿园课程除了需要考虑幼儿学习与发展的经验起点这个问题，还要考虑新时代对幼儿园课程提出的文化属性要求。一是幼儿园课程逻辑起点要关注幼儿学习的经验起点。幼儿园课程是系统化的、整体性的经验体系，教师通过课程向幼儿施加影响，促进幼儿学习与发展。对幼儿个体发展而言，提供这套课程体系要关注幼儿学习的经验起点，即什么样的经验才符合幼儿的学习与发展规律。《3—6岁儿童学习与发展指南》中指出："幼儿的学习是以直接经验为基础……最大限度地支持和满足幼儿通过直接感知、实际操作和亲身体验获取经验的需要。"直接经验是幼儿个体的经验起点，幼儿园课程的逻辑起点要关注幼儿的直接经验。一方面，直接经验凝聚了幼儿学习的特点，揭示了幼儿通过直接感知、实际操作及亲身体验等方式进行学习并获得发展；另一方面，直接经验引出幼儿园课程的开展方式，即如何创造条件（比如创设区角、自主游戏、户外活动等）支持幼儿的直接感知、实际操作及亲身体验等学习需要。著名教育家、哲学家约翰·杜威在《民主主义与教育》中指出，"教育即经验的不断改造"，促成此项任务的前提为教育是"生长性""生活性"的。生长即是幼儿由内及外的生命绽放，生活则是幼儿所熟知的身边的人、事、物的集合体，两者共同构成幼儿的直接经验——"只有当客观条件从属于具有这种经验的个人内心情境时，那种经验才是真正的经验"①。二是幼儿园课程的逻辑起点要考虑幼儿经验的初始文化基因。幼儿园课程的逻辑起点除了要考虑幼儿学习与发展的基础——直接经验，还要考虑幼儿经验的初始文化基因——经验的文化属性，即回答"什么样的直接经验有益"。直接经验是泛化的、价值无涉的，无法回答人才培养的价值取向、方向性的问题。不加入文化属性，直接经验可能不符合文化规则，甚至是反文化规则的。不仅无法回应新时代诉求，而且置于任何一个时代都是有问题的。但幼儿经验的初始文化基因又必须符合幼儿"生长性""生活化"的特点，不能插队进入幼儿的经验范畴，否则就会制造出"早熟的果子"。因此，幼儿园课程经验的文化基因与幼儿最直接相关、最原初，是由幼儿的内在所生发出来的外

① ［美］约翰·杜威：《我们怎样思维：经验与教育》，姜文闵译，北京：人民教育出版社，2005年，第260页。

在关系——一些弥散在幼儿生活之中的与自然、与社会的关系。幼儿园课程的文化属性要回答的是幼儿的认同与归属的问题，与直接经验结合在一起就是通过直接感知、实际操作及亲身体验生活之中的自然与社会所建立的认同感、归属感。两者结合在一起，共同培育"幼儿文化生命之根"①。

最后，本土经验是新时代背景下幼儿园课程的逻辑起点。事实上，将幼儿个体经验起点（直接经验）与幼儿的初始文化基因放置在一起，就得到了本土经验——一种融合"本土生长"与"本土化"的经验体系，即幼儿园结合家庭、幼儿园、村落（社区）实际，立足幼儿本土生长并帮助幼儿不断向外拓展的一套经验体系。② 本土经验体系强调经验的"本土生长"性，从而保证了幼儿园课程经验的文化基因。而且本土经验是幼儿身边的、生活中的经验，又保证了幼儿直接感知、实际操作和亲身体验的学习特点。从历史来看，本土经验呼应了陈鹤琴"做人，做中国人，做现代中国人"的"活教育"目的论③；从现实来看，本土经验很好地回应了习近平总书记在中国共产党第二十次全国代表大会上的报告中提出的"培养什么人、怎样培养人、为谁培养人"这一教育根本问题。本土经验结合幼儿学习的特点，将幼儿初始文化基因纳入其中，既回答了幼儿的经验起点问题，又回答了幼儿的初始文化基因问题，构成了新时代背景下幼儿园课程的起始范畴。因此，本土经验是新时代背景下幼儿园课程的逻辑起点。通过本土经验夯实幼儿文化生命之根，在此基础上助推幼儿将外来文化资源纳入自己的经验体系，实现"本土化"，不断走向更广阔的世界。

儿童学与幼儿园课程的逻辑起点

◎ 高振宇④，杭州师范大学经亨颐教育学院

儿童学的研究最早可以追溯至东西方的轴心时代，真正科学化的研究却始于1787年狄特里克·戴德曼（Dietrich Tiedemann）的《关于儿童的精神能力发达的观察》，并至19世纪末20世纪初，在欧美国家，中国、日本等亚洲国家的学界引发广泛关注，成为一场全球性的儿童研究运动。如今，儿童学在许多国家正以独立的系、所、院（比如美国罗格斯大学的儿童学系、挪威的儿童研究中心、日本东大阪大学的儿童学专业等）的形态存在，并日益与关乎儿童权利的社会实践活动（比如

① 李旭、段丽红：《"位育"视角下乡村幼儿园本土课程的内涵诠释、价值诉求及内容构建》，《民族教育研究》2019年第5期，第107页。

② 同上，第107—108页。

③ 陈鹤琴：《创建中国化科学化的现代幼儿教育》，北京：金城出版社，2002年，第388页。

④ 高振宇，教育学博士，杭州师范大学经亨颐教育学院教授，浙江省哲学学会儿童哲学专业委员会副理事长。

儿童友好城市建设）紧密联系，催生了一系列新兴的研究领域（比如儿童哲学、儿童人类学、儿童考古学、童年生态学等）。

儿童学的诞生可以说是社会各界（尤其是教育界）对儿童普遍忽视、儿童相关知识极度匮乏等的直接结果。“儿童学”概念的提出者奥斯卡·克利斯曼（Oscar Chrisman）就曾指出：“我可以非常肯定地说，并且大家都会同意，相比其他任何事物，我们对儿童知之甚少，对他们的关心也远远不够。如果你怀疑此点，你可以去参观花农的基地，他肯定会向你展现他对自己的花是如何细心照顾的，然后你再到学校看看，看看那里的风气、温度等，你就会发现家长、教师和其他人对儿童的关心还不及花农对花儿的关心。”①他认为教育者对儿童不仅是无知而且是无心。“我们教师对儿童的无知实在太严重，以至于我都不好意思提起。”②在他看来，当时欧洲学校的教师，并不缺乏授课的技能与方法，而是缺乏对儿童的了解；教育研究者关心的是教师如何教、课程如何开发和教育学的历史等，却没有对儿童进行深入研究。近代中国教育界、心理学界的同人也有同样的认识。例如艾华就指出，过去的教育者并不了解儿童的自然发展特点，因此在实践中，“往往用与儿童的生活绝不相干的事物做教材；往往强迫儿童，要他们做他们所不能、所不愿的事；儿童不听——毋宁说不能听——先生的指使，便用权力去威服”，这些方法“简直是耍猴戏的人驱使猴子狗子的办法”，不是一个教育者的应有作为，“其弊正在不知道儿童”。③ 张雪门指出，近代成人社会没有彻底地建立起了解儿童的意识，“笨重的家具，辛辣的口味，只为着成人的打算罢了”④。因此他积极呼吁社会加强对儿童的了解，最重要的是认识到儿童在幼儿园时期和其他时期，都有自己的心理和生理特点，决不和成人一样，而这是许多儿童学专家已经讲得很清楚的。这对增进儿童的福利来说，是最要紧的，是首要问题，教育者必须认识清楚。

因此，建立以儿童为主要研究对象、以儿童为逻辑起点和终点的新学科或新领域就显得极为必要。奥斯卡·克利斯曼曾指出，儿童学是一门关于儿童的纯科学，其职能在于研究儿童的生活、发展、观念及其本体，也就是关于儿童的所有问题；儿童学的建立，其唯一目的是从各个视角、各个方向对儿童进行研究，并试图达到对儿童本质或天性的完整理解；儿童学专注于儿童，将儿童置于中心位置，所有人员、仪器和相关活动都是为了这个中心而安排的，目的是使全面的儿童研究成为可能。儿童学天生就有（也需要有）学际性或超学科性，其内部受教育学、心理学、哲学、社会学、历史学、文学、政治学、经济学、传播学、考古学、生态学、生理学、医学等影响，形成诸多新兴的研究领域，从而使建立关于儿童的全方位知识体系成为可能，并对儿童相关的实践（例如幼儿教育实践）产生更有意义的、持久性的影响。

如果儿童学以儿童为逻辑起点，那么

① Oscar Chrisman. Child-Study：A New Department of Education. *The Forum*, 1894, p. 730.
② 同上。
③ 艾华：《儿童心理学纲要》，上海：商务印书馆，1923 年，《序》第 2 页。
④ 张雪门：《怎样举行儿童节：使社会认识儿童，使儿童认识社会》，《湖南妇女》1942 年第 4 期，第 11 页。

所有关于儿童的理论与应用研究，自然要以儿童为逻辑起点。在儿童学的体系中，教育学属于其应用学科的一部分，幼儿园课程的研究与实践，无疑属于学前教育的一部分，因此它的出发点，理应在儿童身上。但要真正从这个逻辑起点出发，就不能只停留在口头上的儿童本位和儿童立场，也不能只就教育谈教育，而是要从儿童学的理论与方法两个层面来进行拓展。其一在理论上，幼儿园课程的研究者除了要吸收和应用教育学的研究成果，还应该积极吸收来自儿童学整体和儿童学其他分支领域的研究成果，尤其是来自儿童心理学、儿童文学、儿童哲学、儿童社会学等的研究成果，形成关于儿童发展的完整、全面和系统的认识。其二在方法上，吸收儿童学内部所开发的各种方法，尤其是当下前沿的“马赛克方法”[①]等参与式的方法，努力从儿童的视角、儿童的声音出发来凝视和倾听儿童，做到从“为了儿童的研究”(research for children)走向“与儿童一起做研究”(research with children)，甚至是“由儿童发起的研究”(research by children)。

当下幼儿园课程的逻辑起点审视

◎ 王华婷[②]，西安文理学院学前教育学院

所谓逻辑起点，顾名思义是在逻辑推理中最基础的东西，是对对象最基本的质的规定，它应该贯穿整个发展过程，不因时代的不同、阶段的差异而有所变化。在理解逻辑起点的过程中，要严格区分它与热点之间的不同。热点是指某一时期或者某一阶段引人注目的地方或者问题，但是随着时间的推移、实践的进展和效果的反馈，某一热点的热度会逐渐消退，进而再根据时代的召唤或者领域的需要，出现新的热点。那么，幼儿园课程也是一样。不同时代、不同背景和不同阶段，对幼儿园课程的认识会有所不同，幼儿园课程的实施和评价也会有所不同。当幼儿教育进入中国教育和教育研究的视野时，它更多的是作为学科领域被我们所认识；当中华优秀传统文化教育逐渐升温并进入幼儿教育领域之后，某一个阶段又注重在幼儿园课程中渗透中华优秀传统文化；那么新时代背景下，随着教育价值的转向，幼儿园课程又会呈现新的特点。但是，作为一个领域或者一个实践活动，幼儿园课程有其本质的存在，一些不会因为背景、时代等变化而发生变化的质的规定性存在。对此，我想借助当下幼儿园课程所面临的困境，从以下几个方面谈一点个人的

① [英]艾莉森·克拉克：《倾听幼儿：马赛克方法》，刘宇译，北京：中国轻工业出版社，2020年。

② 王华婷，女，教育学博士，西安文理学院学前教育学院讲师，陕西省学前教育研究会教师教育专业委员会委员，“陕西省幼儿园保育教育质量评估指南自评手册”项目组核心成员。主要研究方向为儿童哲学、学前教育基本理论，并重点关注幼儿园课程建设、入学准备、童心保育等实践研究。

看法。

从“幼儿园课程”概念本身来看，我们必须确认课程是什么？必须追问幼儿园的本质是什么？只有深入理解这两者，才能弄清楚幼儿园课程应该以什么为逻辑起点。古往今来，纵贯中外，对课程的认识经历了漫长的探索过程。在我国新课程改革背景下，关于课程，我们显然跳出了纯知识层面，逐渐转向了实践、经验层面。课程作为一种教育性经验存在于教育主体之间，并对所有主体产生积极的影响，教师、学生、课程内容和环境四个因素缺一不可，它们相互交错形成一个动态的生态系统。课程存在的根本价值在于主体本身，尤其是主体全面而自由发展。

对学前教育而言，正如学者谢维和所提出的要尊重学前教育的“学前性”，学前教育的“学前”独特性决定了幼儿园课程要有坚守、有侧重。幼儿园或者幼儿教育的本质是适合并顺应幼儿发展特点及教育规律，以幼儿为中心，以游戏为基本活动，保教结合的教育实践活动。据此，当下幼儿园课程体系中，核心一定是幼儿本身，课程目标是幼儿全面发展，过程要求站稳儿童特征，环境强调行为自觉的氛围和感受，还要体现中国特色的文化性和民族性。整个过程的基点在于幼儿，但不论是另一方主体——教师，还是环境主体——师幼互动、幼幼互动等，起点均在人本身。正所谓，“人是万物的尺度”（普罗塔哥拉语），幼儿园课程必须通过依靠人的实践、遵循人的规律、实现人的价值来完成，因此以幼儿为中心，也需要关注幼儿教师的专业体验和成长，师幼互动、敏感的专业意识和对儿童个性化需求的满足等都是促进幼儿园课程奠定逻辑起点的有力支撑条件。

紧接着，就是幼儿园课程的价值取向问题。不同的价值取向，在一定程度上决定着道路起点的选择。那么，幼儿园课程究竟指向个人还是社会，指向知识还是经验，指向历史、现在还是未来？教育兼具个体功能和社会功能，幼儿园课程的实施也须兼具个体的个体化发展和社会化发展。两者矛盾吗？非也！个体性的展现和个性化的发展，是在社会化发展过程中形成并逐渐完善的，同时促进社会化发展。也就是说，幼儿教育作为一种保教结合的实践活动，既要保护幼儿本身的特性，也要有教育引导的作为。那么，教育需要在哪些方面作为呢？教育是知识的传授与灌输，还是基于个体经验的引导，这就对幼儿园课程逻辑提出了要求。自然，幼儿教育并非就知识而知识，而是将知识（概念）、理论内化于实践之中。幼儿教育自带实践基因，因此要将知识付诸实践，并在实践中融入儿童的个体经验，这样一来，就能保证幼儿园课程重在经验的创设和展示，而非知识的训练和累积。为什么不追求刻板知识，而是强调经验呢？这就牵涉到历史、现在和未来的时间维度。幼儿期是人的初始阶段。这个阶段是奠基阶段，也是极富能量的阶段。幼儿教育指向的是整个人生阶段的发展，面对的不仅是当下，还有未来。因此，从时间维度来看，幼儿园课程要背靠历史传统、立足实践当下、面向主体未来。

当然，以上三个价值取向并不是割裂的，而是相互补充并相互支撑的。因此，幼儿园课程逻辑起点在一定程度上来说，一定是一种关系性的存在，如何认识幼儿园课程的独特性内涵，秉持怎样的课程价值取向,以及如何协调个人与社会,经验与知识,历史、现在与未来三个维度的关系,对正确认识新时代背景下幼儿园课程的逻辑起点至关重要。幼儿园课程的逻辑起点并不是单一的,但一定是基于人的,无论是哪个教育主体,无论是促进哪方面的社会化发展,最终都是以幼儿本身为中心,实现幼儿的发展与价值追求。

幼儿成长是新时代背景下幼儿园课程的逻辑起点

◎ 王 瑜[1],陕西学前师范学院幼儿教育学院

幼儿园课程的逻辑起点这个问题,对幼儿园课程建设来说是一个最基础性的,必须率先明确的重要问题。逻辑起点缺失,幼儿园课程将会成为无源之水、无本之木。逻辑起点错误,将会导致幼儿园课程建设差以毫厘,失之千里。

一、概念分析:幼儿园、课程及逻辑起点

要科学、深入地分析幼儿园课程的逻辑起点,需要明确“幼儿园”“课程”及“逻辑起点”这几个概念。幼儿园是工业化发展的产物。最早的幼儿园源于德国教育家福禄培尔于1837年建立的幼儿教育机构。1840年福禄培尔将该机构正式命名为“kindergarten”,此概念进入中国后被翻译为“幼稚园”或“幼儿园”。福禄培尔强调幼儿园应当是幼儿自然成长的乐园,幼儿园工作人员应当是为幼儿茁壮成长创造良好条件的“园丁”。从幼儿园的起源来看,幼儿园应当是适宜幼儿成长的,有利于幼儿全面发展和个性发展的乐园。幼儿园的基本功能是,通过营造适宜环境,开展保育教育融合活动,促进幼儿成长、发展。

“幼儿园课程”是一个极富争议性的概念。从教育理论的角度来看,课程有其特定的含义。“课程”这个概念应该适用于各级各类教育。幼儿园课程虽然有其独特性,但不能因此而扭曲课程的基本含义。课程的基本含义是课业及进程的综合。在当代,“课程”应当是一个静态与动态辩证统一的概念,既包含静态的课程目标与课程内容,也包含动态的课程组织、课程实施与课程评价。从范畴的大小角度来看,课程有小课程和大课程之分。小课程就是人们通常所理解的幼儿园课程资源。新时代背景下应当高度关注大课程。幼儿园大课程可以理解为围绕幼儿的健康成长,在整体性观念指导下,组织、协调保教人员、幼儿、适宜性保教材料、相关环境条件等因素,所构建起来的适合幼

---

① 王瑜,陕西学前师范学院幼儿教育学院副教授。

儿全面发展、个性化发展的幼儿成长生态系统。该系统有整体性、动态性、开放性、环境适应性和综合性等特点。

“逻辑起点”，简单理解就是人们开始逻辑推理的起始性概念。这一起始性概念如同百米赛跑的起点或万里长征的第一步，没有这一起点就不会有开始，没有良好的第一步万里长征将失去正确的方向。探究事物的逻辑起点应当回归事物生发时的原始境况中去研究。研究幼儿园课程的逻辑起点，也应当回归幼儿园诞生时的境况中去追根溯源。

二、幼儿成长是幼儿园课程的逻辑起点

幼儿成长，是在幼儿的生理遗传基础上，在一定的环境条件和保育教育活动的影响下，幼儿积极、主动地从不成熟向成熟逐渐变化的过程。幼儿成长不完全是一个自发的过程，幼儿健康成长离不开一定的环境条件和保育教育活动的影响，同时幼儿成长是一个积极、主动的发展过程。

分析幼儿园课程的逻辑起点，应当从幼儿园诞生时的境况开始。福禄培尔建立幼儿园的根本目的是通过该机构特有的环境条件、保育教育活动促进幼儿成长，进而在此基础上，培育幼儿、服务家长、促进社会进步。幼儿园最基本的职能是促进幼儿成长。促进幼儿成长是实现服务家长、促进社会进步的基本前提。幼儿园诞生以来，所有的相关研究都围绕一个根本性问题——如何更好地促进幼儿成长。因此，考虑幼儿园课程建设问题应当从促进幼儿成长开始，即以幼儿成长为幼儿园课程的逻辑起点。

三、幼儿健康成长需要良好的幼儿成长生态系统

个体的人是在内在和外在多方面因素综合影响下成长、发展起来的。幼儿成长生态系统是指由内在的幼儿遗传素质、幼儿的主观能动性，外在的环境条件、教育影响，以及各种与物、与人的活动等因素所构成的，影响并决定幼儿成长和发展的生态系统。

在出生之前，胎儿在母亲腹中拥有天然的、复杂的、系统的成长生态系统。这一成长生态系统保证了胎儿的孕育、成长和发展。出生后，婴幼儿健康成长同样需要适宜性成长生态系统。幼儿园工作者是幼儿成长生态系统的建设者和优化者。促进幼儿成长，需要整体性构建和优化幼儿成长生态系统，而不仅是开展教育活动。幼儿园工作者应该树立“幼儿成长生态”观念，看到影响儿童成长的多方面系统因素，把握幼儿的年龄特点和个性特征，积极采取措施激发和调动幼儿的主观能动性，重视一日生活和游戏活动，保证充足的幼儿自由活动时间，优化幼儿成长的物理环境和精神文化环境，加强社区合作与家园共育，科学开展各项教育活动，组织、实施各项有利于幼儿健康成长、发展的活动，等等。最终通过构建和优化幼儿成长生态系统，切实促进幼儿健康成长，全面实现幼儿园的工作目标。幼儿园工作者虽然无法完全掌控整个幼儿成长生态系统，但是在可以影响的范围内，能够发挥主导性作用。幼儿园工作者应当积极努力，充分发挥在构建和优化幼儿成

长生态系统时的主导性作用。

四、构建整体性和系统适宜性的幼儿园大课程体系

幼儿园工作者要建设和优化幼儿成长生态系统,有计划、有组织、有目的地促进幼儿健康成长,就必须高度重视整体性和系统适宜性的幼儿园大课程体系的建设。幼儿园课程建设是构建良好的幼儿成长生态系统的重要抓手。教育是幼儿成长生态系统中的主导性因素。幼儿园课程建设有利于充分发挥各项保育教育活动的主渠道作用。

幼儿园课程建设应当强调"整体性大课程"观念。幼儿是在一定的成长生态中受多方面因素综合影响而成长的。从本质上来讲,幼儿园课程建设的过程应当是建设良好的幼儿成长生态系统的过程。不应当把幼儿园课程建设仅仅作为优化幼儿成长生态系统某一个或某几个方面因素的活动。比如单一强调儿童的天性和主观能动性,单一强调教育的作用,单一强调环境的影响,单一强调某个方面而忽视其他方面的因素,重视影响幼儿成长、发展的两方面或三方面因素,等等。这些非整体性的做法是片面而极端的。这些做法不利于整体性的幼儿成长生态系统的构建。幼儿成长生态系统不和谐,自然会影响幼儿健康成长。

同时,应当高度重视幼儿园课程的系统适宜性。幼儿园课程本身是有着复杂的内外因素的系统性存在。幼儿园课程应当强调系统适宜性,不应只关注儿童发展的适宜性。幼儿园课程应当适宜于幼儿发展,同时幼儿园课程应该适宜于幼儿园本身各个方面的条件,适宜于幼儿园教师现有的专业素质和可能的发展潜力,适宜于社区的社会环境。从大的方面来看,幼儿园课程应当适宜于更大范围的自然和社会环境,适宜于我国的政治、经济、文化等社会状况,同时关注全球和全人类的发展现状和未来发展趋势。总之,幼儿园课程建设应该有更加广阔而系统的视野。幼儿园课程只有具备了系统适宜性,才有可能在实践中得以顺利实施,并收到良好的育人效果。否则,幼儿园课程容易出现拿来主义、全盘西化、理想主义、过高要求、空喊口号、无法落地、形式主义、误人子弟的情况,甚至出现幼儿园教育方向性的偏差。

综上所述,幼儿园课程的逻辑起点是幼儿成长,幼儿健康成长需要良好的幼儿成长生态系统,幼儿园工作者应当成为幼儿成长生态系统的建设者和优化者,幼儿园应当构建整体性和系统适宜性的幼儿园大课程体系。

走向细小的微观叙事

——幼儿园课程的逻辑嬗变

◎ 杨妍璐[1]，浙江师范大学儿童发展与教育学院

我们要在早期教育中为孩子提供什么样的发展资源，这向来不是一件单方面（例如教育行政管理人员、园长、教师、家长）可以决定的事情。幼儿园课程之所以复杂，是因为从宏观层面上，它涉及我们社会、经济、文化、政治发展的需要；从微观层面上，它牵涉到儿童发展的理论与原则、教师的意愿和能力、家长的期待等。毫无疑问，当下的幼儿园课程呈现出的生活化、游戏化和班本化趋势也是这些力量共同作用的结果，但教师作为课程实施者，他们的角色定位和工作心态不容小觑。在此，我想谈两点，关于课程生活化和班本化。

一、教师：监督孩子的人还是和孩子一起生活的人

我相信，现在我国不少幼儿园里上演这样类似的故事：中班的孩子在午餐后到幼儿园的池塘边散步，他们看到池塘里有好多蝌蚪，感到非常兴奋，想把蝌蚪带回教室养。按照规定，幼儿园内公共资源是不可以带回教室的，但教师在这里没有以行为制止者的角色出现，而是开始和孩子讨论："你们想把蝌蚪带回教室还是留在池塘里，为什么？"讨论中，有的孩子站在蝌蚪的立场，认为一旦把蝌蚪带走，它们的妈妈会找不到它们的；蝌蚪在池塘里太热了，会晕过去的……有的孩子站在自己的立场，想把蝌蚪当作玩具，想看蝌蚪是怎么变成青蛙的；也有孩子认为最好不要变成青蛙，否则太吵了……经过商讨，也向园长请示了，出于孩子观察的需要，他们决定带几只蝌蚪回教室，等它们长大一点变成青蛙前再送回池塘，这样蝌蚪既不会在教室里变成青蛙，也不会找不到妈妈，孩子还能很好地观察它们是怎样长大的。蝌蚪来到教室之后，孩子自然遇到了很多的问题：如何提供合适的生存环境，如何照料，甚至如何面对蝌蚪的死亡……这里就不赘述了。（故事提供者为杭州市萧山区信息港幼儿园的金圆圆老师）

在这个故事中，我们可以看到，这些年的课程改革对教师的触动是极大的，教师的角色已经发生戏剧性的转变。福禄培尔曾说，教师是与孩子一起生活的人。但是，很遗憾，在过去很长一段时间里乃至现在，幼儿教师的自我定位常常是幼儿行为的监督者、矫正者。我们学院每年有学生毕业后要去幼儿园工作，他们会非常焦虑。我问他们为什么那么焦虑，他们说怕管不住孩子。我当然理解在班级管理上，我们的新教师面临的挑战，但问题是，如果我们不能有一种和孩子一起生活的心态，那么围绕生活的课程有可能展开吗？试想一下，在前面提及的那个故事中，如果教师直接以一种权威的口吻说："你们不能把蝌蚪带回去！"那么故事就结束了，孩

① 杨妍璐，博士，浙江师范大学儿童发展与教育学院教师。

子后面的学习和探索就没有了。如果是这样,那么我们不禁要问,幼儿园到底是一个令人兴奋、可以探索世界、满足好奇心的地方,还是一个取悦教师、做乖孩子的地方?

德布·柯蒂斯(Deb Curtis)和玛吉·卡特(Margie Carter)在分析早期教育的课程问题时指出:"教师每天督促儿童完成一日生活安排,就像儿童是生产线上的汽车,既没有给教师也没有给儿童提供思考的时间,更没有质疑和理解一日生活活动真实含义的机会。"①

如果一位教师每天仅仅是督促孩子完成一日生活安排,对生活所给予我们的偶然性置若罔闻,那么课程生活化只能是空中楼阁。为什么要让孩子讨论要不要把蝌蚪带回教室,其实就是在给孩子提供赋予自己行为以意义的机会。在这个问题上,孩子的多元交流帮助他们重新看待自己的行为,这比教师单方面的行为纠偏更具教育性。"原来,我在带蝌蚪回教室这个想法上也要考虑蝌蚪的妈妈。我有妈妈,蝌蚪也有妈妈。它们的妈妈找不到它们了会怎么办?如果我的妈妈找不到我,她一定会很着急!"同伴之间善意的影响让我们的孩子理解世界的复杂性和生活的多维度,这不正是课程生活化的旨趣吗?课程生活化一定是教师愿意从一种宏观叙事中走出来,转而进入一种微观叙事,从而产生对孩子此时此地的真正支持。

二、班本化:倒逼幼儿教师专业成长

我这里讲的宏观叙事是一个文艺理论术语,它往往与在较大范围和纵深的时空关系中理想型、建构性的写作主题及叙事目的有关,有一以贯之的主旨和完整、全面、统一的叙事。我用它来讲我们的幼儿园课程是做一个类比。拿省编课程来说,浙江省是"完整儿童"课程,根据不同年龄阶段实施教育,可以让儿童按照逻辑有条理地学习。浙江省的规定大致是80%的内容要参照省编课程,20%的内容教师可以灵活安排。现在去幼儿园的主题墙上看看,一定会看到他们正在进行的省编课程主题,但是在这些主题之外,我们还能看到园本化课程乃至班本化课程。省编课程给教师提供的帮助无疑很大,但由于每个班级孩子的情况不一样,结合班级情况为孩子提供一些适宜的课程是近年来我们幼儿园课程改革的大方向,也就是我们给教师在课程这件事情上赋权。这当然有助于发挥教师的专业自主性,但也有一些教师会排斥。

我曾经参加过一次幼儿课程审议活动,我感觉那次审议活动有点尴尬,因为园长要求每位教师交出一份班本化课程方案,但教师一下子交不出来。为什么交不出来?可能是因为还没有把自己看作一个和孩子一起生活的人,也可能是因为他们还没学会倾听和欣赏孩子,所以给出的方案没有任何班本化的特质,基本上是教师拍脑袋随意想的。有些教师事后还向我反映,说:"班本化太累了,照着课程教不好吗?"我当然能够体谅教师的辛苦,但这也引发我思考一个问题:现在我们为什么要强调班本化?不就是为了让教师

---

① [美]德布·柯蒂斯、玛吉·卡特:《和儿童一起学习:促进反思性教学的课程框架》,周欣等译,北京:教育科学出版社,2011年,第5页。

更好地认识每一个鲜活而完整的孩子吗？课程是在班级落地的，对班级情况的分析本身是一件倒逼幼儿教师专业成长的事情。如果教师不做分析，教师怎么可能发现孩子是如何看待、认识世界的呢？幼儿园课程毕竟不是单方面向孩子传递信息，而是教师开启倾听孩子精彩观念的契机，没有班本化的过程，幼儿园课程和中小学课程还有什么区别呢？

总而言之，我们现在说的生活化和班本化其实都是在鼓励教师从宏观叙事走向微观叙事。这意味着幼儿教师必须时刻思考：我面对的孩子处于哪个发展阶段？他们的前期经验是什么？他们的经验需要怎样的支持与拓展？在我国学前教育迈入全面提高质量的新阶段，幼儿园课程不能仅仅停留在过去的宏观模式，即把课程视为一张不允许有任何改动的图纸，把孩子视为构筑课程大厦的工具。相反，课程是一次面对不确定性的冒险。在这次冒险中，幼儿教师是和孩子一起冒险的人，正如前面那个故事里面，教师要承担打破幼儿园规则的风险，后续发生的所有事情教师本身也未必能够驾驭，但这些都不妨碍教师陪孩子一起生活、一起探索一个更为合理、更为美好的世界。

最初的惊奇与儿童哲学*

◎ 托马斯·E.杰克逊 撰 冷 璐 谢乃馨 译①

摘 要： 美国哲学家、教育家约翰·杜威在他的影响深远的著作《民主主义与教育》中指出："如果我们愿意把教育看作塑造人们对自然和人类基本理智和情感之倾向的过程，哲学甚至可以解释为教育的一般理论。"另一位美国哲学家、教育家马修·李普曼（Matthew Lipman），即儿童哲学理念的创始人和运动的发起者，则提出："没有哲学便没有真正的教育！哲学是教育的核心，也是学校课程的核心。"

基于这些言论的精神，本文将提出一种教育观点：作为一种教育方式，可以将哲学融会贯通地运用到小学、初高中与大学的教育和课程之中。这种教育哲学已经被中国、奥地利、美国夏威夷州等国家和地区的教育者和教育部门所采纳。哲学和教育之伙伴关系的形成有其哲学基础，部分原因在于"最初的惊奇"（primal wonder）的概念。这是我们所有人在出生时便有的一种对好奇的表现方式。本文原始惊奇思想的诞生也受到柏拉图和亚里士多德哲学思想的启发，即"哲学起源于惊奇"。这种最初的惊奇若通过语言的形式来表现，首先来自儿童对问题的提出与探究，比如儿童在成人作出最初的回答后总是坚持问"为什么"。

大多数人同意这种最初的惊奇随着我们的成长而减弱。许多人也同意这种减弱在很大程度上是由于正规学校教育在某些方面的缺失，影响了教育的质量。通过夏威夷儿童哲学（Philosophy for Children Hawaii）在美国夏威夷州和其他国家和地区的实践，我们发现这种最初的惊奇的能量没有再次流失。然而，如果要培养和发展最初的惊奇，学校和教室需要一些特殊的条件。简而言之，这涉及教育工作者学习如何建立智力情感安全的教室（intellectually safe classrooms）、学习如何创建一个充满安全感的学校和团体。塑造这种智力上、情感上安全的教育氛围，学生才能讲出自己的惊奇、提出感兴趣的问题或主题，然后整个学习体才能更深入地了解初始问题或主题，并因探讨成果采取某种形式的行动。实证研究证明，夏威夷儿童哲学的教育方式能够有效提高中小学和高等教育的质量。

本文拟用实例证明夏威夷儿童哲学的教育理念和实践能够促进未来教育发展，不仅是在上文所提到的地方，而且包括世界其他地方的类似举措。

关键词： 最初的惊奇；夏威夷儿童哲学；智力情感安全；团体探究；做哲学

---

* "最初的惊奇"是我提出的术语，但能成功写作本文在很大程度上要归功于科内利斯·范霍芬（Cornelis Verhoeven）的《奇迹的哲学：哲学概论和激励》，麦克米伦出版公司，纽约，1972年。

① 托马斯·E.杰克逊（Thomas E. Jackson），美国夏威夷大学马诺阿分校人文艺术学院哲学系教授、夏威夷儿童哲学研究中心创始人及主任。

冷璐，暨南大学外国语学院副教授，主要研究方向为英语思辨教育、儿童哲学、教师共同体和教育心理学。

谢乃馨，女，暨南大学英语笔译专业研究生，参与国家社会科学和广东省高等教育学会研究项目。

一、序言：出生时出现

回想起来，我第一次体会到最初的惊奇是在我儿子出生时。不久前，他安静地躺在我妻子怀里。产房舒适、凉爽、安静——到处充满着不慌不忙、惬意舒适的气氛。他转过头来，我可以清楚地看到他的脸，他的眼睛还没睁开。

总是匆匆忙忙做某件事没有任何意义。大自然尽职尽责，一切皆有定数。我和妻子两人都目睹了这个奇迹的发生。的确，时间在那一刻似乎静止了。然后我看着他睁开了眼睛。尽管那时我就形成了一种深刻的意识，随着时间的流逝这种感觉愈发强烈，他的目光中饱含深刻的惊奇感：当他睁开眼睛，不管看见何物他都只能接受，世间万物对他来说如此新奇。对此，他恰合时宜地绽放出笑容，多么可爱啊！

二、探索夏威夷儿童哲学之旅

1979 年，我获得了夏威夷大学哲学系比较哲学博士学位。1984 年，我发现了马修·李普曼的一项伟大创举——儿童哲学（Philosophy for Children，简称 P4C）。同年 8 月，我花费三个星期的时间参加蒙特克莱尔州立大学儿童哲学促进协会（Institute for the Advancement of Philosophy for Children，简称 IAPC）的一个国际研讨会，该研讨会由马修·李普曼和安妮·玛格丽特·夏普（Ann Margaret Sharp）共同主持。来自世界各地的约 20 位学术哲学家参加了此次研讨会，他们渴望身临其境地学习实施这种新教育的方法，即将哲学实践置于学校教育的中心，光是想想就令人热血沸腾。

回到夏威夷州时，当时批判性思维运动风靡一时，我每周都会举办研讨会，在教室里与小学教师、学生面对面交流，我很快发现他们也都渴望尝试这种不同寻常的教学方法。一直以来，想具体地弄清楚哲学在孩子身上的意义与本质是我们遇到的巨大挑战，从学龄前儿童到小学、初中、高中学生，然后是大学本科生和更高阶段的学生，直到现在，弄明白这一问题仍然需要下一番苦功夫。

多年来，多亏马修·李普曼开创先河，其哲学理论独树一帜、新颖独特，我们将之融入基础教育（K12）课程模式中去。然而，这种课程也存在局限性，特别是在夏威夷州多元文化的背景下，局限性愈发显露出来。在这种课程及其实践中，哲学模式建立在西方哲学传统基础上。马修·李普曼对该模式稍作调整，使其适用于基础教育阶段的学生，同时不改变其西方哲学的内核。

马修·李普曼意识到，哲学是可以也应该在学校里学习的东西，他为基础教育阶段的学生设计了一个从零开始的（儿童哲学）课程，包括配套的课本和手册，足以称其为“规则改变者”。然后，他设计了教学方法来实施这些材料，以及赖以支撑的体系来培训那些对实施儿童哲学方法感兴趣的人，该教学方法拥有强大的哲学理论做支撑，是真正令人惊叹的伟大成就。世界各地支持该课程的人数持续增长也足以证明马修·李普曼及其改革工作的影响力。

马修·李普曼对这项工作的传播及其相应的变化持宽容、开放的态度。正如他所说，这些变化是对他批判性思维深刻分析的回应，即情境敏感性（context sensitivity）。正是这种情境敏感性，迫使这些变化融入夏威夷儿童哲学中。造成这些变化的原因是：(1)(马修·李普曼)材料本身的局限性。这里有两个问题：时间有限又要正确使用所需的材料。对教师来说，从讲课本到讲解主导思想，再到使用手册中提供的练习和讨论计划来引导学生，想做到这种转变并非易事。也导致了第二个问题，教师没法在每周的课堂上得到持续的支持，于是只能不了了之。(2)材料内容以西方哲学传统为基础。这个意图很明显。

儿童哲学试图重建并呈现哲学史，以使儿童能够根据自己的需要对哲学进行调整，从而以一种自我纠正的方式进行思考。儿童哲学是一种对话、反思的方法，结合了2 500年来关于宇宙的本质、美好生活的特征和培养智慧的各种观点和思想体系。①

马修·李普曼所推崇的方法与对哲学的理解在他的小说和实践中展现得淋漓尽致，并且内容和实践都非常接近西方哲学传统。在内容方面，其作品回答了这样一个问题，即某个特定环节是否具有哲学意义，而且解答了一个问题，即是否存在至少以某种方式与西方哲学的一个可识别领域(形而上学、认识论、伦理学等)有关联的参考。在实践方面，它以西方的论证模式为基础：理由、前提和结论等。马修·李普曼编撰的手册中含有大量帮助巩固该过程的练习和讨论计划。充分利用这些高质量的练习可以帮助学生夯实基础，提高探究能力。讨论计划以小说中西方传统的主导思想为基础。以类似的方式，通过深入理解更丰富的逻辑，提供练习以提高推理能力，而不是像大多数大学哲学系那样，过度重视形式和符号逻辑。马修·李普曼发表了一系列教材文本：从《艾尔菲》开始，接着是《小精灵》，然后是《儿童哲学研究：聪聪的发现》。课程重心会转移到这些技能在《丽莎》、《马克》和《苏基》②中的应用。这是一项伟大的工作！

最后，马修·李普曼开创了团体探究方法，该方法在很大程度上强调了探究的重要性，但对团体及其发展的关注很少。夏威夷州多元文化的丰富性和复杂性包括对“团体”含义的理解与对不同团体合适的规范和协议的不同看法。这些顾虑导致我们从一开始就专注于发展具有身体、情感和智力安全的团体。而如今我们提出以下理解智力安全的出发点：“只要尊重团体中的所有成员，团体探究的参与者几乎都能自由提出问题或陈述个人观点。”

当今世界，无论是校内还是校外，我们都无法完全保障这三种意义上的安全。学生经常会带着他们从家里和周围环境中学到的偏见、歧视、刻板印象和其他掺有主观意见的态度。因此与学生合力发展安全是团体开展富有成效的探究的必要条件。然而，需要强调的是，安全并不意味着可以避免棘手的问题或避免严重的分歧。发展智力安全意味着必须创造一个可以自由表达、检查和挑战这些差异的安全空间。

在夏威夷州时，我主要在基础教育阶段的教室里与师生面对面交流，学生来自不同种族，文化和语言大相径庭。这意味

① 安妮·玛格丽特·夏普、罗纳德·F. 里德(Ronald F. Reed)编：《儿童哲学研究：聪聪的发现》，天普大学出版社，费城，1992年，第13期。

② Anm. d. ÜS：这些都是马修·李普曼儿童时期读过的哲学小说的名字。

着我们不应该将各年级的教师或学生享有智力和情感的安全地当作理所当然的事情。开展过良好的儿童哲学探究活动的,基本讨论过“智力安全”的含义、增强智力安全的条件和损害智力安全的原因。这些探讨为团体提供了基础和参考点,以持续反思团体的所作所为,特别是在没有安全感的探究活动中。

这种沉浸感,从一开始就是一种共同经历,与教师、学生一起成长和学习。作为共同探究者和探究的共同促进者,我们共同促进直接来自儿童哲学团体的好奇和问题。智力与情感的安全地为适应这种新的教学方法带来的挑战提供了环境。这种方法使教师和学生之间的权利关系发生根本转变。这种转变包括谁有权利决定发言人和下一位发言人,教师可以赋权学生,改变自身的角色,由课程、学习内容的权威和责任者角色转变为与学生共同学习、经历的体验者角色,并且跟学生一样,不确定探究将导向何处。这些探究通常都从一个简单的问题发展而来,例如,“你想知道什么?”这些探究,从他们的好奇开始,从广泛开放的疑问到对基于特定文本的特定内容的译文,直接揭示了夏威夷州团体多元文化背景的丰富性。

三、夏威夷儿童哲学探究的主要特点①

夏威夷儿童哲学探究存在两个重要特征。首先,如上所述,这种探究从学生的兴趣和他们的个人理解出发。

从理解“团体”这一概念出发是特别具有挑战性的,大多数学生的理解深度和广度大相径庭,即使该体系建立在每个学生都已经掌握了上一年级所需要的基本知识的基础上。由于学生来自五湖四海,母语不同,这就使得情况更加复杂了。但尤其值得表扬的是,与不同年级的教师一起工作时,他们勇往直前,直面这些挑战,在课堂上实现了儿童哲学的第一件重要事情。

关于夏威夷儿童哲学探究的第二件重要事情是共同探究的想法,这意味着包括教师在内没有人提前知道探究将产生什么结果。这种探究方法最初试行时,师生都面临艰巨的挑战,尤其在高年级。如果没有提前准备,你不知道探究应该在何处结束,这时你会制订何种课程计划呢?这就需要对“进展”的含义做不同的理解。

四、对“进展”含义的四种理解

教育工作者一般都对“进展”的含义颇感兴趣。儿童哲学探究的进展是一个主要的关注点。具体来说,我或我们是否在团体和探究方面取得了进展?团体方面的进展主要关注参与质量、倾听和是否足够安全。探究方面的进展则集中在每个人在探究结束时的自我反思上。每名参与者必须对四种不同的、相互关联的、同样重要的进展类型作出回应。

第一种进展我们称之为“困惑”。这听起来可能不像进展,但我们认为:自己对某件事感到迷惑不解,认识到这一点是

① 本节以托马斯·E.杰克逊的《“温和的苏格拉底式”探究的艺术和工艺》为基础,见阿瑟·L.科斯塔(Arthur L. Costa)编的《发展思维:教学思维的资源》(第3版),监督与课程开发协会(Association for Supervision & Curriculum Development,简称ASCD),亚历山大,弗吉尼亚州,2001年。

极其重要的,不要急于摆脱困惑;而是应该庆祝你有勇气不惧困惑,把困惑看作对问题更深层次的理解。

人们往往在碰到相当困难的问题或主题时,就会自然而然产生困惑,只是以前没有意识到这一点。匆忙复习考试内容,以及强调只有唯一正确答案的标准化考试,让人变得惧怕困惑和复杂。考试就在下周。救命啊!因此,理解和接受困惑非常重要,其作为深层次理解的一部分,是进步的真正标志。

第二种进展是认识到在探究过程中出现了以前未曾设想的新的观点。这是智力安全团体的众多好处之一。人们可以从团体中的其他人那里听到新的观点,而这些观点通常有石破天惊之奇。在某种程度上,这可能会导致一个人感到困惑,但影响是积极正向的。如此一来,人们就更有可能达成新的理解。

第三种进展是即将得出答案。因为已经熟悉了这个问题或主题,所以它可能是人们已经想到的答案。或者它可能不是一个完整的、成熟的答案,但一旦有了一个想法,就可以自己思考或者和他人一起进一步探究这个问题或主题。有时候,想得到一个令人满意的答案要经过漫长的探索过程。然而,如今人们也有勇气接受开放的答案。

第四种进展是在相关情况下,承诺就探究过程中出现的问题或主题的某些方面采取一些个人行动。这种进展可以是内在的。例如,认识到以前对另一个种族的歧视态度或假设,并自己下定决心纠正这种态度。此外,从这种态度的改变中采取外部行动。

最重要的是,要记住这四种类型的进展通常在不同程度上同时产生:我或我们可能带着一些困惑离开,但也可能想到一些新的观点,甚至得到了答案,或者可能我或我们产生困惑是主要的,其余都是次要的;我或我们可能觉得自己还没有准备好作出承诺,采取行动,需要进一步探索来答疑解惑。

我们认为"进展"这一概念的可贵之处在于,在某次探究结束时,我们不再期望达成一致的意见,尽管可能会出现协商一致的情况。更重要的是,它使我们认识到,当我们开展团体探究活动时,我们往往有各自不同的理解。自然,在探究结束时,我们每个人都将以自己的方式,而不是按照外部强加的一套标准取得进步。

下面是一位教师的话,这位教师正践行着"事先不知道"原则:一天早上,我来到学校,我们在那里已经实施了几个月的儿童哲学课程,在学校外面有一位教师跟我打招呼,随后她非常认真地和我说:"托马斯·E.杰克逊博士,你知道吗?我们严重低估了学生的能力。我们以前只是将他们禁锢在我们教授的文本和课程中。"她的情绪越来越激动:"当我和学生进行儿童哲学探究时,我感觉自己的大脑卡壳了!学生有很多的想法,有时他们在思考上远远领先于我。"她停顿了一会儿,然后微笑着说:"这很好,不是吗?""事先不知道"原则为这种来自团体的智力拓展创造了广阔的空间。

五、关于惊奇

在与教师面对面工作的这些年里,我经常与从幼儿园到小学六年级的几个班级合作。很快我们就发现,从幼儿园到大约三年级的孩子,他们的最初惊奇感特别强烈，想象力丰富，富有创造力，充满活力又能够自得其乐。他们自身的文化背景和经历在无意识中渗入了他们的惊奇中，由此创造了丰富的想象力，进行更深入的思考。这种多样性代表了一种新思想资源，这种想法丰富多彩又未经开发，利用这种新思想来发展他们个人的能力，借此深入理解他们个人和多样化的集体世界。迄今为止，他们显然不对任何一种观点墨守成规，因此对从同学那里听到的事情持开放态度又颇感兴趣。

但不幸的是，正如我和其他研究者所观察到的一样，随着他们在学校和生活中的经历越来越多，这种最初的开放和原始的惊奇越来越受到压制。正如汉娜·阿伦特所观察到的那样，这往往会导致头脑中充满“冻结的思想”①。

在与学生打交道的这些年里，我也发现了其他问题：孩子真的在学习哲学吗？孩子学习哲学最早是从什么时候开始的，一直延续到什么时候呢？实际上，这个问题的关键在于“哲学意味着什么”。

有关惊奇的想法不断出现。当我反思柏拉图的“哲学始于惊奇”这句话时，我终于有了突破。这意味着，无论哲学是什么，或者可能是什么，哲学都始于惊奇。②这也意味着，无论年龄多大，当我们的思想进入惊奇模式时，无论多么短暂，我们都已经对惊奇有了初步的了解。

我突然意识到我还没有回答新遇到的问题：“惊奇是什么时候出现的？”突然间，我又一次想到儿子出生的情景，那画面还是如此生动，我意识到那个情景就是惊奇之初始！惊奇始于生命降临的那一刻（如果不是更早）。我们生来就具备了哲学的基本前提：一种特别的惊奇，现在我称其为“最初的惊奇”。

我们生来就具有这种基本品质，但我们也是独一无二的。世界上没有两片相同的雪花。基于这种独特性，我们生活的这个世界遍布着其他独特的个体，相似的事物随处可见，可独特性也无处不在，这使得人类的社会生活成为可能。在生活的熔炉中，一种身份即将出现，在特殊的个人文化和历史时刻中形成。这一切都似乎如数家珍。这就是最初的惊奇，也是接下来一切物质文化生活的基础。

出生时，最初惊奇是“前文化”的。也就是说，丰富的感性世界在任何文化意义上都是前概念的（从现象学来讲，它是非时代性的）。正如禅宗所说，我们以“初学者心态”③为开端。

这种最初惊奇的“前文化”基础是至关重要的，因为在意识领域的这一点上，有许多可行的替代方法来创造我们刚刚进入的世界的意义。这些选择是丰富跨文化意识和理解的可能性的基础。进入世界的每一个入口都具有无限可能性，但只有一个是人类生活所必需的。如果我的母语是汉语，接受的都是有关中国文化的教育，那么对我来说，世界的命名和组成将与英语、德语或夏威夷语不同。如果我出生在这样一个家庭，家庭里常用的语言是诸如汉语和英语这两种差异巨大的

① 汉娜·阿伦特：《精神生活》（平装版），哈考特·布雷斯·约万诺维奇出版公司，1978年，第170—171页。

② 柏拉图：《泰阿泰德》，155c-d，译者乔伊特：“苏格拉底：我亲爱的泰阿泰德，当西奥多罗斯说你是哲学家的时候，我发现他能真正洞察你的本性；因为好奇是哲学家特有的感觉，而且哲学始于好奇。”

③ 铃木俊隆（Shunryu Suzuki）：《禅者的初心》，韦瑟希尔出版，2007年。

语言,那么我就会被迫接受两套大相径庭的命名系统和理解方式。这在夏威夷州是很常见的。则我可能生活在一个传统的三口之家,也可能是重组家庭,或者是单亲家庭。跨文化意识之所以成为可能,是因为在最初的惊奇中,我清楚,我在家庭中接受的文化不是唯一的,我可以选择家庭中的其他文化,这是不言而喻的。

正是这一系列可能的命名赋予了最初的惊奇以力量。最初的惊奇本身带有一种意识,即正在展开的是无限可能性中的一种可能性。这种意识在幼儿身上体现得淋漓尽致,表现在他们提出的问题的基本性质,以及他们会坚持不懈地想要理解我们给出的答案。从他们的视角来看,这些所谓最初的、成熟的解释一点也不清楚。举个例子,在对一群四年级学生的探究中,探究者询问道:“如果你的父母没有孩子,这是否意味着你不会有孩子?”大多数学生最初的反应是,这个问题没有意义。可一个学生对此有不同的理解。他说:“不,这并不意味着你不会有孩子。就像我的父母也没有孩子。”他是典型的夏威夷州多元文化的缩影,生物上的遗传并不是决定一个人有无孩子的关键,父母可以是负责照顾孩子的人。生物学不是决定因素。

正是这种有限的经验与没有依附的开放性相结合,使孩子的问题特别具有挑战性,这体现在他们坚持问“为什么”,接着又问“但为什么”。这是他们回应成人的方式。成人总试图为他们答疑解惑。正是这种探求另一种理解的认识,以及迄今尚未对某种答案有具体的执着守护的情况,使跨文化对话不仅成为可能,而且具有创造一个新世界的巨大潜力。这个世界将更崇尚和平,且富有同情心。最初的惊奇作为哲学的基础,意味着哲学是跨文化理解可能性的基础和必要条件。

六、切勿急于求成

为了展现并保持最初的惊奇,我们一定不要急于求成。事实上,不急于求成是激励和指导夏威夷儿童哲学实施的重要精神。在工作坊,在正式或非正式的谈话中,第一次听到“我们不着急……”,这个开场白往往会让人惊讶,偶尔我们对之报以微笑,有时也会让人困惑,甚至不舒服。毕竟,这与我们,尤其是教师,每天所经历的现实完全不同。

然而,要想顺利实施夏威夷儿童哲学课程,并将其推广至世界各地,需要接受一种内心深处的指引,即不急于求成。匆忙的生活妨碍了最初的惊奇诞生,阻碍了学生对问题和兴趣的敏感度和开放的程度。然而,对教师来说,不急于求成是最困难的,他们经常在课堂外承受巨大的压力,要讲授别人认为的重要的内容。这种压力一直在增加,看不到尽头。

现实很残酷,事实上,无论是父母、行政人员、商人,还是政治家,我们所有人,包括婴幼儿,都太急于求成。我们匆匆忙忙地赶去某个地方——送孩子上学,去参加足球训练,回复最新的推特信息、短信或电子邮件,或者在多数情况下,仅仅是为了生存。

在这种匆忙的过程中,我们只能眼睁睁地看着自己丧失某种东西。它既独一无二又弥足珍贵,对我们成长为完整的人起重要的作用:那就是最初的惊奇。我们从好奇中产生问题,懂得生命之珍贵、彼此之可贵,我们也能更亲密地了解自己和他人的特殊性，以及体验更丰富多彩、怡然自得的生活。

夏威夷儿童哲学课程邀请我们更系统地体验自由，与急于求成刚好相反。将儿童哲学课程作为持续进行的项目，不仅是一个单一的课程，而且是系统地融入学校的基础教育的文化结构中，这将带来巨大的变化。它让我们彼此联系，让我们体验更舒适的生活，而这种生活只有在节奏放缓时才会出现。

系统地实施儿童哲学课程，意味着在定期的基础上创造时间和空间来仔细倾听、理解、反思别人所说的话，允许孩子或成人随时按照探究的完整性来展开探究，而不应该限制探究时间，并且对团体能量变化有相当高的敏感性。当你系统地实施儿童哲学课程时，你会发现你的生活和学校群体的生活更加丰富，并且你自己相当满意。这就是夏威夷儿童哲学中探究时间的核心。

七、做哲学的儿童

来自五湖四海的人造就了夏威夷州这个多元文化并存之地，这有助于我们与有基础教育背景的学生一起参与儿童哲学探究。这种多元性存在的部分原因是，在夏威夷州，没有哪个种族群体一家独大，生活中往往能看见来自世界各地的民族。这种多元性因数量众多的亚洲血统混血儿（hapa）而更加多元。然而，许多复杂的因素导致夏威夷州问题频出，并非所谓的“天堂”。这些问题涵盖历史、经济和健康方面，比如健康状况不佳、犯罪率较高等，这些问题持续影响着夏威夷州的人口。

2004 年的一个例子能够证明夏威夷儿童哲学课程的成功实施：2004 年，安贝尔·斯特朗·马凯亚（Amber Strong Makaiau）和她的同事克哈·格拉斯科（Kehau Glassco）在夏威夷群岛东部瓦胡岛怀马纳洛的凯鲁阿高中（Kailua High School）实施了儿童哲学课程。在夏威夷儿童哲学课程的指导下，设立了这些主要目标：（1）理解美国种族群体的历史、暴力指向标，自己和他人的种族认同；（2）培养技能，包括以批判性方式、哲学思维思考民族研究概念、人际交往并进行个人反思；（3）提高对他人的同理心，与他人共情，在社区作出积极改变，以及提高解决暴力问题的责任心。① 三项研究证实了该课程在实现这些目标方面具有积极的影响。②

这个例子只是沧海一粟，它揭示当在全校范围内持续系统地实施儿童哲学课程时会发生什么；就像目前夏威夷州的一些学校所做的那样，从幼儿园开始实行，一直持续到基础教育阶段。基于多元文化的生活经验，基础教育阶段学生从儿童哲学探究课程所揭示的多样性中学习并开始珍惜多元文化，这对学校社区本身的文化产生了更广泛的影响。他们意识到在社会、文化、性别等方面存在深刻的差异。最初的惊奇让他们意识到这些替代

① 参见安贝尔·斯特朗·马凯亚《多元文化社区背景下的青少年认同探索：教育工作者对心理认同干预的反思》，夏威夷大学马诺阿分校，博士学位论文，2010 年，第 92—94 页。

② 参见 D. 莱胡尔、C. B. 桃原、J. 杉本-松田和 E. S. 菱沼《种族研究课程评估，2007—2008：技术报告》，檀香山，夏威夷群岛：凯鲁阿高中 2010 年报告。参见 C. B. 桃原、J. 杉本-松田、E. S. 菱沼和 J. Chang《凯鲁阿高中种族研究评估——“文身单元”：技术报告》，檀香山，夏威夷群岛：凯鲁阿高中 2011 年报告。

的选择，丰富自己的成长经验，并为他们提供新的可能性。他们能自主选择自由和肩负的责任，因为他们试图在一生的冒险中发现或者创造一种“经过审视的生活”中的身份。

从这些经历中，我充分体会到，每天和孩子一起做哲学时的惊奇。到了幼儿园，多数孩子对哲学有了越来越丰富的认识，即语言的习得。在世界上许多地方，儿童同时掌握两到三种语言。这让他们有能力用不同的语言表达自己最初的惊奇和永不满足的好奇心，并意识到这些因语言造成的差异。

在一个安全的环境中，儿童提出问题时，总是那么坚持不懈（就像苏格拉底要学生每天做那个简单的动作，但只有一个学生坚持下来）。这同时促进我们成人去思考：我们通常回答不了孩子追问的“但为什么会这样呢”。

多亏了孩子坚持不懈地追问，我们得以重新审视自己，再次思考一些看似简单的问题，或者我们多年前没有思考过或者放弃思考的问题。这种坚持不懈非常重要，它遵循了苏格拉底的哲学思考，因为苏格拉底没有提前通知学生要坚持下来，它是开放式的。他们最初的惊奇是寻求从某种程度上对他们来说有意义的理解。这是一种较为温和的方法，符合夏威夷州人的性格特点，即非对抗性。它运用哲学技巧，比如“优秀思考者的工具包”①中的技巧，旨在形成某种进展，能够在探究开始时深入理解问题或主题。

通过这种方式，孩子在努力理解自己的经历，有时比较随性率真，有时非常严谨认真，就像我们成人继续努力理解自己的经历一样。在这样的背景下，孩子开始了一种如苏格拉底所说的“经过审视的生活”。

八、夏威夷儿童哲学团体的产生、发展与成熟

我认为可以将夏威夷儿童哲学当作一次旅行，像生活本身一样。这是一段旅程，其特点是学会更深入地思考和关心自己和他人，对我们所做的选择负责，通过有意识的选择，我们正在成为和变成想要成为的人。

夏威夷儿童哲学专注于建立智力情感安全的学校、社区。在这里，学生、教师和家庭可以在充满欢声笑语、关怀备至和悉心照顾的氛围中学习、成长。总之，就是用心。

我们发现，最好是将夏威夷儿童哲学团体分为三个相互交叠的阶段：首先是一个团体的产生，然后随着经验的积累，团体能得到很好的发展，最后成为一个成熟的团体。但这些阶段都不是硬性的、能够快速形成的，因为一个团体有时可以以一种非常成熟的方式运行，而其他时候又可能像刚成立不久的团体。这本身无可厚非。就像生命本身一样，它有自己的节奏，随后按部就班地展开。

在这些阶段中，教师（促进者）是夏威夷儿童哲学探究的决定性因素。在团体刚形成时，正是教师（促进者）将这种探究

① 该工具包由7个字母（W，R，A，I，T，E，C）组成，每个字母代表着深层次的探究/好奇，比如“你说……是什么意思”“请给出理由”“你的假设是什么”“这是什么推论/暗示”“……是真的吗”“你能举个例子帮助我理解吗”“谁能提出反例”。

背后的思想引进来。她/他负责建立、监督和维护团体内部的安全。其中包括监督团体球的正确使用，并互相邀请，确保每名成员都有发言的机会或保持沉默的权利。无论是否手持团体球，教师（促进者）都具有在必要时发言的权利和义务。

教师（促进者）负责介绍诸如“神奇词语”①和“优秀思考者的工具包”之类的内容。最重要的是，尤其是在团体初建阶段，教师（促进者）为小组设定时间和节奏。能否做到不急于求成取决于一个人是否足够适应沉默和等待，这似乎与多数上课的情况格格不入。但在此阶段正是需要这样一个人，他不仅能够保持最初的惊奇，又能够饶有兴趣地对团体给定的某个话题提出真实的看法；也需要这样一个人，他享受未知带来的不确定性，不急于求成，但愿意让探究朝着“它”和团体所期待的方向发展。她/他必须愿意承担不提前知晓答案带来的风险，同时在寻找答案的过程中，能积极参与探究。

随着团体的逐渐成长，它将得到很好的发展，团体的其他成员将指导方法内化于心，彼此邀请，仔细倾听，并自发地使用“优秀思考者的工具包”的字母，协助将探究推向更深的层次。学生从参与者转变为促进者。最后，逐渐发展为成熟的团体。在成熟的团体中，教师与学生一样，充当参与者或促进者的角色。你不必急于求成，但它绝对值得等待，看着探究按照自己的节奏进行，你会感到非常满足。

此模式并非专家和新手之间进行合作。夏威夷儿童哲学课程提供了一个不同的模式——承认教师的专业和教学技能的模式。教师了解他们的学生，知道学生在理解上会遇到困难，知道如何作出适当回应。实施夏威夷儿童哲学课程的教师也有助于将哲学探究方法与他们所教授的内容进行匹配。教师（促进者）都可以互相学习。教师内化了哲学家的教学技巧。哲学家（促进者）则发展了课堂教学技巧。

这些年，我们与夏威夷州教育部和夏威夷大学马诺阿分校密切合作。目前，在日本上广基金会的支持下，我们于 2012 年建立了夏威夷大学上广教育哲学与伦理学院。该学院同艺术与人文学院、教育学院形成了合作伙伴关系。

九、最初的惊奇——开展夏威夷语沉浸式教学项目

我们在毛伊岛帕伊亚小学开展了夏威夷语沉浸式教学项目，这一项目的实施有助于我们更清楚地认识马修·李普曼教学法根植于西方传统的文化局限性。在帕伊亚小学进行的这一个项目只是沧海一粟，要想拯救并复兴濒临灭绝的夏威夷语，还有很长的路要走。凯基·卡瓦伊（Keiki Kawai ‘ae‘a）是这个项目中的一位领军人物。我是在檀香山的一个批判性思维会议上认识凯基·卡瓦伊的，当时我做了一个关于儿童哲学的演讲，已经反映出我们在马修·李普曼的方法基础上做了改变。凯基·卡瓦伊后来与我交谈，说她对我们的研究领域特别感兴趣，并指出它与其他批判性思维方法的不同之处。她对这一观点颇为赞赏，即将重心放在团

① 《哲学与儿童是哲学吗》，作者是 Marie Eitzinger，VDM 出版社 Dr. Muller Aktiengesellschaft & Co. KG，德国萨尔布吕肯，2008 年，第 23—25 页。

体、圈子和安全上，同时赞赏由团体的兴趣引起的探究问题。

经过首次实施该项目，我们发展出极富成效的关系。我能够在其中直接了解丰富多彩的夏威夷州传统，包括它的过去以及随着时代的发展变迁，传统价值观发生的转变。这一切都与夏威夷儿童哲学发展进化的核心产生了深刻的共鸣。例如，在夏威夷语中，有“aloha”①，“ohana”②，“aina”③，“pu'uhonua”④，“malama”⑤，“pono”⑥等词来表达价值观，这里仅举几个例子。注入这些新想法，有助于我们深刻理解夏威夷儿童哲学所呼吁的切勿急于求成，创建智力情感安全领地，深入思考我们的哲学活动建立在探究和不争论的基础上，而且我们的主题来源于团体的利益，高度敏感的文化和团体的规范，以及在某些课堂背景下，例如科学、数学、语言、艺术，还有社会研究所学科目的具体内容。

有一次，凯基·卡瓦伊在会议演讲中提到，在批判性思维的各种方法中，“论证模型”是“文化侵入性的”，在夏威夷州传统文化方面尤为明显。举个例子，她指出，夏威夷州有这样的传统，即人们视长者(kupuna)为权威、崇敬的对象。我们认识到，有必要“柔化”这种尊重的形式，即允许年轻人质疑年长者，但这一质疑过程必须在尊重的前提下进行，而不是通过诉诸“理性”的攻击、辩护或破坏模式所带来的挑战。因为这对团体和探究工作都具有破坏性。

每周的夏威夷语课让我们清楚地认识到，在夏威夷儿童哲学课程中，我们形成了一个圈子，首先必须将此发展成团体(不要认为这是理所当然的)。达成这一目标才可能真正做到共同探究，这个团体能保证参与者的智力安全，以此确保为自己和彼此服务，参与者共同的意图是对探究的问题或主题进行更深入的理解。参与者说出自己的想法，为最终得到答案贡献自己的力量。这无关年龄或地位。大家坐在一起进行探究，都能就疑惑进行询问或澄清自己的观点，也可以提供可能的反例。这并不是消极意义上的挑战，而是潜在的帮助，使我们能够更深入地理解那些还没有、实际上可能永远也不会有唯一正确答案的问题。这要求团体的每名成员都有自己的严谨感和责任感，就某个问题或主题提出自己的想法，就算这种想法只是一时心血来潮。

与凯基·卡瓦伊一起工作改变了我的一些看法，她将“团体”“探究”等一些关键概念翻译成夏威夷语。我们进行了非常深入的交流，她向我解释了如何将“优秀思考者的工具包”中的“假设”“推断”“理由”“证据”等概念翻译成一种完全不同的语言和文化背景。翻译前后的语言当然有相似之处，但同样揭示了细微的差别。这种差别体现在思考问题的方式、看待世界的角度和我们与世界的关系上。

---

① 该词有多层含义，比如充当简单的问候语“欢迎”或“再见”。

② 意思是“家庭”，该词既有狭义的生物学含义，也有更广泛的含义。

③ 意思是“土地”。而“Aloha Aina”的意思是“对土地的爱”。

④ 意思是“安全的地方，避难所”。

⑤ 意思是“关心，保护”。

⑥ 意思是“只是，很好，没错”。而“Na pono o na wahine”的意思是“女性权利”。

在帕伊亚小学，我们所有人都从夏威夷儿童哲学的沉浸式教学体验中学到了很多东西。比如给四年级学生上的一节课，那是一节关于岩石的英语科学课。这和我很久以前在科学课上学到的东西很相似，那节课主要讲述如何区分不同种类的岩石，比如火成岩、变质岩等，这一课还包括其他内容。然后，就产生了显著的变化：授课语言从英语变成了夏威夷语，我听到的不是“stone”，而是“pohaku”①。学生随后一起讨论了“pohaku”，并阐释了他们对“pohaku”的了解。关于石头，英语中没有提到的一个特征是“pohaku”拥有神力（精神能量或者力量）。当询问学生是如何知道这一特征时，他们举例说，他们曾经为草裙舞表演寻找过合适的“pohaku”。

这项探究和其他类似的探究有一个值得注意的地方，那就是这些孩子能够很容易地在两种截然不同的文化和概念体系之间进行转换。对他们来说，这不是非此即彼的问题，而是两者兼而有之。他们能意识到每个文化体系都有内在价值，两者可以共存而没必要非此即彼。事实上，他们的世界之所以那么丰富多彩，正是因为他们觉得没必要非得在两者之间作出选择，而只要在适当时机运用其中之一即可。

对这些实施沉浸式儿童哲学课程的教师，另一个重大的惊喜是，他们在学生身上发现了惊人的能力，他们渴望使用夏威夷语来提出疑惑，也有这个能力进行提问，提出这些问题往往需要一定的语言能力，而教师还没有预料到学生能够达到这一标准。这些学生试图以更新颖、更复杂的方式使用夏威夷语，并通过这种方式拉高自己使用第二语言的上限，这一现象经常出现在使用夏威夷儿童哲学教学方法的课堂上，而讲授这门课的教师是英语学习者。

十、结语：最初的惊奇具有强大的力量

儿童哲学与夏威夷语沉浸式教学项目对我而言至关重要，使我对最初的惊奇的理解进一步深化。另一个能证明最初的惊奇是跨文化理解的基础的来源是，将其视为所需的一种特殊的翻译技能或解释技能。袁劲梅的论文和见解能够证实这一联系。在论文中，她指出：“无论涉及哪种语言，翻译人员经常面临这样的困难：一种语言中可用的概念与另一种语言中可用的概念并不一致。”②此外，“英汉翻译不仅涉及两组概念间的相互匹配，还涉及对这两组概念所处的两种截然不同的文化的理解。因此，英汉翻译的问题不仅仅是在逻辑关系存在的‘逻辑空间’③之间进行转换所引起的问题。因为这两种文化本身‘逻辑空间’就有很大的不同。”④

袁劲梅进一步阐述：“如果不了解这种差异，仅仅试图将汉语概念与英语概念

---

① 石头的夏威夷语。

② 袁劲梅：《亚里士多德的逻辑能否翻译成中文：中国能否培育出另一个聪聪》，萨尔布吕肯：VDM 出版社，2010 年，第 12 页。

③ 路德维希·维特根斯坦，1921 年，《逻辑哲学论》。译者 D. F. 佩尔斯（D. F. Pears）和 B. F. 麦吉尼斯（B. F. McGuinness），1974 年。大西洋高地，新泽西州：国际人文出版社，第 11 页。

④ 袁劲梅：《亚里士多德的逻辑能否翻译成中文：中国能否培育出另一个聪聪》，萨尔布吕肯：VDM 出版社，2010 年，第 12 页。

相匹配,就会出现问题。在不同的语言系统中,不同结构的'逻辑空间'不仅产生了不能完美匹配的概念,而且产生了不能完美匹配的逻辑关系。"①

我认为,最初的惊奇是这种在不同结构的逻辑空间或不同文化体系之间,进行协商能力的基础。最初的惊奇的逻辑空间先于任何特定的语言,因此有可能在不同文化之间进行翻译或解释,特别是当"一种语言中可用的概念并不总是与另一种语言中可用的概念相匹配"②时。正是在这个最初的惊奇不受破坏的空间,沉浸式体验儿童哲学课程的学生可以毫不费力地在"stone"和"pohaku"之间进行切换,我们所有人也可以在多种文化体系之间进行转换。

我同样认为,这种最初的惊奇的前语言空间是心灵方面的。铃木俊隆称其为"初学者的心灵"③。正是这种既存状态或条件使真正的跨文化理解成为可能。而教育的根本任务就是保持和培养这种初心,培养这种最初的惊奇。

如果能正确完成这项任务,我们将能够摆脱束缚。由于特定概念中特定的文化使我们最初降临在这个世界时,能够适当地、正确地、富有同情心地参与我们周围的世界。其中无论是声音还是行动都丰富多彩。

生活在夏威夷州,这里多元的文化、丰富的语言和不同的种族,为我们提供了一个优质、高效的环境,让人沉浸其中。这里的生活使我意识到,从学校生活开始,只要通过适当的方法、有意识的行动认识到最初的惊奇的存在,就可以在充盈、丰富教育体验和惊奇满满的生活中培养出这种最初的惊奇。

---

① 袁劲梅:《亚里士多德的逻辑能否翻译成中文:中国能否培育出另一个聪聪》,萨尔布吕肯:VDM出版社,2010年,第13页。

② 同上,第12页。

③ 铃木俊隆:《禅者的初心》,韦瑟希尔出版,2007年。

Primal Wonder And Children's Philosophy

Thomas E. Jackson

Abstract: John Dewey, an American philosopher and educator, pointed out in his far-reaching book *Democracy and Education*: "If we are willing to regard education as the process of shaping man's inclinations towards nature and the basic reason and emotions of man, philosophy can even be interpreted as a general theory of education." Another American philosopher and educator, Matthew Lipman, the founder and initiator of children's philosophy, argued: "Without philosophy, there is no real education! Philosophy is at the heart of education and the center of the school curriculum."

Based on these remarks, it will propose an educational point of view, that is, philosophy can be applied as an educational method to the education and curriculum of primary, junior and senior high schools, and universities. This philosophy of education has been adopted by educators and education authorities in China, Austria, the US State of Hawaii and other courntries and regions. The partnership between philosophy and education has its philosophical foundations, in part because of the concept of "primal wonder," a manifestation of curiosity that we all have at birth. The birth of the idea of primal wonder in this article was also inspired by the philosophical ideas of Plato and Aristotle, that is, "philosophy originates from wonder". This primal wonder, if expressed in the form of language, comes first from children's asking and exploring questions, for example, they permanently insist on asking, "But why?" after adults make their initial answers.

Most people agree that this primal wonder wanes as we grow. Many also agree that this loss is due to a large extent to the absence of formal schooling in some areas, which affects the quality of education. Through the practice of Philosophy for Children Hawaii in Hawaii and other countries, we found that this energy of primal wonder has not been lost again. However, if primal wonder is to be nurtured and developed, schools and classrooms require some special conditions. In short, it involves educators learning how to build intellectually safe classrooms and how to create safe schools and communities. This intellectually and emotionally safe educational atmosphere is fostered so that students can express their wonders, ask questions and topics of interest, and then the whole learning community can gain a deeper understanding of the initial question or topic and take some form of action as a result of the discussion. Empirical research has proved that the education method of Hawaiian Children's Philosophy can effectively improve the quality of primary and secondary schools and higher education.

This article provides examples of how the educational philosophy and practices of Hawaiian Children's Philosophy can contribute to the future of education, not only in the discussion mentioned above, but also in similar initiatives in other parts of the world.

Keywords: primal wonder; Hawaiian Children's Philosophy; intellectual and emotional security; group inquiry; do philosophy

积极校园文化培养

——夏威夷儿童哲学对威基基小学的影响*

◎ 张建慧　安贝尔·斯特朗·马凯亚　撰　张建慧　译[1]

摘　要： 本调查研究了夏威夷州瓦胡岛一所中等规模的公立小学在近十五年历程中校园文化的发展情况。研究目的在于寻找哪些关键人物、倡议和行动对威基基小学的校园文化和氛围产生了积极的影响。本研究通过定性方法中的肖像研究法进行调研和分析，揭示了一个特定的校园活动——夏威夷儿童哲学——如何积极影响该校园文化和氛围。调研共采访了22名学校社区成员。结果表明：夏威夷儿童哲学帮助营造了一种以智力安全、学生为中心的探究、综合性体验和值得自豪的声誉为特征的校园文化和氛围。这项研究揭示了，在其他情况和地区，可能存在有助于培养积极的校园文化和氛围的因素。

关键词： 小学；儿童哲学；校园文化和氛围；社交情感学习

成功营造积极文化和氛围的学校最终会提升学生的学习能力。[2]研究表明，教师和校内其他工作人员合作（或在某些情况下的不合作）所建立的共同信念和价值观会对师生关系、合作关系和教学实践产生持久的影响。[3][4]一般来说，以合作[5]、打破不平等[6]和真诚探究[7]为特征的校园文化和氛围可以鼓舞学生、促进稳定，并对学习效果

---

* 原文在2021年8月7日发表于《学校哲学杂志》（*Journal of Philosophy in Schools*）第1卷第8期，第129—162页。

① 张建慧，夏威夷大学马诺阿分校教育学院教育系博士，匹兹堡大学高等教育管理专业硕士，加州大学伯克利分校人类学学士。研究重点是社交情感学习、德育教育、比较教育和教育公平等。读博期间同时是威基基小学肖像项目的主要研究人员，该项目通过夏威夷儿童哲学记录了学生成就示范实践的亮点。2015—2017年，任北京外国语大学国际商学院行政教师。

安贝尔·斯特朗·马凯亚，博士，夏威夷大学马诺阿分校教育学院教师教育所专家，夏威夷大学乌希罗教育哲学和伦理学院（夏威夷儿童哲学研究中心）的课程与研究主任。其践行夏威夷儿童哲学近二十年，研究方向为思辨教育、多元文化和民主教育。

② Angus J. MacNeil, Doris L. Prater & Steve Busch. The Effects of School Culture and Climate on Student Achievement. *International Journal of Leadership in Education*, 2009, 12(1), pp. 73-84.

③ Karen Seashore Louis, Beverly Dretzke & Kyla Wahlstrom. How Does Leadership Affect Student Achievement? Results from a National US Survey. *School Effectiveness and School Improvement*, 2010, 21(3), pp. 315-336.

④ Sue C. Thompson, Larry Gregg & John M. Niska. Professional Learning Communities, Leadership, and Student Learning. *RMLE Online*, 2004, 28(1), pp. 1-15.

⑤ Barbara Kohm & Beverly Nance. Creating Collaborative Cultures. *Educational Leadership*, 2009, 67(2), pp. 67-72.

⑥ Niral Shah & Sandra Crespo. Cultural Narratives and Status Hierarchies: Tools for Identifying and Disrupting Inequity in Mathematics Classroom Interaction. In Roberta Hunter (ed.), *Mathematical Discourse that Breaks Barriers and Creates Space for Marginalized Learners*. Brill Sense, Rotterdam, The Netherlands, 2018, pp. 23-37.

⑦ Deidre Le Fevre, Viviane M. J. Robinson & Claire Sinnema. Genuine Inquiry: Widely Espoused Yet Rarely Enacted. *Educational Management Administration and Leadership*, 2015, 43(6), pp. 883-899.

产生积极的影响。[①][②] 但这些品质是如何实现的呢？教师和学校领导可以采用哪些教学方法来培养和保持积极的校园文化和氛围？积极的校园文化和氛围又如何随着时间的推移而发展？

本研究旨在调查夏威夷州瓦胡岛的一所中等规模的公立小学如何逐渐形成积极的校园文化和氛围。研究人员询问了过去十五年来哪些关键人物、倡议和行动对威基基小学的校园文化和氛围产生了积极的影响。该研究应用定性方法设计并开展了肖像研究法[③]，采访了 22 名学校社区成员。结果揭示了夏威夷儿童哲学为教职员工、家长和学生提供了一个用于在整个校园活动中建立和维护探究团体的框架。具体地说，夏威夷儿童哲学帮助创造了一种整体且积极的校园文化和氛围，包括智力安全型学习环境、以学生为中心的探究、学校体验的整合和值得自豪的声誉。虽然每个学校社区都不尽相同，但是本研究呈现的培养积极的校园文化和氛围的特定因素仍旧可以给予其他地区的学校诸多启发。

一、情境

威基基小学是隶属于夏威夷州教育部的一所中等规模的公立学校，位于夏威夷州瓦胡岛，旨在为来自不同种族、语言和社会经济背景的学生提供服务。在校学生构成一个多元文化的学习群体。2019 年，夏威夷州教育部的报告称：威基基小学[④]共招收 594 名学生，其中 20% 是英语语言学习者，22% 来自低收入家庭并且有资格获得免费或减价午餐；与夏威夷州学生评估的平均表现相比，威基基小学学生的语言艺术水平高于平均水平 27%，数学水平高于平均水平 30%，科学水平高于平均水平 35%[⑤]；此外，96% 的三年级学生阅读接近、达到或高于年级水平[⑥]。在调研结束时该小学两次被授予“美国蓝丝带学校”称号。近年来，威基基小学被公认为夏威夷州的顶尖学校之一。

早在 2001 年，夏威夷大学马诺阿分校的托马斯 · E. 杰克逊博士就向威基基小学社区介绍了夏威夷儿童哲学。这是夏威夷大学和威基基小学之间二十年合作关系的开始。最初，夏威夷儿童哲学作为每周的课堂活动在一些教师的课堂上进行。现在，正如该校 2017—2020 年学术计划[⑦]中所报道的，夏威夷儿童哲学正作为教学的一种基本方法被威基基小学大多数的师生使用，共同努力进行更深入和更完备的探究。如今，在威基基小学，夏威夷儿童哲学被用于支持学生的咨询服务、

---

① Terrence E. Deal & Kent D. Peterson, *Shaping School Culture*. John Wiley & Sons, Hoboken, NJ, 2016.

② Xavier Dumay. Origins and Consequences of Schools' Organizational Culture for Student Achievement. *Educational Administration Quarterly*, 2009, 45(4), pp. 523-555.

③ Sara Lawrence-Lightfoot & Jessica Hoffmann Davis, *The Art and Science of Portraiture*. Jossey-Bass, San Francisco, CA, 1997.

④ Waikiki Elementary School, *Waikiki School Strive HI School Performance Report*. Hawaii State Department of Education, Honolulu, HI, 2019b.

⑤ Ibid.

⑥ Ibid., p. 1.

⑦ Waikiki Elementary School, *Three-Year Academic Plan 2017-2020*. Hawaii State Department of Education, Honolulu, HI, 2019a.

教师会议，以及一些涉及家长的活动，而不仅仅是课堂内的实践。

二、文献综述

校园文化和氛围通常被用来指代学校参与者共同制定的“学校不成文的规则和传统、习俗和期望”①。校园文化和氛围是人们——尤其是新入学者——在进入学校后可以立即感受和体验的东西，并且随着其更多地沉浸在学校环境中而变得更加清晰。② 就像一个人的个性，其他人可以通过与这个人的互动来感知。校园文化是一个机构的集体个性。在本研究中，校园文化和氛围是指由构成学校社区的参与者的共同价值观、规范、态度和信仰所创造的学校环境。

历史实证研究揭示了创造积极的校园文化和氛围的关键标准和组成部分。例如，学校领导必须为每个人营造一个安全有序的环境③；工作和学习需要关怀和支持④；利益相关者和社区成员需要积极参与⑤。学校领导也在确定校园文化和其发展的基调方面发挥着关键作用。⑥⑦ 这个过程涉及学校各种利益相关者之间的合作。所有这些群体之间日常积极的互动和长期友好的关系有助于创造一种相互协作的环境。⑧ 学生在教师和行政部门的指导下，可以在促进学校环境发展方面发挥关键作用；学生家庭也可以通过与学校建立伙伴关系和资源共享来帮助形成积极的校园文化和氛围。

虽然有大量的研究证明校园文化和氛围对提高学生成绩有积极的影响，但是没有足够的研究去寻求哪些举措可以创造和加强积极的校园文化。例如，哪些举措或关键人物有助于支持身体、情感、智力安全的校园文化发展？这些程序是什么样的？一系列不同举措如何协同工作？需要哪些类型的专业培训来支持旨在实施这些计划和举措的人员？这些问题的目的不是将相同的校园活动或倡议盲目地照搬到其他学校，而是确定促进积极的校园文化发展的关键组成部分。本文旨在将研究结果结合现有研究，为希望发展积极的校园文化的小学教育者和管理人员提供想法和建议。

作为此项研究目标学校的威基基小学制定了许多旨在培养积极的校园文化

① Terrence E. Deal & Kent D. Peterson, *Shaping School Culture*. John Wiley & Sons, Hoboken, NJ, 2016.

② Roland S. Barth. The Culture Builder. *Educational Leadership*, 2002, 59(8), pp. 6-11.

③ Stephen M. Nettles & Carolyn Herrington. Revisiting the Importance of the Direct Effects of School Leadership on Student Achievement: The Implications for School Improvement Policy. *Peabody Journal of Education*, 2007, 82(4), pp. 724-736.

④ Kent D. Peterson & Richard Brietzke, *Building Collaborative Cultures: Seeking Ways to Reshape Urban Schools.* North Central Regional Educational Lab., Oak Brook, IL, 1994.

⑤ Ayşe NEGİŞ-IŞIK & Musa GÜRSEL. Organizational Culture in a Successful Primary School: An Ethnographic Case Study. *Educational Sciences: Theory and Practice*, 2013, 13(1), pp. 221-228.

⑥ Roland S. Barth. The Culture Builder. *Educational Leadership*, 2002, 59(8), pp. 6-11.

⑦ Kent D. Peterson & Terrence E. Deal. How Leaders Influence the Culture of Schools. *Educational Leadership*, 1998, 56, pp. 28-31.

⑧ Angus J. MacNeil, Doris L. Prater & Steve Busch. The Effects of School Culture and Climate on Student Achievement. *International Journal of Leadership in Education*, 2009, 12(1), pp. 73-84.

和氛围的举措。它们包括思维习惯练习①、创造性运动和舞蹈②、夏威夷研究③、同伴协调练习④、学校花园⑤，以及夏威夷儿童哲学⑥。鉴于夏威夷儿童哲学的出现是该研究中的一项重要发现，下文将对其进行详细阐述。

三、夏威夷儿童哲学

儿童哲学由马修·李普曼于1969年创立，是一场全球化教育运动。时任哥伦比亚大学哲学系教授的马修·李普曼对美国的学校制度深感失望。他认为，在民主社会中，孩子在生活中并没有像他们能够或应该的那样进行思考。⑦⑧ 他担心学校实际上鼓励孩子对自己的智力有负面看法。马修·李普曼曾说美国学校的标准范式没有激发学生的活力和智力，而让曾经拥有完美的好奇心和想象力的学生变得虚弱和沮丧。⑨ 为了解决这些问题，他创建了一个将哲学活动中的逻辑、推理技能结合起来的课程，以提高中小学生的思维能力。⑩⑪⑫⑬⑭ 这就是儿童哲学的诞生——一种应用到全球范围的教育方式，旨在激发学生的思考能力。⑮

为了将马修·李普曼的原始课程和愿景扩展到不同的地理文化情境里，儿童哲学的创新方法现已在全球范围内实施。夏威夷儿童哲学是马修·李普曼早期儿童哲学计划的相应分支之一。它的演变是为了应对在多元文化团体环境中进行儿童哲学时出现的紧张局势。它的出现

---

① Arthur L. Costa & Bena Kallick. Describing 16 Habits of Mind. *Habits of Mind: A Developmental Series*. ASCD, Alexandria, VA. 2000.

② Helen L. Payne. Creative Movement and Dance in Groupwork. *Self & Society*, 1990, 18(5), pp. 16-17.

③ Noelani Goodyear-Ka'ōpua. Reproducing the Ropes of Resistance: Hawaiian Studies Methodologies. In Katrina-Ann R. Kapā'anaokalāokeola Nākoa Oliveira & Erin Kahunawaika'ala Wright (eds.), Kanaka 'Ōiwi Methodologies: Mo'olelo and Metaphor. University of Hawai'i Press, Honolulu, HI, 2016, pp. 1-29.

④ David W. Johnson, Roger T. Johnson & Bruce Dudley. Effects of Peer Mediation Training on Elementary School Students. *Mediation Quarterly*, 1992, 10(1), pp. 89-99.

⑤ Carolyn W. Robinson & Jayne M. Zajicek. Growing Minds: The Effects of a One-Year School Garden Program on Six Constructs of Life Skills of Elementary School Children. *HortTechnology*, 2005, 15(3), pp. 453-457.

⑥ Thomas E. Jackson. The Art and Craft of 'Gently Socratic' Inquiry. In Arthur L. Costa (ed.), *Developing Minds: A Resource Book for Teaching Thinking*. Association for Supervision & Curriculum, 2001, pp. 459-465.

⑦ Matthew Lipman, *Philosophy Goes to School*. Temple University Press, Philadelphia, PA, 1988.

⑧ Ann Margaret Sharp & Ronald E. Reed, *Studies in Philosophy for Children: Harry Stottlemeier's Discovery*. Temple University Press, Philadelphia, PA, 1992.

⑨ Matthew Lipman, *Thinking In Education*. Cambridge University Press, Cambridge, 1991.

⑩ Matthew Lipman, *Philosophy Goes to School*. Temple University Press, Philadelphia, PA, 1988.

⑪ Matthew Lipman. The Cultivation of Reasoning Through Philosophy. In Ronald S. Brandt (ed.), *Readings from Educational Leadership: Teaching Thinking*. Association for Supervision and Curriculum Development, Alexandria, VA, 1989, pp. 144-149.

⑫ Matthew Lipman, *Thinking In Education*. Cambridge University Press, Cambridge, 1991.

⑬ Matthew Lipman (ed.), *Thinking Children and Education*. Kendall/Hunt Publishing Company, Dubuque, IA, 1993a.

⑭ Matthew Lipman. Philosophy for Children. In Matthew Lipman (ed.), *Thinking Children and Education*. Kendall/Hunt Publishing Company, Dubuque, IA, 1993b, pp. 373-384.

⑮ Matthew Lipman, *Philosophy Goes to School*. Temple University Press, Philadelphia, PA, 1988, p. 110.

是为了帮助夏威夷州的学校结合其文化中的“阿罗哈”概念来调解这些紧张局势并与全州的不同人群建立联系。夏威夷学者将“阿罗哈”①定义为许多事物，包括“爱、亲情、同情、怜悯、同理心、可怜、善良、情感、恩典和慈善”②。在夏威夷儿童哲学中，必不可少的环节是，创建一个团体，让相关人群参与彼此的“阿罗哈”的深度实践中，探究和学习如何思考。

夏威夷儿童哲学实践者强调结合文化、语言、历史、社会等背景创造智力安全型探究团体。③ 因此，他们并没有将马修·李普曼的原文作为探究的起点。相反，他们利用对学生不同背景的了解来积极选择富有哲理的教学材料，例如小说或非小说文本、多媒体资源和户外学习旅行等这些既能反映学生不同背景又能提供多彩对话的材料。强调教师与学生之间真实而有意义的关系是该方法的核心。夏威夷儿童哲学教师倾听儿童的声音，向他们学习并且参与共同探究。④

夏威夷儿童哲学的另一个独特之处在于它对美国教育部所塑造的整体学校文化作出的反应。夏威夷儿童哲学很少作为一个独立的学校项目来实践，而被认为是一种“哲学家教学法”⑤或作为一种教学方法，供课堂教师使用。它可以将“哲学活动”⑥转化为“学校科目”⑦。除了六项教师承诺⑧，还有一个概念基础和一组课堂实践定义了哲学家教学法。这个概念基础由夏威夷儿童哲学的四大支柱组成：团体、探究、哲学和反思。这四个支柱是根本，为夏威夷儿童哲学课堂实践和评估提供理论框架。在教师中，最受欢迎的课堂实践是托马斯·E. 杰克逊曾经提出的活动⑨：

（1）创建智力安全团体，以确保所有参与者在尊重小组中每个人的情况下勇敢地提出问题或陈述观点。

（2）制作团体球⑩，以促进课堂对话和探究的轮换。这个团体球是由学生和教师在上课第一天制作的。团体球的规则是：①只有拿到团体球的人才可以发言；②拿到团体球的人有权选择下一位发言人；③学生有权跳过发言；这些规则可以确保所有课堂参与者都能聆听并有机会被听到。

---

① Mary Kawena Pukui & Samuel H. Elbert, *Hawaiian Dictionary: Hawaiian-English, English-Hawaiian*. University of Hawai'i Press, Honolulu, HI, 1986.

② Ibid., p. 21.

③ Thomas E. Jackson. The Art and Craft of 'Gently Socratic' Inquiry. In Arthur L. Costa (ed.), *Developing Minds: A Resource Book for Teaching Thinking*. Association for Supervision & Curriculum, 2001, p. 460.

④ Ibid., pp. 459-465.

⑤ Amber Strong Makaiau & Chad Miller. The Philosopher's Pedagogy. *Educational Perspectives*, 2012, 44, p. 8.

⑥ Ibid., p. 10.

⑦ Lizzy Lewis & R. Sutcliffe. Teaching Philosophy and Philosophical Teaching. In Maughn Rollins Gregory, Joanna Haynes & Karin Murris (eds.), *International Handbook of Philosophy for Children*. Routledge, New York, 2017, pp. 202-203.

⑧ Amber Strong Makaiau & Chad Miller. The Philosopher's Pedagogy. *Educational Perspectives*, 2012, 44, pp. 11-17.

⑨ Thomas E. Jackson. The Art and Craft of 'Gently Socratic' Inquiry. In Arthur L. Costa (ed.), *Developing Minds: A Resource Book for Teaching Thinking*. Association for Supervision & Curriculum, 2001, pp. 459-465.

⑩ Ibid., p. 461.

(3) 使用“优秀思考者的工具包”①的语言来阐明问题,阐述主张和总体思路。

(4) 通过原味香草②的程序开展探究:提问、投票、探究和反思。被命名为原味香草是由于它是构建此类课堂探究最基本的程序。随着教师在此过程中变得更有经验,他们通常会设计自己的策略变体。

(5) 在原味香草提问期间使用魔法词③来支持学生的探究。魔法词的例子包括“再一次”“我不明白”“请一次只有一个人说”。

(6) 通过一组评估问题来衡量探究团体④的进展。

由于夏威夷儿童哲学始终对情境比较敏感,因此在不同的文化和制度环境中很少出现完全相同的探究内容。夏威夷儿童哲学从理论到实践的转化,取决于必须适应哲学家教学法的中小学教师的专业精神和价值观,以满足其教学环境的需要。

与马修·李普曼最初的方法相反,夏威夷儿童哲学的成功并不依赖基础教育阶段教师课堂上的学术哲学家。相反,课堂教师通过与经验丰富的夏威夷儿童哲学从业者一起从事专业发展,开发出自己的哲学家教学法。安贝尔·斯特朗·马凯亚和本杰明·陆琪(Benjamin Lukey)⑤详细描述了这一职业发展模式,包括:(1)初步教育经验(例如哲学与儿童入门课程或职业发展研讨会);(2)常驻哲学家的持续支持(即一位经验丰富的夏威夷儿童哲学从业者/教练,参与由教师领导的夏威夷儿童哲学课程);(3)定期参与专业的夏威夷儿童哲学探究社区。这种以社区为基础的参与式专业发展方法支持基础教育阶段课堂教师共同思考如何将哲学活动所提供的严谨思维和推理融入课堂和校园文化。这也解释了为什么需要开发基于课堂的策略,例如“优秀思考者的工具包”,以支持渴望自己尝试夏威夷儿童哲学的基础教育阶段教师。

多年来儿童哲学运动在全球不同地区发展,旨在探讨儿童哲学影响的学术研究也在不断进步。其中一项久负盛名的研究,S. 特里基(S. Trickey)和 K. J. 托平(K. J. Topping)⑥在对儿童哲学的系统分析中,回顾了一系列利用前后测量和控制组的实验研究。在排除了有测量缺陷的研究后,八项备受推崇的研究项目表明儿童哲学对学生的学业和社交能力有积极的影响。本文旨在通过仔细研究夏威夷儿童哲学对夏威夷州学生、教师和学校团体的细微影响为当前的学术讨论作出贡献。

四、威基基小学的夏威夷儿童哲学

夏威夷儿童哲学是威基基小学社区

---

① Thomas E. Jackson. The Art and Craft of ‘Gently Socratic’ Inquiry. In Arthur L. Costa (ed.), *Developing Minds: A Resource Book for Teaching Thinking*. Association for Supervision & Curriculum, 2001, p. 463.

② Ibid., p. 462.

③ Ibid., p. 461.

④ Ibid., p. 464.

⑤ Amber Strong Makaiau & Benjamin Lukey. Philosopher’s Pedagogy: A Three-Part Model for School Betterment. *Journal of Academic Perspectives*, 2013(3), pp. 1-13.

⑥ S. Trickey & K. J. Topping. ‘Philosophy for Children’: A Systematic Review. *Research Papers in Education*, 2004, 19(3), pp. 365-380.

中一个充满活力的、长期存在的倡议。例如威基基小学的2017—2020年学术计划①所述，所有的教师已将夏威夷儿童哲学纳入其教学实践。根据托马斯·E.杰克逊②的建议，夏威夷儿童哲学课程通常每周一次。这些课程用于教授各种科目，例如英语、科学和体育。在练习时，教师使用团体球、智力安全、原味香草探究模式和“优秀思考者的工具包”③来促进建设性对话和探究。持续使用夏威夷儿童哲学方法，包括跨年级和学科的策略和工具，确保威基基小学的所有学生都有机会在课堂上定期进行思考和负责任地交流。

学生的学习评估是威基基小学夏威夷儿童哲学的另一个关键组成部分。在每个夏威夷儿童哲学课程结束时，学生和教师都会对自己和社区进行评估。教师会问学生三个问题：(1)在儿童哲学课程中，你有没有带着同理心倾听？(2)你有没有深度思考？(3)你在团体里说话觉得安全吗？如果答案是肯定的，学生会竖起大拇指；如果答案是中性的，学生会平放拇指；如果答案是否定的，学生的拇指会向下。对拇指平放和拇指向下的学生，教师要求他们解释是什么原因导致他们有这样的感觉，以及在下一节儿童哲学课中，课堂应如何改进。这是马修·李普曼在其原始出版物④⑤⑥⑦⑧⑨⑩中广泛描述的“自我纠正”式探究社区。

威基基小学的显著之处在于，参与上述夏威夷儿童哲学实践的不仅仅是学生和教师，学生咨询服务也在使用相同的语言和教育基础设施。正如顾问托马斯·B.尤斯(Thomas B. Yos)⑪在出版物中所反映的那样，“爱的给予和接受在校园里是有生命的、是时刻被经历和模仿着的，这是最有力的教育”⑫。在咨询期间，夏威夷儿童哲学并不是为了寻求一个问题的明确答案，而是将那些没有机会在圈子之外敞开心扉的人联系起来。除了咨询，夏威夷儿童哲学还用于威基基小学教师会

① Waikiki Elementary School, *Three-Year Academic Plan 2017-2020*. Hawaii State Department of Education, Honolulu, HI, 2019a.

② Thomas E. Jackson. The Art and Craft of 'Gently Socratic' Inquiry. In Arthur L. Costa (ed.), *Developing Minds: A Resource Book for Teaching Thinking*. Association for Supervision & Curriculum, 2001, pp. 459-465.

③ Ibid.

④ Matthew Lipman, *Philosophy Goes to School*. Temple University Press, Philadelphia, PA, 1988.

⑤ Matthew Lipman, *Thinking In Education*. Cambridge University Press, Cambridge, 1991.

⑥ Matthew Lipman (ed.), *Thinking Children and Education*. Kendall/Hunt Publishing Company, Dubuque, IA, 1993a.

⑦ Matthew Lipman. Philosophy for Children. In Matthew Lipman (ed.), *Thinking Children and Education*. Kendall/Hunt Publishing Company, Dubuque, IA, 1993b, pp. 373-384.

⑧ Matthew Lipman. Moral Education Higher-Order Thinking and Philosophy for Children. *Early Child Development and Care*, 1995, 107(1), pp. 61-70.

⑨ Matthew Lipman & Ann Margaret Sharp, *Growing Up With Philosophy*. Temple University Press, Philadelphia, PA, 1978.

⑩ Matthew Lipman & Ann Margaret Sharp, *Ethical Inquiry: Instructional Manual to Accompany Lisa*. University Press of America, Lanham, MD, 1985.

⑪ Thomas B. Yos. Raising the Bar: Love, the Community of Inquiry, and the Flourishing Life. *Educational Perspectives*, 2012, 44, pp. 52-57.

⑫ Ibid., p. 56.

议以及学校聚会期间与家长一起使用。①总之，夏威夷儿童哲学是威基基小学文化和氛围的核心组成部分。

五、研究问题和设计

借鉴上述夏威夷儿童哲学的理论框架，本研究的目的是探索威基基小学校园文化随时间推移的发展。本研究为该学校刻画一幅"肖像"②，通过对该学校教职员工、社区合作伙伴和毕业生进行定性访谈，旨在记录对校园文化和氛围产生积极影响的举措和关键人物。用于指导本研究的问题是：对威基基小学的校园文化和氛围产生积极影响的关键人物、举措和行动是什么？

肖像研究法是一种社会科学探究的定性方法。教育研究人员使用它来记录和理解学校教育现象。③ 这种方法已应用于各种教育环境，包括教育领导力④、基于问题的学习⑤、教师主导的学校⑥、农村和网校教育⑦、早期道德敏感性教育⑧。这种方法由萨拉·劳伦斯-莱特富特（Sara Lawrence-Lightfoot）⑨设计，"模糊了美学和经验主义的界限，以捕捉人类经验和组织生活的复杂性、动态性和微妙性"⑩。该方法还旨在从关注学校存在的缺陷转向关注其成功的一面：肖像研究法抵制传统研究方法中倾向于记录失败的方式。这是一个有意的慷慨和折中的过程，从寻找美好的和健康的东西开始，并假设其表达总是不完美的。第一个询问"这里有什么优点"的研究人员可能会发现与以寻求失败根源为首要任务的截然不同的现实。⑪

肖像研究法作为一种理想的方法可以捕捉随着时间的推移而积极影响校园文化发展的因素，因此，本研究依靠该方法的理论基础来展开调查。

该研究已获得夏威夷大学马诺阿分校机构审查委员会和夏威夷州教育部的许可和支持。主要研究人员与威基基小

① Waikiki Elementary School, *Three-Year Academic Plan 2017-2020*. Hawaii State Department of Education, Honolulu, HI, 2019a.

② Sara Lawrence-Lightfoot & Jessica Hoffmann Davis, *The Art and Science of Portraiture*. Jossey-Bass, San Francisco, CA, 1997.

③ Sara Lawrence Lightfoot, *The Good High School: Portraits of Character and Culture*. Basic Books, New York, 1983.

④ Donald G. Hackmann. Using Portraiture in Educational Leadership Research. *International Journal of Leadership in Education*, 2002, 5(1), pp. 51-60.

⑤ Brian R. Belland. Portraits of Middle School Students Constructing Evidence-Based Arguments during Problem-Based Learning: The Impact of Computer-Based Scaffolds. *Educational Technology Research and Development*, 2010, 58(3), pp. 285-309.

⑥ Lori Nazareno. Portrait of a Teacher-Led School. *Educational Leadership*, 2013, 71(2), pp. 50-54.

⑦ Michael K. Barbour. Portrait of Rural Virtual Schooling. *Canadian Journal of Educational Administration and Policy*, 2007, 59, pp. 1-21.

⑧ Jen Wright & Karen Bartsch. Portraits of Early Moral Sensibility in Two Children's Everyday Conversations. *Merrill-Palmer Quarterly*, 2008, 54(1), pp. 56-85.

⑨ Sara Lawrence-Lightfoot & Jessica Hoffmann Davis, *The Art and Science of Portraiture*. Jossey-Bass, San Francisco, CA, 1997.

⑩ Ibid., p. 15.

⑪ Ibid., p. 9.

学教职员工合作以确定可能的参与者，并应用滚雪球抽样方法①来招募参与人员。随后，研究人员使用定性访谈方法②收集参与者（包括教职员工、社区合作伙伴、家长和毕业生）的想法和经历。这些半结构化访谈由一组预先确定问题的访谈录作为指导，采用积极倾听来提出新问题并深入探讨参与者提供的见解。每次采访持续时间从三十分钟到一个多小时不等，具体取决于每名参与者的意愿。

六、参与者

这项研究参与者的最初招募是在威基基小学的一次教师会议上完成的。其间，研究小组首先介绍了这项研究，然后通过留下联络信息来跟进表示有兴趣参与的教职员工。按照滚雪球抽样方法，共有 22 名参与者完成了访谈。他们包括了解学校过去十五年历史的教师、校行政人员、社区合作伙伴、家长和毕业生。其中有 3 名社区合作伙伴、3 名校行政员工、2 名家长、13 名教师和 1 名毕业生。该小组 2 名教师和 1 名校行政人员同时是家长。参与者有 12 名男性，10 名女性。他们申报的年龄从 26 岁到 60 岁不等。在 22 名参与者中，只有 3 人在采访中没有提到夏威夷儿童哲学。因此，调查结果的大部分数据来自另外 19 名参与者，他们详细描述了夏威夷儿童哲学对威基基小学校园文化的贡献。整个访谈过程发生在 2018 年和 2019 年。每名参与者都参加了一次完整访谈。为保护参与者的隐私，本文提及的所有姓名均为化名。

七、数据来源

本研究的主要数据来源是语音记录和文字转录的 22 次英文访谈，大约 11 万英文词汇的原始访谈数据。次要数据来源是该学校网站、夏威夷州教育部的报告和有关学校的媒体报道。

八、数据分析

为了分析数据，研究团队在三个阶段应用了不断比较的方法。③ 在第一个阶段，研究人员单独工作以开发初始开放代码，接着他们作为批判性的朋友回归④并分享开放代码，然后共同开发一套初始的理论代码和分析主题⑤。在第二个阶段，研究团队单独工作以进一步开发初始理论代码和分析主题，随后他们重新聚在一起，通过对话方法⑥创建分析主题的最终

① John W. Creswell, *Educational Research: Planning, Conducting, and Evaluating Quantitative and Qualitative Research*. Pearson Education, Boston, MA, 2012.

② Michael Quinn Patton, *Qualitative Research and Evaluation Methods: Integrating Theory and Practice*. SAGE, Thousand Oaks, CA, 2014.

③ Barney G. Glaser & Anselm L. Strauss, *The Discovery of Grounded Theory: Strategies for Qualitative Research*. Aldine de Gruyter, New York, 1967.

④ Matthew B. Miles & A. Michael Huberman, *Qualitative Data Analysis: An Expanded Sourcebook*. SAGE, Thousand Oaks, CA, 1994.

⑤ Kathy Charmaz, *Constructing Grounded Theory: A Practical Guide through Qualitative Analysis*. SAGE, Los Angeles, CA, 2006.

⑥ Mieke Lunenberg & Anastasia P. Samaras. Developing a Pedagogy for Teaching Self-Study Research: Lessons Learned across the Atlantic. *Teaching and Teacher Education*, 2011, 27(5), p. 844.

代码列表，这些步骤最终形成四个分析主题。在第三个阶段，研究团队写下调查结果并进一步修改和完善。

九、研究结果

数据分析表明，在过去十五年，威基基小学实施的所有举措中，夏威夷儿童哲学的影响最大。正如一名参与者所说："现在，夏威夷儿童哲学绝对是最有价值的项目……有时我觉得我的教室有点像机场或火车站，有来自世界各地的人前来参观和了解夏威夷儿童哲学……我们敞开大门，敞开心扉，欢迎他们来观摩，这样我们就可以相互学习。"（苏珊，教师，2018 年）

接下来的部分将揭示从定性分析中出现的五个分析主题。这些主题有助于阐明夏威夷儿童哲学对威基基小学的校园文化产生积极影响的方式。这些主题包括"智力安全""以学生为中心的探究""参与度、深入思考和学业成就""综合性体验""值得自豪的学校声誉"。

十、智力安全

夏威夷儿童哲学的基础是智力安全——探究团体的所有参与者都认为在尊重其他参与者的前提下可以提出任何问题或陈述任何观点。[1] 智力安全是一个术语，这个术语出现在本研究的许多参与者访谈中。在采访中，参与者解释了智力安全如何帮助威基基小学培育积极的校园文化和氛围。

与以教师为中心的传统教室不同，"夏威夷儿童哲学"和"智力安全"的概念为所有参与者提供了交流的权利。因此，教师成为学习的促进者而不是指导者，这创造了一个鼓励学生在开放的状态中表达他们的想法的学习环境。一位教师这样解释："拥有团体球的人可以发言，这给予了拿到球的人无须与其他人竞争的发言平台。其他人都坐在那里，平静而安稳地听着。这让学生能够在一个非常开放和自由的环境中表达他们的想法和传达信息……没有什么可以阻止学生分享他或她最确切的感受，这是学习的一个关键过程。"（塞丽娜，教师，2019 年）

除了在学校促进开放的对话环境，参与者还分享了智力安全的培养如何影响每个人的倾听能力。另一位教师说："（我们）有夏威夷儿童哲学。孩子学会了尊重，这是一个非常重要的价值。我现在听你的，你再听我的，然后我质疑；我好奇，我也倾听你好奇的地方。从那里开始，我们共同进步。所以这两个不同的东西都是锚。多年来……它们一直结合在一起，形成了我们现在拥有的东西。"（马克斯，教师，2018 年）

其他参与者分享了这种环境如何使学生和教师受益。"夏威夷儿童哲学帮助了我……帮助我反省并弄清楚我能做什么。"（琳达，教师，2019 年）在威基基小学的教职员工中，夏威夷儿童哲学帮助营造了一种普遍的信任、负责任地冒险和作为学校团体中独特成员被重视的整体意识。

因此，智力安全有助于营造一个重视多样性的认知环境。一位教师指出："我见过一些孩子，他们可能过了很难过的一

① Thomas E. Jackson. The Art and Craft of 'Gently Socratic' Inquiry. In Arthur L. Costa (ed.), *Developing Minds: A Resource Book for Teaching Thinking*. Association for Supervision & Curriculum, 2001, pp. 459-465.

天……然后他们却在夏威夷儿童哲学中展露光芒。我们班级有一些孩子接受特殊教育，在夏威夷儿童哲学交流中，他们深思熟虑，这就是他们分享想法和观念的地方。你很难在其他地方看到他们这样的一面。”（艾米莉亚，教师，2018 年）

智力安全被视为培养对不同学习者的深度尊重。它被描述为有助于培养校园的关爱文化。乔伊斯讨论了夏威夷儿童哲学培养关怀伦理的一方面。提到新学生时，她分享说：“（起初）他们不敢说话或表达自己……但是夏威夷儿童哲学让他们有发言权，并且让他们在课堂上开口说话……这就是夏威夷儿童哲学的作用……你可以创建一个团体，一旦你们坐在一起，每个人都有机会参与共享体验，他们更加关心彼此。你有这些方案，尊重他人的行为，你遵循它的规则。它不是放任自流，而是帮助为每个人提供智力安全的环境。”（乔伊斯，教师，2019 年）

有些参与者也将夏威夷儿童哲学培育的安全环境与其对学生学习的影响联系起来：智力安全，情感安全。你可以问任何问题，你可以陈述任何观点，但是要彼此尊重和关心，这是真正深入了解彼此的先决条件。……我们在学校学到的很多东西都是非常个性化的。这是在这个教室里一遍遍发生的事情。（丹尼尔，社区合作伙伴，2019 年）

由于创造了智力安全的校园文化和氛围，威基基小学的学生可以自由地思考、提问和寻求答案，而不是依赖教师或教材来获取知识。通过这些方式搭建的智力安全的校园文化促进了学生在学习过程中的积极参与，也促进了以学生为中心的探究模式。

十一、以学生为中心的探究

数据分析揭示了夏威夷儿童哲学培养重视提问、探索、调查、研究和学习的多元校园文化。正如一名参与者所说，学生和教师都“相信可以提出问题，不是思考什么，而是如何思考”（艾玛，教师，2018 年）。一名参与者说从幼儿园到五年级都在练习夏威夷儿童哲学，“我们一直实践夏威夷儿童哲学，这有很大帮助，它使孩子在探究基础上扎根”（阿瓦，教师，2018 年）。通过在整个学习的旅程中获得一致的儿童哲学体验，学生逐渐习惯了以学生为中心的探究模式。

作为全校实践的结果，教师对学生和学习形成了共同的理解。他们共同相信所有孩子都可以学习，并且通过应用夏威夷儿童哲学工具，他们对自己支持学生智力成长和发展的能力充满信心。比如：“上暑期课程时，有新来的学生，我们开展夏威夷儿童哲学的时候，他们真的不知道发生了什么和预期会发生什么。但我觉得孩子就是孩子，就像我们去日本的时候，我们和学生一起做夏威夷儿童哲学，他们的问题非常相似。从他们的询问中，我很高兴看到他们拥有与这里的孩子和其他学校的孩子相同的好奇心。尽管只是对这件事的期望有所不同。基本上仍然存在相同类型的好奇心和相同类型的疑惑，并且保持不变。”（艾玛，教师，2018 年）

夏威夷儿童哲学强调最初惊奇感①，

① Thomas E. Jackson. The Art and Craft of ‘Gently Socratic’ Inquiry. In Arthur L. Costa (ed.), *Developing Minds: A Resource Book for Teaching Thinking*. Association for Supervision & Curriculum, 2001, pp. 459-465.

它断言所有孩子生来都具有惊奇感，而教师的作用是培养孩子保持这种与生俱来的能力。

与教师围坐成一圈，学生被邀请在夏威夷儿童哲学实施期间提问。教师鼓励学生就他们真正关心的事情提出问题，说出他们想要与同龄人和教师一起思考的想法、观察到的事物或者想知道的事物。在威基基小学听课的时候，研究人员观察到学生提出了以下问题："如果我会隐身将会发生什么？""我们是否应该尝试做一些我们明知不可能实现的事情？"提问非常个性化，并且经常与学习科目和在学校的日常经历联系在一起，学生也开始意识到他们的想法很重要，并且他们的原始想法被视为学习的起点。

作为探究的兴奋剂，夏威夷儿童哲学还帮助塑造了威基基小学的教学文化。它为教师提供了确保以学生为中心的教学方式。对一些教师来说，想要习惯以学生为中心的校园文化需要一段时间和过程。这是一位教师讲述如何接受威基基小学特殊校园文化的故事：

"对我来说，我认为夏威夷儿童哲学［是我们成功的重要组成部分］。这与我在任何学校看到的事情都大不相同。［来威基基小学］之前我一直在教书，［一到这里，我就观察到］夏威夷儿童哲学的成就。天哪！这些孩子真的很聪明。我意识到如果你让孩子谈论他们感兴趣的事情，他们中的很多人都会对事情有超群的想法。我认为这是因为他们感觉和教师一样平等，他们被引导去质疑而不仅仅是说'好的，是的，当然'。所以有时候，作为教师，我会感到受挫。我会想：为什么学生要问我们为什么要这样做？但是，这恰恰是我希望他们问的，而不是因为有人告诉他们要去做他们就去做。因此我认为这样的教育方法确实以一种非常具体的形式塑造了校园文化，学生被教导要提出问题并且把问题思考得更加深入。"（艾米莉亚，教师，2018 年）

在某些学校环境中，这种质疑和挑战权威人士想法的开放态度可能会被视为破坏学校系统的日常运作和整体凝聚力。威基基小学的情况并非如此。作为一名参与者，莉莉（教师）表示，"探索式的学习，与其他孩子合作、相互提问，向教师提问，真正不受约束的提问"（2018 年）在威基基小学取得很大的成功。下文对数据的进一步分析有助于诠释威基基小学的成功，也有助于进一步诠释威基基小学对成功的定义。

十二、参与度、深入思考和学业成就

学生在威基基小学的成功体现在其真正渴望深入参与学科领域的概念与内容、提升批判性思维的能力和整体学业成就。以下是一位教师解释夏威夷儿童哲学如何影响学生的学业成就。

"我相信［夏威夷儿童哲学］已经产生了巨大的影响……我们看到学生写作技巧有所提高，引用的证据更深入、更清晰。这影响了我教授其他学科，例如科学能力。因为如果我想传达一个概念，我会让每个人都坐在圆圈里来'传球'。这种形式已经足以让每个人都平静下来，这也提醒大家是时候深入思考这个主题了。"（雅各布，教师，2018 年）

另一位教师解释了夏威夷儿童哲学

如何为真正深刻的学生参与度提供必要的程式：

“这让学生可以把彼此当作独立的个体来了解，谈论他们的兴趣是什么，他们的生活目标是什么。他们喜欢这样做，而不是出于学习的压力不得不做。我们给他们独立思考的工具、空间和时间，让他们毫无压力地去探索自己的想法。”（布朗，教师，2018 年）

许多参与者分享了“优秀思考者的工具包”，一个特定夏威夷儿童哲学策略，来例证夏威夷儿童哲学如何帮助创建校园文化。教师会以不同的方式使用“优秀思考者的工具包”，也是通过这个工具包鼓励学生对思想进行澄清、给出理由、检查假设、推论、质疑真相、提供示例并用反例挑战他们的思维。研究数据也给出“优秀思考者的工具包”受到教师重视的原因。

“我喜欢夏威夷儿童哲学中的‘优秀思考者的工具包’……它们非常学术，非常适合测试。夏威夷儿童哲学帮助学生在标准化考试中表现出色。他们表现出非常高的成功率。我认为他们达到 80% 甚至更高的标准。这些思维工具提供了一个很好的开始。”（苏珊，教师，2018 年）

话虽如此，威基基小学的教师并没有简单地将夏威夷儿童哲学视为备考工具。更重要的是，威基基小学的教师找到了欣赏夏威夷儿童哲学的理由。在反思中，一位教师说：“后来，结果出来了，学生已经成为更好的思考者，也是思想的主人。我想这教会了他们，他们有能力作出决定，决定他们想谈论什么，以及谈话将走向何方。”（艾玛，教师，2018 年）

夏威夷儿童哲学帮助培养了积极参与思考的学生公民，他们对自己在世界上的地位和成为变革推动者的能力充满信心。

十三、综合性体验

除了前两个主题，夏威夷儿童哲学对威基基小学校园文化产生积极影响的另一种方式是帮助为学生和教师创造综合性体验。通常，学校会出于不同的原因实施许多项目和举措（例如阅读项目、社交情感学习项目和品格教育等）。威基基小学也不例外。有时，同时运行如此多的项目会让教师和学生感到不知所措和杂乱无章。本研究中的数据分析揭示了夏威夷儿童哲学如何帮助将学校的所有计划和举措整合在一起并创造综合性体验的过程。

该研究的参与者谈论了夏威夷儿童哲学和学校的一个“思维习惯”项目①的融合。

“它们是相辅相成的，我认为‘思维习惯’项目强调的是对个人的展望。它的作用是让人们关注孩子可以成为什么样的人，它就像汽车，而夏威夷儿童哲学就像汽车的引擎。夏威夷儿童哲学是一种培养这些品质和特征的教学方式。因此，它们是相辅相成的。我会说，思维习惯更像是一个愿景，但夏威夷儿童哲学也有。”（亚力克斯，校行政人员，2018 年）

另一位教师也有同样的感受：

“‘思维习惯’项目是一套性格技能，是成功人士在生活中每天展示的东西。

① Arthur L. Costa & Bena Kallick. Describing 16 Habits of Mind. *Habits of Mind: A Developmental Series*, ASCD, Alexandria, VA, 2000.

我们都学习和践行‘思维习惯’项目。在我看来，夏威夷儿童哲学是一种将‘思维习惯’项目的实践付诸行动的方式。当我们作为一个团体通过夏威夷儿童哲学进行对话时，我们将彼此视为独立的个人，然后与他人合作就容易多了。当我们作为一个人、一个思考者建立这种联系时，尊重和有意识的行为自然会随之而来。”（苏珊，教师，2018 年）

在这两个引述中，很明显夏威夷儿童哲学的应用实践有助于将“思维习惯”项目中嵌入的概念从理论转化为实践。由于这两项举措相结合，学生和教师经历了一个有凝聚性的综合性体验。

这一发现很重要，因为通常情况下对学校不同项目的整合会使各个项目变得杂乱无章，甚至毫无意义。如果发生这种情况，这些善意的项目就会对校园文化产生负面的影响。该研究参与者的反馈让我们了解了夏威夷儿童哲学的理论基础和实践策略是如何使其他校园活动变得更有意义。

“[两个项目]都比较重视学生的推理以及思维方式，例如他们是谁。我们对他们的思维进行培养……因为你同时在做这两件事，当中有很多不可分割的部分。所以，如果没有一些同情心，没有一些冒险精神[这些‘思维习惯’项目所倡导的基本素质]，你就不能拥有完整的夏威夷儿童哲学团体。它们很适合在一起。”（简，教师，2019 年）

由于这种综合而有意义的校园文化和氛围，威基基小学在更广泛的社区中获得了大量的尊重，并因此建立了让师生自豪的声誉。

十四、值得自豪的声誉

数据分析所得的最后一个主题是夏威夷儿童哲学如何帮助提升威基基小学在整个社区中的积极声誉。每年的入学申请季，威基基小学都会收到大量学区外家庭的申请，这些家庭希望孩子跨学区在威基基小学上学的迫切愿望也表现了社会对该学校的认可，许多申请人将夏威夷儿童哲学作为他们申请学校的动力之一。这种认可大部分来自学生和家长的口耳相传，也来自媒体上关于威基基小学实践夏威夷儿童哲学的正面报道①②，以及年度学校表现报告③所汇报的威基基小学学生表现优异的州际考试分数。正如本研究的许多参与者所解释的那样，夏威夷儿童哲学无疑有助于为学生及家庭、夏威夷州教育部工作人员、夏威夷州公民及所有利益相关者描绘出一幅关于威基基小学积极校园文化的图景。

除了具有外在影响，夏威夷儿童哲学对威基基小学声誉的积极影响还有助于提高学校教师的士气。艾米莉亚是威基基小学的教师，她最初是在校园里当教师候选人。她解释说：“我非常喜欢这所学校。一方面，夏威夷儿童哲学从最初就将我吸引到学校。在我遇到指导教师的第一天，她就告诉我这件事。我觉得夏威夷儿童哲学非常棒！我从未见过类似的东

① Noelle Fujii-Oride. Education in Hawaii：Smart Innovations and Persistent Problems. *Hawaii Business Magazine*, 2019,21 March.

② Karin Gallagher. Philosophy for the Kids. *Honolulu Magazine*, 2011.

③ Waikiki Elementary School, *Waikiki School Strive HI School Performance Report*. Hawaii State Department of Education, Honolulu, HI, 2019b.

西。我记得当时的话题是'男孩和女孩真的有那么大不同吗'。我觉得孩子的对话非常有趣。他们的谈话富有哲理和智慧，但他们当时还只是四年级学生。我觉得这真的很酷。然后，随着我对它的了解越来越多就越觉得它了不起……我认为这是一项真正引人注目并将产生重大影响的举措。"（艾米莉亚，教师，2018 年）

另一位教师也有类似的经历："在 2004 年，我在威基基小学做实习教师。我在六年级的课堂上看到夏威夷儿童哲学。我真的很惊讶这些孩子围坐成一圈在聊天，很美好。然后我就试着和我的二年级学生开始做夏威夷儿童哲学，这是我在学校和孩子一起做的最好的事情。"（乔伊斯，教师，2019 年）

正如上面两名参与者的回答所示，夏威夷儿童哲学有助于吸引和留住威基基小学已有的优秀教师。

夏威夷儿童哲学对威基基小学的另一个重要影响是，它使得该学校成为夏威夷大学上广教育哲学与伦理学院（Uehiro Academy for Philosophy and Ethics in Education）的模范学校。作为一所模范学校，夏威夷大学的教职员工定期走访威基基小学参与师生合作，为该校学生创造更加完整、富有同情心和道德感的教育体验。大学的教职员工与威基基小学的教师一起开设夏威夷儿童哲学专业发展课程，在威基基小学教室里为夏威夷儿童哲学提供理论和技术支持，并带领来自世界各地的游客观摩，和当地师生一起参与夏威夷儿童哲学。以下是一位教师对这种合作的描述：

"我参加了夏威夷儿童哲学专业发展课程。每当我们有访客时，我都会用夏威夷儿童哲学主持很多事情。今年我们学校可能至少有几百名访客来观摩、体验夏威夷儿童哲学。"（亚力克斯，校行政人员，2018 年）

与夏威夷大学合作，威基基小学每年夏天还会派教师前往日本，为日本学校和教育工作者模拟夏威夷儿童哲学。威基基小学教师的这种国际影响力极大地提升了学校的声誉。正是出于这些以及更多的原因，夏威夷儿童哲学帮助培养了让威基基小学师生和家庭都自豪的积极的声誉。

十五、讨论

为了在小学环境中培养积极的校园文化和氛围，教师和校行政人员必须确定关键人物、校园活动和举措，以支持发展一个身体、智力和情感安全型的学习社区。[①] 这项研究的结果揭示了夏威夷儿童哲学如何通过在威基基小学创造积极的校园文化和氛围来帮助创建此类学习环境。数据揭示了围绕智力安全的共享语言、跨班级和年级以学生为中心的探究的普遍做法，以及夏威夷儿童哲学与其他学校活动的联系，还有夏威夷儿童哲学如何让学生、教职员工、家庭为威基基小学感到自豪。除了这些，研究结果还说明夏威夷儿童哲学对教师的专业满意度、学生的学业成就和整个学校社区的整体社会情感福祉的多种贡献。

这些积极的结果不应该被忽视。2016 年以来，教学容忍度[②]的调查结果表

---

① Lynne Edmondson, Joyce V. Fetro, Judy C. Drolet & Dale O. Ritzel. Perceptions of Physical and Psychosocial Aspects of a Safe School. *American Journal of Health Studies*, 2007, 22(1), pp. 1-9.

② Southern Poverty Law Center, *Examining Your School's Climate*. 2018.

明，恐惧、不信任感和偏见事件在美国学校中呈上升趋势。由于美国学生群体日益多样化，校园群体区别对待、欺凌、围绕多样性问题的普遍社会摩擦、成就差距、学校改革是导致美国积极的校园文化整体下降的主要因素。哈格（Ghassan Hage）①认为，许多学校系统中固有的白人例外主义和至上主义是这个问题的根本原因。在学校历史上的不公正和制度性种族主义被解决之前，美国学校的校园文化不会改善。结合全球疫情对教育的深远负面影响，正如美国教育委员会②所说，为从疫情中恢复而努力、为了要实现的社会正义感，培育积极的校园文化比以往任何时候都重要得多。

本研究概述了在多元文化的小学环境中营造积极的校园文化和氛围所需的项目和举措的类型。正如之前的研究所指出的，校园文化和氛围会扩大来自不同背景的学生之间的成就差距。③④⑤ 例如，皮特曼（Chavella T. Pittman）发现，如果学校不有意实施旨在支持多样性、公平和包容的举措，白人男学生往往会主导课堂讨论。夏威夷儿童哲学是对社会正义教育⑥⑦的响应，可以帮助学校打击系统性种族主义。它创造了一个公平的学习环境，欢迎来自不同文化背景的学生。⑧ 此外，当在跨年级的教育环境中实践时，夏威夷儿童哲学有能力消除特殊教育和主流课堂之间通常存在的不平等。⑨⑩ 通过培养相互协作的公民空间⑪，夏威夷儿童哲学可以为课堂和全校环境提供民主结构，最终可以形成一种参与、共享决策和协作的文化。⑫

另一个体会是，夏威夷儿童哲学等举措创造的公正、公平的校园文化和氛围，

---

① Ghassan Hage, *White Nation: Fantasies of White Supremacy in a Multicultural Society*. Routledge, Abingdon, UK, 2012.

② Lang, RR. *For COVID-19 Recovery Efforts*, *School Climate Matters Now More than Ever*. National Association of State Boards of Education, 2020.

③ Jeong Hoon Choi, Amy B. McCart & Wayne Sailor. Reshaping Educational Systems to Realize the Promise of Inclusive Education. *FIRE: Forum for International Research in Education*, 2020, 6(1), pp. 8-23.

④ Dennis J. Condron. Social Class, School and Non-school Environments, and Black/White Inequalities in Children's Learning. *American Sociological Review*, 2009, 74(5), pp. 685-708.

⑤ Erica Mattison & Mark S. Aber. Closing the Achievement Gap: The Association of Racial Climate with Achievement and Behavioral Outcomes. *American Journal of Community Psychology*, 2007, 40(1-2), pp. 1-12.

⑥ Amber Strong Makaiau. Philosophy for Children Hawaii: A Culturally Responsive Pedagogy for Social Justice Education. In Ching-Ching Lin & Lavina Sequeira (eds.), *Inclusion*, *Diversity and Intercultural Dialogue in Young People's Inquiry*. Sense, Rotterdam, Netherlands, 2017a, pp. 99-110.

⑦ Amber Strong Makaiau. A Citizen's Education: The Philosophy for Children Hawaii Approach to Deliberative Pedagogy, 2017b.

⑧ Adrienne Nishina, Jakeem Amir Lewis, Amy Bellmore & Melissa R. Witkow. Ethnic Diversity and Inclusive School Environments. *Educational Psychologist*, 2019, 54(4), pp. 306-321.

⑨ Geoff Lindsay. Educational Psychology and the Effectiveness of Inclusive Education/Mainstreaming. *British Journal of Educational Psychology*, 2007, 77(1), pp. 1-24.

⑩ Jayne Pivik, Joan McComas & Marc Laflamme. Barriers and Facilitators to Inclusive Education. *Exceptional children*, 2002, 69(1), pp. 97-107.

⑪ Amber Strong Makaiau, *Cultivating and Nurturing Collaborative Civic Spaces*. C3 Teachers, 2015.

⑫ Amber Strong Makaiau & Benjamin Lukey. Philosopher's Pedagogy: A Three-Part Model for School Betterment. *Journal of Academic Perspectives*, 2013(3), pp. 1-13.

能逐渐增加社会情感学习的幸福感。现有研究记录了未能支持学生社交和情感需求的学校会对学生的成绩产生的负面影响,尤其是对少数族群学生。① 在夏威夷儿童哲学里,教师和学生共同创造一个温馨宜人的学习环境,将学生的社交和情感需求融入学术、学习中。夏威夷儿童哲学体现在创建智力安全的探究团体②,它培养了"对自己和团体的信任感,能够诚实、真诚地共同思考"③的能力。夏威夷儿童哲学在这一特殊方面"非常重要,因为它有目的地培养了被许多不明智的学校所忽略的东西:充满爱意、关怀和充满乐趣的人际关系,即人类繁荣的核心"④。

这项研究揭示的另一个中心思想是以学生为中心的教学对创造积极学校文化的影响。⑤⑥⑦ 世界上的很多学校采用以教师为中心的方法⑧或以考试为导向的课程⑨。夏威夷儿童哲学为学校团体提供了跨越年级和科目的以学生为中心进行探究的理论基础和实践策略。以学生为中心的教学法激发了学生的兴趣,并支持将现实生活的经历与在学校学到的东西联系起来。这种方法不仅可以提高知识的保留率,而且可以促进社交情感的发展和创造积极的社会关系。⑩ 20 世纪进步教育家弗朗西斯·帕克(Francis Parker)、约翰·杜威、威廉·H. 基尔帕特里克(William H. Kilpatrick)、卡罗琳·普拉特(Caroline Pratt)以学生为中心的探究为学生提供了体验学校作为"模范家庭和完整社区"的机会,这是一种萌芽状态的民主。⑪ 夏威夷儿童哲学是一种易于使用的进步的教学方法,它支持教育工作者和学校社区构建积极的校园文化和氛围,为学

① Maryam G. Hamedani & Linda Darling-Hammond. Social Emotional Learning in High School: How Three Urban High Schools Engage, Educate, and Empower Youth. Stanford Center for Opportunity Policy in Education, 2015.

② Thomas E. Jackson. The Art and Craft of 'Gently Socratic' Inquiry. In Arthur L. Costa (ed.), *Developing Minds: A Resource Book for Teaching Thinking*. Association for Supervision & Curriculum, 2001, pp. 459-465.

③ Ashby Butnor. Critical Communities: Intellectual Safety and the Power of Disagreement. *Educational Perspectives*, 2012, 44, p. 31.

④ Thomas B. Yos. Raising the Bar: Love, the Community of Inquiry, and the Flourishing Life. *Educational Perspectives*, 2012, 44, p. 52.

⑤ Peter Armbruster, Maya Patel, Erika Johnson & Martha Weiss. Active Learning and Student-Centered Pedagogy Improve Student Attitudes and Performance in Introductory Biology. *CBE-Life Sciences Education*, 2009, 8(3), pp. 203-213.

⑥ Julie K. Brown. Student-Centered Instruction: Involving Students in Their Own Education. *Music Educators Journal*, 2008, 94(5), pp. 30-35.

⑦ Tracey Garrett. Student-Centered and Teacher-Centered Classroom Management: A Case Study of Three Elementary Teachers. *The Journal of Classroom Interaction*, 2008, 43(1), pp. 34-47.

⑧ Sharon Dole, Lisa Bloom & Kristy Kowalske. Transforming Pedagogy: Changing Perspectives from Teacher-Centered to Learner-Centered. *Interdisciplinary Journal of Problem-Based Learning*, 2016, 10(1), Article 1.

⑨ Robert Kirkpatrick & Yuebing Zang. The Negative Influences of Exam-Oriented Education on Chinese High School Students: Backwash from Classroom to Child. *Language Testing in Asia*, 2011, 1(3), pp. 36-45.

⑩ Jeffrey Froyd & Nancy Simpson. Student-Centered Learning Addressing Faculty Questions about Student Centered Learning. Paper presented at the *Course, Curriculum, Labor, and Improvement Conference*, Washington, DC, 2008.

⑪ Colonel Parker. History. Francis W. Parker School, 1901. https://www.fwparker.org/about/history.

生创造美好未来社会提供所需的工具。①

威基基小学长达二十年的夏威夷儿童哲学实践对学校及其所服务的社区产生了不可磨灭的影响。教育工作者、职前教师、研究人员、学者和广大社区成员都会访问威基基小学来体验夏威夷儿童哲学。参访时，他们可以感受到夏威夷儿童哲学对学校环境的积极影响，这是一种变革性的体验。② 从本质上来讲，夏威夷儿童哲学是学校个性③和校风的一部分。正如一位教师所说："我不仅践行夏威夷儿童哲学，还在其中成长。"那么其他教育工作者如何实践夏威夷儿童哲学？他们如何在自己的学校环境中复制夏威夷儿童哲学的影响？他们如何将从威基基小学学到的关于夏威夷儿童哲学的知识应用到更多学校，去培养积极的校园文化和氛围？这项研究的作者希望他们能够应用这样的发现——"直面问题和困难，并找到适合自己的方法"④。

十六、结论

本研究的目的不是提供一个现成的学校举措或者项目，以便被照搬和复制到其他校园，去创造积极的校园文化和积极的工作与学习氛围。相反，它旨在为教育工作者提供一个使用夏威夷儿童哲学方法支持和发展积极的校园文化的案例，以便教育工作者根据特定的环境和背景来设计一种足以满足学生、教职员工、家庭、社区需求的方法。通过深入的定性调查，该研究描绘了一幅供他人观看和学习的"肖像"。肖像研究法作为一种方法论，"有一个潜在的哲学过程，能够通过'绘画'人物的故事来照亮现实环境中的真实人物。这是一种复杂的方法论，研究人员试图以叙事形式呈现个人故事和事件的意义"⑤。现在，教育工作者的任务是，采用这种叙述并播下必要的种子，以培养更先进的方法来实现像夏威夷儿童哲学这样独具匠心的学校实践（科恩，2017 年）。这就是夏威夷儿童哲学在夏威夷州的成长方式。"它开始于别处，但它受到我们岛上家园所有优点的影响，以崭新的和令人兴奋的方式发展。"⑥那么，它会如何在你们那里成长呢？

---

① John Dewey, *Democracy and Education: An Introduction to the Philosophy of Education*. The Free Press, New York, 1916.

② Roland S. Barth. The Culture Builder. *Educational Leadership*, 2002, 59(8), pp. 6-11.

③ Georgia Pashiardis. School Climate in Elementary and Secondary Schools: Views of Cypriot Principals and Teachers. *International Journal of Educational Management*, 2000, 14(5), pp. 224-237.

④ John Dewey, *Democracy and Education: An Introduction to the Philosophy of Education*. The Free Press, New York, 1916, p. 188.

⑤ Vicki Cope, Bronwyn Jones & Joyce Hendricks. Portraiture: A Methodology through which Success and Positivity can be Explored and Reflected. *Nurse Research*, 2015, 22(3), p. 1.

⑥ Thomas E. Jackson. Home Grown. *Educational Perspectives*, 2012, 44(1), p. 3.

Cultivating and Nurturing a Positive School Culture and Climate

—Impacts of Philosophy for Children Hawaii at Waikiki Elementary School

Zhang Jianhui　Amber Strong Makaiau

Abstract: This investigation studied the development of positive school culture and climate at a mid-sized public elementary school in urban Oahu, Hawaii, over fifteen years. Researchers ask: What key people, initiatives, and programs positively impacted the school culture and climate at Waikiki Elementary School? Qualitative methods are applied to design and carry out a portrait study, which included interviewing 22 members of the school community. Analysis of the data reveals how one particular school initiative — Philosophy for Children Hawaii — had a positive impact. Philosophy for Children Hawaii helped create a school culture and climate characterized by intellectual safety, learner-centred inquiry, integration of experience, and a reputation to be proud of. While no one school community is the same, this study sheds light on the factors that might help cultivate and nurture a more positive school culture and climate in other contexts.

Keywords: elementary school; Philosophy for Children; school culture and climate; social emotional learning

学前教育师范生眼中的儿童哲学

——基于H高校的个案分析*

◎ 高振宇[①]

摘　要： 儿童哲学的价值已经在国内教育界和哲学界得到不同程度的认可，但围绕未来有可能实施儿童哲学的师范生，相关探索仍然欠缺，因而既无从了解他们眼中的儿童哲学到底是什么，也无法为他们提供必要的专业支持。H高校的学前教育师范生每一届都会学习一学期儿童哲学课程，通过课堂观察、现场调查、个别访谈和文件分析等多种研究方法，具体了解他们对哲学本身的认知、对儿童哲学内涵与价值的理解、对儿童哲学教学过程中的教师角色，以及教学设计和方法等的理解与反思，从而发现他们在学习儿童哲学过程中的盲区与挑战，揭示他们从开始到最后对儿童哲学认知与态度上的转变，并为未来进一步完善学前教育师范生培养方案和儿童哲学课程的教学提供重要启示与建议。

关键词： 学前教育师范生；儿童哲学；教师哲学；刺激物

一、问题的提出

儿童哲学在中国已经走过三十多年的历程，不仅为推动地区教育改革作出了不可忽视的贡献，而且推动了教育和哲学理论界向儿童或童年回归。直到如今，研究者已经围绕儿童哲学的理论基础、内涵与价值、国际国内发展历程与现状、课程设计、教学实施、教材分析和教师专业发展等方面的议题，展开了不同程度的讨论。他们已经普遍意识到并确认儿童哲学对不同年龄阶段儿童发展的多元价值，尽管在具体的价值和实施取向上仍然存在一定的争议和分歧，但是关于儿童哲学对职前和职后教师专业发展的意义、职前和职后教师如何体验和实施儿童哲学、影响教师实施儿童哲学效果的因素、儿童哲学与教师哲学之间的关系等议题，还没有得到充分讨论。截至目前，部分学者，比如孙丽丽[②]、杨懿[③]、程伊、邱艳萍[④]、乔安娜·海恩斯（Joanna

---

* 本文系2022年浙江省哲学社会科学规划“之江青年理论与调研专项课题”（项目编号：22ZJQN33YB）研究成果。

① 高振宇，教育学博士，杭州师范大学经亨颐教育学院教授，浙江省哲学学会儿童哲学专业委员会副理事长。

② 孙丽丽：《儿童哲学教师的“宽容者”角色及其实践策略》，《教育科学研究》2020年第11期，第10—16页。

③ 杨懿：《儿童哲学课程中的教师：角色与任务》，《陕西学前师范学院学报》2019年第4期，第30—33页、第79页。

④ 程伊、邱艳萍：《儿童哲学教师的角色定位：基于李普曼儿童哲学读物的分析》，《教育导刊》2021年第6期，第20—26页。

Haynes)和卡琳·莫里斯(Karin Murris)[①]等,已经就儿童哲学课程中的教师角色、任务及其实践策略进行初步讨论;也有学者,比如高振宇[②]、段为[③]、张丽芳[④]、吉安尼·扎帕拉(Gianni Zappala)、席亚拉·史密斯(Ciara Smyth)[⑤]和林志明(Chi-Ming Lam)[⑥]等,对儿童哲学教师的知识结构、哲学素养、专业素养提升与转变情况等进行了理论建构与个案分析;甚至有学者,比如珍妮特·奥查德(Janet Orchard)、凯莉·温斯坦利(Carrie Winstanley)[⑦]、里奥纳德·沃克斯(Leonard Waks)[⑧]和王清思[⑨]等,建构了教师哲学的理论基础与实践路径,但对职前教师或师范生的关注仍然相对不足。

在儿童哲学师资培育的国际经验中,其中一条就是主动将儿童哲学纳入不同层次师范教育(本科、硕士和博士)的课程体系之中,比如美国儿童哲学促进协会所在的蒙特克莱尔州立大学就设有专门的儿童哲学研究学位证书,并在教育学硕士(学前教育和小学教育)、教育学博士项目中都设有儿童哲学研究方向,提供一系列相关课程(比如教室探究共同体、儿童哲学与教育体验、认知科学与儿童哲学、童年解释学、语言哲学与儿童哲学等)。而在我国当前的师范生培养方案中,明确将儿童哲学课程列为专业选修课程的学校寥寥无几(虽然近几年有增加的趋势),更不用说设置一些更为具体的相关课程了(比如在学前教育领域,既然绘本是儿童哲学实施的主要刺激物,因此不妨开设绘本哲学课程;在小学教育领域,基于目前实践的现状,则可以开设语文与儿童哲学、德育与儿童哲学等课程),这就为调查师范生对儿童哲学课程的认知与存在体验等构成挑战,也就无法在此基础上为改革师范生教育提供可行的建议。本文试图以 H 高校为例,通过对参与该校儿童哲学课程学习的数百名学前教育师范生的深入调查,探析他们对儿童哲学相关议题的具体认识程度以及在观念上的前后转变历程,并揭示他们在理解上仍然存在的偏差与不足,希望由此透视儿童哲学课程对师范生专业素养发展的潜在影响,并为在师范院校设置以及更有效地实施儿童

---

① Joanna Haynes & Karin Murris. The Provocation of an Epistemological Shift in Teacher Education through Philosophy with Children. *Journal of Philosophy of Education*, 2011,45(2), pp. 285-303.

② 高振宇:《儿童哲学教师的知识结构及师资培育的优化策略》,《教师发展研究》2019 年第 3 期,第 108—116 页。

③ 段为:《关于幼儿教师儿童哲学素养的探讨——基于幼儿园教育案例的思考》,《新课程研究》(下旬刊)2015 年第 8 期,第 10—12 页。

④ 张丽芳:《儿童哲学课程开发与教师专业成长》,《上海教育科研》2004 年第 8 期,第 46—47 页。

⑤ Gianni Zappala & Ciara Smyth. Student and Teacher Outcomes from Participating in a Philosophy for Children Program: Volunteer Ethics Teachers' Perspectives. *Journal of Philosophy in Schools*, 2021,8(1), pp. 104-128.

⑥ Chi-Ming Lam. The Impact of Philosophy for Children on Teachers' Professional Development. *Teachers and Teaching*, 2021,27(7), pp. 642-655.

⑦ Janet Orchard & Carrie Winstanley. Philosophy for (thinking) Teachers. In Andrew D. Colgan & Bruce Maxwell (eds.), *The Importance of Philosophy in Teacher Education*. Routledge, 2020, pp. 86-104.

⑧ Leonard Waks. Philosophy in Teacher Education. In Andrew D. Colgan & Bruce Maxwell (eds.), *The Importance of Philosophy in Teacher Education*. Routledge, 2020, pp. 65-85.

⑨ 王清思、叶译联:《教师哲学(P4T)的意涵与实践之研究》,《台湾教育哲学》2021 年第 5 卷第 1 期,第 32—72 页。

哲学教学提供可行的意见与建议。

二、研究方法的设计与实施

（一）研究场域与对象

本研究所在场域为 Z 省 H 高校。H 高校是一所地方师范院校，该校的教育学院设有学前教育师范专业，自 2002 年开始为省内外幼儿教育机构输送学前教育专业师资力量，2020 年被评为国家一流本科专业建设点。该专业以培养富有理想信念和敬业精神、具有扎实专业知识和保教能力、拥有深厚人文艺术科学素养、师德高尚、师能突出、师艺扎实的高素质、专业化幼儿教师为基本目标，其毕业生参加工作后有相当大的比例成为学前教育一线优秀教师，其中有三十多位成为幼儿园园长或副园长，多人被评为市或区教坛新秀。该专业培养方案中的课程，体系完备，设有通识教育类课程（必修和选修）、专业课程（学科基础平台课程、专业主干课程和个性化专业选修课程）和实践课程（见实习和短学期等）。其中个性化专业选修课程分为四大模块，包括儿童美术与创意、儿童音乐与舞蹈、儿童发展与教育、教育理论与政策。儿童哲学则属于儿童发展与教育模块中的一个课程。

H 高校的儿童哲学选修课程，主要面向本科二年级学前教育师范生，每年还有少数来自计算机、临床医学、物理学、法学、心理学、数学、社会学、化学、英语、环境工程和生物科学等专业的师范生与非师范生选修该门课程。该课程采用线上线下相结合的授课方式，为 Z 省一流课程。关于儿童哲学的主体内容则以笔者出版的《儿童哲学论》（2011 年）和《儿童哲学导论》（2020 年）为基础，以微课视频和课件的形式存放于在线课程平台，供师范生依据一定的课程进度进行线上自学，并按时完成相应的测验。课堂上则主要开展各种形式的哲学实践模式演练与共同体研讨，包括经典儿童哲学教材分析与实操、哲学故事分析及基于绘本的哲学实践演练、儿童哲学游戏教学法、儿童哲学教学案例视频分析、夏威夷儿童哲学模式演练等，以促进师范生将儿童哲学理论知识转化为未来课堂实践，积聚必要的教学素养与能力。

从 2013 年开始，笔者担任儿童哲学课程的授课教师，起初是以线下的方式进行授课，并不断储备和建设在线课程资源，至 2017 年才以线上线下相结合的方式正式实施，截至 2022 年已经开展了共计 5 期儿童哲学课程。学习该课程的学生每年均有 3—4 个班级，每个班级有 30—60 个学生，具体情况如表 1 所示，这些学生中除了少数非学前教育师范生，其他均为本研究的研究对象。

表 1　研究对象汇总

时间	班级数（个）	学生总数（人）	学前教育师范生数（人）
2017—2018 年	4	129	127
2018—2019 年	3	123	105
2019—2020 年	3	105	103
2020—2021 年	3	151	150
2021—2022 年	3	122	116
总计	16	630	601

（二）资料搜集与分析

本研究主要采取个案研究的方法，旨在对2017—2022年H高校选修儿童哲学课程的学前教育师范生进行整体调查，以了解他们在整个课程的学习过程中对儿童哲学的认知与态度及其可能的转变历程。主要的资料搜集方法为内容分析法、观察法和访谈法。其中内容分析法的资料包括学前教育师范生在课程学习过程中所撰写的课程作业、期末考试，以及在线讨论、读书笔记，这些文件都曾以电子的方式存档。其中课程作业包括读书报告、绘本创作与绘本教案设计等。读书报告中所涉及的书籍为《哲学是什么》（胡军）①、《哲学与幼童》[加雷斯·B. 马修斯（Gareth B. Matthews）]②、《宝贝，宝贝》（周国平）③、《柏拉图对话集》（柏拉图）④、《教室里的哲学》（马修·李普曼）⑤和《好奇世界》（马修·李普曼）⑥。但在逐年授课的过程中，因课时调整的需要以及为提高学生阅读的质量，阅读的书籍数量有适度减少，目前则稳定在一学期4本书的状态。用于本研究的读书报告总计3 016篇，加上绘本创作和绘本教案设计，总计3 986篇，虽然每篇要求的字数为不少于500字，但大多数学前教育师范生所撰写的读书报告都超出了这个字数，有的甚至达到上万字，特别是绘本创作和绘本教案设计。因此若以每篇最低1 000字计算，则读书报告的总字数可达近400万字。

期末考试的题型涉及单选题、多选题、材料分析题和教学设计题等，其中有一题罗列了不同媒体和学者对儿童哲学的评价（涉及正面和反面双重评价），旨在引导学前教育师范生提出自己对儿童哲学的综合判断与意见，而教学设计题则不仅包括以绘本为刺激物的详细教学设计，而且包括面向不同年龄阶段、以多元刺激物为载体的整体教学活动设计，对本研究具有重要的意义，因此被纳入内容分析的范围。期末考试为每一届选修本课程的学前教育师范生所必考，因此总共搜集有效考试资料601份，每份资料中针对这道材料分析题的回答，考试时没有限定字数，总体为300—2 000字，总字数为18—120万字。此外，笔者以儿童哲学的模式进行课堂教学，并观察学前教育师范生的整体反应和表现情况，从而形成部分观察日志和其他视觉材料；部分学前教育师范生通过访谈以及学校教务处的课程评价系统进行反馈，谈及他们对本课程的整体感受、印象，以及意见和建议；许多学前教育师范生还积极参与平台设置的讨论区（跨班级的综合讨论区和班级讨论区）的活动，自主提出课程相关的问题并相互交流，这些都构成本研究的重要资料。

以上资料一方面存储于Z省在线课程平台，另一方面则作为课程资料保存于个人计算机中。为了方便进行研究，笔者对上述资料进行了重新编码，以“年度+班级+学前教育师范生姓名首字母+作业/考

① 胡军：《哲学是什么》，北京：北京大学出版社，2002年。
② [美]加雷斯·B. 马修斯：《哲学与幼童》，陈国容译，北京：生活·读书·新知三联书店，2015年。
③ 周国平：《宝贝，宝贝》，南京：江苏人民出版社，2010年。
④ [古希腊]柏拉图：《柏拉图对话集》，王太庆译，北京：商务印书馆，2004年。
⑤ [美]马修·李普曼：《教室里的哲学》，张爱琳、张爱维编译，太原：山西教育出版社，1997年。
⑥ [美]马修·李普曼：《好奇世界》，冯维、孙琳编译，太原：山西教育出版社，1997年。

试”的方式呈现。比如 2018/2019 - 171 - WYH -作业，即代表 2018—2019 年 2017 级学前教育（1）班的一个叫王银河（化名）的学生所提交的作业，至于具体提交针对哪本书的读书报告则不做区分，因为师范生在撰写读书报告时，常常会对之前所读的著作进行主动联系和比较，且各自推荐的阅读书籍在内容上常有相互重叠和补充之处，并非截然不同。而关于讨论区的资料，由于大部分的资料都是在综合讨论区，因此只做年份和类型标记，不做班级说明。资料分析将采取质性分析的方式，即根据学前教育师范生所撰写的具体内容整理出他们的主要观点，并按照特定的主题进行集中探讨。其中，各读书报告对应的推荐书籍有相对侧重的主题指向，可便于资料的整理与分析。比如《哲学是什么》主要论述哲学的内涵与价值，旨在帮助师范生建立对哲学的整体理解；《哲学与幼童》和《宝贝，宝贝》旨在使学前教育师范生树立儿童天生就是哲学家的认识；《柏拉图对话集》意在协助学前教育师范生了解苏格拉底对话的基本模式；《教室里的哲学》和《好奇世界》属于儿童“哲学之父”马修·李普曼的经典著作与教材，有助于学前教育师范生了解儿童哲学的整个课程样态。其他资料则按照所属的类别进行初步整理，而后再根据本研究主要讨论的内容与主题进行二次整理与分析。

三、研究结果的发现与讨论

（一）对哲学本身的认知

学前教育师范生对哲学的第一印象是抽象难懂、晦涩艰深，以及与自己的生活非常遥远，因此只适合少数人，而这种印象的建立在很大程度上与他们在高中阶段思想政治课程的学习经历有一定关联，同时与他们日常生活中较少接触哲学有关，学前教育师范生普遍对这种形态的哲学缺乏兴趣。例如有学前教育师范生坦言：“要说哲学给我的感觉和印象的话……就停留在高中那些疯狂记忆的世界观和方法论上，当时学习哲学，就感觉那些世界观和方法论，多读几遍也还是能读懂，比如质变、量变很好理解，但有些时候，对主要矛盾、次要矛盾的辨析，又很难明白，甚至教师讲课也是模模糊糊，而对哲学家，大众知道的那些我差不多也知道。总之，哲学之于我就是一个闪闪发光，只有高大上的人才配得上的事物。”（2018/2019 - 172 - MYL -作业）也有学前教育师范生说：“哲学到底是什么？在读这本书（《哲学是什么》）之前我对哲学的概念是‘生存还是毁灭’那样高深、遥远的问题，是高中思想政治课程的最后一本教材。哲学对我来说，好像是一门高深的、难懂的学问。”（2019/2020 - 181 - HYSC -作业）这种对哲学的态度直接影响他们填报高考志愿时的专业选择。“就是在填报高考志愿的时候，当时我想报政治学、心理学和哲学等专业，我妈就说，选实用的专业，掌握一门技术，以后好歹有口饭吃……”（2018/2019 - 173 - ZQY -作业）他们在为“哲学”下定义时，会直观地引用高中教材中的观点，而从未想过“哲学”的其他定义或呈现方式。“哲学是什么？按照高中教材上的指导，哲学是关于世界观的学说，是具体知识的概括和总结。”（2018/2019 - 171 - CQY -作业）

然而在阅读《哲学是什么》之后，学前教育师范生对哲学的态度悄然发生了改变。“这本书与我想象中的哲学书籍不太一样，在此之前，我并未看过有关哲学的书籍，我想象中的哲学书籍，是晦涩难懂、远远超脱日常生活的。然而当我开始看这本书时，却被书中的内容深深吸引，这本书并不枯燥无味，作者用通俗易懂的语言来解释哲学，涉及复杂的内容时，还会引用一些例子来佐证，有助于我们理解。”（2018/2019－172－YJC－作业）他们开始觉察到哲学并不一定是用晦涩难懂的语言书写，也可以平易近人，甚至带有一些俏皮的色彩，这就在很大程度上拉近了他们与哲学的距离。比如有学前教育师范生在阅读《柏拉图对话集》时，发现书里居然出现了“可爱”一词，瞬间让他精神百倍。“哲学书里怎么会有这么俏皮的词呢？”（2019/2020－181－ZPJ－作业）学前教育师范生开始意识到哲学离他们的日常生活并不遥远，哲学就在他们身边，哲学的目的是让我们的生活更加美好。比如有学前教育师范生提到，在阅读《教室里的哲学》时，有一句话他觉得特别有价值，即哲学探究并非目的，而是使生活更加丰富、美好的手段。“我以前认为哲学探究应该是为了得出一个结论或者是统一的观点，但在这句话里，我看到进行哲学探究应该是为了获得一种能力，掌握一种帮助生活变得更加美好的手段。而这种丰富和美好，并不是指物质上的，而是指一种思想的引领，是使我们每个人都能拥有对生活的独特思考方式与态度。”（2018/2019－172－CJQ－作业）甚至有学前教育师范生认为哲学就是生活的艺术，它不是枯燥的概念和抽象的体系。“我们生活在熙熙攘攘的人群之中，而哲学正是存在于生活之中。”（2019/2020－182－CEY－作业）他们对哲学的本质也有了更明晰的认识，比如他们开始明白无论如何定义“哲学”，可能都是不完善的，哲学自身具有模糊性。“当我读这本书（《哲学是什么》）读到一半时，我恍然大悟，好像真的知道了哲学是什么。但当我读到哲学的问题、哲学的方法和之后的章节时，我仔细思考，发现又说不清道不明哲学到底为何物。”（2019/2020－181－HYSC－作业）他们也意识到哲学具有不确定性和无答案性的特征。“关于哲学问题，有太多的哲学家探讨、研究过，但真正正确的答案是没有的。学习哲学不是为了获得确切的答案和结果，只要对以往不了解的方面多一点理解、多一点体会就是收获。”（2019/2020－182－LSY－作业）他们认识到哲学为“学科之母”，对其他学科具有重要的指导作用。“哲学是其他学科在义理层面上的高度升华和概括。看起来哲学和其他学科毫无关系，但实际上哲学从内在指导了这些学科的发展，而其他学科则为哲学提供了一个描述的渠道，因此哲学是所有学科的源头。”（2019/2020－182－XCW－作业）

由此出发，学前教育师范生对哲学的有用与无用进行了辩证思考，并越来越倾向于认同哲学独特的功能与作用。首先，学前教育师范生普遍认为，从物质的或功利的角度来说，哲学的确是无用的，但这种无用恰好成就了它的大用，且判断有用与无用的标准并非只有一个。“很多时候，我们都从一个利益的角度审视世界，比如面包可以饱腹，衣服可以御寒，但哲学处于一个很尴尬的境地，因为不能具体说出其实际作用，而没有实际作用就是无用，但这种思考问题的方式并不合理。正因为哲学没有实际作用，才可以去开拓人类思想的新境界，去追求一种更为智慧的生活方式。”（2019/2020－182－GLR－作业）其次，学前教育师范生认识到哲学的首要功能在于启发人们思考，并提出有意义、有价值的问题。有学前教育师范生甚至认为："这种思考还需要带一点'钻牛角尖'的精神，因为历史上几乎所有真理都是在争论中产生的，如果不争论，那就等于轻而易举地相信别人的说法，放弃自己的思考。"（2018/2019－172－PLL－作业）同时，哲学能使成人像儿童一样，永葆好奇之心，永远在追求智慧的路上。"成人的好奇心，由于被过度'现实化'了，往往都是指向问题的答案，即'常识'。譬如1+1等于几，成人想知道的是答案2，儿童则想知道我们是如何知道1+1等于2的。儿童的问题更多涉及思考的方法和过程，更为本质和深刻。"（2019/2020－181－CSM－作业）"每个社会都需要一位赤足的苏格拉底，像儿童那样提出简单而纯粹的问题，使我们重新审视那些已经被认为理所当然的事情。"（2019/2020－181－SYL－作业）此外，哲学还具有治愈心灵的功能，例如古希腊哲学家伊壁鸠鲁就认为哲学可使人的灵魂进入一种无纷扰的幸福状态，因此伊壁鸠鲁建议，一个人在年轻时不要放弃对哲学的研习，也不要到老年时厌倦对哲学的研习；对灵魂的健全而言，在任何年龄阶段研习哲学都不会太迟或太早；说研习哲学的时候未到或已经过去，就如同说幸福的时刻未到或不会再出现一样，因此老年人和年轻人都应该研习哲学。① 正是基于这一点，哲学咨询或治疗才在欧洲、北美流行并得到社会各界的广泛关注。在H高校，也有部分学前教育师范生意识到哲学的治愈功能。"哲学可以用来服务人的心灵，哲学可以滋润它，重塑它。哲学的这个作用也许不那么直观，但凡是曾经受益于哲学的人都会感知它存在的巨大作用。"（2018/2019－171－CYY－作业）哲学的价值更多地体现在给人以启迪、力量和方向，它是一种灌注于人内心的东西。"可能一瞬间就能获得，也可能要穷尽一生去追寻。当我们领悟哲学这种精髓的时候，它是无用的，是我们视而不见的；但当我们领悟其中的真谛时，哲学就能成为我们的无价之宝。"（2018/2019－172－PML－作业）"想想当今社会，不少人因为抑郁症自杀，虽然……我们不能去评价一个人为什么自杀，但是如果他们在被负面情绪包裹的时候能够通过哲学来缓解痛苦，捕捉生活中的哪怕是点滴的幸福，或许就不会对生活无望。当你发觉原来生活中还有这么多需要我去探索、去追求的事情，哪还有时间纠结那些不快乐呢？"（2019/2020－183－GYT－作业）

（二）儿童哲学的内涵与价值

1. 儿童是天生的哲学家

儿童哲学的前提是肯定儿童为天生的哲学家，这不仅在心理学实验上有实证，比如艾莉森·高普尼克（Alison Gopnik）②，而且在日常经验中有广泛的案例支持，比如周国平、加雷斯·B. 马修斯等，因而是众多儿童哲学研究者普遍持有的信念。H高校的学前教育师范生不仅通过阅读、反思让·皮亚杰的思维发展阶段理论，逐渐认识儿童也是具有哲学探究精神与潜能的，而且通过回忆自己童年的经历以及在幼儿园见实习过

① ［古希腊］第欧根尼·拉尔修：《名哲言行录》（下），马永翔、赵玉兰、祝和军、张志华译，长春：吉林人民出版社，2003年，第689页。

② ［美］艾莉森·高普尼克：《宝宝也是哲学家：学习与思考的惊奇发现》，杨彦捷译，杭州：浙江人民出版社，2014年。

程中的所见所闻,进一步证实儿童的这种天赋。笔者曾在课程开始的时候对学前教育师范生的儿童观做过一番调查,发现他们普遍认为儿童是天真烂漫的、无忧无虑的、稚嫩而不懂事的、充满想象力的;他们不认为儿童能够进行类似哲学这样的抽象思考,尽管儿童在他们眼中也是充满好奇的、喜欢探索的;总之他们缺乏将儿童与哲学直接联系起来的意识(图1)。

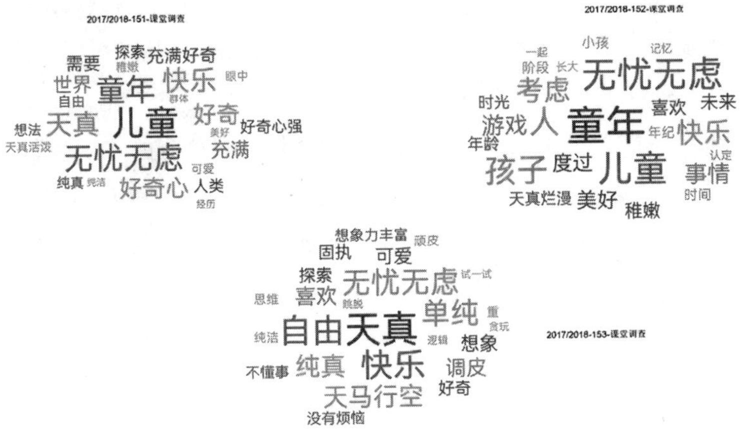

图1 2015级学前教育师范生儿童观调查词云图

但是经过一个学期的课堂操练和阅读相关书籍,学前教育师范生对儿童与哲学之间的关系开始有了新的认识。比如有学前教育师范生说:“儿童拥有做哲学的能力,这不体现在儿童识字的多少。因为:一则自发的哲学探究至少发生在多数儿童身上;二则依靠共同体的集体智慧,儿童之间互相协助、合作思考,能够超越个体的局限,而对话又可以引起儿童的思考;三则探究共同体能够显著提高儿童的各项思考能力,加深对哲学问题的理解;四则儿童与成人在哲学探究方面,只存在能力的强弱,而不是无和有的分别,所以成人若低估儿童的哲学化能力,就会使他们失去许多重要的发展契机。”(2020/2021-183-HJY-考试)许多学前教育师范生回忆并列举了发生在自己或家中的小孩、亲戚的小孩抑或幼儿园的小孩身上的哲思故事。比如有学前教育师范生回忆自己小时候就有一个疑问:“为什么人叫作人,而水叫作水?……我出生的时候,为什么这一切都已经被命名了呢?如果有一天我不遵循社会的共有认知,对着一只猫叫‘狗’,这是否被允许、被理解?”(2019/2020-181-STB-作业)命名事物是低龄阶段的儿童开展哲思的重要方面,在周国平的《宝贝,宝贝》中有大量同类的案例。“在我4岁那年,父母教我数数,从1到10我牢记于心。妈妈会边走边教我识字。路过一家油漆店,她告诉我,‘这是油漆店,油—漆—店。’而我依葫芦画瓢念完,小脑袋一转,问妈妈:‘妈妈,那油八店在哪里呀?’”(2018/2019-171-NMW-作业)类似的案例在幼儿生活中非常普遍,儿童由于不识字,常会将相同发音的概念混淆在一起,因而形成非常有趣的“哲学俏皮话”,虽然看起来无厘头,实则是儿童在从事严肃的概念游戏。

2. 儿童哲学的丰富内涵

就儿童哲学的内涵而言,其本质要点

是它不同于成人哲学，是属于儿童的、为了儿童并且从儿童出发的哲学。它的存在不是为了将哲学知识或概念灌输给儿童，而是引导儿童在探究共同体中做哲学，因此它是一种“小 p”哲学、生活哲学、应用哲学和实践哲学。安贝尔·斯特朗·马凯亚和查德·米勒（Chad Miller）就曾指出，“大 P”哲学是指传统意义上的学术哲学，它体现在伟大哲学家的思想和著作中；而夏威夷儿童哲学所关注的“小 p”哲学则是指一种接触和处理事物的方法，它鼓励儿童审视自己的生活和经历，以便对世界和自己在世界中的地位有更加深刻的理解，而不是只关注别人的既定思想和问题，其主要的学习模式是参与实际的探究活动。① 对此，H 高校的学前教育师范生普遍有所认识。比如有学前教育师范生明确提到：“儿童哲学不同于高校学术体系和社会体系中过往意义上的成人哲学，它更多的是儿童世界中的小哲理、小思考等生活哲学，也就是启发儿童思考的一种启蒙教育。儿童哲学是基于儿童的日常生活而展开的对周围世界和自我内心的积极探索活动。”（2021/2022－192－ZJ－考试）“幼儿园开设的哲学课，并不是直接给儿童灌输哲学知识，而是根据儿童的年龄、心理实际设置课程内容。儿童哲学教育，关注的并非哲学知识，而是儿童对哲学问题探寻的过程。”（2021/2022－191－HJJ－考试）“儿童哲学不是我们通常意义上所说的柏拉图、康德和尼采等哲学思想家的经典学术理论，而是与儿童生活息息相关的、儿童想了解自己和世界的哲学。”（2018/2019－171－JYX－作业）但他们也意识到不能过分夸大儿童哲学与成人哲学之间的差异，因为这很容易导致部分教育工作者将哲学排除到儿童生活领域之外，认为真正的哲学只适合少数成人，或者将儿童哲学过度泛化为儿童的探究或儿童的思考。比如：“有人将哲学视作高深莫测的知识学科，人为割裂哲学与儿童之间的联系，主观上将儿童和成人区分开来，这显然是一种错误的观点。”（2021/2022－191－CMY－考试）

3. 儿童哲学的多元价值

至于儿童哲学的价值，马修·李普曼等人曾在《教室里的哲学》中以目标的方式进行总括性的论述，包括改善推理能力、发展创造力、促进个人生长和人际关系发展、提高伦理理解力、发展从经验中寻找意义的能力等。② 而笔者在结合国内外学者的论述时，也曾总结出儿童哲学的数条教育价值，例如发展逻辑推理能力、树立怀疑精神、呵护和发展儿童的好奇心、激发创造潜能与想象力、培养获取生活经验之意义的能力、提升沟通能力、发展团体合作能力等。③ H 高校的学前教育师范生都能认识到儿童哲学的多元价值，其中最主要的价值便是发展儿童的批判与创造能力。“儿童哲学的意义重大……（它专注于）培养儿童思考问题、解决问题、逻辑推理等能力，帮助儿童进一步了解自我、认识自我，（并）获得思维能力发展。”（2021/2022－191－CMY－考试）“我觉得儿童在未来的某一

① Amber Strong Makaiau and Chad Miller. The Philosopher's Pedagogy. *Educational Perspectives*, 2012, 44(1-2), pp. 9-10.

② Matthew Lipman, *Philosophy in the Classroom* (2nd Edition). Temple University Press, 1980, pp. 53-77.

③ 高振宇：《儿童哲学论》，济南：山东教育出版社，2011 年，第 25—28 页。

天，遇到某件事情时，脑袋里应该想‘为什么会这样，我应该怎么更好地解决’，而不是‘天哪，我要怎么办啊？管他呢，先看看中午吃什么’。这显然是一种思维能力和意识匮乏的表现，而儿童哲学正致力于培养和提升儿童的这种意识与能力。所谓儿童哲学教育，其实就是思维教育。它将把一些逻辑、创造思维的经验以一种清晰的形式印在儿童的记忆中，并潜移默化和长远地影响其思维方式。”（2020/2021－183－HJY－考试）当然，儿童哲学还具有其他方面的重要功能。“我认为幼儿园有必要进行儿童哲学教育，因为儿童是天生的哲学家，进行儿童哲学教育既保护儿童的天赋，又能积极引导其好奇心、逻辑思维能力、创新能力、关怀能力等的发展。”（2020/2021－181－SL－考试）

有学前教育师范生还将儿童哲学与儿童核心素养的发展结合起来进行论说，从而使儿童哲学的价值更具有新时代特征。“儿童哲学不仅是思维课，而且是智慧课，以哲学为载体来推动儿童各项核心素养的发展，使其更好地解决生活中的‘大问题’，持续探索自身和周围的世界，提升智力发展的深度。”（2021/2022－192－XJY－考试）哲学还可以对儿童在其他学习领域或学科方面的发展具有积极的促进作用。“儿童哲学的实施对学生认知、情感与社会交往等各方面的发展具有直接的促进作用，不仅可以弥补已有学科教育的不足，而且可以反过来提升学生在阅读、数学、口语表达、写作、科学等领域的学业成就。”（2020/2021－182－QJL－考试）而对家长和教师来说，儿童哲学也具有重要的价值，可以为他们重新认识儿童，刷新自己的儿童观、教育观和哲学观创造条件。“开设儿童哲学课，实际上为包括当事学校及家长在内的所有学校和家长再次真正认识儿童、正确对待儿童，提供一个契机。教师给处于懵懂阶段的儿童上儿童哲学课，早一步引导儿童学会思考，改变以往单纯的知识传授式教学，这才是真正的素质教育。”（2021/2022－193－YZX－考试）从更深层次的意义来说，儿童哲学有助于教育工作者重新认识儿童，刷新关于儿童的形象，进而整理、反思和重构自己的儿童观，且伴随教育工作者对儿童认识的加深。“儿童哲学的实施也有助于学校教育工作者深化和推动基础教育课程改革。”（2020/2021－182－QJL－考试）

基于儿童哲学的以上价值，许多学前教育师范生提出，不应仅仅将儿童哲学当作一门独立于五大领域之外的特色课程，而应同时融入儿童的一日生活之中，这一点正符合在学前教育阶段进一步扩展儿童哲学实践场域的基本趋势。例如：“对儿童进行儿童哲学教育不仅仅依赖儿童哲学课程，可以在儿童的日常生活中融入儿童哲学，从而引发儿童的追问与思考。”（2021/2022－191－HJJ－考试）“儿童哲学不单单是一门课程，只能在课堂上应用，而且应该弥散在教育及日常生活中，教师应抓住儿童感兴趣的一切刺激物，激发儿童思考。”（2021/2022－192－ZJ－考试）除此之外，儿童哲学也应成为家庭教育的重要组成部分，家长也应有责任开启和发展儿童的智慧。“儿童哲学不仅仅是幼儿园要开展的，家庭教育中也可以尝试。比如和儿童一起阅读绘本时，可以启发儿童进行自发解读。”（2017/2018－152－ZY－考试）

（三）儿童哲学教学过程中的教师角色

儿童哲学课程所赋予的教师角色以

及所定位的师生关系有别于传统课程。在儿童哲学课堂上，教师为儿童的探究创设更加安全、宽松、自由的氛围，对儿童给予充分的信任，鼓励儿童表达自身对某个哲学话题的理解与看法，力图保持儿童好奇、活泼、积极探究的纯朴天性，这与传统课堂上的师生关系形成了鲜明的对比。H高校的学前教育师范生以自身受教育的经历为例，表达了他们对这种差异的强烈感受。一方面指出了教育工作者对儿童天性的无视、压抑与否定及其带来的消极影响；另一方面表达了对儿童哲学教师角色的充分肯定。“我记得小时候，看到电视里的一些画面，常常觉得新奇或者被触动了，就会上蹿下跳，发出激动的欢呼声。那个状态的我十分有活力，如果我能一直保持以前容易兴奋的状态，相信我现在的创造力会很强。可惜那时我的父亲觉得我打扰了他看电视，就在我很兴奋的时候对我大吼：‘不要吵了！给我安静点。’我顿时受了惊吓，情绪从最高点一下子跌落下来，那滋味可一点儿也不好受。这样的次数多了，我就不再像以前那样容易兴奋了。”（2019/2020 - 171 - CYY -作业）另一个师范生也回忆了自己童年时代小伙伴的相似经历。“在刚上小学一年级的时候，老师教我们认识汉字‘溪’。老师先在黑板上按照笔顺一笔一画地写下了‘溪’字和它的拼音，然后让我们跟着她念三遍，再在本子上照着抄写三遍。我在抄写的时候，听到我的同桌问了老师一个问题：‘老师，为什么“溪”字要这么写？’我也很想知道答案，于是抬头看着老师。老师很生气地对我的同桌说：‘问什么问，字会写了吗？给我写十遍。’后来在课堂上，我的同桌也问过一些类似的老师无法回答的问题，大多数情况下都被老师训了几句，渐渐地，他提问的次数明显少了。等到期末的时候，他已经不再提问了。”（2019/2020 - 173 - FYL -作业）很显然，父母和教师对儿童提问与惊奇的轻视，对儿童天性的维持与发展产生了极为不利的影响。“这种轻视只能产生片刻的威慑作用，但会给儿童留下永久的伤痕。”（2019/2020 - 183 - MKN -作业）因此从儿童哲学教育理念出发，“成人要给儿童自由发展的空间，即使觉得儿童的表现不妥，也应该用正面的方式引导儿童正确地表达自己的观点，而不是以恐吓、凶恶的方式，这样会限制儿童的自由发展”（2019/2020 - 171 - CYY -作业）；作为教师，应当蹲下身来，悉心呵护儿童的想法，鼓励他们做自己想做的事，说自己想说的话，思考自己想思考的问题，保持纯真无邪的天性。“让每一个儿童做真实的自我，快乐地绽放颜色不一样的烟火。”（2019/2020 - 171 - SXJ -作业）“儿童在思考过程中可能会出现跳跃或文不对题等现象，此时教师不应忙着制止儿童，而是要耐心地等儿童分享完观点之后再做适宜的引导，教师不宜过早地否定儿童，以免给儿童带来不良的心理暗示。”（2020/2021 - 182 - HJY -作业）

儿童哲学所推崇的教师形象是苏格拉底的形象。马修·李普曼曾明确指出，儿童哲学教师应向苏格拉底学习，成为儿童精神的“助产士”。[①] 笔者也通过让学前教育师范生阅读《柏拉图对话集》和马修·李普曼的代表性教材《好奇世界》，

① Matthew Lipman, *Philosophy in the Classroom* (2nd Edition). Temple University Press, 1980, pp. 53-77.

以及在课堂上模拟苏格拉底式对话的方式与他们对话，期望学前教育师范生能逐渐明晰儿童哲学教师所应扮演的角色。最开始的时候，有学前教育师范生对儿童哲学课堂上教师的角色并不能充分理解，认为教师应当在课堂上传授知识给学生，否则整节课就会缺乏教育意义。一个学前教育师范生反馈："刚开始上儿童哲学课的时候，自己很不习惯，每节课学生交流完毕，教师将大家的意见写在黑板上，我就会习惯性地等着教师给出一个总结性的结论，来判断谁对谁错、孰是孰非。然而我心中期待的这个部分一直没有出现，我花费很长的时间才适应这种独特的教学模式，并且最终意识到教师在哲学课堂上并不是给出最终答案或标准答案的那个人。"(2020/2021 - 183 - JGH -访谈)另一个学前教育师范生反馈："我在参与儿童哲学课程的过程中，大多数时候都觉得自己只是在游戏，并没有看到其中学到了什么，积累了什么知识，直到教师在接近期中的时候问我，我仍然感觉自己不清楚在这节课上的收获是什么，不过到最后，我逐渐认识到，这一点恰恰是儿童哲学的核心，即不以传授知识为重点，我还反思了目前的大学生在学习上可能存在过于功利的心态，且功利之心常在结果(例如知识的习得)而不在过程。"(2020/2021 - 182 - JXY -访谈)此外，也有学前教育师范生认为，儿童哲学的这种教师角色或形象可能过于理想，对教师构成较大的挑战性，可能不易于在课堂中实现。比如有学前教育师范生指出："教师会容易感觉到儿童哲学课程无从下手，因为它毕竟不像其他课程那样，有指南、纲要或省编教材可以参考，它考验的完全是教师自身的教学功底。"(2021/2022 - 191 - FML -考试)

多数学前教育师范生能从经典阅读和实践体验中，领悟到儿童哲学教师所应扮演的角色，并且对其推崇备至。首先，他们认识到教师要向儿童学习，保持童心、童性，尤其要维持儿童一般活跃的好奇心，并养成爱思考、勤探究、乐创造和善想象的习惯。有学前教育师范生直截了当地指出："教师首先要有好奇心，没有好奇心的教师往往会有意打断儿童的思考。"(2017/2018 - 152 - HFT -考试)但也有学前教育师范生认为，保持儿童一般的好奇心有难度，对此没有太大的信心。"我想到了上课时读的《苏菲的世界》，故事里说要保持一颗好奇心，永远都不要过于习惯这个世界。但是保持儿童一般的好奇心是难事，保持儿童一般的好奇心并且能够在成人世界中正常地生活下去恐怕更是一件难事。"(2019/2020 - 171 - JYX -作业)不过，在某些学前教育师范生看来，"只有养成童心一般的态度，才能真正理解儿童的所思所想、所言所行，才能引领儿童走进智慧的殿堂"(2020/2021 - 183 - WYY -作业)；"只有保持童心，才能理解童心，就不会认为儿童什么都不懂，反而会主动向儿童学习。儿童有强大的想象力，而我们成人的想象力则在成长的过程中被一些所谓的科学道理消磨了，且通过儿童的回答，成人或许才能获得想要的答案"(2020/2021 - 183 - CXY -作业)。

其次，教师要放下防御或防备儿童的心态，放低权威的姿态，有的时候甚至要适当地示弱，倾听并尊重儿童的想法，并与儿童一起探究，也就是要向苏格拉底学习，意识到自己的无知，并主动向儿童寻找智慧。有学前教育师范生反思，说："作为教育工作者,我们应该保持这样一种观点,就是尊重、理解、呵护每一个儿童,不把自己的意识强加给儿童,不碍于所谓的尊严和面子,懂得在适当的时候在儿童面前示弱,给儿童自己发展的空间和权利……”(2019/2020－172－WYT－作业)“与儿童对话,需要教师自动解除一些知识和经验,特别是那些想要强加在儿童身上,会阻止儿童思考的知识和经验。”(2017/2018－152－HFT－考试)还有学前教育师范生敏锐地意识到:“一个人的脑袋里充满问题并不可怕,可怕的是充满各种答案,这些答案往往是我们自认为正确的最终解决方案。”(2020/2021－182－WYP－作业)“正由于教师认为自己比儿童知道得多,他们往往会以一种高高在上的姿态对待儿童的想法、行动,甚至以权威的态度评价、命令儿童。而这是非常不可取的,因为这会阻碍儿童进行真正的哲学活动,浪费他们的天赋,所以教师在面对儿童时,应当要意识到自己的无知,并善待儿童朴素的想法。”(2020/2021－182－YJ－作业)“另外,儿童提出的哲学问题,教师不仅不必给出所谓的标准答案,反而可以以他们的问题为契机,挑战自己原有的认知,与儿童一起探究日常生活中那些显而易见而又含糊不明的事物,从而激发更多创造性的思想。”(2019/2020－171－LSS－作业)

再次,在儿童哲学教学过程中,教师主要扮演的是促进者和引导者的角色,有的时候他们被称为“哲学导师”或“哲学教练”,其作用主要是帮助儿童学会思考,并诞生出他们自己的精彩观念。有学前教育师范生意识到这种引导的重要性,在他们看来,天真无邪的儿童就像精灵,儿童的奇思妙想大都不是毫无根据的。“倘若能及时抓住儿童身上迸发出来的这些灵感和想法,加以正确引导,对教育来说有很大的帮助。”(2019/2020－171－LSS－作业)“但教师的引导是一门艺术,需要掌握诸多恰到好处的技巧,对不熟悉儿童哲学的教师而言,未必是容易的。比如教师虽然身为参与者,但他们要时刻注意自己观点表达的度,不应带有任何引诱性,诱导儿童说出教师的观点。”(2017/2018－152－HFT－考试)“教师既需要在儿童思维发展到讨论主题之外的时候,适时将儿童的思维拉回正轨,也需要在儿童陷入思维的困境而无法继续时,通过合适的追问来继续讨论并引发儿童进一步思考。”(2021/2022－191－FML－考试)“教师还需要在倾听儿童的观点之后,进行适当概括和深化,将讨论的问题从具体引向一般。”(2019/2020－182－BHM－作业)还有学前教育师范生以课堂中实际体验的哲思活动为例,论证教师在课堂活动陷入僵化状态时,通过引导打破僵局的重要性。“有一次我们在课堂上接龙‘未来科技城的机器人’这个话题……我当时提出‘其实这个狗是我的前男友’这一点。其实我想说的是当我不再爱机器人前男友时,我就会选择将它变成狗,体现了现代人的无情、冷漠,但是感觉到没有人能明白我的意思,幸好老师及时在后面提示了同学,才没有使我们班的故事接龙活动陷入僵局和乏味。”(2020/2021－182－LXJ－访谈)虽然在儿童哲学课堂中,儿童是对话的主体,但是这不等于完全放任不管。因此教师的作用还体现在为讨论设置一定的规则或约定,使儿童之间的讨论维持在一定的秩序基础上,使对话发挥更有效的作用。在课堂上,笔者曾鼓励学前教育师范生绘制一些儿童也能理解的,富有童真和童趣的规则图,既可以直接在未来的哲学课上使用,也可以为儿童自己的规则图创作提供示范性的参考。图2为学前教育师范生制作的部分儿童哲学探究共同体规则图。

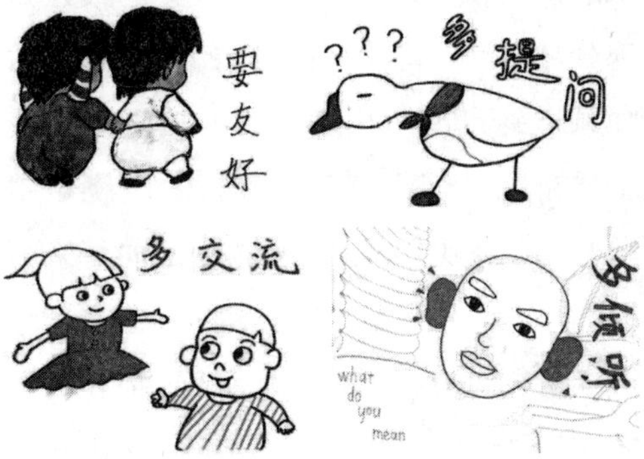

图2　儿童哲学探究共同体规则图

最后,要使教师的引导真正发挥实质性的效用,就不能仅仅掌握一些引导和管理的技巧,而且要提高教师整体的哲学素养。比如:"在与儿童开展对话之前,教师要掌握一些哲学知识,以便在对话过程中能够明白儿童困惑的地方是关于概念、分类还是其他的方面。"(2017/2018 - 152 - HFT -考试)"只有掌握了一定的哲学知识,教师才能主动发现儿童提问和回答过程中所涉及的具有哲学意蕴的词和句,保持对儿童哲学的敏感性,抓住时机与儿童进行相关哲学问题的讨论。"(2021/2022 - 193 - CCY -考试)"教师只有努力提升自己的哲学修养,才能成为儿童够格的哲学玩伴。"(2019/2020 - 171 - JYX -作业)不过学前教育师范生对如何提高教师的哲学素养,还没有明确的认知,而这或许需要开设另一门专业课程,即教师哲学,才能有助于他们形成具体的想法。

(四)儿童哲学的教学设计与方法

儿童哲学以探究共同体为核心,以苏格拉底对话为主要方法,主张将普通教室转化为哲学教室,师生共同开展围绕哲学话题的探究活动。H高校的学前教育师范生通过阅读《教室里的哲学》《好奇世界》和《柏拉图对话集》,不仅了解了儿童哲学探究共同体这种教学法的由来以及应注意的细节和策略,而且初步理解了师生之间对话所应遵循的新模式。他们通过笔者在课堂上带领的实战演练和对儿童哲学课程视频案例的欣赏,进一步体验和明确儿童哲学课程的基本形态。比如有师范生意识到儿童哲学课程虽然与幼儿园常规的集体教学有相似点,但是儿童哲学课程更加注重过程而非特定的结果,鼓励儿童多说而教师少说。"在哲学课堂上,没有什么固定的内容是需要儿童一定要知道和掌握的。相反,儿童说得越多越好,一个注重结果(传统的集体教学),一个注重过程。"(2020/2021 - 183 - GYT -作业)儿童哲学课程关注问题,并引导儿童基于问题进行独立思考。"它高度重视儿童在思想上的深度参与,它引导儿童做一些力所能及的、对儿童来说无所谓对错的问题导向的思考,对儿童没有压力,能够在不知不觉间激发儿童的学习兴趣,提升儿童的参与感、成就感,提高儿童的学习深度。"(2021/2022 - 193 - CCY -考试)儿童哲学探究活动是在集体合作的背景下进行的,所主张的对话是建立在师生、生生友爱的基础之上,它更加重视彼此之间的关心与协作,而非辩论与竞争。"儿童哲学探究并不是主张个体进行闭门造车式的思考,而是可以借助成人的、同伴的力量形成哲学探究群体,以培养和提高儿童的人际交往能力,在思想的交流碰撞中锻炼并发展其思维能力。"(2021/2022 - 193 - CCY -考试)在哲学探究共同体中,同伴之间需要经常进行对话或讨论，语言活动可以说是整个探究过程的关键，这主要是基于维果茨基“对话促进思维”的理论而设计的。有学前教育师范生基于课堂上的模拟练习，指出：“在我们大学生的儿童哲学课程的课堂上也有很多的讨论……为了达到我们小组问题解决的目标，我们经常会进行讨论。如果全组同学共同努力，积极参与和思考，我们的讨论一般都能得出一个好的结果。这说明讨论可以很好地激发思考。”（2020/2021－182－GX－访谈）而在幼儿园的集体教学过程中，也是按照同样的教学模式来操作，并遵循一定的步骤。“在教师的引导下，儿童根据所提供的文本、视频等刺激物进行哲学探讨……较多采用的是讨论法和团体探究的教学方式。有一个循序渐进的过程，刚开始只是让儿童根据已有的经验提出问题，然后大家围绕共同的问题进行哲学式对话。”（2021/2022－193－CCY－考试）儿童哲学团体探究有一个基本程序，通常都是按照“导入——呈现刺激物——提问——对话——总结——延伸”六个步骤推进。对此有部分学前教育师范生作出了相似的总结：“（1）儿童欣赏富有哲学内涵的故事，自己发现问题，并提出感兴趣的、想讨论的或疑惑的问题；（2）用民主的程序决定讨论的议程，提炼并筛选问题；（3）通过团体探究和对话，采用举例、质疑、反驳、补充和更正等方法深化认识；（4）总结与反思，儿童可以更正或补充之前的观点，使认识得以提升和完善；（5）布置思维拓展任务和相关的综合实践活动，进一步提高儿童的思维水平。”（2020/2021－183－HJY－考试）在教学设计的讲解与练习中，学前教育师范生对儿童哲学的教学流程或步骤产生了更明确的认知，并根据自己对哲学主题的理解做了初次设计的尝试。

为了使教师做好更充分的准备工作，来应对教学过程中儿童思考与对话所带来的挑战，笔者建议在教学设计的最开始部分加入准备环节，此环节的核心是使教师意识到自己所用刺激物的核心主题或主导概念是什么、有什么内涵，围绕该主题有哪些常见的观点，刺激物是如何来解说和思考该主题的，等等。教师在这个环节准备得越充分，越能对后续的指导发挥实质性的作用。这个环节笔者将其分解为三个具体的组成部分。其一是概念界定，旨在明晰主导观念的原初意义，了解其历史演变过程，确定其在当代生活中的内涵；其二是主要观点，了解东西方哲学家围绕该主题做过哪些思考，或思考涉及该主题的核心立场与证据有哪些；其三是刺激物链接，思考刺激物是如何展现和解释该主题的，主要持哪个或哪些观点，从而确立起本节课教学的出发点。比如有学前教育师范生以经典绘本《鳄鱼怕怕，牙医怕怕》为刺激物，围绕“害怕”这个哲学主题进行准备环节的初步设计，见表2（2018/2019－161－CHM－考试）。

教学设计的其他环节包括导入环节、呈现刺激物环节、提问环节、对话环节、总结环节和延伸环节。导入环节需要通过开展各种热身活动，来调动儿童的探究兴趣和积极性，同时创设情境形成儿童在认知上的冲突，从而为刺激物的呈现创造条件。比如有学前教育师范生做了如下简单的导入设计。“教师教儿童学唱《勇敢的孩子》这首歌曲，并且让儿童说说，歌曲中儿童的哪些行为是勇敢的，自己会不会

表 2　绘本哲学活动教学设计：准备环节

准备环节	具体设计
概念界定	这本书的核心概念之一是“害怕”。害怕的基本意思是面临险境而心中恐惧、惊慌。在哲学中，害怕是来自心理的恐惧，是人面对自己的无知的恐惧，但是一个人意识到自己的无知本身就是有知的开始。人的有知使人认识到事物的可怕性，但是恐惧来自人们对事物的无知。因此说害怕来自有知和无知。“害怕”是一个褒贬均可的词汇，害怕是懦弱也是敬畏，害怕还能让人懂得什么该做什么不该做，人不能没有害怕的东西
主要观点	害怕有很多种，但经过历代哲学家的研究，归纳起来大概有以下几种：(1)对不具人格的未知事物有所害怕；(2)对不存在感到害怕；(3)对死亡和消失感到害怕；以上三种实际上包含了大多数的害怕类型。但害怕并不是百害而无一利的，我们还能运用害怕的力量。人必须认识到自己的有限及不足，从而保持对未知世界的敬畏，而不是草率地把自己看作终极，以为自己能够承担一切。学会害怕能让我们懂得尊重。但是我们也要勇敢，不能让害怕消磨了勇气。勇敢不是不害怕，而是即使害怕，也要勇往直前
刺激物链接	在故事中，鳄鱼对未知的牙科诊所和牙医感到害怕，而牙医也对鳄鱼感到害怕，因为鳄鱼是一种危险的动物。鳄鱼因为无知而害怕，而牙医因为有知而害怕。他们的台词完全一样，但是相同的场景、相同的句子表达了害怕牙医的鳄鱼与害怕鳄鱼的牙医截然相反的心理。鳄鱼因为不爱刷牙长了蛀牙才去让它感到害怕的医院，这也让它意识到刷牙是为了它自己的牙齿好，为了能不再去那令它害怕的医院，相信它以后一定会注意自己的口腔卫生，坚持每天刷牙。讨论《鳄鱼怕怕，牙医怕怕》，不仅可以让儿童直面自己生活中的害怕，而且可以让儿童反思自己有没有每天早晚刷牙，帮助他们增强口腔卫生意识

和歌曲里的儿童一样勇敢。”(2018/2019－162－BFF－考试)刺激物的呈现有多种形式，绘本作为最常见的刺激物，其呈现的形式通常是阅读，但此阅读未必是完整的，教师为腾出更多的时间进行讨论，可对此进行压缩乃至提前到课外完成。同时，并非所有绘本都适合应用在儿童哲学课堂上，只有具备一定的思考元素，能启发儿童产生思想的绘本，才更为适用。因此，为使师范生对这类绘本有更深的印象，笔者不仅引导他们阅读并分析，而且鼓励他们进行绘本创作。例如在讨论区，学前教育师范生围绕哲学启蒙绘本与普通绘本的区别进行热烈讨论。一个学前教育师范生认为：“哲学启蒙绘本都是通过自身就有的哲学意蕴激发儿童思考的欲望，而普通绘本的重点在于让儿童读懂，丰富儿童的认知。”(2019/2020－172－CY－讨论)另一个学前教育师范生则认为：“所有的绘本都有可以引发儿童哲学思考的主题，只不过那些哲学启蒙绘本的哲理性更强，它们是被精心设计的，正如《好奇世界》这样的儿童哲学教材一样。”(2019/2020－171－WRY－讨论)在绘本创作方面，有学前教育师范生创作了如下一篇故事，取名为《小梅与老桂花树》(2019/2020－181－GSJ－作业)，具有一定的代表性。

暑假的一天，小梅同往常一样，午觉醒来后拿起一本故事书坐在老桂花树的巨大的树荫下津津有味地读起来。

她常常将生活中、故事书中有趣的事情说给老桂花树听。

一阵风吹来，老桂花树的枝叶被吹动了。小梅欣喜地说：“你也觉得有趣吧？那我再给你说一个故事。”

小梅每天都给老桂花树分享故事，仿佛生活中他们已经离不开彼此，像朋友，像知己。

转眼到了秋天，老桂花树开出了满枝丫黄灿灿的桂花，十里飘香，看过去一片金光闪闪。

风一吹，下起了桂花雨，小梅在桂花雨中欢呼，与被花香吸引来的蝴蝶、蜜蜂一起舞蹈。

小梅还和爸爸、妈妈一起拾起草地上洁净的桂花花瓣制作香包。小梅日日都把香包挂在身上，仿佛身旁一直有老桂花树的陪伴。

一天凌晨，一辆闪着刺眼大灯的卡车开进村庄，从卡车上跳下几个壮汉。

小梅在睡梦中听见锯木头的嘈杂的声音。

第二天，小梅还在，故事书还在，老桂花树却没了踪迹，他们之间的故事到此结束。

根据该学前教育师范生的解释，基于此故事，可引导儿童思考不同物种之间是否可以建立友谊、什么是真正的陪伴、人类是否应该破坏环境等重要议题。当然，刺激物还有其他不同类型，例如手工操作、戏剧表演、身体运动、艺术赏析和集体游戏等。这些不同类型的活动，为儿童哲学与已有的不同学习领域的整合奠定了基础。比如有学前教育师范生设计了这样一个科学领域的活动，旨在引导儿童思考有和无之间的辩证关系。“教师在儿童已有的科学探索经验的基础上，用身体感知和染色等方法，引导大班儿童探索气球中到底有什么，教师据此进行知识性解说，然后设计一个拓展性的哲学讨论活动，让儿童思考气球中到底有没有东西，为什么我们看不见、摸不着，看不见是不是意味着什么都没有等问题，再深入到有和无的层次进行讨论。”（2018/2019－163－ZHT－考试）提问环节则通常有两种形式。一是由教师做好事先设计，然后根据现场儿童的反应进行动态选择与调整；二是由儿童根据对刺激物的感受而主动提出问题，并经过民主投票的程序来确定后续讨论的议程，也可以两者结合。对这个环节，笔者曾建议学前教育师范生在设计时，可考虑围绕同一个主题来设计几个最相关的重要问题，或大问题，然后在大问题的框架内，设计一些小问题，由此方能使儿童聚焦在比较具体的方面，且有深度的思考。在小问题的设计上，笔者主张遵循由简单到复杂的原则，即由对刺激物本身内容的思考，逐渐转移到生活中类似经验的思考，再升华到哲学性的抽象思考。比如有学前教育师范生围绕一个大问题“在别人面前承认自己害怕，是不是一件丢人的事情”做了如下小问题的设计：

“（1）小兔子害怕的时候会怎么样？你们会这样吗？

（2）小兔子有没有和别人说出自己的害怕？它是怎么说的？

（3）别人在听了小兔子的害怕之后，有什么反应呢？

（4）在生活中，你们有没有像小兔子一样向别人说出自己的害怕情绪？

（5）我们只有努力克服自己心目中的害怕才会变得更加优秀吗？”（2021/2022－192－LZY－考试）

对话环节是儿童哲学课堂活动的中

心，一般需要投入相对较多的时间，才可能有充分的思想交流与碰撞，以及获得足以改变儿童原有认知的进步或转变。但由于对话环节依赖儿童在现场的反应，因此无法在教学设计中有更多具体的表现，否则容易限制儿童的自由表达，妨碍教师的灵活应对。当然，对话环节主要依赖儿童的口头语言，形式上可能相对单调，如果时间稍长，儿童很容易陷入分心和疲惫，因此可以根据需要插入一些有趣的游戏，如果设计巧妙，这些活动可以发挥积累儿童经验、拓展儿童思维的作用。比如有学前教育师范生在教学过程中设计了一个"我是小法官"的游戏，教师出示一些表示尊重和不尊重的图片，将全班儿童分成五组，每组六人左右，分别对这些图片贴笑脸（尊重）和哭脸（不尊重），结束后给判断正确的小组颁发"文明小天使"贴纸一张。（2018/2019 - 163 - CSM -考试）对话环节还可以设计一些歌曲和配合歌曲的动作，帮助儿童放松身体，以重新建立儿童对讨论的兴趣。

总结环节则为一般儿童哲学教学活动所忽略，笔者主张教师应当在课堂最后及时邀请儿童表达感受，对整节课自己的表现作出评价，并总结本节课大家讨论的主要问题、获得的基本共识、存在的分歧，以及未来可进一步思考的问题。延伸环节，教师可以做一些事先的设计，一般活动可以包括哲思故事创作、哲思绘画、哲思手工和哲思戏剧等，笔者曾带领学前教育师范生在课堂上做过这些活动的局部练习。比如有学前教育师范生在延伸环节设计了两个活动。第一个活动是邀请儿童改编《鳄鱼怕怕，牙医怕怕》，提供新的故事情节和结局。"鳄鱼始终害怕拔牙不进牙科诊所，会发生什么？牙医看见鳄鱼来了，始终害怕不敢给鳄鱼拔牙，会发生什么？"第二个活动是"根据改编的故事情节，扮演故事中的角色，布置场景，进行哲学剧的排练和演出"。（2020/2021 - 183 - CSM -考试）

四、结语与建议

H高校学前教育师范生大都是初次接触儿童哲学，在之前的课程学习和系部活动中，很少有机会直接参与儿童哲学以及其他与哲学相关的活动，这是他们对这门课程感到好奇、疑惑甚至有一些不理解的重要原因。但在经过一个学期的在线学习和讨论、经典著作阅读、教学设计、绘本故事创作，以及课堂上多种形式的实操之后，大多数学前教育师范生对儿童哲学建立了正向的认知，并且初步掌握了儿童哲学的实践模式与方法，这为他们在未来的工作中自主设计和开展儿童哲学相关活动埋下了种子。具体而言，他们在三个方面的体验最值得关注，因此，我们可以提出针对学前教育师范生培养体系改革的意见与建议。

其一是学前教育师范生对哲学本身的认知及其转变。起初学前教育师范生都是从高中思想政治教育的经历出发来审视哲学，他们感觉哲学离自己的日常生活非常遥远，也缺乏对哲学本身的浓厚兴趣，但后来他们逐渐改变了这种看法，不仅意识到哲学对思维发展、独立思想之形成和灵魂治愈的积极作用，而且开始自觉地寻找自己生活中做哲学的例子，主动拉近与哲学的距离。但由于儿童哲学课程所能提供的课时有限，主要聚焦在面向儿童的哲学实践上，这使得他们无法了解哲学的全貌（特别是历史上不同哲学流派和人物围绕典型哲学问题所形成的思想），也就因此无法从根本上有效地提升自身的哲学素养，这也是部分学前教育师范生后来所意识到的问题。在未来的学前教育师范生培养体系改革过程中，需要先给学前教育师范生增设通识类的哲学课程（例如哲学通论、西方哲学史、中国哲学史和逻辑学导论等），或者是教育哲学课程，使他们先对哲学有一些全局性的认识，积累初步的哲学理论基础，而后进入儿童哲学这个微观领域，可能会更有助于他们尽快进入哲学探究的状态。当然，仅仅掌握哲学理论或许还不够，儿童哲学本质上是一种实践哲学和应用哲学，这类哲学的普遍诉求是做哲学或哲学化，如果能够在教育哲学课程中开展教师哲学（P4T）实践活动，则更有助于学前教育师范生带领儿童开启哲学探究之旅。

其二是对儿童的认知。学前教育师范生虽然经常会论及作为儿童的学生，培养方案中也存在一些关于儿童的课程（最常见的是儿童文学、儿童发展心理学等），但是他们对儿童的认知依然是片面的、浅显的和缺乏批判性的，现代儿童观在他们的思想世界中并没有完全形成（例如有关儿童作为社会行动者的力量、儿童的权利等），更不知道应该如何走进儿童内心并研究儿童。儿童哲学虽然不能直接推动学前教育师范生建立对儿童的全面认知，但是它可以帮助学前教育师范生进一步发展和完善自身的儿童观，尤其是意识到儿童是天生的哲学家，不仅可以促使他们反思已经习得的儿童发展理论，而且可以通过回忆自己的童年、重新审视身边儿童的生活来刷新他们对儿童精神世界的认识，体察到儿童天性资源的宝贵与伟大。儿童是立体的、复数的存在，他们在哲学上的一面与在其他方面所表现出来的潜能是紧密联系的，因此只是了解儿童的哲学天性、学会与儿童一起做哲学是远远不够的，必须使学前教育师范生具备更多元的学科视野（例如儿童历史学、儿童社会学、儿童人类学、儿童经济学和儿童传播学等）、更宽广的方法论意识，而这一点或许只有在学前教育师范生培养体系中插入比如日本和美国高校中普遍存在的儿童学课程群才可以真正实现，儿童哲学毫无疑问可以是这类课程群中的一部分。

其三是儿童哲学教学模式的认知与实践体验。笔者主要通过三条路径帮助学前教育师范生认识儿童哲学的实践模式及学会初步应用，这些路径被证明是相对有效的。一是儿童哲学经典原著的选读，主要指的是马修·李普曼和加雷斯·B. 马修斯的著作，特别是《教室里的哲学》这本书，学前教育师范生从而了解了儿童哲学课程的目标、教师的角色和探究共同体的实施要点等内容，以及《柏拉图对话集》这本经典著作，学前教育师范生借此初识了苏格拉底式对话的“助产之术”。二是课堂中基于不同刺激物的实践操练，这里的刺激物包括儿童哲学的经典小说、《苏菲的世界》选段、绘本、加拿大儿童哲学协会的“玩智”游戏、故事制作、猜想活动和戏剧表演等，学前教育师范生由此了解到儿童哲学不仅仅是传统的阅读课、语言课或谈话课，而且是手脑并用的操作课、游戏课和艺术课等。三是展示国内代表性幼儿园开展的儿童哲学教学视频，学前教育师范生得以观摩儿童哲学课程的真实样态，通过分析教师的指导行为和孩子的对话表现，更直观地领悟教学策略的重要性，提升了实际开展儿童哲学活动的信心。此外，笔者还带领学前教育师范生以绘本为例进行儿童哲学活动的教学设计，并鼓励他们以不同的刺激物来进行拓展性的设计，这对学前教育师范生儿童哲学实践能力的提升，也产生了积极的意义。但由于儿童哲学的教学模式毕竟不同于学前教育师范生已经习得的五大领域的教学模式，因此仅仅靠短时间内的集中阅读与演练，并不能使他们完全消化和领悟儿童哲学教学模式的精髓与要点，毕竟学前教育师范生属于职前教师，他们缺乏实践教学的充足时间与经验，这也会阻碍他们将已经掌握的教学理论知识进行完全的内化，未来应建议学前教育师范生培养体系中进一步增加儿童哲学课程的课时，使其有三分之一甚至一半的时间，可以进入幼儿园进行哲学课堂的实践、观摩。对H高校而言，这一点的实施具有优势，因为实验幼儿园就在校内，学生可以相对自由地进入幼儿园课堂内，笔者在该幼儿园已经推动建立了儿童哲学项目小组，每月不定期开展儿童哲学教学与研讨活动，学前教育师范生完全可以通过这些课堂来提升自己的实践经验，如有可能，也可亲自进行教学尝试。

Philosophy for Children From the Perspectives of Pre-service Teachers in Early Childhood Education

—A Case Study Based on H University

Gao Zhenyu

Abstract: The value of Philosophy for Children has been recognized to varying degrees in the domestic education and philosophy circles, but there is still a lack of exploration around pre-service teachers who may implement Philosophy for Children in the future. Therefore, it is neither possible to understand what Philosophy for Children is in their eyes, nor to provide them with necessary professional support. Pre-service teachers at H University are baptized by a semester of Philosophy for Children classes every year. Through various research methods such as classroom observation, on-site investigation, individual interviews, and document analysis, we can gain a specific understanding of their views on philosophy itself, the connotation and values, the design and methods of teaching, and the role of teachers in Philosophy for Children. Thus, it is discovered that they have blind spots and challenges in the process of learning Philosophy for Children, revealing their changes in cognition and attitude towards Philosophy for Children from the beginning to the end, and thereby providing important insights and suggestions for further improving the training plan for pre-service teachers and the teaching of Philosophy for Children courses in the future.

Keywords: Pre-service teacher; Philosophy for Children; Philosophy for Teachers; stimuli

幼儿园实施儿童哲学

——独特性、价值与模式*

◎ 倪凯歌[①]

摘　要： 在核心素养引领下的现在，教育领域愈发强调深度学习、高质量发展和高阶思维的养成，其中，儿童哲学在促进幼儿深度学习和高阶思维发展方面有巨大的潜力。然而，当前国内幼儿园实施儿童哲学面临诸多问题和挑战，例如对儿童哲学价值的认识不清、缺乏清晰的实施模式和指导策略不足等。因此，本文围绕幼儿园实施儿童哲学的可能性、独特性、价值和模式，首先论述了儿童哲学的内涵及在幼儿园实施儿童哲学的可能性与独特性；其次梳理了幼儿园实施儿童哲学对幼儿及幼儿园教师的价值。在此基础上，本文提出了在幼儿园实施儿童哲学的五种模式：(1)将儿童哲学融入幼儿园五大领域教学中；(2)在一日生活中开展儿童哲学；(3)组织专门的儿童哲学探究活动；(4)通过教育戏剧实施儿童哲学；(5)构建指向思维发展的儿童哲学园本课程。

关键词： 幼儿园；儿童哲学；价值；模式

一、引言

近年来，国内较多学者在理论上论证了开展儿童哲学的可能性和必要性；然而，儿童哲学在国内幼教领域的应用尚处于起步阶段，当前依然面临诸多问题和挑战，例如缺乏儿童哲学对幼儿和幼儿园教师影响的实证研究、幼儿园缺乏系统的实施模式和针对幼儿园实施儿童哲学的指导策略不足等。这导致一线教师缺乏开展儿童哲学的内在动机，制约儿童哲学在幼儿园的深度推广。本文认为，儿童哲学在国内幼儿园的实施面临六项挑战：(1)中国传统哲学对儿童哲学的阻滞。儿童哲学强调逻辑与论证，而这正是中国传统哲学的弱项。冯友兰曾说："中国哲学家之哲学，在其论证及说明方面，比西洋及印度哲学家之哲学，大有逊色。"[②](2)儿童哲学的目标未能与幼儿园已有课程体系相融合。笔者在幼儿园开展儿童哲学课时，幼儿园园长最担心的是儿童哲学课会打乱课程计划，与幼儿园自有的课程目标不符，许多园长认为儿童哲学课程是额外新增的一项任务。(3)缺乏基于本土文化的儿童哲学文本开发。无论是儿童哲学创立之初的美国儿童哲学促进协会的儿童哲学教材，还是如今广泛使用的绘本，大部分

---

*　本文系河北省高等学校人文社会科学研究(青年基金)项目"基于儿童哲学的幼儿园德育课程开发与实践研究"(项目编号：SQ2022065)成果。

①　倪凯歌，男，河南汝州人，廊坊师范学院讲师，主要研究方向为儿童哲学、教育戏剧和幼儿园课程。

②　冯友兰：《中国哲学史》(上册)，北京：商务印书馆，2011年，第8页。

儿童哲学文本依然是基于西方文化，立足中国本土文化的儿童哲学文本及配套的教师操作手册，依然极为缺乏。事实上，中国本土文化中蕴含着丰富的可以开展儿童哲学的材料，例如孔子的对话、庄子的寓言、孟子的“知言善辩”和朱熹的蒙学思想等。(4)未形成幼儿园实施儿童哲学的有效模式。目前关于实施儿童哲学的模式多适用于中小学，从制定的规则、活动的流程、讨论的形式和持续的时间等方面，对幼儿园的孩子来说，往往过于复杂，导致难以有效实施。(5)儿童哲学实施效果缺乏系统评价。对儿童哲学活动量化的评价，其难点在于评价量表的制订，目前国内还缺乏基于本土的儿童哲学活动评价量表；而对儿童哲学活动质性的评价，较为适合幼儿园阶段，但对儿童哲学实施者的要求较高，目前也极为不足。(6)缺乏稳定的职前儿童哲学师资输出，且职后幼儿园教师未能形成实施儿童哲学的自觉。由于目前国内学前教育专业开展儿童哲学课程的院校并不多，且儿童哲学的实践体系并未完全建立；同时，职后幼儿园教师受限于各种因素，往往缺乏实施儿童哲学的自觉或持续性的指导。因此，本文针对当前幼儿园实施儿童哲学面临的问题和挑战，提出在幼儿园实施儿童哲学的可为和应为措施，并阐释五种实施模式和具体的实践策略。

二、幼儿园实施儿童哲学的可能性与独特性

（一）儿童哲学的内涵

儿童哲学的内涵，依据学者高振宇的解释，要从儿童和哲学两个层面来理解，儿童可以泛指18岁以下的孩子，哲学则是作为一种方法或程序而存在。[①] 国内研究者对“儿童哲学”的定义一般分为三种：第一种追随马修·李普曼的儿童哲学课程，认为儿童哲学是思维训练的新模式；第二种以学者刘晓东为代表，认为儿童哲学除了思维训练的哲学启蒙，还要加入儿童思想中的精神元素，强调作为智慧探求的哲学启蒙和作为文化陶冶的哲学启蒙；第三种则跳出了哲学的框架，将儿童哲学与儿童的精神世界等同，例如刘晓东认为儿童哲学即儿童关于世界的观念，包括儿童的好奇、困惑和探究，也包括他们对世界的理解和阐释。从国际上来看，“Philosophy for Children”往往专指马修·李普曼于20世纪六十年代创立的儿童哲学课程，国内常译作“儿童哲学”，因此，本文所提及的儿童哲学专指马修·李普曼的儿童哲学课程。儿童哲学强调以儿童已有的思维方式和生活经验为基础，通过探究团体，旨在提高儿童的批判性思维、创造性思维、关怀性思维、合作性思维及交流沟通能力。另外，大卫·肯尼迪(David Kennedy)等学者提到，儿童哲学的第一代学者马修·李普曼和加雷斯·B.马修斯开创了“Philosophy for Children”和“Philosophy of Children”；而儿童哲学的第二代学者安妮·玛格丽特·夏普、大卫·肯尼迪、卡琳·莫里斯、沃尔特·奥马尔·科恩(Walter Omar Kohan)、米歇尔·萨塞维尔(Michel Sasseville)、乔安娜·海恩斯、詹·格莱泽(Jen Glaser)、奥斯卡·柏尼菲(Oscar Brenifier)、米歇尔·托齐(Michel Tozzi)、玛丽娜·桑蒂(Marina

① 高振宇：《儿童哲学导论》，桂林：广西师范大学出版社，2020年，第29页。

Santi）、芭芭拉·韦伯（Barbara Weber）和菲利普·卡姆（Philip Cam），已经不再将儿童哲学看作单一的模式或方法，而是称其为“一场包含着混合方法（medley of approaches）的运动”。在这场运动中，每个实施儿童哲学的地区都可以形成自己的方法、技术和策略。① 因此，作为国际儿童哲学运动中的一环，我们需要结合国情形成自己的模式、路径和方法。

（二）幼儿园实施儿童哲学的可能性

相比其他阶段，幼儿园阶段是实施儿童哲学更有效的时期。首先，幼儿园对课程目标的描述与儿童哲学的目标相一致。比如国内幼儿园课程目标往往划分为健康、语言、社会、科学（数学）和艺术五大领域，这样的划分与儿童哲学的批判性思维、创造性思维、关怀性思维、合作性思维及交流沟通能力有较多吻合的地方。例如批判性思维与科学领域，创造性思维与艺术领域，关怀性思维、合作性思维与健康和社会领域，交流沟通能力与语言领域。其次，幼儿园教师在实施新的课程方案时比其他阶段的教师更加自由，其他阶段的教师往往被严格的课程大纲和教材所束缚。然而，幼儿园阶段没有教材，这虽然给幼儿园教师带来了挑战，但客观上给予幼儿园教师更大的灵活性。最后，在幼儿园开展儿童哲学，不需要额外的内容资源，幼儿园自身的资源已经足够。例如，希腊学者蕾妮亚·加斯帕拉图（Renia Gasparatou）和玛丽亚·坎佩扎（Maria Kampeza）通过研究证明，在幼儿园不仅可以实施儿童哲学，而且利用幼儿园现有的资源已足够开展儿童哲学活动。②

儿童哲学的前提假设为儿童是天生的哲学家，围绕这一命题，国内外学者已经做了大量研究。例如，美国哲学家加雷斯·B. 马修斯的儿童哲学三部曲《与儿童对话》《哲学与幼童》《童年哲学》，心理学家艾莉森·高普尼克的《宝宝也是哲学家：学习与思考的惊奇发现》，等等；国内学者刘晓东的《儿童精神哲学》，周国平的《妞妞：一个父亲的札记》《宝贝，宝贝》，刘绪源的《美与幼童》，等等。哲学的本义为“爱智慧”。儿童，尤其是学龄前儿童，对万事万物充满好奇心和探究欲，从这方面来说，儿童就是天生的哲学家。

西方哲学源于古希腊，是为了理解世界令人费解的特征和人类在其中的地位而产生。③ 马修·李普曼和安妮·玛格丽特·夏普认为，儿童更接近前苏格拉底时期的哲学家，而不是后亚里士多德时期的哲学家。④ 托马斯·E. 沃特伯格针对这一论断提出了两点理由：第一，困扰前苏格拉底时期哲学家的许多问题与当今困扰儿童的许多问题有共通之处。⑤ 例如，前

① Nancy Vansieleghem & David Kennedy. What is Philosophy for Children, What is Philosophy with Children—After Matthew Lipman? *Journal of Philosophy of Education*, 2011, 45(2), pp. 171-182.

② Renia Gasparatou & Maria Kampeza. Introducing P4C in Kindergarten in Greece. *Analytic Teaching and Philosophical Praxis*, 2012, 33(1), pp. 72-82.

③ Thomas E. Wartenberg, *Thinking Through Stories Children, Philosophy, and Picture Books*. Routledge, 2022, p. 16.

④ Matthew Lipman and Ann Margaret Sharp, *Wondering at the World: Instructional Manual to Accompany Kio and Gus*. Upper Montclair, NJ: Institute for the Advancement of Philosophy for Children, 1986, p. 45.

⑤ Thomas E. Wartenberg, *Thinking Through Stories Children, Philosophy, and Picture Books*. Routledge, 2022, p. 16.

苏格拉底时期的哲学家担心变化发生的可能性。赫拉克利特提出，火是万物的本原，变化是永恒的，一切皆在变化，正如他提到“人不能两次踏进同一条河流，因为河水总是在流动”。而同一时期的巴门尼德认为：“没有任何事物是变化的，感官的事物仅只是幻觉。唯一真实的存在就是‘一’。”①同样，儿童在生活中也常常遇到许多困惑，比如，“男孩留了长发、穿了裙子就会变成女孩吗”“我从小班升入中班了，我还是小班的那个我吗”“爸爸、妈妈对我的爱会变吗”“雪融化了，它们去哪里了呢”等。第二，托马斯·E.沃特伯格曾说：“前苏格拉底时期的哲学家并没有系统的哲学经典可以参考，他们所处的状况与年幼时的孩子非常相似，在他们之前，也根本不了解哲学这门学科。”②因此，从这两个理由来看，儿童可以进行哲学思考。正如卡尔·雅斯贝尔斯在《智慧之路》中说道，“哲学思想永远只能根源于自由的创造，而且每个人都必须自己完成他的哲学创造”，“孩子常具有某些在他们长大成人之后反而失去的天赋。随着年龄的增长，我们好像是进入了一个由习俗、偏见、虚伪以及全盘接受所构成的牢笼。在这里面，我们失去了童年的坦率和公正。儿童对于生活中的自然事物往往作出本能的反应，他们能感觉到，看到并追寻那些即将消失在他们的视野中的事物”。③ 然而，中国的传统教育，往往将儿童视为缺乏接受能力的“小大人”，需要成人不断教导和约束，正如“教”的古字形会意为手拿教鞭鞭打孩子。这种成人世界对儿童天性、好奇心的不断压制，导致了中国传统教育中充斥着成人权威对儿童的压迫和灌输，如今，这种观念依然显现于部分教师的教育实践中。幸运的是，通过儿童哲学，不仅可以激发和倾听儿童的声音，还可以支持和维护儿童对世界的好奇，减少灌输和惩戒式教育对儿童天性和活力的压制。

另外，马修·李普曼创设儿童哲学最直接的原因是受到了哥伦比亚大学学生抗议活动的冲击。他曾说：“当我看到哥伦比亚大学所作出的笨拙的努力时，我不禁想到，哥伦比亚大学的问题是无法在哥伦比亚大学自己的机构框架内得到解决的。教师和学生一样，都是来自同样的小学和中学教育体系。如果我们在早期就被错误地教育了，那我们会有许多共同的错误想法，而这些错误想法会让之后教育的成果付之东流。”④因此，马修·李普曼决定在中小学利用儿童哲学开展思维教育。而本文认为，有些错误想法，到了中小学再去解决为时已晚，正如中小学的问题是无法在中小学自己的机构框架内得到解决一样，必须从幼儿教育阶段就开始解决。因此，从幼儿园课程的特点、幼儿“爱智慧”和好奇的天性及马修·李普曼开设儿童哲学的动机三个方面来说，幼儿

① ［英］罗素：《西方哲学史》，张作成编译，北京：北京出版社，2007年，第15页。

② Thomas E. Wartenberg, *Thinking Through Stories Children, Philosophy, and Picture Books.* Routledge, 2022, p. 16.

③ ［德］卡尔·雅斯贝尔斯：《智慧之路》，柯锦华、范进译，北京：中国国际广播出版社，1988年，第2页、第4页。

④ 韦彩云：《思维教育的一生：儿童哲学课程（P4C）之父李普曼生平述评》，见《新儿童研究》（第一辑），2020年，第150页。

园有实施儿童哲学的可能性。

（三）幼儿园实施儿童哲学的独特性

在幼儿园实施儿童哲学，不仅有助于幼儿的批判性思维、逻辑推理能力、关怀性思维、伦理道德能力、创造性思维及语言表达、阅读理解、自尊及情绪智力等多方面的发展，还有助于幼儿园教师提高其批判性思维能力，改善师幼关系和亲子关系。① 在幼儿园阶段实施儿童哲学不同于中小学阶段，国内虽然有一些介绍实施儿童哲学的策略，比如探究团体的构建、评价体系的构建、倾听策略、提问方法和教师在儿童哲学中的角色等，但是多集中在中小学阶段。然而，中小学主要为分科课程，强调将儿童哲学融入现有学科中；幼儿园主要以主题整合课程为主，强调以游戏和亲身体验为主，难以将儿童哲学在中小学的应用模式和策略照搬到幼儿园。因此，在幼儿园实施儿童哲学，必须充分考虑幼儿园阶段儿童的特点，才能真正发挥儿童哲学在幼儿园的价值。幼儿园阶段的独特性主要由幼儿园课程的特点及幼儿年龄的特点决定。

从幼儿园课程的特点来看，幼儿园课程在内容上强调以幼儿的生活为基础；在目标上强调不同领域的相互渗透和整合，重视学习品质的培养；在活动方式上，强调幼儿的亲身体验，以游戏为基本活动。《3—6 岁儿童学习与发展指南》指出，要"关注幼儿学习与发展的整体性"，要注重领域和目标之间的相互渗透和整合，要"尊重幼儿发展的个体差异""理解幼儿的学习方式和特点"及"重视幼儿的学习品质"。②

从幼儿年龄的特点来看，其认知发展、语言发展和注意力的发展都有其独特性。依据让・皮亚杰对儿童认知发展阶段的划分，幼儿园阶段的儿童主要以感知运动与形象思维为主，通过实际操作和亲身体验来进行学习。因此，在儿童哲学活动中，要强调让幼儿通过身体进行思考，积极引入有身体参与的游戏和戏剧活动。另外，维果茨基认为，语言和思维是儿童的基本能力，正是两者的交织才使得儿童获得和处理信息、掌握新技能成为可能。然而，处于幼儿园阶段的儿童，其语言尚处于发展中，在儿童哲学活动中，仅仅依靠口头语言难以有效推动探究深入。幼儿的倾听与表达能力虽然有所发展，但个体差异较大，部分幼儿还难以清晰、全面地表达自己的观点，因此，在实施儿童哲学的过程中，需要加入一些强调幼儿多元表征的艺术探究活动。另外，幼儿对抽象文字的阅读和理解能力尚未成熟，这也制约着幼儿对儿童哲学故事文本的阅读和理解，因此，在开展儿童哲学时，对哲学文本的呈现不能以文字为主，而应结合图片、音频、视频和"对话阅读"③等方式进行。

幼儿的注意有以下两个特点：第一，幼儿的无意注意占优势，无意注意就是事

---

① S. Trickey & K. J. Topping. 'Philosophy for Children': A Systematic Review. *Research Papers in Education*, 2004, 19(3), pp. 365-380.

② 李季湄、冯晓霞：《〈3—6 岁儿童学习与发展指南〉解读》，北京：人民教育出版社，2013 年，第 287 页。

③ G. J. Whitehurst, F. L. Falco, C. J. Lonigan, Janet Fischel, Barbara De Baryshe, M. C. Valdez-Menchaca & Marie Caulfield. Accelerating Ianguage Development Through Picture Book Reading. *Developmental Psychology*, 1988, 24(4), p. 552.

先没有预定目的,也不需要意志努力的注意。[1] 幼儿的注意就像灯笼一样照射四方,而成人的注意更像是手电筒,往往聚焦于某一点。[2] 因此,幼儿的注意很容易被分散,这就要求在开展儿童哲学时,要控制干扰因素,同时选择那些与幼儿兴趣、需要和生活经验相关的探究主题。第二,从幼儿注意的稳定性来说,3 岁幼儿能够集中注意 3—5 分钟,4 岁幼儿注意可持续 10 分钟左右,5—6 岁幼儿注意能保持在 20 分钟左右。[3] 因此,在幼儿园开展儿童哲学时,如果过于强调单一的口头语言或静坐时间过长,可能导致探究活动的中断或不够深入,这就需要适时在儿童哲学活动中加入游戏或艺术活动,例如戏剧、手工和绘画等。

三、幼儿园实施儿童哲学对幼儿及幼儿园教师的价值

(一) 儿童哲学对幼儿发展的价值

S·特里基和 K. J. 托平在 2004 年关于儿童哲学的研究综述中,列举了大量儿童哲学促进儿童发展的相关研究。[4] 他们的研究多侧重儿童哲学在中小学阶段的应用和影响。近年来,国际上涌现了一批聚焦幼儿园阶段实施儿童哲学的研究。这些研究发现,儿童哲学不仅可以促进幼儿关怀性思维、批判性思维和逻辑推理能力、创造性思维的发展,而且对幼儿的倾听技能、语言表达、阅读理解、数学技能、自尊及情绪智力等有一定的促进作用。本文重点围绕幼儿的关怀性思维、批判性思维和逻辑推理能力、创造性思维三个方面,介绍部分实证研究,以供国内研究者借鉴。

1. 儿童哲学可以促进幼儿关怀性思维发展

在儿童哲学发展过程中,关怀性思维(caring thinking)越来越重要。在过去几十年,许多学者围绕幼儿的关怀性思维进行了研究。例如,韩国学者李嬉春(Chun-Hee Lee)和钟大轮(Daeryun Chung)选取 45 个 5 岁幼儿,其中实验组 22 个,对照组 23 个,实施了为期 12 周,每周两次,共计 24 次的儿童哲学活动,结果发现实验组幼儿的关怀性思维在五个维度上(赏识性、规范性、情感表达、同情心和主动性)都有显著的提升。[5] 美国学者 M. D. 伯勒斯(M. D. Burroughs)和 T. B. A. 通德米尔(T. B. A. Tuncdemir)针对 30 个 3—5 岁幼儿开展了为期 12 周,每周一次,每次一小时的儿童哲学活动,结果发现实验组幼儿在公平、移情、个人福祉(welfare)和对同伴的包容四个维度上明显优于对照组。[6]

---

① 陈帼眉:《幼儿心理学》(第 2 版),北京:北京师范大学出版社,2017 年,第 49 页。

② [美]艾莉森·高普尼克:《宝宝也是哲学家:学习与思考的惊奇发现》,杨彦捷译,杭州:浙江人民出版社,2014 年,第 98 页。

③ 陈帼眉:《幼儿心理学》(第 2 版),北京:北京师范大学出版社,2017 年,第 54 页。

④ S. Trickey & K. J. Topping. 'Philosophy for Children': A Systematic Review. *Research Papers in Education*, 2004, 19(3), pp. 365-380.

⑤ Chun-Hee Lee & Daeryun Chung. Young Children's Caring Thinking. *Proceedings of the Xxii World Congress of Philosophy*, 2008, 27, pp. 45-54.

⑥ M. D. Burroughs & T. B. A. Tuncdemir. Philosophical Ethics in Early Childhood: A Pilot Study. *Journal of Philosophy in Schools*, 2017, p. 4(1).

另外，美国的玛丽-弗朗丝·丹尼尔（Marie-France Daniel）等学者从自主性、判断力、移情能力和情绪识别能力四个维度，证明了儿童哲学在促进5岁儿童道德能力发展方面的作用。①

2. 儿童哲学可以促进幼儿批判性思维和逻辑推理能力发展

在批判性思维方面，玛丽-弗朗丝·丹尼尔等学者，选取加拿大魁北克、渥太华，法国，墨西哥和澳大利亚这五个国家和地区的28组5—12岁的儿童进行了为期十年的追踪研究。在研究中，玛丽-弗朗丝·丹尼尔将批判性思维（critical thinking）称为“对话批判性思维”（diagonal critical thinking），以强调该研究中的批判性思维主要产生于同伴间的互动与对话中；并将逻辑思维、创造性、责任感和元认知四种思维模式纳入对话批判性思维中，研究结果发现儿童哲学对这四种思维模式都有显著的促进作用。② 另外，希腊学者蕾妮亚·加斯帕拉图和玛丽亚·坎佩扎通过研究证明，在幼儿园开展儿童哲学活动，对幼儿和幼儿园教师的批判性思维都有较明显的促进作用。实验组中的幼儿和幼儿园教师使用“因为（because）”“为什么（why）”“为了（in order to）”“因此（hence）”“也就是（namely）”“由于（since）”等推理性词汇的频率更高。③

罗伯特·费希尔（Robert Fisher）指出，批判性思维有两个重要的过程需要掌握：第一，如何提问，即什么时候提问和提问什么；第二，如何推理，即什么时候开始推理及选用什么推理方法。④ 因此，推理是批判性思维的要素。在幼儿推理研究方面，爱沙尼亚塔尔图大学的E. 萨雷（E. Säre）及T. 图尔维斯特（T. Tulviste）采用准实验设计方式，选取了5—6岁的幼儿115个，其中实验组幼儿58个，控制组幼儿57个，进行了为期8个月，每周一次的儿童哲学活动，结果发现实验组幼儿在比较、类推、辩护、“因为”词语的使用及因果联系五个方面有显著的提高。该研究还提出，儿童哲学活动对促进幼儿四项语言基本技能（倾听、表达、理解与写作准备）及学业成就有较大的促进作用。⑤ 持类似观点的意大利儿童哲学中心的安东尼奥·科申蒂诺（Antonio Consentino）也认为，儿童哲学在幼儿的口语和书面语之间起着桥梁作用。⑥

3. 儿童哲学可以促进幼儿创造性思维发展

在创造性思维方面，美国学者曼迪·沃伊切霍夫斯基（Mandi Wojciehowski）和

---

① Michael Schleifer, Marie-France Daniel & Emmanuelle Peyronnet. The Impact of Philosophical Discussions on Moral Autonomy, Judgment, Empathy and the Recognition of Emotion in Five Year Olds. *Thinking: The Journal of Philosophy for Child*, 2003, 16, pp. 4-12.

② Marie-France Daniel, Mathieu Gagnon & Emmanuèle Auriac Slusarczyk. Dialogical Critical Thinking in Kindergarten and Elementary School, 2017, pp. 236-245.

③ Renia Gasparatou & Maria Kampeza. Introducing P4C in Kindergarten in Greece. *Analytic Teaching and Philosophical Praxis*, 2012, 33(1), pp. 72-82.

④ Robert Fisher, *Teaching Children to Think* (2nd Edition). Oxford: Basil Blackwell, 2005.

⑤ E. Säre, P. Luik & T. Tulviste. Improving Pre-Schoolers' reasoning Skills Using the Philosophy for Children Programme. *Trames: A Journal of the Humanities and Social Sciences*, 2016, 20(3), p. 273.

⑥ Antonio Consentino. P4C: A Bridge Between Orality and Literacy. *Retrieved on*, 2010, p. 2.

朱莉·恩斯特(Julie Ernst)以准实验的方式,选取了明尼苏达州四所幼儿园的86个3—6岁幼儿,实施了为期一年的儿童哲学活动。研究者采用动作和行动中的创造性思维(thinking creatively in action and movement)测量工具(该工具针对3—8岁儿童设计,更强调通过幼儿动作表达而非语言表达进行测评),发现幼儿在思维的流畅性、原创性和想象力三个方面有较大的改善。① 伊朗学者叶海亚·盖迪(Yahya Ghaedi)、法特梅·霍什纳瓦伊·福马尼(Fatemeh Khoshnavay Fomani)及莫娜·马赫迪安(Mona Mahdian)选取了德黑兰6个5—6岁的幼儿,组织了16次儿童哲学活动,采用托兰斯创造性思维测试(torrance creative thinking test)。研究结果发现,实验组幼儿在创造性思维的四个维度(流畅性、灵活性、精细性和原创性)上有显著的提升。②

(二)儿童哲学对教师理论思维及专业发展的价值

随着时代的发展,社会对教师的期望和要求也发生了变化,传统课程强调教师教和学生学的模式已经难以适应时代的要求,在建设中国特色高质量教育体系的时代背景下,对培育学生高质量思维素养的现实呼唤,也对教师思维品质的提升提出了相应要求。③ 然而,当下学界对教师思维品质的关注十分有限,常常忽视教师理论思维的提升。《哲学大辞典》将"理论思维"(theoretical thinking)定义为"人类在知识和经验事实基础上形成的认识事物本质、规律和普遍联系的一种理性思维"。④ 学界常常提到的"理论素养""哲学敏感力"等词汇可以看作理论思维的不同表述。在理论思维的特征方面,李伟和黄艺提出,教师的理论思维具有理性与可论证性、抽象性与提升性、反思性与批判性、实践性与行动性、中介性与转化性、结构性与系统性六个特征。而通过教师实施儿童哲学,对提升教师理论思维的理性与可论证性、抽象性与提升性、反思性与批判性三个方面有重要的作用。另外,学者刘晓东曾提到,提升理论思维,阅读哲学著作是一个有效的途径。然而,当前国内的职前和职后教师培育,很少将哲学学科纳入师资培训中,这是许多一线教师缺乏哲学素养和理论思维的部分原因。而关于教师是否需要一定的哲学学科知识,及需要多少哲学学科知识才能开展儿童哲学的争论一直存在。马修·李普曼认为,教师要有一定的哲学基础才可以开展儿童哲学,儿童哲学教师的培育一定要由哲学教授来承担。⑤ 而托马斯·E.沃特伯格认为,即使教师没有哲学背景也可以开展儿童哲学。他强调,教师哲学素养的提

---

① Mandi Wojciehowski & Julie Ernst. Creative by Nature: Investigating the Impact of Nature Preschools on Young Children's Creative Thinking. *The International Journal of Early Childhood Environmental Education*, 2018,6(1), pp. 3-20.

② Yahya Ghaedi, Fatemeh Khoshnavay Fomani & Mona Mahdian. Identifying Dimensions of Creative Thinking in Preschool Children during Implementation of Philosophy for Children (P4C) Program: A Directed Content Analysis. *Nigerian Chapter of Arabian Journal of Business and Management Review*, 2014,62(1889), pp. 1-8.

③ 李伟、黄艺:《教师理论思维的内涵与特性探析》,《中小学管理》2021年第9期,第12页。

④ 金炳华:《哲学大辞典》,上海:上海辞书出版社,2007年,第57页。

⑤ Ann Gazzard. Do You Need to Know Philosophy to Teach Philosophy to Children? A Comparison of Two Approaches. *Analytic Teaching and Philosophical Praxis*, 2012,33(1), pp. 45-53.

升是一个动态的过程，在开展儿童哲学的过程中会得到逐步提升。①

另外，加纳·莫尔·洛内（Jana Mohr Lone）在《哲思的幼童：如何与儿童讨论哲学问题》中，提出了“哲学敏感力”的概念。她认为哲学敏感力涉及识别和思考与人类境况有关的基础性问题的能力，以及不满足于任何已有答案的能力。② 加纳·莫尔·洛内还提到，哲学敏感力包含推理和想象，运用逻辑能力、分析能力和想象力去设想不为人所熟悉的可能性，以及找到关于在最简单的事情中进行探究的想法。③ 丹尼尔·格罗尔（Daniel Groll）在加纳·莫尔·洛内哲学敏感力的基础上，又细分了两种敏感力：哲学探究敏感力（inquiry philosophical sensitivity）和哲学教学敏感力（pedagogy philosophical sensitivity）。④ 哲学探究敏感力是对所讨论的话题进行阐释所需要的敏感力。哲学探究敏感力越高，越能更好地发掘、理解哲学问题并提出有价值的想法。哲学教学敏感力是以有效的方式向缺乏哲学探究敏感力的听众传递复杂思想的敏感力，包括认识到教师和听众在哲学探究敏感力水平上的差距，以及差距存在的原因。受过哲学专业训练的教师，哲学探究敏感力可能会强一些；而经过系统师资培训的教师，哲学教学敏感力可能会强一些。由此可见，教师在开展儿童哲学时既需要哲学学科知识来提升哲学探究敏感力，也需要师资培训课程来提升哲学教学敏感力；而通过实施儿童哲学，将有助于教师的哲学探究敏感力和哲学教学敏感力的发展，从而提升教师的理论思维和促进专业发展。⑤

国内一些学者也开始关注儿童哲学在提升教师思维品质和专业发展上的作用。例如，2004 年，上海市六一小学的张丽芳老师在《上海教育科研》上发表的《儿童哲学课程开发与教师专业成长》一文，从五个方面论述了儿童哲学课程开发对教师专业素养的提升：在课程开发中，形成了学习型的教师团队；在学习实践中，确立了先进的教育理念；关注学生的生活世界，提高课堂教学的建构能力；注重学生的学力发展，提高教学设计与运用的能力；以学生主动学习为目的，提高教学的反思能力。⑥ 虽然已过去这么多年，但这样的研究对我们依然有较大的借鉴意义。最近，邓超从儿童哲学对幼儿园教师权威的重塑这一视角，提出儿童哲学中师幼之间角色的回归、信任的联结和情感的交融，可以建立起本真的幼儿园教师权威。⑦

国际上近年来也越来越重视儿童哲学对教师专业发展价值的研究。例如，澳

---

① Thomas E. Wartenberg, *Thinking Through Stories Children*, *Philosophy*, *and Picture Books*. Routledge, 2022, p. 7.

② ［美］加纳·莫尔·洛内：《哲思的幼童：如何与儿童讨论哲学问题》，孙颖等译，北京：北京师范大学出版社，2021 年，第 35 页。

③ 同上，第 36 页。

④ Daniel Groll. The Promise and Challenge of Training College Students as Facilitators. *Philosophy in Classrooms and Beyond: New Approaches to Picture-Book Philosophy*, 2019, p. 89.

⑤ ［美］加纳·莫尔·洛内：《哲思的幼童：如何与儿童讨论哲学问题》，孙颖等译，北京：北京师范大学出版社，2021 年，第 40 页。

⑥ 张丽芳：《儿童哲学课程开发与教师专业成长》，《上海教育科研》2004 年第 8 期，第 46—47 页。

⑦ 邓超：《儿童哲学视角下幼儿园教师权威的失真与重塑》，《教育导刊》（下半月）2019 年第 10 期，第 52—55 页。

大利亚昆士兰大学的阿曼达·梅格勒(Amanda Mergler)等学者,通过将儿童哲学课程引入职前教师培训,发现儿童哲学可以改善职前教师的教学信念和对实践的理解,可以显著提升职前教师的元认知能力、反思能力及批判性思维能力。① 2010年,南澳大学的苏·奈特(Sue Knight)和卡罗尔·柯林斯(Carol Collins)指出,通过将儿童哲学引入课程,可以帮助教师挖掘各个学科背后的哲学问题,从而提升教师对课程的深度理解,有助于课堂活动的激活(enlivening the curriculum)。②随后,乔安娜·海恩斯和卡琳·莫里斯也通过研究证明了儿童哲学在教师关于认识论和教学法问题的批判性反思和专业发展中扮演着重要的作用。③ K. J. 托平和S. 特里基也认为,通过实施儿童哲学可以带来教师行为和信念的改变。④ 结合已有研究,本文认为,儿童哲学不仅可以改善幼儿园教师的儿童观,增进幼儿园教师的批判性反思,改善师幼关系,改善教师获取知识的方法,还可以增进教师对课程文本的理解,提高教师的自尊、自信及自我效能感。

四、幼儿园实施儿童哲学的模式

丽兹·刘易斯(Lizzy Lewis)和罗杰·萨特克利夫(Roger Sutcliffe)基于英国儿童哲学的发展状况,提出了将儿童哲学融入学校的四种模式:(1)将儿童哲学融入原有学科课程;(2)定期开展儿童哲学研讨会;(3)将儿童哲学列为选修课或必修课;(4)构建以儿童哲学为主导的思维发展或技能训练课程。他们认为,不仅应该把儿童哲学融入课程(curriculum),还应该融入校园文化(ethos)和教学法(pedagogy)中。⑤ 依据丽兹·刘易斯和罗杰·萨特克利夫的观点,结合幼儿园的独特性,本文提出在幼儿园开展儿童哲学可以有七种模式:(1)将儿童哲学融入幼儿园五大教学领域;(2)在一日生活中开展儿童哲学;(3)组织专门的儿童哲学探究活动;(4)通过游戏实施儿童哲学;(5)通过故事说演活动实施儿童哲学;(6)通过教育戏剧实施儿童哲学;(7)构建指向思维发展的儿童哲学园本课程。其中,第四,通过游戏实施儿童哲学活动,学者高振宇在其论文《基于游戏的儿童哲学探究:理论依据与实践模式》中已做了详尽介绍。⑥ 第五,通过故事说演活动实施儿童哲学,孙丽丽在其论文《在故事中看见孩子:说演故事在儿童哲学中的运用》中

① Amanda Mergler, Elizabeth Curtis & Rebecca S. Spooner-Lane. Teacher Educators Embrace Philosophy: Reflections on a New Way of Looking at Preparing Pre-Service Teachers. *Australian Journal of Teacher Education*, 2009,34(5), p. 1.

② Sue Knight & Carol Collins. Enlivening the Curriculum: The Power of Philosophical Inquiry. *Theory and Research in Education*, 2010,8(3), pp. 305-318.

③ Joanna Haynes & Karin Murris. The Provocation of an Epistemological Shift in Teacher Education through Philosophy with Children. *Journal of Philosophy of Education*, 2011,45(2), pp. 285-303.

④ K. J. Topping & S. Trickey. The Role of Dialog in Philosophy for Children. *International Journal of Educational Research*, 2014,63(3), pp. 69-78.

⑤ Lizzy Lewis & Roger Sutcliffe. Teaching Philosophy and Philosophical Teaching. *The Routledge International Handbook of Philosophy for Children*, 2017, pp. 200-207.

⑥ 高振宇:《基于游戏的儿童哲学探究:理论依据与实践模式》,《教育发展研究》2021年第2期,第26—35页。

也做了系统研究。[①] 因此，本文仅选取第一种、第二种、第三种、第六种和第七种这五种模式进行重点阐释。

（一）通过五大教学领域实施儿童哲学

这种模式的好处是当幼儿园课程压力大的时候，只要将儿童哲学融入现有的教学领域即可，无须在额外的时间开设儿童哲学课程，相对更容易被幼儿园管理者和教师接纳，国内学者于伟和高振宇都很推崇这种模式。东北师范大学附属小学校长于伟提到，有别于马修·李普曼通过开发专门的儿童哲学教材，对儿童进行专门的儿童哲学教育和加雷斯·B. 马修斯主张的成人应该与儿童展开平等的对话这两种做法，学校正在"各学科普遍渗透"，重点研究"儿童之问、之思、之学"，"培养儿童基本思维能力"的"第三条道路"上前进。[②] 学者高振宇在《儿童哲学与学科课程的整合及实施策略》一文中提出，"独立的儿童哲学课程虽然有其重要价值，但其与学科课程的整合已成为国内外实践的重要趋势"；学者高振宇还提出，"儿童哲学在融入学科课程时，须重视儿童批判性思维、创造性思维、关怀性思维和合作性思维的发展，并贯彻团体、思维、探究和哲学四大基石。儿童哲学与语文、科学和数学三大学科的联系极为紧密"。[③] 另外，南澳大学的苏·奈特提出，在学科领域中蕴含着许多值得探究的哲学话题，比如数学领域中的演绎与归纳，数概念，空间和无穷，等等；艺术领域中关于美的问题；健康领域中的道德伦理问题，关于人的本性，等等；语言领域中关于真理与意义的问题，语言的结构，等等；科学领域中关于科学的方法，理论的角色，等等。[④]

在应用这种融入模式时，幼儿园教师可以利用探究团体教学法，从学科领域中挖掘潜在的哲学主题，进而引导幼儿围绕概念或问题进行探究。丽兹·刘易斯和尼克·钱德利（Nick Chandley）的著作《通过第二课堂实施儿童哲学》（*Philosophy for Children through the Secondary Curriculum*），就列举了大量案例和具体的操作方法。例如，在艺术领域，该书提到，首先可以使用的素材是绘本中的图画。[⑤] 而这种素材最早是卡琳·莫里斯和乔安娜·海恩斯使用的。[⑥] 孙丽丽在《天真之眼——绘本在儿童哲学中的另一种运用》一文中，也分析了利用绘本中的图画开展儿童哲学的可能性和策略。[⑦] 具体而言，萨拉·利普陶伊（Sara Liptai）认为，在艺术领域可以探究这些问题：（1）艺术是什么？它是在什么情况下被提出来的？它适用于什么情况？（2）图

① 孙丽丽：《在故事中看见孩子：说演故事在儿童哲学中的运用》，《教育发展研究》2019 年第 C2 期，第 94—102 页。

② 于伟：《儿童哲学走"第三条道路"的可能与尝试——东北师范大学附小探索的历程与研究》，《湖南师范大学教育科学学报》2017 年第 1 期，第 27 页。

③ 高振宇：《儿童哲学与学科课程的整合及实施策略》，《教育科学研究》2020 年第 10 期，第 10 页。

④ Sue Knight. The Curriculum Transformed：Philosophy Embedded in the Learning Areas（Doctoral Dissertation，Deakin University）. 2002.

⑤ Lizzy Lewis & Nick Chandley（eds.），*Philosophy for Children through the Secondary Curriculum*. Bloomsbury Publishing，2012.

⑥ Karin Murris & Joanna Haynes，*Storywise: Thinking Through Stories*：*Issues*. Dialogue Works，2000.

⑦ 孙丽丽：《天真之眼——绘本在儿童哲学中的另一种运用》，《教育发展研究》2021 年第 2 期，第 50—57 页。

像是什么？我们怎么知道我们看到了什么？我们使用什么线索来解释图画？我们如何处理模棱两可（比如凯斯·哈林的作品）？（3）在2D画纸上绘制3D世界会产生什么问题或概念？（4）我们面前图画的功能和信息是什么？我们怎么能相信我们看到的？（5）记号（sign）、符号（symbol）和标志（secular）的区别是什么？同时，萨拉·利普陶伊还提供了"抽象与写实""抽象的自画像""底线在哪里""你怎么知道你看到了什么""永恒与艺术作品""艺术在哪里""什么是女性美""肖像能说出真话吗""我要买广告中的产品吗""形式与功能""图画和音乐是如何连接的"十一个主题。针对这些主题，萨拉·利普陶伊设计了相应的十一个活动，每个活动都包含了刺激物、指导方法、哲学问题、哲学概念和注意事项五个部分。①

目前，国内部分幼儿园围绕语言、科学和社会等领域做了初步尝试。由于儿童哲学是以对话为主要形式的教学活动，与幼儿语言领域的发展相结合，能够帮助教师通过教学活动更好地达成幼儿语言领域发展的相关目标。比如，周慧川和郑敏希依托福建师范大学实验幼儿园，以儿童哲学活动"大与小"的开展为例，通过"参观小学归来：比较大与小""深入思考：最大与最小物的再讨论""思考与创作：小人物之大作品"三个环节，探讨儿童哲学活动对幼儿语言能力发展及在幼小科学衔接方面的作用与价值。② 另外，儿童哲学与幼儿园语言领域的结合，常常以绘本作为刺激物和载体来开展，而国内在以绘本作为刺激物开展儿童哲学的理论研究和实践经验较为丰富，比如，学者高振宇2014年的《基于绘本的儿童哲学对话：回顾与展望》③《以绘本为载体的儿童哲学对话——基于上海市某幼儿园的案例分析》④，杨妍璐2018年的《哲学文本绘本及在儿童哲学课中的应用》⑤，等等。在实践方面，近年来有较多教师以某一本绘本为例，探讨儿童哲学应用绘本在幼儿园语言领域中的实践，比如，李萍的《换一种角度提问——儿童哲学在〈三只蝴蝶〉故事教学中的新尝试》⑥，苏泳的《听幼儿讲绘本里的哲学——以大班幼儿阅读绘本〈活了一百万次的猫〉为例》⑦，等等。

在科学领域方面，孙为为和杨妍璐以上海特级教师袁晶晶的大班科学活动"我发现的变化"为例，探讨了儿童哲学工具"苏格拉底五指诘问法"在科学活动中运用的五个策略，分别为：从自身的经历描述问题的现象——现象学的方法；用原有的经验进行解释——解释学的方法；抓住关键点展开分析与讨论——分析的方法；

① Lizzy Lewis & Nick Chandley (eds.), *Philosophy for Children through the Secondary Curriculum*. Bloomsbury Publishing, 2012, p. 199.

② 周慧川、郑敏希：《从儿童哲学活动中探寻幼小科学衔接的路径——以对"大与小"问题的讨论为例》，《福建教育》2021年第29期，第18—21页。

③ 高振宇：《基于绘本的儿童哲学对话：回顾与展望》，《教育实践与研究》2014年第9期，第63—65页。

④ 高振宇：《以绘本为载体的儿童哲学对话——基于上海市某幼儿园的案例分析》，《教育导刊》（下半月）2014年第10期，第3—7页。

⑤ 杨妍璐：《哲学文本绘本及在儿童哲学课中的应用》，《上海教育科研》2018年第1期，第24—27页。

⑥ 李萍：《换一种角度提问——儿童哲学在〈三只蝴蝶〉故事教学中的新尝试》，《福建教育》2021年第11期，第28—29页、第64页。

⑦ 苏泳：《听幼儿讲绘本里的哲学——以大班幼儿阅读绘本〈活了一百万次的猫〉为例》，《福建教育》2021年第25期，第62—64页。

在矛盾冲突中发展辩证思维——辩证的方法；在大胆想象中尝试推断——猜测或直观的方法。① 需要注意的是，这五个儿童哲学策略在应用过程中并非线性的发展，而是可以在各个环节中灵活使用。孙为为和杨妍璐通过分析发现，如果教师在科学活动中与幼儿的对话能够有效运用“五指模型”，将有助于幼儿对科学现象的深层次思考。

在社会领域方面，天津市和平区的高洁和张丹以幼儿园品德教育为切入点，提出儿童哲学融入幼儿园品德教育的三个实施策略，分别为：坚持生活化原则，探寻幼儿身边的道德问题；坚持对话性原则，引导幼儿形成探究团体；坚持思辨性原则，构建幼儿正确的道德认知。另外，高洁和张丹还讨论了幼儿品德教育运用儿童哲学后对幼儿和教师产生的影响和改变。② 但儿童哲学在社会领域其他主题方面的应用，还较为缺乏。

总体来说，儿童哲学在幼儿园五大领域中的应用，较为集中在语言领域，科学领域和社会领域也有所涉及，但健康领域和艺术领域的应用还较为缺乏。需要注意的是，在应用这种模式时，也存在一定的弊端。首先，在学科教学中，教师和幼儿可能会弱化和低估哲学概念、问题及探究的价值。③ 其次，受限于教师的哲学素养，有些教师难以从学科或领域中发掘出适合探究的哲学主题。克服这些弊端既要注重提高幼儿园教师的哲学探究敏感力和哲学教学敏感力，提升从五大领域及幼儿的生活中挖掘适宜的哲学话题的能力，也要注重儿童哲学的目标与五大领域目标的深度整合。

（二）在一日生活中开展儿童哲学

幼儿园除了五大领域集体教学，一日生活的各个环节对幼儿的发展同样重要。《3—6 岁儿童学习与发展指南》中强调，幼儿的学习是以直接经验为基础，在游戏和日常生活中进行的。④ 因此，儿童哲学在幼儿园的应用不能忽视一日生活的价值。楼梦娜和杨妍璐也提出：“幼儿园的儿童哲学与小学乃至初高中所开展的哲学教育有着本质的区别，其核心的任务不是去完成高结构化的课程。”⑤本文结合国内幼儿园近年来的实践，从儿童哲学环境创设与微哲学对话这两个角度来论述如何在一日生活中开展儿童哲学。

幼儿园环境在幼儿一日生活中起着潜移默化的教育作用，在幼儿园开展儿童哲学，需要幼儿园环境的支持。在应用儿童哲学理念创设幼儿园环境方面，学者杨昱和高振宇基于当前国内幼儿园将儿童哲学与环境创设整合方面存在的幼儿参与不足、哲学元素运用不恰当、忽视精神环境创设等问题，提出了儿童哲学视野下幼儿园环境创设的四个策略，分别为：充

① 孙为为、杨妍璐：《“苏格拉底五指诘问法”在科学活动中的运用——以大班科学活动“我发现的变化”为例》，《福建教育》2021 年第 16 期，第 19—21 页。

② 高洁、张丹：《儿童哲学对幼儿园品德教育的启示》，《福建教育》2021 年第 38 期，第 25—27 页。

③ Lizzy Lewis & Roger Sutcliffe. Teaching Philosophy and Philosophical Teaching. *The Routledge International Handbook of Philosophy for Children*, 2017, pp. 200-207.

④ 李季湄、冯晓霞：《〈3—6 岁儿童学习与发展指南〉解读》，北京：人民教育出版社，2013 年，第 287 页。

⑤ 楼梦娜、杨妍璐：《在一日生活中陪伴幼儿做哲学——以“洗手间的标志”事件为例》，《福建教育》2021 年第 7 期，第 25 页。

分发挥环境的哲学教育价值,加强幼儿在环境创设过程中的参与度,强化环境创设的哲学设计意识,利用魔法圈强化精神环境的创设。[①] 依据这些策略,教师可以设置哲学问题盒来收集幼儿日常的疑问,也可以布置哲学问题墙来展示儿童的哲学探究过程和作品,还可以布置家园联系栏向家长分享儿童哲学的理念和实践。需要注意的是,儿童哲学理念下的幼儿园环境创设并非千篇一律,各个幼儿园可依据自身特色,灵活设置,以促进幼儿园环境创设回归儿童、回归教育本真;同时,引发幼儿对哲学问题的好奇心和求知欲。[②]

微哲学对话,顾名思义,就是小而短的哲学对话。林宇菁和周慧川认为,微哲学对话的特点在于地点的随机、形式的多样、时间短、人数少和针对性强等[③],因此,特别适合在幼儿园一日生活中的各个过渡环节中开展。林宇菁和周慧川依托福建师范大学实验幼儿园的一日生活,以微哲学对话的方式,总结了“听话的勇士”“朴素的幻想家”和“天真的洞察者”三个幼儿形象。[④] 她们认为,通过微哲学对话的方式,教师能够及时深入了解幼儿的所思所想,丰富教师眼中的幼儿形象;而在对对话内容进行反思的过程中,教师还可以更好地透过幼儿形象进行教学反思。[⑤] 由此可见,一日生活的各个环节中蕴含着丰富的机会可以与幼儿进行微哲学对话,而且,这种“打游击战”的方式,还可以避免大班额开展儿童哲学存在的困难和挑战,比如无法顾及每个幼儿的回应、时间过长导致幼儿失去参与的兴趣等。

另外,通过一日生活中的微哲学对话,除了有助于教师深入理解幼儿的形象,还可以生成儿童哲学探究的主题,甚至生成幼儿园的课程。比如,楼梦娜和杨妍璐以幼儿园的“洗手间的标志”这一生活事件为例,从幼儿质疑洗手间标志、想重新设计标志,到幼儿探究男孩和女孩的区别,整个过程持续了近一个月。在这个过程中,教师结合儿童哲学的理念和思考工具,从“捕捉好奇心”开始,逐步“引领幼儿反思日常观念的合理性”;在增加刺激物激发幼儿讨论的基础上,推动幼儿内心观念的转变;最后,通过“开放洗手间标志”,将儿童哲学的探究结果转化为实践和行动。由此可见,这次由“洗手间的标志”引发的儿童哲学探究,事实上就是一次儿童哲学理念引导下的幼儿园生成课程。在生成课程的过程中,教师重新理解了童年的情调与生机,直面了儿童生活世界所诞生的真实问题,教师与幼儿一同对世界的复杂性进行了智性的探索。[⑥] 因此,通过幼儿园的一日生活开展儿童哲学,不仅意义重大,而且应该成为未来幼儿园实施儿童哲

① 杨昱、高振宇:《儿童哲学视野下幼儿园环境创设的现状分析与实践策略》,《福建教育》2021 年第 20 期,第 22—26 页。
② 同上,第 24 页。
③ 林宇菁、周慧川:《微哲学对话中的幼儿形象——来自儿童哲学新手教师的观察与思考》,《福建教育》2021 年第 25 期,第 25—27 页。
④ 同上,第 26—27 页。
⑤ 同上,第 25 页。
⑥ 楼梦娜、杨妍璐:《在一日生活中陪伴幼儿做哲学——以“洗手间的标志”事件为例》,《福建教育》2021 年第 7 期,第 25 页。

学活动的主流形式。

（三）组织专门的儿童哲学探究活动

这种模式因为不需要在特定的学科领域中开展，幼儿园可以自主安排时间进行开放性的哲学探究。另外，该模式强调生成幼儿自己的哲学，其目标不仅是幼儿的个性化学习，还强调通过思考人类的经验及意义，以开放性的态度去了解诸如伦理、价值、美学和形而上学等问题，以实现深度学习。① 该模式目前在许多国家的幼儿园很受欢迎，它不仅可以帮助幼儿园教师和幼儿暂时从设定的课程框架中解放出来，自由地追求对他们来说更有意义的问题；还可以让幼儿利用足够的时间去内化哲学探究中所需的思维技能。②

然而，该模式面临的主要挑战是幼儿园教师很少有时间进行专门的哲学探究。这既需要幼儿园教师重新调整他们的时间，也需要幼儿园管理者、家长甚至高校研究者的支持。另外，当前开展儿童哲学的素材文本，已从原先仅用美国儿童哲学促进协会教材转变为强调绘本、图片、视频、故事及其他学科主题等多元材料的运用。但是如何从这些材料中发掘出值得探究的哲学主题是一个难点。针对此问题，古秀蓉在《论儿童哲学探究活动的主题特征》一文中提出："儿童哲学探究活动主题可以是文本内部的中心主题，也可以是在文本内部抽象出来的话题，但是最重要的必须是原生于儿童的兴趣话题，并且是由儿童紧密结合自己的生活事件来论证和推进的主题。"同时，古秀蓉还指出："儿童哲学主题谈话和一般主题谈话的根本区别在于谈话过程中对思考过程的自觉，主题生成关键在于聚焦原生于儿童的'小哲学问题'，而不仅仅是专业哲学家的'大哲学问题'。"③ 另外，戴维·A. 怀特在《写给孩子们的哲学》里列举了40个儿童日常可能接触到的哲学问题；伊莎贝尔·米隆、奥斯卡·柏尼菲在《111个儿童哲学思考练习》中列举了111个可以开展的思考练习，这些都可以为组织专门的儿童哲学探究活动提供借鉴。然而，如果这些思考练习没能与当下幼儿的生活发生联结，就会影响儿童哲学探究活动的效果，还会影响幼儿对意义的获得。那么，如何结合幼儿的兴趣、生活事件确定幼儿园儿童哲学探究活动的主题呢？笔者结合自身在幼儿园推广儿童哲学的实践，提出确定儿童哲学探究主题的五个步骤：第一，通过集体备课，围绕儿童哲学刺激物开发其中蕴含的哲学主题；第二，在呈现刺激物后，请幼儿提出自己的问题；第三，利用"问题象限"思考工具，将幼儿提出的问题分类，聚焦于"不确定性"的哲学探究类问题上；第四，将幼儿提出的"不确定性"探究类问题与教师预设的哲学主题建立联结；第五，在儿童哲学探究活动过程中生成新的主题。

在该种模式的已有实践中，中国台湾学者潘小慧在辅仁大学哲学系组织的儿童哲学营是一种自上而下推广儿童哲学探究活动的尝试。潘小慧自2004年起，每年5月中下旬组织为期半天的哲学探究活

---

① Lizzy Lewis & Roger Sutcliffe. Teaching Philosophy and Philosophical Teaching. *The Routledge International Handbook of Philosophy for Children*, 2017, pp. 200-207.

② Ibid.

③ 古秀蓉：《论儿童哲学探究活动的主题特征》，《北京教育学院学报》2017年第6期，第34—39页。

动。[①] 其目的在于让儿童了解什么是哲学及哲学思考，同时训练修习儿童哲学课程的学生成为种子教师，并推广儿童哲学。虽然潘小慧组织的儿童哲学营参与者主要是哲学系学员和小学三四年级以上的学生，但是其组织的方案、流程及成果报告书都值得幼教领域借鉴。受潘小慧启发，笔者在高校学前教育专业开展了儿童哲学工作坊，吸纳感兴趣的学前教育专业学生和一线幼儿园教师参与，在接受 32 课时的儿童哲学培训后，儿童哲学工作坊成员会与一线幼儿园教师合作，每周在幼儿园协同开展儿童哲学探究活动。这种模式不仅提升了职前、职后幼儿园教师实施儿童哲学的意识和能力，而且为幼儿园课程改革输送了新的理念。

从国外中小学和幼儿园的实践经验来说，关于独立开展儿童哲学活动的实施步骤，最具代表性的是马修・李普曼和安妮・玛格丽特・夏普开创的探究团体教学法。乔・奥伊勒（Joe Oyler）认为，探究团体教学法一般包含五个步骤：呈现刺激物、生成问题、探究对话、元认知反思和将探究转化为行动。[②] 该教学法早期主要应用于中小学的儿童哲学活动中。然而，由于幼儿的沟通能力尚处于发展之中，很难自发形成探究团体，需要教师一步步引导。那么，探究团体教学法对幼儿园阶段来说，就显得较为抽象和难以操作。近年来，卡琳・莫里斯和乔安娜・海恩斯在此基础上进行了改造，提出了针对小学低龄和幼儿园阶段实施儿童哲学的九个步骤：(1)呈现刺激物（sharing a story），(2)思考时间（thinking time），(3)同伴分享（discussing in pairs），(4)提出问题和选择问题（questioning），(5)讨论（discussing），(6)观点建构（building），(7)结束（closure），(8)评估（evaluation），(9)活动延伸（follow-up work）。[③] 另外，在幼儿园实施儿童哲学时，由于幼儿进入探究状态需要一定的时间，因此，在呈现刺激物之前，可以观察幼儿的状态，如果幼儿尚未进入探究状态，加入热身环节以稳定幼儿的情绪和吸引幼儿的注意很有必要。事实上，幼儿园教师在实施儿童哲学活动时，并不一定每次都要将这九个步骤全部展开。当孩子状态好的时候，可以不进行热身环节；当孩子数量少的时候，可以取消同伴分享环节；当某个孩子提出的问题迅速唤起了其他孩子的共鸣，引起了热烈讨论时，就可以将提出问题与选择问题相结合，或者将讨论与观点建构相结合。然而，有些环节是每次儿童哲学活动必须具备的，比如马修・李普曼和安妮・玛格丽特・夏普开创的探究团体教学法，所包含的五个步骤：呈现刺激物、生成问题、探究对话、元认知反思和将探究转化为行动，而这也是判断一次活动是否为儿童哲学活动的标志之一。

（四）通过教育戏剧实施儿童哲学

幼儿园阶段的儿童以形象思维为主，强调通过操作体验和游戏的方式进行学

① 潘小慧：《儿童哲学的理论与实践》，桂林：广西师范大学出版社，2020 年，第 130—134 页。

② Joe Oyler. Philosophy with Children: The Lipman-Sharp Approach to Philosophy for Children. In Michael Peters (eds.), *Encyclopedia of Educational Philosophy and Theory*. Springer, Singapore. 参见 https://doi.org/10.1007/978-981-287-532-7_226-1。

③ Karin Murris & Joanna Haynes, *Storywise: Thinking Through Stories: Issues*. Dialogue Works. 2000, p. 44.

习，单纯强调语言的儿童哲学探究模式难以持续吸引幼儿参与。因此，将教育戏剧与儿童哲学相结合，是在幼儿园开始儿童哲学的一种有效方式。笔者曾提出，教育戏剧融入儿童哲学共有六条路径：(1)透过幼儿自发性戏剧游戏融入；(2)透过以戏剧为主的自发性创造活动融入；(3)透过以剧场形式为主的表演活动融入；(4)透过幼儿肢体与声音的表达融入；(5)透过故事剧场融入；(6)透过教育戏剧策略融入。[①] 从已有的实践经验来看，英国康福剧院(Konflux Theatre)多次将儿童哲学融入其开展的"游戏日"戏剧体验活动中。[②] 其实践经验对在我国幼儿园利用教育戏剧开展儿童哲学活动有四个方面的启示：首先，在主题上可以选择"反霸凌""心理健康""家乡历史""幼小衔接""道路安全"等与幼儿生活经验和身心健康密切相关的主题。尤其是"反霸凌"主题，通过表演呈现霸凌及哲学探究，不仅可以使幼儿更深刻地体验霸凌唤起的感受，还能促进幼儿更深入地认识霸凌，学会识别和应对霸凌。比如，笔者在幼儿园采用绘本《不是我的错》，以戏剧表演的方式，开展多次儿童哲学活动。其次，要注重对剧场和表演的强调，可以创编儿童哲学剧，与幼儿园的六一国际儿童节活动、学期汇报演出、毕业演出等大型活动相结合。再次，利用教育戏剧开展儿童哲学活动时，要注意将艺术因素与哲学因素相结合，既凸显艺术性，又蕴含哲学性。艺术性体现在戏剧表现、创造与演出等过程中；哲学性体现在促进幼儿批判性思维、创造性思维、关怀性思维和合作性思维的发展上。最后，要注意儿童哲学活动重在过程，不要被外在的功利目的所束缚，更不要把儿童哲学剧当作娱乐成人的工具。

（五）构建指向思维发展的儿童哲学园本课程

陈时见和严仲连曾提出，幼儿园园本课程开发具有民主性、灵活性、多样性和独特性四个特征。在开发园本课程时要处理好五个问题：以和谐发展为前提，建立科学的课程体系；发挥教师和幼儿的双主体作用；重视潜在课程的影响；避免流于形式，避免增加教师和幼儿的负担；强调游戏，注重活动。[③] 然而，当前许多幼儿园在构建园本课程时，往往把园本课程建设等同教材编写或特色创建。事实上，构建园本课程要立足幼儿的发展和教师的专业成长，以提高课程质量为根本目的，以儿童哲学为核心构建园本课程可以较好地达成这一目的。

在构建以儿童哲学为核心的园本课程时，不仅要把儿童哲学融入现有课程中，而且要把儿童哲学作为一种园本文化和教学法，将儿童哲学提升到课程原则的高度，使之成为引领园本课程发展的教育哲学。这种模式与第一种将儿童哲学融入幼儿园五大教学领域教学最大的不同在于儿童哲学的地位不同。在第一种模式中，儿童哲学处于边缘地位，而这种模式将儿童哲学置于中心地位；另外，第一种模式依然是传统上的分科教学，而这种模式强调主题的整合及幼儿发展的

---

① 倪凯歌：《回归身体与情感：教育戏剧融入幼儿园儿童哲学的路径探索》，《陕西学前师范学院学报》2021年第4期，第23—35页。

② 参见 https://www.konfluxtheatre.co.uk/philosophy-4-children-p4c。

③ 陈时见、严仲连：《论幼儿园的园本课程开发》，《学前教育研究》2001年第2期，第29页。

整体性。丽兹·刘易斯和罗杰·萨特克利夫认为,教师主要通过发展儿童的一般性技能来推动哲学探究,这些技能往往与生活能力或教育上的一般发展目标密切相关,比如基本的倾听与阅读的能力,一般性的认知能力、社会性,自信、耐心,与他人合作,等等。① 事实上,学校和幼儿园一直面临着发展儿童一般性的、认知性的、学术性的技能和学习品质,而该种模式可以较好地达成幼儿园的这些培养目标。

笔者在指导幼儿园开展儿童哲学时,常采取这种模式。该种模式强调立足幼儿园自有的课程体系或发展诉求,结合儿童哲学的目标,为幼儿园量身打造指向批判性思维,或创造性思维,或关怀性思维的园本课程。这意味着在实施儿童哲学时,除了聚焦于马修·李普曼早期提出的批判性、创造性和关怀性目标,还可以引入儿童其他方面的发展目标,比如合作能力、倾听技能、语言表达能力、阅读理解、数学技能、自尊及情绪智力等。例如,笔者在指导幼儿园开展指向批判性思维的幼儿园园本课程建设时,首先,将批判性思维解构,与幼儿园原有的语言、数学、科学等领域目标建立联结,构建园本课程的目标体系;其次,利用幼儿园现有的资源,比如绘本、民间传统游戏、图片、儿童生活故事等,发掘适合幼儿年龄特征和生活经验的、可探究的哲学主题,构建园本课程的内容体系;再次,将幼儿园班级转化为探究团体,同时结合教育戏剧和故事说演构建园本课程的实施体系;最后,采用定量与定性相结合,重点采用质性评价方式,围绕教学困难与经验、教师及儿童发生的变化、他人的态度意见,构建园本课程的评价体系。

这种模式在幼儿园运用得较为深入,不仅可以实现儿童哲学自有的目标,而且可以兼顾幼儿园原有的课程体系和发展诉求。然而,这种模式的实现不仅需要民主、开放、科学的幼儿园管理和高素质的幼儿园教师团队,还需要儿童哲学研究者持续入园指导和引领。值得一提的是,目前中国思考拉儿童哲学研究中心推动的"儿童哲学专业委员会理事单位"项目,推动部分中小学和幼儿园成为实施儿童哲学的实验基地,是实施该种模式的典型代表。在构建以儿童哲学为核心的园本课程时,幼儿园事实上就是在开展行动研究。这种在行动中研究、为了行动研究、由行动者研究的方式,对完善儿童哲学方案本身、促进幼儿全面发展、提升幼儿园教师专业素养、改善幼儿园管理等方面具有重要的意义。

总之,作为课程的儿童哲学,自身有目标、内容、实施和评价体系。因此,未来在幼儿园实施儿童哲学课程,要注意五点:第一,在理论基础上,要了解约翰·杜威、维果茨基、马修·李普曼和加雷斯·B. 马修斯等在儿童哲学课程形成和发展中的作用,还要了解威廉姆等人对儿童哲学的批判和建议。第二,确定儿童哲学目标,既要强调"爱智慧",比如批判性思维、创造性思维、语言表达能力等智力因素;也要强调"爱人",比如关怀性思维、合作性思维、自尊、自信及情感等伦理道德因素。第三,在内容选择上,既要"回归儿童",从儿童的生活经验中发掘哲学探究

① Lizzy Lewis & Roger Sutcliffe. Teaching Philosophy and Philosophical Teaching. *The Routledge International Handbook of Philosophy for Children*, 2017, pp. 200-207.

主题;也要加大对适合哲学探究之本土刺激物和教师操作手册的开发。第四,在实施方式上,要将传统的课堂转换为探究团体,掌握探究团体的构建流程,注重规则的构建。既要发挥教师的促进者角色,也要发挥儿童的主体性。第五,在评价上,既要侧重儿童哲学课程对幼儿发展的影响,也要关注其对教师专业成长的价值,比如对幼儿园教师的价值观、儿童观和教育观的影响。总之,正如刘晓东、高振宇和杨妍璐等学者的呼吁:儿童哲学课程在幼儿园的应用,要避免步入工具主义陷阱,不要过于强调其思维训练的工具价值,忽视其在认识论、本体论方面带来的变革;而要逐步将儿童哲学提升到课程原则,甚至童年哲学的高度,使之成为一种引领新时代课堂革命的教育哲学,为传统课堂注入新的活力。

Implementing Philosophy for Children in Kindergarten

— The individuality, Value and Mode

Ni Kaige

Abstract: Today, under the guidance of Core Competencies and Values for Chinese Student, the education field increasingly emphasizes the cultivation of deep learning, high-quality development and higher-order thinking. Among them, Philosophy for Children (P4C) has great potential in promoting the development of deep learning and higher-order thinking in children. However, there are many problems and challenges in implementing P4C in China, such as unclear understanding of the value of P4C, lack of transparent implementation mode, and insufficient guidance strategies. Therefore, this paper focuses on the possibility, specificality, value, and modes of implementing P4C in kindergartens. Firstly, it discusses the connotation of P4C and the possibility and uniqueness in kindergarten. Secondly, it discusses the value of implementing P4C to children and kindergarten teachers. On this basis, this paper puts forward five modes of implementing P4C in kindergartens: (1) integrating P4C into the five fields of kindergarten teaching; (2) implementing P4C in a day's life; (3) organizing special philosophical exploration activities for children; (4) implementing P4C through Drama in Education; (5) to construct the P4C kindergarten-based curriculum pointing to the development of thinking.

Keywords: kindergarten; Philosophy for Children; value; mode

德勒兹哲学对西方儿童哲学的影响析论*

◎王 丽[①]

摘 要： 以德勒兹哲学为思维工具，西方儿童哲学实现着儿童观、童年观的创新，形成了西方儿童哲学研究的德勒兹视角。一方面着力开采儿童与哲学的内在趋近关系；另一方面不断释放儿童与童年的强力。德勒兹哲学在儿童哲学领域的理论生发潜力值得更多关注及全面、深入挖掘。

关键词： 德勒兹；儿童；儿童哲学

作为20世纪最重要的哲学家之一，德勒兹以创见深刻、论域广泛著称。他的哲思跨越历史、艺术、文学和政治等领域，引发大批学者解读与借鉴，促进诸多研究领域的视角拓展、概念再构与思维推进。福柯曾说："也许有一天，这个世纪将成为德勒兹的世纪。"[②]福柯所言在西方儿童哲学的当下发展中亦获得了回应。儿童哲学研究者将德勒兹思想作为重要的思维工具，实现着儿童观、童年观的创新。

一、德勒兹的哲学洞见概说

德勒兹以其充沛的创造精神在哲学史上独树一帜，其思想被贴上后现代主义、后结构主义等多个标签。但值得强调的是，后现代主义的标签对德勒兹来说并不适宜。他的思想并没有囿于"后现代主义的非生产黑洞"，而是提供了在后现代状况下的一种创造性的思想抉择和超越"后现代困境"的途径。[③] 德勒兹自称是"一个纯粹的形而上学家"。[④] 后现代主义者解构形而上学，觉得不需要在经验世界中抽象出"一"，而德勒兹始终在创造性地思考"一"。他反对传统的形而上学，即表象哲学、诉求同一性的形而上学。因此，他以源自斯宾诺莎的表现理论（expression）来对抗再现理论（representation），并运用了邓斯·司各脱的单义性原则（univoque），希望构建出包含"多"的"一"，强调充满差异的、"一即是多"的形而上学，体现出先验经验

* 本文系国家级一流本科专业建设项目（项目编号：1612206029）、教育部国家级新文科项目"基于教卫融合的学前教育本科人才培养方案的研究与实践"（项目编号：2021060041）阶段性成果。

① 王丽，江苏徐州人，教育学博士，南京师范大学教育科学学院学前教育系副教授、硕士生导师，主要研究方向为学前教育基本理论和儿童美育。

② ［法］德勒兹：《哲学与权力的谈判》，刘汉全译，南京：译林出版社，2014年，第96页。

③ 麦永雄：《后现代湿地：德勒兹哲学美学与当代性》，《国外理论动态》2003年第7期，第38—42页。

④ ［法］德勒兹：《对一些问题的回应》，张凯译，《上海文化》2015年第2期，第82—83页。

主义的立场。可以说,德勒兹通过揭示思想的非再现而实现对再现的批判,积极地“超越再现”。① 德勒兹的“一”显然不是静止的,而是动态的、包含“多”的“一”。概言之,他的哲学是动态的生成哲学、差异哲学。

德勒兹称哲学为“一门形成、发明和制造概念的艺术”②。在这个命题中,概念只是衍生的产物,创造才是真正的本源。他通过反思性的对话或激活休谟、康德、莱布尼茨、斯宾诺莎、柏格森、尼采及福柯等诸多哲学家,不断发展饱含创造基因的哲思,发明了“无器官的身体”“欲望机器”“根茎”“解域”“游牧”“平滑空间”“逃逸线”等诸多概念来呈现其生成哲学、差异哲学的思想意象。这些概念深刻且生动,不仅对生命及生存境况具有形而上学的解释力,而且描绘了创造性地超越其中困境的思路。这使得应用德勒兹的概念和理论进行思考的学者不仅可以更深刻、多元地发现与反思当下人类社会面临的诸多问题,而且可以进行开拓性的、面向未来的思想实验。

二、西方儿童哲学研究的德勒兹视角

西方儿童哲学的发展历经五十余年,其间伴随着研究范式的明显变化。美国学者罗纳德·F. 里德和托尼·约翰逊(Tony Johnson)曾将儿童哲学的发展划分为两代。第一代研究者以马修·李普曼和加雷斯·B. 马修斯为代表,第二代研究者包括安妮·玛格丽特·夏普、大卫·肯尼迪、卡琳·莫里斯、沃尔特·奥马尔·科恩等更多学者。“第一代研究者的特点是强调策略统一的方法,因其雄心勃勃地希望在公立教育中占有一席之地,而第二代研究者打破了这种思维模式,并将差异作为增长原则。”③在第二代研究者的诸多思考资源中,德勒兹思想的出现率逐渐增加,价值日益突出。沃尔特·奥马尔·科恩曾将德勒兹代表作中关于儿童的重要段落摘录成文,以期推动儿童哲学研究的纵深发展。④ 德勒兹文本中的儿童立场和儿童意象受到集中关注,所提供的新的思考向度和表达语汇成为学者创造性地阐释童年本质、再构儿童形象的重要思维工具,儿童哲学研究的德勒兹视角逐渐形成且呈现出以下核心取向。

(一)开采儿童与哲学的内在趋近关系

德勒兹对创造的强调使儿童哲学研究者获得了发现儿童与哲学内在关系的新视角。在此视角下,儿童与哲学的关系更加趋近,更进一步,彰显两者的内在关系的核心——创造——成为理解儿童与童年本质的基点。正如有的学者所述,“哲学具有内在的创造性和发明的特征。它不是关于相似性,这是成人思想的基础,而是关于差异——而且差异,似乎成为童年思维的基础。与重复相反,思维差异是

---

① [澳]乔·休斯:《导读德勒兹〈差异与重复〉》,廖鸿飞译,重庆:重庆大学出版社,2020 年,第 4 页。

② [法]德勒兹、加塔利:《什么是哲学》,张祖建译,长沙:湖南文艺出版社,2007 年,第 205 页。

③ Nancy Vansieleghem & David Kennedy. What is Philosophy for Children, What is Philosophy with Children — After Matthew Lipman? *Journal of Philosophy of Education*, 2011,45(2), pp. 171-182.

④ Walter Omar Kohan. Gilles Deleuze: Enfants et Devenir-Enfance. *Childhood & Philosophy*, Rio de Janeiro, 2006,2(3), pp. 11-27.

一种创造性活动，基于新奇和涌现”①。所以，在他们看来，哲学更接近童年而不是成年所代表的思想类别。而德勒兹哲学正体现了这种接近，因为“他的所有作品都带有童年的动机——充满童趣的愿望，重新思考刻板印象和陈词滥调，唤醒尚未思考的空间……”②。的确，儿童是德勒兹思想中经常出现的重要意象。其中，尤其值得关注的是，作为新尼采主义者，德勒兹正是将儿童游戏作为激活尼采的重要切入点，发展出自己的生成本体论。

在《悲剧的诞生》中，尼采曾提及赫拉克利特式的儿童游戏，并将其视为对酒神精神的恰当表现：所谓在悲剧中既想要观看又渴望超越观看的状态，“是一再重新把个体世界的游戏式建造和毁灭揭示为一种原始快感的结果，其方式就类似晦涩思想家赫拉克利特把创造世界的力量比作一个游戏的孩童，他来来回回地垒石头，把沙堆筑起来又推倒”③。这其中既包含注定毁灭的存在者，又充满不断觉醒的游戏冲动和生生不息的生成；这正是尼采所说的酒神精神，也是其理解中的赫拉克利特式的生成游戏的本质。德勒兹认为，赫拉克利特和尼采意义上的儿童游戏不同于那些“人们既会赌输又会赌赢的糟糕游戏”。正如那个海边孩童的玩沙场景，“这种游戏不再有预先存在的规则，因为这种游戏已然指向了它自己的规则，因为儿童——游戏者只能赢——每一次都肯定了所有偶然”④。德勒兹强调，尼采把偶然性变成了肯定，其永恒轮回说的时空法则就是生成。永恒轮回是“生成之在，是生成本身的存在，是在生成中被肯定的存在”⑤。在孩子的生成游戏中，是“生成之在同样在跟自己玩着游戏”⑥。因此，并不存在一个真实的世界隐匿在生成之流背后，“在生成之流之外无物‘存在’。所有的‘存在者’都只是生成——生命之流之中相对的稳定的时刻”⑦。可以说，在生成的意义上，生命表现为一种对既成的抗拒，拒绝一种被概念化了的经验，并于经验的生成之流中，展开生命无与伦比的创造性力量。生命是生产性的，而非再现性的。生成之在是充满差异的轮回。

概言之，儿童游戏是德勒兹诠释其生成本体论的关键意象，生命的力量被其鲜活地呈现，通过创造性地生成流变，生命的差异性、多样性和肯定性亦被其充分地凸显出来。当强调生命内在的创造性之时，儿童的创造与哲学的创造实现了本质上的共鸣。

（二）释放儿童与童年的强力

在哲学视域下提出创新的童年观是

① D. Contage. Traveling Children：Thinking about Education as Displacement. In Brock Bahler & David Kennedy (eds.), *Philosophy of Childhood Today: Exploring the Boundaries*. Lanham, Maryland：Lexington Books, 2017, p. 93.

② Walter Omar Kohan. Gilles Deleuze：Enfants et Devenir-Enfance. *Childhood & Philosophy*, Rio de Janeiro, 2006, 2(3), pp. 11-27.

③ ［德］尼采：《悲剧的诞生》，孙周兴译，北京：商务印书馆，2017年，第175页。

④ ［法］德勒兹：《差异与重复》，安靖、张子岳译，上海：华东师范大学出版社，2019年，第205页。

⑤ ［法］德勒兹：《尼采与哲学》，周颖、刘玉宇译，郑州：河南大学出版社，2016年，第53页。

⑥ 同上，第54页。

⑦ ［英］克莱尔·科勒布鲁克：《导读德勒兹》，廖鸿飞译，重庆：重庆大学出版社，2014年，第151—152页。

对童年本质进行创新性阐释的重要路径。① 德勒兹提供的多种概念工具，扩展和深化了研究者对儿童与童年的审视，推动着童年观的创新，使儿童与童年的力量得以进一步释放。

沃尔特·奥马尔·科恩将童年哲学视为“一个至少与赫拉克利特一起诞生的学术领域”，自从赫拉克利特在其著名的“残篇52”中提出“时间（aión）是一个游戏的儿童，是一个儿童的王国”，童年便不只是被理解为年龄，而成为时间的一种非纪年体验形式。② 之所以这样解读，是因为古希腊有多个指代时间的词语。其一是“chrónos”，系西方传统中占主导地位的时间词，指向时间的连续性、顺序性，即纪年式的时间观。另一个是“aión”，代表非纪年式的时间观，它指代的是人类生命中时间的强度，一种命运，一个持续性的时间，一种无序的运动，不是连续的，而是激烈的。因此，赫拉克利特将时间（aión）与儿童、王权共述，便肯定了双重意义：一是肯定了孩子般的时间，强调时间是一种孩子般的存在形式，做着孩子所做的事情。二是肯定了童年的力量，强调了游戏作为儿童的存在方式，其中彰显的儿童的权利、力量、生命的强度正是非纪年式时间的意义所向。

在非纪年式的时间观下，童年不仅是静态地存在于人生的第一个阶段，而且是生命中的一种特殊的经验形式、一种人类经验的可能性、一种潜力、一种强度和一股至关重要的力量，是实现转变、在世界中产生不同或者说是新事物的条件。③ 根据纪年式的时间观，儿童处于开端，是人生中第一个未发展的阶段，往往意味着缺乏；而根据非纪年式的时间观，儿童实现得最为彻底，儿童比任何其他人都强大。④ 当儿童哲学研究者沿着上述理路继续童年观的哲思，与德勒兹的对话便自然且必然地发生。其间，德勒兹的“生成—儿童”概念被聚焦并多角度思考。

首先，生成—儿童成为摆脱时间的顺序性隐喻、塑造童年的非纪年式意象的关键工具。生成—儿童是德勒兹“生成—他者”理论中的重要议题，与其另一个重要概念“无器官的身体”密切相关。无器官的身体不是与器官相对立，而是与被称作有机体的器官的组织相对立。有机体将器官之间的划分和各自功能的界定作为固定的、先在的、理想性的本质，而无器官的身体强调的是在本质上尚未编码的身体，这时的身体还未屈从于各器官的限定而成为某种单一的统一体，因此具有非确定性、无限生成和发展的可能性与开放性。德勒兹将无器官的身体比作生物形成个体之前的胚胎，即生命自身进行实验和生成的介质。他直接用卵的特征来说明无器官的身体所凸显的强度性和非确

① 罗瑶：《西方童年哲学研究最新进展及其教育学意义》，《比较教育研究》2021年第6期，第81—88页。

② Walter Omar Kohan. Philosophy and Childhood. *Childhood Studies*, 2019.

③ Walter Omar Kohan, *Philosophy and Childhood: Critical Perspectives and Affirmative Practices*. New York: Palgrave Macmillan, 2014, pp. 14-17.

④ David Kennedy & Walter Omar Kohan. Aión, Kairós and Chrónos: Fragments of an Endless Conversation on Childhood, Philosophy and Education. *Childhood & Philosophy*, 2008, 4(8), pp. 6-22.

定性。[1] 沿着德勒兹的思路，幼儿身心的混沌互渗、未精确分化等特点是无器官的身体的非确定性的表现，而如约翰·杜威所述幼儿的未成熟性所内蕴的生长力则是纯粹强度的体现。更进一步，德勒兹以童年为例，揭示无器官的身体作为生命自身进行实验的内在性平面所创生的意义。

"无器官的身体是童年的阻断，是生成，是一种童年回忆的对立面。"[2]也就是说，它所揭示的身体实验，并非身体试图回到起点、回到结构尚未形成前的卵或者混沌，因为这是消极的退化而非积极的创造。无器官的身体表现的是一种新的存在向度和意义的创造，而这种实验显然是始终与身体并存的，无器官的身体并非先于有机体；它与有机体相邻，并不断处于构成自身的过程之中，它始终是"一种创造性的、同时性的回卷"[3]，它描绘的是身体积极的、能动的状态，它不是倒退回过去，而是向着未来的生成。

从无器官的身体的角度来看，生成—儿童的运动不是倒退回作为本原和基础的童年记忆，而是在过去的时间层次与当下的时间层次之间的相互生成（向未来的时间层次开放）：童年的记忆在当下产生了新的意义和联系，当下则通过与童年的复杂关联的拓展而突破了"事实"和"现实"性的结构的界限，向着一种新的可能进行"实验"。童年是"未知"的，而"当下"也不是明确的，两者通过"无器官的身体"的介质同时进入向"未来"的"生成"。[4] 在生成之中，关键是去体验正在出现和尚未出现的东西。[5] 这里强调的是，童年不仅仅可以理解为生命的第一个阶段，而且可以理解为在任何生命阶段中占据有质量的生活所特有的力量或强度。[6] 从后者的角度来看，儿童比成人更加强大。可以说，德勒兹的生成—儿童无关年龄，而是关涉变化和强度的问题，意味着对童年强大力量的释放。"生成—儿童形成了一般的青春"，而且，成人和儿童都可以生成—儿童，"儿童是每种年龄的生成—青春"。[7] 在儿童哲学研究者看来，德勒兹的生成—儿童阐明了"儿童的'王权'的来源，强化了以童年为生命形式、以特定儿童为对话者的时代进步意义，伴随着教育文化制度的相应变化"[8]。这意味着童年的非纪年式、充满强力的意象得到进一步强化。

---

① ［法］德勒兹、加塔利：《资本主义与精神分裂：千高原》（第 2 卷），姜宇辉译，上海：上海书店出版社，2010 年，第 227 页。

② 同上，第 228 页。

③ 同上，第 227—228 页。

④ 姜宇辉：《德勒兹身体美学研究》，上海：华东师范大学出版社，2007 年，第 164 页。

⑤ Markus Bohlmann. Deleuze, Children and Worlding. In Markus Bohlmann & Anna Hickey-Moody (eds.), *Deleuze and Children*, Edinburgh: Edinburgh University Press, 2019, pp. 179-195.

⑥ Walter Omar Kohan. Childhood, Education and Philosophy: Notes on Deterritorialisation. *Journal of Philosophy of Education*, 2011, 45(2), pp. 339-357.

⑦ ［法］德勒兹、加塔利：《资本主义与精神分裂：千高原》（第 2 卷），姜宇辉译，上海：上海书店出版社，2010 年，第 392 页。

⑧ David Kennedy. Becoming Child: Wild Being and the Post-Human. In Walter Omar Kohan & Barbara Weber (eds.), *Thinking, Childhood, and Time: Contemporary Perspectives on the Politics of Education*. Lanham, Maryland: Lexington Books, 2020, p. 125.

其次，生成—儿童唤起了对主体性的再思。后现代视域下的儿童哲学，对主体性的理解不同于过去的主体观，认为存在着某种普世的、先存的先验主体，作为知识或某种普世伦理的基础，而更为强调的是“过程中的主体”，强调的是人的转变而非复制。“过程中的主体”面向约翰·杜威的生长隐喻，因为生长本身的内在价值就是证明它合理的所有价值。基于此，童年不再意味着一种未形成的成人主体性，而被视为一种独立的主体性形式；儿童不再代表不完整，而是另一种形式的认识论；儿童是一种快速发展、持续重构式的存在，其自我在不断进行与内在世界和外在世界的对话。① 这种后现代主体性在德勒兹生成—儿童议题的触发下继续发展。

本质上，“过程中的主体”是一个从未达到过的主体，是一个潜在性的主体，因为它的发展形式是德勒兹式的“生成—他者”。② 后现代视域下的儿童意味着主体性的永久革命，之所以永久，是因其隐喻着对“主体”概念本身的重构。在“童年的断块”中，人总是生成不同于自己的东西，这是一个解放的过程。当放弃笛卡儿式“主权主体性”的框架时，人便可以自由地成为“一种纯粹的内在性生命”。③ 生成—儿童即把自己献给一个“纯粹的内在世界”，“主权式主体”被德勒兹式的“游牧主体”所代替。④ 在德勒兹这里，纯粹的内在性是“一种生命”的特征，是内在的内在，即绝对内在：它是满满的潜能和至福。⑤ 作为内在性平面，德勒兹所定义的“一种生命”与经验性生命相区别，既非生物意义上的生命，也非心理意义上的生命。它超越了传统哲学对主体和客体的二分，作为先验场域，“显示为一股纯粹的主观意识流，一种前反映的非个性意识，一种无我意识的质的绵延”⑥。德勒兹强调，“一种生命”所显示的是某种达到了至善状态的“纯人（homo tantum）”，“没有明显特征、超越善与恶的生命，因为只有在万物中实现了这种内在性的主体才使其变得好或坏”⑦。“一种生命”强调生命的独特性，这是生命之“一”，即生命体现出一个统一的、超越的指向。

大卫·肯尼迪关注到德勒兹和加塔利将“一种纯粹的内在性生命”的独特性与非纪年式的时间（aión）进行了联结，“‘Aión’，就是事件的不确定的时间，就是只具有速度的飘逸线，它不停地将所发生的事件同时划分为一个‘已经’和一个‘尚未’、一个‘太迟’和一个‘太早’、一个即将发生但又刚刚发生的事物。与此相反，‘chrónos’则是标示尺度的时间，它对事物和人进行固定，展开一种形式并确定一个

---

① David Kennedy, *Changing Conceptions of the Child from the Renaissance to Post-modernity: a Philosophy of Childhood*. Lewiston, Maine, New York: The Edwin Mellen Press, 2006, pp. 97-99.

② David Kennedy. Epilogue: Becoming Child, Becoming Other: Childhood as Signifier. In Anja Müller (eds.), *Childhood in the English Renaissance*. Trier, Germany: Wissenschaftlicher Verlag Trier, 2013, pp. 145-153.

③ [法]德勒兹：《哲学的客体：德勒兹读本》，陈永国、尹晶主编，北京：北京大学出版社，2010年，第321页。

④ David Kennedy. Epilogue: Becoming Child, Becoming Other: Childhood as Signifier. In Anja Müller (eds.), *Childhood in the English Renaissance*. Trier, Germany: Wissenschaftlicher Verlag Trier, 2013, pp. 145-153.

⑤ [法]德勒兹：《内在：一种生命……》，陈群志、于奇智译，《世界哲学》2014年第1期，第107—109页。

⑥ [法]德勒兹：《哲学的客体：德勒兹读本》，陈永国、尹晶主编，北京：北京大学出版社，2010年，第319页。

⑦ 同上，第321页。

主体”。① 基于此,大卫·肯尼迪进一步阐发,游牧主体蕴含着非纪年式的时间观,以“生成—他者”为发展形式,代表了既定形式的中断、将新事物带入人类世界的可能性。可以说,对任何年龄阶段的人而言,生成—儿童都在最激进的意义上意味着未来。释放游牧主体的力量,即童年的力量,也就是释放创造新现实的力量。人类正面临与地球上任何其他物种一样多的适应性挑战,而游牧主体具有适应新挑战的创造性力量,也许可以被视为对人类主体形式的预言性建议。② 可见,生成—儿童颇似一件思维利器,不断突破对童年的既有反思和想象,释放童年、儿童的强度与力量。

总之,德勒兹哲学与西方儿童哲学对话是一个当下的进程。儿童观、童年观的不断丰富与深化,是创新性思考早期教育的目的论、课程观和师幼关系等基本问题的重要前提。作为重要的思想资源,德勒兹哲学在阐释“儿童之所是”“童年之所是”等重要命题时的理论生发潜力值得更多关注及全面、深入挖掘。

On the Influence of Deleuze's Philosophy on Western Philosophy for Children

Wang Li

Abstract: Taking Deleuze's philosophy as a thinking tool, western Philosophy for Children realizes the innovation of the view on children and childhood, and forms the Deleuze perspective on the study of Philosophy for Children. On the one hand, it focuses on exploiting the inner relationship between children and philosophy; on the other hand, it constantly releases the power of children and childhood. The theoretical development potential of Deleuze's philosophy in the field of Philosophy for Children deserves more attention and comprehensive and in-depth exploration.

Keywords: Deleuze; children; Philosophy for Children

① [法]德勒兹、加塔利:《资本主义与精神分裂:千高原》(第2卷),姜宇辉译,上海:上海书店出版社,2010年,第369页。

② David Kennedy. Epilogue: Becoming Child, Becoming Other: Childhood as Signifier. In Anja Müller (eds.), *Childhood in the English Renaissance*, Trier, Germany: Wissenschaftlicher Verlag Trier, 2013, pp. 145-153.

儿童哲学课程在幼儿园一日活动中的实践研究

◎ 易百玲①

摘　要： 儿童哲学课程主张教育要倾听儿童的声音、关注儿童的世界。多项研究表明，儿童哲学课程能够有效帮助幼儿发展批判性思维、创造性思维与合作性思维等，提高幼儿发现、鉴别、分析问题和解决问题的能力。然而，国内儿童哲学的实践尤其幼儿园哲学启蒙教育的理论与实践研究屈指可数。本课题通过文献法、访谈法、观察法和行动研究法，依据“绘本——一日活动”的研究思路，以年级组为单位，开展儿童哲学课程，分别从幼儿园、教师和幼儿个人三个方面分析影响经验嫁接和活动效果的因素，并结合实践提出针对性的提升策略。在实践过程中，深化教师对儿童哲学的定义、价值的认识和理解，更新教师的教育教学观念；厘清儿童哲学中主题与刺激物的关系，提升教师的思考力；明晰不同年龄阶段幼儿在儿童哲学上的学习特点和接受水平；创新儿童哲学评价方式；丰富儿童哲学课程形态，优化儿童哲学课程流程。

关键词： 儿童哲学课程；幼儿园；一日生活；实践研究

一、绪论

（一）研究背景、研究意义及拟解决的关键问题

1. 研究背景、研究意义

（1）研究背景。

《3—6岁儿童学习与发展指南》中明确提出“重视幼儿的学习品质”②，并强调它对幼儿学习与发展的深远影响。自此幼儿教育的质量观和儿童的发展观被重新思考和定义，学前教育界也面临艰巨的任务和挑战：改变当前仍有诸多教师重认知、轻品质、重形式、轻内涵的现状，使幼儿园课程最大化地满足每个孩子个性化的学习与发展需要。

儿童哲学兴起于20世纪六十年代末七十年代初的美国。创始人马修·李普曼强调，学校如以教育为其使命和目的，就应该全力帮助儿童去发现和获得与自己的生活经历有关的各种事物的意义，帮助他们去建构属于自己的意义世界。儿童哲学的目标不是将儿童变成哲学家或者决策制定者，而是重在关心儿童、对话儿童、研究儿童和发展儿童，让儿童体验探究过程中的乐趣，解决日常生活中的哲学困惑，帮助他们找寻生活的意义，形成

---

① 易百玲，深圳市龙华区第三外国语学校附属幼儿园教师。

② 中华人民共和国教育部：《3—6岁儿童学习与发展指南》，北京：首都师范大学出版社，2012年，第3页。

对真、善、美的价值追求，逐步建构属于自己的意义世界，从而让儿童成为考虑更加周全、更会反思、更加贴心和更加完整的人。

20世纪九十年代末，为顺应新一轮的基础教育改革浪潮，儿童哲学开始被引入小学和幼儿园。尽管在中国台湾、江浙等地区学前教育中陆续展开实践，证实其适用于学龄前的幼儿，但对学前这一年龄阶段的理论与探究仍稍显薄弱。基于幼儿的哲学天赋，在幼儿园一日活动情境下开展3—6岁幼儿的儿童哲学探究模式十分必要。然而，对刚接触儿童哲学的教师而言，儿童哲学上手比较困难，且学界当前对儿童哲学的研究更多的是基于绘本，因此本课题预先从哲学绘本着手，在把握鲜明且经典的儿童哲学主题和积累一定的儿童哲学教学经验后，再将经验嫁接到一日活动中，探究基于一日活动的儿童哲学课程。

（2）研究意义。

① 本研究依据哲学绘本的儿童哲学主题鲜明的特点开展儿童哲学启蒙教育，在把握典型主题和内容后逐渐将经验嫁接到一日活动中，探索适合幼儿的儿童哲学团体探究流程和实施路径，初步发展出一套适合儿童哲学实施的方案，为其他园所开展系统的儿童哲学启蒙教育提供一定的参考。

② 在探究过程中，让教师将儿童哲学的价值和理念内化于心，指引教师关注和欣赏儿童的生活世界和内心世界，更加真实、全面、准确地把握幼儿的发展过程和水平，支持教师在平等对话中建立良好的师幼关系。对教师而言，助其在反思和重构自己的儿童观和教育观的同时，能够进一步提升教师的教学水平和哲学素养，促进教师的专业化成长。对幼儿而言，团体探究能够帮助幼儿进行持续的、充分的、深度的思考，启迪幼儿的智慧，培养幼儿的思维能力和敢于表达、勤于探究、乐于思考的学习品质。

2. 拟解决的关键问题

（1）探究适合3—6岁儿童的哲学主题和内容。

（2）探究如何将基于哲学绘本的儿童哲学教学经验嫁接到一日活动中，以及研究延伸的方向和影响嫁接经验到一日活动中的因素。

（3）在学习和借鉴国内外主流的儿童哲学开展模式的基础之上，探究适合幼儿园的基于一日活动的儿童哲学教学模式和提升活动质量的策略。

（二）核心概念界定及理论基础

1. 核心概念界定

（1）一日活动。

当前，我国幼儿教育界普遍将幼儿园一日活动按类别划分为生活活动、学习活动、游戏活动和运动，这种对活动的划分方式忽视了过渡环节。① 本研究中的一日活动泛指幼儿从早上进园到下午离园所有要经历的活动内容，包括盥洗、喝水、午睡前后和离园前等一系列过渡环节。

（2）儿童哲学课程。

儿童哲学是一种对话教学形式，旨在通过团体探究为儿童与教师以及儿童与儿童之间的提问和对话搭建桥梁，进而引

① 白小绵：《幼儿园一日生活过渡环节的现状研究——基于H市三所甲级幼儿园》，浙江师范大学，硕士学位论文，2017年。

导儿童认识世界的特点和正确看待世界，同时在观点碰撞中发展儿童的四种思维品质（批判性思维、创造性思维、合作性思维和关怀性思维）。具体而言，是在逻辑思考的基础上，让儿童体验探究过程中的乐趣，解决日常生活中的哲学困惑，帮助他们找寻生活的意义，形成对真、善、美的价值追求，逐步建构属于自己的意义世界。①

本研究中的儿童哲学课程特指教师在幼儿的一日活动中捕捉教育契机，并借助儿童哲学的理念、思想和教学方式与幼儿共同分析看似寻常的生活情境背后展现出的哲理，帮助他们获得事物的本质或根本意义。

2. 理论基础

卢梭认为，我们始终按照自己的理解去教育孩子，很少设身处地揣摩过他们的心理和思想，在告知他们所谓的真理时，也在他们的头脑中灌入了许多荒唐和错误的东西。儿童哲学课程摒弃传统灌输式的教学方式，肯定儿童的哲学天赋，承认儿童思想的价值。马修·李普曼提倡让哲学走进儿童的生活，在其儿童哲学教材中，通篇可见儿童之间或儿童与成人之间的对话，所有的哲学议题皆是在自然的讨论中不断涌现的，涉及真实、信念、心灵和公平等生活议题。加雷斯·B. 马修斯则注重对儿童哲学观念的欣赏，重视与儿童的对话，其撰写的《哲学与幼童》一书是“生活处处是哲学，每天都在做哲学”的真实写照。

约翰·杜威提出“教育即生活”“教育即生长”“教育即经验的不断改造”等观点和“做中学”的教育方式，倡导教师从儿童的生活经验出发，创设真实的教育情境，使儿童在此情境中通过自己的体验去思考真实的问题，提出假设，并通过实际行动进行检验。宽松、友好的环境使师生以及生生之间更充分地交流与合作成为可能，主体间互相讨论、自由交往也能够避免观点的片面性和简陋性，从而获得对问题更全面、更具体的认识。这便与儿童哲学强调通过探究团体集体讨论与兴趣、生活相关的问题，帮助儿童更全面、更合理地认识周围世界的理念不谋而合。此外，约翰·杜威认为“思维能够明智”，教育要培养能够掌握科学思维方法、解决实际问题、适应迅速变化的现代化社会的理想的人。儿童哲学就是在对话，即在对问题的探究过程中培养批判性、创造性、合作性和关怀性四大思维素养。

陶行知在“生活即教育”思想中厘清了生活和教育的关系。即（1）生活决定教育，意为生活是教育的中心，教育不能脱离生活；（2）教育促进生活，意为教育并非处于被动位置，教育在一定程度上改变生活，生活也会因教育而发生改变；（3）生活和教育相互影响，即生活和教育互相作用，生活是教育的出发点，也是教育的落脚点。同时，他主张“教学做合一”的教学方法，即教的法子要根据学的法子，学的法子要根据做的法子。哲学的根源在于好奇和惊讶，这也揭示了哲学与生活的关系——源于生活并为了生活。儿童哲学不同于作为学术、学问的“大 P”哲学，其议题主要来源于儿童生活，主张教师提前

① 高振宇：《儿童哲学的再概念化——对李普曼与马修斯“对话”的再思考》，《学前教育研究》2010 年第 6 期，第 8—11 页。

收集日常生活中儿童感兴趣的问题作为哲学议题，通过对话等形式帮助儿童建构生活的意义，而人通过眼、嘴、手、心灵和行动等参加对话，这也正符合陶行知关于“生活即教育”和“教学做合一”的教育理念。

陈鹤琴认为，只有了解儿童心理，认识儿童，才能谈教育儿童。他强调一切教学，集中在做，主张做中学、做中教、做中求进步，打破只用耳朵听、眼睛看，而不用口说话、不用脑子想事的教育，要尽量利用儿童的手、脑、口、耳和眼睛。儿童哲学强调凡是能够促进幼儿进行持续、深入、充分思考的人、事、物均可作为刺激物。

（三）研究目标、研究内容和研究的重点、难点

1. 研究目标

（1）通过开展以哲学绘本为主要刺激物的儿童哲学教学实践活动，把握典型的儿童哲学主题，并探究影响嫁接儿童哲学经验到一日活动的因素和解决策略，拓展适合3—6岁儿童的哲学主题和内容，提升活动的质量，构建适合幼儿园的基于一日活动的儿童哲学实施路径和方法。

（2）通过儿童哲学的实践让教师将其价值与理念内化于心，帮助教师反思和重构自己的儿童观和教育观，进一步提升教师的教学水平和哲学素养，促进教师专业成长。

（3）通过儿童哲学的实践进一步激发儿童探究和表达的欲望，培养勤于思考、乐于动脑和敢于表达的学习品质。

2. 研究内容

（1）适合3—6岁儿童的哲学主题和内容。通过以绘本和一日活动为载体，基于儿童的兴趣、生活经验开展儿童哲学活动，总结出适合的哲学主题、内容和多元的儿童哲学课程形态。

（2）影响经验嫁接与活动质量提升的因素和策略。探究如何将基于哲学绘本的儿童哲学教学经验嫁接到一日活动中，明确基于一日活动的儿童哲学探究的方向和影响嫁接经验的因素，通过计划—实践—反思—再实践提炼出提升活动质量的策略，构建实施路径。

（3）儿童哲学活动给教师和幼儿带来的影响和改变。通过观察和访谈了解教师和幼儿对儿童哲学在认识上的变化，了解儿童哲学活动给两者带来的影响。

3. 研究的重点、难点

（1）如何将基于哲学绘本的儿童哲学教学经验嫁接到一日活动中。

（2）探索基于一日活动的儿童哲学研究的方向和实施路径。

（四）研究思路和技术路线

1. 研究思路

（1）明确研究中关于“一日活动”和“儿童哲学课程”两个核心概念的界定范围，明确研究的基本立场和意义，设计实施方案。

（2）选择适合3—6岁儿童的哲学绘本作为刺激物，并依据国内外主流的儿童哲学探究模式设计儿童哲学课程，进行至少两轮行动研究，通过观察法和案例分析法分析判断绘本的适宜性，并总结提炼出研究过程中的问题和经验。

（3）在积累基于绘本的儿童哲学探究的基础上，捕捉一日活动中的儿童哲学教育契机，尝试开展一日活动中的儿童哲学实践，分析研究过程中存在的问题，在反思中分析原因总结经验，通过计划—实践—反思—再实践，不断拓展儿童哲学的

主题和内容，优化儿童哲学实施流程，丰富儿童哲学课程形态，提炼出提升活动质量的策略和构建基于一日活动的儿童哲学实施路径。

（4）通过访谈对比教师开展儿童哲学探究的前后变化，并结合观察了解儿童哲学对教师和幼儿的影响，反思研究的不足和明晰教师的专业提升方向。

（5）着眼于教师专业发展，撰写论文和研究报告，促进幼儿园园本课程体系的构建。

2. 技术路线

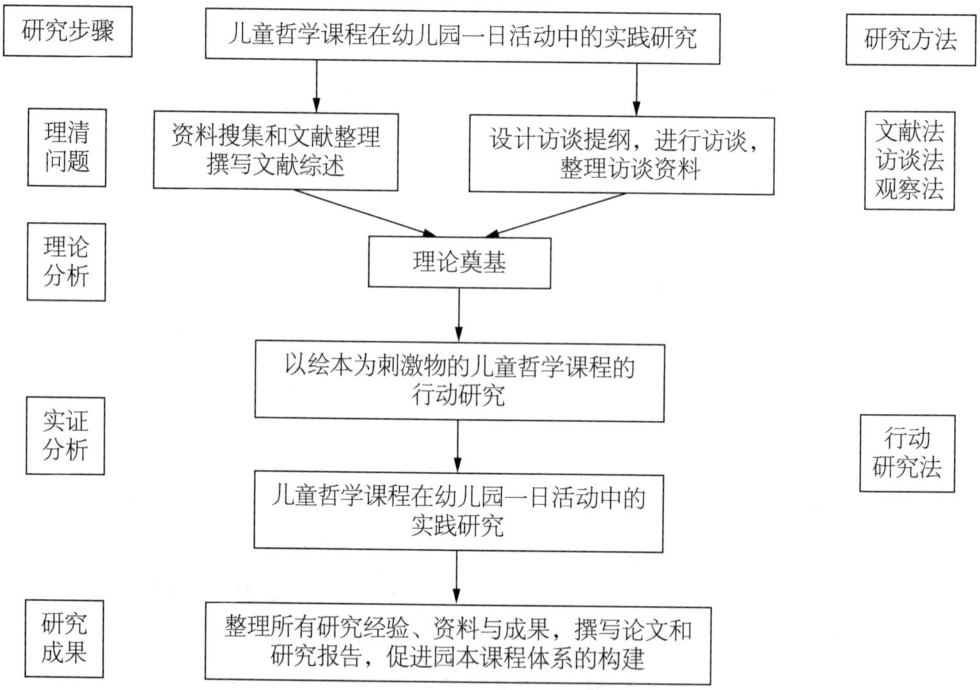

儿童哲学课程在幼儿园一日活动中的实践研究技术路线

二、研究方法

（一）行动研究法

本研究主要分为两个阶段，第一个阶段是以哲学绘本为抓手开展儿童哲学活动，掌握典型的儿童哲学主题和积累教学经验；第二个阶段为嫁接经验，捕捉一日生活中的教育契机开展儿童哲学活动。之所以选择绘本为切入点，是因为哲学绘本具有较为鲜明的哲学主题，且已有的儿童哲学活动教学模式多是基于绘本开展，已形成相对成熟的规范的流程，可以帮助教师更好地内化儿童哲学。而从一日活动中捕捉契机并生发儿童哲学探究具有较大的开放性、生成性，对教师的考验极大，因此从绘本入手，慢慢积累经验，过渡到一日活动。

两个阶段的研究都会通过计划—行动—观察—反思的循环过程，对儿童哲学教学进行质量提升的行动研究。在反思教学准备、教学过程、教学总结的基础上归纳出适宜幼儿的典型哲学主题和内容，提炼优质教学经验和有效教学法，并将其运用在幼儿园一日活动中，进一步开展儿童哲学课程实践。同时，分析影响经验嫁接和教学效果的因素，并针对性地提出改进策略，在拓展儿童哲学主题和内容的基础上，不断完善儿童哲学教学模式，促进园本课程体系的深入研究与总结。

（二）资料的搜集

1. 文献法

本研究将采用文献法对“一日活动”“儿童哲学课程”的概念进行梳理和界定，并结合已有儿童哲学教学模式、教学方式、策略等研究进行梳理，从中发现研究趋势和研究不足。在借鉴文献中优秀的研究成果和实践经验的基础上，撰写儿童哲学实施计划和方案。

2. 访谈法

本研究的访谈对象主要包括儿童哲学专家、幼儿园的成熟型教师和幼儿。通过邀请儿童哲学专家对教师的教学进行评价和开展非结构式访谈，进一步明确课题组在儿童哲学实践中的问题并吸纳专业化的意见和建议。对成熟型教师和幼儿进行非结构式访谈，旨在获取教师和幼儿对儿童哲学的认知、理解或感受，发现教学过程中存在的问题，以及了解儿童哲学课程带来的影响。

3. 观察法

本研究将深入幼儿园班级，对幼儿的一日生活和一日活动中的儿童哲学探究的实施现场进行观察，了解教师和幼儿在活动中各自的角色定位与开展的情况，以便了解和分析阻碍教师深入开展儿童哲学活动的因素并验证改进策略。

三、研究过程

（一）幼儿园儿童哲学教育情况诊断与行动方向的确定

1. 幼儿园儿童哲学教育情况诊断

由于在正式开展本研究之前，课题组已经尝试开展儿童哲学活动，为具体了解幼儿园儿童哲学教育的开展情况，笔者对参与实践的三位年级组长进行了访谈，具体情况如下：

(1) 对儿童哲学在幼儿园开展的可能性和价值提出疑问。

在提到最近儿童哲学课的实施效果时，三位年级组长均表示儿童哲学实施流程太多，时间跨度太长，每次活动都开展不完，孩子也坐不住，甚至对儿童哲学实施的可行性和价值提出疑问。

Z：到底什么是儿童哲学，真的有幼儿园在开展儿童哲学吗？

Y：是啊，我感觉好深奥，孩子真的懂吗？我自己都搞不清楚什么是具有儿童哲学性的问题。

L：而且时间好长啊，一定要按照这个流程走吗？十个流程一个多小时，哪有那么多时间，孩子也坐不住。

Z：就一直在对答，我们小班的孩子不会提问，有没有其他形式，这样太枯燥了。

对刚接触儿童哲学的教师而言，开展儿童哲学确实是极大的挑战。从访谈中可以看出，教师对“儿童哲学”的概念和内涵并不清楚，甚至将儿童哲学(“小 p”哲学)和传统学术性的哲学(“大 P”哲学)相混淆，再加上固定的流程毫无灵活性，以致教师不仅产生了畏难情绪，而且对其可行性和价值产生了疑问。

(2) 教师自身的哲学素养欠缺，幼儿思维训练不够。

访谈中还了解到儿童哲学实施效果不好，主要与教师个人哲学素养和幼儿思维水平有关。具体表现为：①教师缺乏儿童哲学主题意识，依据绘本内容被动地反向定主题；②教师对主题和刺激物缺乏判断和选择依据；③教师捕捉和剖析关键信息的能力不足，缺乏有效引导和回应；④幼儿提问和对话能力不足。

笔者：上次儿童哲学活动开展效果怎么样，你最大的困难是什么？

Y：效果不怎么样，感觉孩子提的问题、投票出来的问题都很普通、很平常，我都不知道要怎么去引导，也不知道要怎样选择刺激物才合适。每次都不知道上什么内容，有没有一套适合不同年龄阶段的绘本参考？

L：我觉得最大的问题：一是有价值的问题太少，二是总接不住孩子的话。

笔者：你认为什么是有价值的问题呢？

L：在绘本中找不到答案的，能够跳出刺激物的问题吧？

Y：我觉得回应得太少了，基本上都是你问我答，我抓不到能够深入讨论的点，有时候想回应，但是不知道怎么回应。

2. 行动方向的确定

儿童哲学是生活化、应用型的探究活动，儿童哲学也应该源于生活并应用于生活。但是从一日活动入手，对教师的哲学素养提出了较高的要求，教师难以从看似平常的日常中捕捉到儿童哲学教育契机和针对关键性信息进行有效回应，而哲学绘本具有鲜明的儿童哲学主题，相对来说更容易把握。基于此，本研究将分为基于绘本的儿童哲学探究筑基阶段和基于一日活动的儿童哲学探究提升阶段。

（二）以绘本为载体的儿童哲学探究活动实施与结果分析

1. 基于绘本的儿童哲学活动实录

（1）小班：《蜗牛和小兔子》。

依据儿童心理发展规律，小班孩子主要依靠感知觉来认知事物，教师选择了“疼痛”这一主题开展儿童哲学教学。自创的绘本《蜗牛和小兔子》情节简单，故事中蜗牛和小兔子的角色形象贴近幼儿的生活。通过描述小兔子搭建的积木倒塌导致路过的蜗牛受伤，小兔子赶紧带它去医院治疗来引发幼儿关于“疼痛并不总是坏的”的思考。

活动实录片段：

师：蜗牛发生了什么事？

幼1：壳受伤了，裂了。

师：如果你是这只蜗牛，你会有怎样的感觉？

幼1：会哭。

师：为什么会哭？

幼1：因为被砸了，会疼啊。

幼2：要赶紧去医院。

师：哦，感觉到疼痛了，就代表自己受伤了，提醒自己要去医院治疗，那如果以后受伤了，但是感觉不到疼痛，你认为怎么样？

幼1：那太好了，不疼就不会哭了。

幼3：不好，那样就不知道自己受伤了，会一直流血。

上述活动中，首先，教师在选择主题时考虑到了幼儿的认知特点。其次，预设的问题衔接紧密，让幼儿将自己代入蜗牛，很顺利地通过提问将幼儿从文本引导到现实生活。再次，教师的提问方式比较开放，能够激发幼儿回答的多样性。但是值得探究的是，对“疼痛”这个主题，更为直观的方式是直接体验或幼儿发生过的类似情境录像。

（2）中班：《嘿，小蚂蚁》。

这次活动的主题是“换位思考”。人和动物都是独立的生命个体，都有自己的家人、朋友，每个生命都值得被尊重。故事中通过男孩和小蚂蚁两个不同角色的视角来说明人和动物之间的联系——都有家人和朋友、都需要填饱肚子等，来引发万物都是独立的个体，应该尊重生命的共鸣，激发幼儿对小蚂蚁是否应该被踩死的讨论。目的是让幼儿学会换位思考，己所不欲，勿施于人。

活动实录片段：

奥尔夫音乐韵律游戏“变大变小”开场和绘本故事导入。

师：你们认为男孩应该踩死小蚂蚁吗？为什么？

幼1：应该。因为小蚂蚁很坏。

师：为什么你觉得小蚂蚁很坏呢？

幼1：它偷走了男孩的薯片，自己吃。

师：薯片真的是偷的吗？

幼2：不是，是男孩吃的时候掉在地上不要的。

师：你的意思是，如果男孩掉在地上不要的薯片，小蚂蚁就可以拿回家吃，是吗？

幼2：是的。

师：这样的话，你们觉得小蚂蚁还应该被踩死吗？

幼3：应该。小蚂蚁会咬人。它咬我，我就会踩死它。

师：为什么觉得小蚂蚁会伤害你们呢？

幼3：因为小蚂蚁的朋友被踩死了，所以要咬我。

幼4：因为很多人踩死小蚂蚁，小蚂蚁为了复仇才咬的。

幼5：我踩死了小蚂蚁，它才会伤害我。

师：你们的意思是，如果我们不伤害小蚂蚁和它们的伙伴，它们就不会咬我们，是吗？

幼：是的。

师：所以，你们觉得我们应不应该踩死小蚂蚁呢？

幼6：不应该。小蚂蚁被踩死了就看不到自己的家人了，会很伤心。

幼7：小蚂蚁是野生动物，我要保护它们。

“变大变小”音乐韵律游戏很贴合故事中男孩和小蚂蚁的形象，能够很好地引起幼儿的兴趣。在活动过程中，教师关注到幼儿不一样的观点“小蚂蚁很坏”并进行了及时追问和澄清，引发了幼儿的一系列思考，拓展了幼儿的思维，激发幼儿分别从小蚂蚁的同伴感受、家人感受和幼儿自身对小蚂蚁的认知等多种角度思考是否应该踩死小蚂蚁。不足之处在于没有完全跳出绘本。

(3) 大班：《好朋友》。

这次活动的主题是“友谊”。活动开展的契机主要是大班幼儿即将毕业离开幼儿园和自己的朋友。教师借助绘本《好朋友》向幼儿描述了好朋友的一些表现和特征，激发幼儿思考“到底什么是好朋友，是否不满足这些条件就成不了好朋友”，旨在进一步揭示好朋友的关系建立在情感之上，并不会因时间和空间的分离而消失，进而缓解朋友之间即将分离的消极情绪。

活动实录片段：

第一小组：

幼1：为什么不一样的动物可以在一起玩？

幼2：因为它们小时候就是好朋友，长大了也是好朋友啊。

幼3：男孩和女孩也是可以一起玩的。

幼4：因为它们认识了，就是好朋友。

师：认识了就一定会成为好朋友吗？

幼 1：一起玩的人才是好朋友。

幼 2：是能够一起开心的人。

幼 3：在一起很多年就是好朋友。

师：那好朋友永远不会分开吗？

幼 1：不会，会回到自己的家里。

幼 2：如果在同一所学校，还是会在一起的，会见到的。

师：如果和好朋友分开了，你们是什么感受？

幼 1：难过。

师：如果你们和好朋友分开，想念对方了，怎么办？

幼 1：加微信。

幼 2：住在一起就可以联系。

第二小组：

幼 1：山路那么陡，为什么他们不怕呢？

幼 2：因为有好朋友陪伴我。

幼 3：因为自行车是铁的，很牢固。

幼 4：因为他们对这条路很熟悉。

幼 5：因为他们很勇敢。

这次活动尝试让幼儿自主提问并投票选出最想讨论的两个问题进行分组交流。其中第一个小组比较符合教师的预设，但教师的回应偏少，没有及时抓住关键进行反问，使得讨论变为对答，也导致讨论中的思辨性较弱。第二个小组的问题属于文学性问题，虽然具有开放性，能够激发幼儿思考，但是难以激发幼儿对问题的本质进行思考。

2. 以绘本为载体的儿童哲学探究活动结果分析

（1）厘清了儿童哲学中主题与刺激物的关系，提升了教师的思考力。

实践初期，教师常常苦恼于确定的主题是否有哲学性，但随着探究的深入，不再纠结于此，因为即便看似日常的主题也会生发出具有哲学性的对话，关键在于如何捕捉契机，挖掘背后的儿童哲学主题。在课题研究初始阶段，教师比较缺乏哲学主题意识，活动内容的选择主要依据自身的教学经验，大海捞针式的搜寻也难以找到合适的内容，给教学带来极大的压力，整体而言具有极强的随意性。通过共读和分析《儿童哲学导论》的相关章节，教师有了可供选择的绘本和初步的哲学主题意识并尝试以绘本定主题，但往往因为主题过多、不聚焦而显得内容宽泛，于是萌发出“以主题定绘本”的观点。实践发现，选择的主题是否适合幼儿的年龄特点和已有的生活经验也是难题。从幼儿的兴趣和已有经验出发，更利于活动的深入开展，“逼着”教师学会透过兴趣现象探寻主题本质，再以主题定刺激物，能够提升教师的哲学敏感度和哲学素养。综合来看，儿童哲学的主题和刺激物必须是对应关系，当刺激物涵盖多个主题时，需要教师对刺激物做灵活处理，保留且突出与既定主题和小话题相符的部分，使其呈现出的内容能够更好地为主题和其哲学意义服务。首先由刺激物定位主题，由主题决定讨论方向，后续刺激物决定对话深度。

（2）初步筛选出适合 3—6 岁儿童的哲学主题和刺激物。

哲学主题涉及美学、知识论、存在主义、逻辑学、形而上学、语言、心灵和社会等 11 个哲学门类。[①] 哲学主题及其哲学意义是教师进行儿童哲学活动设计的指向标。刺激物主要是用来增进幼儿对特定主题或者方向的思考，因此选择时要慎

① 高振宇：《儿童哲学导论》，桂林：广西师范大学出版社，2020 年，第 63—67 页。

重地对其进行分析与筛选。

在选择哲学主题和刺激物时要考虑以下两点：①以主题定刺激物。在接触儿童哲学的初期阶段，教师应在对班级幼儿兴趣、经验和水平了解的基础上尽可能借助相关文献资料参考儿童哲学主题，学会拆分、细化主题并明晰其哲学意义。因为很多主题存在多层哲学意义，比如在“美与丑”的主题中主导概念是“美”，除了美的多样性、美的适应性，还蕴含美的伦理性，只有这样才能帮助儿童哲学探究更加聚焦，选择更加合适的绘本开展教学。②刺激物的角色内容是否贴合幼儿的生活经验。这里的刺激物并不单指绘本。凡是能够引起幼儿兴趣，调动与主题相关的认知经验并促进深入思考的人、事、物均可作为刺激物。因此，选择刺激物的依据不在于存在形式，而在于其内涵是否符合主题和表现方式，是否符合幼儿的年龄特点和兴趣。

教师在结合自身的教学经验和对本班级幼儿了解的基础之上，参考学者高振宇的《儿童哲学导论》等相关资料对儿童哲学主题进行预设，再进一步通过年级组集体研讨和实践反思的方式对儿童哲学主题和刺激物进行再筛选，在多轮预设—集体研讨—实践反思—调整下，最终确定筛选结果，具体情况如表格所示：

不同年龄阶段的儿童哲学主题、刺激物和哲学意义筛选结果

年龄阶段	主题	刺激物	哲学意义
小班	强与弱	《大狮子和小老鼠》	强大与弱小是相对的，看似强大的人也有劣势，看似弱小的人也有优势
	疼痛	自创故事《蜗牛和小兔子》	疼痛并不总是一件坏事，它能够提醒我们受伤了及时治疗
中班	自我，差异与相同	《鱼就是鱼》	每个人都是独一无二的，都是不同的
	人和动物的区别、联系，生命，换位思考	《嘿，小蚂蚁》	人和动物都是独立的生命个体，都有自己的家人、朋友，每个生命都值得被尊重。要学会换位思考，己所不欲，勿施于人
大班	时间	《伟大的小丑》	时间一直不停地往前走，逝去的时间不会再回来
	友谊	《好朋友》	好朋友虽然避免不了在时间和空间上分开，但是在心理上仍然在一起，彼此之间依旧会相互牵挂

（3）明晰了不同年龄阶段幼儿在儿童哲学上的学习特点和接受水平。

对不同年龄阶段的幼儿，儿童哲学的教学方式也要有所差异。①刺激物类型的选择：小中班幼儿的注意时间相对较短，绘本难以引起深度共鸣，因此刺激物应该偏向诸如动画片、表演这种动态、身体化、体验的形式；而大班幼儿的注意时间相对长一些，可以采用绘本、图片这种静态形式。②指导程度：小中班幼儿独立思考的能力还没有得到充分发展，提问和对话更依赖教师的预设和指引。一方面教师要在活动中做好问题预设，保障活动正常开展；另一方面，教师在日常生活中可以有意识地通过示范、语句训练（比如“为什么”“如果”）和环境育人等方式培养幼儿的提问习惯和能力。而对大班幼儿，教师则应该给予幼儿更多的自主权，让幼儿尝试自主提问并将观点串联起来。③思考程度：对小班幼儿，要求其能够自主地表达自己的观点即可，可以尝试通过给出理由、邀请举例、澄清和反问等初级回应方式促使观点之间产生交锋；对中大班幼儿，教师应该引导幼儿之间相互交流，对支持和反对的观点给出明确而充足的理由，通过追问交流彼此的想法，最终达成某种共识。

（4）区分了对答和对话。

问题探究的常见组织形式是以对话为核心的团体讨论。对话区别于对答。后者属于停留在技术性对话层面的浅对话，而前者是“我与你”对话双方在平等、尊重和理解的基础上以语言为中介，进行思想、情感交流互动的过程。① 它不仅需要慢下来，更要能深入下去，而这其中的关键在于追问和回应，追问和回应的时机也非常重要。当幼儿存在困惑时、对话陷入停滞时、思维僵化停顿时、出现新颖特别的观点时，教师可以通过观点澄清与再阐述、开放性或推理性的问题、反问、隐含疑问的陈述、对别人作出判断的邀请和魔鬼代言人②等方式帮助幼儿挑战刻板印象，使原有的观点之间产生串联和碰撞，让整个脉络逐渐变得清晰、准确和完善，并适时“打结”，以推动对话深入开展。③此外，以讨论为基础的探究环节并不局限于讨论。凡是能够保障连续、充分和深入思考的活动均可以被纳入，适时地穿插刺激物或是操作类活动反而能让儿童哲学探究活动变得更加鲜活，真正起激发儿童观点、发展思辨和创造等能力的作用。

（三）以一日活动为载体的儿童哲学探究活动实施与结果分析

在从绘本嫁接经验到一日活动的过程中，课题组遇到了两大难题：其一是难以捕捉儿童哲学教育契机；其二是难以循着教育契机深入开展儿童哲学探究。为此，课题组基于对一日活动、儿童哲学教学现场的大量实地考察和对教师相应教学行为的访谈，从幼儿园、教师和幼儿三个角度分析原因。

1. 阻碍一日活动中生发和深入儿童哲学的因素

（1）组织化的班级生活。

作为班级生活的组织者，在教师看来，班级生活应该是何等模样？教师所追求的班级生活究竟是来自成人的期望，还是幼儿真正的需要？是儿童哲学的生存之所，还是儿童哲学的羁绊？在对班级生活进行深入观察后，笔者发现，教育工作者推崇的是一种有规律、有秩序和节奏统一的组织化班级生活。而对作为被组织者的幼儿来说，他们在其中生活着，也在其中学会了教师希望他们学会的。

①“规律”的一日作息。在幼儿园，教师完全依照着该园作息时间表中的活动流程组织幼儿的一日生活。幼儿过的是一种近乎重复的程式化生活——入园、晨

---

① 陈双毅：《游戏化音乐教学师幼对话特征与模式研究》，浙江师范大学，硕士学位论文，2021 年。

② 冷璐翻译的菲利普·卡姆的《20 个儿童思考工具》中指出，魔鬼代言人是指故意反对某一主张，让观点产生自相矛盾以推进所讨论的事情发展。

③ 高振宇：《基于核心素养的儿童哲学课程体系建构》，《上海教育科研》2018 年第 1 期，第 19 页、第 20—23 页。

间游戏、集体教学活动、早操、室内游戏活动、午餐、散步、睡觉、午点、两个游戏活动和离园,而生活活动则不断穿插在这些活动的过渡环节中。

在这种日复一日毫无变化的幼儿园生活中,幼儿已经完全熟悉了每个班级的活动流程,能够准确预测某个时间点要做些什么,或者能够准确预测下一个活动的类型。带着在这种程式化生活中而渐渐产生的倦怠感,笔者对某班的L教师进行了访谈。

笔者:“L教师,您如何看待一日生活流程安排?”

L教师:“是这样的,对我们教师来说,熟悉了这个流程,每天做事情就会轻松很多,还有就是小朋友,比如他们早上一来就知道要搬凳子拿玩具出来玩,然后去上厕所做早操,这对他们也是有益的。”

在L教师看来,有规律的生活不仅能使教师有条理地组织幼儿的一日生活,也使幼儿在其中产生一种生活秩序感,让他们知道接下来要做什么,这样的生活才是秩序井然的生活,才是富有节奏的生活。A园教师也开展过有关幼儿园一日生活流程的谈话活动。

“小朋友知道我们来幼儿园的第一件事是什么吗?之后我们又要做什么呢?第一件事,门口穿着白色衣服的是谁啊?”

② 守时,班级生活的“尚方宝剑”。对同步化的集体生活来说,每一个幼儿的守时是一日活动能够有序进行下去的前提条件,而部分幼儿的“拖拉”则意味着另一部分幼儿的等待。因此,我们经常听到教师这么说:

“快一点,就等你们了,要准备上课了。”

“我看谁还在厕所里没出来啊,要排队出去做操了。”

“在区域活动开始之前,老师要提几点要求……当老师说收玩具的时候,你们就要迅速把玩具放回原处,听到了吗?”

在教师看来,幼儿在进入幼儿园之前自由散漫惯了,不受时间约束。而在进入集体生活之后,如果幼儿依旧没有建立守时这个规矩,拖拖拉拉,就是在给教师添麻烦,只有每一个幼儿都能保持步调一致,集体生活才能继续开展。对还不能通过钟表辨别时间的幼儿来说,教师的指令“收”“送回家”就意味着时间到了。时间成为教师彰显自身权威的工具,幼儿是否守时也成为衡量其是否服从教师权威的尺度。幼儿遵守的不仅是钟表时间,而且是教师的命令。教师在教给幼儿守时的同时,教给了幼儿无条件服从和迎合教师。

③ 井然有序,班级生活的主旋律。“喧闹”“混乱”等类似的词语在成人文化中都具有贬义色彩,而在幼儿园中,教师对“乱”也是一样。“乱”意味着幼儿无法无天,意味着教师失职,意味着场面失控。在教师看来,幼儿园班级生活应该是井井有条的、有秩序的。过渡环节是一日生活制度这一链条上的空隙,它并没有实质性的内容。因此在过渡环节,幼儿容易处于一种不可控的状态,而教师往往喜欢在过渡环节给他们做统一的安排,包括在部分幼儿上厕所的时候或者在等待用餐的时候,让幼儿跟着教师或者电脑学习手指操,用多媒体设备播放儿歌或者故事,跟着教师的钢琴伴奏唱歌,等等。这样才能够维持良好的秩序,避免混乱和喧哗。

在某中班的过渡环节,L教师正在用

电脑给孩子播放手指操，可是下面突然有孩子开始唱上午学过的儿歌。L教师马上制止："现在我们在做什么？谁在唱歌？"

在某小班的过渡环节，C教师用多媒体设备播放音乐时，音响突然发出了刺耳的声音。C教师说："你们的吵闹声就像这个声音一样让人不舒服。"

的确，我们应该承认，教师在过渡环节统一给幼儿用多媒体播放故事、儿歌，让幼儿统一学习手指操，在一定程度上避免了消极等待，丰富了过渡环节的教育意义。但是，从另一个角度来看，这是不是成人文化对儿童文化的又一次打压呢？这些在过渡环节幼儿自发表现出来的行为，比如嬉戏、观察主题墙等，正是儿童文化的外在表现。儿童天生就有强烈的好奇心，爱玩爱探索。因此，对处于教师安排之下的幼儿来说，没有实质性内容的过渡环节成为他"释放"自己天性的最佳场所。然而，教师"理直气壮"地插入幼儿最后一点可能的自主空间——过渡环节，按照自己当时的想法随机给幼儿统一安排活动，并不停地向儿童传递成人世界的规范：保持安静，统一秩序。最终，儿童文化仅有的一席之地还是被教师所占领，儿童离他们生动、活泼的生活更遥远了。

（2）高控制的教师角色观。

教师角色观是教师对其在师幼关系中所扮演的角色、所处位置的定位。因此，教师角色观决定了幼儿在园的生活状态，决定了幼儿是以一种充分自由的方式在生存，抑或是以一种受严格控制的方式在生存。

①"理所应当"的游戏组织者。不管是幼儿教育界的专家，还是在学前教育一线工作的教师，对"游戏是幼儿学习的基本活动"这一观点，基本都是持认可态度的。学者王振宇认为，从幼儿教育的实际出发，可以将幼儿园的游戏分为自主游戏与工具游戏两类。自主游戏是由幼儿自己发起的，自导自玩的游戏；而工具性游戏则是蕴含着教育意图、由成人发起的游戏。这两种类型的游戏在幼儿园的教育实践中都是不可或缺的，都是幼儿学习的基本活动。用学者王振宇的话来说："儿童在游泳池里学会了游泳，就能在大海中更加自主地玩水。"①

幼儿园教师是幼儿的保护者，同时是幼儿在园的安全责任人，要为幼儿在园的活动负责任。因此，幼儿在园的一日活动应该处于教师的掌控之中，而教师就理所当然地认为自己要扮演游戏的发起者、组织者这一角色。正是教师的这种角色观使得教师将幼儿的游戏活动牢牢地掌握在自己的手中，不敢冒险，也不敢放手。这是保护幼儿安全最省事、最保险的做法，但也是一种成人利益侵占儿童利益的做法。

② 班级生活中不可逾越的权威。一日生活制度的灵活安排：教师意志的体现。A园教师在依据一日生活制度或者既定的一日计划组织幼儿生活时，并不会一直都"一帆风顺"，有时候难免遇上一些"小状况"。下面是A园教师的一些话语。

"J老师，我临时有事，本来打算带他们出去玩山羊游戏的，你让他们玩积木吧。"

"Y老师，把小朋友带上来吧，体育老师没时间，不能学拍球了，马上就要体操

① 王振宇：《游戏的界限》，《幼儿教育》（教育科学）2017年第7、8期，第14页。

比赛了，我们就先练习下体操，然后再让他们玩一会儿积木。”

“本来老师要带你们出去玩的，为什么没有出去玩？因为你们队伍歪歪扭扭，如果能走整齐，我们再出去玩。”

乍一看，A园的一日生活安排具有一定的灵活性，并且存在因幼儿调整计划的情况。教师临时有事，体操比赛在即，可以改变原有计划；幼儿不按照教师的规定排队，可以取消原定的出去玩的计划；几个幼儿不听话，也可以花费预定的活动时间去教育他们。但是，细细推敲之后，这不过是教师“狡猾”地把改变计划的原因推到幼儿身上罢了，这种灵活性背后体现的依旧是教师的意志、教师的高控制。教师作为一日生活的组织者，计划是否发生改变，全在教师的一念之间，幼儿无权插手，也无权抗议，只能默默地接受。

教师不能被牵着鼻子走。而在另一种情况下，即面对既定的计划，当幼儿表达出自身需求时，教师又是如何应对的呢？

这是发生在A园某小班户外活动的故事。当时，C教师在操场上准备带小朋友玩木头人的游戏。好几个小朋友看见有别的班的小朋友在玩滑滑梯，便对老师说：“老师，我想玩滑滑梯。”C教师马上回答：“你是什么班？小二班。你想玩滑滑梯去小三班。”这几个提出想法的小朋友立刻不说话了。

从这个片段中，我们可以看出，当幼儿的意愿与教师的活动安排不一致时，教师并没有让幼儿先尝试参与游戏，如果还是不感兴趣再退出或是改变原有活动计划；相反，她的第一反应是拒绝。对此，笔者询问了C教师。该教师表示：“那肯定不行啊，三十多个小朋友有三十多个想法。每个小朋友都说自己想玩那个想玩这个，老师不就被牵着鼻子走了？”随后，她又补充道：“我们首先要保证全面发展，之后再提个性发展。”

C教师认为一个班级人数众多，而每个幼儿都有自己感兴趣的活动，如果教师给予一个幼儿活动的自由，那么其他的幼儿也会开始表达自己的想法，教师预设的计划就会被打乱，从教师带着幼儿走转变成幼儿牵着教师走。这就与她的观点“我们首先要保证全面发展，之后再提个性发展”相违背，即她认为教师既定的活动安排是在保障幼儿的全面发展。因此，在她看来，教师不能被牵着鼻子走，教师是不可逾越的权威。

(3) 去儿童化的教师时间观。

时间观是人的一种意识，是主体对时间的概念、价值以及利用和管理等的基本看法和态度。教师掌握着活动节奏，因此幼儿园一日生活制度的实施过程必然诠释着教师的时间观。在A园，笔者发现教师按照自己头脑中预设的时间表开始或结束活动，并伴随着常见的催促现象，这代表着幼儿进入了教师的时间架构中。在笔者看来，这种依靠时间表来决定做什么的做法暗含着一种去儿童化的教师时间观。

① 按时完成任务比儿童的体验更重要。数条具有端点的能度量的线段拼凑成了A园的一日生活，这个端点就是教师预设的时间点，时间点到了，不管幼儿愿不愿意，活动就应该结束了。幼儿就像在生产流水线中能够精确算出具体加工时间的产品，从一个单位转移到另一个单位。在A园，笔者能听到这样的与时间相

关的语言：

“我们再玩两分钟就收了。”

“时间还没到呢。”

“到时间收书了。”

“注意一下时间。”

“只能玩十分钟。”

“X 老师，以后户外活动的时候，10 点 40 分你就要提醒我，因为我不拿手机的。”这是 W 教师带领幼儿在户外活动时，对保育老师说的话。

“算了，没时间用肥皂洗手了，等这个活动结束再用肥皂洗手。”L 教师自言自语道。

基于在 A 园观察到的现象，F 教师表示：“每一位教师都应该有一个时间表，不然就会影响后面的环节。比如我们会要求家长早上 8 点 20 分之前把孩子送到幼儿园，这样就不会耽误我们后面的环节。”一位中班的 L 教师认为：“中班一般一个活动是 25—30 分钟，数学活动时间会稍微长点，因为你得一个个地看他们做得怎么样，因此这个活动我们都是安排在下午，上午 9 点半做操会限制教学活动的时间。”随后笔者问：“如果幼儿还想继续这个活动，怎么办？”该教师表示：“那也没有办法啊，后面还有别的环节要进行，还要上厕所、喝水，做操的时间是固定的，不能耽误，吃午饭的时间也是不能往后推的，学校是统一时间送餐。”

② 清晰的时间规划和强烈的时间观念。A 园教师有着十分清晰的时间规划和强烈的时间观念。一个活动大概多长时间才不会影响后面环节的开展，都是教师在一天天的工作中总结出来的。这也就是为什么笔者发现，老教师总喜欢提醒、告诫新教师，“这个时间应该开始上课了”，“这个时间活动应该结束了”，“要有一点时间观念”。在一日生活制度的实施过程中，A 园教师是依赖时间表的，她们根据时间表决定一个活动的开始，也决定一个活动的结束。教师精确地规定每个时间序列与事件序列，试图用一种外在的强制执行的社会节奏塑造幼儿自身的生命节奏，将幼儿自然绵延的生命时间用一种机械切割的方式强行阻断，从而把丰富多彩的活动纳入幼儿园统一的框架中，达到便于检查和控制的目的。随之而来的，就是不断催促，不断催促。教师潜移默化地传递着这样的价值观——越快越好。

在快节奏的 A 园，笔者看见，幼儿开始学会在夹缝中谋取一点福利。在等午餐的时候，一个幼儿说：“老师，还有一点时间呢，可以听个故事。”在涂色活动中，很多幼儿还没有完全展现自己的创意，作品就被教师收走了。由于户外活动上楼、下楼、集合需要花费较长的时间，幼儿才玩十几分钟，就被教师催促“时间到了，集合了”，这时往往有几个胆大的孩子，趁着大家集合的时候，还要去玩一会儿才过瘾……心灵无法在一个快节奏的生活中健康成长，因为其影响、接受、思考都需要时间。教师应该明白，幼儿需要充足的时间去享受、去表达和去体验，真正决定活动时间的，应该是幼儿的活动情况，而不是时间表。教师在教幼儿学会等待的时候，是否想过，身为幼儿教师也需要学会等待呢？

(4) 匮乏的儿童哲学经验准备。

哲学经验准备匮乏，是指探究共同体中对话双方的哲学经验，都存在准备不足的现实表现。陈鹤琴先生指出大自然、大社会是活教材，然而浸润在现代网络媒体中的幼儿对这些接触相对较少,也无心于现实版的可以效仿和学习的榜样。对教师而言,或许能在感知上体会到儿童的智慧,但头脑中固化的思维使其往往难以意识到儿童的哲学天赋。此外,幼儿哲学素养的严重不足也是自身进行深入思考的障碍。

① 模仿原型脱离现实。在观察中发现,幼儿有着丰富的联想,但联想的很多内容来自动画片和电子游戏,幼儿生活经验媒体化趋向明显。下面是教师和幼儿关于"生日"话题讨论中的对话:

师:如果给幼儿园送礼物,你会选择送什么?

幼1:我会送一个游戏机,我来教它。

幼2:我会把幼儿园推到冰雪世界。

师:为什么?

幼2:就像《冰雪奇缘》里一样。

幼儿常常会沉浸于幻想,但他们能够模仿和学习的现实经验越来越少,可模仿体验的原型也越来越不切实际。动画片画面的快速切换将幼儿暴露在轰炸式的信息中,使其思考区无法参与,而当这部分脑区长期得不到有效刺激,未来幼儿的思考能力、逻辑能力、专注力和自控力均会变差。

② 哲学天性保护意识淡薄。儿童是天生的哲学家,每天都会有一万个为什么,但现实情况是幼儿的问题得不到想要的答案,所得到的答案要么是听不懂的,要么就直接"被封嘴",断绝继续问下去的可能。在一日生活的观察过程中,经常会存在"科普"或者"回避"的现象。比如:"为什么夏天会很热?""因为夏天温度高。""为什么天空有的时候有彩虹有的时候没有?""可以回家问爸爸、妈妈。"

③ 教师哲学素养不足。教师的哲学素养和哲学教育能力是影响儿童哲学活动实施效果的关键性因素。教师哲学学科内容知识的储备直接影响教师的哲学敏感度,使其难以识别一日活动情境中的哲学元素,对进一步提炼哲学探究的主题和透彻把握其哲学意义造成严重的阻碍。此外,哲学素养的缺乏同样影响教师对幼儿进行哲学提问和团体讨论开展方向的判断。而对儿童哲学活动而言,缺乏哲学内容支撑则极易丧失哲学性,使其与日常生活中普通的探究活动毫无差别。教师的哲学教育能力,尤其是提问和回应能力,直接影响幼儿哲学思考的深度。有效的提问、回应能帮助幼儿理解和思考哲学问题,并促进幼儿的逻辑推理能力、创造力等哲学思维能力。反之,教师哲学教育能力不足,往往会导致幼儿的思考陷入僵局、疲惫或原地打转等。在访谈中,多位教师表示因为不知如何回应,而错失了引导幼儿深入思考的机会,甚至有些教师因为不知如何回答而选择忽视幼儿的提问。有教师说:"我在儿童哲学教学中最大的困难是容易接不上孩子的话,不知道怎么回应他们,只能说老师再想想,在活动过后可能会突然一下反应过来,哦!我应该这样说。"同样的问题出现在教师的儿童哲学日志中:"在探索绘本《嘿,小蚂蚁》的时候,幼儿说照片上小蚂蚁很大,人很小,所以人很害怕小蚂蚁。但是教师可以追问'小的一定会害怕大的吗'引发幼儿关于大小与强弱的思考。"

2. 基于一日活动的儿童哲学实施策略

针对前一阶段一日生活的观察和访谈,我们认识到如果想要儿童思考、表达,就要改变一日生活中的时间组织与教师观念。开放性的时间安排是幼儿发挥创造性潜能的必要条件，让儿童的活动主宰时间而不是让时间主宰儿童的活动。

（1）给孩子慢下来的时间——有弹性的时间和空间。

① 顺应儿童活动的节律。一日生活的各个环节中某一个小小的问题或者事件，都有可能引发儿童的好奇心，让活动生成。在经过前一轮对一日生活的调查和反思，我们尝试从儿童利益优先的角度出发，将儿童对活动的兴趣、投入度和活动的价值作为调整作息的依据，让时间顺应儿童的活动需求。不再严格按照作息规定的时间来决定活动的开始和结束，不会因为时间节点的到来就终止儿童感兴趣的活动。

我们顺应儿童的需求，注重从生活中的突发事件中发现当下对儿童的价值，从而拓展出新的活动。或者适当延长儿童感兴趣的活动时间，让儿童在更加充足的时间里自由表达与创造。

比如在一次午睡后的起床时间，小朋友J突然说："老师，我刚刚做梦了，梦到我在鳄鱼的旁边睡觉，它不咬我，因为我帮助了它！"听到这里，孩子都兴奋地打开了话匣子：

幼1：我梦到我在爬竹子，爬到最高的时候我从竹子上掉下来了。

幼2：我做了个开心的梦，像小花一样美美的，我好开心。

幼3：我梦到警察抓小偷了。

幼4：我做了公主梦。

……

当看到孩子纷纷兴奋地和同伴谈论自己做梦的内容的时候，教师结合自身的儿童哲学认知，立刻意识到这正是开展儿童哲学分支"心灵哲学"门类中"梦"这一主题的绝佳时机。基于孩子的热情，教师跟孩子展开了热烈的讨论和有趣的探索。教师没有因为一日生活安排的限制忽视幼儿的想法，而是跟随幼儿的兴趣对一日生活做了灵活、弹性的安排。教师开始意识到儿童的需要和兴趣才是灵活调整活动或者事件安排的要素。教师更加重视儿童的想法和需要，根据当下儿童的活动状态或者学习需要适当地调整、延长儿童感兴趣的活动时间，让时间和活动的安排更加适合儿童的发展需要。教师支持儿童在更加宽松的氛围中，尽情地表达自己的想法，并且有充足的时间去尝试各种想法，使得儿童能够全身心地舒展开来，让探究更自然地发生。

② 弹性支持儿童活动的变奏。在前一轮的观察中，我们发现，幼儿园的一日活动安排和制度被理性地分割成一个又一个的小格，环节安排过于细碎，儿童在执行过程中缺乏自主选择和自由活动的时间，没有自由感和轻松感，儿童总是在教师的催促下完成任务或者无聊地等待。在模式化的时间安排里，不管儿童最感兴趣的话题或者事件有没有收尾或者告一段落，到了某个时间节点，儿童都必须投入下一个环节。在这种情况下，儿童的兴趣容易被扼杀，儿童的问题和思考也经常被中断。

课题组根据儿童的节奏对一日活动安排进行了新的规划和调整，改变原来以教师预设为主，较为封闭、高控、整齐划一的时间安排方式，根据儿童的兴趣及时调整活动安排或者适当延长活动时间，让时间为儿童的活动服务，使得儿童在充满自由、自主、愉悦和创造的一日活动中拥有更多的选择、构想、体验和表达的权利。这种弹性、灵活的方式顺应了儿童发展的需要，给予儿童充分的探索时间，使一日生活安排实现从整齐划一到自然灵活的转变，也给予儿童自主寻找生活意义的机会和空间，把发展意义的权利还给儿童，让一日生活安排更易于儿童接受，让儿童的天性和想法得到更加充分的释放。①

在开展户外体能大循环的时候，大班的孩子提出了问题："为什么一定要按照老师摆的方式玩呢？"他们想要尝试用自己的玩法来开展体能大循环。教师敏锐地捕捉到了孩子的兴趣，抓住了背后所反映出来的孩子对自由与规则的渴望。于是组织孩子一起利用户外所有能用的材料进行自由组合，搭建他们想要的体能大循环路线和方式，教师没有限制孩子玩的规则，也没有限制玩法，更没有因为马上要进入下一个环节区域活动而终止孩子探索，给了孩子充足的时间。在探索过程中，孩子又生发出许多新的问题。比如在玩的过程中，有的孩子受伤了，怎么办？等等，这都是在孩子自身经验中生发出来的问题，是宝贵的做儿童哲学活动的契机。

成人以外在的时间为标准，将时间进行片段划分，并将时间的价值附着在日常事务和特定目标上。而儿童则是依据内在的游戏本能和兴趣冲动来安排自己的时间。② 时间之于儿童是流动的、转变的、生长的。这种主观性的时间体验是幼儿发挥创造潜能的必要条件。教育时间的规划需要建立在尊重儿童自然发展规律的基础之上，找准儿童的节奏，而不是为儿童的一日活动作出一成不变的安排。

（2）为儿童的思考和探索做准备——充分学习和研讨。

学者高振宇认为，儿童哲学教师只有具备一定的哲学学科知识才能识别儿童思想世界中哲学的部分。而建立一支哲学素养和哲学教育能力合格的教师队伍，才能为儿童的深入思考和探索创造有利条件。基于此，课题组组成教师学习共同体，通过不断学习和共同研讨提升自己的哲学素养。

在教师学习共同体中，所有教师均享有参与儿童哲学理论、实践学习的权利和机会。通过共读可读性、应用性强的儿童哲学著作，比如《学哲学的孩子更聪明》《小哲学家的大问题》，提升自己的哲学活动设计水平；通过邀请专家进行专题培训和指导，厚积儿童哲学学科知识，夯实哲学理论基础；通过集体教研与备课、公开课观摩学习与评课、经验分享等方式，相互学习借鉴，加强心理体验，提高儿童哲学敏感性、领悟力；通过勤做哲学记录，及时回顾和整理活动过程实录，提升儿童哲学教学水平。

对儿童哲学教学活动的设计与调整，教师均享有平等的参与权和话语权。首先，以年级组为单位共同探讨刺激物中蕴含的哲学主题，大家群策群力收集和分享哲学主题的概念和意义；其次，结合幼儿

① 杨妍璐、朱建莉：《儿童哲学路径下的幼儿园生活化课程：理念与方法》，《幼儿教育》（教育科学）2022 年第 7、8 期，第 38—42 页、第 63 页。

② 朱彦蓉：《幼儿园教育时间"紧缩"的表征、归因与破解路径》，《陕西学前师范学院学报》2021 年第 1 期，第 120—126 页。

兴趣、生活经验和接受水平抽丝剥茧地将主题分解成若干小话题，确定对应的活动目标；再次，合理预设问题议程，大家根据目标对教学内容进行适合班级幼儿对话的布局，包括刺激物的选择和呈现方式、幼儿视听觉的捕捉及经验联结、观点之间的串联、对话与体验式活动之间的衔接等，审慎思考后撰写活动教案；最后，保持宽容、开放、接纳的态度，相互开展活动观摩与评课，一课多磨，并从活动效果、活动收获、存在的问题和调整策略四个方面进行深度反思。教师学习共同体的支持能够帮助彼此更加全面精细地了解儿童哲学主题以及活动的设计与实施，通过提前预设与模拟幼儿的兴趣方向和可能出现的观点和问题，以尽可能帮助幼儿创设良好的对话情境。

（3）给儿童思辨的机会——支持儿童思考和探究的方法。

① 打造师幼学习共同体。儿童哲学教学是教师以幼儿的认知能力和水平为基础，以能引发哲学思考的各种素材为依托，与幼儿通过团体对话和讨论的方式共同进行哲学思考，解决问题的过程。幼儿园的师幼学习共同体呈现出以下两个特点：第一，对话氛围轻松、平等、民主和安全。课题组经过实践探索发现，将幼儿喜爱的事物，比如绵羊小灯、跳跳蛙手偶、儿童哲学之歌等作为儿童哲学活动的开启仪式，能够营造轻松之感。借助绘本故事、实物、图片、音频、视频、动手模拟与创作活动等与其生活经验紧密相连的刺激物开展团体对话，能唤起幼儿对儿童哲学活动的注意和兴趣，激发幼儿的创造欲望。对对话中的异议乃至古怪、极端的言语和情境报以开放、接纳的态度能够给幼儿以安全感。设置幼儿能够随时发问和讨论的儿童哲学角，以满足幼儿随时和教师畅所欲言的需求。在这种环境中，教师、幼儿均会放下戒备，随着兴趣、教学情境而动。第二，师幼平等、教学相长。儿童哲学活动中，幼儿是主动者、当事人，而教师既是话题的引导者、促进者，也是共同参与者。两者作为两个独立的主体，虽然在知识量、情感体验等方面有所不同，但他们在共同创造活动情境、民主氛围、思维之花与哲学素养之果。师幼双方在刺激物的牵引、点拨、助燃下，在交流、碰撞、争辩、创生中达成共识，在思想共享中达到情感交融。教师给幼儿以思考自由，培养幼儿交流讨论、倾听追问、合作互助的习惯，呵护幼儿的怀疑精神和创造性思维。幼儿给教师以专业成长，激发教师积极汲取知识养分，提升其根据适当的知识生成机制，调整、衔接、架设、引导对话的能力。

② 丰富刺激物的种类和呈现方式。儿童哲学课程中的刺激物，是指能够引发探究、引起儿童兴趣、具有哲学性质的各类教育资源。刺激物种类多样，常见的包括绘本和童话故事、图片、动画片、表演、戏剧、幼儿生活事件等。课题组按照呈现时机划分为随机刺激物和专门刺激物。前者一般指出现在活动预设之外的，因为幼儿的兴趣和好奇而引起关注，进而生发出儿童哲学主题，这种与活动的提问环节紧密相连，能够充分激发幼儿的探究欲望。后者主要是当幼儿的对话遇到瓶颈时由教师专门提供的具有针对性的事物，以帮助幼儿进一步连接经验，深化对问题和观点的理解。在儿童哲学探究的过程中，教师要善于开发周围的一切教育教学

资源，合理挑选刺激物，激发幼儿的探究欲望，为幼儿的思考和探究提供动力和空间。刺激物的呈现方式对支持儿童思考和探究也有着至关重要的作用。以绘本为例，原封不动阅读式的呈现方式能够更加全面客观地呈现信息，但耗时长且信息量过大容易造成干扰，会导致提问过于发散无法聚焦主题，比较适用于平时锻炼幼儿的提问能力。为了支持幼儿集中思考，教师可以尝试在原刺激物的呈现方式上稍作调整，比如通过节选或增减故事情节或仅呈现代表性图片凸显主题，弱化干扰信息；通过倒叙和开放式结局引导幼儿猜测，激发幼儿的创造性思考。

③ 加强对话引导。对初始探究阶段的班级，教师应事先预设有对话价值且幼儿感兴趣的主题，并构建有意义的问题序列以保障活动顺利开展。而对有较丰富的儿童哲学活动经验的班级，则有必要将提问、投票的权利交还给幼儿。但并非幼儿提出的所有问题都值得讨论，如何提高幼儿的提问质量并提出有价值的问题作为探讨对象十分关键。其一，教师要与幼儿一起对刺激物进行深入的解读，激发提问的欲望。可以通过"什么/谁……""什么时间……""在哪里……"等封闭式或事实性的问题作为推理的开场白，帮助幼儿了解故事或事件背景、特殊事件的发生与发展。其二，教师要帮助幼儿理解何为有价值的问题。对儿童哲学而言，能够探寻到事物本质且具有开放性的问题即为有价值。教师一方面可以通过提问示范提高幼儿对此类提问的敏感度；另一方面可以及时回应幼儿的封闭式问题，并借助问题象限①做进一步筛选，让幼儿感受探究性问题与阅读理解类问题、事实性问题、文学猜测类问题的差异。其三，给予幼儿充足的时间来思考和表达观点。幼儿的思维以形象思维为主，绘画的方式有助于思考形象化、表达清晰化。其四，类似问题合并做减法。教师及时指出相似问题以"+1"形式呈现并提醒幼儿提出不一样的问题，以缩减陈列的问题，方便后续投票。其五，采用闭眼投票制，防止跟票情况出现。

问题议程②只有展现出足够的思考空间和逻辑层次，才能给以讨论为基础的探究环节起良好的引导作用。因此，首先，要通过议题工具将筛选出的有价值的问题按照不同的主题进行分组；其次，要进一步分析主题之间是否存在从属、包含等关系，筛选出幼儿最感兴趣的主题进行讨论；最后，确定主题后，将该系列的问题按照具体到抽象、逻辑发展顺序进行排序，帮助幼儿从探究对象中逐渐剥离出来，深化对主题的认识和理解。

④ 及时回顾、总结与行动。回顾是幼儿自我修正观点的过程，不一定放在活动的最后，阶段性回顾和图文结合式的思维

① 冷璐翻译的菲利普·卡姆的《20个儿童思考工具》中指出，问题象限是进行问题分类的一种简单模式，四个象限分别为阅读理解类问题、事实性问题、文学猜测类问题和探究性问题。其中阅读理解类问题和事实性问题属于封闭性问题，而文学猜测类问题和探究性问题属于开放性问题。阅读理解类问题在文本中可以找到答案。事实性问题通过查阅资料或请教知道答案的人，可以获得解答。文学猜测类问题主要通过使用想象力，提出一些涉及人物动机的揣测、其他可能性预设的开放性问题，这类问题耗时长但收效甚微。探究性问题则是需要仔细思考的多元论问题。

② 问题议程是一个或一系列问题，设定议题是确定探究焦点和范围的一种手段，也是用来确定探究过程顺序的工具。

导图能够更加及时且直观地帮助幼儿梳理观点修正的过程。总结与行动是指以一次任务来总结达成的共识或提供一些活动来实现特定的技能和安排，旨在通过外显行为检测观点是否被内化，同性质的情境性问题、反思性问题、访谈、思考记录卡、图片选择等均可作为检测方式。

四、研究成效与展望

（一）研究总体成效

儿童哲学活动如何规划实施，是其活动目标达成、教学内容有效开展的关键。在三年时间里，教师对儿童哲学有了进一步的认识和思考。课题组根据幼儿园的实际情况、幼儿的内在需求，以及课题实验的目标规划和自身特点，创造性地发现和提炼了行之有效的儿童哲学活动操作样式，为后续的探究者提供了可以借鉴与推广的教学模式和策略。

1. 深化对儿童哲学的定义、价值的认识和理解，更新教师的教育教学观念

在三年时间里，教师对儿童哲学的关注重心由“儿童哲学性质的提问”过渡到“儿童哲学性质的主题”，再到“儿童哲学性质的对话”，逐渐把握了儿童哲学活动的核心内容。在概念上，虽然教师当前定义儿童哲学仍然存在困难，但是对其理解更为形象且深刻——儿童哲学是让教师静下心来聆听幼儿声音、走向幼儿精神世界的一把钥匙；是激发幼儿思考、探寻话题本质的活动。随着对儿童哲学理解的深入，回顾以往，发现生活中处处有哲学，也有不少教师和幼儿探讨过，只是自己当时没有意识到。访谈中，教师表示，在幼儿园开展儿童哲学活动不是“必要”而是“值得”，是能给师幼双方都带来超常“实惠”的活动。一方面，充满安全和信任感的团体探究模式满足了幼儿探索周围生活世界、自由抒发奇思妙想的需求，让幼儿在思维火花碰撞中，释放和提升创造性思维、批判性思维。另一方面，幼儿在儿童哲学活动中不时地“语出惊人”，撬动了教师关于“孩子是白纸”的传统认知，促使他们重新审视孩子并关注孩子的语言乃至精神世界，在拉近师幼关系的同时，让他们真正从内心肯定孩子的智慧和潜能，迫使教师产生知识的危机感与渴求感，倒逼他们不断学习、钻研与反思，进一步提升专业知识与能力。经过儿童哲学理论和实践探索，教师已形成共识，即把主动权还给幼儿，让其成为学习的主体。

2. 课程形态趋于多样化

幼儿园的儿童哲学课程形态以独立式课程为主，随机式探究为辅。前者是指将儿童哲学活动独立设置在周计划中。各班级分集体或小组两种组织形式，每周至少开展一次儿童哲学活动，时长 35 分钟左右。后者是指教师在一日生活中抓住儿童哲学的教育契机，随即与个别或小组幼儿开展儿童哲学对话。为满足不同年龄阶段儿童的需求和达成不同哲学主题的活动目标，课题组在实践研究中尽可能地丰富课程形态。目前幼儿园已经开展过“绘本故事+提问+自由/分组讨论”“图片+提问+讨论”“体验式活动+问题讨论+活动验证”“生活事件+主题分析+问题讨论”四种课程形态，涉及“时间”“爱”“梦”“自我”“友谊”“规则与自由”“勇敢与害怕”“成长与改变”“换位思考”等多个儿童哲学主题，梳理出了一系列以“大主题+小话题+关键问题”为结构的儿童哲学主题框架图和经典对话集。各班级结

合实际情况专门开辟了儿童哲学角，供幼儿随时投放问题并讨论。课题组还尝试设立了儿童哲学月，并以年级组为单位结合幼儿园三周年庆的契机研讨合适的儿童哲学主题，全园全身心且持续性地投入儿童哲学活动的实践研究中，以极具艺术性、创造性和哲学性的形式呈现出儿童哲学月的活动成果。

3. 构建了儿童哲学实施路径

课题组依据本园的实施情况将儿童哲学具体分为专门的儿童哲学课和随机的儿童哲学活动两种。前者是指教师基于对本班幼儿的了解，提前确定好哲学主题，并通过适宜的刺激物开启话题讨论的活动；后者是指教师以幼儿在一日活动中随机出现的某个兴趣点或亟须解决的问题情境作为刺激物，在剖析其背后隐藏的哲学本质后，再寻找新刺激物进一步深入哲学话题讨论的活动。两者最大的区别在于哲学主题是否提前设定好，其他的活动实施流程并无差异。

约翰·杜威提出思维五步法，在当前教育中，主要表现为探究式教学模式。一个完整的探究过程应该体现在“怀疑—探究—信念—行动”的发展，而当前诸多儿童哲学实践仅停留在探究阶段，缺少将探究的结果内化成信念并通过外化行为进行检验的环节。[①] 基于此，课题组结合具体的实施情况，删繁就简形成本园当前的儿童哲学探究模式：呈现并解读刺激物—提问并投票—创设问题议程—开展问题探究—回顾过程并自我修正—总结与行动。为了使主题的讨论更加持久且深入，讨论环节中将会随具体情况重新添加新的刺激物。课题组从三年的儿童哲学实践中提炼出了儿童哲学实施策略。

4. 创新了儿童哲学评价方式

我国儿童哲学团体探究活动中，评价是最为薄弱的环节，主要原因在于质性的评价指标缺乏系统科学的设计，所得出的结论往往具有主观随意性，符合学前教育阶段的量化评价工具尚未引入或开发。本园课题组教师结合自身的儿童哲学教学经验创新了一种幼儿自评和互评方式——儿童哲学豆。教师将幼儿在儿童哲学活动中的表现分为大胆发言、认真倾听、积极思考和奇思妙想四种，并分别以四种颜色的哲学豆代替，在活动结束后，以幼儿自评和互评两种方式评价幼儿的活动表现，四种颜色的哲学豆同时获得则能够成为儿童哲学之王。随着幼儿表征能力和创造力的进一步发展，儿童哲学豆得到进一步改良，幼儿分成小组，各自以绘画方式表征包括儿童哲学之王在内的五种儿童哲学豆，并通过投票选出票数最高的绘画作品，以供日后活动使用。

（二）思考和展望

从模仿到改进与创新，课题组不断实践反思，从教研方式、教师的哲学素养积淀、儿童哲学各个环节逐个击破，使得不论是在对儿童哲学的认识上还是在儿童哲学的实践上都有了质的飞跃，但仍然存在些许不足和遗憾。

教师哲学素养和有效提问的能力有待提高。无论是在理论研究领域，还是在社会实践领域，儿童哲学都不能完全抛弃哲学之为哲学的内在元素，然而教师哲学素养的积淀并非一日之功，这就导致教师常常难以成功地从刺激物中开辟出哲学

---

① 郑敏希：《儿童哲学团体探究：提供面向未知的行动力》，《教育发展研究》2021 年第 2 期，第 36—42 页。

探究的天地，因此课题组在以绘本为抓手的研究阶段耗费了更多的心力，对一日活动的研究稍显欠缺。对话作为儿童哲学活动的核心，提问自然少不了，但在具体的实践过程中，教师常会出现面对幼儿的回答不知该向哪个方向引导，以及自己提出的问题过于抽象，幼儿理解不了而无所适从的情况。因此，十分有必要继续通过专家指导和反复的实践磨课，进而提升教师的哲学敏感性，增强有效提问的能力。

对不同年龄阶段儿童哲学的差异，以及对教学路径和策略的研究较为浅显。虽然从一开始，我们就认识到不同年龄阶段的儿童哲学教学内容、教学方式等应该有所不同，但在已有研究中，该领域一片空白，缺乏参考以至于仅获得刺激物类型的选择、指导程度和思考程度方面的粗浅认知，难以继续深入。加上时间和精力不足，梳理出不同年龄阶段的儿童哲学活动目标和内容也存在巨大的挑战。

接下来，我们一方面将加强教师培训，提升教师开展哲学启蒙教育活动的能力，尤其是提问和回应的技能、技巧，以及机敏灵活的应变能力；另一方面，我们也将在探究绘本的同时继续对一日生活中儿童哲学的研究，尽可能地架构并完善不同年龄阶段的儿童哲学目标和内容。

A Practical Study on the Implementation of Children's Philosophy Curriculum in a day of Activities in Kindergarten

Yi Bailing

Abstract: The children's philosophy curriculum advocates for listening to children's voices and paying attention to children's world in education. Multiple studies have shown that children's philosophy activities can effectively help young children develop critical thinking, creative thinking, collaborative thinking, and improve their ability to discover, identify, analyze and solve problems. However, there are few studies on the theory and practice of children's philosophy education, especially in kindergarten. This study uses literature, interviews, observation, and action research methods to develop a children's philosophy curriculum based on the research approach of "picture books — one-day activities" at the grade level. It analyzes the factors that affect the experience grafting and activity effectiveness from the perspectives of the kindergarten, teachers, and individual children, and proposes targeted improvement strategies based on practical experience. During the practical process, the teachers' understanding and comprehension of the definition and value of children's philosophy were deepened, and their educational and teaching concepts were updated. The relationship between the theme and stimulus in children's philosophy was clarified, which enhanced teachers' thinking ability. The learning characteristics and acceptance level of young children in different age groups were clarified, and the evaluation method of children's philosophy was innovated. At the same time, the form of children's philosophy curriculum was enriched, and the process of children's philosophy activities was optimized.

Keywords: Children's Philosophy curriculum; kindergarten; one-day activities; practical research

其实有一百

——5—6岁儿童做哲学方式的调查与研究

◎ 王安琪①

摘　要： 本文以马拉古奇《其实有一百》一诗为核心线索，用实证研究的方式对"儿童用一百种方式做哲学"这一命题展开探究和讨论。通过访谈5—6岁幼儿对天、地相关话题的理解，从而在具体的现实与情境中展现个体儿童用一百种方式做哲学的智慧与价值。然后结合马拉古奇的诗作对当下成人（尤其是教育者）所秉持的理性至上和知识崇拜进行批判性论述，并反思其对儿童用一百种方式做哲学的威胁，以此引起教育者对自身的反思和对儿童的关注。在本文的最后，笔者提出，儿童教育的首要关注点不应该在儿童身上，而应该在教育者自身。教育者应该跟随儿童，时时回溯自己的天性与童心，在日常生活中自觉破除危害童心的因素，以更加坚定地守护自己和儿童的天性与童心，并在自然、探索、善良、真诚中遵循和丰富人的天性，如此才能成全教育者和受教育者双方，实现人的自然发展。

关键词： 儿童的哲学；童心；《其实有一百》

一、引言

儿童哲学是一个十分有趣且充满浪漫色彩的研究领域，它以充满智慧的目光去洞察属于儿童的价值，并以此来发现与解放儿童。其以哲学的视角去审视儿童与童年的诸多议题，逐渐剥离那些被蒙蔽和被隐匿的对儿童的伤害，使思考之根趋于深邃而不易使心灵随波逐流。

随着儿童哲学研究领域逐渐吸纳一些教育家、哲学家的思想，一些著名的学前教育理论也逐渐被纳入儿童哲学研究领域。马拉古奇及其著名的诗作《其实有一百》便是其中之一。这首诗敏锐地表达了马拉古奇对儿童的理解和认识。以刘晓东为代表的诸多学者阐发过此诗对儿童哲学研究领域的价值。

而笔者通过文献的阅读与梳理，以及在幼儿园中三个月的实践调研，感受到了儿童的淳朴与天真，感受到了儿童的困惑、想象力、好奇、创造力、游戏与无畏的精神。这使笔者从实践中深刻觉察到，儿童确实是在用一百种方式来理解与把握世界，不断建构其自身的哲学。但在幼儿园的生活与学习之中，儿童理解世界的多种多样的方式遭受了诸多的漠视与伤害。

因此，笔者希望通过访谈5—6岁儿童尤为感兴趣的关于天、地的话题，在实证中展现个体儿童做哲学方式的变化多样

---

① 王安琪，华东师范大学学前教育学硕士研究生，研究方向为儿童哲学、家庭教育、中国哲学和生命美学。

及其内在的智慧与价值。继而阐释诗中“学校与文明”对儿童用一百种方式做哲学的威胁，以进一步引起广大教育者的重视。在本文的最后，笔者将在全文论述的基础上，为教育者提出一些合理的建议。

二、相关概念的界定

首先，笔者将本文涉及的“一百种方式”和“儿童的哲学”进行概念界定。

（一）“一百种方式”的含义

“一百种方式”，是意大利教育家马拉古奇的诗篇《其实有一百》中的一个概念。有些研究者认为《其实有一百》中的一百种方式仅指儿童的无限多种表达方式。但笔者认为，马拉古奇的诗篇中所表现的应不止于此。

在诗的前半段，马拉古奇详细地向我们表达了这“一百”究竟指什么。在第一句中，他首先概括“儿童是由一百种组成的”①，在前半段的结束时再次强调“这一百是一百个一百的一百”②。笔者认为，本句的第一个“一百”显然指向开篇所谓的“一百种”，而后面“一百个一百的一百”③，马拉古奇究竟为何用这三个“一百”来指向开篇所谓的“一百种”呢？他在中间进行了阐发。“儿童有一百种语言，一百双手”④，作者虽仅仅提到手，却是用手来代表全身的感官，其所指的是儿童会利用身边的一切来进行表达。因此，第一个“一百”便指向了表达方式。表达源于更深层次的认识和理解世界的方式，于是马拉古奇继续论述“一百个念头”⑤。儿童有一百个念头，是指儿童头脑中的一百种理解和把握世界的方式，而这些可以概括为理性与感性，因此他说是“一百种思考、游戏、说话的方式；还有一百种倾听、惊奇和爱的方式”⑥。儿童不仅可以理性地推理判断，一步步建立与世界的联系，而且他们感性地接触世界，他们的情感、感受、想象、联想……都非常丰富。而马拉古奇更是用思考、游戏、说话、倾听、惊奇、爱这些感性与理性交融的活动来向我们表现儿童理解世界的不同方式。而一百种丰富的理解世界的方式加上一百种丰富的表达方式最终展现了儿童一百种世界的丰富多样，这即是“一百个一百的一百”⑦，因为这种组合不是简单叠加而是互相交融变化，极大地构成了儿童世界的丰富性，所以马拉古奇强调儿童“有一百种欢乐，去歌唱去理解，一百个世界，去探索去发现，一百个世界，去发明，一百个世界，去梦想”⑧。一百种表达方式强调表达方式的多样，是在行为表面上说的；而更深层次的理解世界的方式才是我们理解儿童世界的关键。因此研究儿童一百种理解世界的方式成为本研究的关键，而理解世界的过程也就是儿童做哲学的过程。

---

① 刘晓东：《论儿童哲学课的哲学基础》，《教育发展研究》2018 年第 C2 期，第 60 页。
② 同上。
③ 同上。
④ 同上。
⑤ 同上。
⑥ 同上。
⑦ 同上。
⑧ 同上。

（二）“儿童的哲学”的含义

学者刘晓东认为，中文语境下的“儿童哲学”其义有三：儿童的哲学、儿童哲学课和童年哲学。[①] 本文讨论的重点是儿童的哲学，它可以界定为儿童关于世界（即常说的宇宙人生）的观念，既包括儿童的好奇、困惑、探究，又包括他们对世界的理解与阐释。[②] 儿童的哲学始于惊异与好奇，并展开无穷无尽的探索。儿童的哲学既关心儿童精神生活的形式，关注他们精神生活中一系列范畴是什么，及其如何发生、发展、相互影响和相互联系，又关心儿童对自我和世界认识的具体内容及其演进过程和规律等。[③] 这就是儿童的哲学的内涵，它代表了目前学界对儿童的哲学的主要观点，从本质上表达了儿童的哲学是什么，亦是本文儿童的哲学所表达的内涵。本文题中的“儿童做哲学”便是指儿童从其感兴趣的问题、想法、经历出发，去探究、思索、理解和把握世界，而非简单地学习哲学知识。[④]

三、儿童用一百种方式做哲学的内在智慧

我们这里所谓的儿童及其一百种方式做哲学都不应仅仅是一个空泛的概念和口号。因此，儿童的哲学必须从一些基本理念走向现实，到每一个具体的、活生生的儿童的生命之中去探索和发现。笔者选取了5—6岁儿童尤为感兴趣的关于天、地的话题，通过访谈，于其中发现和感受儿童做哲学方式的多样变化和其内在的智慧与价值。

具体来说，笔者将从感觉、情感、联想、想象、推理和游戏等诸多认识与把握世界的方式上分别展开，并分析5—6岁儿童在理解与天、地相关话题时的哲思。笔者在下文的讨论是以展现儿童个体生命的样态为宗旨的，并非在阐述什么规律。这是值得区分的，希望读者能够注意，这当然是出于笔者对儿童个体性的尊重和理解的考量，也是儿童哲学领域的根本精神所决定的。因此，笔者在本节中所说的儿童与上文在理论论证中所指代的普遍性的儿童不同，本节中“儿童”概念主要指向个体的、具有独特生命样态的儿童。

（一）感觉与情感——自我本真呈现的智慧

5—6岁儿童用一百种方式做哲学，就从其运用全身的感官与情感的方式来理解和把握世界来说，这里面就充满了智慧与思考——对天、地与自我的本真呈现。

学者刘晓东指出：“儿童作为存在者，作为‘天人’、赤子、自然人，他在言说，他的言说便是存在自身的言说，是代天立言。”[⑤]我们应该如何理解所谓“代天立言”？

---

① 刘晓东：《儿童哲学：外延和内涵》，《浙江师范大学学报》（社会科学版）2008年第3期，第48—51页。

② 同上。

③ 刘晓东：《儿童精神哲学》，南京：南京师范大学，1999年，第88—89页。

④ 这里，笔者希望能够简单地讨论一下学哲学。事实上，“学哲学”一词本身就存在逻辑上的矛盾。哲学从其希腊文本义来看是指爱智慧，区别于一般意义上的智慧，而表现出一种对智慧本身不断追求的过程。苏格拉底认为智慧是神才拥有的，故而人们将永远只能在追求智慧的路上。若从学哲学的意义上来理解哲学，那么哲学就变成了一种知识，而知识的确定性与哲学本身的精神是格格不入的。

⑤ 刘晓东：《论儿童哲学课的哲学基础》，《教育发展研究》2018年第C2期，第59页。

研究者：你看到天的时候是什么感觉？

儿童1：我看到天的时候是很开心的感觉，特别舒服。

研究者：你看到天上的云朵时是什么感觉？

儿童2：特别好。

研究者：为什么特别好？

儿童2：因为天上的云朵这么白，我的脸也这么白，感觉我都要变成云朵了。

研究者：整个世界给你什么感觉？

儿童2：很开心，特别开心。整个世界都是绿油油的，我感觉自己一半绿一半蓝。

在上面这段材料中，我们可以很明显地看到，孩子调动了全身的感官，也调动了其丰富的情感。

儿童1说他感觉很开心，非常舒服。即使坐在封闭的会议室中想象，他的脸上仍展现着舒展、开阔、自由、幸福之神气。显然，他将自身的感官所曾接触到的那个天、地的本来样态原原本本地保留在了他的脑海中。当他再现那个生动的场景时，他也毫不犹豫地展现出自己对天、地的赞叹。这正是儿童在认识、理解、记忆和表达世界的时候将世界的本真面目以及其自身的状态完整地保留和呈现出来的有力证据。虽然已经逐渐有后天的习俗和文化开始进入他们的视野，但那份顺应自然生长的灵性使他们的内心通达而明亮，这正是率性而动的真实写照。

儿童2说他变成了云朵，整个人是一半绿一半蓝。儿童通过"变成""变换颜色"得以与天、地合而为一，这是一个很有趣的表达。这类似天人感应，比如阴阳家所说的"类同相召，气同则合，声比则应"①"以类合之，天人一也"②等。而这种天人感应，正是发生在这个儿童以其通透的心灵去观察世界的时候，他深刻地感受到了一个真真实实、原原本本的世界和自我。这是一种没有利益、没有目的的本真状态下的观察，这是一种最为自由、最为真实的观察，犹如"仰以观于天文，俯以察于地理"③。世界的本真、善良和美好刹那间竟毫无保留地展现在了一个纯真透明的心灵之中。这有着让一切性恶论者相形见绌的力量。这是属于儿童的本真智慧。

研究者：你看到山的时候是什么感觉？

儿童2：我感觉整个人都要变成山了，就长在陆地上。

研究者：那你看到海和河呢？

儿童2：我感觉整个人都变成了海和河，在流动。

研究者：那你看到树的时候呢？

儿童2：我感觉整个人变成了树上的果子，很开心。

研究者：你看到天的时候是什么感觉？

儿童4：我看到天的时候感觉我在飞。

研究者：那你看到河的时候呢？

儿童4：我感觉就是一条鱼在游泳。

研究者：那你看到海的时候呢？

儿童7：我禁不住想要跳进去。

……

在传统的文学表达方式中，有一种叫

① 吕不韦：《吕氏春秋》，陆玖译注，北京：中华书局，2011年，第755页。

② 董仲舒：《春秋繁露》，张世亮、钟肇鹏、周桂钿译注，北京：中华书局，2012年，第445页。

③ 王弼、韩康伯、孔颖达、陆德明：《周易注疏》，北京：中央编译出版社，2013年，第345页。

通感的修辞手法。对儿童来说，一切感官都是彼此开放的、通达的，所有的感官之于“我”来说都是一体的，甚至会进一步突破个体的屏障与桎梏，达到天、地、人的合一。他们迫不及待地要让自己整个人都浸润在其中，他们“变成了……”“长在……”“就是……”“禁不住……”。我们可以很轻易地发现，他们的情感会很自然地投射到他们所接触的材料上。他们想全身心地跃入其中，这是回归，是溯源。他们的渴望如此浑然如一，这是存在自身的和谐，是以人合天、道法自然。而“天地万物一体之仁”①在儿童身上亦有生动的体现：

研究者：你觉得花、草、树木、天、地和你共同生活是什么感觉？

儿童4：我感觉很舒服，就像在妈妈的怀抱里一样，很温暖。

研究者：你看到大地的时候是什么感觉？

儿童1：我看到大地是很痛苦的感觉。

研究者：为什么是很痛苦的感觉？

儿童1：因为我们这么多人、动物都踩在大地上，这么重，大地不要累死吗？

研究者：你觉得大地代表什么？

儿童3：大地代表土力（经过很长一段时间，才发觉土不是太脏）、累力（人们很辛苦地把土挖开，才挖到了矿石）。

儿童感受到母亲的怀抱所给予的温暖与爱以后，便将这种情感与感受勇敢而自然地作用在目之所及的天空、大地与万物上。古人讲“仁义礼智，非由外铄我也，我固有之”②，是说儿童的仁爱之心本就蕴藏在他们的心中。如若他们的仁爱之心能够得到父母的护佑和滋养，便可不断生发而推及万物。天地间的仁爱也正因此而推广开来。天、地、人、万物皆承接天道，富有良知。儿童与天地万物本为一体，故能以己仁爱恻隐之心感知草木瓦石的良知。儿童能够感知他们的温暖与爱护，亦能够感知他们的辛劳与苦痛。这是人心的善，亦是天地的情。儿童以其灵性与语言向我们展现他们彼此的情感互相通达的美妙。

这些都是至高的属于感觉印象的语言，亦是梦幻的、充满激情与想象的语言。只有如此的童心童语、天言天语才能编织和表现出这样纯挚而自然的世界。儿童有一百个世界，因为他们全身心都是开放、自由和接纳的，他们秉承天性，向善、向美、向真。

（二）联想与想象——模糊秩序中的智慧

儿童以感官和情感贯通天、地与自身的时候，其天然的、富有创意和生命力的联想与想象不仅保护了儿童的本真智慧，而且帮助其展现出了一种模糊的智慧。

对下文所阐述的此种模糊秩序中的智慧和天然的想象与联想，诸多研究者有过研究，但笔者认为这些都是非常值得思考的。例如让·皮亚杰认为，前运算期的儿童处于主观世界与物质宇宙尚未划分的混沌状态，缺乏必要的知识，对事物之间的物理因果关系和逻辑因果关系一无所知。③ 这是让·皮亚杰的研究结论，但正如加雷斯·B. 马修斯所言，这种看法是

① 王守仁：《王阳明全集》，吴光等编校，上海：上海古籍出版社，1992年，第52页。
② 朱熹：《四书章句集注》，北京：中华书局，2012年，第4页。
③ 李燕、赵燕：《学前儿童发展心理学》，上海：华东师范大学出版社，2008年，第172页。

将儿童整个生命看作按照一个成熟模式行进的,而这种模式是非常值得反思的。[1]倘若我们回顾儿童对天、地的感觉,我们便可知,因其与天地万物实为一体、同气相感,因而方可以己之心体悟、印照万物之心,这是天道人性的合一。我们究竟能从怎样的意义上认为可以将自己与世界割裂而达到一种清晰的认识呢?让我们回到5—6岁儿童对天、地相关话题的理解中,去发现属于儿童的理解世界的方式,去发现世界的生命力与创造力,感受属于儿童模糊的智慧的魅力和价值。

研究者:为什么泥土有生命呢?

儿童1:因为泥土就是……(它)干裂之后,它很干,它很渴,它很想喝水,然后它喝水了,湿润了,它很舒服。

研究者:为什么植物不能动也是有生命的?

儿童5:它们会动的,植物被风吹了就"叮叮叮"互相说悄悄话。其实植物跟植物会说话的。植物的中心,在动画片里有笑脸,现实中没有。有些花可能有眼睛,但是非常小,比如铅笔头这么小。植物小,眼睛就小;植物大,眼睛就明显。

儿童可以联想到大地的温暖与痛苦,泥土的干渴与湿润。他们想象倾听到植物的悄悄话,看到他们的眼睛。这不是来自成人刻意的灌输。他们不需要动画片中的笑脸。这是儿童用他们的心灵感受到的。正如钟嵘在《诗品·序》中说:"气之动物,物之感人,故摇荡性情,形诸舞咏。"[2]万物的灵性与人本为一体,故而相通。儿童关注他们,他们不仅看、听、摸,以全部的身体融入其中进行感受,而且会用心灵去感受。所谓"人心之动,物使之然也"[3],他们的情感也蕴于其中,感知其快乐、舒服、痛苦与温暖,并且他们使用自身天然的想象与联想表达出了对世界的理解。这种充满善意的理解和敞开心扉的感知是一种莫大的智慧,笔者将其称之为"模糊秩序中的智慧"。

当问及天、地是否有生命时,访谈中三分之二的儿童认为有。

研究者:你觉得我们的大地有生命吗?

儿童1:有生命的。因为植物长在上面,这些土是大地,这些土是让这些生命生长的,那它当然有生命呀。

研究者:你觉得天有生命吗?

儿童12:每个东西都有生命,那么天就有生命。

研究者:为什么每个东西都有生命?

儿童12:是我们传递给它们的呀,我们坐在上面就给了它们生命啊。

成人习惯于用概念组织逻辑,进行思考。概念是成人逻辑思维的基础。概念有明确的内涵和外延。这些内涵和外延是人类在认识世界的历史进程中人为规定的产物。但习惯于概念思维的成人往往忽视了概念的主观性,认为概念的边界也客观存在于自然事物之中。正因如此,在大多数现代成人的大脑中,连续的自然世界被概念生生地割裂了。

但儿童不是用这种方式进行思考的,在儿童直观的体验和感受中,大地与生长于其上的万物(无论是奔跑着的,还是扎

---

① [美]加雷斯·B.马修斯:《童年哲学》,刘晓东译,北京:生活·读书·新知三联书店,2015年,第9—10页。

② 转引自刘勰《文心雕龙义证》,詹锳义证,上海:上海古籍出版社,1989年,第174页。

③ 杨天宇:《礼记译注》,上海:上海古籍出版社,2004年,第468页。

根着的甚至是漂浮着的）都弥漫着千丝万缕的联系。儿童不会将草从土地中拔出，并告知成人："你看这是有生命的草和无生命的泥土。"儿童奔跑在大地之上，每一个坚实的脚印都向他们展现大地与自己的相融，他们可以轻易化作一朵花、一棵树和一株草。生命没有冰冷和明确的界限，生命在天地万物之间流转不息，万物皆可感通。在儿童那里，生命之气是弥漫状的，物与物之间的生命之气是相互联结的、相互感应的。故而宇宙间的万物才能生生不息。这更加展现了模糊秩序中属于儿童的智慧。

成人或许可以接受在讨论文学作品的语境下说天空是我们的父亲、大地是我们的母亲等，但是倘若我们正经地询问一个接受过学科教育的成人，他一定会一本正经地告诉你："它们没有生命。泥土不会有生命，空气也不会有生命。"事实上，在一些接受了不少学科知识的孩子中，他们也无比坚定地如此回答。加雷斯·B.马修斯说："乐于区分真实与假设，可以视为智力进步的一项标记，但在许多情形下（包括这次讨论），我担心这种表面上的进步只是一种错觉。因为缺乏对于欲望真实意义的了解……所以他们的解释并没有多大的帮助。"①在生命的意义上，加雷斯·B.马修斯的警醒同样适用。人类对自然任意地切割与规定，往往会滋生心中的傲慢。我们理应在生命面前时刻保持敬畏。否则，这种傲慢只会让我们变得愈发愚昧。正如5岁的大卫提出的："桌上的苹果是活的吗？"②在访谈儿童关于天、地是否有生命的过程中，儿童的回答也使我们重新思考那些我们未曾探讨过的生命的特征（比如生命是否能够传递）。儿童的话语总是能够引领我们发现与思索。这种反思既是对当下我们所形成的僵化的思维定式和麻木不仁且自以为是的心灵的救赎，也引领了我们的人性、天性的回归。而这一切，正是儿童模糊秩序中的智慧对我们的引领和启发。

不仅拥有真实的感受和对实在之物的观察，儿童开放而丰富的想象力与联想力会始终护佑和帮助他们进行感知与体会。他们的世界富有生长力，美轮美奂，并且充满了模糊秩序中的智慧。这也引领我们反思自己所构筑的概念世界。其对真实世界的蔑视是否合理？我们真的了解生命吗？儿童清新的回答引领我们重新思考流转于天、地之间的生命的意义和生命的可能，重新理解天地万物之情。这使我们能够对天地万物常怀恭敬之心。

（三）理性与游戏——亦真亦趣的智慧

从上文的分析中，我们感受到了儿童敏锐的感觉、丰富的情感、富有创造力的想象与联想。这些共同构筑了儿童世界的美妙。我们也能够从这些对话中感受到儿童的理性。而儿童对天、地关系的理解更加体现了他们的推理能力和游戏精神。儿童的理性远比我们想象的来得早，并且他们的理性推理中总带着游戏的精神，带着清新淳朴的创造与想象。这种理性推理和游戏的融合构筑了他们理解和把握这个世界的独特的方式，展现了儿童

① ［美］加雷斯·B.马修斯：《与儿童对话》，陈鸿铭译，北京：生活·读书·新知三联书店，2015年，第19页。
② ［美］加雷斯·B.马修斯：《哲学与幼童》，陈国容译，北京：生活·读书·新知三联书店，2015年，第8页。

亦真亦趣的智慧。

芝诺在《论自然》中使用归谬法："运动的东西既不在它所在的地方运动，又不在它所不在的地方运动。"①他以此来证明运动的荒谬性，说明世界是静止的。② 而大班的儿童也能够使用此种归谬的方法：

研究者：为什么天在上面，地在下面？

儿童1：如果倒转过来，发生地震，这上面的天不是要塌下来了？

研究者：你说的是整个倒转过来吗？

儿童1：是呀，地"砰"的一声掉下来，就砸死人了，而我们就会掉下去成为外星人的早餐了，这个世界就散架了。

该儿童想要论证天在上面，地在下面，于是他采用归谬法：

假设天在下面，地在上面；上面的地震动，便会坍塌下来，砸死下面的人。而上面的人一旦掉下去，便会掉到下面的天，掉进宇宙，变成外星人的早餐。这从未发生过，而且这会使这个世界散架。因此假设不成立，故天在上面而地在下面。

从这个例子中，我们可以发现，该儿童的推理如此自然。他的理性远不如我们所想的那样来得那么迟缓。理性的推理判断亦是他理解和把握这个世界的方式。更难能可贵的是，他的游戏精神也蕴于其中，使得整个思考过程更加熠熠生辉。该儿童既从对天、地互换的想象中感受到了乐趣，又在论述的过程中天马行空地加入了自己的想象。他想象大地倒转到上面之后的脆弱、震动和降落，想象从上面掉下来的人会落入变到下面的天之中，人就会变成外星人的早餐。在论说的过程中，他一边诉说，一边乐不可支。他手舞足蹈地表演其中的角色，如同他平日里常常进行的装扮游戏一般。游戏是学前儿童的基本活动，每一个儿童几乎无时无刻不在游戏。笔者发现该儿童的推理既有理有据，又极富一股游戏的精神，这带给他无穷的乐趣。

理性推理与游戏的融合极大地保护了儿童探索与思考这个世界的兴趣。而历史上那些看似严肃的哲学家竟也如同我们所认识的这些孩子一样。如果我们仍然以上文中归谬法的发明人芝诺来举例，就会发现，芝诺悖论不是芝诺毫无常识地提出了许多荒谬的理论，而是他为了证明其老师巴门尼德的学说，用归谬法与我们开了一个小小的玩笑。看似端庄肃穆的理性推理与游戏在儿童和芝诺那里却融为了一体。这种惊人的相似让我们不得不重新思考我们对儿童的偏见。儿童的理性推理能力和儿童游戏的价值都值得重新审视。若成人能够常常通过一些具有争议性的话题与儿童进行哲学游戏，就能够从中发现即使是年幼的儿童也具备惊人的推理能力，并且他们的游戏精神无处不在。而这种游戏精神极大地保护了他们探索这个世界的乐趣。理性与游戏的融合是他们把握和理解世界的独特方式。这种方式既求真又有趣，展现了属于儿童的亦真亦趣的智慧。下面笔者将举出更多的例子来展现这种方式和智慧。

儿童3：万一天空在下面就变成地了，万一地在我们上面就变成天空了。

① 北京大学哲学系外国哲学教研室编译：《西方哲学原著选读》(上卷)，北京：商务印书馆，1981年，第37页。
② 同上，第66页。

儿童8：天上也有大地，其实天上云朵多的地方就是大地。

儿童10：天外面还有一个天。

研究者：为什么天外面还有一个天呀？

儿童10：就是地上面有天，但白云就是地，然后白云上面还有白云，就是白云的天。

“天空在下面就变成地了……地在我们上面就变成天空了”“天上云朵多的地方就是大地”“白云上面还有白云，就是白云的天”，从这些话语中我们可以感受到儿童对词语的敏感，对词语之间奇妙而复杂的关系的好奇和探索。在这样一次次的词语游戏中，他们感受到了乐趣和奇妙。这些游戏活动所展现的儿童的好奇和探索是清新而有创造力的哲学得以生发的源泉。这些例子也进一步展现出儿童的理性。他们准确地把握住了天与地的相对，进一步引申为上与下的相对，所以倘若白云是地，白云的上面还有白云，就是白云的天。我们可以发现这些儿童清晰地把握住了“天”“地”这一对词语之间的相对关系。

《庄子》中引用的“惠施十事”中的一条：“天与地卑，山与泽平。”①与上文中我们引用的那段儿童的话语有着惊人的相似之处。冯友兰在《中国哲学史》中对这句话做了这样的阐释：“因其所高而高之，则万物莫不高；因其所低而低之，则万物莫不低。”②冯友兰的意思是，高与低是相对的，会根据我们选择的参照物的不同而变化。若以天之上的事物为参照，那么天和地都是较低的存在。反之，若以地之下的事物为参照，那么地和天都是较高的存在。与上面儿童的话语相比较之后，我们可以很清楚地看到，他的推理之中有着明显的逻辑线索。若我们再进一步分析，可以将其总结为一个三段论：

大前提：天代表参照物的上方。

小前提：当白云是参照物。

结论：白云的上方是天，即白云上方的白云是白云的天。

上述儿童的语言中，这样一个三段论的推理未必完美，但足以体现儿童的理性。

儿童天生具有理性之光。同时，他们的理性推理往往会结合着游戏，而使整个过程变得生动有趣，富有创造力与想象力，带着天真与淳朴。儿童的理性推理与游戏是他们把握和理解这个世界的方式，也向我们展现了他们亦真亦趣的智慧。加雷斯·B. 马修斯称赞：“儿童具有真正的富有想象力与创造性的思考能力。”③

（四）各种方式的融合——构建儿童世界的丰富多样

儿童是天生的哲学家，因其能够自由地用一百种方式探索自我与世界，并展现独属于儿童的内在智慧。而我们倾听了儿童那些来自感觉、情感、联想、想象、推理、游戏……的天言天语，也能够逐渐回忆起自己的本初之心。这是儿童在引领与召唤我们。

笔者虽根据不同的访谈内容，着重分析了儿童理解和把握世界的不同方式和其中所蕴含的个体儿童的智慧。但事实

① 冯友兰：《中国哲学史》，北京：生活·读书·新知三联书店，2009年，第224页。
② 同上。
③ ［美］加雷斯·B. 马修斯：《与儿童对话》，陈鸿铭译，北京：生活·读书·新知三联书店，2015年，第36页。

上，儿童把握和理解世界的方式远不止于此。这些方式是丰富多彩的，但它们并不相互隔绝，它们是和合共生、错综复杂、圆融一体的。儿童把握和理解这个世界的各种方式与智慧共同构筑了个体儿童独特而丰满的生命形态。以下，笔者以一例来简单阐述各种与智慧交融的方式。

研究者：大地有生命吗？

儿童5：有生命。因为上面长了绿绿的草，绿草是有生命的，土地也是有生命的，那没有土地，怎么会有小草、小花和大树呢？

研究者：你觉得呢？

儿童5：本来土是干干的，没生命。加入水，种子播下去之后，种子的生命传给了它，它们两个生命合到一起去了。之后，那个土，还有那个小草、小花和小树什么的全部就会一起长出来，土也有生命，一直给它们长。

从这一段话中，我们能够感受到该儿童身上所具备的天然交织的感性与理性。当有关大地生命性的问题抛出以后，这个孩子便直接从自身的感受出发，从小草、小花和小树出发去考虑这个问题。随即，他便将生活中的一些有关守恒的感知运用在其间。这种潜意识中的守恒观念直接促使他要解决生命的来源问题。生命不能凭空而来，而植物和大地的联系是那样紧密，故而，大地极有可能便是生命的来源。但是，他发现了干燥的土地无法孕育生命，故而他让水加入了生命的来源之中。这一切所展现的是理性的推理与非理性的联想之间的交错。当然，我们也可以看到，这个孩子在这段话的回答中似乎有一些前后矛盾，他先直接肯定了土地是生命的来源，继而又说土地的生命是种子传递而来的，那么土地的生命与种子（植物）的生命究竟是谁先谁后呢？生命在现实中就是那样直观地呈现在我们面前，孩子对生命的感受是一种直观的体会，这种看似存在的前后矛盾恰恰说明了孩子把握生命时的一种整体的、直观的状态。前面的问题看似矛盾，实则可以理解为孩子为解决生命来源问题所建构的一个生命循环理论。如果土地没有生命，植物何来生命？但是，土地的生命又从哪里来？这样的推理可以无限进行下去，除非有个什么可以终止这种无限倒推。但是，这种方式过于抽象，孩子还有别的选择。土地的生命性始终无法脱离植物，这个孩子的诚实本性让他无法告诉你寸草不生的土地上他能感受到任何生命。故而，从这种意义上来说，土地的生命是没有办法脱离植物（和种子）来谈论的，这便成为孩子建构其生命循环理论的出发点，进一步就用种子和土地互为生命来源来解释这个过程，形成一个“圆满”的生命循环理论。事实上，这不正是“圆满”这个词语所象征的那种状态吗？我们看到，在短短的对话之中，孩子对整个问题及其相关问题的思考是如此的复杂而深刻，却又有趣而生动；但这一切，都在瞬间进行。至于为何要建构这样的理论，除了理性上的思考，笔者在访谈过程中所感受到的孩子对生命的热爱与向往也是重要的原因。生命是如此美好，为什么如此美好的东西我们不让孕育万物的大地拥有呢？从感觉出发，到星星点点的想象的火花，再到情感的驱使和强大的理性的整合，短短数句，让我们看到了孩子内心世界的丰富和智慧的光芒。而各种理解世界的方式彼此交融，更加促进了儿童世界的丰富多样。

四、理性主义：儿童用一百种方式做哲学的挑战与反思

笔者将通过对马拉古奇《其实有一百》这首诗歌的阐发，阐明成人思维方式的一些特性，并揭示其何以对儿童的哲学产生不利的影响。

（一）马拉古奇对理性主义的怀疑

每一个成人都是从儿童成长而来的，从本质上说，作为主体的“我”始终还是“我”。但为何当成人再度审视儿童的时候，却感受到了一种巨大的差异和冲突呢？儿童与成人之间的差异从何而来？这无疑产生于变化（因为成人和儿童在某种意义上是同一主体的两种状态）。变化需要时间，而成人与儿童之间时间的变化便是成长。成长何以给我们带来了这种变化呢？马拉古奇如是说：

> 儿童有一百种语言，
> （这一百是一百个一百的一百）
> 但被偷走了九十九种。
> 学校和文明，
> 使他的身心分离。
> 他们告诉儿童：
> 不需用手去想，
> 不需用头脑去做，
> 只需听不要说，
> 只要理解不要快乐，
> ……①

“不需用手去想，不需用头脑去做。”这两句话连用了两个“不需”，从表现形式上来看，它似乎是成人对儿童行为的规范。可这种规范的来源是什么呢？如果去问一个正在对儿童做这样的行为规范的家长或者教师，他的答案一定是：“因为他（儿童）做错了。用来思考的应该是头脑，而用来行事的应该是手。”这里的关键就在于儿童“错了”。那么，成人是从什么样的一种意义上来说儿童“错了”呢？换言之，我们判断正误的标准是什么？更进一步追问的话，判断正误的标准是否存在？这对成人来说似乎是明确的，因为世界是唯一的，且是客观存在的，人的认识指向的便是这唯一确定的世界。所谓真理，即是认识与客观世界的符合。虽然我们在一定程度上可以承认这种“符合”是困难的，我们目前没有做到，但这并不妨碍科学发展日益昌隆的今日，我们自认为正在不断逼近事实的真相。而没有接受科学知识的儿童，我们自然嘲笑他们的朴素认识绝不会比我们的更加“真实”。可事实真的是这样吗？成人自信的来源是知识，而知识则来源于科学研究和发现。因而，我们在儿童面前自信的一个重要基础就是我们掌握了更多的科学知识。那么，这个基础真的这样可靠吗？

笛卡儿在《谈谈方法》中有一段对其“笛卡儿式怀疑”的经典表述。笛卡儿并不是要说明我们认识到的一切都是虚假的，而是告诉我们不要轻易相信我们的认识。笛卡儿的态度是明确的：凡是没有经过反思的认识，我们都应当悬置。我们知道，笛卡儿是近代自然科学的奠基人之一。也就是说，我们今日奉之为“真理”第一代言人的科学是由笛卡儿这样的人造就的。例如近代自然科学之父伽利略，他

① 刘晓东：《论儿童哲学课的哲学基础》，《教育发展研究》2018年第C2期，第60页。

若没有怀疑精神，如何会对地心说提出疑问？如此看来，被我们认为是判断正误的第一标准的科学，恰恰是以怀疑精神为基础而产生的。那么，作为成人的我们还有多大的自信站在儿童面前说自己比他们更接近“真理”呢？那些奉科学为真理的成人，恰恰违背了科学的核心精神。而这种错误的科学观只会让他们变得愈发傲慢和无知。

接下来，让我们更进一步。

“‘世界是我的表象’：这是一个真理，是对于任何一个生活着和认识着的生物都有效的真理；不过只有人能够将它纳入反省的，抽象的意识罢了。”①

“世界是我的表象”这句话是叔本华的名言。但这句话应该从哪个角度来理解呢？

“于是，他就会清楚而确切地明白，他不认识什么太阳，什么地球，而永远只是眼睛，是眼睛看见太阳；永远只是手，是手感触着地球……”②

叔本华很明确地表达了他的看法。我们的认识在什么程度上可以超越我们自身的感官呢？这其实是西方哲学界进入近代以来所面临的一个核心问题：认识何以可能。哲学家经过了数百年的探讨，他们建立了各种各样的模型和假想来试图为我们的认识的可能性做一些理论上的支持，但是渐渐地，他们探索得到的是叔本华的这句话。如果叔本华的反思比一般的成人更为高明一些，那么我们还有什么理由来坚持我们对心中所谓的唯一客观事实的坚持呢？如果“世界是我的表象”，那么重要的也将不再是客观的实在，而是作为存在主体的“我”的理解和阐释。那么我们又怎能如此忽视、蔑视儿童用全身心去感知和认识世界，如此急躁地否定他们，并狂妄地传授给他们所谓的“真理”。

对我们上文的讨论，笔者认为马拉古奇是同意的。

他们催促儿童
去发现早已存在的世界，
儿童的一百个世界
他们偷走了九十九个，
……③

我们对儿童的一百种方式的摒弃，源于我们对一个确定的世界的信仰（正如马拉古奇所说的“早已存在的世界”）。这是我们对认识世界的一种方式的执着，但当我们开拓视野之后，发现牢不可破的知识开始逐渐变得脆弱了。

（二）维特根斯坦对理性主义的反思

上文，我们对知识及其在成人世界中的权威性做了一番阐述。与此同时，所谓知识也是现代文明在每一个成人个体中的缩影。如果我们进一步探讨就会发现，知识与现代文明的核心具有内在的一致性。马拉古奇在诗中用“只要理解不要快乐”这一句表现出了这一重要的问题。所谓成人的一种确定性知识背后所展现的成人所信仰的一种认识方式究竟是什么？马拉古奇给我们的回答是：对理性的信仰。上文我们已经提到了我们对科学的

① ［德］叔本华：《作为意志和表象的世界》，石冲白译，北京：商务印书馆，2018年，第33页。
② 同上。
③ 刘晓东：《论儿童哲学课的哲学基础》，《教育发展研究》2018年第C2期，第60页。

信仰。但这种信仰哪里来的呢？这个问题对不同的人来说是不同的。对国人来说，“科学”的概念是一个舶来品，它来自西方。而西方，他们有关“科学”的概念则是近代以来形成的。这就与上文所说的以笛卡儿为代表的近代自然科学创始人有关。最具有代表性的是弗兰西斯·培根的那句名言：知识就是力量。当时掀起的有关科学的革命思潮是对中世纪神学统治的反动，而其高举的旗帜是与信仰相对的理性。因此，我们可以说，对科学的信仰本质上是对理性的信仰。如果说上文论证了对科学的信仰的问题主要在于对科学精神（理性精神）的认识不够清晰，那么作为科学精神本质的理性是否靠得住呢？如果我们问了这个问题，那么就是在问：理性能否证明自身的可靠性？因为如果理性需要非理性来支撑其可靠性，那么理性就不是最可靠的；于是，除非理性能证明自身的可靠性，否则我们只能说，我们对理性的坚持不过只是一种信仰罢了。

在讨论以上问题之前，必须先界定“理性”的概念。在《汉语大词典》中，“理性”一词是指属于判断、推理的思想活动，与感性相对。根据这一解释，词典中直接将理性和判断、推理做了关联。判断和推理是什么呢？是逻辑。而逻辑的起点是概念。以概念、判断和推理为核心的思想活动即理性，而其中的基础是概念。我们问理性是否可靠，必须以概念的可靠性为前提。在传统的逻辑推理三段论中，所谓推理的可靠性不仅需要符合逻辑规律，更为重要的是作为前提的概念或者判断是可靠的，而判断的可靠性又依赖概念，因此概念是逻辑和理性的可靠性的前提。但恰恰是处于如此重要的基础性地位的概念，在现代以来受到了严厉的打击。我们都知道，哲学家维特根斯坦对哲学的理解一反传统，他将哲学理解为一种语言的误用：“哲学工作就如同建筑一样，实际上更是一种对这种工作者自身的折磨，一种对他自身观念的折磨，一种对他认识事物方式的折磨。这种折磨表现为对语言的误用。”①

维特根斯坦对哲学进行了深刻的反思，他批判那种对基本的、重要的和普遍的知识的追求是一种根本的错误，而这种批判的矛头在指向传统形而上学的同时，是对所谓传统理性观念的一次猛烈的批判。什么是基本的？什么是普遍的？在柏拉图那里，它叫作“理念”；而在我们现在，它叫作“概念”。现代哲学对传统哲学的批判，尤其到了海德格尔和维特根斯坦，将火力集中在概念上。从语言的发生来看，一般认为其来源于表达的需要。但在语言的发展过程中，语言自身逐渐成为独立于自然物而存在的一种特殊存在形式。更进一步，语言的巨大作用逐渐让人类产生了对语言的思考和崇拜，哲学的产生与这有着密切的关系。此后，习惯于使用语言概念的我们渐渐淡忘了自然物。人们不再关注一棵棵形态各异的树木，而自认为有了“树木”这个概念便掌握了所有树木的本质。与此相关，人们轻视感觉，轻视情感和意志，这些都成为我们掌握真理（保持客观理性）的敌人。同样是自身的官能，理性一举拥有了至高无上的地位，而我们的认识也就被锁在了概念的

① 江怡：《维特根斯坦》，长沙：湖南教育出版社，1999年，第199—200页。

牢笼之中。

然而，什么是真实呢？还有什么比我们看到的一棵棵形态各异的树木、一朵朵色彩艳丽的鲜花更为真实的呢？“树木”这一词语除了空洞的笔画和发音，还有什么呢？如果没有具象的、姿态各异的树木，“树木”这一概念又何以能够存在呢？

“故言者所以明象，得象而忘言。象者所以存意，得意而忘象……然则，忘象者，乃得意者也；忘言者，乃得象者也。得意在忘象，得象在忘言，故立象以尽意，而象可忘也；重画以尽情，而画可忘也。”①

纵然语言可以帮助我们表达，但存在于语言之间的距离是无法磨灭的。正是这种距离导致语言对存在有了超越和僭越。可是，存在是实实在在的存在，纵使我们不相信存在者存在，也不得不承认现象学所表述的现象是优先于语词的。如此看来，以概念为基础的传统意义上的理性的可靠性也是值得怀疑的。反观儿童，他们用自己的一切官能在认识，而又用自己的一切官能来表达自己的认识。比起生活在概念世界里的成人，一百种语言、一百种认识和理解世界的方式或许更具有解释力，至少他们的认识和表达更具有启发意义。

我们的文明是建立在我们的知识之上的，所谓现代文明则是建立在以西方世界为主导的问题系统之上的。所谓成人的语言的本质——理性，也正是现代文明的核心精神。当我们将理性摆在中心地位的时候，正如和中世纪基督教当道一样，所有的非理性（包括情感、意志等）都会被抑制。而属于理性的“教堂”便是负责承载和延续文明的学校。正因如此，马拉古奇才会将矛头指向学校。当然，其根本还在于学校所承载的对象——文明。

如果读者更仔细一些，可以看到，马拉古奇将学校和文明犯下的罪行指控为使儿童“身心分离”。所谓身心分离，是指理性对感官的超越（或者说是僭越）。这与笔者上文所讨论的知识对存在（或者现象）的超越具有内在的一致性。前者是从认识能力上来说的，而后者则是从认识对象上来说的。

以上笔者对威胁了儿童的一百种方式的知识崇拜和理性至上进行了阐明与批判，而在笔者的调研之中，此种知识崇拜和理性至上已经悄然伤害着5—6岁儿童对天、地的理解。下文中，笔者将通过几个案例来展现它们在5—6岁儿童的世界中的些许印迹，以警醒诸多教育者。

（三）理性主义对儿童认知的影响

工业的粗放式发展，导致环境越发恶劣，留给儿童观察和感知的天地逐渐变小。幼儿园中多已铺满塑胶、沥青和水泥，童年、童心皆被禁锢于其中。而我们非但未能于恶劣的环境之中护佑之，还要力图尽早地将儿童浸入知识的牢笼、湮没在概念的世界。我们剥夺其感受，限制其幻想，鞭策其尽快进入理性的概念世界。即使偶尔放手，也不过是迂回之策，只为令其凭借那才来的一丝粗浅的感觉迅速总结出成人给予的“真理”，而其余皆被沉埋于心底。

所以我们看到，严重的灯光污染，使城市的儿童根本看不到星空，他们的观察与感知都非常局限，更令人惧怕的是，他们还要受到科学知识的教导。

① 王弼、韩康伯、孔颖达、陆德明：《周易注疏》，北京：中央编译出版社，2013年，第347—438页。

研究者：你见过星星吗？

儿童1：星星就是小陨石呀。

儿童4：就是一块大石头爆裂的。

研究者：看到月亮和星星的时候是什么感觉呢？

儿童6：没有什么感觉。

对这些幼小的儿童，他们最先接触的不是真实与美丽的星空，因为他们根本观察不到。他们接触到的是概念，概念中的星星只是一块大石头，固定而冰冷。而我们却沾沾自喜，儿童终于了解了星星的本质。而那些来自天空的神奇与变幻，来自自然的馈赠与灵性，都湮灭并归寂于沉默的大石头。儿童断然提不起探索的兴趣，所有的兴致勃勃也被成人独断的一句解释而浇灭。从此进入“一个由习俗、偏见、虚伪以及全盘接受所构成的牢笼”①。

儿童一边背诵着自己所接收到的科学知识，一边感受着这些知识与他们的观察有着冲突。譬如：

研究者：我们这些星球都是可以转动的吗？

儿童2：对的。

研究者：怎么转动呢？

儿童2：地球围着太阳转，月亮围着地球转。

研究者：那怎么出现白天黑夜？

儿童2：太阳在转动，太阳一会儿转到上一会儿转到下。

如果儿童阶段他们还能专注于自己的观察和发现，随着年龄的与日俱增，他们对权威的崇拜也将使他们渐渐淡忘曾经的那些发现与质疑。这是可悲的。儿童随着兴趣的变化渐渐转变了自身的方向，这是自然的。而如果我们使用权威而强行使其扭转，这不仅是非自然的，而且是不道德的。他们再也没法通过自身的观察、想象来建构和认识世界，这是一种缺失。

同时，在对儿童进行访谈，与儿童对话的过程中，我们为那样世故老练的儿童感到无比痛惜。

研究者：你喜欢天吗？

儿童6：三般般。（在儿童眼中，从一到十有不同的等级，数字越大越喜欢）

研究者：为什么是三般般呀？

儿童6：因为天有什么用呢？

研究者：你觉得天重要吗？

儿童6：天不是很重要，但是树木很重要，那些树木可以帮我们制造氧气。

当我们将自身与外界万物相割裂，相分离，虽然能够认识万物，但极端的理性与抽象的概念世界带来的是对自然万物的蔑视，也是对人的蔑视。我们消灭了自然万物的神性与灵性之时，就是在消灭自身的天性与人性，所带来的是可怕而可悲的精致的利己与实用主义，最终走向的可能是一切的消亡。

在调查5—6岁儿童对天、地相关话题的理解中，我们可以看到自然环境的毁坏已经限制了这些儿童的探索，但我们的学校与文明还要将其置于知识与理性崇拜的困境中，连幼儿园的儿童也难以幸免。那么我们究竟应该如何拯救儿童，同时拯救我们自身呢？下文，我将详细阐述我们身为教育者的责任与担当。

五、结论：对教育者的建议

以上，我们对“儿童用一百种方式做哲学”这个命题进行了实证的研究和反

① ［美］加雷斯·B. 马修斯：《哲学与幼童》，陈国容译，北京：生活·读书·新知三联书店，2015年，第157页。

思。由此，作为教育者，我们应将自身的目光从高大的知识与文明中拉回到自己身边的每一个真实的存在者中（每一个人，每一个儿童身上），跟随儿童去寻找教育的正途。这是一条全新的道路，对教育者来说是一条全新的理解教育、理解自身的方式。那我们应当如何做呢？

华兹华斯称："儿童是成人之父。"[①]对每一个教育者来说，儿童教育的首要关注点并不应该在儿童身上，而应该在教育者自身（人性相通）。所谓"自天子以至于庶人，一是皆以修身为本。其本乱而末治者否矣。其所厚者薄，而其所薄者厚，未之有也"[②]。传统儒家修身齐家主要针对的是王侯，但宋明以来，儒学转向心性论之后则将这样一套学问运用到了每一个人身上。作为教育者，其对受教育者来说，正如传统儒家关注的帝王之于百姓的关系一般，具有垂范作用。因为如此，笔者在下文所提的教育建议并非一些简单的教育方式上的问题，而是以教育者自身为本，以教育活动为末，采用传统儒家"先本后末"的思路，以教育者自身问题的修正为基本着眼点来谈的。唯有教育者找回自身的本心，才能与儿童的童心相印，才能在真正意义上实现儿童与教育者之间的"双向成全"[③]。

（一）跟随儿童，回归童心

溯源，源头乃是人的本心，因而追溯的乃是我们生而为人的本心，我们的童心，我们的天性与人性。学者刘晓东在《教育自然法的寻求》一书中指出，童心，是人的根，它是自然之心，是人之初，是未被异化的心，是"真人"的心，是人的天性的总和。[④] 倘若能够以自己的真心来印照儿童的童心，以追溯自身本初的灵魂，回归儿时澄澈而未经异化的纯然本性，这便是对自然给予恩赐的回报。唯有如此，我们的灵魂方能望见永生之海。儿童是宽容的、毫无保留的，是真诚的、开放的，倘若我们愿意跟随，他们便会全身心地向我们敞开，那么：

> 这海水把我们送来此间，
> 一会儿便可以登临彼岸，
> 看得见岸边孩子游玩比赛，
> 听得见终古不息的海浪滚滚而来。[⑤]

只有如此，我们才能够真正理解童心，我们只有照见本心、发明本心，才能以心印心，才能真正理解儿童。儿童心理学研究通过一切可能的方法，观察儿童，了解儿童，力图能够对每个活生生的儿童进行研究，但在理解儿童内在的心灵之时，却总是流于表象，找不到着力点，这是因为它将儿童作为一个个研究对象进行冷静而客观的剖析，当我们将儿童对象化之

① 转引自刘晓东《华兹华斯〈颂诗：忆幼年而悟永生〉的儿童哲学意蕴》，《教育学报》2015 年第 4 期，第 25—41 页。

② 朱熹：《四书章句集注》，北京：中华书局，2012 年，第 33 页。

③ 笔者认为，每个人都有童年，每个人都有一颗隐藏的童心。这种童心在本文中有时也称为"本心"，相关论述可参考刘晓东的《教育自然法的寻求》。本文所谓的"双向成全"正是指教育者在回归自己的童心时既成全了自身的本性，又成全了儿童的天性。

④ 刘晓东：《教育自然法的寻求》，南京：江苏凤凰教育出版社，2018 年，第 246 页。

⑤ 转引自刘晓东《华兹华斯〈颂诗：忆幼年而悟永生〉的儿童哲学意蕴》，《教育学报》2015 年第 4 期，第 32 页。

时，我们也在意识之中主动与其划清了界限。故而我们难以把握住属于人的根本，而只能在外围兜兜转转，跨不过我们建造的围栏。

回归每一个人的本初之心、回归自己的童心是每一个个体向内的找寻。通过体察自己内在世界的本心，剔除我们在成长过程中所因袭的那些偏见和傲慢，进而让自己的本心再一次呈现出来，如此方是理解儿童之正道。虽然儿童千差万别，但童心是每一个人的根，在未经世俗污染的儿童那里更是清澈澄透。教育者只有回归自身的童心，才能真正做到以心印心，这是我们真正从心灵理解每一个儿童的关键和根本。

我们要跟随儿童，找回自身的童心，找回我们曾经拥有的自由地探索和理解世界的一百种方式，找回我们本初的自由、热爱与真实。

（二）破除成见，坚守童心

我们对儿童和自身童心的理解、坚守，使我们得以照见我们的本心。但我们为了护佑这份稚嫩的灵性，除了我们内心深处来自灵魂的呼唤和追溯，以及我们主动坚守与信仰，我们还得主动破除那些危害灵性的桎梏，从而使我们的本心不会再度迷失。

对我们自身，我们绝大多数人沉浸于生活的烦琐与无奈，被世俗的、偏见的、虚伪的、傲慢的牢笼所禁锢，童年的那些浪漫的联想、想象、游戏和感受都渐渐远离。并且我们还急躁地进入成人的一个世界，盲目地相信我们所接受的知识和道理，将自己逐渐禁锢在概念和理性的牢笼中，以致忘记了自己，忘记了一切人的存在。渐渐地，我们变成了在欲望之中爬滚，疲惫不堪且焦躁不安的成人。那么，破除我们身边的桎梏就显得尤为重要。我们需要跟随儿童，跟随我们的身心，对天地万物有所感、有所思，主动找寻迷失的那一百个世界，这是我们对自己的拯救。

对儿童来说，幼小的儿童虽具有澄澈的天性，但因其弱势而受到更多的戕害。因此卢梭说："我恳求你，慈爱而有先见之明的母亲，因为你善于避开这条大路，而保护这株正在成长的幼苗，使它不受人类的各种舆论的冲击！……趁早给你的孩子的灵魂周围筑起一道围墙。"①我们作为儿童最初的教育者、护佑者，清楚地辨别围绕于儿童周遭的那些偏见与傲慢，主动剔除这些危害，保护童年的坦率、纯真、淳朴与公正，在以心印心的基础上进一步了解活生生的儿童，对日常的机械与琐碎有所反省与思索，对万物常怀谦虚与敬畏之心，这些都十分重要。

（三）遵循天性，丰盈天性

什么是天性？天性即是人自身的自然。卢梭说："我们的才能和器官的内在的发展，是自然的教育。"②从周敦颐的《太极图说》来讲，天地万物皆化生于太极，妙合而凝，皆出于自然，因而人对自身天性的追溯是必然的，而人的教育也是效法自然，遵循内在的天性而展开。

应该如何遵循并丰盈儿童纯然的天性呢？笔者认为可以从以下三个方面入手。

第一，教育者应丰富儿童的生活体验

① ［法］卢梭：《爱弥儿》（权威全译本），李平沤译，北京：商务印书馆，2017 年，第 6—7 页。
② ［法］卢梭：《爱弥儿　论教育》（上卷），李平沤译，北京：商务印书馆，2017 年，第 8 页。

和对自然的感知。

“生活,并不就是呼吸,而是活动,那就是要使用我们的器官,使用我们的感觉、我们的才能,以及一切使我们感到我们的存在的本身的各部分。生活得最有意义的人,并不就是年岁活得最大的人,而是对生活最有感受的人。”①因而教育的实施过程中要能够使儿童系统地体验真实的生活,从而使儿童真正热爱生活、融入生活。这也是因为成人热爱生活、发现生活、真正深入生活……而与儿童产生生命上的共鸣。

大多数儿童都囿于四方天地,对自然的亲身感受非常少。而我们除了减少环境的污染,归还儿童一片澄澈的天空,还要尽可能地放开儿童,让他们回归自然万物,用他们的生命和他们的眼、手、口、鼻、耳,用他们的心去感知万物的精魂、天地的大美、自然的规律。这是年幼的儿童渴望的生活,也是真正的生活。

第二,教育者要尊重、倾听儿童的思考与创造,并与儿童共同探究。

初生的婴儿来到世间,充满了好奇,也充满了困惑。儿童每一次对世界的思考和建构皆来源于他们的困惑与好奇。认真倾听儿童的困惑以及他们的问题和需求,可以使儿童更愿意继续探索。这也是我们给予儿童的爱护和温暖。同时我们还要选择恰当的时机,与儿童共同对话,鼓励儿童表达自己的想法、感受,与儿童共同探究那些看似习以为常的问题。我们须谨记不要盲目自大地批判他们,要用自己的心体察儿童的心,珍惜儿童的天真与创意。

第三,我们要珍重、呵护并拓展儿童的善良与真诚。

“我们生来是向善的,如果我们愿意改正,我们就会得到自然的帮助。”②善良与真诚是人天性之中最为宝贵的品质,是自然给予人的天性。如果我们愿意遵循本心,我们自然会受到天性的引领。孟子云:“人之所异于禽兽者几希,庶民去之,君子存之。”朱熹注之:“人物之生,同得天地之理以为性,同得天地之气以为形;其不同者,独人于其间得形气之正,而能有以全其性,为少异耳。”③亦有王阳明曰:“盖天地万物与人原是一体,其发窍之最精处,是人心一点灵明。”④而《太极图说》中说:“唯人也得其秀而最灵。形既生矣,神发知矣。五性感动而善恶分,万事出矣。圣人定之以中正仁义而主静,立人极焉。”⑤可见,人的善良与真诚的天性,是天给予的,而且唯人最为灵秀。而这在自然之子——儿童身上,更加澄澈可见。儿童对天地万物的爱护与体察,对生命天然的共通,正是四端之心的展现。

而我们如何真正遵循并丰盈我们的天性呢?《中庸》中有言:“唯天下至诚,为能尽其性。”这种真诚首先是对自身的不欺,对自身的不欺就是不违背自身的本性,不违背自身的本性就是不违背天命之性,即不违背天之道。倘若我们为人行事,能够真心诚意、言必由衷,那么我们的天性便可以自然展开并

① [法]卢梭:《爱弥儿》(权威全译本),李平沤译,北京:商务印书馆,2017年,第17页。
② [法]卢梭:《卢梭全集·第6卷·爱弥儿(上)》,李平沤译,北京:商务印书馆,2012年,第11页。
③ 朱熹:《四书章句集注》,郭齐勇导读,曾军整理,长沙:岳麓书社,2008年,第401页。
④ 王守仁:《王阳明全集》,吴光等编校,上海:上海古籍出版社,1992年,第107页。
⑤ 周敦颐:《周敦颐集》,陈克明点校,北京:中华书局,2009年,第3—6页。

在事事物物中得到丰盈。我们要时时珍重和呵护我们的善良与真诚。我们一生都要遵循天性，丰盈天性。

我们的教育理论不应止于为教育者提供教育的方法和技术。我们不能忘记教育者是人，人是有灵魂的。我们的教育理论必须关注教育者本身的灵魂，不然，以物化的方式对待儿童，伤害的也是教育者自己的灵魂。这样一来，我们的教育理论便会带着教育者和受教育者陷入物化的旋涡。我们不能忘记教育最终关注的是人，而非物，故我们的教育理论最核心的应是用理论的力量来点亮教育者和受教育者心中的一点灵明。这样的教育理论才能称为“善的教育理论”。因此，正如前辈学者所认为的那样，儿童哲学旨在解放儿童，但笔者认为还不止于此。儿童哲学理论是直接面向教育者的，它首先解放的应该是教育者，进而解放儿童。故儿童哲学的实质是解放全人类！

No Way, The Hundred is There

— Five to Six year Old Children Do Philosophical Way of Investigation and Research

Wang Anqi

Abstract: This paper takes the poem “in fact there are a hundred” as the core clue. The author investigated the issue of “children’s perception and understanding of heaven and earth” at the age of 5 – 6. Moreover, the wisdom and value of individual children doing philosophy in one hundred ways are demonstrated in specific reality and situation. Then combined with the poetry of Loris Malaguzzi critically discuss the rationalism and knowledge worship held by adults (especially educators) at present, and reflect on its threat to children’s philosophy in a hundred ways. Therefore, educators should reflect on themselves and pay attention to children. Finally, the author proposes that the primary focus of children’s education should not only be on children, but also on educators themselves. Educators should always look back on their own nature and childlike innocence. In addition, in daily life, they should consciously break away from the factors that harm childishness so as to protect ourselves and children’s nature and childishness more firmly, and enrich and develop human nature through nature, exploration, kindness and sincerity. Only in this way can we realize the accomplishment of both the educator and the educated and realize the natural development of human beings.

Keywords: philosophy of children; childlike innocence; In Fact There are A Hundred

从发现儿童到发明儿童

——儿童教育的多视角研究

◎ 侯莉敏[1]

摘　要： 从发现儿童到发明儿童，并不仅是一个观念上的递进关系，也是从时间维度不断演进发展的过程。历史上有两个重要的代表人物，他们对儿童的研究能够给所有儿童教育工作者和儿童友好实践者以启示。其一是卢梭，他在《爱弥儿》一书中就完成了人类发现儿童的历史使命，系统地提出了西方近代教育的基本立场、基本观点和基本方法。从这个意义上来讲，卢梭是近现代儿童教育立场、观念和方法的真正鼻祖。其二是尼尔·波兹曼(Neil Postman)，他所撰写的《童年的消逝》这本书，最重要的贡献就在于通过回顾"童年"概念的发展历程，告诉我们"童年"概念是一种社会概念，是一种文化概念。这为我们理解儿童打开了一个新的视角，即儿童的存在，不仅是生物学上的存在，而且是文化意义上的存在。从发现儿童到发明儿童，能给我们儿童教育工作者带来诸多启示。

关键词： 儿童；发现；发明；爱弥儿；童年的消逝

对从事儿童教育的人来说，"儿童"永远是我们心中最柔软的词汇。如果对所有敏感的词汇进行排序，"儿童"肯定是我们教育工作者放在第一位的。研究儿童、读懂儿童、理解儿童，是我们一辈子都要做的一个功课。从发现儿童到发明儿童，它并不仅是一个观念上的递进关系，而且是从时间维度不断演进发展的过程。历史上有两个重要的代表人物，他们对儿童的研究能够给我们当下进行儿童教育以启示。

一、儿童研究及儿童友好

纵观儿童教育的历史发展和研究现状，儿童研究的重要性不仅仅是教育学科在做的一件事。"儿童是什么""谁是儿童""我们应该如何与儿童共同生活""如何教育儿童"等一系列问题是当前学前教育两个重要学科——教育学、心理学关注的话题，也是哲学、社会学，甚至是政治学、经济学等学科重点讨论和关注的问题。以前我们会站在各自的角度去考虑这个问题。就像"儿童是什么"这个问题，我经常会问学生，"你们觉得这样一个提问方式是从哪个视角切入的"。如果说"儿童是什么"的追问应该是哲学层面，那么"谁是儿童"这个问题，会不会可能是从社会学层面考虑的呢？以这个例子来说，

---

① 侯莉敏，广西师范大学教育学部学前教育系教授，中国学前教育研究会理事长。

大家还是会从表达的习惯上去判定研究的是哪个视角、用哪套术语去展开研究。但是就目前的时代背景来看，儿童及其成长问题的讨论已经进入跨学科对话阶段，在面对各种儿童健康和福祉方面的问题时，各个学科之间具有相互补充、相互依存和互为表里的关系。实际上，对儿童友好的关注不仅是这些学术学科里讨论的话题，而且是全社会的责任。

2021 年 9 月 30 日，国家发展和改革委员会联合 22 部门印发了《关于推进儿童友好城市建设的指导意见》，旨在以儿童友好城市的建设，促进广大儿童身心健康成长，推动儿童事业高质量发展融入经济社会发展全局，让儿童友好成为全社会的共同理念、行动、责任和事业。“儿童友好”这一概念并不单单在 2021 年这份文件中出现，教育部与联合国儿童基金会在早些年就联合撰写、颁布过一份关于幼儿园安全友好环境的文件。在当时，“儿童友好”概念已经进入大家的视野，《关于推进儿童友好城市建设的指导意见》的印发使得“儿童友好”这一概念不仅仅进入学术研究及教育工作者的视野，而且真正进入了公众视野。

那么，什么是儿童友好？儿童友好指的是为儿童成长发展提供适宜的条件、环境和服务，通过全社会的努力来保障儿童的生存权、发展权、受保护权和参与权。建设儿童友好城市，需要我们从人类社会层面去考量：这个社会是否文明？它的文明的最重要的一个标志是什么？它是否对儿童友好？它是否给儿童基本的成长权、生存权和参与权？儿童在这样的城市环境中，是否跟所有人保持着相同的地位？儿童既是我们的未来，也是我们的过去、我们的历史。我们跟儿童相处的方式决定了这个社会的文明状态和文明程度，实际上还寄托着人民对美好生活的向往，事关广大儿童的成长发展和美好未来；当然，更关乎整个社会文明的象征和未来的建设图景，因此儿童友好从来没有像现在这样受到全社会的关注和重视，也从来没有像现在这样深入儿童友好方方面面的讨论中，儿童友好已经成为大家广泛研究的话题。

二、黑暗中的一道光，《爱弥儿》发现儿童

纵观人类整个发展历史，“儿童”概念并没有从一开始就进入人们的视野。通过阅读历史会发现，古希腊人最早发明了“学校”，但流传下来的古希腊时期的塑像，没有一尊是关于儿童的；关于儿童的教育，他们认为要用恐吓和棍棒，像对弯曲的树木一样将其扳直，杀害婴儿的行为也没有道德或法律上的约束。当然，这跟当时的法律建设水平可能也有一定的关系，包括亚里士多德这样的一些先哲，虽然他们会在自己的著作中谈论，但是他们没有对这样的一些社会现象提出强烈的反对意见。古罗马的儿童和国家、宗教之间存在密切的关系，人们认可儿童的纯洁和娇小可爱；但又认为儿童依附于成人，当时许多关于儿童的雕像都是附庸在成人之中的，儿童的地位其实很多时候跟奴隶一样，他们必须服从某一权威。

欧洲的中世纪是一个黑暗的时代，当时儿童的地位落到了更低的状态，儿童跟成人在很多时候享有同一种媒介，成人并不避讳在儿童面前做一些比较羞耻的事

情。实际上当一个社会“羞耻”概念荡然无存的时候，当然就没有“儿童”这一概念存在，也就没有关于要给儿童应有的地位的认识。

直到卢梭出现，卢梭应该说是那个时代的一道光。卢梭在《爱弥儿》一书中完成了人类发现儿童的历史使命，系统地提出了西方近代教育的基本立场、基本观点和基本方法。从这个意义上来讲，卢梭是近现代儿童教育立场、观念和方法的真正鼻祖。卢梭在《爱弥儿》中开宗明义地说道：“出自造物主之手的东西，都是好的，而一到人的手里，就全变坏了。”[①]因此，最好的方法是培养儿童善于抵抗社会的毒害，培养儿童成为一个人，而不要培养儿童去适应有朝一日将获得的社会地位：如何“生活，这就是我要教他的技能。从我的门下出去，我承认，他既不是文官，也不是武人，也不是僧侣；他首先是人”[②]。《爱弥儿》中的这段话我每一次读都觉得很感动，教育的真正目的不是让儿童仅仅有一技之长，我们必须知道教育里最重要的是有没有把儿童当作人来看待。教育其实首先是人的教育。通过对古希腊至欧洲中世纪的一个简短回溯，大家可以看到，儿童如果在欧洲中世纪或者更早并没有被认识到独立存在的价值的时候，儿童从根本上是没有被赋予真正意义上人的含义和内涵，因此卢梭在发现儿童的理论中，首先承认儿童是人。

当然，书中的爱弥儿并不是真有这么一个孩子，而是卢梭为了阐发他的理论而假想的学生。在卢梭看来，教师的任务不是教他这样或那样的东西，而是保护他不脱离自然的秩序。他说：“请你保护我不受我的情欲的蹂躏，从而使我恢复我的自由；你要防止我变成它们的奴隶，要使我做我自己的主人，不服从我的感官，而服从我的理性。”[③]随着书卷的一步步展开，可以看到卢梭怎么样把爱弥儿作为一个人来真正培养。卢梭首先提出，成人不能对 12 岁之前的儿童有太多的干涉，要让儿童去感受自己力量的存在；他鼓励在儿童 12 岁之前要带他去乡村，要靠近大自然，感受大自然的力量，跟大自然对话；而到了 12 岁以后，可以把儿童带到城市，去学习城市中的一些规则。卢梭并没有把农村和城市的生活做形式上的对立，而是觉得儿童的早期教育要看到他们的天性，看到天性能引领儿童成长的力量。在《爱弥儿》这本书中，还可以看到里面很多可圈可点的地方。比如在爱弥儿还没有“偷”这个概念时偷了农民的玉米，卢梭利用感同身受的办法让爱弥儿去尝试理解。其实这种感同身受式的教育并没有建立在一个道德开始的价值观判断对错上面，而是让儿童感同身受地去理解什么是获得、什么是失去。这种鲜活的教育例子在《爱弥儿》中比比皆是。由此，有的人问它是不是一本实用的教学手册，在我看来，《爱弥儿》并不是一本实用的教学手册，而是卢梭用来论证恶不是人类天性固有的东西而撰写的著作。正如他在回答一个质疑者时所说的：“你把以这个人名为标题的书看作只是一部谈论教育问题的著作，其实它是一部哲学著作，它的宗旨是

---

① ［法］卢梭：《爱弥儿论教育》（上卷），李平沤译，北京：商务印书馆，2017 年，第 6 页。

② 同上，第 15 页。

③ 同上（下卷），第 523 页。

在论证作者在他的其他著作中提出的这一命题：'人天生是善良的。'"[①]《爱弥儿》中所展现的就是儿童天性是善良的，儿童是有天性的，儿童是可教导的，实质是讲儿童具有可吸收性。后来蒙台梭利所谈论的儿童有先天的吸收能力，其实也是从《爱弥儿》这本书中汲取的营养所产生的论调。《爱弥儿》中的许多思想哺育了现代教育学，一提到如何对儿童进行感官教育、培养他们学技艺的兴趣和主动性的时候，人们就会想起裴斯泰洛齐、福禄培尔和蒙台梭利从《爱弥儿》中受到的启发。

卢梭让我们看到了儿童作为独立个体存在的价值。卢梭对儿童教育的贡献首先是儿童的发现。他认为儿童不是"小大人"，儿童有自己独特的生活；儿童期的存在是自然规律，儿童期的存在并非单纯地为成年生活做准备，它具有独立存在的价值。他这种关于儿童的观念在现在看来好像已经是大家普遍可接受的观念，可是在儿童没有地位、不被当作人看的时代，它是一次革命、一次彻底的革命，它在人类的儿童观演变史上前无古人。由此，我们赋予卢梭这样一个称号——儿童发现之父。从卢梭开始，我们真正认识到儿童作为人的价值和儿童的意义。

卢梭提出了"儿童是人"，那么对幼小的儿童应该如何教育呢？他提出了"自然教育"，发现教育的"自然法"。卢梭将完整的教育分为三部分：自然的教育、人的教育和事物的教育。他写道："这种教育，我们或是受之于自然，或是受之于人，或是受之于事物。"[②]即自然的教育不仅是大自然，更指向我们的才能和器官内在的发展，这种自然是一种内在的自然，是一种天性的力量。而人的教育是别人教我们如何利用这种发展。事物的教育是对影响我们的事物获得良好的经验。这三种教育并存在一个人的身上，它是有顺序的。在卢梭看来，这三种教育必须协同一致才能构成良好的教育。他说，自然的教育完全不能由人来决定，所以人的教育和事物的教育也必须尊重自然的教育，尊重人自身的教育，即天性。自然的教育是儿童最早学会从抬头到翻身，到坐，到爬，到站，到走，这是天性安排的力量，那么这种力量，这种内在的自然、内在的自然法则是人的教育和事物的教育都不能更改的，解释了为什么儿童教育提出的第一要义应该是尊重自然天性。教育的目标就是自然的目标，教育就是儿童自身的内在自然朝向自然的目标展开的过程。自然的教育所体现的不再是儿童以外的成人的意志，而是我们的才能和器官内在的发展。我们以前经常说父母是儿童的第一任教师，还是把成人当作儿童的第一任教师来看待。在我看来，从卢梭这里受到的启示就是儿童的第一任教师不是别人，恰恰是自己。儿童的这种内在的自然法则、天性力量使其教导自己成为可能，使其成为自己的第一任教师。

从卢梭教育爱弥儿出发，发现儿童的教育要求我们效法自然界及其规律、遵循人的本性和天性、适应不同时期儿童的发展水平。发现儿童、《爱弥儿》中的教育，启示着我们现在的幼儿教育实践者。首先，教育要以儿童的自然天性为基础，遵

① 转引自刘国红、周逊、何雨、冯丽主编《靠近卢梭》，呼和浩特：远方出版社，2004年，第197页。
② [法]卢梭：《爱弥儿 论教育》（上卷），李平沤译，北京：商务印书馆，2017年，第8页。

循儿童自然发展的规律，不能跨越阶段，要循序渐进。儿童的游戏，包括教育教学，要按照儿童的发展规律来安排和进行。其次，面对教育，成人还要有足够的耐心，学会等待。这其实就是后人在评述卢梭的时候说他是一种否定教育论的基本原则。但按照约翰·杜威对否定教育论的看法，他认为否定教育论恰恰不是否定，其实在这里面有生长，因此他提出了教育即生长，这样的生长是自然中的生长，是遵循儿童天性的生长。最后，成人也应该充分地认识儿童的世界和儿童的生活，充分地了解社会的需要和目的，充分地认识人类的文化财富。当你想要引导儿童的时候，你首先要了解儿童，要理解儿童，要尊重儿童。这是我们从卢梭的《爱弥儿》中“发现儿童”所得到的启示。在思考、研究卢梭的时候，我们要掌握这样一种观点：儿童有独立性，儿童有主体性，儿童从天性中走来；同时儿童深受社会文化环境的影响，不同环境影响着儿童的成长与发展。

三、文化和社会学视角，《童年的消逝》发明儿童

除了卢梭，后续还有很多研究教育的工作者在研究儿童，不同学科同时涌现出很多观点。例如，研究儿童媒介、研究传媒学的一些学者，在20世纪五十年代西方电视机开始普及以后，他们提出了一个问题：在这样的一些媒介普及以后，童年是否会消逝？他们的论断是童年会消逝，其理由是电视利用其形象手段，将成人社会一览无遗地暴露给儿童，从而导致儿童过早成人化。

在这样的时代和研究背景中，尼尔·波兹曼的《童年的消逝》传遍全世界，也传到中国，引起了大家的关注。他在这本书中提出了这样一个命题——以电视为中心的媒介环境正在导致童年在北美地区消逝。尼尔·波兹曼认为童年理念能否存在主要取决于当时社会的大众媒介形式。通过对童年历史的考察，他提出印刷媒介有效地将成人世界与儿童世界相隔离，由此发明童年；以电视为中心的媒介环境模糊了成人世界与儿童世界的界限，由此导致童年在北美地区消逝。

童年可以发明吗？其实在尼尔·波兹曼这本书出来以后，引起大家最大的一个讨论就是“童年能被发明吗”。查看原文，作者真的不是用“发现”，而是用“发明”这一个概念。那么他为什么用“发明童年”这个概念？首先，他有一个重要的前提是印刷媒介出现了童年，以电视为中心的媒介模糊了童年。基于这样的观点，他是在向世人传递一种什么样的信息和观点呢？《童年的消逝》出版以后，首先引起北美地区一些国家的重视，不仅仅是成人在重视，连儿童也加入讨论。一些儿童写信给尼尔·波兹曼，说：“尼尔·波兹曼先生，我天天在看电视，但我并没有觉得我的童年消逝了，我知道电视里面不是真的，我仍然是儿童。”那么童年真的如尼尔·波兹曼所说的由于电视的普及而消逝了吗？尼尔·波兹曼的观点对我们认识童年与这个社会之间的关系到底有什么样的意义？

尼尔·波兹曼在《童年的消逝》里面认为，“童年”概念可能是欧洲文艺复兴以来，人类历史上最伟大的发明之一。他说16世纪以前，6—7岁儿童被认为跟成人

没有什么不同，在当时大家是以口语来交流。在研究传媒学的一些学者眼中，如果在人群里面，他们的交流媒介只是一种，他们就不存在两个世界；如果他们的这个交往、交流的世界可以分开，那也许就是两个世界。16 世纪以前没有印刷术，没有书，没有文字，没有符号，大家就靠口耳相传。在 16 世纪以前，成人跟儿童一样，或者儿童跟成人一样，都是用口语来交流，在这样一个口语世界里面，“成人”概念并不存在，“儿童”概念就更不用提了。那个时代的小说也反映了这种现象。成人要说些什么并不会避讳儿童，虽然说儿童可能听不懂，但是他们在享用同一个媒介世界，即儿童生活在跟成人一样的社会范围，儿童有机会接触该文化中几乎一切的行为方式。在这样的世界里面，儿童所需要做的就是尽快长大成人。大家可以看看欧洲中世纪及以后的一些油画中儿童的形象，儿童的模样几乎跟成人一样：梳着油光光的中分头，穿着燕尾服，板着脸。油画中反映的“小大人”的儿童形象非常多。在当时成人的世界里面，儿童要尽快长大成人，他们要跟成人一样享有责任和义务，不存在儿童期，儿童期的唯一价值就是要尽快结束，儿童要长大跟成人共享世界。但是印刷术的发明和普及改变了这一切。印刷术创造了一个新的“成人”定义，什么叫作“成人”？成人就是指有阅读能力的人。什么叫作“儿童”？儿童则是指没有阅读能力的人。我们有了文字，我们有了符号，而这些文字、符号不是通过自己就能获取的，需要专门的机构、专门的教导和专门的学习才能获取。这样的话，儿童存在就有童年期的价值了，他们需要去进行阅读，他们只有经过阅读才能和成人一样享有同样的语言文字、享有同样的信息，就用文字世界、书面世界把儿童从口语世界分出来另一个世界，传播又多了一个环境。

在这样一个新的传播环境里面，儿童想要成长为人，就必须接受教育以达到成熟，因此就产生了“童年”概念。尽管后人对尼尔·波兹曼的研究有很多的批判，直到现在一些批判的声音还不绝于耳，但是我依然觉得可以去读一读他想传递给我们什么样的声音。从尼尔·波兹曼的这本书中可以看到，英语表达“孩子”用“Child”和“Children”，那么“童年”用英语怎么表达？“童年”用“Childhood”。“Childhood”不是在所有的社会背景下都存在的。童年是在一定的社会文化影响下产生的，它跟儿童不一样，儿童在，童年就在，儿童在，儿童生理期就在。但这个社会有没有让儿童度过儿童该有的一种本真的、独立的生活，我觉得这个不一定。我们看到尼尔·波兹曼的研究中非常有益、有价值的部分就是，无论是童年的产生，还是童年的消逝，童年首先都是作为文化（即符号环境）的产物，而符号本身（即文字）是成人垄断知识、控制信息最重要的工具，是人们接受经验的主要途径，儿童之所以需要童年，是因为他们必须在童年时期学习由成人发明、操纵的文字符号和文字规则，具有一定的阅读能力之后才能知书达礼，才能与成人一起享用该有的文化信息。

从这个意义上来理解，尼尔·波兹曼《童年的消逝》这本书，最重要的贡献就在于通过回顾“童年”概念的发展历程，告诉我们“童年”概念是一种社会概念，是一种文化概念。从发现儿童看到，“童年”概念是一种生物学概念，是一种心理学概念，而尼尔·波兹曼的研究让我们看到"童年"概念是一种社会概念,是一种文化概念。这为我们理解儿童打开一个新的视角,即儿童的存在,不仅是生物学上的存在,而且是文化意义上的存在。

作为文化概念的童年,它可以在一定的历史条件下产生,也可以在一定的历史条件下消逝。当我们尊重儿童,给儿童该有的地位的时候,我觉得我们可以不用焦虑,因为儿童生活在有童年的、社会共同拥护的这样一个时代。当儿童过着童年应有的生活的时候,人们不必提到"童年"概念;当这种童年生活被破坏的时候,人们要捍卫童年;当这种童年生活尚未出现或未被社会认可的时候,人们则要提出和发展"童年"概念。如果大家不再谈论童年,走到任何空间都没有儿童的空间,这样的城市建设不是儿童友好的,童年就不存在。因此,我们要去发明童年,要让这个社会有"童年"概念,要让大家讨论童年。

从尼尔·波兹曼的研究里面,可以看到:其一,社会文化对儿童的影响不可或缺,你承不承认它都在,为了儿童,我们要去考量周遭的整个生活世界范畴里面的文化,思考社会氛围是否有利于儿童成长、是否保护儿童、是否对儿童友好;其二,教育须站在一个生态系统的角度展开,教育不能站在一个狭小的空间,站在自己的教育内部去讨论策略、讨论方法,教育应该站在一个更高、更广的生态系统的角度来加以展开,考虑社会的全域环境的可能性对儿童产生的影响;其三,要去构建适宜儿童成长的社会环境支持系统,不要说儿童小不懂,其实他们同样跟我们在感受这个社会的力量。因此,当我们成人之间互相友好的时候,儿童自然有安全感的获得;当我们相互指责、相互封闭的时候,儿童的自尊、信任和安全感从何而来?尼尔·波兹曼的研究让我们看到社会文化对儿童影响的力量。

四、从发现儿童到发明儿童:对幼儿教育实践的启示

从发现儿童到发明儿童,给我们幼儿教育实践带来怎样的启示呢?我想至少表现为两个方面。

一是,儿童是一个有机体,一个作为整体进行学习和行动的独特、完整个体的人。在幼儿教育中,首先要看到儿童是一个活生生的人,是一个完整的儿童。在这个过程里,幼儿园要充分保障儿童自我成长的权利,要了解儿童,要研究儿童,要遵循儿童的发展特点和教育规律,要懂得儿童的学习最早从自发、自我的精神力量出发。为此,我们要以游戏为基本活动,提供有意义的、有准备的学习环境,给儿童独立性、自主性发展以足够的空间、时间、机会和权利。

二是,儿童作为社会和文化属性必须得到不断关注,儿童发展的权益必须不断得到重视和有效保障。全社会要不断为适龄儿童接受学前教育、健康成长提供适宜的条件、环境和服务。我们要站在学前教育事业整体发展的角度来考量,当然这些年学前教育的发展得到了全社会的重视,也获得了充分的支持。在幼儿园教育实践中,也要注意充分发挥教师的引导和指导作用;更值得注意的是,要在教师和儿童的互动中,通过成人文化与儿童文化的对撞、交互来推进儿童整体发展。在这

个过程里面,要考虑每一位教师在跟儿童群体、儿童个体相互交流的过程中营造一种安全的氛围来促进他们发展;同时教师要善于构建整个文化系统,比如跟同伴、跟家庭和跟社区这样一种共同的力量来促进他们全面和谐发展。

从发现儿童到发明儿童,我们越来越对儿童有清晰的认识,当前对儿童及成长问题的讨论已经进入跨学科对话阶段。我很欣喜地看到"儿童学"概念逐渐在中国本土背景里兴起,进入中国学者的研究视野。关于"儿童学"的概念图谱,大家可以看到,这些年来关于儿童学的研究在本土上,包括儿童史学研究、儿童社会学研究、关于儿童的研究、儿童哲学研究和儿童文学研究等一系列方向与话题。这表明"儿童友好""儿童"这些概念,逐渐为大家所认可和接受。公众对儿童、儿童生活、童年的价值和意义有了更全面和更深刻的理解。在幼儿教育世界里面,现在讨论得最多的话题是儿童视角、儿童立场等。这些概念的出现实际上说明大家对儿童、童年话题的讨论在不断深入,这对构建更利于儿童成长的社会支持系统大有裨益。

儿童是人类生命延续的载体,认识儿童实际上就是认识人的深化。关乎儿童与儿童教育的思考是一个值得过去、现在和未来的社会人思考的哲学问题;也是教师、家长和社会共同思考的社会文化问题。儿童还是一个发展性问题,会依历史的进步、时代的发展和文化的变迁等发展因素而变化,让我们每一个关注儿童的人一直思考下去。唯有思考和反思,才不会迷失童年,才不会偏离教育的本质。

From Discovering Children to Inventing Childhood

—A Multi-angle Study on Children's Education

Hou Limin

Abstract: From discovering children to inventing childhood is not only a progressive relationship in concept, but also a process of continuous evolution and development in terms of time dimension. There are two important representatives in history, whose research on children can enlighten all children educators and child-friendly practitioners. The first is Rousseau, who completed the historical mission of human discovering children in *Emile*, and systematically put forward the basic position, basic viewpoint and basic method of modern western education. In this sense, Rousseau is the true originator of the standpoint, concept and method of children's education in modern times. The second is Neil Postman, whose most important contribution is to tell us that the concept of childhood is a social and cultural concept by reviewing the development of the concept of childhood through the publication of the book *The Disappearance of Childhood*. This opens a new perspective for us to understand children, that is, the existence of children is not only biological, but also cultural. From the discovery of children to the invention of children, it can bring many inspirations to our children educators.

Keywords: children; discovery; invention; Emile; The Disappearance of Childhood

儿童友好视角下家庭和幼儿园学习环境与儿童发展

◎ 李少梅[①]

摘　要： 政策友好、空间友好与家庭友好等儿童友好理念的发展为家庭和幼儿园学习环境的创设带来新契机。作为儿童学习与发展的重要抓手，儿童友好理念下的家庭和幼儿园学习环境从不同要素的简单相加发展到动态模型的系统组合，其架构发生了质的转变。本研究在社会生态学理论的基础上明晰家庭和幼儿园学习环境的概念框架，探讨儿童友好视角下学习环境与儿童发展的关系，构建其与儿童发展的动态交互模型。该模型以时间轴为纵断面，以个体发展、微观和中间等系统为横断面，强调“社会文化—社区环境—家园关系”的外部循环与“家庭和幼儿园学习环境—儿童发展”的内部循环两者间的互相连通。本研究为实现儿童友好理念从理论建构到实践发展的跨越架构桥梁，切实促进儿童的学习与发展。

关键词： 儿童友好；家庭；幼儿园；学习环境；儿童发展

一、引言

儿童友好是什么？《关于推进儿童友好城市建设的指导意见》指出：“儿童友好是指为儿童成长发展提供适宜的条件、环境和服务，切实保障儿童的生存权、发展权、受保护权和参与权。”即保障儿童合法权益不受侵犯，充分考虑儿童生理、心理需求，为儿童提供适宜其健康成长的物质与人文环境。与此同时，家庭和幼儿园学习环境在近年来备受关注，对儿童发展具有重要的意义。已有学者关注并探讨，在儿童友好视角下，儿童友好与家庭和幼儿园学习环境是否存在关联，能否通过改善家庭和幼儿园学习环境来实现儿童友好？在儿童友好视角下，家庭和幼儿园学习环境对儿童发展的影响如何，对儿童哪些方面能力的发展有影响，是如何协同影响儿童发展的，影响的具体机制又是怎样的？这些问题都值得我们进一步思考和探讨。

本文主题基于目前的研究来探讨：(1)儿童友好与家庭、幼儿园学习环境之间的关系；(2)儿童友好视角下家庭、幼儿园学习环境与儿童发展的关系；(3)当前研究进展与未来研究展望。

---

① 李少梅，陕西师范大学教授，博士生导师，兼任中国学前教育研究会理事，中国学前教育研究会学前教育基础理论专业委员会副主任，陕西省家庭教育研究会会长，陕西省学前教育研究会常务副会长，陕西省关心下一代研究中心执行副主任，陕西省教指委学前教育类工作委员会秘书长。

二、儿童友好与家庭、幼儿园学习环境之间的关系

关于儿童友好与家庭和幼儿园学习环境，要解决的首要问题是，为什么要基于儿童友好来谈学习环境，两者有什么样的关联性？家庭和幼儿园学习环境，是否可以实现儿童友好，如何实现？

（一）儿童友好与学习环境

我们首先应该了解儿童友好。《关于推进儿童友好城市建设的指导意见》中提出，儿童友好的理念包括儿童优先、儿童视角、儿童参与和儿童发展四个部分。学习环境主要包括物质环境和心理氛围，它是一种动态的、以关系为取向的过程。学习环境以学习者为中心，是促进知识建构的多种刺激条件和支持条件的综合过程。在这个过程中，它不仅能够促进儿童认知能力发展，而且能够对儿童非认知能力发展作出贡献。

两者之间的关系，即我们了解了儿童友好理念、学习环境概念里面的关键词之后，如何建立关联？我们从儿童友好理念的四个方面来了解学习环境：一是儿童优先。学习环境以儿童为中心，优先考虑儿童的需求，体现了儿童优先原则。二是儿童视角。学习环境又是建立在安全友好环境基础上的，从儿童视角出发，在这个过程中，它确保了环境里各要素是符合儿童年龄特点和儿童身心发展规律的。从这一角度来看，学习环境体现了儿童友好中的儿童视角原则。三是儿童参与。学习环境可以给儿童提供互动的、鼓励儿童的刺激活动，鼓励儿童参与环境创设和维护，提高他们对环境的责任感和管理能力。因此它又体现了儿童友好中的儿童参与原则。四是儿童发展。学习环境使儿童能够在不同的复杂程度下学习并加深理解，促进儿童的多样化、个性化学习和发展，体现了儿童友好理念的儿童发展原则。

（二）以家庭和幼儿园学习环境为切入点实现儿童友好

了解儿童友好和学习环境之间的关联性之后，如何以学习环境为切入点来实现儿童友好？明确学习环境与儿童友好之间的关系之后，我们进而把学习环境放在家庭和幼儿园里。那么为什么要以家庭和幼儿园学习环境作为切入点呢？已有研究证实，对儿童的发展和成长来讲，家庭和幼儿园是影响他们学习和发展非常重要的场域。《关于推进儿童友好城市建设的指导意见》指出，应“推进发展环境友好，优化儿童健康成长社会环境”。这说明创建良好的家庭和幼儿园学习环境是实现儿童友好的重要举措。

家庭和幼儿园学习环境中的因素是非常复杂多样且多变的，因素间可能存在交互作用，并对儿童的发展具有协同影响，这也使父母与幼儿园教师干预儿童发展的难度不断提升。我们也可以看到，如果关注儿童友好视角，在家庭学习环境中或者在幼儿园学习环境中，就能够更容易、更好地去把握影响儿童发展的关键性变量，从而去改善和提升儿童的发展质量。从上午的分享中，我们可以看到，不仅体现在儿童优先、儿童参与、儿童发展和儿童学习方面，更多体现在教师的友好、家长的友好和服务的友好等方面。因此一定要具有儿童友好视角，才能够更好地去把握这些关键性变量，进而改善和提升儿童的发展质量。

三、儿童友好视角下家庭、幼儿园学习环境与儿童发展的关系

在儿童友好视角下，家庭和幼儿园学习环境是如何影响儿童发展的？也就是说，我们在前面论证了两者的关系之后，我们要提出如何来设计研究，我们基于什么样的理论去思考，然后进行研究的设计。

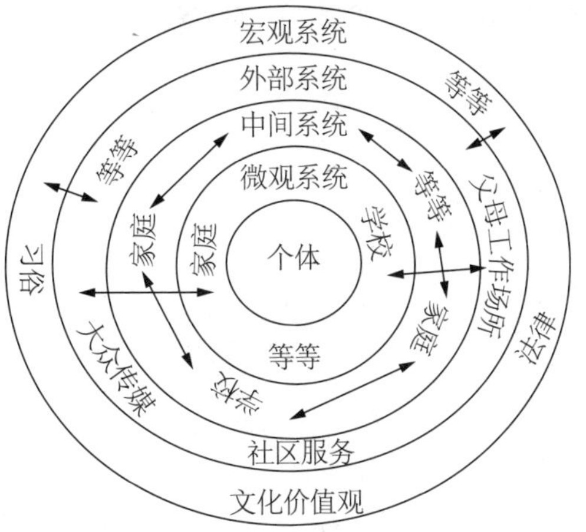

图 1　人类发展的生物生态模型

（一）人类发展的生物生态模型和研究模型构建

这个模型大家并不陌生，是人类发展的生物生态模型，是尤瑞·布朗芬布伦纳(Urie Bronfenbrenner)提出的，大家对他最早提出的四个圈层或者说三个圈层的概念和结构并不陌生，我们也知道尤瑞·布朗芬布伦纳在提出生物生态模型的过程中，其实是经过了两个阶段的。在20世纪七十年代，形成了包含微观系统、中间系统、外部系统和宏观系统四个圈层的生物生态系统理论。20世纪九十年代以后，他又提出了人类发展的研究模型，加入了时间系统。因此他的研究模型主要包含五个方面的系统，这五个方面的系统是相互嵌套在一起的，共同影响且支持儿童的发展。其中，时间系统是一个立体的过程，也就是说时间系统更多的是体现为儿童所有的发展是过程性的，都是发生在特定时间段内的，受到时间段影响，因此它构成了一个生物生态的立体模型。

（二）家庭和幼儿园学习环境——儿童发展的内部循环

基于对上述模型的认识与学习，我们就在思考该理论对构建儿童友好视角下家庭和幼儿园学习环境对儿童发展的模型有什么样的启发？也就是说，在这个理论的启示下，我们尝试去建构一个家庭和幼儿园学习环境——儿童发展内部循环模型。在内部循环模型中，我们可以看到家庭学习环境里面包含一些要素，幼儿园学习环境里面也包含一些要素，也就是家庭和幼儿园学习环境都指向儿童发展的相关因素，即它是一个由微观系统到中间系统形成的内部循环模型。

《关于推进儿童友好城市建设的指导意见》提出，要发动全社会力量共同致力儿童发展，整合全社会资源增进儿童福祉。也就意味着如果我们把目光仅仅集中于家庭内部或幼儿园内部的学习环境来和儿童发展之间建立一定的联系，那么是比较局限的，都是单个的因素对儿童发展的相关内容的影响。

（三）家庭和幼儿园学习环境——儿童发展的外部循环

是否有一个更宏观的视角去了解家庭学习环境或者幼儿园学习环境对儿童发展的影响？也就是说，在前面的生物生态模型和研究模型基础之上，我们不仅要形成一个内部循环模型，还要去思考更加复杂的整合其他资源的一些因素，要考虑

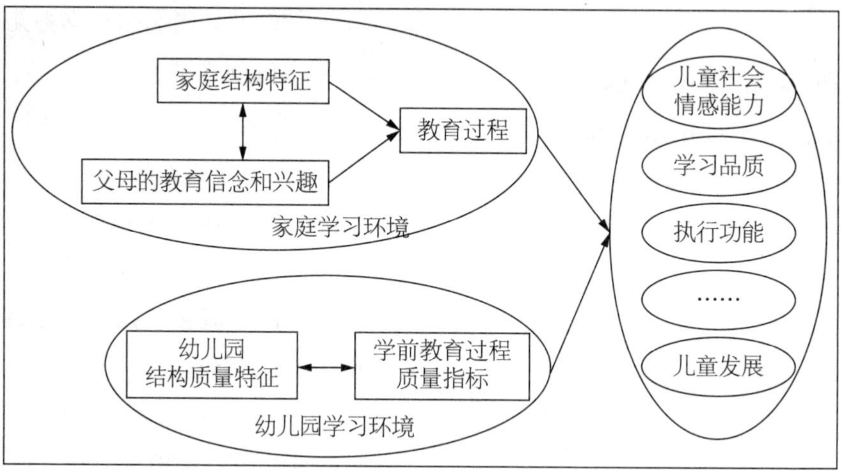

图 2　儿童友好视角下家庭和幼儿园学习环境——儿童发展的内部循环

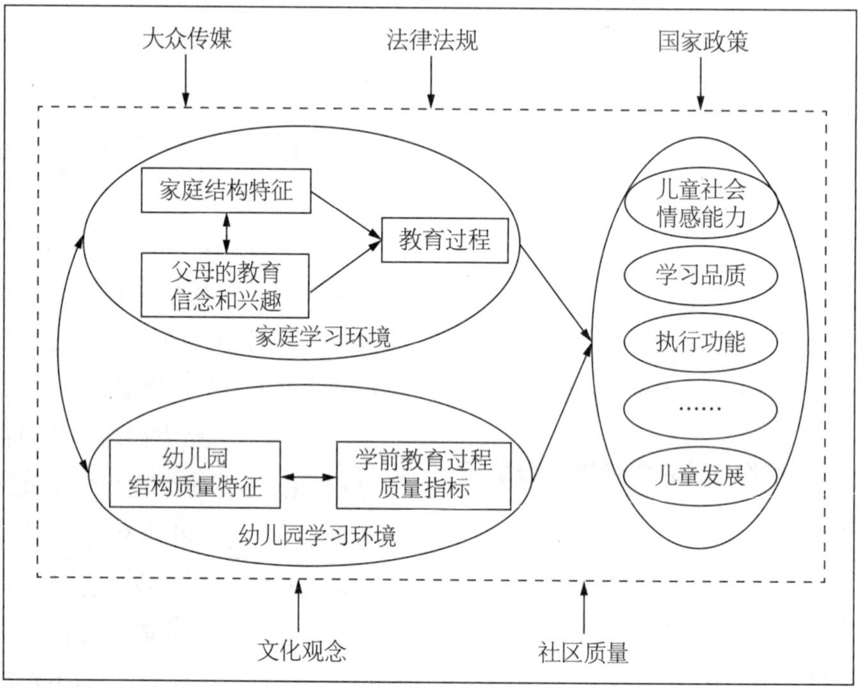

图 3　儿童友好视角下家庭和幼儿园学习环境——儿童发展的外部循环

它的外部系统，即除了考虑它内部的微观系统和中间系统，还要考虑外部系统和宏观系统，甚至还要考虑时间系统。考虑外部系统和宏观系统的影响，就又涉及大众传媒、法律法规、国家政策，甚至文化观念、社区质量，也就是说在前面的理论支持下，我们尝试去建构家庭和幼儿园学习环境——儿童发展的外部循环模型。

（四）家庭和幼儿园学习环境——儿童发展的动态交互模型

时间系统贯穿儿童发展与其他各个系统，把儿童发展作为一个立体动态的模型展现出来。

因此，我们结合“家庭和幼儿园学习环境—儿童发展”的内部循环系统与“社会文化—社区环境—家园关系”的外部循环系统，进一步构建家庭和幼儿园学习环

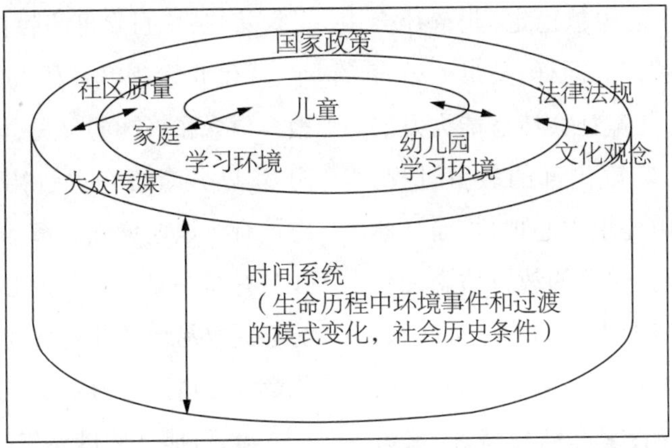

图 4　儿童友好视角下家庭和幼儿园学习环境——儿童发展的动态交互模型

境与儿童发展的动态交互模型，即基于理论尝试构建的动态交互模型。

四、当前研究进展与未来研究展望

（一）当前研究进展

在动态交互模型建立之后，我们进行了一定的研究，即当前研究进展和未来研究展望，其实都是指我们研究小组目前的研究进展和对未来研究的考虑。目前我们已关注并进行研究：家庭学习环境是如何影响儿童社会情感能力的——一个有调节的中介效应模型。我们随机抽取了西部 14 所幼儿园的 443 名儿童作为样本，探讨了家庭学习环境及其内在结构，包括家庭结构特征、父母的教育信念和兴趣、教育过程和儿童社会情感能力发展的关系。

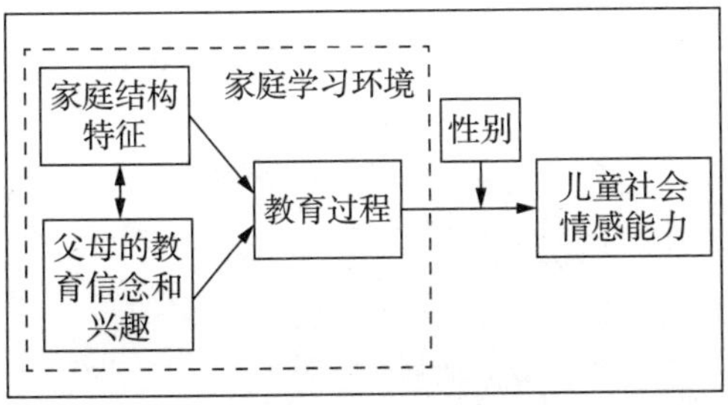

图 5　研究假设

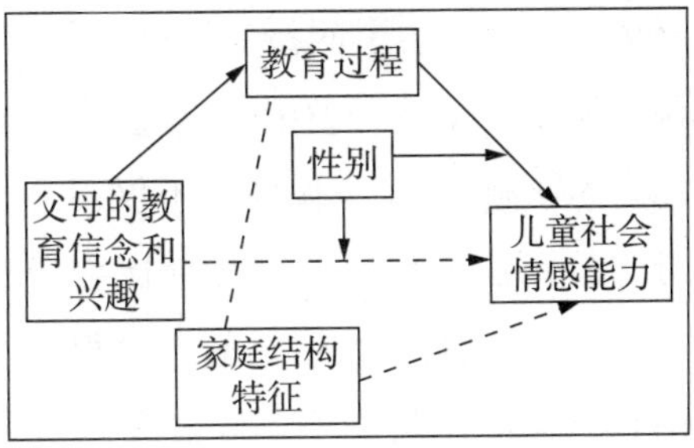

图 6　有调节的中介效应模型

图 5 是研究假设，图 6 是有调节的中介效应模型。在研究假设里，家庭学习环境中的家庭结构特征与父母的教育信念和兴趣是自变量，儿童社会情感能力是因变量，家庭学习环境中的教育过程是中介变量，性别是调节变量。通过图片我们可以看到：第一个假设是，家庭结构特征、父母的教育信念和兴趣与儿童社会情感能力呈正相关。第二个假设是，家庭内部的教育过程在整个家庭学习环境中处于一个中心地位，而且它建立了家庭结构特征、父母的教育信念和兴趣与儿童社会情感能力之间的联系。第三个假设是，性别会调节家庭学习环境对儿童社会情感能力的影响。根据研究假设，我们通过研究形成了一个中介效应模型。通过这个模型可以看到：首先，家庭结构特征、父母的教育信念和兴趣与儿童社会情感能力呈

显著正相关，家庭结构越稳定，儿童社会情感能力发展就越好。同样，父母的教育信念和兴趣越高，儿童社会情感能力发展也会越好。其次，家庭内部的教育过程，在家庭学习环境中处于中心地位，而且建立了家庭结构特征、父母的教育信念和兴趣与儿童社会情感能力之间的这种联系，即教育过程对儿童社会情感能力的发展，产生了直接的影响；家庭结构特征、父母的教育信念和兴趣，通过教育过程对儿童社会情感能力产生了间接的影响。最后，性别会调节家庭学习环境对儿童社会情感能力的影响，也就是说性别不仅调节了父母的教育信念和兴趣对儿童社会情感能力的直接影响，而且通过教育过程调节了两者之间的间接影响。同时我们可以看到，性别调节了家庭结构特征、儿童社会情感能力之间的关系，但它只调节了中介过程的后半部分。

依据这样的中介效应模型，结合我们对儿童友好理念的思考，结合研究假设和研究结果，我们对研究作出以下反思和建议。

第一，提升父母的家庭学习环境创设能力，保障儿童优先。通过研究我们发现，应该有意识地提高父母的家庭学习环境创设能力，为幼儿提供有益的学习活动和丰富的生活经验，包括创设多样的学习材料，聚焦幼儿与环境的良性互动，真正践行儿童优先原则。

第二，增强父母的教育信念和兴趣水平，优化儿童视角。研究发现，具有较高教育信念和兴趣的父母，能够从儿童视角出发，以儿童视角去看待儿童，因此父母应该有意识地增强教育信念和兴趣，坚信儿童有学习能力，理解儿童的行为，进而能够更容易地和儿童建立亲密关系，促进儿童社会情感能力发展。

第三，提高父母参与家庭教育过程的质量，鼓励儿童参与。在家庭中，父母不仅应该广泛地参与儿童的教育过程，提升家庭教育过程的质量，而且应该鼓励儿童在这个过程中表达自己的观点和看法，通过提高教育过程的质量来满足儿童参与的需要。

第四，尊重社会情感能力发展的性别差异，促进儿童发展。能根据不同性别儿童的社会情感能力发展差异，提供有益的探索和引导，促进儿童发展。

（二）未来研究展望

在未来的研究中，我们将在儿童友好视角下，继续开展相关研究。根据前面建构的动态交互模型，基于它的三个部分，形成一些新的研究课题。比如针对儿童的认知能力、非认知能力可以做一些相关研究；针对变量内部的关系可以做一些相关研究；针对变量间的关系和儿童友好理念下环境的深度融合，也可以做一些相关研究。

Family and Kindergarten Learning Environment and Children's Development from the Child-Friendly Perspective

Li Shaomei

Abstract: The development of child-friendly concepts such as policy friendliness, space friendliness and family friendliness has brought new opportunities for the creation of learning environments for families and kindergartens. As an important starting point for children's learning and development, the family and kindergarten learning environment under the child-friendly concept advocates the development from the simple addition of different elements to the systematic combination of dynamic models, so its structure has undergone a qualitative change. Based on the theory of social ecology, this study clarified the conceptual framework of family and kindergarten learning environment, explored the relationship between learning environment and child development from the perspective of child-friendly, and constructed a dynamic interaction model between learning environment and child development. The model takes the time axis as the vertical section, and takes the individual development, micro and meso systems as the cross section, emphasizing the interconnection between the external cycle of "social culture — community environment — home relationship" and the internal cycle of "family and kindergarten learning environment — child development". This study has built a bridge to realize the leapfrog development of child-friendly concept from theoretical construction to practical development, and effectively promote children's learning and development.

Keywords: child-friendly; family; kindergarten; learning environment; children development

苏霍姆林斯基的“快乐学校”

——儿童友好教育的典范*

◎ 苗雪红[①]

摘　要： 苏联教育家苏霍姆林斯基的教育实践涉及从学前儿童教育开始，直至“公民的诞生”所经历的整个过程。他在1951年秋季创办了一个学前班，并将他与这个班级孩子的五年教育生活总结在《把整个心灵献给孩子》这本书中，他的学前教育实践集中在该书的“快乐学校”部分。他在学前教育实践中所表现出的教育爱、以儿童研究为指导的教育生活方式，以及基于儿童生活的教育实践，对当前中国的儿童友好教育乃至儿童友好社会建构具有重要的启示作用：对儿童的爱和关心、通过研究儿童而进入儿童的精神世界、在与儿童生活的过程中进行养育和教育，是儿童友好教育和养育的真谛。

关键词： 苏霍姆林斯基；快乐学校；儿童友好

苏联教育家苏霍姆林斯基的教育实践涉及从学前教育到“公民的诞生”整个过程。他一生的教育实践是儿童友好教育的典范。本文聚焦苏霍姆林斯基的“快乐学校”，分析他的教育思想和实践对我们现在的儿童友好教育乃至儿童友好社会建构的示范价值。他在1951年秋季招收了31名刚满6岁的孩子，他把他与这个班级孩子的五年教育生活总结在《把整个心灵献给孩子》[②]这本书中，学前教育实践集中在该书的“快乐学校”部分。这本书不仅是教育学经典，而且是儿童学经典，希望这本书在现在儿童友好教育的研究和实践中能够得到充分的关注。下面将从苏霍姆林斯基的教育爱、以儿童研究为指导的教育生活方式、与儿童一起走进周围世界的教育实践三个方面展开思考。

一、苏霍姆林斯基的教育爱

在《把整个心灵献给孩子》的译者评介中，译者以《园丁的心》作为标题，并直言：“那么这本书的魅力何在？掩卷细思，一颗热爱教育工作、热爱儿童的火热的心所迸发出来的无穷创造力和生命力。”[③]苏

---

* 本文系2023年江苏省高校哲学社会科学研究重大项目“婴幼儿音乐教育生态建构研究”阶段性成果。

① 苗雪红，南通大学教育科学学院教授，中国学前教育研究会学前教育基础理论专业委员会委员，江苏省课程游戏化项目指导专家。曾担任幼儿园园长、教育局教研室副主任等职。主要研究方向为儿童哲学、多学科儿童发展与教育基本理论，在《华东师范大学学报》（教育科学版）、《学前教育研究》等刊物发表系列童年研究论文近四十篇，著有《童年社会建构论》《儿童精神成长论》等。

② ［苏］苏霍姆林斯基：《育人三部曲·把整个心灵献给孩子》，毕淑芝等译，北京：人民教育出版社，2015年。

③ ［苏］苏霍姆林斯基：《把整个心灵献给孩子》，唐其慈、毕淑芝、赵玮译，天津：天津人民出版社，1998年，第1页。

霍姆林斯基在《前言》中说："这部著作是多年学校工作经验的总结，是沉思、焦虑、担忧和不安心情的总结！……我生活中什么是最重要的呢？我可以毫不犹疑地回答说：爱孩子。"①他的思虑和不安恰恰是因为他对孩子的爱和责任感使得他为孩子的教育问题殚精竭虑："如何把幼小的人带进认识现实环境世界中去，如何帮助他学习，减轻他的脑力劳动，如何在他心灵中激发并确立高尚情操，如何培育人的尊严感、对人的善良本质的信念、对苏维埃祖国土地的无限热爱，如何在幼童聪慧的头脑和敏感的心灵中播下忠于共产主义崇高理想的第一批种子。"②他认为："教育者最可贵的品质之一就是人性，就是对孩子们的深沉的爱，父母亲的亲昵温存同睿智的严厉和严格要求相结合的那种爱。"③我们可以通过他的一系列感受和行为理解他对孩子的爱和操心。

在"快乐学校"开学前几周，苏霍姆林斯基详细了解了每个孩子家庭的实际状况。战后大多数家庭环境并不好，苏霍姆林斯基为此深感不安。他表示："我对自己的学生了解得越深入，就越认识到我所面临的一个重要任务，就是为那些未曾享有过家庭的天伦之乐的孩子们恢复童年。"④他意识到："如果未能使小孩子恢复对善意和公正的信任，那就在任何时候都不可能获得自己作为一个人的体验和个人尊严的感受。……矫正这种人的心灵乃是教育者最为艰巨的任务之一，这种细致微妙的劳动，实质上是对关于人的科学上的重大考验。作为一个研究人的人，这就是说，不仅要看到、感受到孩子是怎样认识善与恶的，而且还要保护娇嫩的童心免遭邪恶的侵害。"⑤苏霍姆林斯基决定以身示范，让孩子从自己的言行中感受到真、善、美，并做到自己对孩子的每一句话都应当包含温情、诚意和热忱。

开学前夕，他就思索将给孩子怎样的教育："最使我忐忑不安的是，怎样使孩子们在学校里不丢失幼儿之乐。相反，要让他们进入学校这个世界之后不断享受到新的欢乐，使认识活动不至于变为枯燥的教学。但是，也不能把上学变成没完没了的、表面热闹而实际空虚的玩乐。每一天都应当让孩子们的智慧、情感和意志得到充实。"⑥在开学的第一天，他"怀着激动的心情等待小家伙们的到来"⑦。在第一天活动结束后，他夜里做梦都是和孩子们在一起的场景。第二天清晨，他进行了反思："儿童就其天性来讲，是富有探求精神的探索者，是世界的发现者。那么就让那个绝妙的世界在鲜明的色彩中，在嘹亮颤动的音响中，在童话和游戏中，在自己的创作中，在激动他的美景中，在为人们做好事的意愿中展现吧。通过童话、幻想和游戏，通过儿童独特的创作——这才是通

① [苏]苏霍姆林斯基：《育人三部曲·把整个心灵献给孩子》，毕淑芝等译，北京：人民教育出版社，2015年，第5页。
② 同上，第6页。
③ 同上，第13页。
④ 同上，第21页。
⑤ 同上。
⑥ 同上，第29页。
⑦ 同上。

向孩子心灵的正确道路。”①

从苏霍姆林斯基开学前后的所感、所想和所为就可以看出，好的教育者的教育行为是一种充满灵性和智慧的爱的实践，与裴斯泰洛齐、福禄培尔和蒙台梭利等伟大的教育家一样，我们体会到苏霍姆林斯基对孩子深沉的爱不仅是一种情感，而且是一种灵性生命的理解和共情、一种练达的智慧，它以深沉的生命关切来表达。苏霍姆林斯基将这种深沉的生命关切转化为饱满的热情和智慧的实践。

二、以儿童研究为指导的教育生活方式

从苏霍姆林斯基在开学前后的教育生活片段中不难看出，他的教育实践是在对儿童和儿童教育的研究中展开的，他一生的教育生活方式就是“思引领行，行丰富思”的过程。在“快乐学校”的实践中，他对儿童研究与教育的关系、童年期及其价值、儿童精神生活的展开和大自然是儿童精神源泉等方面的认识非常深刻，值得我们进行深入研究。

第一，儿童学就是教育学。苏霍姆林斯基在《前言》中写道：“这本书是阐述低年级教育工作的。换句话说，是阐述儿童世界的。而童年，儿童世界则是一个特殊的世界。”②“教育——首先是人学。不了解孩子——不了解他的智力发展，他的思维、兴趣、爱好、才能、禀赋、倾向，就谈不上教育。”③可见，苏霍姆林斯基不仅认为阐述教育工作是阐述儿童世界，即教育学是儿童学；他还认为教育学首先是人学，即教育学首先是儿童学，儿童学就是教育学。他在书中明确说明，在进入小学教育之前招收这个6岁幼儿的学前班，就是为了利用一年的时间“考察孩子”：“好好了解每个孩子，深入考察每个人的知觉、思维和脑力劳动的个人特点。……还要很好地了解每个孩子身体方面的个人特点，否则就无法正常进行教学。”④他主张教师要重视儿童的身体健康和内在精神世界。“教师是在跟思维物质打交道，这种物质在童年时期感知和认识世界的能力在很大程度上有赖于孩子的健康。……考察孩子的内在精神世界，特别是他们的思维，这是教师最重要的任务之一。”⑤他十分坚信：“确实有那么一些精神品质，一个人缺少了它们就不可能成为真正的教育者，而其中首要的就是深入儿童精神世界的本领。只有那些始终不忘记自己也曾是个孩子的人才能成为真正的教师。”⑥“一个只是在讲课时隔着讲台跟学生会面的人是不会了解儿童心灵的；而不了解儿童，就不可能成为教育者。”⑦在苏霍姆林斯基看来，研究儿童、走进儿童精神世界、感受儿童心灵，并和儿童产生心灵上的相通是教

① ［苏］苏霍姆林斯基：《育人三部曲 · 把整个心灵献给孩子》，毕淑芝等译，北京：人民教育出版社，2015年，第32页。
② 同上，第6页。
③ 同上，第11页。
④ 同上，第17页。
⑤ 同上，第17—18页。
⑥ 同上，第10页。
⑦ 同上，第9页。

师首要的、基本的工作。

第二,童年期及其独特价值。苏霍姆林斯基认为:“机体的发育期,从出生到成熟,与动物界其他代表相比,人是最长的。人的机体直到20岁乃至在更长的时期内都在成长、发育、壮大。在人体发育的长期性中蕴含着自然的巨大奥秘。自然本身好像把这个时期划分出来专供发展、增强和培养神经系统——大脑半球皮质用的。人之所以能成为人,是因为他要经历一个为期很长的神经系统幼年期,脑的童年期。”①他从脑的发育认识到了童年在个体终身发展中重要的“成人”价值。同时,他从生活层面强调:“童年是人生最重要的时期,它不是对未来生活的准备时期,而是真正的、光彩夺目的一段独特的、不可再现的生活。今天的孩子将来会成为一个什么样的人,这里起决定性作用的是他的童年如何度过,童年时期由谁携手带路,周围世界的哪些东西进入了他的头脑和心灵。”②苏霍姆林斯基反复强调要走进儿童的独特世界,要谨慎地呵护自然界中最娇嫩、最精细和最敏感的小孩子的大脑,顺应漫长的发育期的自然奥秘,将孩子带到周围世界,走向真、善、美的教育。

第三,儿童精神生活的展开。苏霍姆林斯基关于儿童感知、想象、幻想、童话、创作的论述表达了他的儿童精神发生学认识。他认为:“神经系统思维物质的细胞在幼年时期应当经常在积极活动中经受锻炼,而这锻炼的基础则是活跃地感知、观察、内省。”③“人在学会洞察周围世界各种现象因果关系的实质之前,应当在童年时代经历一个思维操练的阶段。这种操练就是观察物体和现象;孩子看了生动的形象,然后进行想象,在自己的观念中塑造这个形象。……儿童把童话的幻想形象作为鲜明的现实来感知和思考并由自己来创造。创造幻想形象——这是使思想幼芽迅速发育的最好土壤。在思维的童年时期,思维过程应当尽可能密切地同周围世界中生动、鲜明、直观的事物相联系。”④苏霍姆林斯基认为,“没有童话、没有活跃的想象,孩子就无法生活”⑤,“(幻想)对孩子来讲,这不是脱离真实,而是鲜明的真实——是想象力和灵巧性的真实”⑥,“孩子只有生活在游戏、童话、音乐、幻想、创作世界中时,他的精神生活才有充分价值。没有了这些,他就是一朵枯萎的花朵”⑦。苏霍姆林斯基对儿童的想象和幻想的这些论述具有广义的想象本体论的意味,而且是存在论意义上的本体论。儿童的想象和幻想创造鲜明的真实,这一认识是十分难能可贵的。他所处的时代,心理学领域关于想象的经典理论是让·皮亚杰和维果茨基的想象理论,这两位心理学家依然是在西方哲学中介论的语境中理解想象的,即想象是感性和知性

---

① [苏]苏霍姆林斯基:《育人三部曲·把整个心灵献给孩子》,毕淑芝等译,北京:人民教育出版社,2015年,第46页。

② 同上,第14页。

③ 同上,第46页。

④ 同上,第46—47页。

⑤ 同上,第32页。

⑥ 同上,第57页。

⑦ 同上,第71页。

之间的中介。由于想象力依赖经验的丰富性和广度，因此与成人相比，儿童的想象力更贫乏，想象力只有在成年后才达到成熟。但是，西方哲学领域自从康德提出想象力作为先验能力的新概念，就在逻辑上为想象作为经验建构的潜在基础开辟了可能。近几十年来，哲学、认知科学关于想象的研究揭示了想象创造现实，或想象提供进入现实的维度，而不仅仅依赖现实。同时，人类对儿童想象的研究颠覆了中介论语境中的缺陷论，发现了儿童拥有成人所无法比拟的想象力和学习能力，想象是童年精神生活的典型特征。对儿童想象的研究还支援了哲学领域对人类想象与理性关系的深度反思。此外，苏霍姆林斯基的精神发生学重视儿童基于想象和幻想的童话创作。“儿童的创作——这是他们精神生活中十分独特的一个范畴，是鲜明揭示每个孩子个人独特性的一种自我表现和自我肯定。这种独特性不可能用大家都必须遵循的某种统一法则去概括。……创作可以揭开儿童心灵中沉睡着善良情感的那些隐秘的角落。”①

第四，大自然是儿童精神生活的源泉。苏霍姆林斯基的教育理念和实践，将大自然作为“学校”“教室”“教材”。他认为：“孩子周围的世界，首先就是蕴含丰富多彩现象和无限美的大自然的世界。这个自然世界是儿童智慧的无尽源泉。”②因为“人原本是，而且永远都是大自然之子，所以应当把他同大自然的血肉联系都利用来让他吸收精神文明财富”③。苏霍姆林斯基所言的人与大自然的血肉联系，从进化的视野来看，是由人类种系演化与个体发生的连续性和一致性所决定的。我们的身体器官及其机能是在大自然中进化而来的，精神的个体发生的正确打开方式是亲近大自然。苏霍姆林斯基还强调：“儿童大脑的自然属性要求，对他的智力培养须在思维源头，即在直观形象中，首先是在大自然中进行，使得思维由具体形象向着这个形象的信息‘加工’转换。……到大自然去的每次游览就是一堂思维课，一堂发展智力的课。”④因此，他竭力要做的是，“让孩子们在没打开书本去按音节读第一个词之前，先读几页世界上最美妙的书——大自然这本书”⑤。于是，他和孩子们一起走进大自然，感受田园景象，在幻想角感受黄昏，到田野体验晨露，一年四季聆听大自然的音乐、浏览千姿百态的云朵，养护小动物，到劳动的世界去旅行，深度沉浸在大自然、大社会之中。我们可以从以下案例中有所体验。

三、与儿童一起走进周围世界的教育实践

基于对儿童及其成长环境的深刻认识，苏霍姆林斯基认为：“真正的学校，那是儿童集体的丰富多彩的精神生活，它以多种多样的志趣和爱好把施教者与受教

① ［苏］苏霍姆林斯基：《育人三部曲·把整个心灵献给孩子》，毕淑芝等译，北京：人民教育出版社，2015年，第56页。
② 同上，第16页。
③ 同上，第15—16页。
④ 同上，第34页。
⑤ 同上，第33页。

者联系在一起。”[1]如何展开丰富多彩的精神生活，他说：“我要那样去引导孩子们进入周围世界，使他们每天都能从中发现一点什么新东西，使我们所走的每一步都成为走向思维和语言的源泉，即走向大自然绝妙美景的旅程。我要关注的是，让我培养的每个孩子都成长为会思考、会探索的有智慧的人，让认识过程的每一步都使心灵变得更高尚，使意志炼得更坚强。”[2]下面以“蓝天下的学校”和“幻想角”为例，呈现他和孩子们一起走向周围世界的生活故事。

（一）蓝天下的学校[3]

在开学的第一天，等孩子们到校了，苏霍姆林斯基说：小朋友，上学去。然后他将孩子们带向果园，孩子们疑惑不解。他告诉孩子们，我们的学校将来就在蓝天底下，在绿草地上，在大梨树下，在葡萄园里，在牧草场上。孩子们穿着皮靴子非常不自在，他就让孩子们脱掉靴子，便于活动。他们一起来到葡萄园，葡萄藤蔓盘绕在铁架上形成了绿色的帐篷，而帐篷下面长着嫩绿的小草。孩子们坐在草地上，在这个绿色的教室里，孩子们透过朦胧的绿荫朝外看蓝天、果园、村子和太阳，还可以看到一串串成熟了的葡萄垂在绿叶之间。孩子们被自然景色所吸引，都安静了下来。阳光照射在树木上，这时一个孩子脱口而出：太阳在撒火花呢。苏霍姆林斯基立即顺着这个孩子的想象，讲了关于太阳上两个巨人铁匠在打铁的童话故事。他一边讲故事一边把它画下来。孩子们感受着阳光下美妙奇幻的景色，同时被关于太阳的故事所吸引。听完故事后，孩子们提了很多问题。苏霍姆林斯基告诉孩子们，这些问题我会慢慢回答。现在我们先吃葡萄，孩子们吃完后，他又给每个孩子分了两串葡萄，让他们带回家跟家人分享。

第二天，他们在傍晚之前来到学校。他和孩子们一起坐在山岗上，傍晚的美景成为思考和语言的源头。他和孩子们欣赏黄昏的美景，倾听各种虫子的合唱，闻着草香，静静感受着黄昏中的一切（此时无声胜有声）。他们一起度过了散发着草的清香、回荡着美妙音乐的黄昏。太阳落下的时候，孩子们的目光又回到了太阳：太阳回去休息了；两个铁匠给太阳送来了银花冠，银花冠在天空中散开了……太阳越走越远，天上的星星就亮了；星星是什么、为什么会亮……孩子们在对夜晚的感受中展开了无尽的想象。苏霍姆林斯基收集了6岁孩子在入学两个月内创编的童话和小故事，记录了他们的想象和创作。

（二）幻想角[4]

学校之外，树木丛生的峡谷有一个洞口，洞内很宽敞，四壁都很牢固而且干燥。苏霍姆林斯基和孩子们在地上铺上干草，孩子们非常喜欢。后来他们又在墙上挂了几幅画，花了两个星期砌了一个火炉，装了烟筒。所有孩子都被这项工作所吸引，平时游离在集体之外的几个孩子也积

---

① ［苏］苏霍姆林斯基：《育人三部曲·把整个心灵献给孩子》，毕淑芝等译，北京：人民教育出版社，2015年，第9页。

② 同上，第32页。

③ 同上，第29—44页。

④ 同上，第44—50页。

极加入进来。幻想角里面存放着土豆、粮食、食用油和洋葱，为在那里度过秋雨连绵的夜晚而准备。秋夜，他们在火炉里生起了火，看着炉中欢快的火焰，暮色降临大地，洞穴里又明亮又舒适。孩子们望着薄暮笼罩的树木和灌木丛，想象和幻想又一次得到激发，创编童话故事的活动开始了。苏霍姆林斯基通过每一个孩子的想法了解孩子之间的差异，一个最不爱说话的男孩却能说出精彩的想法，将傍晚被昏暗所笼罩的树丛想象为一头暴怒的公牛。他发现，面对同样的景色，每个孩子都看出了属于他自己的东西，每个孩子不光在感知，而且在描绘、在创作和在制造。

他还带孩子们去看晨露，感受晨露随日出消失。有孩子认为是太阳把露水喝干了，随之孩子们一个个脱口而出创作了诗。苏霍姆林斯基说，每个孩子的思想因为受到诗的语言魅力的感染而像飞鸟一般翱翔。他认为缺少了诗意的美感，孩子们的智力就不能得到充分发展，儿童思想的本性就要求有诗的创作。

通过以上两个案例，我们可以感受到苏霍姆林斯基和孩子们一起走进周围世界，放飞了孩子们的想象和幻想，拓展出无限的精神空间，形成了心灵相通的紧密关系。同时，孩子们在对自然和社会的深度参与和体验中，与土地和家乡建立了深厚的情感，与他人建立了紧密的情感联系，在为他人创造幸福的过程中感受了快乐，“要让孩子们的心中有他人”①成为苏霍姆林斯基为自己提出的重要的教育任务。他通过经验证明：“善良之情应当在童年扎下根来，而人性、仁慈、抚爱、同情心则在劳动中，在爱护和关怀周围世界的美中产生。”②“哪里不注意细心、关切地去感知周围世界，那里就会产生漠然无情的人。心灵的易感性和同情心都在童年形成。”③

从苏霍姆林斯基和孩子们一起走进周围世界的教育实践中可以发现，他实现了自己对儿童教育的定位：与儿童一起在大自然和大社会中展开丰富多彩的精神生活，培育了会思考、会探索、有智慧且心灵高尚、意志坚强、身体健康的人。

苏霍姆林斯基的女儿奥·苏霍姆林斯卡娅这样评价道：“‘蓝天下的学校’，是一个独特的创造性实验室，在这个实验室里孩子们展开着锻炼身体、发展智力、树立精神、提高情感—审美修养、参与劳动和启发思想的复杂过程。”④这无疑是非常中肯的评价。苏霍姆林斯基的学前教育实践堪称儿童友好教育的典范，我们需要从他的教育实践中领悟儿童友好教育的要义：即真真切切地关心儿童，深度地研究和理解儿童，在当下的时代和社会背景中，深入思考儿童的健康成长需要怎样的生活环境，并努力为儿童创造适宜他们成长的环境。特别是在人与自然、人与人之间关系疏离的当代社会，苏霍姆林斯基的教育实践对我们的示范价值尤其值得关注：儿童友好教育或者儿童友好社会的建构，除了作为基础条件的时空环境，还需要在社会情境和社会关系建构方面进行

---

① ［苏］苏霍姆林斯基：《育人三部曲·把整个心灵献给孩子》，毕淑芝等译，北京：人民教育出版社，2015 年，第 95 页。
② 同上，第 63 页。
③ 同上，第 92 页。
④ ［苏］苏霍姆林斯基：《育人三部曲·编者序》，毕淑芝等译，北京：人民教育出版社，2015 年，第 19 页。

深入思考,像苏霍姆林斯基一样,与儿童一起走进大自然和大社会,展开精彩的精神生活,舒展身心,建构自然而紧密的人际联系,改善现代社会的人际疏离和自然缺失症,从而缓解儿童与成人的普遍焦虑,观照生命的整全与和谐。

B. A. Cyxomjnhcknn's Happy School

—A Model of Child-Friendly Education

Miao Xuehong

Abstract: The educational practice of the former Soviet educator B. A. Cyxomjnhcknn involved the whole process from the beginning of early childhood education to the birth of "citizens". He founded a preschool class in the autumn of 1951, and summarized his five years of educational life with the children in this class in the book *Devoting the Whole Mind to Children*. His preschool education practice focuses on the "Happy School" part of the book. His educational love, educational life style guided by children's research and educational practice based on children's life in preschool education practice have important implications for China's current child-friendly education and the construction of child-friendly society. The essence of child-friendly education and upbringing is to love and care for children, enter the spiritual world of children through studying children, and nurture and educate children in the process of living together with children.

Keywords: B. A. Cyxomjnhcknn; happy school; child-friendly

儿童友好型校园环境的内涵、特征与路径*

◎ 孙梦菊　肖二平[1]

摘　要： 创设儿童友好型校园是为儿童身心健康保驾护航，促进儿童健康成长、全面而有个性发展的重要举措。儿童友好型校园是指以儿童发展为中心，师生、家长、社会民主参与学校管理，倡导儿童优先、儿童平等和儿童参与的理念，儿童发展环境良好，儿童权益依法受到保护，儿童观点充分表达，儿童安全有效保障，促进儿童德、智、体、美、劳全面发展的学校。促进儿童的身心和谐发展需要多角度、多层次、多方式共同努力，学校通过政策友好、服务友好、空间友好和儿童参与等方式探索建设儿童友好型校园环境的有效路径。

关键词： 儿童友好；校园环境；政策友好；服务友好；空间友好；儿童参与

一、儿童友好型校园环境的内涵

英国学者科林·沃德（Colin Ward）是儿童友好型环境的先驱和推动者，他探讨了儿童与城市环境的关系，在其代表作《城市中的儿童》（*The Child in the City*）中提出良好的城市环境有助于儿童成长和发展。[2] 儿童友好型环境涉及以儿童为中心、对性别问题有敏感认识、具有包容性社区参与、积极主动和健康的学校与课堂教学方式等，包括儿童友好城市、儿童友好社区和儿童友好医院，还包括儿童友好空间，诸如综合公共空间、城市环境、游戏空间、路线、规划、旅游环境和高密度环境或社区等。[3][4]

学校教育（尤其是小学教育）的目的不是传授知识本身，而是鼓励学生因热爱

---

* 本文系2022年中国青少年研究会立项课题“儿童友好校园环境建设的理论与实践研究”（项目编号：2022B20）研究成果。

① 孙梦菊，女，安徽合肥人，杭州师范大学硕士研究生。
肖二平，女，湖南安化人，博士，杭州师范大学经亨颐教育学院副教授，硕士生导师，主要研究方向为儿童发展心理学、儿童认知发展、儿童亲社会行为和跨文化比较。主持教育部人文社会科学研究青年基金项目、浙江省哲学社会科学规划课题、杭州市哲学社会科学规划重点项目、杭州市哲学社会科学规划“优秀青年人才”专项课题、杭州市软科学研究项目等多项课题。在《心理学报》、《心理学前沿》（*Frontiers in Psychology*）、《儿童早期发展与护理》（*Early Child Development and Care*）等权威期刊上发表论文三十余篇。

② Colin Ward, *The Child in the City*. London: The Architectural Press, 1977.

③ Tank Prasad Bhandari. Child-Friendly Learning Environment: Practice in Mathematics Classrooms. Nepal: Tribhuvan University, 2020.

④ Florence Undiyaundeye. Creating a Child Friendly Environment as a Curriculum Model for Early Years Teaching. *International Journal of Humanities and Management Sciences*, 2016(4), pp. 2320-4044.

学习而学习。[①] 因此,创建一个让学生享受为自己的兴趣而学习的环境成为儿童友好型学校的主要目的。已有研究表明,好的校园环境不仅能促进学生学习的积极主动性,还能提高学生的学习成绩。[②③④] 为学生提供安全和保护,拥有足够的工作人员和训练有素的教师,配备充足的资源,并拥有适当的学习条件是一所儿童友好型学校最优先考虑的事项。[⑤⑥]

联合国儿童基金会提出了“爱生学校”概念,提倡向所有儿童提供优质教育的重要手段,并在全球得到认可。印度学者根据《儿童权利公约》《儿童友好学校框架》《印度教育权利法》等编制了一份儿童友好学校问卷。调查发现,印度的学校存在体罚和欺凌等问题,不适合儿童发展,不符合儿童友好环境的要求。[⑦] 通过观察、访谈等质性研究方法了解儿童友好型校园环境的基本要素,包括和谐的社会环境和物理环境,学校社区、学生家长和与其他利益相关方之间的良好关系,以满足学生的需求。[⑧] 儿童友好型校园环境同时对学生的道德文化素养产生积极的影响,比如,良好的师生关系有助于学生养成良好的行为习惯。[⑨]

国内关于儿童友好型学校的实践是基于建设儿童友好城市的总体框架进行的,将每一所学校建设成为儿童友好型学校是建设儿童友好城市的重要组成部分。[⑩] 深圳市妇女儿童工作委员会、深圳市教育局、深圳市建筑工务署率先联合印发了《深圳市儿童友好学校(中小学)建设指引》(修订版),倡导“绿色、生态、可持续发展”理念,通过学校空间、设施等设计及环境改造,以“安全、绿色、趣味、人性化、无障碍”为设计原则,实现“空间友好、设施友好、环境友好、服务友好”的儿童友

① Robin Barrow & Ronald Woods, *An Introduction to Philosophy of Education* (4th Edition). London: Routledge, 2006.

② Jill Aldridge & Barry J. Fraser. Effects and Determinants of Outcomes-Focused Learning Environments. *Curriculum and Teaching*, 2011(1), pp. 5-31.

③ Barry J. Fraser. Classroom Learning Environments. In Sandra K. Abell & Norman G. Lederman (eds.), *Handbook of Research on Science Education*. Mahwah: Lawrence Erlbaum, 2007.

④ Barry J. Fraser. Classroom Learning Environments: Retrospect, Context and Prospect. In Barry J. Fraser, Kenneth Tobin & Campbell J. McRobbie (eds.), *Second International Handbook of Science Education*. New York: Springer, 2012.

⑤ UNICEF, *The Child Friendly School Manual*. New York: UNICEF Division of Communication, 2009.

⑥ Liisa Horelli. Constructing a Theoretical Framework for Environmental Child-Friendliness. *Children, Youth and Environments*, 2007(4), pp. 267-292.

⑦ Kavita Singh. Child Friendly Environment of The Schools: A Survey. *International Journal of Multidisciplinary Research in Social Science*, 2017(2), pp. 1-11.

⑧ Luthfiana Ambarsari & Harun Harun. Child-Friendly School Environment to Ensure Children's Welfare. *Journal of Education and Learning*, 2019(1), pp. 74-80.

⑨ Ika Maryani, Ianah Hasnatul Prawestri, Dwi Sulisworo, Siti Urbayatun, Suyatno & Caraka Putra Bhakti. School Environment Role towards Elementary School Students'Moral and Cultural Literacy. *Journal of Education and Learning*, 2019(1), pp. 33-41.

⑩ 章莉:《以游戏为载体建设儿童友好型学校》,《教学与管理》2022 年第 8 期,第 8—10 页。

好学校总体目标。① 湖南省长沙市教育局印发了《长沙市儿童友好型学校建设导则》,提出大力建设“让儿童喜爱、让家长放心”的儿童友好型校园的目标。②

在创建儿童友好型学校的实践过程中,要以儿童视角为出发点规划建设校园,以儿童平等为立足点保障公平而有质量的教育,以儿童健康为落脚点编织安全网,以儿童参与为切入点搭建自主发展平台,以儿童乐学为关键点打造有效教学。③ 教育部—联合国儿童基金会爱生学校师资培训项目(2006—2010年)是中国—联合国儿童基金会师资培训项目中的子项目,其研究成果“营造适合儿童成长的环境”中提出环境的广泛含义,不仅包括有形的物质环境,还包括无形的人文环境,它们都会影响儿童的成长。同时指出,教师需要掌握针对各种环境因素的现实情况,营造适合并促进儿童成长的环境的有关理论、经验和方法;形成主动营造和改变环境的意识与能力,并为构建儿童成长的良好环境提供持续不断的支持;整合学校、家庭和社区中的各种资源,为儿童成长提供和谐的外部环境,形成合力,促进儿童的健康成长和充分发展。④

综上,儿童友好型校园环境的内涵包括:(1)包容、保护所有儿童并促进儿童健康发展的校园;(2)具有使所有儿童的校园生活更加舒适的必要设施;(3)不仅尊重儿童,而且包括儿童所在的家庭和社区。

二、儿童友好型校园环境的特征

联合国儿童基金会提出不仅要强调获得受教育的机会,而且要强调受教育条件和学习环境的质量。儿童友好型校园鼓励在安全、健康和具有保护性的环境中进行以儿童为中心的教育。儿童友好型校园环境具有两个特征。

(一)物质环境:健康、安全和受保护

物质环境友好是儿童友好型校园环境的首要条件。健康、安全和受保护的物质环境不仅有利于学生身心健康发展,而且能做到“润心细无声”之效,达到“随环境潜入心灵”的“潜移默化”之目的。⑤

第一,儿童友好型校园环境是健康的环境。例如,学校有专业的医务室,班级中有必备的急救设施等,能在必要的时候为儿童提供专业且及时的健康服务;学校为儿童提供合格的公共饮用水,保障儿童的饮水健康;儿童的课桌椅符合人体学结构,可以满足儿童脊椎健康发育的需求;教室墙面的油漆规格符合人体健康标准,可以保障儿童在健康的教室环境中活动;等等。

第二,儿童友好型校园环境是安全的

① 深圳市妇女儿童工作委员会、深圳市教育局、深圳市建筑工务署:《深圳市儿童友好学校(中小学)建设指引》(修订版),参见 https://www.szfegw.cn/attachment/o/40/40697/745386.pdf。

② 长沙市教育局:《长沙市儿童友好型学校建设导则》,参见 https://jyj.changsha.gov.cn/zfxxgk/fdzdgk/lzyj/bmwj/201809/t20180920_2585560.html。

③ 卢鸿鸣:《创建儿童友好型学校的探索与实践》,《基础教育参考》2019年第19期,第17—19页。

④ 教育部—联合国儿童基金会爱生学校师资培训项目(2006—2010年)“营造适合儿童成长的环境”,参见 https://www.unicef.cn/media/6871/file/营造适合儿童成长的环境.pdf。

⑤ 张浩阅:《校园与教室环境对学生心理健康的影响》,《中外企业家》2015年第3期,第157页。

环境。例如,学校有针对残障学生的设施(坡道、把手等)满足残障学生的需求;有详细有序的疏散计划,能在地震或火灾时及时将儿童疏散到安全区域;在学校周边设置减速带,保障儿童的生命安全;有醒目的安全提醒标志,并且这些标志的位置与儿童的视线齐平;有自动照明设备,可用于紧急情况和停电时使用等;有干净、整洁和安全的校车环境给儿童营造愉快的心情。①

（二）精神环境：自由、平等和受尊重

中国共产党第十七届六中全会强调,要把社会主义核心价值体系融入国民教育、精神文明建设和党的建设的全过程。社会主义核心价值观与自由、平等、受尊重的校园文化的同质性为两者内容体系的共生发展、价值导引的内在契合、实践延展的同向同行奠定了坚实的文化基础。②

第一,儿童友好型校园环境应该注重儿童精神自由。"自由"是洛克哲学理论和教育理论的关键概念。虽然洛克并未提出"自由教育"概念,但是他指出教育的真正奥秘在于抑制儿童欲望的同时使儿童获得自由。自由在洛克的教育理论中绝非隐藏的,通过教育获得的理性调节欲望,从而实现自由。③ 儿童在学校中的自由不应该被家长和教师所限制,同时自由又是有限制的,是相对的。例如,儿童可以选择自己喜欢的课后活动,可以选择自己喜欢的兴趣班,儿童能在课间活动时自由地奔跑。

第二,儿童友好型校园实施的是平等教育。按照一视同仁原则,保障符合条件的外来务工人员随迁子女能够进入学校就读,关爱留守儿童和特殊儿童。学校工作人员在任何情况下都不应该基于儿童的差异而歧视、排斥儿童或对儿童有任何成见。对付不起学费的儿童,教育应该是免费的、义务性的和负担得起的。

第三,儿童友好型校园环境应该尊重每一个儿童。儿童可以参与教育过程和环境建设过程中的决策。当儿童对学校的决策有不同意见时,可以通过公开、便利的渠道表达自己的想法;当儿童对教师的教学活动有疑问时,可以有机会跟教师直接交流;当儿童对校园建筑有新的想法时,学校工作人员可以蹲下来与儿童对话,考虑适宜儿童发展的需求。

三、建设儿童友好型校园环境的原则

（一）保护儿童的各项权益

保护儿童的各项权益是建设儿童友好型校园环境的首要原则。《儿童权利公约》明确指出,儿童因身心尚未成熟,在出生以前和以后均需要特殊的保护和照料,包括法律上的适当保护。儿童在幼儿园被教师殴打、回家途中乘坐的校车发生意外导致受伤或者死亡、在学校被教师体

① Fatma Cobanoglu & Suadiye Sevim. Child-Friendly Schools: An Assessment of Kindergartens. *International Journal of Education Methodology*. 2019, 5(4), pp. 637-650.

② 孟凡丽、王国宁:《以社会主义核心价值观引领中华民族共同体意识培育》,《西北师大学报》(社会科学版)2022年第4期,第59—66页。

③ 于伟:《天性、理性与自由——洛克儿童自由教育思想论析》,《教育研究》2021年第11期,第48—58页。

罚、高年龄阶段儿童欺负低年龄阶段儿童等不友好行为时有发生。儿童友好型校园环境要保护儿童的各项权益，包括生存权、受保护权、发展权和参与权等，需要因校制宜地制定详细且有特色的校园安全准则。①

（二）以儿童为中心

儿童是我国社会主义事业的建设者和接班人，儿童健康成长关系国家的未来和民族的振兴。约翰·杜威"以儿童为中心"的教育理念在当代中国教育界已被普遍接受。从教师视角来看，教师在教育教学中经常使用"以儿童为中心""以儿童为本""以生为本"等术语，在学术交流中"以儿童为中心"已经成为被广泛认可的教育理念。从家长视角来看，当前家庭教育理念已经发生从"长者本位"向"幼者本位"的转型。② 在家长、教师等的压制下，儿童往往是"沉默"的。他们很难有机会表达自己独立的观点，而只会附和成人的看法，这对儿童的成长和社会的发展是不利的。③ 教师应该激发儿童的好奇心和主观能动性，不断探寻与儿童匹配的教学方法。相应地，儿童友好型校园应该重视校园环境建设，为儿童创造一个平等、民主、轻松与和谐的校园环境。

（三）从儿童视角看待问题

儿童视角是指儿童对自己生活的认知、体验和理解。儿童视角是为了儿童，但主体是成人；儿童的视角的主体是儿童，成人可以去了解却并不能完全拥有。④⑤ 我们离儿童的视角有多远？真正的儿童视角不是站在成人的高度去指责，不是从自身的角度去考虑问题，不是去幻想儿童需要什么，而是去询问、去倾听、去体会和去感悟儿童心中的儿童友好型校园是什么样子，可以让儿童通过绘画表达，通过语言形容，通过实地的探究形成。

四、建设儿童友好型校园环境的有效路径

促进儿童的身心和谐发展需要多角度、多层次、多方式共同努力，我们试图通过政策友好、服务友好、空间友好和儿童参与等方式来探索建设儿童友好型校园环境的有效路径。

（一）顶层设计：政策友好

政策友好是建设儿童友好型校园环境的顶层设计。政策友好主要包括地方性法规、校园的规章制度和班级管理制度自上而下三个层面。地方性法规在政策制定、资源分配和日常事务管理三个方面，要始终坚持贯彻儿童优先原则。制定校园的规章制度不仅仅是学校管理层单方面的决定，可以实行三级联动，即由学校管理层牵头，家长配合，儿童表达意见，以共同参与、协作共建的模式建设儿童友

---

① 杨银霞：《在国际人权法背景下看中国的儿童权益保护》，《人民论坛》2013 年第 14 期，第 92—93 页。

② 佘雅斌、黄姣华、许红星：《"以儿童为中心"之误读及再认识》，《当代教育科学》2021 年第 2 期，第 23—29 页。

③ 谭瀚：《儿童权利与中国特色儿童友好城市建设——以深圳市为例》，《特区经济》2022 年第 12 期，第 21—24 页。

④ 魏婷、鄢超云：《"儿童的视角"研究的价值取向、方法原则与伦理思考》，《学前教育研究》2021 年第 3 期，第 3—14 页。

⑤ 严亚雄：《我们离儿童视角有多远》，《教学与管理》2014 年第 8 期，第 19—20 页。

好型校园环境。制定班级管理制度时，可以实行“三多”模式，即多种类、多想法和多改变。多种类是指每个班级都由不同的儿童组成，每个儿童都是独立的个体，因此每个班级的管理制度体现不同群体的独特性。多想法是指制定班级管理制度时要询问儿童的各种想法。多改变是指根据不同的时期设计动态调整的管理制度。

（二）战略方向：服务友好

服务友好是建设儿童友好型校园环境的战略方向。服务友好包括服务尊重化、服务智能化和服务针对化。① 服务尊重化主要指学校的配套设施要尊重儿童，要充分考虑儿童的需求。例如，教室第一排课桌前沿与黑板的水平距离要适宜；教室最后一排座椅之后应设横向疏散通道；自最后一排课桌后沿至后墙面要有相应的距离和楼梯间过道两侧宜设置高低两层扶手，以满足不同年龄阶段儿童的需求；等等。服务智能化是指家长与儿童可以根据个体差异选择适合儿童发展的服务。例如，学校的校车接送服务可以智能化自由选择，根据家长的下班时间自由协调校车接送时间；家长在有突发紧急事件时，可以智能化地预约儿童在校用餐等服务。服务针对化是指针对有特殊需求的儿童（比如腿脚受伤、有听力障碍和语言障碍的儿童等）提供服务。例如，班级管理时，对家庭困难的儿童成立个人专属成长档案袋。

（三）集中体现：空间友好

空间友好是建设儿童友好型校园环境的集中体现。空间友好包括学习空间友好与游戏空间友好。② 学习空间是指为了激发学习者的学习兴趣，支持师生和生生交互，鼓励学习者积极参与学习活动，最终达到深度学习而构建的学习场所。③ 学习空间主要包括班级空间、操场空间和校内阅读角等零碎学习空间。学习空间友好主要体现为学习兴趣、学习乐趣和学习妙趣。友好的物质空间有利于激发儿童的学习兴趣。例如，在每个台阶和墙面横切面写上古诗词且定期更换，以唤醒儿童对古诗词的学习兴趣；在校园设立比赛公告场所，可以提高儿童对赛事的关注度，从而提高儿童对赛事的兴趣。友好的精神空间给予儿童学习的乐趣。友好的学习空间氛围应该是欢乐无忧的。良好的师生互动、有趣的教学手段和巧妙的授课构思等都会让欢乐、友好的氛围升温。友好的心理空间会迸发儿童学习的妙趣。当儿童的心理情绪平稳、安全和舒适时，他们会有更多的想法，也会主动探索和创新，发现更多学习的妙趣。

游戏空间始终是儿童活动的重要载体。④ 当空间具有儿童敏感性，满足儿童游戏需求时，均可以成为儿童的游戏空

① 沈瑶、刘赛、云华杰、赵苗萱、郭应龙：《“育儿友好”视角下城市竞争力提升启示——以日本流山市为例》，《城市发展研究》2020 年第 4 期，第 72—81 页。

② 施雯、黄春晓：《国内儿童友好空间研究及实践评述》，《上海城市规划》2021 年第 5 期，第 129—136 页。

③ 李洋洋、刘三女牙、陈增照、方静、何秀玲：《学习空间融合视域下协作学习模型构建研究》，《中国远程教育》2022 年第 3 期，第 42—50 页、第 60 页。

④ 王璇、吕攀、王雪琪、田皓允、张斌：《儿童友好型社区户外游戏空间营造研究》，《中国园林》2021 年第 S1 期，第 62—67 页。

间。① 校园游戏空间的友好体现在校园游戏场地、校园游戏材料和校园游戏时间三个方面。游戏场地的友好主要体现在规划布局。游戏场地的规划布局应综合考虑不同年龄阶段儿童的活动需求及活动特点，有效地利用空间资源，满足儿童开展不同类别活动和游戏的需求。例如，游戏场地要有宽阔的操场，帮助锻炼身体，也要有安静的棋室，提高儿童的思维能力；游戏空间应避免离机动车道太近，注重道路安全防护的设计及无障碍设计。游戏材料友好主要体现在材料的多样性和安全性。游戏材料多样性体现在复合功能区和单一功能区布置的游戏材料应该能够被不同年龄阶段和兴趣的儿童以不同的方式所使用，以促进儿童的多方面发展。游戏材料安全性体现在安全维护，应注重材料的无害性、尺度的适宜性和独立游戏空间的稳定性。例如，钢木玩具要检查边缘是否锐利，孔缝是否夹手指。② 游戏空间友好要充分考虑儿童游戏的时间。儿童游戏的时间适宜，不仅能够增强学习动机，提升问题解决能力、创造能力和儿童之间的协作能力，还能培养儿童良好的情感态度与正确的价值观。③ 例如，教师不能私自占用儿童的课后休息时间。

（四）动力机制：儿童参与

儿童参与是建设儿童友好型校园环境的动力机制。儿童参与是儿童的基本权利，应确保有主见、有能力的儿童有权利对影响其本人的一切事项自由地发表自己的意见，对儿童的意见应按照其年龄和成熟程度给予适当的看待。④ 校园儿童参与主要包含主动参与、参与途径和反馈机制。

儿童的主动参与是多维度参与，包括参与课堂教学、参与班级管理制度制定和参与校园环境改善等。儿童参与课堂教学是参与式教学，教师通过教学设计、实施和评价三个环节，在教学中采用激发、探究、实践和创生四种层层递进的教学策略，从情感参与、行为参与和认知参与三个维度出发，结合学生参与的动力（被动或主动）和深度（低阶或高阶），促进学生全过程、全身心和全方位地参与课堂学习，从根本上提升儿童课堂生活的质量。⑤ 儿童参与班级管理制度的制定和校园环境改善时，通过发放问卷向儿童征询关于班级管理或校园建设的意见，或者形成班干部、班主任到行政管理人员的反馈渠道以表达自己的意见。

有效的儿童参与应该提高儿童参与的反馈机制。延迟的反馈时效和单一的反馈渠道都不利于提高儿童参与的积极性。首先，加强意见反馈的及时性，比如建立反馈时效不超过一周的规定，促使形成高效的反馈机制；其次，拓展多样化的反馈渠道，比如通过线上线下相结合的方式，向家长和儿童同步反馈意见；最后，反馈机制要建

① 韩波、戴明丽：《基于儿童视角的城市社区游戏空间优化》，《陕西学前师范学院学报》2022 年第 2 期，第 44—51 页。

② 丁恺昕、韩西丽：《深圳市户外游戏场地空间特征对儿童游戏行为和综合发展的影响研究》，《规划师》2019 年第 15 期，第 87—92 页。

③ 广东省深圳市宝安区天骄小学：《用游戏点燃学校》，《人民教育》2022 年第 5 期，第 82—83 页。

④ 靳璐、饶从满：《挪威促进早期儿童参与教育的背景、举措及挑战》，《外国教育研究》2022 年第 4 期，第 64—76 页。

⑤ 黄敏洁、何琳、刘捷：《参与式教学：引领儿童过高质量的课堂生活》，《中小学管理》2022 年第 4 期，第 50—53 页。

立给予及时奖励的制度,反馈要具有激励作用。比如当儿童反馈的意见被采纳时,颁发奖状和奖品或者给予积分鼓励,儿童可通过积分兑换自己想要的奖品。

The Connotation, Characteristics and Pathways of a Child-Friendly School Environment

Sun Mengju　Xiao Erping

Abstract: The establishment of a child-friendly school is an important measure to escort children's physical and mental health and promote their healthy growth, comprehensive and individualized development. A child-friendly campus refers to a school centered on children's development, with teachers, students, parents, and social democracy participating in school management, advocating the concept of child priority, child equality and child participation, a good environment for children's development, protection of children's rights and interests in accordance with the law, full expression of children's views, effective protection of children's safety, and promotion of children's all-round development such as moral, intellectual, physical, aesthetic and labor. Promoting the harmonious physical and mental development of children requires multi-angle, multi-level and multi-way joint efforts. Explore effective ways to build a child-friendly school environment through policy-friendly, service-friendly, space-friendly, and child participation.

Keywords: child-friendly; school environment; policy-friendly; service-friendly; space-friendly; child involvement

儿童友好城市背景下公共游戏空间营造的特点与经验*

◎ 刘 宇[①]

摘 要： 游戏是儿童全面发展、文化创造得以发生的重要场域。然而城市化进程中公共游戏空间的萎缩造成了对城市儿童日益严重的游戏剥夺，劣化了他们的成长环境，损害了他们的身心发展。公共游戏空间的恢复和扩展理应是儿童友好城市规划设计的重要组成部分。梳理相关的项目实践和研究成果可以发现，当前儿童友好城市背景下的公共游戏空间营造呈现出由儿童游戏专属地走向随处可玩，强化公共游戏空间的可达性和适宜性，注重为儿童提供平等、全纳的游戏机会，平衡公共游戏空间中的冒险与安全，增加游戏空间中自然元素的融入等特点。现有经验表明，在高度复杂的城市社会系统中推动儿童友好的公共游戏空间营造，应加强政策保障，推动协同共建，开展跨学科研究，落实儿童参与。

关键词： 儿童友好城市；公共游戏空间；特点；经验

作为一名父亲，带娃让我有机会从另一个角度重新审视所生活的城市。街角卫生情况可疑的摇摇车，吸引着络绎不绝的年幼儿童，他们为了3分钟的动感骑乘和缺乏美感的音乐动画片，不惜大哭大闹。附近新开的一家主打图书循环利用的社区图书馆，在冬天一度成为带娃大军躲避寒冷，自己小憩，小孩翻看绘本，一举多得的热门去处。临近小区的一小块地方增加了四架秋千，一个跷跷板和一个转盘，立刻吸引了周围小区的无数支带娃小队，每次去都能长时间地练习“等待”和“轮流”。商场里付费办卡才能享用的游戏设施和项目，部分为了发展儿童的兴趣特长，更多的是为了分散带娃压力的周末兴趣班……每一次在“带孩子去哪儿”这个问题上的绞尽脑汁、进退失据都会在我的头脑里把“城市让生活更美好”的笃定变为疑问，城市让谁的生活更美好了？包括儿童吗？每次在街头看到童车里一双双渴望的眼睛，看到童车后一个个脸上幸福又茫然的表情，都会在我心里引发矛盾的意象：这是一座儿童无处不在又常常无处可去的城市。“每个儿童和青年都有机会与家人在一起享受游戏和娱乐”是联合国儿童基金会提出的儿童友好城市倡议

---

* 本文系2020年浙江省哲学社会科学规划课题“国际视野下‘儿童友好型学校’的建设框架与实施策略研究”（项目编号：20NDJC058YB）研究成果。

① 刘宇，男，黑龙江五大连池人，教育学博士，浙江师范大学儿童发展与教育学院副教授。

的五大目标之一,显然,我们距离这个目标的达成还有很长的路要走。在我国各项事业的发展已经取得辉煌成就的现在,关乎未来的儿童事业没有理由成为短板;在我国城市化进程持续跨越、突飞猛进的现在,城市的崛起不应当让我们的儿童置身边缘。儿童游戏空间的建设不应当仅仅是学校、幼儿园的事,而应举全城之力。在城市整体的尺度上深入把握儿童公共游戏空间萎缩的现实及其危害,总结儿童友好城市建设研究与实践中公共游戏空间营造的特点和有益的经验,在儿童友好城市建设已经写入"十四五"规划,《关于推进儿童友好城市建设的指导意见》已经颁布的当下尤其显得刻不容缓。

一、城市化进程中儿童公共游戏空间的萎缩及其危害

尽管在人们的认识和观念中,曾经长期把游戏看作一种休闲、放松、娱乐和消遣的活动,不是什么正经之事,难登大雅之堂,有时甚至还会有玩物丧志,业荒于嬉之虞,但19世纪对游戏的理论研究发轫以来,经过长期的不断努力,这种认识和观念在发展心理学、儿童人类学和童年社会学等领域已经被完全改写。这一巨大改变不仅为城市化进程中儿童公共游戏空间持续萎缩带来的危害提供了解释,也为将公共游戏空间营造作为儿童友好城市建设的重要抓手提供了依据。

(一)游戏是儿童全面发展、文化创造得以发生的重要场域

随着研究证据的持续积累,将游戏与儿童的学习和发展对立起来的传统观念越来越站不住脚,而游戏对儿童各个方面的发展价值则得到越来越多的证明。早在1990年,美国南伊利诺伊大学的游戏研究专家林恩·A.巴内特(Lynn A. Barnett)系统检验了截至当时有关游戏发展价值的实证研究,指出游戏的实验性、灵活性和象征性等特点对儿童的认知发展,幻想游戏、假装游戏和社会戏剧游戏等儿童的社会性发展都有积极的促进作用;亦有一些研究证实了,儿童通过在游戏中重复创伤事件的内容、行为,并改变事件的结果或互换事件中的角色,使事件更加愉快或更加可控来减少其带来的负面情感。① 这方面的证据还在增加。近年马来西亚学者赖等人(2018年)系统综述了研究非数字设备游戏(non-digital games)②对4—9岁儿童发展影响的43篇论文,发现非数字设备游戏能够刺激学前儿童的认知发展。③

除了游戏对儿童发展价值的日渐证实,跨学科的儿童文化研究取得的进展也重塑了人们对儿童文化的认识。儿童作为文化创造者,而不仅仅是成人文化的接受者这一形象逐步确立,游戏作为儿童特有的文化形式则成为儿童自身文化创造及展现的重要舞台。以往的儿童文化研究,多沿袭传统社会化理论的思路,认为

---

① Lynn A. Barnett. Developmental Benefits of Play for Children. *Journal of Leisure Research*, 1990,22(2), pp. 138-153.

② 即需要身体接触和/或非数字设备的游戏,包括功能游戏、建构游戏、探索性游戏、戏剧游戏和规则游戏。

③ Ngan Kuen Lai, et al. The Impact of Play on Child Development-a Literature Review. *European Early Childhood Education Research Journal*, 2018,26(5), pp. 625-643.

儿童通过不断内化成人社会的文化，而逐渐由未来的社会成员发展成为正式的社会成员。在这个意义上，所谓儿童的文化，不过是成人文化的复刻、回响。倘若儿童文化中出现与成人文化不一致的地方，甚至出现对抗的内容，则视之为反文化、反社会的表现，须加以规训，使之回归"正轨"。然而这种观念随着童年社会学、儿童人类学研究的进步已被彻底打破。作为新童年社会学的重要研究模式之一的部落儿童研究认为，存在一个独立于成人世界的、自治的儿童社会，它拥有独立的儿童文化，有自己的规则、规范和价值。① 美国著名的童年社会学家威廉·A. 科萨罗则用自己堪称典范的人类学研究表明，儿童不是内化成人文化，而是通过创造性地吸收、整合成人世界的信息来解决同龄人自身的问题，创造他们独特的同伴文化，同时积极地为文化生产和转型贡献力量。② 而夏洛特·哈德曼（Charlotte Hardman）则通过对圣巴纳巴斯学校（St. Barnabas School）游戏空间中 5—10 岁儿童游戏活动的深描发现，尽管使用的材料极为平常，但儿童以一种完全不同于成人的方式，按照自身独有的意义系统对材料进行解释，并运用这些材料进行游戏。③这充分说明儿童是有能力的意义创造者，游戏是展现儿童意义创造的重要舞台。儿童的意义创造不仅对于自身有意义，而且是人类社会文化的有机组成部分，积极贡献于社会文化的生产与变革，帮助维护、重构和创造社会。

总之，在众多学科相关研究的推动下，人们日益认识到，游戏既是儿童文化的独特符码，也是儿童的基本学习方式；不仅对儿童童年的幸福、成长有着毋庸置疑的价值，也对整个社会的维护和发展有深远的影响。然而这样一种对儿童与社会都极为重要的活动，在城市化进程中却不得不面临日益萎缩的困境，由此产生的消极后果如今已经暴露无遗，作为城市儿童开展游戏活动重要条件之一的公共游戏空间的缺失对此负有不可推卸的责任。

（二）城市化进程中公共游戏空间萎缩及其负面影响

城市化进程中公共游戏空间的萎缩是一个普遍现象，这一点从先行城市化的发达国家的历程中清晰可见。根据日本著名的环境建筑师、儿童成长环境研究者仙田满的研究，20 世纪六十年代是日本儿童游戏环境发生巨变的转折期。具体而言，从 1965 年起，日本儿童的游戏场所逐渐由户外转向室内，儿童的虚拟游戏体验日益取代亲身游戏体验。④ 催生这一现象的原因，则是随着经济的快速发展和城市化的推进，城市中的空地、自然场地日益减少，汽车的普及使得道路本身作为游戏空间，以及道路作为连接多样游戏空间的通路的功能大幅削弱甚至消失，再加上针对儿童的犯罪使得家长顾虑重重，补习班、兴趣班的增加使得儿童和伙伴一起玩耍的时间减少，这些因素叠加在一起，共同把儿童的游戏空间由户外逼向室内。

---

① ［英］艾莉森·詹姆斯、克里斯·简克斯、艾伦·普劳特：《童年论》，何芳译，上海：上海社会科学院出版社，2014 年，第 162 页。

② ［美］威廉·A. 科萨罗：《童年社会学》（第 4 版），张蓝予译，哈尔滨：黑龙江教育出版社，2016 年，第 15 页。

③ Charlotte Hardman. Can There Be an Anthropology of Children. *Childhood*, 2001, 8(4), pp. 501-517.

④ ［日］仙田满：《儿童友好环境设计》，刘佳译，上海：同济大学出版社，2022 年，第 31 页。

而电视机、家庭游戏机、家用电脑和手机的广泛使用又进一步把回到室内的儿童的游戏空间锁在屏幕前，虚拟游戏体验日益取代亲身游戏体验。游戏环境如此劣化，导致儿童体力、运动能力下降，肥胖率增加，孤独感上升，自我认同感下降甚至产生其他一系列心理问题。

澳大利亚学者布伦丹·格里森（Brendan Gleeson）不无愤怒地把不但不能很好地抚育儿童，而且还在给儿童造成日益严重、普遍的精神、生理伤害的城市称为"有毒城市"（toxic cities），并将城市化进程中"有毒城市"的出现归咎于新自由主义的发展政策。① 在这样的发展政策之下，谋求财富积累引发的高强度工作和竞争使得父母拼命忙于工作而疏离子女，并带来贫富分化。然而不管是贫困阶层的儿童，还是富裕阶层的儿童都无法从这一所谓"发展"中获益。不仅贫困阶层的儿童生活在简陋、肮脏和危险的环境中，而且富家子弟也因为居住条件的变化（房屋越来越大，院子越来越小）和高度监督型的生活而被从户外转向室内，"自发的、持续的和自由的游戏活动"大幅减少。游戏场地、设施中发生的伤害引起的诉讼，索赔引发的公共责任危机，导致地方管理部门倾向于移除游戏场地设施，减少冒险性、刺激性的游戏设计以规避可能的追责。这种在现实世界无法得到满足的游戏需求，最终转向在虚拟世界中寻求满足。

尽管这里只列举了日本、澳大利亚的例子，但如果我们继续扩大涉及的国家范围，看到的也是近似的景象，尽管可能在发生转变的时间节点和进程上有所差别。这样的一致性很难用单一因素来解释，而只能归因于城市化的整体思路。迄今为止，人类社会所选定的城市化道路尽管对人类福祉起了巨大的促进作用，但也带来不同群体发展的差异甚至极化，成人与儿童之间发展条件的差异便是其中之一。由于城市的规划和建设更多的是为满足成人的需要，忽略儿童的诉求，导致城市化不仅未能为儿童的成长、发展提供充分的条件，反而给儿童造成日益严重、普遍的生理、精神伤害。这样的城市化是不可持续的，不仅因为儿童是一个社会的未来，而且因为儿童是和成人休戚与共于城市之中且相对弱势的群体。"如果一个城市的规划能够尊重儿童的需要，毫无疑问，这个城市也必然会尊重生活在这个城市中的每一个公民。相反，如果建成环境无法满足儿童的需要，也一定会影响生活在这个城市里的每个人的生活质量"；"一个'儿童友好型'的城市，也必将是一个适合所有人的'人居友好型'城市"。② 因此，儿童友好城市建设不仅仅是关心下一代，更不是儿童唯一，而是为了我们共同的现在与未来。鉴于游戏对儿童生活、成长和学习的特殊重要性，儿童友好城市建设不妨从儿童公共游戏空间的恢复和重建开始。

二、儿童友好城市公共游戏空间营造的特点

事实上，一些国家在推动儿童友好城

① Brendan Gleeson & Neil Sipe, *Creating Child Friendly Cities: Reinstating Kids in the City*. London and New York: Routledge, 2006, pp. 33-48.

② 长沙市"儿童友好型城市"创建工作领导小组办公室：《相约未来——创建儿童友好型城市理念与实践》，北京：中国建筑工业出版社，2021 年，第 13 页、第 14 页。

市建设的过程中，已经涌现出了众多以儿童公共游戏空间营造为核心的成功项目，亦有不少城市规划、游戏研究领域的专家学者致力于提升城市公共游戏空间的可玩性、儿童友好性方面的研究。梳理相关的项目实践和研究成果可以发现，当前儿童友好城市背景下的公共游戏空间营造呈现如下特点。

（一）由儿童游戏专属地走向随处可玩

提到城市规划应该对儿童更友好，许多人首先想到的是要为儿童营造专门的游戏场、游戏乐园，添加更多的游戏设施。但事实上，专门的儿童游戏空间的出现是在晚近。在城市化的最初，儿童更多地在自己家附近的街道、广场和绿地玩耍，只是随着机动车的普及，城市空间用途日益向其他方面转移，这些地方不再适宜游戏后才转而为儿童打造专门的空间。然而这种做法在事实上将儿童与城市空间的大部分隔离起来，恰恰是城市对儿童不够友好的表现。科林·沃德曾这样写道："人们应该能在任何地方轻松自在地游戏，而不是被迫去'游戏场'或'公园'，城市环境的失败可以通过'游戏场'的数量来直接加以衡量。"①所言虽略显夸张，但绝非全无道理。为此，城市公共游戏空间营造不能只盯着儿童专属游戏空间的打造，而应当首先恢复城市街区的游戏功能，使城市随处可玩。西班牙巴塞罗那的超级街区计划（superblock program）采取的就是这样一种思路，即将多个街区加以整合，形成一个超级街区，把其内部变为步行区和可共享空间，从而增加儿童的户外游戏空间，提高儿童的社区流动性。②值得一提的是，由于减少了超级街区内汽车的使用，城市的热岛效应和噪声、空气污染水平随之降低，该计划也使得成人从中受益，真正实现了儿童友好，惠及全体。

（二）强化公共游戏空间的可达性和适宜性

环境地理学家、空间规划专家玛科塔·姬塔（Marketta Kyttä）提出，儿童友好环境规划应从两个维度加以审视：一是儿童的流动性，即他们前往空间和设施的能力；二是社区、城市所提供的空间、设施的数量及类型。③ 从这两个维度出发，儿童公共游戏空间的营造一方面要考虑儿童的可达性，另一方面则要考虑其对不同年龄儿童的适宜性。商业活动的繁荣使得城市空间变得寸土寸金，使用上的竞争日趋激烈。近乎福利性的，不能产生商业价值的公共游戏空间在这样的竞争中很容易失去优先权而被挤占，或者被推向城市的"边角料"地带难以到达。没有可达性的公共游戏空间往往形同虚设，甚至只是作为城市规划发展统计中的抽象数据而存在，对儿童没有实质意义。此外，儿童的活动需求、能力不但不同于成人，而且不同发展阶段的儿童彼此之间也不一样。因此，公共游戏空间的营造需要采用包容性设计的思路，使之能够满足不同年龄阶段儿童的游戏需求。中国社区发展协会

---

① Colin Ward, *The Child in the City*. London: Bedford Square Press, 1990, p. 73.

② Natalie Mueller, et al. Changing the Urban Design of Cities for Health: The Superblock Model. *Environment International*, 2020, 134, pp. 1-13.

③ Marketta Kyttä. The Extent of Children's Independent Mobility and the Number of Actualized Affordances as Criteria for Child-Friendly Environments. *Journal of Environmental Psychology*, 2004, 24(2), pp. 179-198.

制定并于2019年正式发布的《儿童友好社区建设规范》提出,应在5分钟生活圈内(即成人步行5分钟所及的范围)配备一处适合12岁及以下儿童的户外游戏场地,在15分钟生活圈内(即成人步行15分钟所及的范围)配备一处适合12岁及以上儿童的户外游戏场地;并且场地内应考虑不同年龄阶段的儿童需求分别设置专门场地,提供适宜的设施、材料。① 这一规范便很好地兼顾了儿童公共游戏空间的可达性和适宜性。

(三) 注重为儿童提供平等、全纳的游戏机会

童年社会学家提醒我们,童年是一种多元化的结构现象,事实上存在多个童年而不是只有一个童年。② 每个儿童因其阶层、文化和性别等方面的不同而经历着不一样的童年。但不管如何不同,游戏权利是每个儿童都应平等享有的一项基本权利。因此,城市的公共游戏空间应该具有全纳性,为来自不同境遇的儿童提供多样的游戏机会。尤其是处境不利的儿童,他们的不利处境往往是全方位的,包括在游戏机会、游戏条件的可得性上也处于不利地位,因而更需要在城市公共游戏空间营造方面予以重点关注。“改善最为处境不利的儿童的地位,解决导致对于儿童不平等的机会和结果的问题,需要置于儿童友好城市规划的核心。”③为此,首先要优先考虑增加低收入群体相对集中社区的公共游戏空间供给,使其避免因所在社区条件和家庭经济状况的限制而被迫游戏剥夺。其次运用通用设计的理念营造具有全纳性的游戏空间,使之既能满足健全儿童的需要,又能满足残障儿童的需要,进而促进健全儿童和残障儿童的交往、融合。最后提高公共游戏空间规划设计中的性别敏感性,努力打造性别平等的游戏空间。要更加充分地意识到男孩、女孩在游戏活动偏好、特点上的性别差异,增加面向女孩的游戏条件供给,吸引女孩使用公共游戏空间。

(四) 平衡公共游戏空间中的冒险与安全

当前人们对城市儿童户外游戏活动的态度存在极端的风险厌恶和过度保护倾向。这使得城市公共游戏空间营造中如何规避风险、保证安全成为压倒一切的优先事项,为此甚至不惜牺牲游戏性本身。这种看似理所当然的选择在理性的概念辨析面前完全经不起推敲。事实上,无论安全,还是风险,都是环境与个体交互作用的结果,因此“安全具有主体性,是无法完全从外部给予的”,风险作为不利结果出现的可能性却几乎无处不在。④ 问题的关键在于,游戏中的冒险并没有那么“十恶不赦”。对户外冒险性游戏发展价值的系统总结表明,其对儿童的学习、心理和身体健康发展是有益的,增加户外冒险性游戏比避免户外冒险性游戏会带来更

① 周惟彦、陈虹:《〈儿童友好社区建设规范〉操作手册》,北京:社会科学文献出版社,2022年,第131—133页。

② [英]艾莉森·詹姆斯、克里斯·简克斯、艾伦·普劳特:《童年论》,何芳译,上海:上海社会科学院出版社,2014年,第112—131页。

③ Tim Gill, *Urban Playground: How Child-Friendly Planning and Design Can Save Cities*. London: RIBA Publishing, 2021, p. 114.

④ 潘敏、刘宇:《幼儿园户外游戏活动中的安全和风险问题辨析》,《幼儿教育》(教育科学)2017年第1、2期,第41—45页。

多好处。① 当然,强调游戏中冒险元素的积极意义并不意味着无视安全防护,而是要在冒险与安全之间寻求平衡,从而既释放冒险、挑战对儿童各方面的成长价值,又不会造成伤害。蒂姆·吉尔(Tim Gill)提出的名为"风险收益评估"(risk-benefit assessment)的整体决策过程,为公共游戏空间营造中如何平衡两者关系提供了可操作的工具。风险收益评估要求公共游戏空间的营造者回答一系列问题,包括儿童能够从营造方案中获得哪些社会、身体、情感、教育和心理等方面的益处?可能会带来哪些有害结果?有没有类似的先例可资比较,并吸取经验教训?作出何种决策?如何根据决策采取行动?怎样开展持续的维护监督,等等。② 这一决策模型目前已经得到游戏空间设计行业、政府部门和一些国际游戏空间安全标准越来越多的支持。

(五)增加游戏空间中自然元素的融入

儿童对自然拥有天然的亲近感,渴望去探索、理解自然世界。即便在城市的钢筋水泥丛林中,儿童一有机会也会在小区、公园里触摸泥土,捡拾树枝、草叶,欣赏鲜花、树木,看蚂蚁、蜗牛,乐此不疲。越来越多的证据表明,儿童参与自然有诸多益处,对这些证据基础的系统评述表明,"在自然中度过时光是'平衡的童年经验食谱'之一部分,它能促进儿童的健康发展和福祉,促进积极的环境态度和价值观"③。与此适成对照的是,儿童随着城市化进程的加深日益远离自然,"自然缺失症"的加剧正引起人们的警觉。面对这一困境,尽管"梭罗式"回归森林、田野和湖泊似乎是最为根本、彻底的解决之道,但并不实际,而且也失去了城市带来的益处。相比之下,在城市规划建设中更多融入自然元素,增加城市中的绿色空间则更加务实而平衡。联合国儿童基金会提出的儿童权利与城市规划原则便指出,要"为儿童和社区营造安全、包容的公共空间和绿色空间,让儿童在户外聚会和活动"④。加强城市公共空间,包括公共游戏空间的自然化水平也正成为一些国家的行动选择。例如,英国在其发布的一系列有关游戏空间设计的指南、政策和报告中反复强调自然元素的采用与接触自然的重要性。⑤ 缘起于丹麦,风行欧洲、日本的森林学校、森林幼儿园,也从一个侧面说明作为公共游戏空间重要组成部分的学校、幼儿园游戏场回归自然的趋势。

三、儿童友好城市公共游戏空间营造的经验

儿童友好城市公共游戏空间的营造是

① 刘宇:《户外冒险性游戏的价值分析和实践思考》,《幼儿教育》(教育科学)2017 年第 7、8 期,第 16—20 页。

② Tim Gill. Playing it Safe? A Global White Paper on Risk, Liability and Children's Play in Public Space. 参见 https://bernardvanleer.org/app/uploads/2018/05/White-paper_Playing-it-safe_Tim-Gill_May-2018.pdf。

③ Tim Gill. The Benefits of Children's Engagement with Nature: A Systematic Literature Review. *Children Youth and Environments*, 2014,24(2), pp. 10-34.

④ 联合国儿童基金会:《儿童友好型城市规划手册:为孩子营造美好城市》,参见 https://www.unicef.cn/media/9166/file/儿童友好型城市规划手册.pdf。

⑤ 王霞、陈甜甜、林广思:《自然元素在中国城市公园儿童游戏空间设计中的应用调查研究》,《国际城市规划》2021 年第 1 期,第 40—46 页。

一项复杂的系统工程,它不仅涉及城市规划、景观和建筑设计等技术工作,而且是一个众多利益相关方参与的社会行动过程。时至今日,我们已经拥有了比以往更为高超的技术能力可资利用,但是对于如何在高度复杂的城市社会系统中完成这一特定技术过程尚且缺乏经验。从已经开展的项目实践中可以发现,以下做法或可为儿童友好城市公共游戏空间营造起促进作用。

(一)加强政策保障

制定发布相关政策法规,对儿童友好城市及其中的公共游戏空间营造有重要的推动作用。政策法规的制定、发布能够把柔性的价值、理念转变成更为具体的目标、规定,有助于凝聚各方共识,引导前进方向,提供行动参考。因此,联合国儿童基金会曾提出发展儿童友好城市和社区的九个基本构成要素,其中就包括建立一个儿童友好的法规框架。考虑到我国治理体系的独特优势,这一点对我国儿童友好城市及其公共游戏空间的建设尤为重要。而儿童友好的法规框架是否建立,可以从以下几个方面着手检验:是否已经对影响儿童的立法进行国家层面的严格评估,以确保其遵守《儿童权利公约》;是否在地方层面对国家立法如何影响儿童进行缜密考虑;这些评估是否包括独立要素,儿童自身是否受到咨询并参与其中;《儿童权利公约》的四项一般原则(非歧视、儿童最大利益、儿童最大限度生命权和发展权、儿童参与权)有没有适当反映在影响儿童的城市立法中;是否有城市范围的评估以确保儿童(包括处境困难的儿童)有机会进入建议、倡议和申诉程序,使他们遭受破坏的权利得以修复。[①] 显然,这一检验涵盖国家、地方和城市等层面,试图确保儿童友好理念在各层面得到一致的贯彻。我国当前有关政策法规的制定已经在稳步推进,继 2021 年 23 部委联合发布《关于推进儿童友好城市建设的指导意见》,国家发展和改革委员会、住房和城乡建设部、国务院妇女儿童工作委员会办公室又联合印发《城市儿童友好空间建设导则(试行)》后,一些省市也先后出台有关推进政策,覆盖各层级的儿童友好城市建设政策体系正在快速形成,但各项政策中有关公共游戏空间营造的内容还有待细化。

(二)推动协同共建

随处可玩的营造理念决定了儿童友好城市中的公共游戏空间将涉及诸多场所,包括公园、游戏场、住宅区、公共空间、街道、学校和儿童保教机构等。这些场所在现有的城市管理体系中往往分属不同的职能部门,因此,需要相关职能部门打破原有区隔,协同共建。而在这一过程中涉及的具体内容又往往是非常复杂的,包括如何贯彻平等原则,如何促进多元主体参与,土地的重新分区或使用问题,住宅的规划建设,交通路线的设计,机动车的限速、停车问题,游戏空间的安全管理问题,等等,其解决通常都会涉及不同的利益团体,达成共识往往非常困难,有时甚至还会发生冲突。儿童友好城市中的公共游戏空间营造首先当然要维护、实现儿童的权益,但也不可能忽视城市的政治、经济、地理和文化等方面的背景和议程,

---

① Puthearath Chan, *Child-Friendly Cities and Communities: 10 Initiatives from 10 Countries*. Mauritius: Scholar's Press, 2020, p. 12.

以及城市中其他居民的利益。这就决定了对于不同城市如何建设儿童友好城市，包括其中的儿童公共游戏空间并不存在一个最佳的模板，也没有通行的公式，而需要不同团体，包括市政部门、专业机构、社区、家庭、学校、企事业单位、公益组织和媒体等的代表，在广泛、充分沟通的基础上努力形成共同的愿景和价值观，作为后续行动的蓝图和指南。

（三）开展跨学科研究

公共游戏空间营造需要跨学科研究提供智识支撑，这首先是由于游戏本身即是一个跨学科的研究领域。游戏是一种复杂的人类活动。对游戏的最初阐述主要源自诸多哲学家的宏观叙事。随着19世纪进化论、儿童研究运动的兴起，游戏研究开始进入生物学、心理学和教育学的视界范围，进而成为文化学、社会学、人类学和神经科学等的研究对象。跨学科研究为我们认识儿童游戏提供越来越多的透镜，揭示其越来越多的侧面。然而当我们将儿童游戏置于城市公共空间规划建设之中予以审视，会发现仅仅有游戏研究的支撑还不够，还需要更广泛的学科研究的加持。这一点有时仅从城市公共游戏空间某一要素的研究中就清晰可见。例如有研究者对1985—2019年国内外儿童与绿色空间方面的研究文献进行计量分析，发现其中涉及的学科就包括公共政策、环境和职业健康，教育，环境科学，地理学，城市规划与市政，城市经济、体育、建筑科学，等等。综合来看，多维学科的交叉研究是该领域的发展方向，公众健康学科从要素角度识别儿童健康与环境风险，教育和心理学科重点反映儿童空间成长与生活经验，地理学在数据量化的背景下推动儿童友好城市发展，而生态学科的加入有助于儿童与环境建立相辅相成的关系。① 在多学科交叉研究已成定局的情形下，如何打破不同学科话语体系的隔阂，加强学科对话，使之从学科多元走向学科跨越既是接下来的方向，也是难题。

（四）落实儿童参与

儿童在以往的城市规划决策中通常是缺席的，即便在和他们联系密切的游戏空间规划中也几乎听不到他们的声音。这使得城市规划中即便包含为儿童设计的内容，往往也是成人认为有益于儿童的，未必是儿童自身真正需要的。儿童在城市规划中的缺席与对儿童的政治身份、能力水平的认识有关。在传统的观念里，儿童是未来而不是当下的公民，须达到一定年龄后才能享有诸种政治权利，包括参与公共事务民主决策的权利；而从儿童心理发展阶段论的视角来看，他们也不具备参与城市规划这种“大事”的能力。不过如今情况已经发生了根本性变化，联合国《儿童权利公约》将参与权列为儿童的四大权利之一，因而儿童有权民主参与关乎自身之事务决策。能力上，人们也日渐认识到，即便是很小的儿童也拥有对自身生活环境的倾向和看法，而且由于不像成人一样受到既有的条条框框的限制，儿童往往更具创造性，对于新的可能更愿意采取开放态度。因此，在城市公共游戏空间营造中落实儿童参与，不仅是为了实现儿童的民主权利，更能为城市规划带来实实在

① 李佳滢、张秦英、陈进、赵迪、田靖雯：《人居环境视角下儿童与绿色空间研究进展——基于文献计量分析》，《景观设计》2021年第5期，第22—27页。

在的益处。儿童参与城市公共游戏空间营造可以有不同的方式,既可以接受系统规范的咨询,提出对现有游戏空间的看法、意见,也可以直接作为团队成员与成人一起规划、设计、实施和评估相关项目。与此同时,儿童的参与也对以往独当其任的成人(专业工作者)提出了挑战,需要他们一方面更新观念和技能,特别是在如何与儿童“新同事”沟通合作上的观念和技能;另一方面创新研究工具和方法,使之更适合儿童的表达特点,让儿童特别是语言能力尚在发展中的低龄儿童能更充分地发表自己的意见。

四、结语

城市化进程对人类福祉起了巨大的促进作用,但也带来不同群体发展的差异甚至极化。由于城市的规划和建设更多的是为满足成人的需要,相对忽略了儿童的诉求,导致城市的发展不仅未能为儿童的成长、发展提供充分的条件,反而给儿童造成日益严重、普遍的生理、精神伤害,其主要表现之一便是城市中儿童可及、可得的公共游戏空间萎缩,使得儿童的游戏机会锐减,游戏对儿童潜在的积极作用难以实现,游戏剥夺的消极影响却日益严重。这一切在儿童友好城市建设的背景下正开始逐渐得到纠正和改善,公共游戏空间的营造为更好实现城市儿童的游戏权利和机会提供了基本保障。儿童友好城市公共游戏空间营造不能仅仅着眼于儿童游戏专属地的打造,而应全面恢复城市各部分的游戏功能,使儿童能够在其中随处可玩,全城游戏。公共游戏空间营造不可能脱离城市整体规划,而只能在相关政策的推动下,集合各利益相关方构筑共同愿景,借助跨学科研究支持协同“智造”。这一过程,固然离不开成人的全力以赴,更离不开受此过程影响的儿童自身的主体参与。

Characteristics and Experience of Public Play Space Construction in Child-Friendly Cities

Liu Yu

Abstract: Play is an important field for children's all-round development and cultural creation. However, the shrinking of public play space in the process of urbanization has resulted in increasingly serious play deprivation for urban children, thus degrading their growth environment and damaging their physical and mental development. The restoration and expansion of public play space should be an important part of child-friendly urban planning and design. Analysis to relevant projects and studies shows, public play space in child-friendly cities is becoming everywhere that be used for children play from a place exclusively belonging to children. Construction of public play space is strengthening accessibility and appropriateness for children, emphasizing to provide equal and inclusive play opportunities for children, balancing the risk and safety in public play space and increasing the natural elements in the play space. Existing experience shows that in order to promote the creation of child-friendly public play spaces in highly complex urban social systems, it is necessary to strengthen policy support, promote joint construction, carry out interdisciplinary research, and implement children's participation.

Key Words: child-friendly cities; public play space; characteristics; experience

教育学的遐思

——通向儿童整全生命成长的友好时空观

◎ 曹雁飞[①]

摘　要： 整全生命成长的友好社会是时间和空间协同互融的状态，是人自由地存在于空间中的美好愿景。传统教育对人的发展的时间性的把握更多体现在科学时间之维，也就是以时间为人的发展赋予阶段的标签，并通过规定学习者的资质，学习或活动的时间，以及完成的学业任务量来为人的成长设限。而对于空间的教育实践阐释则有时困于物质空间的狭义界定，忽视空间对人的建构与人在空间中的需求言说。友好社会的建构是基于时间和空间的反思，让真正的时间与空间倾听人成长的心声，在主体成熟和社会深度参与中达成人的自由和完整。

关键词： 整全生命；教育友好；时空观

20世纪末以来，对生命的友好关怀是各国社会治理的重要取向和基本共识，且逐渐转向对生命的全过程关怀。1996年，联合国儿童基金会和联合国人类住区规划署共同发起了儿童友好城市倡议，旨在为儿童提供城市或社区生活的基本保障，包括人身安全，良好的人生开端，获取基本服务，享有优质、全纳、参与式的教育和技能培训，参与家庭、文化、城市/社区和社会生活等方面内容。[②] 目前全球已有57个国家超过3 000多个城市和社区接受了这一倡议。2006年，世界卫生组织发起了老年友好城市建设的倡议，回应了早在2002年提出的积极老龄化面临的现实困境，即如何为老人提供健康的、参与性的、安全的城市环境。[③] 2022年，我国中央宣传部、国家民委、共青团中央等17部门联合印发《关于开展青年发展型城市建设试点的意见》，提出"围绕促进青年高质量发展，让城市对青年更友好"的目标。[④] 可见，对人的不同生命阶段的价值理解和尊重经历了时间的沉淀，且逐渐转向对整个生命过程的支持。

---

① 曹雁飞，教育学博士，浙江师范大学儿童发展与教育学院讲师，硕士生导师，美国威斯康星大学麦迪逊分校访问学者，主要研究方向为儿童教育理论与政策，主持或参与多项国家级、省部级课题，在《北京社会科学》《中国教育学刊》《心理学前沿》等期刊发表多篇研究论文。

② 联合国儿童基金会：《构建儿童友好型城市和社区手册》(中文版)，参见 https://www.unicef.cn/media/8641/file/。

③ Simon Biggs & Ashley Carr. Age- and Child-Friendly Cities and the Promise of Intergenerational Space. *Journal of Social Work Practice*, 2015, 29(1), pp. 99-112.

④ 中央宣传部、国家民委、共青团中央等17部门联合印发《关于开展青年发展型城市建设试点的意见》，参见 http://www.gov.cn/xinwen/2022-04/07/content_5683836.htm。

整全生命成长的友好社会是时间和空间协同互融的状态,是人自由地存在于空间中的美好愿景。传统教育对人的发展的时间性的把握更多体现在科学时间之维,也就是以时间为人的发展赋予阶段的标签,并通过规定学习者的资质,学习或活动的时间,以及完成的学业任务量来为人的成长设限。而对于空间的教育实践阐释则有时困于物质空间的狭义界定,忽视空间对人的建构与人在空间中的需求言说。友好社会的建构是基于时间和空间的反思,让真正的时间与空间倾听人成长的心声,在主体成熟和社会深度参与中达成人的自由和完整。比如加斯东·巴什拉在《空间的诗学》中指出:"凭借空间,是在空间之中,我们才找到了经过很长的时间而凝结下来的绵延所形成的美丽化石。"①而儿童友好是整全生命成长的起点,是社会对人的本质的承认,是以儿童适宜为尺度的时间和空间支持,进而导向生命自觉的养成。

一、弥合时间的区隔,以儿童为生命成长之原点

在成人群体中经常会有这样的场景:集体抱怨工作和生活中的不如意,感叹成人的压力,甚至有时真实演绎"大人"的崩溃瞬间。此外,还有不绝于耳的声音,表达对孩童时期天真烂漫和满眼好奇的深切怀念。正如孟子所言:"大人者,不失其赤子之心者也。"(《孟子·离娄下》)虽然未必每个成人都能永葆赤子之心,但对赤子之心的向往大体一致。不同的人生阶段总是承载着对现实的超越和对成长的期冀,而童年期正是被反复提及,且被赋予对个人的重要意义。

从个体的生命历程来看,儿童的早期经验为其建构了个体成长的生命结构,是作为人的整全发展的伊始。首先,承认儿童是新来者。"儿童是携带着丰富的种族进化积淀的遗产来到世界的"②,是一个家庭的新成员,同时是整个世界的新来者。伊曼努尔·列维纳斯(Emmanuel Levinas)给出了他对父母和孩子关系的深刻理解:孩子的降生意味着他们进入了父母生命的时间序列。在这个过程中,父母和孩子产生了时间性的关联,但并不意味着孩子是父母生命的延续。孩子代表了将来,带给父母以希望,但这种希望是全新的希望,是无法筹划和预料的希望,是超出期待的希望。③ 儿童决定着世界未来的样子,不可预知的未来,但必然是突破想象局限的新图景。把儿童比作太阳,不仅表征了儿童的主体性地位,而且意味着儿童象征了生命的可能性和创造性。与此同时,儿童是属于他自己的,也是属于世界的,绝不单纯是属于一个外在他者,或是家庭、教师和学校。其次,尊重儿童生命的绵延。儿童的生命成长有内在的时间节律。柏格森提出了"绵延"概念,并将之作为真正的时间,强调"只有通过直接的经验直觉从生命内部而不是外观把捉的

---

① [法]加斯东·巴什拉:《空间的诗学》,张逸婧译,上海:上海译文出版社,2013 年,第 9 页。

② 张更立:《异化与回归:走向"生活批判"的中国儿童教育研究》,南京:南京师范大学出版社,2017 年,第 1 页。

③ [法]伊曼努尔·列维纳斯:《时间与他者》,王嘉军译,武汉:长江文艺出版社,2020 年,第 35 页。

绵延之流才是生命的真正本质"①。由此可见,儿童所习惯的自身认知的方式更贴近生命的"质"的属性。在时间的流动中,儿童通过在时间中"工作",获得了时间之于自身的意义。"童年的秘密"便是生命本身的秘密,儿童凭借自己的"天赋本能"缓慢、渐进地吸收外部环境的积极力量,塑造自己。② 最后,理解儿童经验的整体性。儿童对个体完整生命的价值绝不只是机体的发育,更重要的是为个体的全面发展奠基。儿童是"实现成人世界的先验条件"③,只有儿童获得整体的发展才能成就成人发展的整体性。儿童通过特有的认知、创造世界的方式来建立自我与他者的联结。儿童的生活亦是一个整体,他意欲获得的经验来自具有个人和社会、继承和发展统一性的儿童生活。但这在很多时候并不真正取决于儿童,时常被成人预设的标准划定了强加于儿童的科学时间表。

二、重塑空间的支持,整全生命成长的基础性保障

人的活动,包括生命活动都离不开空间。空间既是现实的物质环境,又包含个体的意识和无意识。空间言说着人的需求,也形塑着空间中的活动。就儿童的生命成长而言,切实、适宜的空间是其成长的基础性保障,亦是成就整全生命成长的铺路石。城市中的建成环境长期以来多以成人的需求来架构,儿童虽在空间中,却失去了空间的话语权。有研究者从儿童关于空间的观念入手,将儿童的生活空间特征归结为物理和社会两个维度。物理维度的儿童生活空间主要包括绿地、基本服务、活动环境、行动自由、同伴聚会场所、交通拥挤、垃圾和地理区隔;社会维度则关乎社会融合互助的社区传统、社区认同感、有保障的合法权利、种族、社会排斥、对暴力的恐惧无力感。④ 这一系列的儿童生活空间构成为儿童的生命成长提供了物质和精神土壤。布莱恩·劳森(Bryan Lawson)将人对空间的本质需求概括为三个方面:安全的需求、刺激性的需求和标识性的需求。⑤ 儿童友好的空间必然能够满足儿童对空间在三个方面的需求。一方面,安全感和刺激感是空间给儿童带来身体和心理上的积极体验,儿童能够在其中自由成长,能够获得持续探索的好奇心。加斯东·巴什拉所描绘的阁楼小屋在一定程度上便是满足了人对空间的前两个需求,安全且神秘。另一方面,空间的标识性需求意味着空间能够表征一个群体区别于其他群体的特征,也就是专属的空间,与其他群体的空间存在一定界限。儿童的标识性意识应该是比较明显的,经常可以发现当成人进入儿童的游乐设施时,儿童会提出疑问:"你都这么大

① 张更立:《论柏格森"生命哲学"视域中的教育时间观及其对儿童教育的启示》,《全球教育展望》2011 年第 7 期,第 44 页。

② [意]玛丽亚·蒙台梭利:《童年的秘密》,马荣根译,北京:人民教育出版社,2005 年,第 48 页。

③ 李好:《先验经验主义视域中的儿童与儿童教育》,《学前教育研究》2022 年第 5 期,第 80 页。

④ Haifa Alarasi, Javier Martinez & Sherif Amer. Children's Perception of Their City Centre: A Qualitative GIS Methodological Investigation in a Dutch City. *Children's Geographies*, 2016, 14(4), pp. 437-452.

⑤ [英]布莱恩·劳森:《空间的语言》,杨青娟等译,北京:中国建筑工业出版社,2003 年,第 10 页、第 23 页。

了还玩这个?”但并不意味着他会拒绝成人的加入,在更多场景中,儿童乐于接纳成人加入他们的空间之中进行活动,而成人也通常能在儿童的空间中重拾纯真、快乐的时光。相比较而言,成人的空间对儿童来说,界限比较严格,即便儿童想要进入成人场域,但本身的空间壁垒,以及成人不经意的傲慢都将儿童拒之空间之外。汉娜·阿伦特直言,唯有与他者互动,并为他者所接受,在相互的接纳中,才能获得彼此真正的主体性。① 儿童友好的空间需要成人放下对自己空间的占有和严苛的限制,以开放儿童进入的可能。儿童不仅是作为空间中的享用者而存在,他们也具有对空间的丰富感知和理解,还具备为空间优化提出建设性意见的能力。

三、教育友好,通往友好时空的可能路径

教育是个体和社会对话的一种方式,是聚焦人性养成的重要时空。② 然而,教育实践场域中对儿童生命成长的时空设限并不鲜见。统一的作息规定、固定的学习空间和标准化的测试等都在规避可能的“教育风险”,试图依循既定的目标形塑理想的儿童形象。教育的时空是儿童整全生命成长的必要构成,因此,打破教育的时空限制是打破儿童成长的社会时空限制的关键阵地。

教育能否成为通往儿童整全生命成长的路径取决于教育对儿童生命价值与时空关系的把握。首先,重新界定“好教育”。格特·比斯塔(Gert Biesta)提出了“好教育”的三重功能:(1)资格化,向儿童和青年“提供知识、技能,帮助他们理解,以及给予他们做事所需的判断倾向和判断方式”③;(2)社会化,通过教育,个体能够顺利嵌入既有的社会行动和存在方式之中;(3)主体化,个体不单纯成为既有秩序的嵌入者,也获得作为主体的存在方式和意义。④ “好教育”必然是遵从人的生命成长的过程性和现实性,予以儿童绵延的真正时间,架构儿童与自我、他人和社会之间的通路。儿童友好的教育是基于“好教育”的规定性,挣脱了儿童教育的功利主义价值取向,尊重儿童的生命价值,回归儿童的天性,让儿童在教育中获得自己与世界的意义关联。其次,教育依照儿童自身流动的兴趣和经验去获得对生活的深层理解和真实参与。儿童友好的教育是突破了人的单向度发展来获取整全的教育影响。人的整全发展包含人的完整性和幸福、智慧和激情、对未知的敬畏和好奇,以及意义感。⑤ 教育如果能够在儿童期带来人的整全成长的生命体验,那么人便获得了迈向内在生命自觉的可能轨迹。儿童拥有探索世界的惊奇、方式和能力,能够追随内在的生长动机不断拓展自己的边界。最后,教育为儿童的生长预置自由空间。教育不是为一种生活方式、行为

① [美]汉娜·阿伦特:《人的境况》,王寅丽译,上海:上海人民出版社,2017年,第138页。

② Lars Lovlie, Klaus Peter Mortensen & Sven Erik Nordenbo (eds.), *Educating Humanity: Bildung in Postmodernity*. Oxford: Blackwell, 2003.

③ [荷]格特·比斯塔:《测量时代的好教育:伦理、政治和民主的维度》,张立平、韩亚菲译,北京:北京师范大学出版社,2019年,第20—22页。

④ 同上。

⑤ John P. Miller, *The Holistic Curriculum* (3rd Edition). Buffalo: University of Toronto Press, 2019.

习惯辩护，也不是为形成特定的思维方式而拒斥他者，而是要为迎接一切可能性做好充足的准备，帮助儿童实现通过他者来审视自我的自觉，获得在现实成长中选择的自由。①

四、小结

儿童是生活在时空中的具体的人，儿童友好的时空是“看见”儿童，与儿童同行共构的时间和空间状态，是与自我、他者，与历史、现实和未来保持对话的生命成长历程。以儿童作为生命友好的原点，为儿童创造自由向度的物质和精神空间是时代之责、人之责。教育的反思和变革为儿童友好的时空蓝图引入了微光，也带来了教育学人深层思考和果敢实践的动力。

The Reverie of Education

— A Friendly View of Time and Space Leading to the Growth of Children's Whole Life

Cao Yanfei

Abstract: A friendly society that aims to promote the growth of the whole life is a state of time and space coordination and integration, and is also a beautiful vision for people to freely exist in space. Traditional education's grasp of the timeliness of human development is more reflected in the dimension of scientific time, that is to say, time is used to label human development in stages, and to set limits for human growth by specifying the qualifications of learners, the time of learning or activities, and the amount of academic tasks completed. However, the interpretation of educational practice of space is limited by the narrow definition of material space, ignoring the construction of space for people and the needs of people in space. The construction of a friendly society should be based on the reflection of time and space, so that the real time and space can listen to the voice of children's growth, and realize children's freedom and integrity in the process of subject's maturity and the deep participation of society.

Keywords: whole life; education-friendly; views on space-time

① [美]玛格丽特·米德：《萨摩亚人的成年：为西方文明所作的原始人类的青年心理研究》，周晓虹、李姚军译，杭州：浙江人民出版社，1988 年，第 185—186 页。

亲社区充能站

——儿童友好视角下构建社校融通的学后乐园路径研究

◎ 徐　越　章鹏英①

摘　要： 儿童是学校的中心，学校是儿童的乐园。为落实"双减"政策，响应《义务教育课程方案》(2022版)的实施要求，围绕杭州市儿童友好学校评估细则，学校从制度友好、空间友好、服务友好和权利友好等角度，联动家校社一盘棋，开展亲社区充能站实践活动。依托社区资源，紧紧围绕有理想、有本领、有担当的时代新人培养要求，发展参与治理实践能力、审美创造实践能力、社会服务实践能力和健康生活实践能力四大关键能力；打造尚德正行社、科技梦工厂、艺术梦城堡、健康闯关营和劳动欢乐谷五大实践空间，推动五育并举；通过联动社校资源，扩充机制、空间、时间、内核与学习方式，推动活动实施；借助数智力量，创新活动评价方式与媒介，探索学后乐园实践活动实施路径，努力实现办一所没有围墙的儿童友好学校的办学愿景。

关键词： 亲社区充能站；儿童友好；社校融通；实践活动

一、契合新要求，触发儿童视角

（一）"双减"政策导向

"双减"政策要求学校提高课后服务水平，满足学生的多样化需求，充分利用资源优势，有效实施各种课后育人活动，拓宽学习空间，促进学生全面健康成长。

（二）"双新"标准立意

《义务教育课程方案》(2022年版)的印发，突出实践能力的培养，强调"强化学科实践""推进综合学习"②，注重真实情境的创设，增强学生认识真实世界、解决真实问题的能力，进一步明确"双减"的实质为"减负增能"。

（三）学校理念匹配

学校将办一所没有围墙的儿童友好学校作为办学愿景，探索具有融合、共享特征的社校融通模式，实施磁力教育，让学校和社区成为一个大磁场，吸引儿童主动参与教育过程，展现独特的创造性，释放自由天性。

追求泛在学习，提倡无课本课堂、无边界课堂、非固定作息、个别化进度和研究性学习的学习方式，倡导整全的、多维的学习环境。

（四）社区资源加持

学校位于浙江省首批未来社区杨柳郡内，是杭州市首个以公共交通为导向开发的

---

① 徐越，高级教师，杭州市教坛新秀，杭州市优秀班主任，杭州市上城区学科带头人，杭州市澎致小学校长。章鹏英，杭州市教改之星，杭州市上城区教坛新秀，杭州市澎致小学教师。

② 中华人民共和国教育部：《义务教育课程方案》(2022年版)，北京：北京师范大学出版社，2020年，第14页。

地铁上盖项目,学校与社区呈嵌入式建筑特点,具有高度嵌入、环境安全、资源丰富和互动常态四大特点。学生出了校门就是家园。

(五)课后服务催化

"双减"政策,对学校的课后服务提出高标准和严要求。面对学校96.1%学生参与课后服务的现状,面临延长的学习和生活时间、不变的学习和生活空间使学生的学习专注度和积极性下降的问题,学校着手对社区资源的全貌进行梳理,积极开展亲社区充能站实践活动,深度思考育人目标。

二、"四力"向未来,提升儿童能力

学校从办学理念、育人目标出发,通过亲社区充能站实践活动,引导学生树立具有创造社区美好生活的理想,具备在真实情境下解决真实问题的实践能力,具有关注身边事、关心身边人的社会责任感,进而培养参与治理实践能力、审美创造实践能力、社会服务实践能力和健康生活实践能力四大关键能力,帮助学生形成适应未来发展的正确价值观、必备品格和关键能力。这些目标紧紧围绕习近平总书记提出的有理想、有本领、有担当的时代新人培养要求。

三、社校巧融通,打造专属天地

活动开发依据学校优势与学生兴趣,坚持德育为先,提升智育水平,加强体育、美育,落实劳动教育的准则,走向聚焦立德树人的根本任务。① 学校依托社区资源,从机制建立、时空统整、内容充盈、方式变革和评价创新这几个方面,探索社校融通下的亲社区充能站实践活动实施路径,达成育人理念共识、硬件资源共享、师资人员共通和实践活动共管,追求儿童优先、儿童平等和儿童参与。

(一)治理充能,共建四方合作团队

学校追求更广泛与更扁平化的治理,组织家长、社区居民围绕儿童成长相关的群体,联合学校领导及教师、校务委员会成员、社区工作人员,共同参与治理,为儿童发展助力。

1. 四方合作团队

学校建立教师、家委会成员、社区工作人员、儿童代表四方合作团队。常态化征求儿童的意见:最喜欢的学习空间是什么、最喜欢的社区空间是什么、最喜欢哪一项亲社区充能站实践活动、还想开展什么样的活动等,让儿童参与决策,起推动作用。

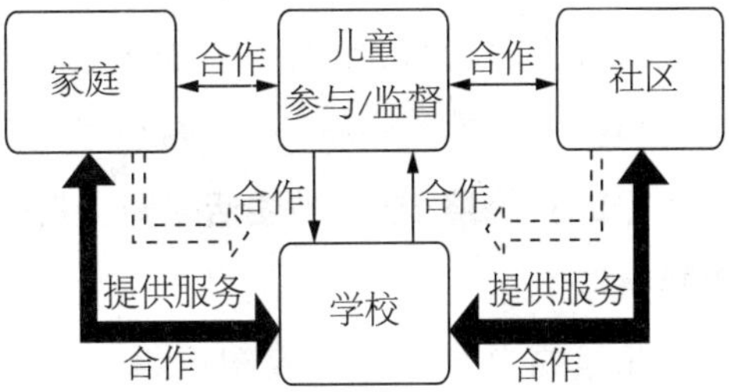

图1 共建四方合作团队

2. 社校融通三机制

社校融通方面,学校主要依托三个机制来达成育人理念共识、硬件资源共享、师资人员共通和实践活动共管。

(1)团队契约制。

团队契约制是指学校与社区内企事业单位建立长期的契约制,签订合作共赢的契约,明确彼此的权利和义务,共同为

① 胡定荣、徐昌:《协同、育人、全面、规范与质量——北京市中小学校本课程开发的趋势分析》,《中国教育学刊》2022年第10期,第74—80页。

儿童的亲社区充能站做好服务保障工作。

（2）定期例会制。

定期例会制是指定期开展多方联席会议，分享工作进程中的想法，调研、评价实施效果，以此为基础规划、优化团队行动方案，以形成闭环，促进亲社区充能站活动不断提升。

（3）专项组群制。

专项组群制是指为了让合作团队的互动更加常态化，建立处理各类应急事务的专项工作组。有智慧教育相关的数改项目联络群，有场地共享的邻里课题借用群，有协调无纸化测评的澎致杨柳郡无纸化资源对接群、云尚杨柳线上对接群、杨柳郡尚学通项目研讨群和未来数智运营群，有防疫主题的澎致抗疫志愿者群，有与场地共享有关的澎致杨柳郡邻里客厅场地协调群，有安全方面的澎致小学护校安全组，有共建未来社区的澎致小学—未来社区合作沟通群，使其协调有效、运转顺畅。

（二）统整10分钟生活空间，儿童幸福参与

儿童的学习活动不应囿于封闭的教室、单纯的校园，还应延伸到精彩的校园周边。开放式的生活体验场，为学校带来多元、积极、充满和谐氛围的综合性空间，使之成为儿童学习、探究和提升的适宜场所。①

学校建设具有发展性的活动空间，引入儿童友好元素，打造面向儿童开放、共享的空间系统，满足不同年龄儿童对校园活动的需求，根据活动空间因地制宜设置符合年龄特征的活动形式、内容与时间。

1. 调研走访，了解空间分布

教师实地走访杨柳郡，了解自然景观，场馆等资源布局，熟悉硬件条件，借助问卷调查发掘潜在教育资源。通过考察发现，社区内有东西两大市政公园，两所幼儿园，一所养老院，115家商铺，6家企事业单位，65位获得博士学位的居民，可为亲社区充能站实践活动的开展提供支持。

2. 织线成圈，连线实践空间

为情感和社会福祉创造环境是健康促进和儿童友好学校建设的一项重要责任。②

学校一方面开放“五坊一空间”、“药·食探究工坊”、“‘一带一路’研习院”、“皇城根传世名画美育馆”和“STEAM五坊一空间”等校内学习空间；另一方面充分挖掘杨柳郡社区10分钟生活圈内的各类学习资源，联结七堡地铁站、七堡消防大队、社区健康屋、方回春堂七堡店、东西两大市政公园和纯真年代书店等，从儿童的兴趣和需求出发，秉承五育并举的理念，构建尚德正行社、科技梦工厂、艺术梦城堡、健康闯关营和劳动欢乐谷五大学习空间，为亲社区充能站实践活动提供丰富的空间资源。

---

① 齐彦磊、周洪宇：《“双减”背景下家校社协同育人遭遇的困境及其应对》，《中国电化教育》2022年第11期，第32—36页、第67页。

② Ahrari Amin, Salmani Fatemeh, Zeinali Tayebeh, Izadi Kimia, Yousefi Azam, Rahimi Fatemeh and Norozi Ensiyeh. Status of Iranian Schools' Psycho-Social Environment: Cultural Adaptation and Validation of the Persian Version of the W. H. O Profile to Create Child-Friendly Schools. *Bmc Public Health*, 2022, 22(1).

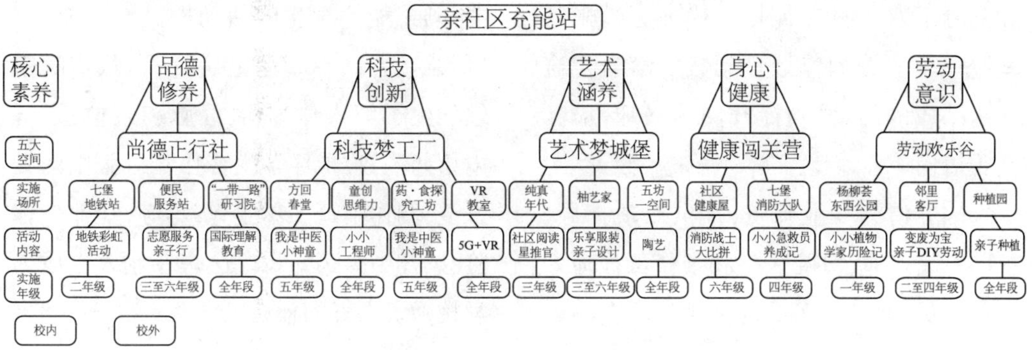

图 2　亲社区充能站

3. 灵活时间，覆盖学后全时段

友好的时间图景,以儿童成长为原点,真正倾听儿童成长的声音,在主体成熟和社会深度参与中达成儿童的自由和完整。

在时间安排上,亲社区充能站实践活动的实施贯穿学生学后全时段。周一至周五由教师组织学生开展活动;双休日学校开放场地,由教师、家长代表、社区志愿者共同组织澎享时光家庭日,比如在 5G+VR 教室体验虚拟现实、在种植园开展亲子种植等;节假日为学生提供社区实践指南,学生在同伴或家长的陪同下开展实践。

（三）提供家校社资源内核，满足儿童需求

儿童感知与公共空间环境的关系,应倡导儿童在公共空间中拥有游戏的权利,了解儿童在活动空间中的真实需求。儿童从被动角色过渡到主动角色,全过程参与空间的营造。①

随着教育的发展和儿童的需要,学校的边界线、围墙将被打破,学校演变为社区的多重学习中心,吸纳多种教育资源。学校在协同育人资源方面主要采用迭代课程资源、巧用器械设备、依托品牌沙龙和借力专业师资四种模式进行探索,推动实践活动落实。

（1）迭代已有课程,优化活动内容。杭州市地铁彩虹课程是"全国五四红旗团委"的服务品牌。教师团队与彩虹课程开发团队共同研讨,结合学生特点和学后需求优化已有的优质课程,组织学生开展参观地铁列车驾驶舱、解密七堡地铁检修站、协助检测乘客有无携带危险物品等实践,让学生经历日常生活中难以接触的活动,获得别样的体验。

（2）巧用器械设备,提供真实体验。学校周边 12 家场馆和单位有专业的器械设备可供使用,能增强参与的体验感。例如,学生在七堡消防大队乘坐新型消防车,在社区健康屋使用智能健康魔镜、心肺复苏仪、成人气道梗塞急救模型等,从而获得真实的实践体验。

（3）依托品牌沙龙,提升活动品质。杭州市知名书店纯真年代就在社区里,他们经常会组织一些有人文底蕴、有情趣格调的活动,比如名家面对面、成长俱乐部等。学生参加奇妙童话夜活动,首先是在教师的指导下阅读微童话,然后跟着教师和戏剧表演专业的教师学习演童话,最后

① Xue Ye, Jing Bai, Xiaoyu Shen. Research on Child-Friendly Public Space Based on Embodied Cognitive Science. *Journal of Social Science and Humanities*, 2022, 4(8).

和父母于双休日在纯真年代书店的帐篷里过一个浪漫的奇妙童话夜。学生在这些高品质的活动中，提升阅读兴趣，培养高雅情操。

（4）借力专业师资，提供专项指导。社区有甜点师、口腔医生和维修工程师等专业人员，他们大多是与学生生活在一起的邻居，能为学生的活动提供专项指导。例如，在方回春堂七堡店，由名医团队带领学生了解人体结构、经脉和穴位，了解中草药药效，指导学生合作开一张中医处方笺，制作中草药养生包，等等，让他们体验、感知中医药知识。这些专业人士成为学校师资很好的补充。

参观地铁列车驾驶舱　方文山名家面对面　学习急救担架使用　中医穴位认识

图 3　协调社区资源开展实践活动

（四）依托社区生活真实情境，服务儿童实践

学校探索基于情境、问题导向的互动式、启发式和探究式学习活动，开展项目式学习、跨学科主题学习，运用儿童乐于接受的方式，了解儿童的真实感受。

在亲社区充能站的实践中，学校充分依托社区真实情境激发儿童的好奇心、想象力和求知欲，促进儿童在活动中提升实践能力。下面以三类真实情境的创设为例来谈谈我们的做法。

1. 围绕社区真实场景，项目式参与社区治理

为了提升儿童的社会责任感，让儿童成为社区治理体系的重要参与者，学校联动家校社，成立浙江省首个“4S 儿童议事厅”。“4S 儿童议事厅”活动开展分为四个阶段，即启发（stimulate）—调查（survey）—解决（solve）—策划实施（scheme），开展项目式学习，倾听儿童的心声，发布议案征集令，着力探索社区真实情境下提升儿童解决问题的能力。

以第一届议事活动为例，学校发起了“双减”背景下我们应该怎样度过课余时间，以“我的成长时光我做主”为主题的议案征集活动。学生组成小队，利用学后时间，采用问卷调查、现场采访和数据分析等方式，从开展家庭日、增设运动场地、打造才艺展示舞台和组织公益服务等角度提出议案，然后学校组织校务委员会、家委会、社区、物业、政协、企事业单位领导等召开多方联席听证会，听取学生的议案。与会代表在现场作出答复后，会后尽最大努力予以落实。学校依托社区真实的生活场景，培养学生参与治理实践能力，让学生感受到通过自己的努力能让生活变得更加美好。

2. 挖掘人文自然场景，探究人与自然和谐共生

儿童研究的最佳场域在真实活动的自然情境中。学校充分挖掘东西两大市政公园的自然场景，组织学生在植物种类丰富多样的东市政公园，探究时令植物，

发布议案征集令　实地调查　召开听证会　澎享时光家庭日议案落地

图 4　“4S 儿童议事厅”活动全过程

开展小小植物学家历险记活动。比如在 10 月杨柳郡东市政公园金桂飘香之际，组织学生开展“社区寻桂护花行”探究性学习。在以中式建筑为特色的西市政公园，组织学生观察、描绘和设计中式连廊建筑，感受传统文化。在引导学生亲近自然的同时，引发学生对人文景观的关注，培养学生审美创造实践能力和健康生活实践能力。

3. 打造职业体验场景，沉浸化实践社会服务

学校挖掘安全性高、服务性强和实践性广的杨柳郡好街商铺资源，打造职业体验场景，组织学生开展实践学习。在水果店体验售货员的职业，了解接待顾客、打包称重和物品陈列等知识；在银行模拟柜台点钞员，体验又快又准的点钞技术；在邻里客厅便民服务站体验社区公益工作。疫情防控期间，学生穿着红马甲，穿梭在各苑区、好街商铺，提醒防疫事项，对社区的公共设施进行检查，并向社区进行反馈。职业体验既让学生学习必要的职业知识和技能，又在实践中帮助学生树立服务意识，锻炼学生社会服务实践能力和健康生活实践能力。

快递员　银行点钞员　水果店售货员

图 5　不同场景职业体验

（五）数智加持家校联动，记录儿童成长

为全面落实新时代教育评价改革要求，学校在亲社区充能站活动的评价中，逐步健全五育并举的学生综合素质评价维度，设计相关活动的量表，侧重表现性评价，利用大数据探索建设数字化评价平台，动态呈现儿童成长轨迹，尤其在关注评价的过程、主体和载体上作出一些努力和尝试。

1. 多主体评价

为落实家校社共育，学校邀请家长、社区居民参与对学生的评价，实现共商共评。例如，学校在云尚杨柳社区 App 上发布学生实践活动中的作品和议案，让家长、社区居民参与“选出你心中的最佳议案”活动。

2. 数智化评价

作为杭州市上城区首批学后乐园平台

试点学校，学校开辟了实践评价板块，增加了学生表现在线点评、精彩瞬间动态发布等功能，让家长能看见学生参与亲社区充能站实践活动的场景，更好地促进家校共育。学校还将尝试借助人工智能，采集学生在亲社区充能站各个学习场馆、各种学习方式中的行为表现数据，通过分析形成数字画像，促进高效、科学的教学评价和决策。

四、摸索中前行，谈体会与展望

（一）拓宽学校教育功能

在亲社区充能站实践活动中，学校从单一的“双减”实施者，拓展成为组织者、策划者和资源调配者，努力促进家庭、学校、社会联动和共建共享，全面保障学生健康成长。

（二）提高儿童满意度

学校关注学生的能力和素养，开展尊重学生身心发展特点的活动，就亲社区充能站实施效果，面向全校学生展开问卷调查，满意度达到100%，切实减轻了学生的学业负担。集社区力量开展实践活动，提倡家校社资源协同，从活动到教育主体到评价，实现教育者、内容和方式的融通布局，满足学生所需。

学校相关内容在浙江新闻等媒体中累计报道11次，其中一则报道同步至学习强国，走出了“双减”背景下的特色之路。其中，“亲社区充能站：社校融通模式下学后乐园实践活动探索”被评为浙江省第八批“双减”优秀实践案例。

（三）促进办学行为改变

1. 儿童视角打造空间

学习空间的建设，不从豪华、高端去思考，我们从儿童的使用感受、儿童的学习方式等角度去设计，促进学习资源供需耦合。学校2021年建成的“STEAM五坊一空间”成功入选浙江省2022年基于学习方式变革新型教学典型范例，学校打造的校内未来学习空间“磁场欢乐谷”，被评为杭州市儿童友好实践基地。

2. 科研方向明确聚焦

学校围绕社校融通育人模式展开教育教学研究，目前已成功申报杭州市教育科研课题“儿童友好型教育生态圈——面向未来的社校融通模式探索”，浙江省“十四五”家庭教育研究课题“温暖360：家校社共同育人的载体研究”，浙江省教育科研课题“项目驱动下基于三维学习空间的劳动教育实践研究”。三大课题为深化家校社共育，进一步探索家校社共同促进儿童发展形成合力。

3. 教师教学理念转变

为更好地了解学生，探索多元、积极，充满和谐氛围的综合性空间，使之成为学生学习、探究和提升的适宜场所，教师的教研活动，走出了校园，走进了社区，结合真实情境开展课堂教学研究。例如数学教师结合学生点心满意度低、门口测温排队的问题开展教学；语文、科学教师结合国家课程到社区去找真实情境，突破传统教育模式，引导学生参与社会生活，从事创新、创造的活动。

学校通过亲社区充能站实践活动的探索，协同三方力量，鼓励学生发声，实现人人都是教育者；力求空间资源统整共享，打造处处都是教育场景；寻找社区真实问题推动活动开展，追求事事都有教育意义，实现教育者、资源和方式融通，以更好地倾听儿童的声音，承认儿童的地位，尊重儿童的权利，让儿童成为主动的建构者，积极的行动者，点亮儿童的未来。

Community Friendly Charging Station

—Research on the Path after Constructing Social School Integrated Learning from a Child-Friendly Perspective

Xu Yue　Zhang Pengying

Abstract: Children are the center of the school, and the school is the paradise for children. In order to implement the "double reduction", respond to the implementation requirements of the *Compulsory Education Curriculum Program* (2022 Edition), and around the evaluation rules of Hangzhou Children Friendly School, the school, from the perspective of system friendliness, space friendliness, service friendliness, rights friendliness, cooperates with the family school community to develop the pro community charging station practice activities. Relying on community resources, we will focus on the cultivation requirements of newcomers in the era of ideals, identification, and responsibility, and develop four key abilities: develop participation in governance practical ability, aesthetic creation practical ability, social service practical ability, and healthy life practical ability; Create a learning space according to the five dimensions of "Shangde Zhengxing Society", "Science and Technology Dream Factory", "Happy Valley of Labor", "Art Dream Castle" and "Health Camp", and promote the simultaneous development of five educations; By linking social school resources, expand mechanism, space, time, core and learning methods to promote the implementation of activities; With the help of mathematical wisdom, we will innovate the evaluation methods and media of activities, explore the implementation path of practical activities in the After school Paradise, and strive to realize the school running vision of building a children friendly school without walls.

Keywords: pro-community charging station; child-friendly; social school integration; practical activity

学习、游戏与创造

——早期艺术鉴赏的多种形式

◎ 佐尔坦·索赫吉 撰 张铜小琳 译[1]

摘　要： 通常艺术教育，尤其是艺术鉴赏，开始得并不够早。年幼的儿童喜欢绘画、建模、作曲和搭建等基本形式的创造游戏，这种对简单创作的真正兴趣与乐趣其实可以与其他形式的艺术及其鉴赏关联起来。作者在文中展示了通过学习、游戏与创造，参与艺术及其历史与价值的多种形式和方式，其中包括运用儿童书籍等方法的真实案例。有些书籍是讲述艺术家的生活和艺术。有些书籍则是将艺术学习与真实的创造活动结合起来，年轻读者通过这些活动可以更广泛地参与艺术，从而使(被动)学习与(主动)创作相统合。还有些书籍则创造性地重现了参观博物馆，或为儿童提供"策划"他们自己"展览"的可能。作者并不想在这些方法的有效性方面划分等级，而是想展示在理想状况下，如何配合使用这些方法，为古典与当代艺术能够更加贴近儿童而提供具有游戏性的方式。这些早期形式的艺术教育和艺术鉴赏也有助于儿童将来参观博物馆、画廊和艺术博览会。因为，这些场所和公开场合许多都有专门为儿童设计的艺术教学活动以初识艺术，通过这些游戏性活动与对前面提到的书籍的学习，可为深化艺术体验做好准备。

关键词： 儿童艺术书籍；活动手册；早期艺术教育；艺术鉴赏；博物馆教育学

通常艺术教育，特别是艺术鉴赏，开始得不够早。但幸运的是，这并不是一项复杂的任务——至少起初看来似乎是如此——因为所有艺术都真的能够舞动童心。当然，它也有自己的挑战，这也是我一开始声称这"似乎"是一件容易之事的意旨。但我们也不要将其误解为从一开始就必须执行困难的任务，或期望有很好的结果。我们需要让儿童运用他们的创造力和自己的方法，这才是基本的原则。

年幼的儿童喜欢绘画、建模、作曲和搭建等基本形式的创造游戏，这是一个良好的起点。然而，这种对简单创作的真正兴趣和乐趣可以与其他形式的艺术及其鉴赏相联系。这是特别需要的，因为有两种接触艺术的形式，一种是实践的，一种是理论的。换言之，艺术除了创作方面(即物体的实际创造)，还有理论方面，包括对艺术史、美学、策展研究和博物馆学等相关领域的深思。虽然这些概念指的是在专业和学术水平上探索的学科，但并不意味着它的某些方面不能在年轻一代

① 佐尔坦·索赫吉(Zoltán Somhegyi)，博士，匈牙利改革大学艺术史系艺术史副教授，国际美学协会(International Association for Aesthetics，简称 IAA)秘书长，国际哲学与人文科学理事会执行委员。
张铜小琳，中山大学哲学系博士后，研究方向为儿童哲学、童年哲学和儿童教育基本理论。

开始研究,有时年轻一代更为重要。

因此,笔者在论文中借助了一些实际的例子,包括儿童书籍等方法,来展示通过学习、游戏与创造,参与艺术及其历史与价值的多种形式和方式。

就个人而言,笔者想强调的是,这不是一个全面且具有代表性的研究,更多的是基于我们的个人经验:我的妻子是一位雕塑家,笔者是一位艺术历史学家,我们发现向快四岁的儿子分享这些我们也喜欢的内容很重要。这并不意味着我们只谈论艺术,我们也会有意识地向他提供其他许多儿童感兴趣的重要内容(比如自然科学、动物、交通工具和地理等)。笔者还想强调的一点是,这里简要列举的书籍已呈现了基本的类型,不过市场上也有许多同样好的书籍。

在研究中,笔者并没有按时间顺序,也就是说,笔者并没有根据什么适合低龄儿童,什么适合高龄儿童或青少年,来展示这些出版物。笔者更感兴趣的是不同形式的艺术书籍与活动,它们是如何独立运作,以及它们是如何相互补充配合的。因此,笔者将从传统意义上偏向被动学习的书籍,转向促进活动或互动的书籍。

一、含有艺术(和设计)作品的书籍

大英博物馆推出了一系列精美的主题绘本,其副标题为"博物馆的早期学习"[由伦敦的八卦乌鸦出版社(Nosy Crow Ltd.)出版]。每本书都有一个主题,比如"自然""预备词""颜色""动物"等,且书页上出现的物品来自大英博物馆的藏品。例如,这本以"预备词"为主题的书展示了儿童所熟悉的物品(因为他们使用或玩相类似的东西),比如一只18世纪中国的碗,一辆斯里兰卡的玩具巴士,以及朱利安·奥培(Julian Opie)艺术作品中的树。我觉得这套书籍非常好,尤其是它的多样化。这些书籍是精心设计的,包含各式各样不同年代、产地和"名声"的物品。时间上,有当代的、过去二三百年的,甚至有来自古代的物品与艺术作品,比如埃及的玩具球。就地理位置而言,这些物品涵盖了多个大洲和多种文化。从它们的"名声"来说,有些是日常的本土物品,其创作者或设计师并不为人所知晓,而另一些则是知名艺术家的艺术作品。

通过这种方式,儿童能够同时熟知多种事物和事物的各个方面:他们可以识别物体的形式多样性。(例如,他们会说:"这个非洲木叉与我使用的塑料叉,以及和我父母使用的金属叉有哪些不同……")与此同时,他们能够了解在艺术与设计中不同的表达和自我呈现方式,以及具有中上等审美价值的物品。

二、关于艺术家生活的书籍

一个让儿童更靠近重要艺术成就的最明显方法就是向他们介绍真实艺术家的生活和艺术。一些创作精美、易于阅读的书籍就可以达到这一目标,例如由简·肯特(Jane Kent)编写,伊莎贝尔·穆尼奥斯(Isabel Munoz)创作插画,米兰的白星儿童(Milan: White Star Kids)出版社出版的系列书籍。在这些书籍中,儿童了解了毕加索、弗里达·卡罗(Frida Kahlo)、达·芬奇、凡·高等人物的生活故事。简短的文本阐释了关于艺术家风格的基本事件与特征,插画则让读者能一窥艺术家居住地与城市的环境，以及一些被再度创作的艺术作品。根据文本，书的结尾会有一些关于艺术家及其生活的问题。

这一系列和这一类型的书籍是很有帮助的介绍性书籍。不过，这类书籍可能会出现的唯一问题是夸大艺术家的生活。换句话说，我们应始终牢记，真正重要的是艺术家创作的真实的艺术作品，而非他/她的个人生活。当然，我们理应了解艺术家的背景，知道他/她生活和职业生涯中的重要里程碑，但重点则应该是更好地理解艺术作品本身。这就是我列举米兰的白星儿童出版社出版的系列书籍的原因，因为它很好地均衡了艺术家生活与风格特征的信息比例。

三、按主题、特点进行的专题研究和相关活动

如果一本书是围绕某些主题、艺术问题或风格来编排的，我们就可以避免过度强调艺术家的个人生活。通过这种方式，我们可以说明不同艺术家之间的复杂关系，有时完全是不同时代的，从而关注真正的艺术问题。例如，罗斯·狄金斯（Rosie Dickins）的《艺术：我的第一本名画册》（伦敦：奥斯本，2013 年）中每章都聚焦于一幅图画，阐释其特征，提供与其他艺术家或艺术现象的类比，甚至在结尾处推荐尝试这种特殊艺术技巧的方式。

对那些真正渴望通过创作、调查、搜寻和检验来进一步学习作品的儿童来说，还有更多的活动。由克里斯汀·魏德曼（Christiane Weidemann）、安妮·凯瑟琳·芬克（Anne Kathrin Funck）和多瑞丝·库奇巴赫（Doris Kutschbach）合作的《艺术的一年：一本活动书》（慕尼黑—伦敦—纽约：普雷斯特，2009 年，2015 年）就提供了全年进行各种艺术活动的可能性。每天聚焦于一件艺术作品，完成与之相关的不同任务，例如根据所展现的艺术作品寻找细节或写下一些想法。

世界著名当代艺术家大卫·霍克尼（David Hockney）在创作《写给儿童的图画史》（伦敦：泰晤士和赫德逊，2018 年）时有一个更为雄心壮志的想法。从书名可以猜到，这不仅是一部绘画史，而且是一部图画史，因此，他除了使用各种绘画形式和技巧，还运用了比如电影、数字图像和智能手机摄像等现代技术来创作。这本书实际上是大卫·霍克尼和马丁·盖福德（Martin Gayford）之间的对话，由罗斯·布莱克（Rose Blake）绘制，书的章节分析了比如“光与影”“空间、镜子与反射”“绘画和摄影”等振奋人心的主题。而且，正如我们在大英博物馆的书籍中看到的，这本书也涵盖了很多时期与地域的作品，例如在关于空间的章节中，有意大利文艺复兴大师保罗·乌切罗（Paolo Uccello）、中国画家黄公望（14 世纪）和王翚（17 世纪）、俄罗斯圣像画家安德烈·鲁布廖夫（Andrej Rubljov，15 世纪），以及大卫·霍克尼本人的作品作为插画，这些艺术对话有助于年轻读者看到艺术家对相同图像问题的不同处理方式。

四、博物馆的体验

从前面的例子中，我们已经看到如何为儿童添设短小的问题与任务。这些问题与任务有助于他们详细阐述某些艺术形式的信息与更多地了解它们的特征。乔安妮·刘（Joanne Liu）在名为《我的博

物馆》(慕尼黑—伦敦—纽约：普雷斯特，2017年)的书中则采用了一种不同的方式。这本书叙述了一次参观博物馆的经历，由于没有任何文字，它也可以给最小的儿童阅读。这是一个小男孩正在参观博物馆的故事。他正关注着19—20世纪的艺术家的作品，并不断在博物馆展品和世界之间寻找相似之处。作者通过描绘小男孩的活动，向我们展示了博物馆展品的重要方面。我们能看到，小男孩在观察克劳德·莫奈(Claude Monet)的作品后，通过观察亨利·摩尔(Henry Moore)的作品而认识到雕像的大小和空间，明白了蒙德里安(Mondrian)作品的格线系统是如何以不同的方式观察外部自然的。这本书并没有用文本来解释艺术作品的特征，只是消极地理解，但随着对读者的奇特扭转，浏览此书的儿童理解了观看艺术作品的方式与接近艺术作品的可能。这不仅是对通常艺术的介绍，而且是对博物馆参观中的艺术鉴赏的介绍。

五、策展

上述所有类型的书籍是对艺术及其评价，以及在博物馆或画廊中感知与鉴赏艺术的优秀入门读物。但还有一种与众不同的参与艺术的方式。这么说可能听起来很奇怪，不过我在这里指的是贴纸书，例如由劳拉·荣格(Laura Junger)绘制的《博物馆的贴纸地带》(伦敦：劳伦斯·金，2018年)。在这本书里，儿童可以选择各式各样的艺术与设计品、民族志物品，以及比如动物、恐龙等自然世界奇观的贴纸，来“策划”自己的“展览”。虽然有些元素是固定的(即印刷在书里面)，但其余的贴纸可以按他们喜欢的方式添加。我们可以建议儿童以经典的方式，按艺术史和自然史的时间顺序去组织。我们也可以向他们展示，将不同时期和不同文化的博物馆展品组合在一起，激荡起振奋人心的艺术对话，这个也非常有趣。因此，儿童可以扮演策展人，“策划”出特别的“展览”。回顾前文提到的其他类型的书籍，儿童可以从大英博物馆的系列书籍中了解到世界各地都有了不起的艺术作品。从大卫·霍克尼的书籍中得知，面对艺术中的相同问题可以有不同的处理方式。然后，相类似地，儿童可以在他们想要组合在一起的要素之间找到形式与内容上的特殊关联。由此，显然通过这样一项有趣的任务，儿童不仅可以学到更多关于艺术和艺术家的知识，而且可以主动运用他们从其他类型的书籍中所获得的知识来进行创造。

六、书籍与实际体验的结合

上文提到的所有类型的书籍和活动手册(要记住，它们只是一种主观性的选择，但还有许多其他非常好、可购买的书籍)都是对艺术理论和历史方面的精彩介绍。这些领域和主题与早期的艺术创作形式相关，但并不相同。换句话说，通过描绘、涂色、建模和拼贴等激发创造力也非常重要。这些活动是培养美感、协调感，构图，理解空间和体积感的有效方式。在理想情况下，我们经由这些历史和理论的方法，还可以关注其他艺术进路。

创造性的游戏与历史—理论的学习都可以很好地为儿童在例如博物馆、画廊和艺术博览会中的艺术鉴赏和实际体验做足准备。正如我在之前一篇论文《当代艺术与儿童——艺术展览与艺术博览会中视觉艺术鉴赏教育的机遇与挑战》[2021年春季在杭州师范大学作报告，并发表于《新儿童研究》(第三辑)]中详述的那样，通过博物馆的教育学活动，有很多有趣的方式可以使儿童更接近古典和当代艺术。博物馆和艺术博览会通常有专业且敬业的艺术教师和训练有素的志愿者来介绍展品的众多特点，并为年轻的参观者提供有趣味性的活动。尽管其中存在一些需要克服的挑战，但这仍然是增强艺术兴趣与为儿童提供难忘的参观体验的最佳方式。现在，如果儿童通过上面介绍的各类书籍初步了解了艺术，那他们就为这种参观做好了准备。他们能够开放性地观赏来自不同文化和时期的艺术作品与日常物品。他们也能够理解同样的艺术问题，有不同的却同样有价值的处理方式。他们自然也知道将会有怎样的博物馆体验。除此之外，儿童在参观中能够看到策展实例，即如何选取、设置与展示艺术作品：为什么是这些艺术作品，而非其他，它们之间及其与参观者之间会形成怎样的对话。这就类似儿童在博物馆的贴纸书里“策划”他们自己的“展览”。尽管这对儿童来说似乎“只是个游戏”，但如果我们问他们，他们仍然会向我们说明他们选择将某些物品组合在一起的有趣答案。

七、结论

这就是我不建议在让古典和当代艺术更加贴近儿童的各种方式、方法和技巧之间建立等级关系的原因。因为它们的有效性并不存在等级，在理想情况下，还可以一起使用、相互补充。艺术创作可以增进创造力，学习艺术史可以提供不同时期和文化生产的知识，研究美学问题和审美也有助于儿童在参观博物馆时对各种艺术现象的鉴赏。当所有这些结合在一起并相互补充时，它真正可以培养儿童对艺术的兴趣和鉴赏力，这对其发展至关重要。

Learning, Playing and Creating

—On the Diverse Forms of Early Art Appreciation

Zoltán Somhegyi

Abstract: Art education in general and art appreciation in particular cannot be started early enough. Children of a very young age enjoy playing with basic forms of creating, like drawing, modelling, composing, building etc. This genuine interest and joy in simple creating can however be connected to other forms of approaching art and its appreciation. In my paper I present — with the help of a few actual examples, including children's books — a number of these approaches, that show diverse forms and ways of getting engaged with art, its history and values, through learning, playing and creating. Some of these books are more oriented towards recounting the life and art of a certain artist. Other publications are combining learning about art with actual, creative activities, through which the young reader can have a broader engagement with art, hence synthesizing (passive) learning with (active) creation. Again other books are focusing on creatively reconstructing the visit in a museum, or providing children with the possibility to "curate" their own exhibition. I do not want to establish a hierarchy between these approaches regarding their "efficiency", rather to show how they can, ideally, be used together, complementing each other in offering playful ways of bringing art, both classical and contemporary art, closer to children. These early forms of art education and art appreciation will then be beneficial also for the preparation of future visits in museums, galleries and art fairs. Many of these venues and events have art pedagogical activities specially designed for children, where such forms of early acquaintances with art, among others through these playful activities and learning from the aforementioned types of books, can be considered as a good preparation for deepening the experience of art.

Keywords: books on art for children; activity books; early art education; art appreciation; museum pedagogy

英国凯特·格林纳威奖简述及对我国绘本译作的启示*

◎花　萌①

摘　要： 凯特·格林纳威奖在世界儿童图画书领域占有举足轻重的地位，它的评选过程规范、遴选标准严格，极为重视作品的阅读推广。该奖项作品的汉译本主要出自中国台湾的出版社和中国大陆的出版社，译者均有绘本创作和研究背景，绘本主题多元，以教育意义为主。从对凯特·格林纳威奖的描述和分析中可以总结出，我国原创绘本在未来的创作和国外译介上要树立文化自觉与自信，坚持创作艺术品质和阅读体验俱佳、兼具中国特色和世界元素的开放型精品；要加大对阅读推广、出版推介上的支持；要精挑细选译质卓越的原创绘本译者。

关键词： 凯特·格林纳威奖；描述分析；启示

一、凯特·格林纳威与凯特·格林纳威奖

1955年，英国图书馆协会（The Library Association）设立凯特·格林纳威奖（Kate Greenaway Medal），用于表彰在儿童图画书领域作出杰出贡献的作者和作品。它是英国唯一为儿童图画书而设立的奖项，在世界儿童图画书领域占有举足轻重的地位。

该奖项因19世纪伟大的童书插画家凯特·格林纳威女士而得名。她于1846年3月17日生于英国伦敦北部的小城。13岁时，与表姐玛丽安·索恩一起在芬斯伯里艺术学院学习艺术。六年后，前往伦敦南肯辛顿的中心艺术学校深造。21岁时，凯特·格林纳威的第一幅作品发表在童书《幼儿娱乐》上。次年，她举办了人生的第一次画展。1897年，凯特·格林纳威自写自画的第一本书《在窗下》（*Under the Window*）出版。这本书让凯特·格林纳威家喻户晓，奠定了她在英国插画史上的地位。此后，她大受鼓舞，灵感喷涌。她以旺盛的创造力为一百多本主题多样的童书配画，开启了世界儿童插画史的新纪元。

凯特·格林纳威善于以儿童的视域观察世界，其作品不乏浪漫想象和缤纷色彩，评论家用“革命性”一词来评价其作品。画中的顽童、鲜花、田野和动物等形

* 本文系2019年江苏高校哲学社会科学研究一般项目（项目编号：2019SJA1034），第十批“中国外语教育基金”重点项目（项目编号：ZGWYJYJJ10Z016），2020年江苏省现代教育技术研究重点课题（项目编号：2020R77086）研究成果，获得江苏高校“青蓝工程”、徐州幼儿师范高等专科学校科研创新团队资助。

① 花萌，徐州幼儿师范高等专科学校国际交流与合作处处长，国际教育学院院长。

象优美、神奇、典雅而又诗意盎然，一如一曲田园牧歌般轻吟浅唱。需要指出的是，在凯特·格林纳威勾勒的童年世界里，英国元素无处不在——怀旧的维多利亚裙装、恬静的乡村风光，不时映入眼帘。

凯特·格林纳威奖虽是英国儿童图画书的最高荣誉，但获奖者并不局限于英国国籍。截至2023年，英国凯特·格林纳威奖评选获奖作品共63次，来自美国、澳大利亚和新西兰等国家的作家与插画师共获奖13次，占总数(63次)的21%。半个多世纪以来，凯特·格林纳威奖的历时性和国际性使每年来自全球的参赛者数以万计，其经典性和影响力与日俱增。

二、凯特·格林纳威奖的评选过程、标准和阅读推广

每年的9月、10月，由英国图书馆协会与情报专家学会(The Library and Information Association)成员提交下一年的奖项提名。候选书籍必须得到至少一名英国图书馆协会成员的提名，所有书籍都必须公布并进行核实和审查。青少年图画馆协会负责整个遴选过程。该协会是英国图书馆协会与情报专家学会下属的特殊兴趣小组，拥有约3 000名成员。为了保证评奖的公正性，评审小组的成员构成既要体现一定的连续性又须具有一定的区域均衡性。来自该协会的12名儿童图书馆员有：主席评审、下任主席评审、东部地区评审、中东部地区评审、伦敦区评审、东北部地区评审、西北部地区评审、北爱尔兰地区评审、苏格兰地区评审、东南部地区评审、西南部地区评审、威尔士地区评审、西米德兰兹郡评审，以及约克郡和亨伯地区评审。评审小组成员负责阅读和评价所有提名书籍，然后根据奖项评定标准于每年2月确定初选名单，3月公布入围名单，6月宣布奖项获得者并举行颁奖典礼。

并非所有儿童文学佳作都可参与大奖评选。首先，候选书籍必须为首版。如果在英国出版，其发行日期必须在上一年的8月31日至下一年的9月1日。其他国家的首版书籍则须在本土出版3个月后在英国跟进出版。此外，候选书籍的语种必须为英文，原作或译作均可。候选书籍可合著，但不可以是多作者的作品选集。之前在杂志或者其他报刊媒体上出版过的电子书、短篇小说和诗作，出版日期以作品整体发表的日期为准。候选书籍的体裁和出版样式较为多元。诗歌、非虚构小说、图像小说，纸质书、电子书均可参评。值得一提的是，凯特·格林纳威奖的获奖者可连年参评。入围作品须提供1 500英镑左右的资金，用于支持设计、印刷和发放，以覆盖约5 000所英国的学校和图书馆。

凯特·格林纳威奖的遴选标准极为严格，艺术品质和阅读体验俱佳才可能脱颖而出。评委会从四个方面对提名书籍进行评审：艺术风格、超文本因素的效度、图文整合力和视觉体验。第一，文本的艺术风格。比如，文本选材是否恰当？绘画风格是否独特且有助于主题表达？整本书的图文是否具有一致性和系统性？第二，超文本因素的效度。比如，整本书的格式(字体、字形、间距等)是否有助于聚焦读者的注意力？书的尺寸、封面、扉页和书名是否形成有机整体，对文本阅读起正面作用？第三，图文整合力。比如，图文是否有运用繁复的文字结构和图像加深读者对绘本主题的理解？图文排版是否彼此呼应？插图是否准确且清晰地传达出书中欲

表达的信息？图画是否摆脱了文字的附属地位，能彼此形成张力、合力，以促进文本主题的外显？第四，受众视觉体验的获得感。比如，该作品是否能在呼应受众既有阅读体验的同时带来新的阅读体验？是否能成功激发不同年龄、不同喜好受众的审美体验等？

凯特·格林纳威奖非常重视获奖作品的阅读推广，评奖的同时会有一系列的影子阅读计划和活动。首先，阅读小组会被邀请参与图书馆、学校和家庭所组织的相关阅读活动，旨在实现阅读在儿童活动区域无处不在。儿童是影子阅读计划的主要参与者，而阅读和讨论的引导则由成人完成。英国图书馆协会与情报专家学会的图书评选小组和图书管理员负责评定候选书籍名单，为其撰写书评，积极推动网上阅读活动。目前，影子阅读计划在全球的阅读小组注册用户数以万计，越来越多的国际儿童正通过阅读行为紧密联系在一起。此外，影子阅读计划还会开展一系列的奖项配套活动，比如英国图书馆协会与情报专家学会的专家会为每本参选书籍开展读者开发和视觉文化活动；英国的作者授权及收费协会会组织推广版权意识活动。复兴学习网（Renaissance Learning）会提供阅读测验活动；官方图书经销商彼得斯（Peters）为参选书籍提供35%的折扣，外加免邮费和包装费……阅读影子计划受到活动参与者的广泛好评：89%的参与者认为活动为他们开启了精品阅读之门；70%的参与者在阅读参选书籍时，会选择与图书管理员进行深度交流；79%的参与者认为阅读和讨论丰富了知识，锻炼了批判性思维。

三、凯特·格林纳威奖获奖作品的汉译本

凯特·格林纳威奖获奖作品的汉译本主要出自中国台湾的出版社和中国大陆的出版社。

表1　凯特·格林纳威奖获奖作品的汉译本出版情况

获奖时间	出版时间	图书	出版社	译者	主题
2017年	2016年	《一个部落的孩子》(*There is a Tribe of Kids*)	二十一世纪出版社	大麦	归属感
2016年	2016年	《睡美人与魔纺锤》(*The Sleeper and the Spindle*)	人民文学出版社	王雪纯	女性主义
2015年	2015年	《极地重生：沙克尔顿南极史诗之旅》(*Shackleton's Journey*)	长江少年儿童出版社	邓逗逗	探险精神
2014年	2013年，2013年	《这不是我的帽子》(*This Is Not My Hat*)	明天出版社，天下杂志	杨玲玲，彭懿，刘清彦	侥幸心理
2013年	2013年，2013年	《大黑狗》(*Black Dog*)	接力出版社，联经出版事业	王启荣，陈佩筠	克服恐惧、焦虑
2012年	2012年	《怪物来敲门》(*A Monster Calls*)	联经出版事业	陈盈瑜	感恩，勇敢
2011年	2011年	《爸爸　看我飞》(*FArTHER*)	格林文化事业	李美妮	父子梦想
2009年	2011年	《哈里的大脚》(*Harris Finds His Feet*)	江苏少年儿童出版社	林梦语	独立成长

获奖时间	出版时间	图书	出版社	译者	主题
2008 年	2014 年	《小老鼠的恐怖的大书》(*Little Mouse's Big Book of Fears*)	二十一世纪出版社	阿甲	克服恐惧
2005 年	2010 年	《大野狼》(*Wolves*)	河北教育出版社	柯倩华	悲剧的正面意义
2000 年	2002 年,2006 年	《我绝对绝对不吃番茄》(*I Will Not Ever Never Eat a Tomato*)	经典传讯文化,接力出版社	赖慈芸,冯臻	挑食
1998 年	2001 年,2010 年	《南瓜汤》(*Pumpkin Soup*)	和英文化事业,明天出版社	柯倩华	友情与合作
1992 年	2010 年	《动物园》(*Zoo*)	河北教育出版社	柯倩华	对人类文明的批判
1990 年	1994 年,2018 年	《听那鲸鱼在唱歌》《听,鲸鱼在唱歌》(*The Whales' Song*)	格林文化事业,广西师范大学出版社	张澄月,柳漾	保护动物
1987 年	2011 年,2014 年	《聪明的变色龙》(*Crafty Chameleon*)	南海出版公司,新星出版社	册册	智慧
1983 年	2005 年,2007 年	《大猩猩》(*Gorilla*)	格林文化事业,河北教育出版社	林良	单亲,亲子
1980 年	1994 年,2019 年	《光脚丫先生》《快乐的光脚丫先生》(*Mr Magnolia*)	格林文化事业,复旦大学出版社	洪妤静,余治莹	思维拓展
1973 年	2008 年,2013 年	《圣诞老爸》(*Father Christmas*)	南海出版公司	梅子涵	平凡
1970 年	1994 年,2008 年	《和甘伯伯去游河》(*Mister Gumpy's Outing*)	台英出版社,河北教育出版社	林良	规则
1969 年	2010 年	《我家宠物是条龙》(*The Dragon of an Ordinary Family*)	连环画出版社	舒杭丽	宠物
1963 年	2008 年	《宝儿：一只没有羽毛的大雁》(*Borka: the Adventure of a Goose with No Feathers*)	河北教育出版社	宋珮	坚强
1956 年	2011 年	《提姆寻亲记》(*Tim All Alone*)	二十一世纪出版社	赵静	亲情

早在 20 世纪九十年代,中国台湾的童书专业出版社就开始关注凯特·格林纳威奖获奖作品,积极引进、翻译、出版并转向中国大陆销售。1994 年,格林文化事业出版了 1990 年盖瑞·布来兹(Gary Blythe)的获奖作品《听那鲸鱼在唱歌》(*The Whales' Song*)和 1980 年昆丁·布莱(Quentin Blake)的获奖作品《光脚丫先

生》(*Mister Magnolia*)；同年，台英出版社出版了1970年约翰·伯宁罕(John Burningham)的获奖作品《和甘伯伯去游河》(*Mr Gumpy's Outing*)。

进入21世纪以后，中国台湾的出版社对凯特·格林纳威奖获奖作品的引进、出版热情式微。其重要原因之一是中国台湾的原创绘本得到了大幅发展。20世纪九十年代中国台湾儿童文学征奖活动达到高潮，各项属性不同的儿童文学奖造就了不少当代儿童文学作家。大批优秀儿童作家、绘本插画师的出现使得优质的中国台湾原创绘本应运而生并获得大幅发展和国际认可，比如幾米及其代表作《月亮忘记了》《向左走·向右走》，方素珍及其代表作《我有友情要出租》《萤火虫去许愿》，等等。

中国大陆的出版社对凯特·格林纳威奖获奖作品的引进、出版多是进入21世纪以后的事情。

头一个十年，中国大陆和中国台湾的出版社共同促进凯特·格林纳威奖获奖作品的汉译，各自翻译、出版了不少相同的作品。中国台湾的经典传讯文化和中国大陆的接力出版社分别在2002年和2006年陆续翻译、出版了罗伦·乔尔德(Lauren Child)的《我绝对绝对不吃番茄》(*I Will Not Ever Never Eat a Tomato*)，译者分别为台湾师范大学翻译研究所的赖慈芸和《儿童文学》杂志的冯臻。值得一提的是，接力出版社出版的《我绝对绝对不吃番茄》是中国大陆的出版社引进凯特·格林纳威奖获奖作品的第一部作品。中国台湾的格林文化事业和中国大陆的河北教育出版社分别在2005年和2007年推出了安东尼·布朗(Anthony Browne)的《大猩猩》(*Gorilla*)，译者为中国台湾儿童文学作家林良。中国台湾的和英文化事业和中国大陆的明天出版社分别在2001年和2010年出版了海伦·库柏(Helen Cooper)《南瓜汤》(*Pumpkin Soup*)，译者为中国台湾知名儿童文学评论家柯倩华。

第二个十年，与中国台湾的出版社对凯特·格林纳威奖获奖作品的引进、出版力量式微相反，中国大陆的出版社以河北教育出版社、二十一世纪出版社、南海出版公司、明天出版社和接力出版社为代表，竞相翻译、出版凯特·格林纳威奖获奖作品，且几乎每年均有新译出版或旧作再版。究其原因，主要有二：一方面，21世纪以来，中国儿童文学出版迎来了前所未有的“井喷”式增长，童书出版从原来的专业出版演化为大众出版，全国581家出版社，有520多家出版童书；年出版童书4万多种，总量世界第一①；另一方面，教育系统内的绘本热使得越来越多的中国父母和教师开始关注培养儿童的绘本阅读兴趣。鉴于中国原创绘本仍处于初期，质、量上均有待发展，引进国外优秀绘本作品就成为不少童书专业出版社的选择。

无论是中国台湾的出版社还是中国大陆的出版社，对于选择译者一事均非常重视：希冀能够找到既能译出原作风格，又能悟出原作深刻含义的译者。译者筛选具有双向性，比如原作不能引发译者共鸣、激发译者翻译的激情和灵感，纵使编辑百般努力，译者亦会无动于衷。毕竟全情投入是确保译作高质量完成的重要标准之一。在出版社编辑看来，译者须和原作“配

① 海飞：《中国童书出版的大时代》，《中国出版》2016年第11期，第12—15页。

套”——儿童文学应该找一个经常跟该年龄阶段群体接触且相处融洽或具有相关研究经验的译者。中国台湾的出版社的译者大体可以分为两类：第一，有儿童文学创作、理论研究和阅读推广背景的译者，比如陈盈瑜、赖慈芸、柯倩华、陈佩筠、林良、刘清彦、宋珮和余治莹；第二，专业的童书译者，比如李美妮和张澄月。中国大陆的出版社在选择译者方面和中国台湾的出版社思路一致：第一类译者有梅子涵、杨玲玲、彭懿、阿甲、冯臻和舒杭丽；第二类译者有册册、邓逗逗、王启荣和王雪纯。

表 2　凯特·格林纳威奖获奖作品汉译本译者汇总

中国台湾译者	简介	中国大陆译者	简介
陈佩筠	英语文学专业，出版社编辑	阿甲	童书译者，儿童阅读推广人
陈盈瑜	英国新堡大学儿童文学研究硕士，专职译者	册册	童书译者，曾翻译多本童书，例如《聪明的变色龙》《万圣节的大南瓜》等
柯倩华	童书评论家。美国南伊利诺伊大学哲学博士，研究专长为儿童哲学	邓逗逗	童书译者，曾翻译多本儿童自然科普类作品
赖慈芸	台湾师范大学翻译研究所所长	冯臻	《儿童文学》主编
李美妮	童书译者，曾翻译多本童书，例如《小小迷路了》《小猪噗噗》等	彭懿	上海少年儿童出版社编辑，浙江师范大学儿童文化研究院研究员
林良	儿童文学作家，翻译家	梅子涵	儿童文学作家，上海师范大学教授
刘清彦	童书作家，译者。“好书大家读”二十年得奖总数翻译者第一名	舒杭丽	中国少年儿童新闻出版总社《幼儿画报》创办编辑
宋珮	儿童文学作家，阅读推广人	王启荣	童书译者
余治莹	儿童文学作家，麦克公司总编辑	王雪纯	主持人，制片人，童书译者
张澄月	童书译者，曾获第四届洪建全儿童文学创作奖童诗组第一名	杨玲玲	德国慕尼黑国际青少年图书馆访问学者，研究幻想儿童文学；童书译者

凯特·格林纳威奖引进的绘本主题多具教育意义，比如梦想、友情、亲情、成长和健康等。1970 年，凯特·格林纳威奖得主约翰·伯宁罕的《和甘伯伯去游河》是一个温馨的和伯伯一起出游的故事，探讨了规则意识的建立。在 20 世纪九十年代以后的儿童书写中，商业化、城市化等全球性元素融入儿童文学的艺术建构，以往避之不谈的主题渐入引进绘本之列，比如女性主义、单亲家庭、师生关系、亲子关系和对人类社会的批判与反思等。1992 年，凯特·格林纳威奖得主安东尼·布朗的作品《动物园》(*Zoo*)探讨了动物园的存在不是为了保护动物而是为了人，画风冷酷严峻，充满了黑色幽默。需要指出的是，一些颇有异域文化特色的绘本未被引进，比如 1968 年凯特·格林纳威奖得主葆琳·拜恩斯(Pauline Baynes)的作品《骑士字典》(*Dictionary of Chivalry*)，2002 年凯特·格林纳威奖得主鲍勃·格雷厄姆(Bob Graham)的作品《杰洛恩·伯德——仙童》(*Jethro Byrde — Fairy Child*)。这类作品的主题均来自西方传统童话，比如有关牙齿仙子和骑士等类型的文本。

四、凯特·格林纳威奖对中国原创绘本创作与国外译介的启示

在国家的大力支持，创作者和出版社的共同努力下，近年来，中国原创绘本在创作品种、内容、品质和斩获奖项等方面都取得了长足进步，但相较于国内绘本市场的“井喷”式发展仍显得不足。基于以上对凯特·格林纳威奖的描述与分析，中国原创绘本在创作和国外译介方面可以从以下三个方面重点发力。

第一，要树立文化自觉与自信，坚持创作艺术品质和阅读体验俱佳，兼具中国特色和世界元素的开放型精品。一方面，作品创作需要文化自觉意识。绘本对儿童人生观、世界观的塑造具有重要的影响，因此作者在选题、创作的过程中必须时刻秉承文化自觉意识。儿童文学作家曹文轩在深圳的一次讲座中说，虽然在图画中人类的情感是共通的，然而我们无法指望国外的绘本能承载多少我们的民族文化。① 只有对自己的文化、历史自知，理解外来文化，才能在自主适应的过程中持有自主性并有所创造。② 另一方面，在追求作品艺术品质的同时，要注重阅读体验的提升——两者俱佳均须以儿童为本位，在创作主题、绘画技巧和表达方式等方面力求契合儿童生活、符合儿童认知。此外，中国原创绘本的创作不能脱离本土文化现实语境，中国特色和世界元素的融合要和谐自然，任何意欲极速地吸收和内化“西方境界”只会留下异域文学样板化的一种本土化的模仿和套用。③ 如何从中国传统文化及其美学中汲取营养，以世界性的方式和渠道进行演绎和表达是当下中国原创绘本创作与国际传播亟待解决的问题。

第二，要加强对阅读推广、出版推介的支持，让作者、作品、译者和读者之间紧密联系，形成良性的互动。文学作品的国外传播不仅需要作者、译者、版权输出方和版权引进方通力合作，而且需要通过新书发布活动、邀约知名专家推介、专业书评、大众书评、国内外主流媒体的积极报道、图书馆阅读和获奖作品推介会等多种推广方式吸引国外市场的关注，提升译介作品的国外传播效果。以出版营销为例，它包括大众书评、作者巡讲和一切让图书消费的“弄潮儿”参与阅读的活动。社交媒体(视频、播客等)、图书赠品和与受众的互动都在这一环节中起举足轻重的作用。新书销售的利益相关人员会关注出版营销的每个环节，获得读者的反馈，更好地为后期工作做铺垫。可借鉴凯特·格林纳威奖的评奖机制，设立绘本创作工作坊，为获奖者提供奖金，同时加大阅读推广，拓宽作品出版和展览的渠道。

第三，精挑细选译质卓越的原创绘本译者。中国原创绘本的译者须和原作“配套”——他/她应该与目标读者群体接触且相处融洽，应该具有相关知识储备或实践经验。双语能力佳的绘本作者、绘本评

① 转引自刘鹏《中国民间美术元素在儿童绘本中的运用及价值》，汕头大学，硕士学位论文，2010 年，第 1 页。
② 费孝通：《文化与文化自觉》，北京：群言出版社，2012 年。
③ 孙宜学、花萌：《中国“马氏神话”与马尔克斯的“百年孤独”》，《当代作家评论》2015 年第 1 期，第 179—184 页。

论家、绘本阅读推广者和绘本奖项评奖人等相关专业人士均为译者的不错选择。因此,首先,鼓励原作者自译,或有朋友或亲戚愿意承担翻译。这类译者与原作距离近,视域融合度高。但该模式不一定能保证译本的异域接受度,一种语言的创造力和技巧并不一定适用于另一种语言,熟悉原作与优质译本之间并不直接相关。其次,大多数编辑有多年从业经验,心中有一份译者名单。他们对译者的为人和专业较熟悉,确定前须把译者与作品进行匹配。最后,若实在没有心仪的译者,可通过收集简历获取译者信息,预选有潜力的人员做样本翻译,然后对样本翻译质量进行评估,甄别译者与译本的亲密度,最终选定译者。

A Brief Introduction of British Kate Greenaway Medal and its Implications for Chinese Picture Books

Hua Meng

Abstract: Kate Greenaway Medal plays a pivotal role in the field of children's picture books. Its selection process is standardized and strict, and it attaches great importance to the reading and promotion of works. The Chinese translation of the award mainly comes from Taiwan Province of China publishing houses and Mainland of China publishing houses. All chosen translators have relevant writing and research background. The introduced works are armed with diversified themes, peculiarly in educational significance. Based on the description and analysis of the Kate Greenaway Medal, it can be concluded that Chinese original picture books should establish cultural consciousness and confidence, adhering to writing works with excellence in artistic quality and reading experience, with characteristics of both Chinese and the world, should strengthen supports for reading and publication promotion, and should carefully select excellent picture book translators.

Keywords: Kate Greenaway Medal; the description and analysis; enlightenment

何谓儿童

——儿童研究的核心问题与发展历程

◎ 丹尼尔·托马斯·库克 撰 冷 璐 译

熊秉真 刘晓东 点评[①]

摘 要： 本文将重点揭示儿童研究(儿童学)作为一个新兴学术领域的整体面貌，探讨儿童研究的历史发展进程和在当代面临的主要问题。丹尼尔·托马斯·库克阐述儿童研究者在教育学、历史学、语言学和政治学等不同领域，为建立一个以儿童为中心的学科，所付出的努力及取得的学术成果。丹尼尔·托马斯·库克还从当代儿童研究的案例和个人的学术经历出发，探讨如何在目前学科林立的高等教育体系中建立儿童学专业与推进儿童学学科建设。

关键词： 儿童研究；儿童学；童年；儿童

一、讲座环节

我不会详细阐释这个问题(何谓儿童)，因为我们稍后会继续讨论，但我会解释一些术语。我会谈谈所谓的新童年研究，你们或许听过，或许没听过。我想说的是，这是一种思考童年时代儿童的哲学方法，而不是一种技术方法。我会给大家解释一些关于历史和文学的方法(我没有对它们弃之不顾)，因为我自己虽然从事和历史有关的工作，但现在讨论的大部分内容都是关于社会学和人类学方面的。

我会讲一些儿童研究者目前写的评论文章，以及我们儿童学系的研究情况。我要讲的是，现在讨论的儿童研究来自我自己在西方调研的真实情况，当然是在盎格鲁—撒克逊人的视角下进行的。这是

---

① 丹尼尔·托马斯·库克(Daniel Thomas Cook)，美国罗格斯大学人文与科学学院儿童学系创立者及系主任、教授，美国芝加哥大学社会学博士，曾担任国际儿童学领域权威期刊《童年》的主编，主要致力于从社会学、传播学、经济学和文化学等角度研究儿童与童年，尤其热衷于探索儿童消费者文化，在不同场域(比如广告、食品、仪式、服饰和媒体等)中儿童与市场所扮演的角色及其相互之间的冲突。其已出版大量有影响力的儿童学著作，包括《象征性的童年》(2002年)、《童年的商品化》(2004年)、《儿童与军事冲突》(2011年，与瓦尔共同主编)、《重塑儿童学》(2019年，与斯皮鲁和罗森共同主编)、《儿童与童年研究百科全书》(2020年)和《童年的道德项目》(2020年)等。

冷璐，暨南大学外国语学院副教授，主要研究方向为英语思辨教育、儿童哲学、教师共同体和教育心理学。

熊秉真，国际哲学与人文科学理事会(The International Council for Philosophy and Human Sciences，简称ICPHS)秘书长，美国加州大学尔湾分校新人文教席，杭州师范大学经亨颐教育学院特聘教授，香港中文大学历史系讲座教授，香港恒生大学杰出驻校教授及全球人文启动项目主任，联合国教育、科学及文化组织人文讲座咨询委员和全球亚洲教席，厦门大学讲座教授。

刘晓东，教育学博士，华东师范大学教育学部教授、博士生导师。

我们需要讨论的事情之一,其中包括如何理解盎格鲁—撒克逊人眼中的儿童研究的方法,什么东西对你们有用,什么东西不适合你们的背景或不切合你们的议题。早期我经常尝试区分这些不同文化体系的表述。

当我谈到儿童时,不是指我们所熟知的某些个体生命,比如在我们家里、在街上的儿童。我想提出的是一个观点,是一组建构的抽象概念。我们知道,童年有很多层含义,但可以肯定的是,童年是一个处于生命早期的阶段,对吗?我们将稍微讨论一下研究者对童年这个时间段提出的假设和看法。我经常会在谈论儿童时,加上引号。因为"童年"实际上是一个关于儿童的概念,我们要研究如何在各种不同的背景中使用"儿童"这一概念,例如在法律上、社会上和历史上;所以,很多人会说他们是为了儿童做研究,但这里的儿童并没有特指某个儿童。儿童研究的内容主要包括什么是儿童,或者是什么建构了儿童。接下来我们会讨论究竟是哪些因素构成了儿童,可能会谈得有点不着边际。

我会向你们展示,儿童研究不仅是一个框架,一种思考儿童的方式;而且是一种思考与他们相关的社会生活的各种要素的方式,包括法律、学校、家庭、经济和文学等。我想强调的是,儿童研究是为了理解儿童、童年及其背景和含义,而不是作为一个具体的内容领域或研究主题。正如我前面提到的那样,人类学、社会学对儿童研究有着深远的影响,但也不局限于此。我所知道的许多儿童研究都非常重视当代儿童和童年时期的调研。尽管如此,儿童研究还是有着深厚的历史根源。

这些是主要的研究领域,是儿童研究经常涵盖的领域。当我们在项目和会议中研究和讨论儿童研究时,儿童研究所开展的研究包括:儿童是什么,儿童有何假设,儿童应该做什么。

儿童是什么?我们可以这样理解,它包括年龄因素,也许还包括成熟感,这是定义儿童的核心因素。但是,随着儿童(和成人)展示出,年龄并不能决定知识和能力的广度和范围,"成熟度"的概念因文化、性别、社会和历史背景而异,当然更重要的是,"儿童"这一概念应该根据具体情境来理解,而不能因循守旧。

但是除了这些简单的特征,儿童还有什么值得研究呢?他们应该是谁?儿童有什么担忧和关切呢?他们意味着未来的新世界或者新的未来吗?他们是过往的载体,还是传统的载体?它们是对当今世界的威胁吗?教育对塑造、指导、帮助和定义儿童确实起重要的作用。

因此,这些疑问引起了我们对哲学和理论的思考:儿童自己知道什么,应该做什么?儿童表现出什么样的能力,什么样的意志?我们如何从儿童自己的角度理解儿童?除了成人或其他人强加给儿童的知识(成人常常给儿童规定好应该学哪些知识,怎么做才能获取知识),儿童自己还知道些什么?儿童参加了什么样的实践?也许在很长一段时间里,成人把儿童看作微不足道的附属品,把儿童眼中的世界看作一个跨越许多文化和时代的成人世界。

童年的社会建构(我们根据童年设置的这个框架),例如人们、社会机构是如何看待儿童的?作为教师、父母和学者,我们如何看待自己对“儿童”这一概念的理解，这些观点和问题是否在思想上真的与在现实生活中对儿童的观察相匹配？思想体系范围那么广，你可以让儿童在你面前以某种方式作出行动和行为，但你仍然只能从理想化的“儿童”概念来理解他们的行为。我们如何理解成人对童年和童年生活的理想化，比如成人自己的生活经历，是如何影响他们和机构（例如学校和政府）对待儿童的方式的？

所有这些问题还与“权利”这个概念相关，以及权利在童年意味着什么，权利是如何牵扯进童年的，成人如何影响儿童，机构的权利对儿童的影响，例如学校教育、法律制度、亲属体系、历史和性别关系的影响与负担，以及社会上各种可能的结构要素。

这些与童年或某一特定的童年有何关联？有权利的一方是如何利用儿童在童年时期的想法，在不同的世界中实现权利的？显然，在美国，有心人再一次将话题拉回到有关儿童的建构上来，他们利用儿童制定各种法律法规。无论儿童是否有发言权，无论此类行为是否基于已有的研究或事实，他们自称这些法律法规都是为了儿童的最佳利益而制定的，并将此定位为为了儿童的利益。“儿童”是非常有影响力和极为重要的概念，可以在许多领域中使用。

因此，权利牵涉许多不同的方面。

最后一部分是关于儿童研究本身：据我所知，儿童研究经常使用这个视角，利用这些被问到的问题和批判性视角，利用所做的研究来推动机构和儿童生活变革。

因此，儿童研究包含行动导向的因素，我也考虑到了这一点。你们组里的一些人也正刻苦钻研，推动建设儿童友好城市。我很清楚这一点。

某些儿童研究正是受了法国历史学家菲利普·阿利埃斯（Philippe Ariès）的影响，他写的那本书名叫《儿童的世纪：旧制度下的儿童和家庭生活》（1962 年）。许多儿童研究者将该书视为研究的开端。我们会花费一点时间讨论 20 世纪六十年代和七十年代的社会学家和人类学家。1989 年，《儿童权利公约》生效，一些儿童研究也应运而生。我们也不会在这方面花费太多时间，除非想进一步讨论。

许多人将其称为“新童年研究”。如今它可能没那么新颖了，但这也给我们提供了一种思路。这是一种回应。这是对发展心理学和功能社会学批判的回应，我将详细解释这一点，并讨论那些传统和概念。

儿童研究显然源于西欧的准个人主义研究。尽管许多人认为该方法适用范围太广，可事实并非如此。它并非如此普遍，我们也可以谈谈这个。我之前讲过权利关系，这些是我所讨论的一些领域，这些主要观点与我们刚才讨论的权利问题及其影响有关。研究过程本身（研究者如何看待概念化并决定对儿童进行研究），是权利关系的一个关键点，这其中始终存在权利动态。权利动态必须考虑人们如何对儿童或儿童生活进行研究，效果最好的是当面进行研究或进行民族志研究。当进行儿童民族志研究、访谈或观察时，研究者作为权威和成人，将影响儿童对你的态度、他们想对你说什么，或者他们如何表现自己，最终影响所收集的资料的种类和质量。儿童和青少年可能会取悦研究人员，因为他们担心该研究可能会泄露隐私,而且他们也不确定研究情况(关系)如何。

因此,儿童研究除了关注制度形式,还关注权利关系的人际因素。

正如我们讨论的那样,从多方面来看,儿童研究起源于20世纪七十年代那批人类学家和社会学家,他们在七十年代获得了学位,当时全世界有许多青年运动,这些肯定是由青年运动引起的,对吧?当时的全球青年运动,反对当时开展的许多其他类型的活动,例如民权运动、女权运动等。众所周知,20世纪六十年代和七十年代是一个挑战权利和权利结构的时代。

他们中的许多人对自己所接受的关于社会生活和心理生活,以及如何研究儿童发展的培训,感到非常失望。一些学界权威提出的标准受到冲击和挑战,比如心理学界的让·皮亚杰、社会学界的塔尔科特·帕森斯(Talcott Parsons)。此时,一些学者,特别是来自英国、瑞典、挪威、丹麦和美国的学者,开始质疑从儿童时期发展到成年,这一过程中是否存在强迫行为。他们开始关注年龄和阶段,可这种观点在研究和概念甚至流行文化中都几乎固化了。他们质疑,在研究儿童和童年的过程中,经历这些正常的和严格意义上必须经历的阶段是如何形成的。令这些学者感到不安的是,线性发展的假设掩盖了儿童在日常世界中的行为和互动方式,而这些儿童心理和社会发展的概念是观察和理论的盲区。

他们认为,在这些已有假设之外,还存在一种社会道德感,即成为社会中正常、完整的人。这一过程有对错、好坏之分。因此,他们对此颇有疑虑。我将在他们研究的基础上,详细解释这一点。

他们发现,“心理发展”和“社会发展”的概念在理解儿童生活经历时毫无用武之处。此外,不断重新确定儿童的正常发展阶段,成为一种特定类型的成人,甚至一种特定的青少年的论断,会约束、限制儿童研究和学术方面的发展。

事实证明,重新确定这类终点(即儿童要成长为正常的成人),然后重新确定达到终点的方法,不利于去研究儿童能够思考、如何回应他们的经历和他们的情况。

一旦设定或者假设几个所谓正常的阶段,那么一个人经历这些阶段的顺序和速度也会在某种意义上变成一种道德绑架。如果跳过了某一阶段,或是在特定的时间内没有达到正常的水平,别人要么会认为儿童超前于平均发展水平,要么会认为儿童落后于平均发展水平,也就是说,这两者都不属于正常的情况。目前,越来越多的学者用一种所谓的正常去衡量儿童的发展(他们的存在)。这些学者认为,这种所谓的正常可以作为一种意识形态,作为一种信念,假借自然的名义主张、重申成人的权利。他们希望,儿童的行为可以遵循这一系列的过程,即从简单到复杂,从简单的婴儿到复杂的青少年,从非理性到理性,而且这一过程中有着相当清晰的标志以供他们研究和判断。

这种所谓的正常,其实何尝不是一种成人对儿童的“霸权”,它视童年为儿童发展的“容器”,也就是说,童年只是为成人生活做铺垫,而本身毫无意义。成人要求儿童学习、识字和掌握社交技能等,只不过是为未来的成年生活做准备。研究者并没有明确指出“童年”这一概念,仿佛不存在童年这个阶段，而它只是一个预备的、过渡的时期。因此，儿童所做的一切事情都毫无意义，童年时期仿佛空有其表，儿童只是在这一阶段掌握了必备的知识，而童年本身无足轻重，只是一段学徒期而已。

这就像儿童玩的游戏，他们跟玩偶或者其他的一些玩意一起玩过家家。有关游戏的一些理论其实就像我之前说的那样，童年是为社会生活做铺垫的。当然，也存在其他不同的看法。但在日常交谈中，如果你与父母交谈，就算是父母，而且即使在现在，在学界你也会发现童年作为成人生活的铺垫，这种观念根深蒂固。

我们现在可以讨论一下这种看法存在什么问题，或者稍后再讨论，但我想谈一谈这种看法：我不知道能解释得多好，但它其实把儿童看作为了未来而存在的人，而不是此时此地的人。这是英语中一个很有名的短句，我用它来谈论这一观点。

这些基本观点激发了早期学者的热情，他们开始关注儿童自己是如何看待这个世界的，他们对这种经历有什么想法，他们是如何采取行动的。

在儿童研究中，我们必须了解儿童自己是如何理解，以及他们如何在触手可及的周围世界和他们生活的世界中创造意义。我们知道，儿童所经历的事情多种多样，童年也有多种表现形式。只有调整我们的视角，我们才能站在儿童的角度来正确看待童年和儿童的经历，而不仅仅根据心理发展理论或社会化的假设盖棺论定。

儿童的经历如此复杂多变，不仅仅体现了个人主义，也不仅仅由于儿童的个体及其差异。它们还与社交因素、社会因素、文化因素和儿童在社会中的经济地位有关。此外，这还与儿童的性别、所属的种族有关。

关于中国，我可能还有很多方面不是很了解。但很明显，不仅生活在城市和农村的儿童经历有所不同，而且不同地理区域、不同文化、不同语言群体和不同民族的儿童度过的童年也大有不同。因此，儿童研究中，有一分支开始通过研究所有可能产生影响的因素和背景，来思考究竟怎样去定义儿童，而不是仅仅通过询问某人的年龄和所处的发展阶段，就匆匆得出结论。儿童研究不仅会研究“独生子女”的概念，还会研究关于“儿童”的独特概念。

我可能会放映一张与此有关的幻灯片，但是当你谈论一个或多个儿童时，你总要对他们进行界定。你要谈论的是这个儿童，还是那个儿童，或者是这种类型的儿童，还是来自某个特定背景的儿童，而不只是说儿童，不然范围太大了。

因此，得出来的结论是，不要只研究个别的童年，样本够多才更有说服力。

正如我想再次强调的那样，儿童研究与其说是一个特定的主题或研讨领域，不如说是一种视角、一系列议题和问题。它以儿童和童年为研究核心，主要是探讨别人对童年提出的疑问。先重申一下：儿童不是生物学上描绘的那种平面的形象，而是更加饱满、更加立体的，因此，儿童具有可塑性。我们可以讨论一下童年的概念结构，以及如何随着时间的推移而变化。我们知道童年的变化蕴含着历史性，至少有人这样说过，随着时间的推移，对童年的看法、理解和实践也会发生变化，当然在西方也是如此。

但我相信在其他地方也是如此。对

儿童和童年的看法会随着经济、技术和社会的变化而变化。关于一个人何时成年，在一生中的哪个阶段应该知道什么和做什么，是否应该花费很长时间度过童年，并轻松地进入成年期的看法，这些和其他看法不是根据生物学或心理学来设定的，而是与社会历史特征和背景相互作用的。孩子（年轻人）什么时候可以或什么时候应该开始组建家庭？在历史的漫漫长河中，所有这些看法都发生了变化，人和事物之间的相互作用，很难说清楚，而他们正与之相关，经济、政治结构和其他许多事情都对他们有一定的影响。

我们知道，年龄本身就具有过渡性，这是其固有的属性。我们都在经历岁月的变迁……我们中的一些人过得比其他人更好。我正在尽我最大的努力。但当我们想到童年时，我们谈论的其实不是同一个东西。我们谈论的是那个时期，以及社会、法律和文化历史上对较低年龄阶段的人的影响。我们各自的社会制度决定了赋予什么特定的含义，并对特定年龄和年龄范围的人提出要求。另一种进行童年研究的方式是，将童年视为一种社会结构或社会位置，个体可以在其中随着时间的推移进进出出。这场运动的意义在不同的历史时期发生了变化。同样，有些儿童可能会被人们认为长得太快，而有些儿童则被认为长得太慢。童年本身会随着时间的推移而变化，从不同的维度来看，童年就像变形虫一样不断改变形态，每个时间段都会有不同的特征。

当你开始研究并从历史和背景的角度思考儿童时，你会发现儿童并不是只能靠年龄去区分。

我会将这张幻灯片多停留几秒。可能会有一点重复的东西，但我想说的是，儿童研究其实并没有特定的内容。虽然儿童研究有经典的研究内容，例如，儿童学习教育、游戏和其他一些东西。但它实际上只是一种表达方法，只是一种我们可以去探讨的方式。这不是一门单一的学术研究学科，而是一个多学科的研究领域，它旨在突破传统观念的束缚，为如何定义儿童找寻更多的方法。

什么时期的人可以被称为“儿童”？不仅我对此颇有疑问，而且现在讨论的主题也是这个，我不知道能解释得多好。但当我用“何时”这个词来表示“在什么条件下”时，一个人可以被看作儿童呢？

同样，不仅按年龄，还要考虑实践，考虑生活经验，考虑童工（举止行为向成人看齐）的存在。注意考虑这样一种情况，在某些儿童不得不承担责任的家庭，他们是怎么做的。人在哪个时期可以被看作儿童呢？我们可以研究诸如可发生性关系的法定年龄、就业能力和征兵等问题。这些不同的定义中有许多是用法律术语来包装的，其中一些是在实践中确定的。接下来我会举一些例子。

制度信仰和话语也是如此。因此，我们讨论了如何调研儿童的实际做法或行为，以了解他们实际上在做什么，而不是别人认为他们在做什么。除了部分定义“在哪个时期人可以被看作儿童”的实践，还包括融入社会机构中的“儿童”概念。人们可能会研究这样的事情：这些概念或意识形态是如何融入法律的？它们是如何融入教育的？它们是如何进入学术领域的？如果你探索到许多制度结构的表面，你会发现其实有一个潜在的“儿童”概念。

我们可以再谈谈儿童与天真无邪存在何种联系,以及外界如何定义儿童是纯洁天真的化身。从这个角度来看,什么会带坏儿童?如果你本来是纯洁的,你就会被世上的邪恶之事所玷污,你会受坏事干扰,你会沉迷于色情或性行为等。儿童究竟会不会学坏取决于谁在为他们保驾护航。如果你认为电子游戏不利于儿童发展,你就会认为电子游戏是影响儿童的干扰物。

显然,有对性别的论述,也会有对学习的论述,对吧?最好的学习方法是什么,教儿童的正确方法是什么?此外还存在非正式学习,儿童都是在学校学习吗?或者在其他地方学习吗?这样一来,大众可能会担心媒体和同龄人会对儿童造成影响。

美国西部儿童的研究重点是学习地点和地理位置。在当代作品中,人们问了许多问题:儿童应该去哪里上学?我们的儿童可以去哪里上学?什么是儿童空间?儿童如何从中找到自己人生的意义?儿童是如何跨越空间障碍的?像学校这样的机构是如何为儿童创造出受大众认可的、合适的空间的?当然,如果我们观察生活在城市和农村的不同的儿童,我们会发现这些儿童的学习地点和学习活动会有所不同。一些研究人员尝试厘清"儿童友好城市"这一命题,而这一命题中隐含着一个特定的概念,即儿童是什么,儿童需要什么,以及儿童应该获得什么,特别是在特定类型的城市地理环境中。

但我们也知道,儿童和青年实际上是在我们规定好的空间之中活动。

依我看,我已经知道儿童和我们一直在谈论的事情之间存在什么样的关联,我们一直把儿童作为一个道德上的术语来对待。因此,我想简单提一提,在谈论过的所有不同层次上,我们总把儿童和道德概念挂钩。在讨论儿童问题时,我们总会提一些有关是非、对错和好坏的问题。

我认为这一点很重要,因为科学研究、生物学研究、脑研究,以及其他研究有时都会介入儿童研究,而且它们认为这是一种关于儿童如何生存和他们如何发展的基本信念。我们必须推动实践和教育机构沿着这条道路前进。但无论何时,那些科学发现总能得到证实。除了文化和信仰,似乎没有什么是客观存在的。这就是我的看法。

在儿童研究中,有一些想法和假设,它们是关于在社会秩序中有哪些因素也能构成成人(在社会中的概念)。因此,一般来说,儿童研究认为,我们必须通过考虑和讨论人种/民族、性别、地理、历史、经济、文化背景和社会影响这些因素之后,才能具体说明如何去定义儿童。

因此,我们总是提出关键的问题:"什么样的儿童是问题儿童,可能会受到法律惩罚?""在什么样的社会背景下(即性别、人种/民族、社会经济状况、地理、家庭和学校,以及国家/文化竞争)容易产生问题儿童?""在什么样的社会环境中(同龄人、家庭、学校、公共、私人和宗教情况)容易产生问题儿童?"

儿童研究也希望在社会人类学的视角下研究儿童。儿童研究者参与民族志研究工作,进行采访、观察和实践,进行行动研究和视觉研究。我们可以通过艺术、摄影、照片导出法来谈论其中的任何一种,也可以谈论儿童与研究人员的关系,以及研究人员身份在收集何种数据、何种资料方面的重要性。

目前我们还无法全面通过幻灯片上展示出来的这些领域，但我想让你们了解一下儿童研究的要素。

我想给大家介绍一本书，它的历史相当悠久，在“儿童研究”概念提出之前就已经广为人知。这本书出版于1978年，是由人类学家米拉·布鲁邦德·朗纳（Myra Bluebond Langner）撰写的，名字是《濒死儿童的私人世界》（*The Private Worlds of Dying Children*）。她对那些患有白血病的儿童感兴趣，这些儿童都在求医治病。

通过民族志研究，她能够观察医生、父母和儿童在这种情况下是如何互动的。这些儿童中有许多是晚期患者。米拉·布鲁邦德·朗纳意识到，不仅医生和父母会对儿童的状况和预后进行欺瞒，而且儿童患者也会为了不让父母操心而选择撒谎，“相互伪装”可以解释这一行为。我不知道这个术语如何解释最容易理解，但它描述了当交互中的各方都意识到一种情况时，却没有人提出来。双方都知道对方知道，但什么也没说。为了维持某种社会互动，人们往往会装作不知情。人们表现出来的样子，好像他们自己不知道，也不觉得其他人知道。她发现，医生、父母和儿童之间存在着“相互伪装”，只要医院没有开具病危通知书，无论是儿童自己还是父母和医生都对“死”字闭口不谈。

但是，当她在没有父母或医生在场的情况下与儿童交谈和相处时，她发现了儿童不为人知的一面。她发现儿童其实很清楚自己的处境，这些6—10岁的儿童发现自己因化疗而脱发，很显然，他们知道这些药是什么，知道这些药是用来治什么病的，知道自己为什么要服用这些药物。她发现这些儿童其实很善于观察周围的世界，他们知道人们是如何对待自己的，他们知道这些事是对他们保密的，而且他们能够读出某些信号，比如提前六个月举办生日宴会。很明显，父母知道他们活不到下一个生日了。

儿童在游戏中也会做类似的事情，比如把娃娃放在鞋盒里，然后在上面放一些东西。当米拉·布鲁邦德·朗纳问他们在做什么时，他们会说：“我正在埋葬我的娃娃，为我的娃娃举行葬礼。”此外，她会给他们读《夏洛的网》这本书，这本书主要讲述了关于一只猪和蜘蛛的故事。儿童会不厌其烦地求她读蜘蛛死去的那段故事。儿童的这些行为和其他事情表明，他们实际上对自己的情况了如指掌。儿童是为了不让父母和医生操心，以免他们感到难过。

这是一个早期的例子，它说明如果我们把儿童看作人（社会意义上的人），而不是站在儿童将要成为人的角度来看待儿童，那么我们就能获得不同类型的信息和知识。米拉·布鲁邦德·朗纳也弄清楚了此中的含义，并利用职业生涯中余下的大部分时间，去医院和儿童病房进行走访，力求让父母和医生了解，儿童实际上具有丰富的心理活动和充足的知识储备。

你不能因为他们年龄小就觉得他们什么都不懂，或者觉得问题太棘手了，他们没法完成。这里有现成的实践能支撑这个观点（这种儿童研究方法）。

我举的另一个例子是，用最近才出版的作品来解释儿童（童年）。马乔里·奥雷拉纳（Marjorie Orellana）对拉美移民儿童颇感兴趣，这些儿童是第一代移民子女，或者说是移民家庭中最早出生的移民儿童，他们身担重任，需要为家人翻译。她的部分工作是与儿童交谈，让他们写日记，询问他们做了什么，询问他们对为家人翻译有何感想，询问他们是否觉得翻译工作很愉快，或者如果这是工作，为什么要这样做。她还观察了儿童与教师的互动，在公共场合与他人的互动，比如同警察交涉，或在服务场所，比如去商店购物，或陪家人去看医生。

她自己观察，儿童也向她倾诉。儿童就像中间人，为家庭承担翻译重任时正处于童年和成年的过渡阶段。实际上，儿童像是连接两个成人的桥梁，所做的工作就是在他们说话时为他们翻译。她还谈到了“语言中介”一词。我不知道这是否能解释得清楚。在这次演讲中，我们有一位翻译。翻译出来的意思也可能与其经历有关。但是，一种语言不可能与另一种语言一一对应，不可能做到逐字逐句翻译。做翻译的人必须把单词的意思，讲话的要点，甚至演讲者的情感态度都理解清楚。她不仅起翻译的作用，而且能帮助大家彼此互动，是演讲者和观众的桥梁。

我举几个马乔里·奥雷拉纳研究中的例子。移民子女会帮父母翻译来自政府或法律通知的账单、帮父母打电话，或处理敏感的家庭内务、翻译家庭其他成员的诊疗报告单。但其他家庭的儿童（即以英语为母语的儿童）通常没有机会处理此类情况。因此，移民子女能够懂得其他家庭儿童了解不到的情况。其他家庭的儿童不会知道家庭成员的健康状况，不会清楚家庭与政府之间必须处理的财务或其他问题。但由于移民子女必须为他们的父母翻译，他们不仅懂得了关于社会的知识，而且履行了为父母提供准确翻译的责任，如此一来，他们的家庭能够在世界上继续生存。

这些儿童的年龄为6—12岁。不出所料，他们中大多数人都是女性，这也是有原因的。作为翻译和语言中介，儿童还充当了社会中介，意思是当他们与家人在公共场合，诸如商店和市场，他们需要代表父母与别人沟通。他们中的许多人都非常清楚，他们的父母是工人阶级的拉美裔，别人可能会看不起他们。他们看起来与主流世界格格不入。外人不清楚他们其实没有那么贫困潦倒，也不会不负责任，但那些人还是会因为刻板印象不相信他们。因此，当儿童在公共场合翻译时、当他们与医生交谈时，他们不仅翻译字面意思，而且代表家庭，尝试用自己的力量改变他人对他们的看法，希望让别人知道，他们的生活井井有条，他们的存在正当合法，他们的为人正直诚实。

所以这些儿童从事了大量不同种类的工作或劳动。马乔里·奥雷拉纳称其为“权利的悖论”。从某种角度来说，当他们翻译时，他们正在实践和体验社会权利，而其他儿童则没有这样的机会。但当他们不再翻译，回到学校时，他们还是8岁的儿童，和其他儿童一样。因此，他们对成人世界的财务状况和体系有了更深入的了解，并参与了其他儿童参与不了的事情。

一般来说，那些想在这一刻进入儿童世界的研究人员，在互动层面上也会后退一步，去思考儿童在更大的社会生活结构中究竟可以做到几种社会身份。儿童研究是在不同层次之间来回移动。

关注儿童研究的学者比研究社会学和人类学的学者多。儿童历史学家、文化研究学者和文学学者也关注我们前面提到的“儿童”概念，即在不同的社会领域中，人们对于儿童身份的理解是如何变化的，以及人们是怎么去理解儿童的。这么多人都在关注这个问题，即儿童形象是如何建构出来并在社会生活的各个领域中实现的。

历史学家和那些研究儿童历史的学者正处于进退维谷之境，他们一直致力于揭露儿童在不同历史时期中的生活状况，搜寻与此有关的资料。但是，不难看出，在历史记录中找到关于儿童的资料，特别是专门记录儿童的资料，其困难程度不亚于大海捞针，这主要是因为儿童作为不同社会背景和文化中的重要成员这一看法，直到最近才得到承认。

历史学家遇到了人们所谓的研究资料不充足的问题。例如，在17世纪的欧洲，当时人们认为儿童的生活无关紧要，不足为人所称道，没有保留手写的资料，这样如何研究3—5岁儿童的生活？在没发明照片的时候，儿童时期的玩具和衣服等手工制品往往会被重复使用，因磨损太多而无法研究，或当时人们觉得这些东西无足轻重，因此没有保留下来。

你们可能会问，有些博物馆可能收藏了有关资料，对吗？这其实也佐证了研究资料不充足这一问题。可供研究的基本都是书面资料。我们如何研究缺失的资料？如何处理声音和视角等问题，以更好地了解、处理资料和其他相关内容？儿童可能会说什么？就算儿童说的内容被记录下来了，它们很可能是由上流社会中有文化的人写的，是由儿童的父母将儿童的言行举止记录下来的。通常，历史学家都必须具有创造力，因为他们研究的资料往往不是直接源于儿童本身，而是从其他资料里找寻有关儿童的只言片语。这些就是儿童历史学家面临的难题。

让我们继续快速了解一下文学或文学研究方面的工作。在大部分关于儿童形象的文学作品，以及我们称之为“民间故事”的不同版本中，究竟把儿童描绘成什么形象呢？在许多文学作品中，儿童常常被描绘成怪物、奇幻生物。问题是，为什么要把儿童描绘成这种形象呢？通过这种形象，人们想告诉自己什么样的故事？对童年、权利关系和其他一些事情有什么启示呢？

解决这些问题的方法有很多，但文学研究不仅是研究儿童的故事，而且是研究它们传授了什么样的课程。这些课程不仅包含发展智力的，还有关于社会的。但许多人提出，这些故事中有很多并不一定是为儿童写的，而是为所谓的隐藏的成人写的。家长，有时甚至是这些作品的出版商，是儿童文学和媒体中的隐藏的成人。也就是说，儿童文学在很大程度上被成人控制和塑造。我们需要探讨一下蕴含其中的成人思维。

我之前提到过，美国罗格斯大学童年研究项目的常驻专家项黎栋。我鼓励你们去请教她，她很乐意答疑解惑。

我把幻灯片停在这里。你们可以看看这些议题，但注意，这些并不都属于同一个领域。我一直在跟你们谈论这个观点，但人们有一些更感兴趣的领域，例如商业、大众媒体和教育等。

还有关于儿童角色和国际移民的研究，很有意思。当一个家庭移民了，往往是儿童走出去，与世界接轨，就像移民子女出去上学，使用流行媒体，认识其他儿童，并且他们常常可以将家庭与移民地文化联系起来。

因此，许多国家正在对国际移民问题进行研究，可现在研究的重点不是那些刚被家人带到移民地的儿童，而是那些真正起领导作用的人，他们实际上致力于推动这些儿童融入集体中，与别人建立良好的关系。正因如此，积极分子变得越来越重要，尤其在当今全球化进程不断加快的国际社会中。但我认为许多人已经熟悉一些积极分子所倡导的风气、性别权利和儿童劳动权利。关于如何理解儿童，我们需要重点讨论——再说一遍，我们要做的不仅仅是跟随领头羊的小人物，而要积极参与实践，为此作出贡献。

我与圣智出版社一起编辑了一套四卷的百科全书，内容是关于儿童和儿童研究的，正如你们所想象的那样，这本身就是一项艰巨的任务。它包括一百多万个单词和大约六百个词条，但它没有对儿童研究进行详细论述，在某种程度上，我们无法进行详细论述。当你们有像我现在试图概述的同样的观点时，要记住，它并不是要你详细解释所有的主题或领域，重点应是关于如何转换视角来思考其他不同的领域。我提到的只是包含许多下设学科的主要研究领域。老实说，当时没有说服别人研究中国儿童，我对此也深表惭愧。

除了独生子女政策，没有什么别的，因为这是每个人都知道的。

这一政策揭示了一个难题，那就是如何知道儿童的心里话。如何知道儿童究竟想告诉我们什么。如何采访他们，如何听到他们的心声，这始终是一个难题。

显然，目前西方世界的儿童研究并没有那么强的包容性，它应该也研究非西方或南半球国家及地区的儿童经验、生活和观点。

还有许多人非常努力，尝试完成这一系列研究。但我想你们能理解，当研究对象来自某个特定的时刻和文化时，需要做大量的前期准备工作才能继续研究下去。我认为，当今世界非常开放包容，有利于探索研究我们现在谈论的一些事情，有利于我们重新安排，看看儿童研究在中国文化、历史和世界许多其他地方是如何运作的。

我认为，这也是《儿童权利公约》一直在努力解决的问题。它源于一个非常特殊的视角，一种基于地理位置的种族和文化，然后试图适应和扩展。这是一场持续不断的斗争，可以把它与这场斗争联系起来。

美国国内强烈批评儿童研究以白种人为中心，和关于白人主体、白人经历的假设。当新的想法如我所概述的儿童研究一样被人所提出时，它们会出现在非常特殊的社会位置。因此，“儿童”概念和“儿童研究”概念源于北欧白种人的学术观点，有时我们认为它适用范围广，但后来发现，我们使用该观点频率越高，它的普适性就越不明显，相反它自成一格，而且，有关普适性的假设阻碍了该领域进一步发展，我们必须作出改变。

然后总是有人担心这些研究是纸上谈兵，而没有落到实处，没有做足够的事情来改变儿童的处境和生活。

我稍微提一下美国罗格斯大学的项目。该项目始于2007年，是北美第一个儿童研究博士项目。以经过调研的路线和变化为导向，该项目实施顺利，发展有序，没有因循守旧,反而不断变化。我们的课程随着新的视角、新的学生、新的教师而改变,但就像我之前所说的一样,它之所以被称为“儿童研究”,是因为它找到了一种将儿童和童年作为研究核心的方法,而不是作为附属物,而且它还提出问题,醉心于儿童,致力于解决什么人可以称为“儿童”、什么时期的人可以称为“儿童”等问题。

在我看来,如果你解决了所有这些问题,那将其称为“儿童研究”也就名副其实了。

二、点评环节

熊秉真:美国罗格斯大学对全球的儿童学建设来说是一个非常重要的地方,尤其是在美国建立了第一个儿童学博士学位,形成了非常完善的儿童学专业建设体系,这对整个华人地区建设儿童学有非常重要的参考价值。我曾经多次去过美国罗格斯大学,与一些从事儿童学研究的同人交流,如今又有机会聆听美国罗格斯大学丹尼尔·托马斯·库克主任关于儿童学的报告,实感荣幸。不过我们在介绍和翻译丹尼尔·托马斯·库克教授的思想时,须持一个更加谨慎的态度,因为两国学术的话语体系可能有所不同。这次讲座主要讨论的是在什么样的条件下儿童或童年可以成立,而不仅仅是讨论什么是儿童,此点需要同人特别注意。

儿童研究或儿童学本身可以说是现代性计划、现代性反思的一个重要的组成部分,如果跟着现代的定义来审视儿童,可能会发现存在一个失落的现象。也就是说,语言上、文化上中国所谓尊卑长幼中的幼,与传统哲学、美学上所讲的不失赤子之心等,都是不能丢掉的宝贵资料,是值得深入研究的,但都不能只采用现在主义、现代主义的简单办法来处理。丹尼尔·托马斯·库克教授今日所讲提醒我们要加强比较研究,不管是学科上的比较还是文化上的比较,但有一个前提就是不能简单援引已有学科上的有关预设、概念或理论。感谢高振宇老师和冷璐老师,能让我们现在有这样一场富有意义的讨论。

刘晓东:丹尼尔·托马斯·库克教授谈到北欧白种人的儿童学研究情况,显然中国人从这些研究中获益良多。从历史上来讲,像卢梭、福禄培尔和蒙台梭利在教育学上对儿童的发现,以及美国和欧洲的儿童研究运动,还有一系列文学领域里面的著名诗人等对儿童的发现,对中国儿童观的现代化都有重大的推动作用。丹尼尔·托马斯·库克教授的讲座对中国人继续深化儿童学研究和促进东西方学界之间关于儿童学的交流等有意义。

我们当前的儿童学研究,有两个学术资源。第一个是西方的儿童学研究,即西方现代形态的儿童学研究;第二个是中国人独有的,即古代中国人的思想资源。古代中国人的思想资源,主流是儒、道、释三家,这三家既是独立的,又是相互斗争、相互影响和相互融合的。儒家唱诵赤子、赤子之心,认为那些伟大的人物、自我实现的人物都葆有赤子之心。道家与儒家一样歌颂赤子,比如老子主张“复归于婴儿”(《老子·第二十八章》)。禅宗主张自性是佛、见性成佛,人对自性的发现是释家追求的最高目标。而所谓自性,可将其理解为人的天性,理解为儒家的赤子、道家的婴儿,这三家思想的核心都是儿童——纯粹儿童,我把这三家都视为儿童主义。

丹尼尔·托马斯·库克教授在讲座中提到儿童本身是一种资源、一种方法,作为中国人,我个人认为儿童研究和儿童学涉及非常庞大的阐释系统或隐喻系统。它不仅是一种方法,还是一种方法论。这样一套隐喻系统和方法论,我也称其为“儿童主义”。其实,西方也有儿童主义,古希腊的赫拉克利特在其“残篇 52”中主张:世界是一个儿童,他在游戏,儿童是王者,是统治者。这种儿童统治的思想其实也是一种儿童主义,是西方的儿童主义。

在教育学领域,夸美纽斯、卢梭以后,尤其是卢梭《爱弥儿》的教育观念,其实是主张儿童应该成为教育的太阳。当然,直接将儿童视为未来教育的太阳的,是后世的约翰·杜威。约翰·杜威用一个比喻,把儿童称作“教育的太阳”,将儿童的地位抬得非常高。在文学领域,诗人华兹华斯提出“儿童是成人之父”,荷尔德林认为儿童是半神半人的形象,都将儿童和童年看得很高。哲学家尼采自称赫拉克利特主义者,赫拉克利特的儿童统治思想对其有影响。尼采将儿童视为精神变形的起点,又视为精神变形的终点,《查拉图斯拉特如是说》的开头和结尾都将儿童搬出来,在一定意义上表明儿童是尼采哲学体系的起点和终点,儿童贯穿于尼采哲学。尼采的“超人”概念、“狄奥尼索斯”概念等与“儿童”概念相通。海德格尔在其《根据律》一书的最后,实际上将“存在=根据”扩展为“存在=根据=儿童”,并认为与存在相呼应其实就是应和儿童的游戏,与儿童共游戏。《根据律》一书的最后一句是说,问题的关键在于我们能不能应和儿童的游戏,能不能与儿童共同游戏。可见,海德格尔将儿童视为主宰,视为榜样,视为最终的尺度,这就是海德格尔与赫拉克利特“残篇 52”相呼应的儿童主宰思想。当然这个儿童指的是纯粹儿童,是尼采宣布“上帝已死”之后新的神灵,有可能是“最后之神”。

中国宋代著名学者陆九渊的兄长陆九龄曾在“鹅湖之会”的前夜,试图以诗表述他们兄弟共同的哲学思想,其中有一句为“孩提知爱长知钦,古圣相传只此心”(《鹅湖示同志》),这就将古代伟大的思想家代代相传的思想,还原为孩提之心的代际传承。为什么孩子生下来就知道爱自己的父母,然后扩展为对他人、家庭、社会和国家保持友、敬、信、忠?秘密就在“赤子”“婴儿”“自性”这些概念里。我将儒、道、释的赤子、婴儿、自性称为“纯粹儿童”。纯粹儿童是自足的人,他们可以是先验人、自然人,也可以是社会人、文化人,而又是未被社会和文化所污染异化的人。当然,“纯粹儿童”是一个形而上学概念,期待此概念有助于理解中国古代哲学中的“赤子”“婴儿”“自性”这些概念,同时能解释赫拉克利特、尼采、海德格尔哲学中“儿童”概念的实质。

中西方之间儿童学的交流,有待建立一个有效的阐释系统,以贯通文化隔阂。“复归于婴儿”(《老子·第二十八章》),其实是反对社会和文化对人、对人的天性的压迫、扭曲和污染,这都是中国非常古老的哲学思想传统,是古代中国人寻求人类自身解放的一种构想、一种方向、一种方法、一种途径和一种措施。儿童学是研究儿童的,研究具体的一个个、一群群的儿童,但可以超出单纯的对具体儿童的研究。儿童学的这个方面,具有巨大的思想空间和学术可能性。总之,这次讲座思想的碰撞很多,我思想的收获也很多。

三、互动环节

问题1:丹尼尔·托马斯·库克教授,您好!对娱乐儿童的现象您是怎么看的呢?比如网络上有许多关于儿童的图像和视频,成人普遍喜欢儿童的可爱形象,那么成人是否更倾向于将儿童定位为天真的、讨人喜欢的?是否意味着成人想要回归童年?儿童自己对此是怎么看的呢?

丹尼尔·托马斯·库克:这种纯净的可爱感不仅是儿童才有的,在某些成人、某些文化中也有让其他东西、其他年龄阶段的人群变可爱的现象存在,比如有些文化中会把熊(狗、仓鼠等)设计得特别可爱,其实对其他人来说,不一定会觉得这些形象是可爱的。在日本文化中,有些儿童的玩具和儿童的娃娃也都是非常可爱的,在电视剧、动画片中,我们也可以看到这样一些可爱的物品形象,我觉得这些可爱的形象可以起更加吸引人购买或观看的作用。另外,儿童也会以这样一个可爱的形象为自身的力量,获取更多有利于自己的东西。

问题2:"儿童"是一个生理概念还是一个社会性概念?日常生活中可能见到一些长不大的成人(类似巨婴),他/她行为上有一些明显的退化现象,这种发展性的障碍是怎么形成的,为什么会出现这样一类人?

丹尼尔·托马斯·库克:这种向儿童的退行性变化可以从两个视角来解析。首先,可以从发展心理学上来讨论,其实在不同的文化中,在我们成人、儿童的心中都是有赤子之心的,这只是你觉得他/她退化了,其实一点也不奇怪,这是人人都有的。其次,如果在社会上、在公众的面前,他/她把自己展现得像是一个儿童,则很可能这个人拒绝"成人",在儿童与成人之间产生了一种矛盾的心态,这是我们需要特别关注的,但它未必是一种发展性的障碍。

问题3:丹尼尔·托马斯·库克教授,您如何看待童年是被发明(invented)还是被发现(discovered)这个问题?

丹尼尔·托马斯·库克:我认为"童年"这一概念是人类创造、发明的。比如什么时候是儿童、什么时候是成人等,其中的边界都是人类自己创造的,不同历史时期、不同的文化和国家对这样的界限有不同的规定。刚才谈到在社会上有些人是巨婴,比如不会自理,不能自立,我们可以把这些人定义为"婴儿",类似这样一些定义或概念也是人类创造出来的,并且在不断变化。

问题4:听完丹尼尔·托马斯·库克教授的演讲,想问问是不是在生理的、社会的、心理的理论背景下,儿童和成人其实是没有明确的界限的?

丹尼尔·托马斯·库克:首先从生理方面来说,我们人的身体、大脑都有不同的发展阶段,有生长期、成熟期和衰退期,儿童和成人在这个方面肯定是有明确界限的,这是不容抹杀的。其次从社会体制方面、社会文化方面来说,两者的区别也真实存在,这主要体现在一些标志物或标志性事件上,比如女人结婚了,生小孩了,她就变为成人了。某些文化认为当一个人工作了或者说能够签订合同、能够开车、能够参军或者能够参加某种社会习俗,都可以被视为成人的标志或界限。

问题5:丹尼尔·托马斯·库克教授

在演讲中提到一本书，书中采用民族志的研究方法，讲述了移民家庭中8—12岁儿童如何在家庭中担任翻译者的角色，他们要帮助老一辈比如父母和家庭里面的成人来跟外界沟通各项事务，所以相比其他家庭里的，特别是白种人家庭里的儿童，他们可能更加有主体性。我的问题是，我们在定义“儿童主体性”这个概念时，需要包含多少儿童成分，才是被大家认可的呢？

丹尼尔·托马斯·库克：大多数学者对儿童主体性的定义是从主动性、积极性的层面出发的。但是我们不能像对童年、儿童的理解和定义那样，用统一的标准去理解儿童的主体性，还是要回归具体的语境去理解。也许在这本民族志的研究中，儿童的主体性更多地体现为儿童能够在成人世界里面担任一些重要的角色，超越成人去做一些事情，甚至是代替成人去做这些事情。但在其他的情境下可能对儿童主体性有不同的定义。我们讨论儿童主体性就是在讨论儿童本身，就是在前面加一个限定词，最终还是要取决于我们如何理解儿童。在有些情况下，我们会觉得儿童是天真的、脆弱的，这就会为儿童自身带来某种优越感，这会让他们受到全社会的保护，但是对流浪儿童，由于他们缺乏天真，相比那些被家庭保护得很好的儿童，他们就会比较缺失传统的主体性。还是要根据具体情况去理解“主体性”这个概念。

问题6：理论上，我们都承认儿童的主体地位，但是在教育实践中，儿童往往不被认为拥有权利和话语权，某种程度上来说，儿童就是生活在成人的解释之下。我的问题是，我们应该如何突破成人视角的限制，更多直面儿童，与儿童进行直接的交流并且研究儿童呢？

丹尼尔·托马斯·库克：在教育情境中或者其他情境中，儿童的力量或者儿童的参与也是在不断被大家意识到。尽管目前总体上来说，我们还是处于一种成人主导的情境之下，但还是有越来越多的教育工作者或者其他行业的工作者在关注儿童的力量、倾听儿童的声音。我们谈倾听儿童的声音或者从儿童的视角出发，并不意味着要放弃或者是抛弃成人的视角，而是要更多强调双方合作的关系。在教育学里面，我们更多强调课堂或课程，实际上是一种师生共同建构的产物。我们讲儿童或者研究儿童或者提出儿童的视角，并不是说只有一个儿童的视角或者是多个儿童的视角，而不要成人的视角，更多的可能是要寻找一个我们可能缺失的视角，然后把这个视角和我们现有的视角连接在一起，创造出一种更加合作性的、更加和谐的、更加圆满的生态或者文化。它是一个共同建构的过程。我们现在对儿童的视角的了解总体来说还是比较少的，尽管有时候会提出儿童的视角，但是从本质上来看依然是从成人的视角出发来理解儿童。因此我们更多地需要创造一种条件使儿童的视角和儿童的声音能够更切实地得到尊重，我们才可能真正建立起儿童与成人之间的合作关系。

When is a Child?

—The Problems and Trajectories of Childhood Studies

Daniel Thomas Cook

Abstract: This study will focus on revealing the holistic look of childhood studies as an emerging academic field, and will explore the historical development of child studies and the main issues facing contemporary times. Daniel Thomas Cook described the efforts and academic achievements of researchers on childhood studies in different fields such as education, history, linguistics, and political science to establish a child-centered discipline. Based on the cases of contemporary childhood studies and his own academic experience, Daniel Thomas Cook also discussed how to establish the major of childhood studies and promote the construction of childhood studies in the current higher education system with many disciplines.

Keywords: childhood studies; paidology; childhood; children

古埃及时期的儿童与童年

◎ 蒲慕州 撰 许建美 点评[①]
刘欣欣 整理 高振宇 校对

摘 要： 本文分四个重要部分进行阐述。首先是对古埃及和它的历史文明进行简要介绍，然后通过古埃及的珍贵艺术作品分析其背后的儿童形象与童年观，其次对已有的古埃及文献中关于儿童与教育的相关资料进行深入剖析，揭示古埃及教育的基本情况及主要特点，最后是对古埃及的儿童与童年生活进行反思，并谈一谈对当代中国儿童研究的启示与建议。

关键词： 古埃及；历史；儿童；童年；教育

一、古埃及历史大势

历史上的儿童与童年是儿童学研究中非常重要的一个议题，也是儿童史学研究的核心内容。对儿童的历史研究不仅填充一些历史上关于儿童生活的各种资料，而且借此机会反省我们当代人的一些习以为常的儿童与童年观。如何才能更好地发挥历史之反省作用呢？从比较的角度出发不失为一种值得考虑的办法，特别是对不同历史时期不同文明之间的比较。在对儿童的历史研究中，需要着重思考的一个问题是：我们如何才能得知过去社会中儿童的真实处境和那个社会所持有的儿童观呢？我们该用哪些资料来作出合理的判断呢？儿童研究学者与历史学者应该彼此合作，找出适当的资料和议题，以深化对儿童的了解。

中国历史悠久，历史资料丰富，无疑可以提供大量有关儿童的资料，有待研究。作为与中国的对照，古埃及也留下大量的文献及物质文明遗迹，包括图像、文字、生物考古（医疗健康）和有关一般物质生活状况的遗留物等。本文的目的仅仅是提供极为初步的观察，以供学者进一步研讨。

二、古埃及的社会构成

古埃及是四大文明古国之一，位于非洲东北部尼罗河下游，距今约 7 000 多年前，以法尤姆地区为中心开始出现聚落组织——城邦，进而形成国家。古埃及王国先后历经了：史前时代、早王朝时代（前 3150—前 2700）、古王国时代（前 2700—前 2200）、第一中间期（前 2200—前

① 蒲慕州，香港中文大学历史系讲座教授，美国约翰斯·霍普金斯大学埃及学博士。主要研究方向为古代埃及史、中国古代宗教社会史和比较古代史。他是少数能够从事埃及学及汉学研究的中国学者之一。代表作有《墓葬与生死——中国古代宗教之省思》《尼罗河畔的文采——古埃及文选》《追寻一己之福——中国古代的信仰世界》《西洋上古文化——探索与反思》《法老的国度》等。
许建美，杭州师范大学经亨颐教育学院副院长，教授。

2040)、中王国时代(前 2033—前 1785)、第二中间期(前 1785—前 1552)、新王国时代(约中国商代)、第三中间期(约中国周代前期)、晚王国、托勒密王朝,以及最后的罗马统治时期。7 世纪中叶,阿拉伯人征服埃及,埃及完全与它的古代文明断绝了关系。一般我们讨论古埃及文明,基本上是以史前时代末期为上限,罗马统治时期为下限。托勒密王朝和罗马统治虽然是外族统治,带入了希罗文明,但古埃及的基本文明面貌,包括语言、文字与宗教,仍然一脉相传。

在古埃及 3 000 多年的时间里,虽不能说他的社会构成是一成不变的,但大致上大同小异。一般的社会构成有国王、王族、政府官员、军队、农民、工匠和奴仆等,并且实行王朝制度(家族王朝),教育系统训练出来的大部分人一般会成为政府官员。一般介绍古埃及文明的作品多半以历史、宗教和艺术为主要讨论对象,也是古代历史研究的传统内容。以下我们特别以儿童为介绍对象,由于是通论性质,我们暂时不讨论不同时代的差异。

三、古埃及艺术中的儿童形象

当我们看到古埃及艺术作品时,遇到的第一个问题是:我们应该如何解读艺术作品中的形象?这些图像中的形象是理想型还是真实情况?另外,这些艺术资料一般分为立体的雕像和平面的墙面绘画两种形态。古埃及人对儿童形象有固定的绘画格套,因此,在古埃及的绘画中要找到儿童形象其实不难。但是,古埃及不同阶层的儿童形象有差别,比如,贵族阶层或者王族的儿童出现的地点和出现的方式、服饰等都与农家的儿童有明显差别。

古埃及艺术作品(雕像、墙面绘画)中儿童的标准形象:男童与女童均不着衣,发型为一半剃光头,单边扎着辫子,会吮食指,其肤色与成人相同,男童较深,女童较白。古埃及艺术作品以核心家庭为主要表现方式,祖父母一般不出现在雕像中。在雕像中,“全家福”一般是三四个人正襟危坐,但墙面绘画中会以打猎、日常生活场景等动态形式呈现。儿童会跟着成人参加一些祭奠仪式、农业生产等活动。古埃及艺术作品中也呈现儿童的一些游戏活动,比如草编的球、陀螺、宠物狗、叠罗汉、转圈、跳高和摔跤等。

古埃及艺术作品中时有妇女育婴的图像,可以反映当时人们对养育幼儿一事持正面表述态度。在所谓的家训文体中,比如《阿尼的训示》(*The Instruction of Any*),作者说:“当你出生之后,你母亲仍然负担着你,她哺育你三年的时间。”这三年的哺乳期似乎是古埃及育婴的常态。在有能力的家庭中,奶妈也是这样,王室中更是如此。

在宗教图像中,女神艾西斯哺乳霍鲁斯的图像也常常出现。女神哈托以一头母牛的形象哺乳国王也是王权来自神权的重要象征。在古埃及宗教中,有一个最有名的儿童神(指神的儿童时代)名叫霍鲁斯,霍鲁斯童年时代就有神力,可以降服各种怪兽、恶魔。他也常常被用作护身符,具有保护作用。

四、文献中与儿童和教育相关的资料

有关古埃及教育系统的记录十分少,主要可能是古埃及人自己并不认为教育的实际过程值得记录，虽然说教育的结果仍然是重要的。教育的理念是一回事，教育的过程是另一回事。在古王国时代，似乎社会上并没有所谓学校的制度（相比较中国古代的学校）。在宫廷中，王室成员有机会学习读写文字，但细节不清楚。从中王国时代开始，古埃及文献中出现“学校”一词“pr sb3yt”，宫廷中似乎也有了专供王室贵族子弟学习的机构。

但没有关于学校的记录不代表没有教育机构。文字的学习与传承总有一种社会机制，在古王国时代，文字被大量使用，各类文书也不断发展，纸草文书的使用已经十分普遍。可以确定的是，古埃及发展到第三中间期之后开始有了比较长篇的文字，具有比较完整的文法规则，这些都应该是有一群人经过几百年的传承发展才逐渐完善的。学习书写象形文字应该是一个比较长的过程，虽然古埃及文字基本上是拼音文字，但它不是纯拼音，而是混合了音符和意符，与中文的六书有相通的地方。

在政治和社会的发展中，有读写能力的人占据关键地位。政府机构中，文员是一个基础的行政官僚，可以由此向上爬升。根据不同的训练，文员可以有不同的专业：日常行政文书、法律经济文书和宗教文书。文员的能力和效率决定了政治社会的运作是否顺利。目前根据收集的资料可以发现文书种类十分丰富，分为官方文书（财税记录、行政文书）、宗教文书（金字塔文、棺木文、死者之书）、智慧文学（箴言、哲理性文字）、传记、故事、诗歌，以及数学、医学、历谱等科学性文献。

新王国时代，有文献资料显示，神庙中有学校，儿童入学的年龄大约6—10岁。一个名叫贝肯洪斯的，是安梦神庙的大祭司，在他的自传中说道，他在神庙中的学校学习了四年，又做了十一年学徒，才开始成为一名祭司。三十九年之后，他成为大祭司，然后又做了二十七年。因此，从他入学开始，一共是八十五年。假设他6岁入学，死的时候已经是91岁了。在学校中，儿童学习写字、读“书”、算术和绘图（象形文本就是图画，因此是相关的）。用以学写字的材料大致为一些模板，包括祈祷文、书信，以及一些箴言、格言之类的文字。学习书写的材料基本上是木板（墨水可以洗掉），但更常用的是陶片和石片。在学校学到基本的读写之后，儿童才能进一步到各种行业成为学徒，开始工作。古埃及的文字书写系统是从象形文字到行书到通用草书，最后到科普特文。

在各种文类中，有一类所谓智慧文学的，可以说是直接与教育理念相关的文献，虽然这些作品不直接讨论学校和学习制度。智慧文学的内容基本上是以一个长者的口吻给儿童（儿子）的有关为人处世的告诫。由此可以看出古埃及社会一般的行为和道德准则。这类文献的年代最早大约是古王国时代末期，应该是世界上最早的人格教育手册。在古埃及历史上，这类文献在各个时代都有留下，一直到历史晚期。现存的大约还有十几篇。

在智慧文学作品中，“敬老”是一个常常出现的主题。儿童被规勉要听从长者的教导，另外一个重点是要儿童遵循社会阶级，服从地位、身份较高的人。也就是说，文献反映的是一个阶级社会中保守现状的价值观。这种保守的价值观也可以说是一个早期农业社会的价值观，因为在这种社会中，长者自然是各种传统和知识的保存者，在维持社会稳定上有重要的作用。在官僚政府中，长者又多半是位居高位的人，因而敬老和服从长官代表的是同一种态度。

另外可以注意的是，智慧文学的教导对象是在学校中学习读写的社会精英，不是一般百姓，因而其中的智慧，可以说是社会精英，或者说统治阶级的智慧，是这群人的成功之道。这智慧是一种在社会上择善而行的准则：如何对上司说话，如何对同侪说话，又如何对待身份比自己低的人。当然，要在古埃及当时的社会中成功，有知识仍然是最重要的，也就是有读写能力。在智慧文学中，鼓励儿童学习读写，成为政府的文员，也是重点之一。按照现代的说法，就是能够考上文官资格。

因此智慧文学的目标是要教导儿童如何在社会阶梯上向上爬升。但在这类文献中，我们看不见对女性的注意。所谓的文员，基本上是男性的工作。在政府官僚制度中，女性的角色不存在。唯一可说的女性公职可能是神庙中的女性工作者。她们一般负责神庙的日常事务，是各类宗教活动的助理、乐师等。有少数可以成为所谓的女祭司，主持比较重要的祭典，但也主要是由王室成员或政府高官家庭的女性出任。

五、有关历史上儿童与童年生活的反思

从文化生态和物质生态的角度来看历史上的儿童及童年，可以得到什么和只看当代的现象不同的了解？这实际上是所有历史研究都会问的基本问题。历史是讨论因果关系的学问。所谓有果必有因，所有的现象都不是凭空出现的，应该有其历史根源。或者说，要了解一种现象之所以会如此，可以从它的发展过程来看。我们通常读历史，作者叙述一件事的过程，基本上是将一些所谓的史料排比，建立彼此的时间先后顺序，以及彼此的因果关系。有时间先后顺序，但无因果关系，或者看不出因果关系，那么两者之间就没有可以说的故事。通常历史上的事情都可能有许多与它在时间上和因果上有关系的事件。

也就是说，一件事的成形，可能有许多大大小小的原因，而历史学家的工作，就是先设法收集各种和某件事相关的资料，再梳理彼此的时间先后顺序及因果关系，然后决定这些关系哪些比较重要，哪些比较次要，再用一种合理的方法去描述这种因果关系。这些还都是最基本、最表面的功夫，因为这只说到历史学家个人对资料的理解和分析，但他的理解和分析是不是唯一的？那就要看其他历史学家是否同意了。也就是说，某个历史事件也许曾经发生过，但它为什么会发生，是不容易说清楚的。历史学家不可能找出所有的因果关系，也不一定能说清楚这些因果关系，这就是为何历史需要不断被研究、被改写。一般人都希望看到对历史事件的一种清楚、明白的解释：清朝为何灭亡？灾难为何发生？但历史学家的工作是要告诉读者，事情没有那么简单。而有良心的历史学家还要承认，他的说法不一定是唯一的说法，而是他能够提出的最可靠的说法。

因此，以上所谈的有关古埃及儿童的事，只能是个人在看过一些资料之后所做的判断。这判断有没有可能是不正确的，

或者没有切中重点?当然可能。所谓不正确,一是对资料的理解有问题,这可以经由史学专家的讨论得到一个比较公正的判断;二是站在当下我们对儿童的了解来判断。这就牵涉古今中外历史文化的共性和特性问题。这共性和特性都是建立在物质基础和文化基础上的。我们对这共性和特性的了解愈深入,应该就愈能作出比较合理的判断,增进对人的了解。

所谓教育,是社会运用各种手段、各种规范,将儿童塑造成为一种可以在既有社会规范中运作的存在。教育哲学的一个目的,从一个非专家的角度来看,是在讨论社会规范和个人意志之间的相互交涉和影响。规范的广度、强度和合理性,最终形成一个个的成人。成人又具有改变社会规范的可能性。讨论儿童教育,其实是成人在反省自身在什么样的社会规范之下造成了现在持有的价值观和世界观。而这些价值观和世界观与我们所看得见、说得出的社会规范之间有所差别,又是一个公认的事实。也就是说,看儿童教育,不单看人们用什么规范去塑造儿童使之长大成人,也要看为什么那些规范不能达到目的。

从我们现代人的角度来看,古埃及儿童的成长环境相对现代来说是相当单纯的,因为当时社会阶级的分化同现代相比不算复杂。社会中绝大多数儿童生活在农村,所接触的是农业社会中的事物,这些事物的运作原则也就是儿童所接受的最基本的社会规范。我们一般所说的农业社会的价值观:敬老、保守、遵循自然规律和重视家庭关系等,在这个社会中一代代传下去。当社会结构保持稳定时,社会价值就保持既有传承。

另外一个可以注意的重点,是要认识到我们用来理解古埃及的儿童和童年的资料,不论是图像或者文献,都各有其历史特质。它们主要代表的是某种制式的,经由某种意识形态框架而表现出来的表象。它们传达的,多半是在某种框架之中所定性的价值观。它们能不能表现历史上的社会实况,历史真相?我个人的看法是,历史资料本身所代表的历史真相,就是它们想要传达的讯息。这些讯息是那个社会中的主要价值,是那个社会重视的东西。一个儿童应该敬老尊贤,循规蹈矩,成为社会的中坚力量,使得社会得以续存和发展。但实际上那个社会中的儿童是否真能成为理想的社会成员,是另外一个问题。

古埃及的智慧文学和一些相关文献中也会提到儿童不愿意学习的情况,表示他们自己也承认教育下一代不是一件容易的事。如果容易,也就不必那样强调教导儿童的重要性了。如果我们可以看到社会的理想和现实,应该可以得到一些资料或者观点,用以衡量那个社会理想是否或能否持续,又能够持续多久。古代社会教育遇到的问题,有许多和现代是相同或相似的。我们提供一些比较的资料和观点,除了满足好奇心,也许对了解现代教育仍有些帮助。我们和古人最大的不同,可能在于现代人承认儿童或童年是一个重要的发展阶段,应该要认真对待。因为童年阶段的一些经验一旦过去,就再也没有机会重复了。

六、点评环节

许建美:蒲教授为我们带来了一次令人大开眼界的古埃及之旅。以前我们对这方面的阅读和了解非常有限,事实上在我们国家目前的教育史研究中,对古代文明国家教育的研究是相对比较薄弱的，而在已有的研究中，关于儿童形象也是缺失的，这是教育史领域可能普遍存在的一个问题或现象，即儿童缺位的历史书写。在这样的背景下再来看蒲教授的讲座，其价值更加显著，让我们了解在多个场景中的儿童形象，比如在家庭生活中，在劳动场景中，在游戏中，还有儿童国王的形象、儿童神的形象等，都丰富了我们对古埃及儿童的认识。

在讲座中，蒲教授提到古埃及雕像和墙面绘画中的儿童基本上不穿衣服，这是一个非常有趣的社会现象。看到那些艺术表达的形式，我发现在社会生产活动中，儿童是跟随成人参与的。但是在一些社会交往活动中、仪式中，儿童出现在场景中的机会比较少。儿童在古埃及社会所处的地位总体上是不高的，但是否可以把儿童不穿衣服视为在当时的社会环境中，成人尚未把儿童看作正式的社会成员？因为在我们现代人的视野中，衣服也是社会交往的一种工具，比如我们在参加一个重要的社会交往场合的时候，我们就会比较隆重地着装，所以从衣服的社会功能上来讲，儿童可能在古埃及还没有被视为正式的社会成员参与社会交往，这就会和他们参与社会生产活动形成一个对照。这是我的一个基本猜想或理解。

另外，在蒲教授的讲座中，有时会感到非常惊奇，在前1000—前3000年的图像中出现的一些场景，居然能够和当今的社会现实产生一些共鸣。比如在儿童参与社会生产活动过程中的拾麦穗，就非常完美地契合了我个人的童年时期（即20世纪八十年代）在中国农村生活的一些经验。这也反映了漫长的农耕文明时期儿童生活基本形态的延续性。我也注意到古埃及智慧文学中的一些训示或训诫，是古埃及长者传递给儿童的，这与我个人在家庭教育过程中的体验也高度相似。这些训示或训诫在当时的社会环境中，对社会阶级的流动，是有帮助的，到了现在这样的社会，虽然整体在急剧变化，但依旧在延续农耕文明中的某些儿童观，而这一点恰好需要我们去深入思考。

七、互动问答

问题1：我们最近刚好在和小朋友开展古埃及主题的学习活动。当小朋友看到阿努比斯在奥西里斯的审判庭中协助死者进行灵魂（心脏）的称重时，他们问了一个有趣的问题："如果死者的灵魂（心脏）比正义女神玛阿特的羽毛分量轻会如何？"我们很多文献中都是说审判庭中的天平，如果死者生前做了违背道德的事情，那么他的灵魂（心脏）就不纯洁，不能通过审判进入重生，但是很少说灵魂（心脏）比羽毛轻。当然我们可以理解为死者生前可能距离当时的道德标准比较远，灵魂（心脏）分量不足，才会轻。我不知道我们所了解的古埃及文献中，有没有类似这种情况的解释说明。孩子看似在"开玩笑"，但这是挺有意思的一个问题。对此，想请教您？

蒲慕州：正义的女神代表羽毛，因此灵魂（心脏）要和羽毛一样轻才行。如果死者的灵魂（心脏）的分量比羽毛重，那么表示死者的道德有问题。灵魂（心脏）不可能比羽毛轻，羽毛是一个标准。灵魂（心脏）若比较重，旁边的怪兽就会把它吃掉。在审判庭的审判长旁边有一只怪兽，这只怪兽是河马的身体、鳄鱼的嘴巴。如果灵魂(心脏)被怪兽吃掉,那么死者就没办法重生了。

问题2:您说历史研究会对比历史与当代的不同。可对我们教育学来说,总会情不自禁地思考,已经逝去的历史对我们当代有什么启发?尤其是研究古埃及的儿童,对当代的儿童研究、儿童教育有什么启发?

蒲慕州:这个问题是任何做历史研究的人都要考量的。我们需要知道古人的一些情况,但到底为什么我们要知道呢?除了好奇,还有一个作用,即比较的作用,可增强我们的自觉。我们看古代社会中的一些现象,与我们当今社会中的相关现象进行比较,可以发现彼此相同或不同之处,并思考为什么会有这些相同和不同之处,相同之处是否意味着人类社会的共性,不同之处是否代表着特殊性,而这都要看不同社会发展的实际状况。从历史的角度来审视不同的时代、人类的生活状态、对待儿童的态度,审视不同社会对儿童所给出的训示或指导,如果发现两者之中有相同的地方,就需要去考察为什么仍会存在这样的相似,这就是非常值得考量的问题。在当时的社会政治经济环境中,成人给予儿童的劝诫或教导,如果还存在于当前这个结构和意识形态已经变化了的社会,是否意味着我们在某种程度上的脱节。因此从比较的角度来做研究,可以给我们提供一个反思的资料或契机。历史研究的一个最终用处就是做比较。如果不做比较,就不知道自己有多特殊或多么不特殊,有些人在当代社会中觉得自己很特殊,但是这种特殊到底是有多特殊,还是说其实一点也不特殊,这都需要进行比较,需要看历史资料和其他地区的资料。

问题3:关于之前谈到的儿童神,在古埃及文明中,儿童和神之间有什么关系?这种关系是否影响古埃及人看待儿童呢?

蒲慕州:之前提到儿童神,其实是指神的儿童时代,因为只有那一个神(霍鲁斯)。在古埃及传统中,霍鲁斯童年时代就有神力,可以降服各种怪兽和恶魔,这一点和当时社会的儿童观之间有何关系,可能还不是很清楚。在有的史料中,会揭示出一种观点,即认为儿童更接近某种纯洁的、没有被污染的人性,儿童的特性是直观和纯粹,从而也就具有某种神圣性。这在古埃及文明中还没有相关历史资料支持,但在其他文明中的确存在这样的观念。霍鲁斯在古埃及的神话中,扮演了关键性的角色,就是替他的父亲奥西里斯复仇,之后就从小孩变为成人,继承了他父亲的位置,成为宇宙的主宰。在古埃及的神话系统中,霍鲁斯从小具有潜能,能够在长大之后复仇,进行拨乱反正,把世间邪恶事物都赶走。这样一个故事把神在童年阶段的情况拿出来,或许不能推广至关于儿童本性的理解。

问题4:在收集、整理古埃及儿童的文献的过程中,就您的感受而言,儿童的足迹或影子是否较少(较多)?从展示的雕像、墙面绘画等影像资料来看,儿童一般是在边缘或角落,而且更多从属于成人的生产、生活。这是不是可以推断儿童在当时的古埃及社会地位相对较低?或者,您认为儿童在当时的社会地位如何?

蒲慕州:显然在当时的古埃及社会中,儿童还不被认为是正式的社会成员,因此他们的地位是比较低的。在成人的社会中,男、女都有固定的服饰,儿童则没有衣服，这就意味着他们还没有成年，没有举行成年仪式。在其他文明中，儿童要成为正式的社会成员，要经过比较正式的成年仪式。在古埃及也是如此，没有成年，也就只能处于从属地位。在古埃及社会中，从整体来看，儿童的确处于比较边缘的位置，但边缘不意味着古埃及人不重视儿童，这是两回事。在家庭中，父母对子女的感情是一直存在的。只能说在当时正式的社会结构中，儿童因为没有成年，所以他们只是处于边缘的位置。但是在古埃及的雕像中，可以发现父母子女同时出现，这些雕像出现在墓葬中，墓主把儿女的形象也呈现出来，可以反映出他们其实是重视自己的小孩的，不论男女，都会被呈现出来。这让我们了解儿童在古埃及家庭中的地位和他们在社会整体中的地位，是有所不同的。

问题5：您在讲座中说到古埃及文献中看不到过多对女性的注意。这在中国和古代其他一些地区也有类似的特点。然而到了当代，女性被忽视的问题依旧存在。从历史的角度来看，您认为主要的原因是什么？

蒲慕州：这是性别历史的一个重要问题。对女性的压迫或歧视，是古代文明普遍存在的问题，是世界性的问题，不仅仅是古埃及。一直到现代，仍然有些地区的人不允许女性接受教育。在古埃及，女性受到的待遇，和同时期的男性相比，确实有相当大的距离，这是毋庸置疑的。也经常有人问起，女性在古埃及的地位，相比古代中国女性的地位，到底谁高谁低呢？总体来说，在古代两个国度中女性的地位都不高，但到底哪个比较高，很难断定。就要确定比较的标准。比如女性是否可以拥有自己的财产，是否有权处置自己的财产。如果用这个来作为标准，我们就可以去想一想中国古代女性有没有这样的财产权。如果我们用某个特定的角度来审视不同社会，就可以更好地判断出不同社会的差异。但总的来说，古代社会不管女性的具体情况如何，都不太可能在整体地位上比男性高。另外值得注意的是，当我们比较某个社会女性地位或儿童地位是高是低的时候，是用我们当代的标准去衡量，或者是设法找到历史时代中的流行标准。做比较就常常会牵涉高、低的问题。当我们判定一个社会儿童或女性的地位比较高，是否代表我们的判断背后已经根据自己的爱好或习惯有了预设的态度？我个人常想，在历史研究中，比较高、低，说某个社会中的某件事比其他社会高，是不是出于某种价值观，是不是要证明某个文化或社会比较文明或进步？这也许不是对错的问题，而是研究者应该要意识到，这种判断主要反映了我们当代的价值观，而不一定能揭示历史社会的实况。譬如当我们用财产权作为判断女性地位的标准时，反映的是我们当代社会对财产权的重视，不一定就是古代社会的价值观。历史研究者必须不断比较不同社会的价值，又不断反思自己的价值标准在这中间发生了什么作用。历史是了解人的工作，古今中外的社会人群都可以是了解人的资料，历史研究者工作的第一步，可能是先弄清楚自己的价值标准，再试图去了解他人。

Children and Childhood in Ancient Egypt

Poo Muchou

Abstract: This paper is divided into four important parts. First of all, it briefly introduces ancient Egypt and its historical civilization, and then analyzes the image of children and the conception on childhood behind the precious art works of ancient Egypt. Then, the relevant materials about children and education in the existing ancient Egyptian documents are analyzed in depth to reveal the basic situation and main characteristics of ancient Egyptian education. Finally, it reflects on the children and childhood lives in ancient Egypt, and also reveals the enlightenment and suggestions for childhood studies in today's China.

Keywords: ancient Egypt; history; children; childhood; education

儿童是什么

——论作为方法的儿童*

◎ 孙爱琴[①]

摘　要： 近些年，儿童视角和儿童的视角下的研究逐渐蓬勃起来，儿童与方法的关系日益密切。究竟怎么理解儿童视角和儿童的视角的区别？本文分析了文学创作中“以儿童作为一种创作方法”的观点，借鉴“作为方法的中国”中的认识框架，提出儿童的被发现、被聆听和参与愿望，促使“作为方法的儿童”这一命题的出现，儿童立场是“作为方法的儿童”的基本立场，且需要明确儿童的“有”，以此摆脱成人世界“霸权”给予儿童的“无”。进而，在儿童与成人的共同努力下，以儿童为方法，以世界为目的，创造出新的儿童、新的成人和新的世界。

关键词： 儿童视角；儿童的视角；儿童研究；儿童意识

“‘儿童的世纪’本质上是‘儿童认识论的世纪’。”[②]如何认识儿童？如何获得关于儿童的认识的方法或路径，是一个关键问题。近些年，儿童研究、儿童视角研究与儿童的视角的研究日益繁荣，儿童与方法的关系也日益密切。但由于儿童参与研究过程的状况参差不齐，儿童作为研究主体的身份还未被完全接受。因此，儿童与方法的关系也显得异常复杂。在具体的研究实践中，人们可能是以某种方法（学科的视角）来认识儿童，譬如儿童文学的、儿童社会学的和儿童哲学的等；也可能是以儿童作为方法本体，譬如以儿童视角或儿童的视角[③]，去开辟未知领域，获得新知。儿童与方法的关系究竟如何？儿童是被视为方法的一部分还是作为方法本身？就成为一个非常有趣又值得深入思考和探讨的话题。

一、缘起：关于儿童视角与儿童的视角的讨论

儿童视角（广义）下的研究，是将儿童和方法关联起来的典型研究。近期，儿童视角下的研究主要集中在儿童视角下的文学创作、文学作品分析、语文教学，以及其他学科教学研究，还有儿童视角下的幼

* 本文系教育部人文社会科学研究青年基金项目“西北农村幼儿园教育质量保障研究”（项目编号：17YJC880092）研究成果。

① 孙爱琴，西北师范大学教育科学学院学前教育学科负责人。

② 张华：《儿童学新论》，济南：山东教育出版社，2018 年，第 270—271 页。

③ 在还未对儿童视角与儿童的视角做论证之前，我们姑且将这些研究都统称为广义的“儿童视角下的研究”。

儿园环境建设与改造①、学校建设、课程设计，以及城市规划与空间治理等，都涌现出来了。② 不得不说，这股研究热潮对社会大众儿童意识的提升，对儿童认识和研究的深化，不啻一件美事。对将儿童研究视为异域的研究者而言，“儿童视角”（广义）这个概念确实匪夷所思。通常，某某视角只能被视作一种理论框架，或者话语方式，或者理论体系，但怎么会被认为是一种方法呢？而对儿童研究领域的研究者而言，儿童视角已经不仅仅是一种研究方法，它甚至有超脱研究方法具象的特征。李秉德在《教育科学研究方法》一书中认为，研究方法可以被分为方法论（例如马克思主义认识论）、具体方法（例如观察、调查和实验等）、辅助方法和技术（例如统计、列表和图示等）三个层次。儿童视角显然在具体方法层次之上，但又未达到方法论层次。而儿童视角（狭义）③与儿童的视角的区分，就发生在具体方法层次之上，方法论层次之下。

在具体方法层次，将儿童视角（狭义）与儿童的视角区分开来，是近些年儿童视角（广义）研究的显著进步。所谓儿童视角，就是成人在了解儿童的特点和兴趣的基础上对其认知、经验和行为的理解，是成人在尽可能接近儿童的经验之后所创造出来的对儿童的理解。儿童的视角则是指儿童对自己的生活的认知、经验和理解。④ 显然，儿童视角，隶属于成人，是成人立场上的儿童视角。儿童的视角则隶属于儿童，是儿童在自我立场上的认识。但为何会出现从成人立场出发研究儿童，到儿童自己来言说自己的转向？

如若我们仅仅从具体方法层次来解释这种转向是远远不够的。这两者的区分，实际上是对儿童与研究者（成人）的关系，儿童文化与成人文化关系的认识的变化，是认识驱动下的方法或手段的变化。儿童视角的出现和应用，出自成人（教育者）对儿童的自觉认识和认识的提升。依靠成人对儿童文化的自觉审视，发现儿童和童年的独特价值，承认儿童和童年的独特视角，才可能从对儿童的研究转向有儿童的研究⑤，从将儿童作为研究的对象研究儿童，转向让儿童作为积极参与者的儿童视角。当然，由于儿童文化与成人文化之间的隔阂，儿童视角不能实现完全地理解儿童，儿童的声音不能被完全听到；因此，需要从儿童视角逐渐发展到儿童的视角。这样一种认识和发展的路径，在近些年的儿童研究中愈来愈清晰、明了，直至成为儿童研究中的共识与常识。甚至，若有部分儿童研究，尚不能区分儿童视角与儿童的视角的差异，则会被划归到对儿童的研究不真和不实的认识圈中去。如此，我们对儿童视角的分析，就不能简单囿于具体方法的层次，而要立足儿童观和儿童

---

① 广西师范大学在2021年6月连续完成了多个儿童视角下的幼儿园舒适环境建设研究论文，研究内容包括幼儿园班级环境、幼儿园建筑空间环境和户外环境等。

② 2021年，以“面向高质量发展的空间治理”为题的中国城市规划年会，策划了系列儿童友好视角下的研究和探索活动，涉及社区公共空间改造、社区生活圈、城市绿地和老城改造等。

③ 与儿童的视角相对的儿童视角研究，可以视为狭义的儿童视角。

④ 魏婷、鄢超云：《“儿童的视角”研究的价值取向、方法原则与伦理思考》，《学前教育研究》2021年第3期，第3—14页。

⑤ 刘宇：《论“对儿童的研究”与“有儿童的研究”》，《全球教育展望》2013年第6期，第48—55页。

文化变革的语境，在更抽象的认识论层次上来分析。同时，对儿童视角（狭义）与儿童的视角的区分，也可以暂置一旁。因为：

一方面，不论是儿童视角还是儿童的视角，我们不得不承认，“视角”一词，能专属于儿童，与儿童保持如此高的关联度，本身就意味着儿童首先在本体上得到了关注，即儿童意识的提升。姑且不论视角与儿童的连接是由外而内，由教育者主动探寻和理解儿童的内在体验，还是由内而外，由儿童自己认识体验外部世界；视角与儿童连接后究竟是改造了环境，还是改造了课程，它都毫无疑问彰显了儿童意识融入公众意识的过程。在很大程度上，没有公众的儿童意识的大幅度提升，儿童视角“热”不起来；又或者，恰恰是公众的儿童意识的提升，才使得儿童视角“热”了起来。不论是从儿童意识到儿童视角，还是从儿童视角到儿童意识，儿童始终是最大的受益者，因为儿童最终被“看见”了。“跟随儿童视角，发现孩子成长的力量”①，这是多么令人欣喜和宽慰的结果。

另一方面，儿童视角或儿童的视角，其内核都是方法和路径。它首次出现在学术话语体系中，也是作为一种从儿童那里收集资料，进而保障儿童在教育研究中的参与权的伦理追求而出现的。儿童视角的“热”，就“热”在教育研究实实在在获得了一种有别于传统的自上而下的、从理论到实践的、从成人到儿童的研究范式，进而让儿童的声音回荡在教育研究过程中的小路上。不得不说，这使得我们在“儿童是谁”的问题上，因研究方法的突破而获得了新的生机。不论是成人主动转换视角，尝试从儿童立场理解儿童，还是承认并确立儿童的主体地位，挖掘儿童自身对世界的认识和体验，其结果都是新的，是从未有过的，是令人心生期待和向往的。

综合以上，接下来我们对儿童与方法之关系的探讨，就需要跳出儿童视角与儿童的视角的现象学考察，将儿童与成人、儿童文化与成人文化的关系变化作为基本语境，以广义的儿童视角来概括之。也就是说，任何研究，只要明确凸显儿童意识，能让儿童被“看见”，属于儿童友好的研究，那么我们都可以将其视为儿童视角下的研究。

二、甄别：儿童视角与儿童作为一种方法

从研究方法的角度来说，儿童视角下的研究，姑且不论其具体方法如何，在立场和伦理诉求上，都突出了儿童，推崇儿童的声音。对儿童的这种敏感察觉和研究，或者进一步说，在方法论层次对儿童的敏感察觉和研究，事实上源自儿童文学创作和研究。

2006年，朱自强在对尼尔·波兹曼（Neil Postman）《童年的消逝》和大卫·帕金翰（David Buckingham）《童年之死——在电子媒体时代成长的儿童》两本书的书评中提到，“‘童年’既是研究的对象，也成为一种思想的方法”，即“通过童年研究来寻找解决人类根本问题的路径”。在朱自强看来，“在中国，‘童年’何时能够成为一

① 2021年10月，《教育家》从家庭、社区和课堂等多个维度发起以“跟随儿童视角，发现孩子成长的力量”为主题的系列讨论，以期引发社会各界对儿童的关注，对儿童视角的讨论，并发出“回归儿童视角”的呼声。

种思想的方法和资源,这已经成为衡量中国社会发展水平的一个标准,成为对中国的思想界、学术界能力的一种考验”①。更将“儿童的发现”视作“人的文学”的思想源头。② 怎么理解以儿童作为思想资源?朱自强曾提出,从卢梭、华兹华斯、弗洛伊德、让-罗尔·布约克沃尔德到加斯东·巴什拉,“许多思想者面对人类的根本问题时,总是通过‘儿童’的思想,寻找着走出黑暗隧道的光亮”③。儿童何以能够解答人类文明发展中的问题?何以能够检阅中国社会发展的水平?在当时对儿童的认识理解的水平上,这一观点的提出尚难引发大家的共鸣。但到最近,从将儿童视作教育中的原点问题和基本问题④,到“伟大儿童”的提出⑤,以儿童和童年作为思想资源,并确认儿童和童年之意义和价值的认识,已蔚为大观。再加上“儿童友好”概念在国家层面(2021 年国家颁布《关于推进儿童友好城市建设的指导意见》)的主张,我们会发觉,儿童,已经不仅是理想中一种衡量的尺度和标准,而且是一种实实在在的变革的动力。儿童、童年作为一种思想的方法和资源,实实在在推动着社会文明进步和提升的进程。作为一种思想的方法和资源,它也确实在发挥“一剂良药”的作用。

2016 年,朱自强在视儿童和童年为资源的基础上,又进一步提出了“‘儿童’作为一种方法”⑥的命题。他在对曹文轩的儿童文学作品的述评中提到,这类作品可以被称为儿童视角的作品,这些信息都透露出作家将儿童作为一种小说的创作方法的意识。以这种方法创作的作品,也被称作“童心主义文学”。因此,作为方法的儿童,实质上是文学创作中,以儿童作为一种创作方法的别称。当然,也有研究者认为,“对于儿童文学作家及其创作来说,‘儿童视角’不仅意味着一种叙事策略和写作智慧,更提示了作家自身对于‘儿童’的理解和认识。因此,支撑写作中‘儿童视角’的,归根结底是作家的‘儿童观’”⑦(方卫平语)。那么,这种将儿童作为小说创作方法的意识可否被拿来在其他领域应用呢?换句话说,在其他领域,比如在教育研究过程中,儿童视角下的研究,是否就是将儿童视为一种研究中的研究意识呢?

首先,从字面上看,创作意识和研究意识都在意识层次,这与我们前面将广义的儿童视角定位在具体方法层次之上、在方法论层次之下的认识一致。其次,从“‘儿童’作为一种方法”提出的语境来看,儿童作为一种方法,在文学创作中,是一种小说方法的创作意识。那么,换一个语境,若是在建筑领域中,岂不是一种建

① 朱自强:《“童年”:一种思想的方法和资源》,《中国图书评论》2006 年第 6 期,第 39 页。

② 朱自强:《“儿童的发现”:周作人“人的文学”的思想源头》,《中国现代文学研究丛刊》2013 年第 10 期,第 68—74 页。

③ 朱自强:《“童年”:一种思想的方法和资源》,《中国图书评论》2006 年第 6 期,第 36 页。

④ 李政涛:《今天,如何做好“儿童研究”》,《中国教育学刊》2018 年第 5 期,第 1—5 页。

⑤ 刘晓东:《发现“伟大儿童”,提升教育与文明》,《西北师大学报》(社会科学版)2021 年第 5 期,第 119—125 页。

⑥ 朱自强:《“儿童”作为一种方法——论曹文轩儿童小说的特质》,《当代作家评论》2016 年第 3 期,第 72—75 页。

⑦ 李香玉:《“儿童视角”背后,是作家的“儿童观”》,《教育家》2021 年第 41 期,第 18 页。

筑规划和实施的建筑意识？若是在医学领域中，岂不是一种诊治的意识？用某种意识来指称创作意识、建筑意识或者诊治意识，无非就是为了强调在这些与儿童密切相关的领域中，都需要确认儿童和童年的特殊意义和价值。而创作意识、建筑意识、诊治意识或其他某某意识的核心，其实就是儿童意识。

概而言之，儿童作为一种方法，在其本质上是儿童意识在不同学科、不同工作，甚至生活不同层面的应用和体现。各种主题和形式的儿童视角下的研究，自然是以探究和分析为主的应用和体现。当然，因为学科以及具体的工作和生活的差异，儿童作为一种方法的具体体现并不太相同。在文学创作中，儿童作为一种方法，意味着创作者坚持童心主义创作方向，以儿童和童年作为资源，开展基于儿童视角的真正的儿童文学作品，这是一种创作的价值导向。而儿童友好城市的建设，则是在城市建设和规划中为儿童的成长、发展提供适宜的条件、环境和服务，切实保障儿童的生存权、发展权、受保护权和参与权，这是一种日常生活中的行动规范。在教育机构（幼儿园）中，儿童作为一种方法，则意味着课程、教学、师幼互动和教育机构（幼儿园）文化建设等需要立足儿童，在儿童视角上进行改造和变革。

三、阐释：作为方法的中国与作为方法的儿童

在具体的实践领域，如果将儿童作为一种方法来对待，那么儿童视角就是这种方法的操作指南和行动规范。放在儿童观和儿童文化变革的语境中，这些儿童视角下的研究，实质上都在践行作为方法的儿童。儿童不再被看作认识的对象、客观化认识的结果，而是革新认识、改变行动的方式和路径。换句话说，正是因为我们（教育者或者成人）在儿童视角上来认识和理解世界，才使得我们获得了全新的认识和感受，这是儿童带来的启发，也是作为方法的儿童所带来的改变。正如马克思所讲的："儿童的天真不使成人感到愉快吗？他自己不该努力在一个更高的阶梯上把儿童的真实再现出来吗？"①

将儿童作为一种方法与作为方法的儿童，在概念和句式上非常相似，但仔细区分，就会发现差异。前者强调达成的方式和路径是儿童，后者则强调认识的原则和价值导向是儿童。或者说，作为方法的儿童，超越了具体方法的藩篱，更多探讨将儿童作为达成的方式和路径的一般意义和价值。而这种对一般意义和价值的研讨则显然是在认识论的层次上。② 那么，作为方法的儿童，究竟具有怎样的意义和价值？在认识和行动的边界上又有怎样的规定呢？

"作为方法的×××"这一句式，来自沟口雄三的《作为方法的中国》一书。沟口雄三是日本中国学研究的代表人物。他在批判没有中国的中国学研究时，提出了"作为方法的中国"一说。他认为："真正自由的中国学无论采取什么形式，都不会把目的设定在中国或自己的内部，也就是

① ［德］马克思、恩格斯：《马克思恩格斯选集》（第2卷），中共中央马克思恩格斯列宁斯大林著作编译局编译，北京：人民出版社，1995年，第29页。

② 叶澜：《教育研究方法论初探》，上海：上海教育出版社，1999年，第4页。

说，真正自由的中国学的目的不应该被解消于中国或自己的内部，而应该超越中国。换言之，就是以中国为方法的中国学。”①作为方法的中国究竟意味着什么？沟口雄三认为“以中国为方法，以世界为目的”是作为方法的中国的核心命题。如何理解？我们可以从三个方面来理解。

其一，为什么要以中国作为方法？沟口雄三认为：“中国的近代从一开始走的就是一条和欧洲、日本不同的独自的历史道路，一直到今天。”②但是，以往的研究，都是以世界为方法来研究中国。即以世界为榜样，以世界为标准来斟酌中国已经达到什么程度（或距离目标还有多远）。③而事实上，我们知道，所谓世界标准，其实就是欧洲标准。以欧洲标准来看中国，就会发现诸多中国不能企及欧洲标准的“无”，并将这种“无”看作一种“欠缺”或“虚无空白”，进而在“先进—落后”的单一的、线性的比较中处于劣势。因此，以中国为方法，无非就是为了挖掘中国自己的道路，并“从欧洲式中国里找回自我（中国的自我）”。④

其二，如何实现以中国作为方法？沟口雄三认为立场很关键。他批判了日本盛行的没有中国的中国学研究，并将其视作文化混淆。他认为，眼下多数研究“对于中国古代和中世的关心并非来源于对中国的关心，而是来源于日本内部的状况和心情”⑤。这种文化混淆使得人们在理解作为异文化的中国文化时，“一方面使我们倍感亲切，另一方面又妨碍了我们对于‘异’的认识”⑥。因此，以中国作为方法，既要突破欧洲“霸权”的笼罩，从中国的内部出发，根据中国的实际，了解真正的中国（以中国自己的逻辑来了解中国，而不是以任何其他标准，比如欧洲的或者日本的），同时，要超越中国，超越为了方法的方法。

其三，以中国作为方法要达成什么？如上所言，以中国作为方法绝不是要达成为了方法的方法，或者简单地以东方为参照系论证欧洲的特殊性。按照沟口雄三的观点，所谓以中国作为方法，就是以世界为目的。即“把中国作为构成要素之一，把欧洲也作为构成要素之一的多元的世界”⑦。通过中国的实际，试图发现一种譬如中国原理之类的认识，进而增进对世界的多元性的认识。因此，以中国作为方法，不是要达成另一种“霸权”或标准，而是坚持中国视角的独特价值，并将其纳入多元世界的建构。

以上，沟口雄三提出“作为方法的中国”一说，是基于认识范畴内有中国和欧洲各国的认识比较。而“作为方法的儿童”这一命题得以成立，也是因为有儿童和成人、儿童文化和成人文化的认识比较。有趣的是，“儿童”这个概念一经提出，就与“成人”这个概念处在一个范畴内。自然，儿童文化和成人文化也就处在

① ［日］沟口雄三：《作为方法的中国》，孙军悦译，北京：生活·读书·新知三联书店，2011年，第130页。
② 同上，第12页。
③ 同上，第131页。
④ 同上，第302页。
⑤ 同上，第126页。
⑥ 同上，第127页。
⑦ 同上，第131页。

一个范畴内，成为一种认识的两个对立面。这样一种相似语境，使得以作为方法的中国之认识原则和价值来鉴别作为方法的儿童，完全行得通。

四、愿景：作为方法的儿童

“论”者，具有思维的一般性和普遍追求。“论”作为方法的儿童，也概莫能外。M. 石里克一直强调：“任何科学问题都会把我们引向哲学，只要我们把问题追索得足够深远。”①作为方法的儿童，在最一般和普遍（哲学）的意义上，以作为方法的中国为鉴，需要解决三个问题。

第一个问题，为什么要以儿童作为方法？对这个问题的回答，其实质是对儿童认识所发生的变化。就像方卫平在谈及文学创作时那样，儿童视角下的创作背后，是作家的儿童观在起作用。具体来说，缘由有三：首先是因为儿童的被发现。众所周知，“童年”与“儿童”作为概念出现是现代社会的产物。在儿童史上，菲利普·阿利埃斯的贡献不容忽视，他分析了儿童从被忽视到被视为有趣、迷人的玩具，再到被看作上帝创造的需要保护和教育的脆弱的生命，关注其教育和成长，一直到成为家庭的中心。这样，现代儿童的观念就诞生了。② 其次，被发现的儿童的声音需要被聆听，或者，进一步说，是童年与儿童的价值观需要被认同。③ 比如童年是人生中的独特阶段、儿童要作为儿童本身而存在、儿童是有能力的个体和儿童拥有人权等。这里，有一个很重要的前提需要说明。那就是儿童有没有可能发出声音？即儿童有无能力的问题。在传统的儿童认识论中，人们普遍怀疑，儿童能不能成为主体？有没有能力以自我的视角（儿童的视角）来完成自我表达？对此，威廉·A. 科萨罗的童年社会学的研究给了我们启示。儿童不仅有能力，而且还是主动、积极的建构者。如此，对儿童、童年之独特意义和价值的体认，才能有儿童的声音，才能产生以儿童作为方法的念头，也才能经由成人（儿童视角）或儿童自己（儿童的视角）的不同方式和路径来证明。最后，是儿童需要参与。1989 年，《儿童权利公约》明确提出了“儿童参与”的概念。1992 年，罗杰·A. 哈特（Roger A. Hart）在《公民参与阶梯》中对儿童参与程度进行了层级划分。从低到高，罗杰·A. 哈特将儿童参与分为 8 个层级，从完全由成人操控，逐渐发展到儿童作为装饰物、象征性参与，再到成人为儿童安排、成人与儿童一起商议、共同决定，及至儿童提出任务，成人帮助，最后实现儿童完全的主体性，即由儿童提出任务，儿童来和成人商议。这一系列的层级区分后，是儿童逐渐成为一个独立、自主的实践主体的过程。一种儿童参与式的儿童研究④，使得儿童作为真正的主体，逐渐有了自己的话语方式，并不断建构自己的认识体系。

以上，以中国作为方法，是要承认中

① ［德］M. 石里克：《普通认识论》，李步楼译，北京：商务印书馆，2005 年，第 18 页。
② 苗雪红：《儿童观念的建构：阿利埃斯儿童史研究反思及其启示》，《学前教育研究》2020 年第 8 期，第 12—22 页。
③ 魏婷、鄢超云：《“儿童的视角”研究的价值取向、方法原则与伦理思考》，《学前教育研究》2021 年第 3 期，第 3—14 页。
④ 刘宇：《参与式儿童研究：一种儿童研究的新范式》，《全球教育展望》2020 年第 1 期，第 103—112 页。

国的“有”和独特性，是要将以世界为标准强加在中国身上的“无”，彻底转变成自我的一部分。那么，以儿童作为方法，就是为了承认儿童的“有”，彻底挣脱成人世界给予儿童的“无”，真正寻得儿童的自我和价值。

第二个问题，如何实现以儿童作为方法？前面我们论及，方法问题其实就是立场问题。儿童视角与儿童的视角的差异在其本质上也是立场问题。显然，以儿童作为方法的立场就是儿童立场。在教育学研究中，儿童立场也被认为是教育的基本立场，具有教育母题的性质。①

如上论及，在儿童立场上，实现以儿童作为方法，首先，我们需要明确儿童的“有”。什么是儿童的“有”？它可能是卢梭讲的“把孩子看作孩子”的孩子特质，也可能是兰德曼发现的人的非专门化，或者幼态持续，或者一种被称作“基质”的儿童的特性。② 在整个20世纪，祛魅儿童，获得种种关于儿童“有”的一切认识，是主线。这也表明，我们正在经历一次儿童认识上的宏大旅程。这既是儿童立场遍及社会生活的前提，也是儿童立场逐步深入的结果。而这种种在儿童立场上获得的认识及其结果，会形成一种话语方式，“并通过这种方式使得其他的相关话语（如儿童发展、儿童教育等）也具有儿童性的特质或特质上的儿童性，那么‘儿童’就成为一种文化符号”③，且是我们逐渐熟悉起来的文化符号。当下热门的儿童友好不就是这种文化符号的象征吗？而且当儿童友好不是口号，而是行动；不是观念，而是实实在在的环境时，儿童立场，显然如同中国立场一样，已然超越为了方法的方法，而成为整个多元世界不可或缺的一种理解、表达和阐释的方式。就像蒙台梭利讲的：“儿童是在塑造人类本身——不仅仅是一个种族、一个社会阶层或一个社会集团，而是整个人类。”④这是作为方法的儿童的宏大指向，也是“伟大儿童”的伟大之所在。其次，我们要以儿童的“有”为基础，去摆脱成人世界“霸权”给予儿童的“无”。从成人与成人文化的“异”视角上来看，儿童的“无”就是未成熟性，体现在儿童无法像成人一样有知识，像成人一样理性，像成人一样正确，等等。如何看待儿童或者童年的未成熟性？1912年，约翰·杜威在《教育中的儿童期理论》中提出，正是人的儿童期意味着真正的成长与转化，使人成为“人”变得可能，动物幼期的行为独立和完美阻碍了动物群体成为“社会”。延长儿童期的重要性在于使人成为“人”，使人类成为“社会”。他后来还进一步阐明，延长儿童期是社会进步的标志。约翰·杜威对儿童期的正向解释，强化了儿童期，或者儿童的未成熟性特有的意义和价值。但若反向考证，他的潜台词是，教育者（成人）若不能合理看待儿童期的意义，则于社会进步无益。再往前引申一步来解释，那就是，若还要继续压制或掩盖对未成熟性的正向解释，“霸权”就不可避免。显然，“无”是教育者（成人）以自己的标准衡量出的“无”，是教育者（成

---

① 成尚荣：《极高明而道中庸：儿童立场的完整性》，《人民教育》2020年第7期，第44—49页。

② 成尚荣：《儿童研究视角的坚守、调整与发展走向》，《教育研究》2017年第12期，第14—21页。

③ 戎庭伟：《儿童主体论》，济南：山东教育出版社，2018年，第75页。

④ ［意］蒙台梭利：《蒙台梭利幼儿教育科学方法》，任代文主译校，北京：人民教育出版社，1993年，第335页。

人)建构出来的,并非儿童固有。而“有”则是儿童固有的,需要得到确认和“正名”。

第三个问题,以儿童作为方法要达成什么?不论是儿童视角还是儿童的视角,以儿童作为方法避免了马克斯·范梅南(Max Van Manen)所讲的“只能看见孩子的外部行为,看不见他们的内心生活和他们个人的意图和行动”①的认识上的狭隘。让成人可以“看见”儿童,发现儿童的立场。这里的“看见”,在历史上,是将儿童从历史之外拉入历史研究的视野中。在社会生活的视野中,是确认儿童社会建构者的身份。在教育学研究中,是打破儿童被教育者的身份,让儿童教育在场;在哲学研究中,是确立儿童的主体地位,让儿童能真正参与多元世界的建构,自信地成为建构者。用沟口雄三的话来讲,就是以儿童作为方法,以世界为目的。这便是以儿童作为方法要达成的理想之地,也是教育的理想之地。

尽管,在其现实性上,儿童世界是成人世界的异域,而且“儿童的解放并不能由儿童自己,而要由成人来帮助其完成”②,即需要成人的自觉意识来实现。同时,不能无限放大成人自觉的可能限度,而要认识到儿童有不可完全被理解的特征,“儿童作为人的无限复杂性及其发展阶段的尚未展开与发展水平的限制决定了儿童不可能被教师完全理解,同时教师作为人的有限性也决定了教师无法达到对儿童的完全理解”③。因此,在以儿童作为方法要达成的理想之地中,既需要儿童主体性的确立,也呼唤成人的自觉,而且是清醒的自觉。这样来说,在“作为方法的儿童”这一命题中,儿童视角与儿童的视角就都需要,它们不分厚薄,伯仲相当。

综上,新时期儿童的彻底祛魅,需要儿童和成人共同努力。这既是解放儿童,也是解放成人。儿童与成人共同携手,也正是作为方法的儿童力图达成的理想之境。依照沟口雄三的认识来说,“把中国作为方法,就是要迈向原理的创造——同时也是世界本身的创造”④。由此可见,作为方法的儿童就是要促成这样的创造,进而创造出新的儿童、新的成人和新的世界(教育层面或社会层面)。

---

① [加拿大]马克斯·范梅南:《教学机智——教育智慧的意蕴》,李树英译,北京:教育科学出版社,2001年,第227页。

② 朱自强:《论“儿童本位”论的合理性和实践效用》,《中国海洋大学学报》(社会科学版)2014年第3期,第110页。

③ 赵南:《理解儿童的前提:承认儿童的不可完全被理解》,《学前教育研究》2019年第8期,第3页。

④ [日]沟口雄三:《作为方法的中国》,孙军悦译,北京:生活·读书·新知三联书店,2011年,第133页。

What is Children
——A Theory on Children as the Method

Sun Aiqin

Abstract: Currently, the studies concerning the perspectives for children and perspectives of children are coming into the public. The relationships between children and method are getting closer than before. How can we understand the distinction between the two perspectives? With the example of the framework from "China as the method", and by analyzing the idea "Children as the method of creation" in literatures, this study found that the proposition, "Children as the method", emerges from the will of the children who want to participate, to be heard and listened. The perspectives for children is the foundation of "Children as the method". It is necessary to ensure children's being against the not-being of adult's dominations. This study is to create the ideas such as new children, new adults and new world by pursuing children as the method, world as the aim with efforts from both children and adults.

Keywords: perspectives for children; perspectives of children; children research; children consciousness

儿　童

——福娃抑或顽童*

◎ 陶金玲　胡坤宁①

摘　要：“儿童”概念的产生是一系列从具体到抽象、从经验到理性的生成过程。儿童之处境，童年之内容，为社会环境和文化习惯所营造而成。福娃与顽童，是过去中国大众视野中的儿童形象；溺爱与高压，代表过去中国大众儿童观念的最基本层次和态度，使得“冰火两重天”的儿童存在独具中国特色。随着时代的发展，中国人对儿童的认知与态度在曲折变化中呈现前进的姿态，但儿童解放的浪潮还未席卷到普通大众的内心深处。福娃与顽童，依然是当今大众视野中的儿童形象，儿童依然承受着成人的厚望与高控。“双减”政策再启解放儿童新路，为高压下的儿童带来了福音。

关键词：福娃；顽童；儿童观

儿童是什么？“儿童”是一个历史建构的概念。“儿童”概念的形成，是众多价值系统发生作用的场域中，一个永远处于正在形成状态或是生成状态中的存在。“儿童”概念的产生是一系列从具体到抽象、从经验到理性的生成过程。儿童观是关于“儿童是什么”问题的回答，是成人如何看待和对待儿童的观点的总和。“一般说来，成人如何看待儿童，就会以相应的方式对待儿童。”②儿童之处境，童年之内容，为社会环境和文化习惯所营造而成。探寻中国人眼里的儿童是什么，只有在中国文化背景下加以厘清，才可能得到比较深刻而正确的解释。人之初，性何为？性本善还是性本恶？儿童是小天使还是小恶魔，是福娃抑或顽童？当抽象的中国传统哲学争论照进大众，照进现实，中国大众视野中的儿童观念便清晰、具体起来。在西方的儿童发现之旅中，儿童形象似乎在文艺复兴之后才逐渐清晰起来。而在中国文化与生活中，儿童从来都是家庭的中心、生活的主题——日日绕膝，不管是天真吉祥的福娃，抑或“三天不打，上房揭瓦”的顽童。传统中国童年生活的样态，为理解大众视野中的儿童观提供了思考的余地。

一、福娃：理想人格的社会追求

多子多福作为中华民族的传统观念，可谓源远流长。《国风·周南·螽斯》云：

*　本文系江苏省教育科学“十四五”规划课题“优秀传统文化教育融入幼儿生活研究”（项目编号：D2021/04/89）阶段性成果。

①　陶金玲，女，教育学博士，南通大学教育科学学院教授、硕士生导师，研究方向为学前教育。
胡坤宁，女，文学硕士，泰国东方皇家理工大学哲学博士研究生在读，研究方向为文化传播。

②　蒋雅俊、刘晓东：《儿童观简论》，《学前教育研究》2014年第11期，第4页。

“螽斯羽诜诜兮,宜尔子孙振振兮。螽斯羽薨薨兮,宜尔子孙绳绳兮。螽斯羽揖揖兮,宜尔子孙蛰蛰兮。”①螽斯张开翅膀,成群结队飞翔,发出嗡嗡的声响,当聚集在一起的时候,密密麻麻的。螽斯的子孙太多了,家族真是兴旺,世世代代绵延不绝,全家聚在一起真是太和睦、快乐了。这首诗,描绘了螽斯的飞行、声响和聚集的状态,无不在赞叹螽斯子孙数量多,反映了先民多子多福的文化心理追求。“桃之夭夭,有蕡其实。之子于归,宜其家室。”②桃树繁茂,果实丰硕。女子出嫁,幸福一家。由此可见,早在西周时期,人们对新婚女子的美好祝福便是多子多福,这也许就是一直沿用至今的新婚祝福语“早生贵子”的渊源与出处。此外,石榴多子,在中国传统文化中,也有多子多福的象征意义。人们以石榴喻榴开百子、子孙满堂,是婚房陈设和喜庆用品常用的吉祥图案,并用枣、栗子、花生和桂圆等,寓意早生贵子,以祝福新婚夫妇多子多福。

图1　榴开百子

多子多福是中华民族的一种文化心理。人们将儿童作为子孙和乐、吉祥欢庆的象征。一提到儿童,人们的内心便会变得柔软,充满爱。中国自古就有绘画儿童的传统,儿童题材的画作在中国绘画中极受欢迎,并被广泛应用于生活物品。人们以儿童生活为题材,用文字、色彩描绘儿童的嬉戏场景(比如《百子图》《婴戏图》《货郎图》等),呈现儿童的可爱形象和天真生活,表达人们对儿童和人世的期望与祝福。例如《百子图》,又叫《百子迎福图》《百子嬉春图》,一种画着众多儿童、祈求多子多孙的画作:100名栩栩如生的儿童,他们或颦或喜,或博弈抚琴,或玩耍谈天,形态各异,生动传神,还辅之葫芦、牡丹、仙鹤和麒麟等。自古,《百子图》被广泛应用于新娘的嫁妆,《百子图》的被褥等喜庆用品蕴涵了子孙满堂、阖家和美的祝福。

《婴戏图》又称《戏婴图》,以儿童为绘画对象,描绘儿童的游戏场景,儿童神态各异,天真有趣。与西方绘画不同的是,《婴戏图》中的男、女皆为儿童,绝非尺寸小的成人。画面上的儿童钓鱼、玩鸟、蹴鞠、赶鸭和抽陀螺等,千姿百态,妙趣横生。儿童在嬉戏中生动活泼的姿态、专注喜悦的表情、稚拙可爱的模样,惹人爱怜,表现了儿童世界的天真、快乐。《婴戏图》以男童、女童嬉戏于庭作为福慧人生的表征,儿女绕膝成为大众追求的人生美事。《婴戏图》从简单的一两个儿童形象发展到百多个儿童形象,神态各异,象征着多子多福、生活美满,成为生活物品和喜庆用品常见的装饰图案。

年画是中国特有的民间美术形式,大

① 《诗经》,于夯译注,太原:山西古籍出版社,1999年,第3页。
② 同上,第4页。

都在新年时张贴，有祝福新年吉祥、喜庆之意。在年画中，活泼好动、天真可爱的儿童形象成为象征吉祥的福娃，配以瑞兽祥禽、花卉等，通过谐音、象征或隐喻等手法表现吉利祥瑞，常见的有《天官赐福》《连年有余》《富贵满堂》等。年画中的福娃衣纹清晰，眉清目秀，天真烂漫，惹人喜爱，是祈求人寿年丰、吉祥如意、招财进宝、家庭和美的祈福迎祥娃娃。由此可见，儿童与童年具有福瑞祥和的象征意义，福娃成为中国传统观念中的理想儿童，并被神化为宗教中的金童玉女形象，体现了人们对儿童的喜爱，表达了百姓对美好生活的向往。

图 2　福娃

带着亲友对新婚夫妇早生贵子的祝福和家庭的期盼，医生的喜脉诊断无疑是家庭的喜报，受孕后的女子会受到全家人的优待与呵护。中国是世界上最早提出并实施胎教的国家，自古便有胎教的传统。“古者圣王，有‘胎教’之法，怀子三月，出居别宫，目不邪视，耳不妄听，音声滋味，以礼节之。”①孕妇不看丑恶的东西，不听邪恶的声音，不说傲慢不逊的话语，言谈举止符合礼仪，儿童就会天资极高、聪慧明圣、智力超群。古代医生从医学角度提出了诸多胎教建议，孕妇口谈正言、身行正事、清静心神，所生儿童定是聪明智慧、忠贞善良、健康端庄之人。由此可见，孩子还未出生，便承载了人们对其寄予的厚望和期盼。

十月怀胎，一朝分娩，婴孩的出生给家庭带来了喜悦，人们以各种仪式欢迎其到来，也以祈福的方式见证其成长。(1)报喜。婴孩出生当天，家人拜祭祖先，向亲友报喜，燃放鞭炮庆贺婴孩出生。(2)送祝米。产后第三天，娘家送祝米祝福母子平安。(3)满月酒。婴孩出生一个月设满月酒宴，赠送给亲友染成红色的鸡蛋，俗称满月蛋或红蛋，寓意圆圆满满、吉庆欢喜。(4)百日宴。婴孩出生一百天时举行百日宴，亲友为婴孩准备刻有长命百岁、长命富贵等祝福语的银手镯、长命锁等银饰品，寓意辟邪驱晦、锁住富贵、长命百岁。(5)抓周(试儿)。在婴孩周岁日举行，以测卜其志趣、前途和将要从事的职业，体现了长辈对婴孩前途寄予的厚望。(6)开蒙礼。开蒙礼源自中国古代私塾入学的礼教行为，为人生第一礼。开学当日，儿童着装整齐，提灯带葱(寓意聪明)，

① 颜之推：《颜氏家训》，梁海明译注，太原：山西古籍出版社，1999 年，第 9 页。

击打鸣志鼓（鼓声响亮寓意志向远大）。教师先为儿童正衣冠（寓意先正衣冠，后明事理），再在儿童额头正中点上红痣（寓意聪明记、开天眼），然后教儿童开笔写"人"字，以此希望儿童先学会做人，即所谓"蒙以养正，圣功也"①。（7）成年礼（成丁礼、成年式）。古时男孩"二十而冠"②，女孩"十有五年而笄"③。成年礼是古时儿童跨入成年阶段时举行的仪式，从此作为成人参与各项社会活动，并承担相应的家庭、社会责任。自婴孩出生至举行成年礼，每一次仪式都承载了成人满满的爱，更承载了成人深深的祝福，"东方人特有的温情像温暖的太阳一样给儿童许多感情的营养"④。

在中国，父母对子女的爱是深厚的。儿童拥有自己专属的服饰，比如虎头鞋、虎头帽、虎围嘴等（民间常以虎来作为儿童的伴生物，除了具有驱邪镇定的作用，还有祝福儿童虎头虎脑、虎虎生威之意），儿童的小肚兜上常有连生贵子、麒麟送子、凤穿牡丹、连年有余等吉祥图案。此外，儿童还有自己专属的玩具（比如布老虎、拨浪鼓、泥叫虎和泥阿福等）和其他生活用品，其装饰图案和寓意大多是趋吉避凶、吉祥幸福，是成人对儿童平安幸福、健康成长的期盼与祝福。

望子成龙、望女成凤是中国父母的渴望，为了把摇篮中的婴儿抚育、塑造成理想的金童玉女，自西周时期，人们即为男童、女童规划了一条教育之道："子能食食，教以右手。能言，男唯女俞。男鞶革，女鞶丝。六年，教之数与方名。七年，男女不同席，不共食。八年，出入门户及即席饮食，必后长者，始教之让。九年，教之数日。十年，出就外傅，居宿于外，学书记，衣不帛襦裤，礼帅初，朝夕学幼仪，请肄简谅。十有三年，学乐，诵《诗》，舞《勺》。成童，舞《象》，学射御。二十而冠，始学礼，可以衣裘帛，舞《大夏》，惇行孝弟，博学不教，内而不出。"⑤"女子十年不出，姆教婉娩听从。执麻枲，治丝茧，织纴组紃。学女事以共衣服。观于祭祀，纳酒浆笾豆菹醢，礼相助奠。十有五年而笄，二十而嫁。"⑥依循此教育之道，男童才能成龙、女童才会成凤，男童、女童才能成长为成人期盼的、具有完满理想人格的金童玉女。但男童与女童的受教育之路是不同的，人们致力于男童的书香入仕以光耀门楣，而对女童则是贤妻良母的培养模式。由此可见，中国传统文化中的男尊女卑思想根深蒂固，重男轻女的性别歧视由来已久。

子女是父母生命的延续，养儿可以防老；子孙是家族的基因延续，养儿可以传宗接代、光耀门楣。多子多福，儿童是希望，给家庭带来福瑞；多子多福，儿童是福娃，给成人带来慰藉。儿童在成人的祈福、关怀中成长，福娃以自己的童真、无忧而护佑、治愈着成人。子孙和合是家庭的憧憬，也是中国传统文化之愿景。福娃是

① 《周易》，陈戍国导读、校注，长沙：岳麓书社，2019 年，第 15 页。
② 《礼记》，程昌明译注，呼和浩特：远方出版社，2004 年，第 52 页。
③ 同上，第 53 页。
④ 刘晓东：《儿童教育新论》，南京：江苏教育出版社，1998 年，第 52 页。
⑤ 《礼记》，程昌明译注，呼和浩特：远方出版社，2004 年，第 52 页。
⑥ 同上，第 53 页。

古人对“人之初，性本善”的理解，也是古人在一种社会理想人格的憧憬和召唤中对儿童所进行的理解。福娃，是古人望子成龙、望女成凤的心理表达，承载了家族的生物基因传承和社会价值期望。福娃身上深刻体现着中国社会及其文化的基本特征、价值观念和总体追求。

二、顽童：人性本恶的现实表达

在中国五千年多子多福的慈幼思想下，儿童享受着成人的各种宠溺，但也存在责打、溺婴等“冰火两重天”的现实。

福娃是整个社会文化对儿童与人世的期望与幻想，是中国先民集体编织的人生梦境，是理想的儿童与童年所能带有的象征意义。当理想的儿童形象被塑造出来时，随之而来的是许多父母师长的失望，因为他们发现自己的孩子或学生并非那么“可爱”。“三天不打，上房揭瓦”是中国民间广为流传的顽童的写照：顽皮的儿童，不是赶鸡就是撵狗，搞得鸡犬不宁，父母几乎每天都要对其暴揍一顿。偶尔不打，儿童的顽皮便会变本加厉，四处惹是生非，甚至上房揭瓦。可爱的儿童似乎又有着恶魔的灵魂，惹人烦，讨人嫌。逮鸟、斗蟋蟀、耍刀枪、粘知了、捉蜻蜓、灌屎壳郎、掏苇柞子、摸鱼、捉泥鳅、拉家雀、掏蛐蛐儿……这些都是儿童典型的童年生活经历，其中打架、搞破坏自然免不了。没有顽皮的童年记忆似乎是不完美的，没有责打的童年似乎是有遗憾的。每一个儿童似乎都曾因为贪吃而偷食过，偷桃摘李，抱着偷来的瓜被追得疯跑；每一个儿童似乎都曾因为好奇冒险过，上树掏鸟蛋，下河摸鱼虾，受伤、被蜇是常有的事。但好吃、好奇是儿童的天性，儿童的生活充满了疑问，都想自己去找寻答案。有的儿童会因为活泼而捣蛋，有的儿童会因为叛逆而故意搞破坏。儿童顽劣难管，令师长头痛，让父母束手无策。从儿童的顽劣中，人们仿佛能看到“人之初，性本恶”的影子。

《礼记》中记载：“夏楚二物，收其威也。”①传统中国人普遍相信打的作用，“棍棒之下出孝子”“不打不成人，不打不成才”等观点在民间广为流传。成人的责骂和追打似乎成为儿童的童年“标配”，父母把儿童当作自己的私有财产，也把打骂儿童当作自己的一项基本权利。儿童调皮捣蛋，除了父母自备的“拳脚”和身边随手拈来的鸡毛掸子等物件，往往还有专用的责罚工具——“家法”。中国人有“人前教子”的传统观念，有时成人会对儿童的顽劣行为进行当众“家法伺候”，以儆效尤，这会让儿童遭受身心的双重打击。打骂儿童不仅是古代父母的权利，而且是古代教师的权利，以打为教自古有之，直至近代私塾，学生挨打也是常事。郭沫若详细描述了私塾教师的责打：“他的刑具是一两分厚、三尺来长的竹片。非正式的打法是隔着衣裳隔着帽子乱打；正式打法是打掌心打屁股。这打屁股的刑罚真是再野蛮也没有了。小小的犯人要把板凳自己抬到大成至圣先师孔老二的神位面前，自己恭而且敬挽起衣裳，脱下裤裆，把两个屁股露出来，让大成至圣先师孔老二的化身拿起竹片来乱打。儿童的全身的皮肉是怎样地在那刑具之下战栗哟！儿童的廉耻心、自尊心，是怎样地被人蹂躏到没

① 《礼记》，程昌明译注，呼和浩特：远方出版社，2004年，第76页。

有丝毫的存在了哟！……我们还要受各种各样的刑罚。罚站，罚跪土地。”[①]教师“扑作教刑”，张治中、沈从文和蒋梦麟等也无一能免受教师责打之苦。[②] 由此可见，中国传统文化是成人本位的，父母、教师可以随意打骂儿童，无视儿童的身心健康与天性，更无视儿童的人格与尊严。尽管多是非故意虐待，但在成人的打骂中，有多少儿童的身心健康被损害？又有多少儿童的好奇被扼杀？更有多少儿童在未发现学问的重要性之前就被吓跑了？

此外，令人震惊的是，古代民间亦有生子不举现象。生子不举，就是生子而不养育，往往将婴儿溺死或者抛弃。民间认为，农历五月初五生子不祥，因为五月是恶月，五月初五则是恶月中的五毒日。人们把五月初五出生的婴孩视作不祥之物，是恶魔转世，将是家庭的祸害，因而民间有溺杀五月初五出生的婴孩的风俗。后来溺杀婴孩行为有所扩大，除了五月初五所生婴孩被溺杀，贫苦之家也会因无力抚养而将多生的婴孩溺杀。生子不举多是妇产科学不发达时代的无奈选择，人们无法通过医学手段控制生育，婴孩出生后又无力抚养，只好溺婴或弃婴。生子不举造成了大量的溺婴、弃婴现象，在重男轻女思想的影响下，被溺死或丢弃的女婴数量要远远多于男婴。

三、“冰火两重天”中的生命遮蔽

“童年的生活不是‘小儿科’。童年的成长过程，小的关乎一个人的一生；大的关乎一个国家民族的童年成长和教育形态，以至该国家民族民众日后的文化素质和生存价值。”[③]在中国文化背景下，通过条分缕析历代留下的有关儿童和童年的宝贵记录，独辟蹊径，作为追究、重建过去儿童世界的起点，再现一个消逝的中国儿童生活历史图景。其虽然不能代表中国历史上的儿童生涯，但所呈梗概也可感受中国不同时代的童年经历，并为中国儿童观研究构建一个全新的历史坐标。从《百子图》、《货郎图》、《婴戏图》、年画等艺术作品和家居用品中嬉戏的儿童形象，到儿童的实际生活；从儿童的游戏、玩具、家具、衣服和鞋帽，到种种童年记忆；从家庭育儿规矩，到儿童成长仪式；不论是直接的影像信息，或是经过曲折方法转换后的象征性、典范性呈现，无不显现了中国历史上多重面貌的儿童形象和集溺爱与高压于一体的儿童观念。福娃与顽童，是过去中国大众视野中的儿童形象，代表了过去中国大众儿童观念的最基本层次和态度。在古老中国的历史情境中，儿童被责打非常普遍。同时，传统中国的儿童是极受重视的对象，自孕育便受到成人价值观的“注目”，使得“冰火两重天”的儿童存在独具中国特色。中国世俗生活中“冰火两重天”的儿童观念与态度，恰恰从正反两方面反映了成人将儿童视为家庭、父母的私有财产和家族兴旺的途径与工具，体现了成人对儿童的主宰和高控。

过去中国大众对儿童的理解是在一种社会理想人格的憧憬和召唤中进行的，在儿童身上，深刻体现着中国社会及其文化的基本特征、价值观念和总体追求，福娃是社会理想人格的代表。随着时代的发展，多子多福的生育观念已成过去，中

① 郭沫若：《郭沫若作品经典·我的童年》，北京：中国华侨出版社，2000年，第35—37页。
② 张倩仪：《再见童年：消逝的人文世界最后回眸》，北京：世界图书出版公司，2012年，第44页。
③ 同上，第7页。

国的生育政策也由独生子女转向三孩,现在的儿童可称得上真正的福娃：生活富足、物质优渥,在家庭中占据中心地位,集万千宠爱于一身,其被溺爱程度当列世界之首。一切为了儿童,是千万个家庭的旨归。成人充满着激情、爱和为儿童牺牲的精神,为了帮助儿童更好地发展,成人认为已经做了他们所能做的一切。“再穷不能穷教育,再苦不能苦孩子。”然而,生活水平提高、社会发展对人才素质要求的预见性和人才竞争的现实性,使得当今父母望子成龙、望女成凤的心情更为迫切。父母倾其所有,甜蜜的溺爱与焦急的成才梦相结合便演变成儿童的“噩梦”。“别让孩子输在起跑线上”成为父母强迫儿童接受各种“拔苗助长”式超前教育和强化训练的“经典理由”,儿童背负着沉重的学业负担,在父母的“押解”下赶赴各种补习班、培训班,致使儿童苦不堪言,童年在成人的驱赶中被剥夺。

“不写作业,母慈子孝;一写作业,鸡飞狗跳。”不提学习,儿童是天使;一提学习,彼此是恶魔,这成为当今亲子关系的真实写照。由此可见,儿童是父母生命的延续,是家庭的希望,儿童仍然是千百年来光耀门楣和传宗接代的工具,这种传统的儿童观念依然根深蒂固。长者为尊的文化习俗又使成人有意无意地从身体到精神掌控着儿童,在成人的辖制下,发育成长中的儿童身心被双重绑架,循着成人的规划开始人生之路。在成人“似爱之虐”式高控中,儿童失去了生命的灵动,成人的“为了儿童”成为“神圣的万恶”。写不完的作业、上不完的补习班、考不完的试和睡不够的觉,儿童变成了“知识的搬运工”、“学习机器”和“考试机器”,这不仅损害儿童的身体健康,而且危害儿童的心理健康。“拔苗助长”斩断了儿童的生命之根,急切地“催肥”摧毁了儿童的生命之力,儿童在成人畸形的溺爱中承受着窒息式成长的高压,在“冰火两重天”中,儿童鲜活的生命被遮蔽、被压抑,多少儿童甚至葬送了绚丽的童年生活和稚嫩的生命。宠溺不是理智的育儿之法,高控、打骂也不是教育之道。过犹不及,对儿童的神化和妖魔化,都不是儿童的真实存在。

“我们对儿童是一点也不理解的：对他们的观念错了,所以愈走就愈入歧途。”①成人必须从自己身上找到错误的根源,并对儿童采取一种新的态度。“根除潜藏在我们心中的偏见。……我们必须使自己的内心发生一次根本的变化,防止从成人的角度出发去理解儿童。”②中国人对儿童的认知与态度在曲折变化中呈现出前进的姿态,由过去而晚近,在鲁迅等先哲“救救孩子”的呐喊中,并在西方儿童观念影响下,逐渐实现了儿童本位观的转换。但时至今日,简单植入的儿童观依然无力抵御传统思想的惯性冲击,先哲带有强烈理想主义色彩的儿童观并未能在中国大地上生根开花,儿童解放的浪潮还未席卷到普通大众的内心深处,认识儿童、理解儿童、尊重儿童还未成为社会共识,儿童解放之路依然任重道远。每个人都要经历童年,童年的经历会影响成年后的性格、观念和作为,也会决定成年后自己对待儿童的态度和方式。过去的童年与现在的童年以及未来的童年之间,上一代的童年文化与下一代的童年生活之间,存在生生不息、互为因果的连续

① [法]卢梭:《爱弥儿》(权威全译本),李平沤译,北京:商务印书馆,2017年,第2页。
② [意]蒙台梭利:《童年的秘密》,单中惠译,武汉:长江文艺出版社,2019年,第100页。

与循环。此循环良恶与否,直接决定儿童、国家乃至人类的命运走向。面对大众的狂热与急切,面对不堪重负的儿童,国家出台一系列“双减”政策,再启儿童解放新路,为高压下的儿童解绑、减压带来了福音。而成人所面临的最紧迫的任务,就是去了解这些尚未被认识的儿童,并把儿童从成人的错误观念中解放出来,把儿童当作儿童,服务儿童的生命成长,爱护和唤醒每个儿童的生命潜能,让儿童的生命更加精彩。

Children

—Fuwa or Urchin

Tao Jinling　Hu Kunning

Abstract: The birth of children's concepts is a series of processes from concrete to abstract, from experience to rationality. The context of the child, the content of childhood, is created by the social environment and cultural habits. Fuwa and urchin are the image of children in the Chinese public's vision in the past; doting and high pressure represent the most basic level and attitude of the Chinese public's children's concept in the past, which makes the existence of children with "ice and fire" unique Chinese characeristics. With the development of the times, the Chinese people's cognition and attitude towards children are showing an advancing posture in tortuous changes, but the wave of child liberation has not yet swept into the hearts of the general public. Fuwa and urchin are still the images of children in the public eye today. Children still bear the high hopes and high control of adults. The "double reduction" policy has reopened a new path to liberate children, bringing the gospel to children under high pressure.

Keywords: fuwa; urchin; view of children

儿童的认知推理与行为选择

——基于选数博弈的调查分析*

◎ 邓永城　刘晓丽　潘天群[①]

摘　要： 选数博弈的前期实验研究选择的被试大多为具备成熟心智和较强推理基础(包括知识、能力等)的成人,实验结果具有很强的一致性,与博弈解存在偏差。这次实验将被试群体进行压缩,以小学和初中阶段的儿童为被试群体,以观察儿童的行为选择特征。实验结果显示小学和初中阶段的儿童被试与成人被试的选择结果高度一致,年龄与认知推理能力呈逐级增长关系,存在阶段性跃进,但儿童的博弈选择并不比成人差,推理层级对其行为选择的更好并无太大关系。这些现象预示年龄和认知推理能力尽管存在共变关系,却存在矛盾性的外在表现,需要进一步设计精巧的实验进行动力学和因果关系上的探索。

关键词： 选数博弈;实验研究;儿童的认知推理;儿童的行为选择

一、问题的提出

标准博弈论是研究理性人之间交互决策行动的理论,具有完备的理论架构及其逻辑推导程序。对参与者决策行动的预测一般是基于绝对理性假设,通过严密的数学推理以预测所有参与者之间的一种均衡状态。这种均衡状态(结果/解)就是博弈分析的预测结果。在均衡解下,没有参与者愿意偏离。绝对理性假设具有两层含义：一是每名参与者都具有无限的知识和无限的推理能力,且这个绝对理性是所有参与者之间的公共知识;二是所有的参与者都是追求个人利益最大化的偏好一致者。[②]

选数博弈是标准博弈论研究中的一种简单的博弈模型：N 名参与者同时从一定的数字区间选择一个数字,如果这个数字和每名参与者所选数字乘以 P 得到的目标数相同或相近,则获胜。经常被使用的模型为 N 名参与者同时在区间[0,100]选择一个数字 X_i。用 P 与他们所选数字的平均数乘积,定义一个目标数。参与者中谁的数字最接近目标数,谁就赢得固定

*　本文系国家社会科学基金后期资助项目“科学逻辑与方法论视域下的博弈实验研究”(项目编号：20FZXB063)研究成果。

①　邓永城,厦门大学逻辑学硕士,杭州锦绣育才中学附属学校教师。
刘晓丽,许昌学院商学院副教授。
潘天群,哲学博士,南京大学哲学系科学技术哲学专业教授,博士生导师,研究方向为科学哲学与技术哲学、博弈论与社会科学方法论、逻辑应用、思想分析与哲学践行。

②　刘晓丽：《博弈论中的理性困惑及出路——基于选数博弈和最后通牒博弈的实验研究》,《兰州学刊》2012年第9期,第23页。

的奖金。① 选数博弈又被称为“选美博弈”“竞猜博弈”“猜数博弈”等，其本质相同，均是对一种博弈情形（博弈思想）的精练模型，对诸多领域中的多人交互决策情形（社会或经济现象等）具有重要的启迪价值。

在标准博弈论的参与者都是绝对理性的条件下，根据严密的逻辑推理程序，选数博弈的均衡解是可以依据 P 和 M（参与者数量）的值得以明确判定的。在 $0 \leqslant P \leqslant 1$ 情况下，0 是所有参与者的最优选择，是唯一的均衡解；在 $P=1$ 且 M（参与者数量）$\geqslant 2$ 情况下，所有参与者选择相同的数字是占优解，存在无限多个均衡解；在 $P>1$ 且 $2P<M$ 情况下，0 和 100 都是均衡解；在 $P>1$ 情况下，则没有任何占优解。这是选数博弈在严格的博弈论推理程序下的均衡解，意味着绝对理性的参与者只要能实现这种均衡，那么每名参与者的利益都能实现最大（最优）化。这是一个基于对其他参与者的预期的重复剔除严格劣策略的过程。获胜的关键与所有参与者的推理层级有关，需要每名参与者都能够一致地进行无限多步的占优重复推理。

为了探讨选数博弈在现实中的情形，很多学者对其做了实验研究。1995 年，纳格尔（Nagel）首次对该类型的博弈（选美博弈）进行了实验研究，让 N 名参与者同时在[0，100]选择一个数字 X_i，并计算所有数字的平均数再乘以一个小于 1 的系数 P，将得到的数值与每名参与者的选择进行比较，最接近的参与者即可获得一笔奖金。1998 年，豪、科林·凯莫勒与维格尔特（Ho, Colin Camerer and Weigelt）第一次通过实验重现了纳格尔的结果。这说明现实中参与者的选择与均衡解不一致，但存在某种内在的类似性（规律性）。根据豪、科林·凯莫勒与维格尔特的实验结果，第一轮选择的数字集中于“平均数×P×P”和“平均数×P”之间。取 $P=0.7$ 的情况为例，参与者第一轮的选择集中于 21—40。在我们曾经的一个类似实验（q=2/3，选择区间为[0，100]，实验对象为在校大学生）中，最大的选择数字为 75，最小的选择数字为 0，最终获胜数字为 14.61，接近获胜数字的参与者人数占 4.1%。

可见，实验中的解与理论预测的均衡解不一致。根据实验情况对结果的不一致进行分析，发现现实中参与者的推理存在理性局限（层级、共识），并不能满足博弈推理的假设要求。

本调查研究了小学高段和初中阶段的学生在一个选数博弈中的表现，收集了多样的群体数据供讨论。本文的研究问题为：（1）检验选数博弈在所选儿童群体中的实际情形，与以往的其他群体的表现是否存在差异？（2）不同年龄阶段儿童的博弈行为有什么特征？

二、实验的设计与实施

为了进一步检验选数博弈的实际情形，观察不同年龄阶段被试群体的博弈行为特征，在原有实验的基础上压缩被试群体的年龄，这次实验的对象以小学高段和初中阶段的学生为主。

（一）实验对象

这次实验的参与者为杭州（1 所小学，

① ［美］科林·凯莫勒：《行为博弈——对策略互动的实验研究》，贺京同等译，北京：中国人民大学出版社，2006 年，第 220 页。

1所初中)、福建(1所初中)共3所学校的学生。所涉及的学段为小学四年级到初中三年级。实验参与者共493人,收集到493份作答问卷。其中,删除无效作答问卷,共得到482份有效作答问卷。

小学阶段的实验在同一所学校开展,从小学四年级至小学六年级,每个年级抽取两个班级参加。初中阶段的实验在杭州和厦门两个城市各选取一所初中开展。这次实验采取现场答题和线上答题两种方式,其中厦门的初中阶段参与者是线上答题,其他地方参与者是现场答题。

(二)实验设计

这次实验延续原有实验的设计原理,以便形成有效的实验链:从0—100选出一个整数。如果你选择的数字是或者最接近所有参与者所选择的数字之和的平均数的2/3则获胜。实验以课堂试题形式进行,参与者为小学四年级到初中三年级的学生(共计6个年级)。[①] 实验过程分为两个环节:第一个环节中将会给出一串数字,要求参与者计算出这些数字的平均数及该平均数乘以2/3的值;第二个环节进入正式实验,要求学生根据实验设计进行选择。

实验的题目形式如下:

(1)按要求完成下列计算。

① 2、6、7、9,这四个数字的平均数是多少,其平均数的2/3是多少?

② 12、21、47、79、81,这五个数字的平均数是多少,其平均数的2/3是多少?

(2)按要求选出一个数字。

从0—100选出一个整数。如果你选择的数字是或者最接近所有参与者所选择的数字之和的平均数的2/3,你就是获胜者。

(三)实验说明

首先,确保实验的客观性。实验以答卷形式进行,能够确保没有任何一名参与者预先知道实验的内容,即参与者预先不知道实验的题目、实验获胜者和解的情况。其次,不存在过程性交流。实验以课堂试题形式进行,要求所有学生均在课堂上通过答卷方式独立完成,不允许任何交流。最后,确保参与者完全理解。参与者在作答前,负责实验的教师对题目的解答规则进行必要说明,并对得出博弈解的运算思路进行详细解释,但只限于帮助参与者理解实验题目,而不做任何形式的提醒或者答题引导,以确保每名参与者能够完全理解选数博弈的实验要点(非选数博弈推理)。同时,确保参与者对相关的基础概念有基本的掌握。实验教师应该基本保证参与者理解求和、平均数、2/3等相关知识,且具备一定的运算水平。考虑到实验对象的实际情况,实验时间要比成人更加充足。最后,为保证实验效果,要求参与者在理解实验题目之后,按照环节进行作答。

三、实验结果的发现

根据年级情况进行整理,实验结果如下:

(1)小学四年级。

小学四年级学段参与实验的共有两个班级,共计64名学生。将实验数据按照参与者的推理层级进行整理可得到表1。

按照区间统计,上述实验结果的分布情况可见表2。

① 考虑到该类型博弈的性质和潜在要求,因而该类型博弈的实验对象不以实际年龄为选择依据,而以学段为选择依据,并以小学四年级的学生为选择下限,以保证实验的可对比性和系统性,避免产生主体性偏差。

表 1　推理层级、选择数字区间、人数及比例

推理层级	选择数字区间	人数	比例
R(0)	(67,100]	5	7.81%
R(1)	(45,67]	11	17.19%
R(2)	(30,45]	20	31.25%
R(3)	(20,30]	10	15.63%
R(4)	(13,20]	5	7.81%
R(5)	(9,13]	7	10.94%
R(6)—R(10)	(2,9]	4	6.25%
≥R(11)	(0,2]	1	1.56%
0	0	1	1.56%
		64	100%

表 2　区间、选择人数及比例

区间	0—10	11—20	21—30*	31—40	41—50	51—60	61—70	71—80	81—90	91—100	总计
人数	8	10	10	18	8	4	1	1	2	2	64
比例	12.50%	15.63%	15.63%	28.13%	12.50%	6.25%	1.56%	1.56%	3.12%	3.12%	100%

* 该区间为获胜区间。

该选数博弈的实验解为 22.60，从上述实验数据可以看出，最接近该数字的是 23，跟理论均衡解（0 或 1）不同。其中，有 2 人选择 22，1 人选择 23。选择 23 的学生为这次实验的获胜者，若把区间 21—30 看成获胜区间，则有 10 人获胜。

（2）小学五年级。

小学五年级学段参与实验的共有两个班级，共计 66 名学生。将实验数据按照参与者的推理层级进行整理可得到表 3。

按照区间统计，上述实验结果的分布情况可见表 4。

表 3　推理层级、选择数字区间、人数及比例

推理层级	选择数字区间	人数	比例
R(0)	(67,100]	4	6.06%
R(1)	(45,67]	8	12.12%
R(2)	(30,45]	28	42.42%
R(3)	(20,30]	14	21.21%
R(4)	(13,20]	7	10.61%
R(5)	(9,13]	4	6.06%
R(6)—R(10)	(2,9]	0	0.00%
≥R(11)	(0,2]	0	0.00%
0	0	1	1.52%
		66	100%

表 4　区间、选择人数及比例

区间	0—10	11—20	21—30*	31—40	41—50	51—60	61—70	71—80	81—90	91—100	总计
人数	1	12	14	21	11	1	3	1	2	0	66
比例	1.52%	18.18%	21.21%	31.82%	16.66%	1.52%	4.54%	1.52%	3.03%	0.00%	100%

* 该区间为获胜区间。

该选数博弈的实验解为 22.71，从上述实验数据可以看出，最接近该数字的是 23，跟理论均衡解(0 或 1)不同，若把区间 21—30 看成获胜区间，则有 14 人获胜。

(3) 小学六年级。

小学六年级学段参与实验的共有两个班级，共计 65 名学生。将实验数据按照参与者的推理层级进行整理可得到表 5。

按照区间统计，上述实验结果的分布情况可见表 6。

表 5　推理层级、选择数字区间、人数及比例

推理层级	选择数字区间	人数	比例
R(0)	(67,100]	6	9.23%
R(1)	(45,67]	15	23.08%
R(2)	(30,45]	22	33.85%
R(3)	(20,30]	11	16.92%
R(4)	(13,20]	6	9.23%
R(5)	(9,13]	2	3.08%
R(6)—R(10)	(2,9]	2	3.08%
≥R(11)	(0,2]	1	1.53%
0	0	0	0.00%
		65	100%

表 6　区间、选择人数及比例

区间	0—10	11—20	21—30*	31—40	41—50	51—60	61—70	71—80	81—90	91—100	总计
人数	4	7	11	17	10	6	5	3	0	2	65
比例	6.15%	10.77%	16.92%	26.15%	15.39%	9.23%	7.69%	4.62%	0.00%	3.08%	100%

* 该区间为获胜区间。

该选数博弈的实验解为 25.89，从上述实验数据可以看出，最接近该数字的是 26，跟理论均衡解(0 或 1)不同，若把区间 21—30 看成获胜区间，则有 11 人获胜。

(4) 初中一年级。

初中一年级学段参与实验的共有两个班级，共计 95 名学生。将实验数据按照参与者的推理层级进行整理可得到表 7。

按照区间统计，上述实验结果的分布情况可见表 8。

表 7　推理层级、选择数字区间、人数及比例

推理层级	选择数字区间	人数	比例
R(0)	(67,100]	7	7.37%
R(1)	(45,67]	24	25.26%
R(2)	(30,45]	34	35.79%
R(3)	(20,30]	13	13.68%
R(4)	(13,20]	12	12.63%
R(5)	(9,13]	0	0.00%
R(6)—R(10)	(2,9]	1	1.05%
≥R(11)	(0,2]	2	2.11%
0	0	2	2.11%
		95	100%

表 8　区间、选择人数及比例

区间	0—10	11—20	21—30*	31—40	41—50	51—60	61—70	71—80	81—90	91—100	总计
人数	5	12	13	30	16	7	6	3	1	2	95
比例	5.26%	12.63%	13.68%	31.58%	16.84%	7.37%	6.32%	3.16%	1.05%	2.11%	100%

*该区间为获胜区间。

该选数博弈的实验解为 25.54，从上述实验数据可以看出，最接近该数字的是 26，跟理论均衡解（0 或 1）不同，若把区间 21—30 看成获胜区间，则有 13 人获胜。

（5）初中二年级。

初中二年级学段参与实验的共有两个班级，共计 94 名学生。将实验数据按照参与者的推理层级进行整理可得到表 9。

按照区间统计，上述实验结果的分布情况可见表 10。

表 9　推理层级、选择数字区间、人数及比例

推理层级	选择数字区间	人数	比例
R(0)	(67,100]	5	5.32%
R(1)	(45,67]	23	24.47%
R(2)	(30,45]	32	34.04%
R(3)	(20,30]	15	15.96%
R(4)	(13,20]	9	9.58%
R(5)	(9,13]	1	1.06%
R(6)—R(10)	(2,9]	7	7.45%
≥R(11)	(0,2]	1	1.06%
0	0	1	1.06%
		94	100%

表 10　区间、选择人数及比例

区间	0—10	11—20	21—30*	31—40	41—50	51—60	61—70	71—80	81—90	91—100	总计
人数	9	10	15	18	21	11	7	0	1	2	94
比例	9.57%	10.64%	15.96%	19.15%	22.34%	11.70%	7.45%	0.00%	1.06%	2.13%	100%

* 该区间为获胜区间。

该选数博弈的实验解为 24.77，从上述实验数据可以看出，最接近该数字的是 25，跟理论均衡解（0 或 1）不同，若把区间 21—30 看成获胜区间，则有 15 人获胜。

（6）初中三年级。

初中三年级学段参与实验的共有两个班级，共计 98 名学生。将实验数据按照参与者的推理层级进行整理可得到表 11。

按照区间统计，上述实验结果的分布情况可见表 12。

表 11　推理层级、选择数字区间、人数及比例

推理层级	选择数字区间	人数	比例
R(0)	(67,100]	5	5.10%
R(1)	(45,67]	11	11.22%
R(2)	(30,45]	36	36.74%
R(3)	(20,30]	31	31.64%
R(4)	(13,20]	12	12.24%
R(5)	(9,13]	1	1.02%
R(6)—R(10)	(2,9]	1	1.02%
≥R(11)	(0,2]	1	1.02%
0	0	0	0.00%
		98	100%

表 12　区间、选择人数及比例

区间	0—10	11—20	21—30*	31—40	41—50	51—60	61—70	71—80	81—90	91—100	总计
人数	2	13	31	32	9	3	4	0	3	1	98
比例	2.04%	13.27%	31.63%	32.66%	9.18%	3.06%	4.08%	0.00%	3.06%	1.02%	100%

* 该区间为获胜区间。

该选数博弈的实验解为 22.23，从上述实验数据可以看出，最接近该数字的是 22，跟理论均衡解（0 或 1）不同，若把区间 21—30 看成获胜区间，则有 31 人获胜。

四、实验结果的分析与讨论

为方便对照不同年级的结果进行分析，可将不同年级的具体情况进行汇总。如下：

从表 14 可以直观地看出：获胜人数最多的是初中三年级的学生（占比 31.63%），最少的是初中一年级的学生（占比 13.68%），获胜区间为 21—30，对应的推理层级为 R(3)。尽管获胜情况能

表 13　不同年级推理层级、选择数字区间及比例

推理层级	选择数字区间	四年级	五年级	六年级	初中一年级	初中二年级	初中三年级
R(0)	(67,100]	7.81%	6.06%	9.23%	7.37%	5.32%	5.10%
R(1)	(45,67]	17.19%	12.12%	23.08%	25.26%	24.47%	11.22%
R(2)	(30,45]	31.25%	42.42%	33.85%	35.79%	34.04%	36.74%
R(3)	(20,30]	15.63%	21.21%	16.92%	13.68%	15.96%	31.64%
R(4)	(13,20]	7.81%	10.61%	9.23%	12.63%	9.58%	12.24%
R(5)	(9,13]	10.94%	6.06%	3.08%	0.00%	1.06%	1.02%
R(6)—R(10)	(2,9]	6.25%	0.00%	3.08%	1.05%	7.45%	1.02%
≥R(11)	(0,2]	1.56%	0.00%	1.53%	2.11%	1.06%	1.02%
0	0	1.56%	1.52%	0.00%	2.11%	1.06%	0.00%
		100%	100%	100%	100%	100%	100%

表 14　区间、选择人数及其比例

区间	四年级	五年级	六年级	初中一年级	初中二年级	初中三年级
0—10	8 12.5%	1 1.52%	4 6.15%	5 5.26%	9 9.57%	2 2.04%
11—20	10 15.63%	12 18.18%	7 10.77%	12 12.63%	10 10.64%	13 13.27%
21—30	10 15.63%	14 21.21%	11 16.92%	13 13.68%	15 15.96%	31 31.63%
31—40	18 25.13%	21 31.82%	17 26.15%	30 31.58%	18 19.15%	32 32.66%
41—50	8 12.50%	11 16.66%	10 15.39%	16 16.84%	21 22.34%	9 9.18%
51—60	4 6.25%	1 1.52%	6 9.23%	7 7.37%	11 11.70%	3 3.06%
61—70	1 1.56%	3 4.54%	5 7.69%	6 6.32%	7 7.45%	4 4.08%
71—80	1 1.56%	1 1.52%	3 4.62%	3 3.16%	0 0.00%	0 0.00%
81—90	2 3.12%	2 3.03%	0 0.00%	1 1.05%	1 1.06%	3 3.06%
91—100	2 3.12%	0 0.00%	2 3.08%	2 2.11%	2 2.13%	1 1.02%
实验解	22.60	22.71	25.89	25.54	24.77	22.23
获胜区间	21—30	21—30	21—30	21—30	21—30	21—30
获胜人数和比例	10 15.63%	14 21.21%	11 16.92%	13 13.68%	15 15.96%	31 31.63%

够显示年级(年龄)与推理层级存在关系(年级越高,年龄越大,推理层级越高),但是并不明显,且存在异常现象,除了初中三年级,初中一年级和初中二年级的获胜人数比例竟低于小学五年级、小学六年级。

这次实验的现实获胜解与理论均衡解不一致,呈现一定的规律性。比如,所有年级的被试群体其推理层级中 R(2) 占比最高。其中,获胜解集中于 21—30、获胜人数低于总人数的 1/3 等情况基本与其他实验

一致，再现了该类博弈实验的实验结果。

在该实验中，有三种非常典型的现象值得关注和研究：一是年龄与推理层级存在关系，年龄越大，推理层级越高，获胜可能性越大；二是存在某种逆反现象，除了初中三年级获胜人数占比最高，符合年龄与推理层级正相关，初中一年级、初中二年级获胜人数占比均低于小学五年级和小学六年级；三是年龄与行为选择的优劣没有表象上的强关联。这三种典型现象显示出年龄与认知推理能力存在关系，但是与行为选择的优劣不明显相关，存在某种表现更好的"标准"，且在某种程度上揭示了认知推理能力存在界限[现有大多数实验均显示似乎趋于R(3)]，尽管一定年龄以下的儿童并无正确推理的证据显示。

（一）年龄与认知推理能力

为进一步探究年龄与认知推理能力之间的关系，实验结束后又进行了一项关于选择理由的问卷调查，经过整理归类，情况如表15和表16。

表15　依据说明

选择依据	具体理由
学号	(1) 直接选自己的学号
	(2) 根据学号进一步推理①
班级总人数	(3) 直接选班级总人数
	(4) 根据班级总人数进一步推理②
估算的平均数50	(5) 直接选50
	(6) 以平均数50为基础进一步推理③
估算的平均数50之外的数	(7) 直接选估算的平均数之外的数
	(8) 以平均数50之外的数为基础进一步推理④
(9) 蒙猜及其他	
(10) 从100开始按照推理层级⑤	

① "假如全班人选的都是自己的学号，那平均数的2/3为12。计算过程：(1+2+3+……+35)=630，630÷35=18，18×2/3=12。"

② "我猜每个人都会写总人数37，37×2/3≈24.67，有人会写小的数，这样得数会更小，我写20。"

③ "0—100的和是5050，平均数是50，50×2/3≈33.33，若在座的人都选33，那么我选22。"

④ "一般情况下，我认为平均数在20—40，那么大约就为30，平均数为30，30×2/3=20，但一般会有大小偏差，并且我认为数字应该会偏大一些，我选34。"

⑤ "获胜者所选的数是所有参与者平均数的2/3，如果一开始全班人都选100，那么100×2/3≈66.67，选67的人获胜了；如果大家都这么想，67×2/3≈44.67，这样选44.67的人获胜了；如果大家都这么想，44.67×2/3=29.78，这样选30的人获胜了；这样无限下去，最后大家选0，选0的人会获胜。实际上不可能全班人都选0，有人会选更大的数，但我还是选0，我知道选0不能赢，我坚持真理。"（小学五年级林同学）、"设想全班人选100，100×2/3≈66.67，我不可以选66以上的数。设想全班人选66，66×2/3=44，我不可以选44以上的数，最好不要。44×2/3≈30，30×2/3=20，20×2/3≈13，我最后选10。"（小学六年级张同学）、"最好的选择是，无论我选什么，别人都是我选的数字的2/3，那么最后他们选的最小的数是1，离平均数最近的数是67，因此，获胜数不会大于67。有人也这么想，67×2/3≈45，（全班人选67，我会选45），45×2/3=30（全班人选30，我会选20），不过，也不排除有人选不理性的答案（17，29，34，大于67），我选1。"（初中三年级刘同学）

表 16　各年级分布示意图

选择理由（序号）	四年级（64 人）		五年级（66 人）		六年级（65 人）		初中一年级（95 人）		初中二年级（94 人）		初中三年级（98 人）	
	人数	比例	人数	比例	人数	比例	人数	比例	人数	比例	人数	比例
（1）	4	6.25%	0	0.00%	1	1.54%	1	1.05%	1	1.06%	2	2.04%
（2）	6	9.38%	1	1.52%	0	0.00%	2	2.11%	1	1.06%	1	1.02%
（3）	1	1.56%	1	1.52%	0	0.00%	2	2.11%	1	1.06%	1	1.02%
（4）	5	7.81%	2	3.03%	2	3.08%	4	4.21%	3	3.19%	2	2.04%
（5）	2	3.12%	0	0.00%	1	1.54%	4	4.21%	3	3.19%	2	2.04%
（6）	15	23.44%	17	25.76%	11	16.92%	22	23.16%	20	21.28%	29	29.59%
（7）	1	1.56%	2	3.03%	2	3.08%	6	6.32%	7	7.45%	4	4.08%
（8）	10	15.63%	6	9.09%	5	7.69%	5	5.26%	7	7.45%	6	6.12%
（9）	10+10	31.25%	13+20	50.00%	18+20	58.46%	14+19	34.74%	16+16	34.04%	12+18	30.61%
（10）	0	0.00%	4	6.06%	5	7.69%	16	16.84%	19	20.21%	21	21.43%

实验中，蒙猜的主要理由包括“比较喜欢的数字”“比较小的数字”“比较大的数字”等，小学四年级到小学六年级均有一定人数属于蒙猜者。其他的推理包括“没有明显选择依据的”，也不属于“规范推理”范畴的那些获取依据。由表 15 和表 16 可以明显地看出两种典型现象：一是“（9）蒙猜及其他”在每个年级的比例都最高；二是“（10）从 100 开始按照推理层级”的比例呈逐级增长态势（0.00% → 6.06% →7.69% →16.84% →20.21% → 21.43%），其中，小学四年级的比例为 0.00%，从小学六年级到初中一年级出现明显提升（7.69% →16.84%）。

将表 15、表 16 与表 14 进行比较分析，发现：（1）获胜区间和推理的表现层级具有一定的稳定性，呈现出较为一致的选择规律（表 14）；（2）年龄与推理层级①存在相关性，存在一定程度的逐级增长（表 15 和表 16）；（3）不同阶段的推理层级增长坡度较大，同阶段的推理层级增长坡度较小。这说明年龄与认知推理能力存在内在关系，年龄越大，科学推理（标准推理）的比例越大，认知推理能力越强，存在一定程度的逐级增长（表 15 和表 16）和阶段性跃进（初中阶段和小学阶段的界限明显）。

（二）年龄、认知推理能力与行为选择

上述表 15 和表 16 显示获胜区间和推理的表现层级具有一定的稳定性，呈现出较为一致的选择规律，这一现象说明获胜区间存在规律性，不受年龄和认知推理能力的影响。这次实验（被试群体为小学生和初中生）及其他前人所做实验（被试群体为大学生或其他身份的成人）的结果均显示获胜区间集中在 21—30，对应推理层级为 R（3）。这一规律表现被大多数实验所实现，呈现高度的稳定性，显示了尽管

① 本文中所有推理层级指博弈论中的标准推理所处的层次，不涉及其他推理能力。

被试群体存在年龄和认知差异,但有显著的选择表象性规律。

这种行为选择规律显示出人的选择并不因年龄和认知推理能力的增长而更好,选择结果的好、坏与年龄和认知推理能力没有太大关系,甚至可能更糟糕(表14显示的异常现象)。对此佐证最为典型的几个表现包括:(1)小学四年级有0个理论推理的学生,却有15.63%的获胜率,高于初中一年级学生;(2)每个年级学生"蒙猜及其他"选择的比例高达30%以上,而且比例最高的是小学六年级并不是小学四年级;(3)实验解高度一致(21—30),甚至低于多数的成人被试的实验结果,更趋于理论推理解。

假如参与者都是同质的,又或者是相似的(比如同年龄、同身份等),那么这种现象便是容易理解的。该实验被试群体的年龄最小者仅具备基础的数学运算,但是其选择结果并不比任何阶段的被试群体表现得差。这说明年龄尽管是与认知推理能力相关,且存在某个阶段的跳跃性发展,但年龄、较好的认知推理能力与选择优劣可能无关,有时候,现实中,瞎蒙的结果可能更优。年龄与选择最优之间差异并不大。这意味着行为选择的标准除了理性推理还存在其他的选择偏好(系统),涉及行为者的信念(不能直接从数据中观察)等其他因素,而一个人的信念通常是通过某个选择依据和调整过程形成的,可达到的水平由行为主体的认知约束决定。

同质信念主体间更容易实现类似的行为选择,异质信念主体间则更容易出现不同的行为选择,尽管很多时候,不同信念主体表现的行为选择是一致的。此外,信念、信念水平与认知推理能力之间存在一定的关系,在很多成年被试实验中表现出一种正相关的关系,但是否在不同年龄阶段也是如此,尚无实验数据。人类在不同年龄阶段的信念(水平)及认知推理能力是变化的①,这种变化与现实的行为选择有何联系,该实验数据不能显示。

(三) 年龄与认知推理能力的演化表现

如果说上述实验结果的表现是显著的,那么隐匿于现象之下的认知推理真相则是迷惑的,无法利用现有实验数据和结果进行合理解释,这就是R(3)推理层级的收敛。该实验结果中的收敛体现于获胜区间与推理的对应,根据被试儿童的实际选择依据,他们中的大多数并不具备对应推理层级的真实能力。

在对现有实验数据分析的基础上进行大胆猜想(非臆想,是进一步实验研究的初始依据和检验的对象),儿童认知推理能力的发展是逐步进化和提升的(达尔文式的),但其认知推理能力并不代表更高/更好②的符合外界标准(严密推导和利益最大化)的行为选择,甚至,大多数时候并不会成为儿童行为选择的直接动力(动因)。对研究者来讲,这种猜想意味着如果不能清晰支撑儿童成长过程的行为动力机制,至少是其内在的要素结构或者是

① 不同学科领域对人类认知演化的研究显示出的是一种发展的变化,这是生物学意义上的发展的变化,但是从现实生活中的某类决策选择来看,也许是一种退化的变化。儿童的选择未必比成人差,甚至相反。

② 需要说明的是,这里更高/更好的行为主体是针对经济学那种机械化或半机械化的人来说的,因此,这里的更高/更好是限定性的,非绝对性的。

要素的简单罗列，对儿童的行为把握就是无靶性的盲目努力。

根据让·皮亚杰的观点，儿童的（心理）发展是一个受“成熟、自然经验、社会经验和平衡化”四个要素共同影响的（结构和建构）①的过程。在这个过程中，7—11 岁儿童属于具体运算阶段（concrete operational stage）。这个阶段儿童的思维（推理）已经具备某种内在化、守恒性和整体性的特征，这意味着儿童已经可以通过状态的改变判断内在物质的本质及其变化，具备了一定运算性质的心理层面的操作。尽管仍受具体操作对象的限制（抽象程度不高），但是在某些该阶段的儿童中，这种操作甚至存在超常的表现。这种超常的表现的产生可能来自天赋，也可能来自外在因素（比如教育、自身成长经历等）的介入/发生。经过大量的实践表明（参见儿童发展心理学的诸多研究），通过人为施加外界因素，可以实现某种程度的超常的表现，且成功的数量在不断增加。

从让·皮亚杰的观点中，似乎可以找到小学阶段儿童对理性选择的偏离原因，因为该阶段儿童抽象能力有限，使得其对数学性质的运算无法实现即时的实践转换。但在让·皮亚杰看来，12 岁以上儿童的思维已经可以摆脱具体事物的束缚，能够利用抽象的概念和思维进行事物之上的思考，更具灵活性和抽象性。这意味着 12 岁以上儿童在面对选择问题时，尤其是像该实验中的选择问题（基本只涉及简单的数学运算和推理），应该表现得更好/更准确，但是很显然，这与该实验的数据及结果并不相符。初中阶段的被试儿童并未表现出比小学阶段的被试儿童更好的选择。

根据现有学者的研究及这次实验的表现，大概率②可以断定年龄和认知推理能力之间存在某种共变规律，但是这种共变关系的外在表现并不是正向的。这是一种矛盾性的外在表现，可能预示了以下几个更深层次的行为研究问题：一是支撑非正向表征的内在原因可能是（只能是“可能是”）参与儿童行为选择的动力（动因），这种动力（动因）是非传统博弈论研究假设意义上的。这种或者这些动力（动因）到底是什么，或者说有哪些？二是这种动力（动因）的作用机制是什么，假如是这些，那么这些动力（动因）之间的结构是什么，共同的作用机制又是什么？三是这种行为选择的动力（动因）与儿童认知推理能力的发展（规律）有何关系，这种关系的性质是什么？回答这些问题需要哲学高度的博弈实证（实验与论证）研究，需要具备实现该目标的精巧设计的进一步实验探索。

五、结语

对儿童博弈表现的实验研究，是在现有实验博弈研究基础上对博弈主体的延伸探索。实验结果与其他研究的结果一致，并没有因为儿童年龄及认知差异等出现不同。这对博弈论的理论意义来讲，挑

① 让·皮亚杰既是一个结构论者，又是一个建构论者。笔者认为他所要表达的过程是一个在达尔文意义上的（结构过程）重塑或重构的（其他意义上的，比如经验、环境影响等）同步影响过程。

② 根据现有的对儿童认知推理能力发展的研究，两者存在正向规律性关系。这里使用“大概率”一词是表示对现有研究中关系结论的质疑（非否定）。不能说是无关的，也不能暗示两者是逆向的，但至少不是绝对正向相关的，存在分叉，尽管这些分叉目前是未知的，甚至可能是不可知的（引用不可知论者的观点）。

战性更大，意味着更小年龄的儿童在非传统博弈推理规则下的选择比严密推理下的解在现实中更好。如果在成人的、具有较高学识（具备较强认知推理能力）的被试者中预测失败，预示着在博弈论的规则之外存在某种选择偏好（系统），那么，在儿童（最小年龄6岁）这个被试群体中出现的预测失败，不仅预示着博弈论预测和规则的失效，而且预示着选择偏好（系统）的复杂性和多样性。

从本文实验中的儿童选择的结果来看，他们与成人被试群体的选择偏好（系统）不同，但似乎差异性不大。只是令人惊讶的是，不管偏好如何，现实中的博弈结果是一致的，获胜区间惊人的一致。假如儿童的认知推理能力符合达尔文意义上的进化规律，那么儿童的行为选择不应该比成人的行为选择更好，哪怕一样好，但在该实验中，儿童的行为选择与成人的行为选择一样好。在此基础上，大胆猜想一下，假如调整一下实验设计，或者将被试儿童的年龄再往下调整，结果会怎样？是一致、不一致（偏离理性解更远）还是逆转（距离理性解更近）呢？

这是一个涉及理性、选择偏好（系统）、因果关系，乃至认知演化的综合性问题。如果是单纯的对单次实验结果进行说明，那么分析到此已经足够了，已经对实验的结果和表现进行了可观察性的说明和基于已有研究基础上的解释。但如果是对博弈论及其预测失效的内因进行解释或者是对实验表现（包括理性预测失效、儿童认知推理能力演变及其内在动力等）进行因果性说明，很显然这些是不够的。对儿童认知推理能力及儿童选择偏好（系统）的探索，可以借助更多更精巧的进一步博弈实验来进行，但是对因果关系（动力或动因）和理论假说的检验（辩护）来说，则是无法通过实验的分析或者理论领域内的分析实现的，正如经济学家在面对理性诘难和理论质疑时，大多走向了取消主义一样。

从一开始把人视为一致的、理性化的模型化努力到抽象的偏好一致化和均衡机制化的描述和推进，再到人的本体化的消逝，经济学（博弈论）彻底将人变成机械化或半机械化的人。这种对人的自我认识的演变，使得经济学（博弈论）等类似理论发展至今，从未真正从固有的缺陷中走出来。因此，文章最后需要说明的是，追求缺陷的消除，需要哲学高度的突破，但是对应用领域来讲，撇开理想主义的解决方案，从实用主义或者功能主义的视角寻找类似肯·宾默尔（Ken Binmore）所说的那种效力的边界，以寻求缺陷的弥补，哪怕是某种削弱就够了。

Children's Cognitive Reasoning and Behavioral Choices

—Based on the Experimental Study of the Number Selection Game

Deng Yongcheng　Liu Xiaoli　Pan Tianqun

Abstract: Most of the subjects selected in the preliminary experimental study of the selective number game are adults with mature mind and base of strong reasoning ability (Including knowledge, ability and so on). The experimental results have strong consistency and deviations from the game solution. In this experiment, the age of the subjects was compressed and selected the primary and junior middle school children as the subjects to observe the characteristics of their behavioral selection. The results showed that the choice of the primary and middle school subjects were highly consistent with that of the adults, the relationship between age and cognitive reasoning ability appears is increasing by degrees and exists stage leap, but children's game choices are no worse than adults', higher reasoning level had no significant relationship with better behavior choice. These phenomena indicates that there is a covariant relationship between age and cognitive reasoning, but exists a external manifestation of contradiction, requires further experiments of elaborate designs to explore the internal dynamics and causality.

Keywords: number selection game; experimental study; children's cognitive reasoning; children's behavioral choices

论童年的开—端性

——兼评伊恩·麦克尤恩《时间中的儿童》的童年观

◎ 张铜小琳[①]

摘　要： 童年是人生的开端，更是人生开—端。开—端不仅指明人生从何而来，而且展现出人生是如何发端的。因此，从开端到开—端的深入，揭开了童年的存在性。童年的存在性体现于它在人生中具有开—端性。开—端性成为理解童年与成年关系的根本，进而内在地言明童年对人生的重要意义。英国作家伊恩·麦克尤恩（Ian McEwan）以儿童及其成长作为理解时间的关键，从而使童年理解从儿童的时间转变为时间中的儿童，且其著作《时间中的儿童》所蕴含的童年观正是对童年之开—端性的言说。

关键词： 开—端性；儿童开—端；成—人；童年存在论

童年是人生的开端。我们如何理解“开端”，也就如何理解童年。纵览童年观的历史，其主流的观念是童年“准备说”与童年“消逝论”，这背后的逻辑是将开端视为时间的前段或空间的前端，由此，童年终要被成年所迭代而让位于成年，童年在人生中因无物可驻而无位可言。这乃是奠基于对开端的存在者化的理解，即在问开端是什么（what），而未问如何（how）开端，也就错失了对其内在特性的追问。从前一问题（主导问题）向后一问题（基础问题）过渡在哲学上是要向存在本身进行发问[②]，在童年研究中则是要去探寻童年的存在性。这一问题的转变是必要的，因为只有深入存在论的层面，我们才能够从人生的展开中发现童年与成年之间所具有的内在的、发生的和本质的关系，才能为童年在人生中的地位正名。[③]

一、从开端到开—端：揭开童年的存在性

实质上，我们对开端的理解仍有晦暗不明之处。伽达默尔曾说：“人们返归于开端，在那里，人们尚还知道，他们处在正确的道路上。”[④]这指引我们应当回到开端的发端处，从它的本义中查看是否有所误解与遗漏。

“开端”源自古希腊文“ἁρχή”和希腊

---

① 张铜小琳，中山大学哲学系博士后，研究方向为儿童哲学、童年哲学和儿童教育基本理论。

② ［德］海德格尔：《哲学论稿：从本有而来》，孙周兴译，北京：商务印书馆，2012年，第177—178页。

③ 学者刘晓东基于儿童本位提出童年是人生的根本，亦是对童年存在性的揭示。本文从童年的开—端性进一步阐释童年与儿童成—人的关系，及其如何展现为人生。刘晓东：《论童年在人生中的位置》，《南京师大学报》（社会科学版）2013年第6期，第67—74页。

④ ［德］伽达默尔：《返回开端》，张柯译，《贵州大学学报》（社会科学版）2018年第2期，第28页。

文“arche”。起初，“ἀρχή”具有“开始”和“统治”双重含义。[①] 而后，在其他语言中，这两层含义被分开了。例如，在德语中，“anfang”和“grund”分别表示“开始”和“根据”。在英语中，“ἀρχή”的这两层含义也由“beginning”“inception”“origin”“govern”“principle”等不同的词汇去表达。由此可见，“ἀρχή”原本包含了什么是开端和如何开端的问题，但在发展过程中，我们遗忘了两者的原初统一性，更准确地说是对后者的遗忘。因此，开端常被误认为是运动过程中将要离弃的起点，殊不知开端乃是由此而起之点。分离的“开始”和“统治”无法完整地表达“ἀρχή”，失去“统治”性的“开始”势必会在发展过程中被抛弃，而没有“开始”的“统治”则失去了源出之地。那么，完整的“ἀρχή”应当是开端着的“开端”及“开端”开端着，即开—端本身。开—端是处于开端运动中的开端，是施行着“统治”的“开始”及“开始”发挥着它的“统治”。[②] 因此，开端乃是在开—端之中，并以开—端的方式存在，唯有开—端才使开端成为真正的“ἀρχή”。

开—端显示它的存在，也指示它的目的。海德格尔指出，开—端是终不能离弃者。[③] 开—端展开自身的过程就“是”它自身，这个“是”统摄并构成展开的过程。荷尔德林在《莱茵河》中也道出了此秘密。他说：“你如何开端，你就将如何保持。”[④] 这种开—端中的自身保持并不是单向度的，它既由自身而来，也回到自身中去，给出自身与复返自身在开—端中统一。目的作为最终之物，亦是最初之物，只是隐而不显、蔽而不彰。[⑤] 因此，目的不是异于开—端之物，而是已在开—端之中了。开—端不仅是事物的本质之根、生成之源，而且是发展之果。

开—端揭开了事物的存在性，事物也因其开—端而蕴含开—端性。童年不只是人生的开端，而是人生的开—端，以开—端的方式成就人生。其实，“童年”一词本义也暗含这一点。“童年”（childhood）的词根“-hood”既有“一段时间”（the period of time）的意思，也有“状态/性质”（state; condition; quality）的意思。[⑥] 譬如：同样以“-hood”为词根的“selfhood”（人格、个性）就表示使人与物不同于他者的品质（quality）[⑦]，“personhood”（做人、人格、个性）则表示做人的状态和条件。“-hood”实质上包含“内在性”“内立性”“使……成其本质”的意思，这才是使童年重获其根本特质与丰富内涵的理解之路。由此可见，主流的童年观是从词根的前一种含义出发，而词根的后一种含义则是认识与理解童年存在性的立足点。但这并不代

---

① 在古希腊文中，“ἀρχή”既有“本原”之意，也有“统治”之思，从阿那克西曼德开始，这两层意思在哲学家的思想中被融通了。［德］海德格尔：《根据律》，张柯译，北京：商务印书馆，2016 年，第 243 页。

② ［德］海德格尔：《路标》，孙周兴译，北京：商务印书馆，2014 年，第 288 页。

③ ［德］海德格尔：《德国观念论与当前哲学的困境》，庄振华、李华译，西安：西北大学出版社，2016 年，第 281 页。

④ ［德］海德格尔：《荷尔德林的颂歌〈日耳曼尼亚〉与〈莱茵河〉》，张振华译，北京：商务印书馆，2018 年，第 290 页。

⑤ 同上，《导言》第 3 页。

⑥ 梅里亚姆-韦伯斯特公司编：《韦氏高阶英汉双解词典》，施佳胜等译，北京：中国大百科全书出版社，2017 年，第 1018 页。

⑦ 同上，第 1885 页。

表从时间与存在来阐释童年是两条不相容的路径,恰恰相反,它们是相通的,因为存在构成了时间性,时间也具有存在性。不过,这种时间不是作为时间序列的"chrónos",而是和存在相关的"aión"(时间、生命、世界)与"kairós"(时节、时机)。赫拉克利特"残篇52"就箴言式地指出,"aión"是游戏的儿童。"kairós"则凸显了存在的节奏。童年研究者大卫·肯尼迪和沃尔特·奥马尔·科恩也强调了三种时间的差异,认为时间是"儿童般的存在方式""属于儿童的存在方式",时间就是"儿童的新生"。[①] 因此,问题的关键不是从时间还是从存在来解释童年,而是对童年的时间性理解不能抛弃或掩盖童年的存在性。

经过一番梳理后,我们发现童年作为人生的开—端及其具有的开—端性源自儿童的存在;童年应当被理解为儿童性,儿童在存在中展现出人的本质、内在性与规定性;这种将自身存在展现出来的过程就是儿童成—人的过程。儿童开—端性地成—人构成童年,儿童成—人的状态与特性便显现为童年的开—端性。加雷斯·B.马修斯在《童年哲学》中对童年做过如此分析。他认为童年可以是历史的、文化的和哲学的。从历史来看,童年是现代的发明;而从文化来看,童年具有文化差异性的不同阐释,只有在哲学上,童年才是儿童有别于成人的存在方式,这也是人类的共通性。[②] 由此可以看出,加雷斯·B.马修斯是从儿童特有的存在方式、存在特性去理解与提出童年哲学的,而这正是存在论的阐释。因此,从这种意义上来说,童年的存在性才是童年哲学的内核。

二、开—端性的显现:童年之于人生的意义

童年的存在性体现于它在人生中具有开—端性,开—端性成为理解童年与成年关系的根本,在此基础上,开—端性也内在地言明了童年对于人生的意义,及其在人生中的地位。

(一)童年是成年的根据

童年与成年并非人生的两端,人生不是同质化的时间之流,人生是通过人的存在、生活和行动不断生成与建构出来的。人不可能越过童年而直接进入成年,成年必须由童年而来,并在童年的基础上继续成—人。因此,童年与成年之间不是异己与排斥的关系,它们从根本上来说都是儿童成—人这一回事情。儿童成—人是人生的本真之事;儿童作为人之开—端,也就是人的本质之源;儿童成—人就是儿童开—端的过程,是将人之本质通过生存与行动实现出来的过程,也就形成了人生。童年也因此具有儿童成—人的开—端性,开—端提供了发展的根据。成年奠基于童年,童年作为成年的根据,为成年提供前提与理由,并统摄成年。这意味着童年与成年的关系发生了根本性的转变,童年不是为了成年而做的准备,反之,成年在童年中获得基础与根据,童年是其自身的基础与根

① David Kennedy & Walter Omar Kohan. Aión, Kairós and Chrónos: Fragments of an Endless Conversation on Childhood, Philosophy and Education. *Childhood and Philosophy*, 2008, 4(8), pp. 5-22.

② [美]加雷斯·B.马修斯:《童年哲学》,刘晓东译,北京:生活·读书·新知三联书店,2015年,《引言》第10—11页。

据,而不在其外另有根据。因此,童年具有绝对的、不可还原的奠基性地位。

根据童年具有统治性与规定性,也决定着解释与揭示的方向。童年作为成年的根据,便解释与揭示着成年。因为,成年是由童年建构起来的,这种建构是在本有结构(structure)基础上进行的建构(construct),是构成性的完善与实现,它不同于替代性的完善[①],原初与本有的结构是发展与建构的基础,并不会在过程中被抛弃与克服。童年作为人生的原型(archetypes)亦是如此,人生是在童年原型基础上建构起来的。儿童成—人不断进行自我塑形、再造(reshape),原型在此过程中发挥着它的统治性与规定性,这种统治性与规定性决定了原型对塑形与再造具有解释力。那么,从人生的整个过程来看,成年的根据就在童年,童年对人生的建构能够解释成年,且不能调转。开—端的目的就在自身之中,实现目的乃是对自身的实现。因此,成年并不是童年的目的,童年的目的只是实现儿童性与人的开—端性,在此实现中生成成年,也赋予成年以意义。

(二)童年具有成—人之力

童年的根据性因其具有成—人的力量,童年的成—人之力一方面由于儿童是潜能之人,另一方面得益于儿童的赤诚。潜能并非不存在,它存在并且能够显现自身(show itself)。因此,潜能在事实性(factuality)方面并不低于现实,现实是潜能的实现化。潜能既可以实现自身成为现实,也可以不实现自身保持为潜能,而后者被称为"非潜能"。非潜能不是潜能的反面,而是不实现或不付诸行动的潜能,是对潜能的持有或保持,是潜能本身。[②] 可以说,非潜能是潜能的本体,是保持隐匿、不显现、尚未实现状态的潜能,是潜能显现与实现的原初状态。儿童作为潜能之人,首先是对非潜能的持有。泰森·E. 刘易斯(Tyson E. Lewis)也指出,非潜能是童年的本质,它与一般潜能的根本性不同在于,非潜能是构成性的潜能,而一般潜能是按照时间顺序发展的,是要将尚未(not yet)变成必须是(must be),即必须实现的潜能,而构成性的潜能则保持着不做的能力。[③] 不做蕴含否定性,没有否定就不可能进行转变,否定是肯定的前奏。尚未实现是非潜能作为潜能本质的根本属性,实现潜能的给予力量就存蓄于尚未之中。尚未促使儿童蓄势待发,它呼唤着儿童实现自我,给予儿童成—人的力量。

儿童成—人是对人之潜能的实现,亦是对人之本性的呈现。因为,成—人内在地要求"诚"—人,即对人之本质的"诚之",按照它本来的样子将其显示与呈现出来。《中庸》有言:"天命之谓性,率性之谓道,修道之谓教。""道"就是率性,顺应天性。而"道"又分为天道与人道,"诚者,天之道也;诚之者,人之道也"。天道为"诚","诚"亦是"成""心",是"心"的实现。人道则是对天道的"诚",这也是成—人之道。儿童既为人的本质之源,又是天生的"诚之"者,他们真诚地言说与行动,

---

① 金生鋐:《通过教育实现元人性——学与教的本体论意义》,《高等教育研究》2020年第4期,第14—20页。

② [意]乔吉奥·阿甘本:《潜能》,王立秋、严和来等译,桂林:漓江出版社,2014年,第299—301页。

③ Tyson E. Lewis. Beyond the Developmental Machine: The Politics of Philosophy for Infancy. In David Kennedy, Brock Bahler (eds.), *Philosophy of Childhood Today: Exploring the Boundaries*. Lanham: Lexington Books, 2017, p. 89.

儿童成—人天然地是对自身之诚明，这亦是儿童性的显现，为童年所具有。

（三）童年可复返而再生

开—端不是一次性的，也不是单向度的；开—端在本质上是一种行动，这种行动既可以前致，也可以后返。开—端绝不是简单的线性完成，而是继之而起，又不断回归与复返地再开—端。童年作为人生的开—端，亦能使人生在不断复返童年中获得再生，童年的开—端性意味着不断开启人生。

童年具有诞生性。瑞士心理学家荣格发现在我们的集体心理中深藏着儿童原型，童年也是前意识的集体心理。① 因为原型是永恒的、普遍的，所以我们有一个永恒的儿童（Puer Aeternus）②，他具有长盛不衰的生命力。③ 儿童原型的永恒性就在于它是过去的纽带，也是潜在的未来，既是始，也是终，开—端是其原因，也是其结果。因此，荣格认为儿童象征着重新为父，也就具有了再生的力量。④ 但这并不意味着只有一个儿童或童年。荣格也承认这一点，认为儿童是统一和多元的。虽然原型是永恒的、普遍的，但原型可显现为复数。每个儿童都拥有自己独特的童年，童年又能在回忆与想象中不断重生，人类便坐拥了童年盛世！

童年是文化创生的源泉，童年在文化繁盛中不断“复萌”。法国诗人、哲学家加斯东·巴什拉将梦想喻为诗学，一种向往童年的诗学。童年是人类心灵的永恒核心，它永远潜存于我们的身心之中，梦想能够带我们重访童年，再次体验童年的可能性。⑤ 在想象中，我们能够回到童年，重获童年的力量，梦想使儿童在流逝的时间中停驻。于是，童年作为一种心灵状态永远深藏在人的身心之中，持续于人的一生。⑥ 莫言的文学创作就受惠且有感于精神的故乡——童年。他认为童年是一个人思想形成与发展的关键时期，不论是好的或坏的经历与感受，都是独特的，最富有文学意义的。故乡不仅存在于现实空间里，而且生成于文学作品中。作者流连于对故乡的想象，其实质则是基于童年的记忆而对故乡的发明与创造。莫言将其称为“游子返乡式”的写作，“离乡”的“游子”用文学创作的方式“寻乡”。他说沈从文就是这种写作方式的典型代表。沈从文只有在写湘西、船夫和吊脚楼的妓女时，这些人物形象和景象才会呼之欲出、活灵活现，因为这是他的故乡、他的童年和他的精神之根。沈从文除此之外的写作就很一般或无物可写。⑦ “离开故乡”的写作就像“遗忘童年”的人生，走出了“黄金时代”。唯有重返，是文人的天职，一生的归宿，也是人之存在的天命。

---

① ［瑞士］荣格：《原型与集体无意识》，徐德林译，北京：国际文化出版公司，2011年，第129页。

② Puer Aeternus是罗马诗人奥维德的作品《变形记》中孩童神伊阿科斯（Iacchus）的名字，孩童神被看作等同酒神狄俄尼索斯（Dionysos）和爱神厄洛斯（Erōs），他是草木及复苏之神。复苏蕴含了再生之意，这与荣格认为儿童原型具有再生的力量和象征着重新为父是一致的。［瑞士］玛丽-路薏丝·冯·法兰兹：《永恒少年：我们为何拒绝长大》，徐碧贞译，北京：台海出版社，2019年，第4页。

③ ［瑞士］荣格：《原型与集体无意识》，徐德林译，北京：国际文化出版公司，2011年，第127页。

④ 同上，第141页。

⑤ ［法］加斯东·巴什拉：《梦想的诗学》，刘自强译，北京：生活·读书·新知三联书店，2017年，第129页。

⑥ 同上，第170页。

⑦ 莫言：《莫言对话新录》，北京：文化艺术出版社，2010年，第258—259页。

人应当不断复返童年。人只要存在于世，童年的火种就永远能够“复萌”，回到生命最初跃入世界的一刹那，这是人对根的深切意识，呼唤人一生跟随！荷尔德林就是这样一位诗人，他一生遵循诗人的天职——“返乡”，故海德格尔称赞其为“诗人的诗人”。① 他在《故乡》和《回故乡》中深深怀念童年的宁静：“我，童年的树林，如果我/归来，那宁静还会再有吗？”②“多久，多久啦！孩提时的安宁/远去了。”③童年之所以令人向往、美好，是因为它唯一地切近本源、忠于本源。④ 作为典范的童年在荷尔德林的笔下是“金色的梦幻”（《致大自然》）、“金色的时光”（《曾经和现在》），也是丰子恺的画中所憧憬的“黄金时代”！唯有不断复返童年，才能让这金色的年华照耀整个人生。

（四）童年在人生中永新

童年作为人生的开—端不是转瞬即逝，而是永存的。因为，开—端遵循同一律，意味着它本身与其自身同一，这是同一性之统一性⑤；所以，人生包括成年，与童年是同一的，童年在人生中始终存在，人生开—端着就是要与童年保持同一与统一，就是对童年的持存。人生也就不应被视为时间之流，而是对童年的不断构建与展现，人生显示为不同形态的童年。因为，同一并不等于相同，它不会将区别给抹杀掉，反而在其中能够显现出差异。⑥ 但这种差异是保持同一性的差异，差异奠基于同一之中。也就是说，成年虽然不同于童年，但它“是”童年，这就是开—端在人生中的同一性的体现。

由于同一着的差异化，童年在人生中是永新的。首先，童年在复返中获得新生。童年作为人生的本质部分，人的一生都是在“重构它”“赋予它以一种意义”和“回应它沉默的呼唤”。⑦ 每一次向童年的复返都赋予其新意，童年构成人生，也重构自身。其次，人生是对童年的超逾（Überstieg）。超逾是超越着的逗留，具有一种“从”某物“到”某物的“延续关系”。⑧ 童年在人生的超逾中逗留、持存和延续，但这种延续已经使童年以一种新的形态存在，是古老而常新的童年。最后，童年本身是开放与丰富的。开—端是造成变易的原因⑨，而且，开—端是开放的而非封闭的，开—端敞开自身便会有新异涌来，在吸纳新异中构成自身而产生新意。童年就是在人生的开—端中不断丰富，也丰盈着人生。由此，童年在人生中永新，人生也因童年而始终具有新生性。

三、童年的开—端性之呼告：从儿童的时间到时间中的儿童

我们不仅在儿童的存在中领会了时间，也在时间的绽出中领悟着儿童与童

① ［德］海德格尔：《荷尔德林诗的阐释》，孙周兴译，北京：商务印书馆，2014 年，第 36 页。
② ［德］荷尔德林：《荷尔德林诗集》，王佐良译，北京：人民文学出版社，2016 年，第 225 页。
③ 同上，第 324 页。
④ ［德］海德格尔：《荷尔德林诗的阐释》，孙周兴译，北京：商务印书馆，2014 年，第 24 页。
⑤ ［德］海德格尔：《同一与差异》，孙周兴、陈小文、余明锋译，北京：商务印书馆，2014 年，第 34 页。
⑥ 同上，第 57 页。
⑦ ［法］马里翁：《事件或突然发生的现象》，朱刚译，《现代哲学》2019 年第 3 期，第 77 页。
⑧ ［德］海德格尔：《路标》，孙周兴译，北京：商务印书馆，2014 年，第 161—162 页。
⑨ 朱刚：《开端与未来：从现象学到解构》，北京：商务印书馆，2012 年，第 7 页。

年。童年的开—端性使儿童的存在从时间中涌现出来，不再隐身与湮没于时间之中，儿童成—人及其成—人的开—端性才是童年的本源。因此，童年的开—端性呼告人们对童年的理解应当从儿童的时间转向时间中的儿童，去倾听儿童的童年言说。

当代英国文坛三杰之一，被公认为英国国民作家的伊恩·麦克尤恩，一直以"儿童与童年"作为他的创作主题。伊恩·麦克尤恩颇为喜爱济慈、华兹华斯、柯勒律治和艾略特这几位诗人的诗作，赞同威尔逊对人性的探寻，认为人是有天性的生物，而且是在相互关系中演化而获得社会属性的。① 伊恩·麦克尤恩还十分关注科学领域，他在 1987 年出版的《时间中的儿童》(*The Child in Time*②)的英文版致谢中感谢了三位作者及他们的著作，其中唯一一位科学家是物理量子学家戴维·玻姆(David Bohm)，他的著作是《整体性与隐缠序》。多米尼克·海德(Dominic Head)认为伊恩·麦克尤恩深受戴维·玻姆的吸引与影响，于是将直觉元素引入理性推理中，从而动摇了理性推理的事实基础。③ 以《时间中的儿童》作为分水岭，伊恩·麦克尤恩的前后期作品的主题和语言风格呈现巨大差异。《时间中的儿童》不同于伊恩·麦克尤恩以往作品的阴冷、黑暗的写作风格，开启了温情之风，并涉及广泛的社会与政治背景。《时间中的儿童》堪称伊恩·麦克尤恩的转型之作，获得了惠特布莱德长篇小说奖与费米娜外国小说奖，并拍摄了同名电影。

《时间中的儿童》以儿童图书作家斯蒂芬·刘易斯在超市丢失了自己 3 岁的女儿，而不断找寻女儿的故事为主线。这个"儿童"不仅指斯蒂芬·刘易斯丢失的女儿，而且指每个成人心中遗失的儿童，也象征着时间本身。因为"in time"还有及时、适时到来的意思，所以《时间中的儿童》也寓意适时到来的儿童，呼应小说的结尾迎接新生儿的诞生。④ 这本书中包含大量对时间观念的描述与探讨，例如："生物时钟冷漠地朝前走，一刻也不停。……这个时钟像心脏一般强健，忠实于一个永不终止的限定。"⑤"那些白白流逝的岁月——那些本该属于她的时间——的潜在力量。"⑥"在孩子看来，童年是没有尽头的。他们一直生活在现在。"⑦常识告诉我们："每天的时间都是线性的，有规律的，绝对的，从左走到右，从过去到现在到未来。"但经验又告诉我们："一小时能过得像五分钟那么快或像一周那么漫长。……在相对论里，时间是靠观测者的速度决定的。……没有绝对的、通常认为的'现在'。"⑧其中，斯蒂芬·刘易斯好友

---

① [澳]拉莫娜·科瓦尔：《探寻孤独斗室的灵魂：深度访谈世界文学大师》，胡坤、王田译，北京：人民文学出版社，2013 年，第 120 页、第 127 页。

② *The Child in Time* 在本文正文(除了脚注中引用的图书名称)中翻译为"时间中的儿童"，虽然"The Child"特指主人公斯蒂芬·刘易斯丢失的女儿，但它也寓意了每个人心中的儿童，更符合对童年意义的阐释。

③ Dominic Head, *Ian McEwan*. Manchester: Manchester University Press, 2007, p. 80.

④ 张明、高玉：《伊恩·麦克尤恩小说成长主题研究》，上海：上海交通大学出版社，2018 年，第 101 页。

⑤ [英]伊恩·麦克尤恩：《时间中的孩子》，何楚译，南京：译林出版社，2012 年，第 2 页。

⑥ 同上。

⑦ 同上，第 29 页。

⑧ 同上，第 124—125 页。

查尔斯·达克的妻子也被设定为一名刚完成一篇关于时间本质的论文的物理学讲师。可见,对时间中儿童的找寻与对时间本质的理解是息息相关的。儿童的成长是时间的核心,而时间又是发现内在于每一个成人心中的儿童的关键。① 此时,时间与儿童已经密不可分了,它不是纯粹的时间,而是儿童的生命与存在,也就是童年本身。正因为童年,凯特在父亲的内心成长和存在,让每个人短暂的童年在一生中继续存在。② 斯蒂芬·刘易斯总能在年龄相仿的孩子身上找到女儿继续存在的痕迹和理由,也在自己的回忆、遭遇和好友的生活中遇见"儿童的诞生"。虽然《时间中的儿童》描写的是成人,但透射出每个成人心中的儿童,那是他们永远在追寻与复返的童年。所以说《时间中的儿童》乃是一本真正的"时间之书""童年之书""童心之书",通过分析与探讨书中儿童在时间中的存在,可以进一步了解童年开—端性的内涵与意义,洞见真正属于儿童的童年景象。

（一）儿童的成长是童年的核心

在超市里,当周围的人听到斯蒂芬·刘易斯在寻找丢失的女儿凯特时,所有人都停下了自己原本的活动,开始议论、推断、回忆当时的情景。那个丢失的儿童不再特指凯特,而是人们心中所遗失的儿童或者童年。那些人在找寻遗失的儿童或童年时,不再是具有各种身份与职位的人,他们都变成了潜在或真实的父亲。斯蒂芬·刘易斯一直在寻找凯特,他也在其他儿童的身上看见了凯特的成长。"凯特的成长成为了时间的核心。……没有关于她继续存在的幻想,他就迷失了,时间也将停止。他是一个隐形孩子的父亲。"③ 从这里可以看出,儿童所指的范围已经明显地延伸至每一个儿童。儿童存在于每一个人身上,不论是儿童还是成人,成人也正在寻找被自己遗失的心中的儿童。斯蒂芬·刘易斯的女儿由那个具体的、独特的儿童,逐渐变成了每个人心中的永恒的儿童、纯真的自我,这个儿童的成长就是童年的核心,童年随着儿童的丢失被遗忘了。

斯蒂芬·刘易斯不情愿自己的处女作《柠檬汽水》被当作儿童读物出版。他的好友兼儿童读物出版商查尔斯·达克劝说他,面向成人的小说与面向儿童的小说之间并没有本质性的区别,它们的区别是为了方便而虚构出来的,并且最伟大的作家反而是拥有儿童般想象力与直率的人。最伟大的儿童小说一定既面向儿童又针对成人,它是为儿童心中的早期成人与成人心中被遗忘的儿童所写的。④ 查尔斯·达克的这段话表面上是在说面向成人的小说与面向儿童的小说的关系,实质上是在说成人与儿童之间的内在联系。成人与儿童本身共属一体,并无不可跨越的区别,那些所谓的区别都是人为构造出来的,是虚假的,进而导致了面向成人的小说与面向儿童的小说之间的隔阂。伟大的童书既针对成人又面向儿童,伟大的儿童亦是如此。因为,儿童向往成长为成

---

① Peter Childs (ed.), *The Fiction of Ian McEwan*. Basingstoke, Hampshire: Palgrave Macmillan, 2006, p. 68.

② Ibid., p. 70.

③ [英]伊恩·麦克尤恩:《时间中的孩子》,何楚译,南京:译林出版社,2012 年,第 2 页。

④ 同上,第 27 页。

人，成人心中亦住着永恒的儿童，伟大的儿童既是成人，也是儿童；所以，查尔斯·达克认为《柠檬汽水》实质上是斯蒂芬·刘易斯与10岁的自己在对话，他不是写给儿童的，而是写给自己的，那个从未停止存在的原初的自己。[①] 那个10岁的儿童一直存在于斯蒂芬·刘易斯的生命中，随时会被唤醒。儿童存在于成人的内心，童年栖居于成年的核心，儿童与童年都从未消失过，只不过被遗忘了而已，就像弗洛伊德提到的“童年健忘症”。因此，斯蒂芬·刘易斯写给童年的自己的书，就是写给每一个儿童的书，也是写给成人的书。

好友查尔斯·达克实则是一个对心中的儿童有着执念的成人，但他居于政府要职，并被委托撰写以改进育儿措施使国家获得新生为目的的《权威育儿手册》，而不得不做违心之事，说违心之话。查尔斯·达克难以忍受这样的痛苦而辞去工作与妻子归隐乡村，最后自杀而亡。查尔斯·达克的妻子特尔玛向斯蒂芬·刘易斯道出他归隐乡村的原因：在查尔斯·达克的心灵深处，一直有一个隐秘的心灵生活，虽然查尔斯·达克在大多数时候不承认有这样一个心灵生活的存在，但它一直跟随着查尔斯·达克，使查尔斯·达克变成现在这样。[②] 这个隐秘的心灵生活就是内心儿童的存在，就是永恒存在的童年，只能被遗忘，而无法被丢弃。现实的社会生活一直使查尔斯·达克压抑与逃避自己隐秘的心灵生活，但童年是心灵的故乡，它一直召唤着查尔斯·达克，回到心灵的故乡成为查尔斯·达克的执念。于是，查尔斯·达克不顾一切地要归隐乡村。乡村就是大自然，与童年本能地亲近，归隐乡村其实是在隐喻回归童年。查尔斯·达克在乡村的生活就是对他心中的孩子与隐秘的心灵生活的一种复现。正如加斯东·巴什拉所言，童年是深藏且永在我们心中的心灵状态。[③] 我们能够重新认识到永恒的童年内藏于人类心灵的核心，永远迸发着活力，突破历史与视界的界限。[④] 概而言之，童年是内在儿童的成长，它永远伴随着我们，在每一个儿童的身上存在，也存在于每一个成人的心中。

（二）儿童的存在是童年的力量

童年的力量来源于儿童的存在，包括儿童的出生、儿童的成长与儿童的游戏。在《时间中的儿童》里，多次出现了对出生的描写：斯蒂芬·刘易斯穿越到出生前，遇见自己的父母，尔后回到现实的逆出生；斯蒂芬·刘易斯救出车祸中的一名卡车司机，实施的援救行为也是对新生儿降生场景的模拟；以及小说的结尾，斯蒂芬·刘易斯与妻子的新生儿的出生。艾伦·皮佛(Ellen Pifer)认为斯蒂芬·刘易斯是在用出生(birth)和重生(rebirth)的意象重新参与人的生存，这也是他的心灵康复的过程，而儿童形象，特别是新生儿形象，再次成为希望的标志，它是人类最伟大的化身，正处于一个新开—端的门槛

① ［英］伊恩·麦克尤恩：《时间中的孩子》，何楚译，南京：译林出版社，2012年，第30页。

② 同上，第44页。

③ ［法］加斯东·巴什拉：《梦想的诗学》，刘自强译，北京：生活·读书·新知三联书店，2017年，第170页。

④ 同上，第128页。

上。[①] 每一次的出生或者是逆出生都使斯蒂芬·刘易斯的心灵获得了力量或转向，这也是精神成长的过程。

儿童的成长是时间的核心，时间因此具有了力量。斯蒂芬·刘易斯在儿童身上注意到了“缓慢的变化和渐增的能力”，感受到流逝的岁月所蕴藏的“潜在力量”。[②] 这就是儿童的成长，如果儿童失去了成长，时间也将停止。时间因成长而持存，时间不再只是客观的时间，会随着人的感受与体验的改变而发生变化。例如：斯蒂芬·刘易斯能回到自己出生前，会感受到时间的延长；短短不到五秒钟的时间在斯蒂芬的努力与专注下变得漫长，从而避免遭遇一场车祸。他的这种专注是像儿童游戏那样的专注，从而使时间放慢，事情有了全新的开始。[③] 这说明儿童游戏所带来的力量。

在斯蒂芬·刘易斯回忆起他与妻子在陪伴女儿玩修城堡的游戏时，成人也一样地为游戏而入迷，斯蒂芬·刘易斯想如果他做任何事情都能像玩游戏时那样专注与忘我，他将会是有着非凡才能的人。[④] 游戏时的专注与忘我改变了人对时间的体验，时间仿佛被拉长，这也是游戏的力量。针对这种对时间体验的疑惑，特尔玛解释道，可能需要将相对论和量子理论调和起来，爱因斯坦的统一场失败了，但是她的同事戴维·玻姆预计有更高层次的理论，这里的戴维·玻姆也隐射真正的物理学家戴维·玻姆，而更高的理论则能将物质、空间、时间和意识错综复杂地联系起来。因此，童年的物件、场景、经历和事件都可以穿越时空的界限，对人的生活产生持续的影响。

伊恩·麦克尤恩本人也承认童年具有潜在、持续的力量。他在接受美国《巴黎评论》的访谈中说：“童年的感觉实在是太过明亮了，我发现真的很难忘却。只要你充分放松你的注意力，它们就会悄悄爬上你的心头——它们都不需要你去努力地唤起；它们就在你身边，你触手可及。”[⑤] 童年对伊恩·麦克尤恩来说是光亮，能够照亮人生，它就像一轮明月会悄悄爬上心头，使心灵变得明亮，而这种明亮的感觉始终影响着他，让他难以忘怀，就像在《时间中的儿童》里面执念于童年、归于儿童的查尔斯·达克，不是他想要唤起童年，而是童年一直在呼唤着他，使他奋不顾身地归隐乡村，重获童年的欢愉！这也是如儿童般(childlike)存在带来的喜悦！

(三) 儿童的完整是童年的丰富资源

《时间中的儿童》的背景是未来的英国，一个堕落的撒切尔主义的英国，那里有特许的乞讨、私人救护车服务和武装警察部队等。这使《时间中的儿童》成为伊恩·麦克尤恩迄今为止最具社会性的一部小说。伊恩·麦克尤恩受到克里斯蒂

---

① Ellen Pifer, *Demon or Doll: Images of the Child in Contemporary Writing and Culture*. Charlottesville and London: University Press of Virginia, 2000, p. 202.

② [英]伊恩·麦克尤恩：《时间中的孩子》，何楚译，南京：译林出版社，2012年，第22页。

③ 同上，第99页。

④ 同上，第112页。

⑤ 美国《巴黎评论》编辑部编：《巴黎评论·作家访谈2》，仲召明等译，上海：上海文艺出版社，2015年，第292页。

娜·哈迪门特(Christina Hardyment)的书——《梦想中的婴儿:三个世纪的儿童保育好建议》的启发,他认为克里斯蒂娜·哈迪门特暗示儿童保育手册准确地表明了一个时代的精神。① 因此,《时间中的儿童》每一章节都引用了书中英国文书局草拟的《权威育儿手册》中的段落。这本育儿手册反映了撒切尔主义政府与社会对儿童抚养和教育的专制,颇具嘲讽与戏谑的意味。

当官方育儿委员会开始讨论儿童学习读写的适当时间是5—7岁时,一个"长得像猿一样"的陌生人提出了异议。他说:"我们对大脑,这个无穷无尽的智力、情感和直觉的资源的利用还仅仅是一小部分。……这种不充分利用资源的结果就是,我们分裂了,我们在自身深处分裂,同自然和发生在其中的无数进程分裂,同我们的宇宙分裂。……抽象使我们异化、发育不全,剥夺了我们深刻而直接的领悟力,而这是一个完整的人的标志,是一种根本不可分的、身心相互贯通的状态的标志。"②他不仅说明要保护儿童的完整性,而且强调与大脑发育进程相一致的重要性。他认为:"作为一个身体器官,大脑有它自己确定的发展模式。……强行让五岁到七岁的孩子学习读写,实际上是给他们引入了某种程度的抽象,粉碎了孩子完整的世界观,在词语和词语所指示的事物之间插入了一个致命的楔子。……不应该让小孩接触读写,除非它同大脑发育的基因进程相一致,已经自发地将自我同世界隔开了。……小孩应该到十一二岁再开始学习阅读,那时候他们的大脑和智力正经历重要的发育高峰,会使自我与世界的隔离成为可能。"③这不仅是在说精神发育有其进程,而且包含身体的发育进程。大脑也是身体的器官,身心是一体的,心灵是精神性的,身体亦是精神性的。这个被委员会成员看作"怪人"的人将这种培养早熟的读写能力的行为形容为"将人驱逐出伊甸园",因为人身上自发的灵性,以及自然、人与社会相契合的能力被阻碍了,这种能力是童年所具有的天赋,现在我们却要把它夺走。他还以儿童能够毫无困难地理解一首曲子的意义,以及可以使用一套复杂得难以想象的语法来说话为例证,来说明早期读写的不必要性,这其中也蕴含类似乔姆斯基对生成语法的发现。而斯蒂芬·刘易斯因为自己靠为10岁儿童读书谋生,而不得不坚决坚持早期读写的决议,但他在回忆女儿凯特时却透露心声:"事实上,生命中最初的十一年在拉手风琴、跳舞、拆旧闹钟和听故事中度过,可能是件很好的事情。"④这个陌生人被描述为"长得像猿一样",其实在暗指他是原初之人,他代表着儿童与童年,表达他们的心声。完整的儿童就是童年拥有的丰富资源,不应该用社会文化来割裂儿童的完整性,这种社会文化已经是异化了的,而且还会异化儿童。以儿童为开一端的社会文化、符合儿童成长的社会文化必然要与儿童的身心发育进程保持一致,这也是伊恩·麦克尤恩想要表达的教育

① Peter Childs (ed.), *The Fiction of Ian McEwan*. Basingstoke, Hampshire: Palgrave Macmillan, 2006, p. 60.
② [英]伊恩·麦克尤恩:《时间中的孩子》,何楚译,南京:译林出版社,2012年,第79页。
③ 同上,第79—80页。
④ [英]伊恩·麦克尤恩:《时间中的孩子》,何楚译,南京:译林出版社,2012年,第83页。

观念。

第九章的《权威育儿手册》写道："孩子比煤甚至比核能都更重要，他们是我们最了不起的资源。"①这才是使一个国家能够获得新生与欣欣向荣的秘密。浪费与压制童年的丰富资源实质上是人类的自我毁灭。保罗·爱德华兹(Paul Edwards)总结《时间中的儿童》这部小说的价值体系基于这样一种信念，即我们成年后会从童年中汲取养分。② 虽然人走向死亡是不可避免的，但因为童年的丰富及明亮，生命的不断重生与绽放，人生在生命与存在的展开与充盈中"向生而生"，这是儿童与童年带给人类的希望与财富，唯有守护之、开启之、顺应之才是正道。

（四）儿童重生是向童年的永恒复返

成人每一次重生为儿童，都是在向童年复返，向童年的永恒复返构成人的一生。在书中，斯蒂芬·刘易斯和查尔斯·达克都经历了重生，但他们的重生又有所不同。斯蒂芬·刘易斯的重生是想象中的，他穿越回自己出生之前，又通过逆出生回到现实。"也许他像夜里醒来的婴儿一样号啕大哭，可对旁观者来说，他看起来安静而顺从。他穿过又黑又湿的空气，身体轻飘飘的，仿佛空无一物。他看不见自己走回原路。他往后摔了下去，无助地掉入虚空，一声不响地卷入看不见的波浪中，升到树顶，看着身下的地平线，虽然这时他正被抛进矮树丛、沼泽地和巨大的水闸组成的错综复杂的通道。他的眼睛睁得又大又圆，连睫毛也看不见了，带着绝望的、抗议的天真表情；他的膝盖屈起，碰到了下巴；他的手指变成了鳞状蹼和鳃，打着节拍，在树根间涌动着的吞没了树冠的咸咸的海洋里急迫而无助地划动。"③斯蒂芬·刘易斯从婴儿逐步退回到胚胎，这是一次生命的复返。在这次生命复返之前，斯蒂芬·刘易斯在洪钟酒吧看见了自己的父母正在讨论是否应该生下他，他的母亲望见了窗外他的脸庞，于是决定生下肚里的孩子——也就是他，可以说是他拯救了自己，帮助了自己顺利出生。每一次的出生场景都给斯蒂芬·刘易斯带来心灵的救赎与成长。最后，新生命的诞生也使他和妻子走出失去女儿的悲痛，而重获新生。虽然他们没有找到女儿凯特，但找回了心中遗失的儿童，将带着爱一起重返世界。

查尔斯·达克的重生则是身体力行的，他回到乡村，变成儿童的样态，实践着自己的"第二个童年"。书中对查尔斯·达克的描述反映出他在一步步地"复归于儿童"：起初，查尔斯·达克虽只比斯蒂芬·刘易斯大 6 岁，但他"对成熟的崇拜让他从小就梦想使自己显得比实际年龄大一倍"，他像对小朋友那样和蔼地向斯蒂芬·刘易斯解释面向成人的小说与面向儿童的小说的区别；后来，再见斯蒂芬·刘易斯时，查尔斯·达克则变成像他的朋友那般"天真无比惊讶的样子"；最后，查尔斯·达克辞去政府要职，回到乡村山林里，又变成"一个成功的青春前期

① ［英］伊恩·麦克尤恩：《时间中的孩子》，何楚译，南京：译林出版社，2012 年，第 223 页。

② Paul Edwards. Time, Romanticism, Modernism and Moderation in Ian McEwan's *The Child in Time*. *Contemporary Literary Criticism*, 2003, 169, pp. 41-55.

③ ［英］伊恩·麦克尤恩：《时间中的孩子》，何楚译，南京：译林出版社，2012 年，第 61 页。

儿童”[①]，变成 10 岁小男孩的样子，但他并非缩小了，而是更灵活了，粗放不羁的态度、快速的语流、专注的眼神和左右摇晃的身子，不顾客套和礼节。不论是身体样貌，还是精神状态，查尔斯·达克都在向童年复返。查尔斯·达克想要成为无忧无虑的小男孩，想要童年的安全感和随之而来的自由。对他来说，童年是无限永恒的，是一种神秘状态。查尔斯·达克变得很快乐，但是当首相邀请他再回政界时，他变得苦恼起来，因为儿童般的品质与公众生活格格不入，这也可能是他自杀的原因。

向童年复返亦是成长本身。查尔斯·达克是明显地复返为儿童，但在某种程度上，斯蒂芬·刘易斯也变成了儿童。在他经历寻找女儿的时间旅程中，出现了他未来的母亲，他在这个意义上也变成了儿童，甚至是处于早期胎儿阶段的婴孩。[②]他心里的儿童也在这一过程中得到复活。不论是斯蒂芬·刘易斯想象中的重生，还是他对女儿及自身童年的回忆，都对他的思想与行动产生了影响。所以说，复返童年既是成长的必要手段，又是成长的本质所在。[③] 成长乃是在一次次的复返中重生，重新获得生命本有的力量。

向童年的永恒复返也揭示了时间的存在性。《时间中的儿童》中的时间不是确定性的，而是与神奇的生命本身一样，充满了不确定性。[④] 也正是这种变动性，使永恒复返具有了意义。永恒复返意味着时间是往复的环式时间，环式时间反映了自然—生长的周期现象，使人在变化中驻守住自身同一性。[⑤] 一方面，“驻守”意味着童年长存于人的心中，人能够不断想象与重返童年；另一方面，“变化”说明了复返童年能够给人带来新的改变与可能性，重获生命的不确定性。加斯东·巴什拉说回归童年能够使成年生活重现蓬勃的生机[⑥]，他认为心中的童年从未离去，它通过梦想为我们带来恩惠，因此，我们必须和我们曾是的儿童共同生活。[⑦] 童年不再是一去不复返的时间，它是儿童的存在与生命，它涌动着、迸发着、持续着和永存着。童年这一人生的开—端，总在前方引领与呼唤着我们，它成为生命与生活的根据与源泉，任何成长都离不开它的哺育。遗忘它就意味着放弃成长，放弃重生的希望，生命的意义也将随之丧失。

（五）儿童游戏的童年是真正的成熟

未成熟并不亚于成熟，成年的成熟源于童年的未成熟，未成熟乃是成熟的开—端。如此来看，成熟反而是未成熟的没落，成年并不高于童年，或者可以说是对童年的遗忘与离弃。《时间中的儿童》中

① ［英］伊恩·麦克尤恩：《时间中的孩子》，何楚译，南京：译林出版社，2012 年，第 28 页、第 37 页、第 115 页。

② Sladana S. Stamenkovic. The Concept of Time in Ian McEwan's *The Child in Time*. *Journal for Languages and Literatures of the Faculty of Philosophy in Novi Sad*, 2016, 6, pp. 323-334.

③ 张明、高玉：《伊恩·麦克尤恩小说成长主题研究》，上海：上海交通大学出版社，2018 年，第 109 页。

④ 龙江：《心灵的孩子　神奇的时间——伊恩·麦克尤恩〈时间中的孩子〉解读》，《外国文学研究》2005 年第 4 期，第 70—76 页、第 173 页。

⑤ 叶秀山：《永恒的活火：古希腊哲学新论》，广州：广东人民出版社，2007 年，第 251 页。

⑥ ［法］加斯东·巴什拉：《梦想的诗学》，刘自强译，北京：生活·读书·新知三联书店，2017 年，第 28 页。

⑦ 同上，第 29 页。

的人物虽然主要是成人，但它正是通过刻画这些成人去寻找遗失的儿童，以及向童年复返，来表达对儿童与童年的寻找、赞美与讴歌之情。它借由斯蒂芬·刘易斯之口来诉说童年是幸福的时光，人们应该在生理与社会允许的范围内，尽可能地去延长童年、葆有童年和珍惜童年，而成熟则意味着背叛、怯弱与辛劳。① 延长童年不仅能给我们带来更多幸福的时光，而且它是人类自然演化的要求与目的，这便是幼态持续的原因。因为幼态持续，人类才能拥有更多的学习与成长的机会，获得演化的优势，这是童年的生物学与社会学共享互惠的本质。在《时间中的儿童》第五章的《权威育儿手册》中是这样评论儿童与童年的：

> 一个由最弱小的社会成员组成的庞大的未成年群体，常常穿着特别，不干日常工作，行为不受束缚，大多数时间都花在玩上面，但情况并非总是如此。应该记住，童年不是自然现象。有一段时间孩子会被当作小大人看待。童年是一项发明，是社会的一个构成部分，社会使它成为可能，它也会变得更加壮大和复杂。别忘了，童年是一份特权。所有长大的孩子都应该谨记，正是自己的父母，作为社会的化身，授予了自己这种特权，而且父母这么做是以牺牲自己为代价的。②

这段论述属于童年社会建构主义的思想与观点，而伊恩·麦克尤恩正是借对《权威育儿手册》的嘲讽来批判将童年视为一项发明和一份特权的观点，这种观点的普遍化让更多的成人丢失了内心的儿童。找回丢失的儿童是《时间中的儿童》的主旨和伊恩·麦克尤恩的深意，也是重新寻获童年的意义所在。

《权威育儿手册》所否认的童年是自然的现象，其小觑的儿童游戏，恰恰是伊恩·麦克尤恩予以肯定之处。正是儿童游戏，童年才是真正的成熟。斯蒂芬·刘易斯在去看查尔斯·达克的路上，当穿过一个树林时，他回想女儿凯特在树林里玩耍时，树林里的蜘蛛、甲虫就是全世界了，树林以外的事物是无法干扰儿童的。儿童在游戏时专注于当下的细节，忘却了自身的存在，是如此认真。他慨叹像儿童游戏时那样专注，才是尼采所认为的真正的成熟！当做任何事情都能拥有游戏时那般专注与忘我，则能使人具有非凡的才能。③ 游戏并不是儿童随意地玩闹，反而是儿童沉浸于其中，并建构自身世界的存在方式，是非常严肃且专注的事情。斯蒂芬·刘易斯也正是因为学习像儿童游戏时那样地努力与专注，才使时间放慢，才能在车祸中安然无恙。儿童游戏作为人类存在的基本现象与童年的本质特征，是真正成熟的表现。儿童在游戏时全身心投入，它的严肃性丝毫不逊色于成人工作，他们的认真与专注也往往胜过成人。德斯蒙德·莫里斯（Desmond Morris）认为游戏是“人类活动中最严肃的一个方面”④。儿童游戏不仅是严肃的，而且具有

① ［英］伊恩·麦克尤恩：《时间中的孩子》，何楚译，南京：译林出版社，2012 年，第 28 页。
② 同上，第 97 页。
③ 同上，第 111—112 页。
④ ［英］德斯蒙德·莫里斯：《人类行为观察》，刘文荣、今夫译，深圳：海天出版社，1990 年，第 504 页。

理性。游戏并不意味着非理性、冲动和随意。席勒认为游戏调和了知性与感性的分立局面,消解了形式冲动与感性冲动之间的冲突。儿童游戏是严肃的,亦是受理性支配的。人因为游戏而成为真正的、完整的人。[①] 完整的人就是尚未被割裂的儿童,是童年的丰富资源。游戏保护了儿童的完整与和谐,也就是保卫了童年。儿童游戏是真正的成—人!真正的成熟!真正的童年愿景!

On the Begin-ning of Childhood

—On Ian McEwan's View of Childhood in *The Child in Time*

Zhang Tongxiaolin

Abstract: Childhood is the beginning of life, but also the begin-ning of life. Begin-ning not only indicates where life came from, but also shows how life started. Therefore, the deepening from beginning to begin-ning reveals the existence of childhood. The existence of childhood is reflected in its begin-ning in life, which has become the basis for understanding the relationship between childhood and adulthood, and thus inherently demonstrates the importance of childhood for life. Ian McEwan, a British writer, regards children and their growth as the key to understanding time, so as to transform the understanding of childhood from child's time to child in time, and the concept of childhood contained in his book *The Child in Time* is also revealing the begin-ning of childhood.

Keywords: begin-ning; child begin-ning; becoming-human; the ontology of childhood

① 方永泉:《游戏、文化及教育》,台北:学富文化,2012年,第53页。

走进儿童精彩的哲学世界*

◎ 林德宏①

摘　要： 儿童天生具有一定的哲学思维能力。儿童哲学思维是指儿童在日常生活中发生的涉及哲学问题的有趣思考。多数儿童都具备这种潜能,有的通过言语得以直接展现,有的则从未显露,但只要我们稍加注意,就会发现某些迹象。儿童的原始哲学思维主要通过两个途径产生:追问与想象。对儿童来说,周围世界是一个陌生而有趣的世界,儿童由此产生了与生俱来的强烈的好奇心和认识世界的浓厚兴趣。想象是想出不在眼前或根本未出现的事物的形象。儿童初步形成概念思维形式的重要一步,就是非具象性想象的出现。儿童具有丰富的想象力,大多是随意想象,自由度很高。把玩具想象为人或某种物,是儿童游戏和生活的一大亮点。

关键词： 儿童;哲学;想象;天地;相对人

一、"天就是地,地就是天"

天和地的形状及其相互关系,是古代哲学家的重要议题,也是不少孩子很感兴趣的问题。顶顶4岁时就知道人生活在地上,地是最低的,人和周围物体都离不开大地。"顶顶要爷爷画一只鸭子,爷爷随手画在一张纸的中间。顶顶问:'鸭子站在哪儿?'爷爷在鸭子的脚下画一根横线,说:'站在地上。'顶顶又问:'地哪有这么高?'后来顶顶的解释是:'鸭子站在桥上。'在顶顶看来,大地只能画在纸的下面的边缘。"(2012年2月3日)

大地在最下面,顶顶的这个意识非常强烈。"顶顶在画各种车辆时,一定要画在代表大地的横线上。爸爸画车没画横线,便受到批评。顶顶说:'爸爸的车轮没落在地上。'"(2012年8月27日)这成了"悬空画车"了。

可是如果不同的车在远近不同的位置上,那又怎样画大地呢?"顶顶画地铁时,说:'那上面的一条线代表地铁的另外一边。'"(2012年8月23日)这样一来,代表大地的就有两条横线了,一条在最下面,另一条在上面。

顶顶画画,一直有一个问题在困扰着他——如何画地。他无论是画车还是画楼,第一笔一定是一条横线,表示地。他不允许车轮不着地。后来爷爷叫顶顶画马路的对面,他就在上面再画一条横线。他突然提出一个问题:"为什么有两个地?"这个问题还真不好解释。后来顶顶有了"马路中间"的概念。例如2012年8月24日,顶顶在下面的一条横线上画了一辆大型水泥搅拌车,在上面的一条横线

* 本文系《新儿童研究》(第三辑)中《走进儿童精神的哲学世界》的延续。

① 林德宏,南京大学哲学系教授。

上画了一辆拖车，中间画了一辆小卡车。“奶奶问顶顶：‘这辆小卡车为什么画到大型水泥搅拌车上面去了？’顶顶说：‘它在马路的中间。’”（2012年8月24日）从画上看，岂不是有上下两个地？地还会在上面吗？

顶顶5岁时问：“没有大地以前，我们站在哪里？”（2013年7月30日）可是，大地又在哪里？三年后，顶顶说：“我们住在天上，因为地球属于天。”（2016年7月29日）这是说，我们住在地球上，而地球在天上，所以我们住在天上。

从画中的地只能在最下面，到远处的地可以在上面，又到大地属于天，即大地在天上，这是顶顶认识的一大飞跃。

有趣的是，顶顶的爸爸（乳名苗苗）5岁时也认为地球在天上。“晚上苗苗在画画，小王延在旁边看。苗苗说：‘我在天上画个地球。’小王延说：‘啊？天上还有地球吗？’苗苗回答得很巧妙：‘当然有，你坐在宇宙飞船上，就可以看到地球了。’”（1979年7月20日）

明明是我们脚踩大地，头顶蓝天，为什么说大地在天上？

苗苗的解释是：我们坐在宇宙飞船上，就可以在天上看到地球。这是一种想象。

顶顶的回答是：“因为地球属于天。”这是一种思考。

在顶顶看来，地球属于天，是由于地球也是一个天体。它同其他天体一样，存在于太空中，都是天的一部分。

思考这个问题的关键，是弄清大地的形状，明确大地呈球形。这个问题看似简单，在历史上却经历过曲折的认识过程。

古人的生活空间狭小，水呈平面是最简单明了的常识，很容易认为大地是一个平面。中国古代的盖天说认为地方如棋局。古希腊的阿那克西米尼、阿那克萨哥拉与德谟克里特都认为大地扁平如桌面。

在万有引力理论提出以前，大地球形说的最大难题，是要承认对趾人（脚底相对的人）的存在，而这是常识所无法接受的。重物下落使古人相信上下两个方向是绝对分明的。如果有人说上便是下，下便是上，那必被认为荒唐可笑。因此，如果大地是个球，那住在地球上半部的人，同住在地球下半部的人，必然是脚底对脚底。那住在地球下半部的人为何不掉下去？那里又如何下雨？

1世纪古罗马的普林尼写道：“按照科学来说，地球表面上各部分都居住着人，这些人彼此脚对脚，我们头顶的上面都是天。但按照另一些人的意见，就发生我们的对趾人为什么不落掉的问题。”①

可是这个难题在4岁的顶顶那儿根本不存在。请看下面的这篇日记。

“妈妈喂顶顶吃早饭，桌上放满塑料兵，其中有一个塑料兵是印第安人。顶顶问：‘妈妈，印第安人怎么讲话？’妈妈说：‘印第安人讲的是风语，很少有人能听懂，像风。’顶顶说：‘我要去看看印第安人。’妈妈说：‘太远了，我们住在地球的这一边，他们住在地球的那一边。’顶顶立即抓起这个印第安人塑料兵和另一个塑料兵，脚底对脚底，那个塑料兵在上，印第安人塑料兵在下。妈妈看到他的展示，说：‘对了，就是这样。’妈妈上班去了，爷爷又叫顶顶展示一遍，因为这展示的是对趾

① 布勃列伊尼科夫：《人类对于地球认识的发展》，王子昌等译，北京：科学出版社，1958年，第26页。

人——地平说对地球说的责难。爷爷问：‘顶顶，为什么下面的印第安人塑料兵没有掉下去？’顶顶说：‘因为地球会飞。’他演示这两个对趾人在飞翔，实际上是在旋转。于是爷爷说：‘地球在转动。’顶顶说：‘对，有时这个印第安人塑料兵又回到上面，然后这个塑料兵又回到上面。’看来我们的顶顶并不认为对趾人不好理解，他能接受。爷爷讲过‘地球在转动’后，他就把‘地球会飞’改为‘地球在转’。在顶顶看来，印第安人塑料兵也会转到上面，所以印第安人不会掉下去。”（2012年2月19日）

哥白尼提出近代日心说后，仍有人坚信地平说。明清之际，德国的汤若望在中国宣传地球说。清初，杨光先撰文反驳汤若望：“请以楼为率。予顺立于楼板之上，若望能倒立于楼板之下，则信有足心相对之国。”①他反对地球说的武器仍然是对趾人。

我在那天的日记中写道：“历史上反对地球说的人们，你们在我们的顶顶面前，不脸红吗？那位清朝的杨光先先生，你还有何话可说？顶顶的这篇日记十分重要，有学术价值。”（2012年2月19日）

“顶顶说：‘地球仪是缩了水的地球。’”（2015年2月2日）那为什么大地是个球体呢？

“爷爷问：‘地球是什么形状？’顶顶说：‘圆的。’爷爷又问：‘为什么地球是圆的？’顶顶说：‘因为地球在转，被太空中的东西磨成了圆的。’”（2015年2月20日）后来顶顶又说：“因为地球在旋转，空气有摩擦，地球上不是所有的石头都是一样硬的，慢慢地就磨圆了。”（2016年7月29日）

顶顶猜想地球是个球，月亮也是个球。“爷爷问：‘月亮可能是三角形的吗？’顶顶说：‘月亮不可能是三角形，因为地球是圆的。’”（2015年7月7日）

既然地球是一个球，那为什么我会看到平地呢？苗苗就曾问过这个问题。“爸爸，为什么我们站在地球上，地是平的呢？”（1979年3月16日）

下面是祖孙两人的讨论。“爷爷问：‘大地是平的吗？’顶顶说：‘不是平的，是弯曲的。’‘小蚂蚁在地球仪上爬，它觉得地是平的还是弯曲的？’顶顶说：‘平的。’爷爷问：‘为什么？’顶顶说：‘我们站在这儿，看起来地是平的，因为地球每时每刻都在转。’爷爷问：‘为什么大地是弯曲的，我们房间的地却是平的？’顶顶说：‘因为地球很大，很大，很大。’”（2015年5月26日）的确，在一个很大的球面上，只看一块很小的面积，那几乎就是平的。

科学史上，从托勒密到哥白尼，地心说占统治地位约15个世纪，现代的孩子却自然而然地接受了日心说。“‘爷爷，’顶顶问，‘是太阳围绕地球转，还是地球围绕太阳转？’爷爷说：‘地球围绕太阳转。’顶顶问：‘为什么我们看到的是太阳东升西落？’爷爷说：‘太阳始终在一个地方，地球绕太阳转，地球的转动是我们看不到的。’”（2015年4月10日）

苗苗二年级时，我也问过他这个问题。“我问苗苗：‘是地球绕太阳转，还是太阳绕地球转？’苗苗说：‘地球绕太阳转。’我问：‘为什么我们没有看到地球转，却看到太阳在动呢？’苗苗回答：‘因为我们在地球上。’我说：‘要是我们站在太阳上呢？’苗苗说：‘那就会看到地球在动。’

① 杨光先等撰：《不得已》（附二种），陈占山校注，合肥：黄山书社，2000年，第57页。

我问：‘要是我们站在月亮上呢？’苗苗说：‘那就会看到太阳和地球都在动。’然后苗苗补充说：‘其实太阳、地球和月亮都在动。’我问：‘为什么我们站在地球上却看不到地球在动？’苗苗反问：‘地球有多大？’”（1982 年 7 月 11 日）“顶顶曾说：‘每个地球都有一个太阳。’”（2013 年 5 月 6 日）妙！小时候的苗苗和顶顶都认为，我们看不到地球围绕太阳转，是因为我们在地球上。

“顶顶曾问过：‘别的国家是不是在别的星球上？’”（2012 年 5 月 8 日）顶顶 4 岁时已经意识到地球是一个星球。“林奕芃可以变成机器人，也可以变成星球，不是我们的地球，而是机器人的星球。”（2012 年 8 月 5 日）星球的本义是天体，在顶顶那儿却是一个宽泛的概念。苗苗 4 岁时也认识到太阳、地球和月亮都是星球。顶顶 5 岁时问：“我们对我们的星球了解多少？”（2013 年 7 月 15 日）

关于地球和其他星球的物质成分，顶顶也有自己的看法。“爷爷问：‘地球是由什么东西构成的？’顶顶说：‘地球是由土和火构成的，火在地球的核心部位。’爷爷问：‘月亮呢？’顶顶说：‘月亮是一块大陨石。’爷爷问：‘星星呢？’顶顶说：‘星星是从小行星散失的小石块。’爷爷问：‘太阳呢？’顶顶说：‘太阳是一个大火球。’爷爷问：‘彗星呢？’顶顶说：‘彗星是许多小陨石。’”（2015 年 5 月 23 日）顶顶认为太阳、地球、月亮、星星和彗星都是由土（石头）和火构成的。也就是说，不同的星球由相同的物质构成。

既然地球是一个星球，即是一个球形的天体；既然地球同别的天体一样存在于太空之中，并围绕太阳旋转；既然地球的物质成分同别的天体大致相同，那地球就是一个天体。地球属于天，是天的一部分，我们住在地球上，也可以说住在天上。这对顶顶来说都是非常自然的。

“于是，顶顶在 7 岁时说：‘天就是地，地就是天。’他双腿勾在双杠的一根杆子上，双手抓着另一根杆子，头倒挂着说。”（2015 年 1 月 10 日）

这种天地一体的说法，真有点像古代哲贤的话。

顶顶的这句话，是脱口而出的，并未经过什么思考，也没有深意。当时他倒挂在双杠上，大约看到场景倒过来了，地在上，天在下，不禁产生这种感受。

众所周知，古希腊哲学家亚里士多德曾指出，地下万物由水、土、火和气构成，其自然运动是直线运动；天体由以太构成，其自然运动是圆周运动，天、地是两种完全不同的世界。他的这番结论是经过深思熟虑的。在哥白尼学说被接受以前，这种天地双重世界说流传多年，经久不衰。

为什么地平说、地心说、地静说和天地双重世界说曾经使那么多人坚信不疑，而孩子却在不知不觉之中接受了地球说、日心说、地动说和天地统一说？这是因为孩子无系统知识、无生活经验、无思想包袱，也就无陈见，无忌讳，不迷信，不盲从；所以孩子有时会比一些“饱学”的成人更容易接受“合理”的观念。

这的确耐人寻味，发人深思。

二、“我发现了相对人”

孩子最初生活在家中，家中的亲人是他们最早接触到的人。如何对待亲人，对亲人是什么感情，对他们情商的成长，将来走进学校、走进社会都很重要。顶顶8岁半时，说了一句很有哲理的话：“爱因斯坦提出了相对论，我发现了相对人。你就是我，我就是你；你中有我，我中有你。”（2016年9月17日）这句话的意思可用一个字概括：“亲”。全家人相亲相爱，亲如一人。这是顶顶同家人在一起生活几年的人生最初的感悟。

顶顶两岁四个月时，已明确意识到自己是人。“顶顶用脚踩塑料娃娃。奶奶说：‘不能踩娃娃，娃娃会疼。娃娃如果踩你呢？’顶顶说：‘不能踩，顶顶是人。’”（2010年6月21日）这是顶顶自我意识的一次飞跃。

在认识到自己是人以后，顶顶很快就有了拟人化思维。人们总是用已知来认识未知，孩子也会从人的角度来观察身边的物体，会很自然地觉得有些物体像人。

顶顶这时对各种水管怀有浓厚的兴趣。在观察水管的过程中，从水管联想到家人和自己，发现水管像人。“顶顶今天看水管，断断续续至少有一个小时。晚上奶奶抱他去看厨房里的水管，他指着几根水管分别说像顶顶、像爸爸、像妈妈、像奶奶、像爷爷。妈妈说：‘我们全家都成了水管。’”（2012年3月25日）水管的形状、颜色很单调，几乎没什么区别，那为什么顶顶说水管像自己和亲人，这实在是一个谜。也许这只能说明孩子最初的想象最原始，也最单纯、最随意。

顶顶认为水管会哭，并叫爷爷模仿各种水管的哭声。“顶顶叫爷爷哭着玩，居然别出心裁地叫爷爷学太阳能水管那样哭，学自来水管那样哭，学空调水管那样哭，学污水管那样哭，学歪的水管那样哭……爷爷便‘哭’得多种多样。但是如果爷爷哭得像笑，顶顶就不答应。顶顶重复他的指令，弄得爷爷哭笑不得。”（2010年3月27日）

顶顶特别喜欢小车，小车的各种形状、颜色、功能更加激发了他的拟人化思维。

“在客厅玩小车，顶顶突然问妈妈：‘这辆小车是什么表情？’”（2010年11月23日）小车本无面孔，更谈不上表情。顶顶却“想”出了小车的“表情”。在他的心里，小车都活了。

“顶顶把小车各自装在盒子里，说：‘它们睡觉了。’然后说：‘起床啦！’再把它们拿出来。”（2010年11月15日）“晚上顶顶拿着一辆平时很少玩的小车，说：‘这辆小车没人跟它玩，真可怜。我跟它玩。’妈妈说：‘顶顶有爱心。’”（2010年12月13日）“顶顶说：‘那辆胖胖的小卡车就喜欢调皮，一会儿跑到这里，一会儿跑到那里。’”（2011年1月9日）“‘这辆挂车要撒尿。’说罢顶顶就用瓶盖去接。”（2011年1月20日）“小警车已经关了很长时间了，你把它放出来吧。”（2011年2月5日）

“顶顶上午把小型水泥搅拌车（这是他睡觉时必放在枕边的最爱的小车）说成是小猫，让它在爷爷身上爬，甚至爬到爷爷头上。顶顶说：‘这只小猫不重，它是刚生下来的。’”（2011年2月14日）喜爱之情溢于言表。

顶顶甚至说小车会生气，叫爷爷唱歌安慰小车。“指着一辆小卡车，顶顶问：‘为什么它不开动？’爷爷说：‘它的车头坏了。’顶顶说：‘没有啊。’爷爷说：‘车轮坏了。’顶顶说：‘没有啊。’爷爷说：‘没有油了。’顶顶说：‘有油啊。’爷爷说：‘那我就不知道了。'顶顶说:'你知道。'爷爷说:'它累了,要休息一下。'顶顶说:'它不累啊。'爷爷说:'上面的箱子,积木太重了。'顶顶说:'不重啊。'爷爷说:'那它生气了。'顶顶说:'对。'爷爷问:'它为什么生气?'顶顶说:'你说。'爷爷说:'生爷爷的气。'顶顶说:'对了。'爷爷问:'怎么让它不生气呢?'顶顶说:'唱首歌。'爷爷问:'唱什么歌?'顶顶说:'唱《月亮代表我的心》。'爷爷唱了。顶顶说:'它笑了。'爷爷唱完了,顶顶把车发动。"(2010年11月16日)这似乎是顶顶预先设计的一个场景,目的是让爷爷唱歌给小卡车听。

顶顶喜欢把不同的车拆开,然后重新组合成一辆新车。"如果不同玩具车的两个零件无法组装在一起,顶顶就说:'它们不是好朋友。'"(2010年12月14日)顶顶给予小车浓厚的感情色彩。

值得注意的是,顶顶把不同种类的小车,看作亲人、朋友的关系。"顶顶指着一大一小两辆车说:'妈妈带宝宝。'"(2010年11月14日)"顶顶说:'加长的油罐车是大哥哥,普通油罐车是小弟弟。'"(2010年11月23日)"顶顶说他给油罐车找了个妈妈。"(2010年12月31日)顶顶给每辆车都找了妈妈。"卡车车头是加长的运输车的宝宝,加长的大货车是车头的舅舅。"(2011年1月19日)

顶顶把小车看作自己家庭的成员。"顶顶在找爷爷给他买的小垃圾车。他问:'小垃圾车呢?它也是我们家里的人。'"(2010年12月14日)

顶顶把小车看作自己和爸爸。"顶顶把一大一小两辆挖土车放在一起,对爸爸说:'大的是爸爸,小的是顶顶,爸爸带顶顶出来了。'"(2010年12月3日)

从以上可以看出,顶顶关于小车的拟人化思维经历了四个阶段:小车有生命、小车有家庭、小车是家庭成员、小车是自己和家人。其中贯穿着一条主线:对亲人的爱。顶顶把对小车的爱同对家中亲人的爱融合在一起,这就是最初的博爱之心。

"还有一张画,两个大太阳有光芒,小太阳没有。顶顶说:'太阳宝宝还没醒。'"(2011年10月26日)"顶顶画汽车,天上画两个大太阳,一个小太阳。'这是太阳爸爸,这是太阳妈妈!小的是太阳顶顶。'"(2011年10月31日)顶顶和爸爸、妈妈都是太阳,这是一个太阳家庭。他自称是"太阳顶顶"。啊,多么温馨!"另一张画,顶顶说:'太阳是爸爸,月亮是妈妈,中间的星星是顶顶。'"(2011年11月6日)

顶顶从小生活在家中,不知不觉地萌发出了家的意识。在他看来,无论外面的世界多么精彩,小朋友最后都要回家,因为家中有爱,回家就是回到爱的怀抱。于是顶顶也关注大至太阳,小至水珠的回家问题。"傍晚,顶顶向爷爷提出了富有哲理的问题。爷爷抱着他站在窗前。爷爷说:'天慢慢地黑了。'顶顶问:'怎么黑的呀?''太阳公公走了,月亮爸爸来了。太阳光刺眼。'顶顶说:'太阳光照得太多了,应该少照一点。'接着顶顶又问:'太阳在哪边回家呀?'"(2011年1月1日)"顶顶说:'什么是下雨?下雨就是水珠要回家。'这是顶顶的自问自答。这是他创作的第一首诗。"(2011年1月18日)顶顶认为红花、绿叶是亲兄弟。"爷爷问:'绿叶喜欢红花吗?'顶顶说:'喜欢,因为它们生长在一起。'爷爷问:'它们是兄弟吗?'顶顶说：‘它们是兄弟，红花是哥哥，绿叶是弟弟。哦，不对。绿叶是哥哥。种子先发芽，然后才会生长出红花。红花是妹妹。’爷爷问：‘那它们的爸爸、妈妈是谁？’顶顶说：‘爸爸是土，妈妈是种子。’”（2015年7月10日）土、种子、绿叶和红花是一家。

家是孩子对社会的最初感受。家人是孩子对人的最初理解。孩子的爱首先是对家人的爱。最初的拟人化思维，主要是把玩具想象为家人。最初的家人的爱，从对妈妈的爱开始。孩子的爱都起源于母爱。

顶顶三岁半时说：“我喜欢爸爸、妈妈、奶奶、爷爷，也喜欢我自己。”（2011年7月2日）家人都喜欢，毫无例外。“妈妈，我要回到你的肚子里，我要你抱，我要你搂！”（2013年4月2日）5岁的顶顶竟说出这样动情的话。

“晚上，奶奶看电视，顶顶画画。他听到电视里的声音：‘一个谜语，男人最喜欢吃什么东西？答案是老婆饼。’顶顶就说：‘爸爸喜欢吃老婆饼。我现在喜欢吃奶奶做的蛋饼。长大了，我也喜欢吃老婆饼。’”（2013年5月18日）“两天后，顶顶在放学路上说：‘爷爷喜欢吃奶奶饼。’”（2013年5月20日）

顶顶同爷爷在一起游戏的时间多。顶顶对爷爷的感情，爷爷也记录得多。

“爷爷说：‘顶顶，你的眉毛越长越黑了。’顶顶的回答很巧妙：‘像爷爷。’”（2010年12月10日）“爷爷对顶顶说：‘顶顶，我问你一句话。’顶顶马上唱：‘你问我爱你有多深……’”（2010年12月21日）

“我是小猫，你是小猫爷爷。”（2011年1月9日）“爷爷是顶顶，顶顶是爷爷。”（2011年1月20日）顶顶同爷爷，亲密如一人。

“爷爷没有用，我要换一个新的林德宏爷爷，把旧的林德宏爷爷放在家里。”（2010年9月1日）旧的林德宏爷爷虽然没有用，但还是舍不得扔掉，爷爷听了觉得特别亲切。

“爷爷打开书桌的抽屉，顶顶站在旁边，提醒爷爷，说：‘当心，不要让抽屉掉下来砸到脚。’”（2011年7月16日）“你不要去打扰爷爷，这样爷爷的身体就会好。”（2012年9月20日）

“爷爷同顶顶的对话。爷爷问：‘你的朋友多吗？’顶顶说：‘多。’爷爷问：‘你最老的一位朋友是谁？’顶顶说：‘林德宏。’爷爷问：‘你跟老朋友林德宏的友谊有多少年了？’顶顶说：‘他是我爷爷，我出生几年，就有几年友谊。’”（2016年3月30日）顶顶讲这话时，我们已经有八年的友谊了，是老朋友了。

老朋友之间也会发生矛盾，可这都成了亲切的回忆。这是顶顶3岁时我写的一篇日记，我每次读心里都热乎乎的。“在我们的祖孙关系中，今天晚上发生了一件‘历史性的事件’。爷爷陪顶顶在客厅玩一种新的小车游戏。我们把小车大楼前的广场，看作小车幼儿园，让小车排着队，听交通总指挥顶顶上课。顶顶课前点名，爷爷回答。顶顶说：‘小型水泥搅拌车！’爷爷说：‘到！’顶顶说：‘小垃圾车！’爷爷说：‘到。’点到小公共汽车，顶顶说：‘35路公共汽车！’爷爷说：‘不对，是53路公共汽车。’顶顶停了一下，竟伸出右手打了一下爷爷。他和爷爷都没有思想准备，都愣住了。顶顶立即转身跑到他的房间，坐在小木椅上，低头不语。这是从未有过的。爸爸问顶顶是怎么回事，他不吭声。爸爸说：‘我去问爷爷了。’顶顶说：‘你去问吧。’爸爸问过后，对顶顶说：‘你去向爷爷承认错误。’顶顶立刻跑到爷爷面前，笑着说：‘爷爷，我错了。’说罢，给爷爷轻轻地送了一个吻。‘认错就好，同爷爷一起玩。’于是顶顶又坐在爷爷的腿上。”(2011年2月9日)

“顶顶对爷爷说：‘我喜欢爷爷，就算有比我的爷爷还要好的爷爷，我还是要我的爷爷。’爷爷说：‘对，因为我们有感情。’顶顶问：‘什么叫感情？’”(2012年9月9日)三岁半的顶顶还不知道什么是感情，却说出了如此多情的话。

四年后，爷爷还有幸遇到了这样的场景。“顶顶说：‘爷爷，你找什么东西？你能再找出一个孙子来吗？’爷爷说：‘如果我又找到一个孙子呢？’顶顶说：‘那你就去找他吧！’他的眼眶里出现了泪花。”(2016年7月23日)

顶顶两岁半时，爷爷用小车推着他在南京大学校园里逛，他竟然说了一句令爷爷十分惊喜的话。“在小车上，顶顶突然转过来对爷爷说：‘你是我的心，我是你的心。’”(2010年9月8日)当时顶顶坐在小车上望着前方，爷爷在后面推车，两人并未交谈。顶顶突然转过来说出这句话，不可能是他自己的创造，那他是从哪儿学来的？当时他在想什么，这是一个谜。

顶顶对家人之间的亲缘关系，理解得很清楚。“奶奶问：‘为什么爸爸不跟你们一起到外婆家？’顶顶说：‘因为爸爸不是外婆的儿子。’奶奶问：‘为什么你妈妈一到家，你对我是另外一种态度？’顶顶说：‘因为我是我妈妈的儿子。’”(2013年5月7日)

家中谁最重要，顶顶有自己的看法。“下午，顶顶吃完蛋糕，骑小车到爷爷身边。爷爷问：‘你吃蛋糕，奶奶知道吗？’顶顶说：‘奶奶知道。’爷爷问：‘你为什么不跟我讲一声？’顶顶看着爷爷两秒钟，说：‘难道你是最重要的吗？’哎呀呀，这话真噎人。”(2012年2月6日)

“晚上顶顶要吃巧克力，先问妈妈，未得到同意；接着问奶奶，奶奶说可以。顶顶说：‘妈妈，奶奶是最重要的。奶奶同意了，我就可以吃巧克力了。’”(2012年3月12日)

“半年后，顶顶说：‘我们家没有不重要的人，全都是重要的人。’”(2012年9月17日)

顶顶也想到，自己在家中是否非常重要呢？他要体现自己在家中的价值，引起家人对他更多的关注。于是顶顶设计了一个表演。“上午，顶顶两次提出他要到月球上去。‘那我到月球上去了，一年都不回来。’‘不然我真的到月球上去了。’他打开大门，站在楼梯口，一只脚已踩到下面的一级台阶上，一再说‘我要到月球上去了’。奶奶、爷爷连忙说：‘顶顶不能走。’他便显出很得意的样子，说：‘妈妈还没出来叫我不要去。’妈妈只好来到门口‘挽留’。顶顶在博弈中又胜利了。”(2012年1月24日)

“‘顶顶，你最喜欢谁？’面对这个不太好回答的问题，顶顶有自己的小算盘：你从不同的角度提问，他便作出不同的回答。奶奶问：‘顶顶，你最喜欢谁？’顶顶说：‘奶奶。’奶奶问：‘然后呢？’顶顶说：‘爷爷、爸爸和妈妈。’奶奶问：‘要是妈妈回来了，你最喜欢谁？’顶顶说：‘最喜欢妈妈，第二是爸爸，第三是奶奶，第四是爷爷。’奶奶问：‘要是爷爷陪你玩呢？’顶顶说：‘最喜欢爷爷，然后是奶奶、爸爸和妈妈。’奶奶问:‘要是奶奶烧饭给你吃呢?’顶顶说:‘最喜欢奶奶,然后是妈妈、爸爸,最后是爷爷。’哈哈!”(2013 年 3 月 27 日)

回答奶奶的四个问题,顶顶很快对他喜欢的家人,做了不同的排序,虽是即兴回答,却合乎情理。

回答奶奶:奶奶、爷爷、爸爸和妈妈。(爷爷同奶奶关系密切,爸爸是奶奶的儿子。)

妈妈到家:妈妈、爸爸、奶奶和爷爷。(爸爸同妈妈关系密切。)

爷爷陪玩:爷爷、奶奶、爸爸和妈妈。(爸爸是爷爷的儿子。)

奶奶烧饭:奶奶、妈妈、爸爸和爷爷。(妈妈有时也烧饭,爷爷则不会烧饭。)

顶顶的这种排序,似乎显示出在孩子的纯真感情中,已包含一些功利的因素。

在这之前,顶顶和爷爷共同编的一个故事,也说明了这一点。“上午顶顶同爷爷玩一个新游戏:变形金刚和小汽车生病住在医院,很多是手足口病,共 11 个病人。顶顶扮演林医生。爷爷扮演叶徽宁的爷爷,和阿梓的奶奶给林医生打电话,说叶徽宁、阿梓生病了要住院。林医生接到电话,说:‘抱歉,医院床位满了,已经有 11 个病人了。’后来爸爸打来电话,说他们单位有人生病了要住院。林医生停了一秒钟后说‘好’,就挂了电话。然后林医生说:‘擎天柱出院了。’有意思吧。”(2012 年 1 月 17 日)班上的两个同学生病要住院,他说没床位;爸爸的同事生病要住院,他就叫擎天柱出院了,这真有点意思。我们当然可以把这理解为顶顶对爸爸的爱,但这里是否已经夹杂着一点“私情”?其实这也在情理之中。孩子的纯真,是相对成人而言的,世界上并没有绝对的纯真。

遇到一些有关亲缘关系的比较难回答的问题,顶顶会作出巧妙的回应,避免影响家人之间的感情。“爸爸问:‘是妈妈做事粗心,还是爸爸做事粗心?’顶顶在玩变形金刚,想了一下,指着变形金刚说:‘它。’”(2011 年 12 月 6 日)顾左右而言他,爸爸、妈妈都不得罪。“奶奶说:‘顶顶,今天晚上你跟我睡。’顶顶回答:‘好是好,但是不可以。’妙!”(2012 年 1 月 11 日)顶顶不想跟奶奶睡,但又不想使奶奶生气,于是作出这样的回答。“爸爸开玩笑问顶顶:‘如果陈小安(表哥)往东跑,你往西跑,那外婆往哪个方向追?’顶顶回答:‘我和陈小安不会分开。’”(2014 年 12 月 17 日)到底顶顶又大了两岁,会讲“外交辞令”了。于是难题变成了“伪题”。

顶顶从不胡闹,从不使家人烦恼,若知道自己的愿望实现不了,便若无其事地主动放弃。“早晨顶顶又说不上幼儿园。‘打死我也不上。’大家不理睬他。他的口气越来越软,后来他一个人在客厅唱了起来,然后平静地上学去了。”(2013 年 2 月 26 日)

“下午爷爷陪顶顶玩塑料兵打仗,他用积木、坦克布阵,爷爷提出拍照,顶顶不愿意。爷爷说:‘那我不陪你玩了。’顶顶发脾气了,抠爷爷的手,拽爷爷的衣服,又哭又闹,双方僵持。后来爷爷不吭声。顶顶大叫:‘你还要不要拍照了?’爷爷仍不讲话。最后爷爷说:‘我要吃药了。’顶顶才松手,一个人去玩了。大约半小时后,爷爷在厨房吃点心,顶顶走进厨房,拉着爷爷的手,说:‘爷爷,我愿意让你拍照了,随便你怎么拍照都行,给你一个惊喜。’爷爷说:‘我去拿照相机。’顶顶说:‘不要,你看!’原来他已经把照相机拿到客厅的矮

柜上了。顶顶已经有妥协的意识。”(2013年1月5日)

请看一个比较典型的妥协事例。“顶顶把矮柜上的积木、塑料玩具扔了一地。妈妈叫他捡起来,他置若罔闻。妈妈说:‘你不捡起来,就不带你出去。’他置之不理。爷爷也说:‘顶顶捡起来。’顶顶说:‘爷爷捡。’爷爷说:‘顶顶捡。’顶顶说:‘爷爷捡。’祖孙两人僵持不下。后来顶顶妥协了,顶顶捡起来放到爷爷手上,爷爷放到矮柜上。这是顶顶提出的方案。大约在顶顶看来,这意味着爷爷也捡了。这是顶顶同爷爷的博弈。”(2010年2月2日)究竟谁捡?顶顶把捡的动作分为两个步骤,他同爷爷各负责一个步骤,两人都有面子。这时顶顶才2岁。

顶顶有同情心。“晚上顶顶看动画片《喜羊羊与灰太狼》,突然喊道:‘老村长坏,坏村长!’顶顶竟然哭了起来,还要去打电视机。原来老村长批评了喜羊羊。奶奶在旁边说:‘顶顶真动感情了。’”(2012年8月16日)

“爷爷说:‘我告诉你们,我就喜欢顶顶,我只要顶顶,别人都不要。’顶顶却说:‘不行,我还要别人呢!’博爱之心。”(2012年1月5日)

“我是为你们好的人。”(2011年8月18日)这是顶顶对家人的表白。

“我喜欢爸爸、妈妈、爷爷和奶奶,也喜欢我自己。”(2011年7月2日)

顶顶还说“我爱全家人”,“我是全家人生的”。“晚上,爷爷坐在书桌旁的软椅上,顶顶端着小木椅跑了过来。爷爷想,他要玩什么花样。没想到顶顶站在小木椅上,然后又站在爷爷的双腿上,全身压在爷爷身上,硬要吻爷爷。爷爷越不让,他笑得越厉害,越要吻。奶奶说:‘爷爷的胡子戳到你。’顶顶却说:‘我就是要戳爷爷的胡子。’爷爷大喊:‘救命。’顶顶大笑。事后爸爸问他为什么非要吻爷爷。顶顶说:‘因为我爱爷爷。’爸爸问:‘为什么?’顶顶说:‘因为我是爷爷的孙子。’爸爸问:‘那奶奶呢?’顶顶说:‘我也爱奶奶。我爱全家人,我是全家人生的。’多么温馨的话!”(2011年12月17日)

“我是全家人生的。”三岁半的顶顶讲的这句话,既富有哲理,又富有诗意,满满的全是爱。

以上所引述的顶顶的话,主要是顶顶两三岁时说的。5岁时顶顶又说:“你的一部分被我控制,我的一部分被你控制;这叫你有我的,我有你的。”(2013年5月4日)家人相互影响、相互包含,这已经有相对人的意思。是的,人都是相对的、相互的,不是孤立的,人应当相亲相爱。

顶顶说的相对人,就是“相爱人”。

三、“狙击枪不是枪”

顶顶5岁时说:“棒棒糖就是糖。”(2013年1月24日)这是一句普通的话。顶顶喜欢吃糖,给他吃棒棒糖,他就很高兴,因为棒棒糖是糖。

可是三年以后,顶顶同爷爷有这样的对话。“顶顶说:‘爷爷,这是什么?’爷爷说:‘一把枪。’顶顶说:‘错,这是狙击枪。’爷爷问:‘难道狙击枪不是枪吗?’顶顶说:‘狙击枪只是枪的一种,它不是枪。’”(2016年7月19日)在他看来,爷爷若说‘这是狙击枪’,就对了;而爷爷说“这是枪”,就错了。

从“棒棒糖就是糖”到“狙击枪不是枪”，这表明顶顶的思维能力提高，从常识型思维上升为非常识型思维。

战国时期公孙龙说“白马非马”。我们的顶顶在21世纪说“狙击枪不是枪”，想想都觉得有趣。

恩格斯说：“如果自然科学企图寻找统一的作为物质的物质……那么这样做就等于不要求看到樱桃、梨、苹果，而要求看到作为水果的水果。”①莫非这时顶顶理解的枪，不是手枪、机枪和狙击枪，而是“作为枪的枪”？

再说一说顶顶关于词语和概念的一些想法。

顶顶在学说话的过程中，有时会创造自己的“语言”。他未满周岁时会“自言自语”。“顶顶拿着巧克力的盒子玩了半天，嘴里念念有词，‘克斗’‘加卡’。”（2010年1月6日）顶顶发出这些声音可能有自己的意思，但爷爷听不懂。

孩子形成初步概念的重要一步，是对外形相近的物品进行简单归类，用其中一个物品的名称，作为这一类物品的共同名称。这个物品是孩子比较早认识或很感兴趣的物品。这样物品的名称就减少了，孩子容易记住，符合思维经济原则。

一岁多一点的顶顶，就有一个“类名称”——阴沟。“顶顶指着洗脸池说：‘阴沟。’”（2009年6月15日）“顶顶把各种洞、缝隙都说成阴沟，包括书桌边缘的裂缝，甚至他睡在床上两条腿之间的空间。”（2009年6月30日）“顶顶的‘阴沟’是一个大概念，洞、缝隙，一律叫‘阴沟’，腿弯起来，手指并拢，他都能找到阴沟。”（2009年7月6日）“顶顶把一张较硬的纸折叠一下，出现一道折痕，他也说是阴沟。”（2009年7月19日）顶顶当时对阴沟充满兴趣和好奇。

顶顶的爸爸小时候，把细而长的东西都称为“面条”。“苗苗把象棋、跳棋、塑料数字、积木和其他玩意都叫作‘棋’。他把扑克、年历画片和纸片都叫作‘牌’。他把大球、小球和球形的东西，都叫作‘球’。”（1975年12月18日）“苗苗把萝卜叫作‘磨’，结果‘磨’成了一个很广泛的概念，比如慈姑、胡萝卜和蒜头等，他都叫作‘磨’。”（1976年2月20日）“顶顶也把玉米的须，说成线。”（2011年11月25日）

很快，顶顶就不再笼统地用阴沟这个“类名称”了。“顶顶说：‘这里没有孔。’”（2010年6月22日）“顶顶拿着一根管子说：‘插在缝里。’孔、洞和缝隙他都会说了。”（2010年6月24日）这表明顶顶已经能理解和应用许多物品的名称了。

概念是反映事物类的本质属性的思维形式。孩子的这些具有相近形状物体的“类名称”，就是概念的雏形。

有的词语顶顶会多种运用，初步理解了一词多义。“‘打开’是顶顶的一个常用词，开瓶盖、撕纸袋、取下笔套、开抽屉和翻开书，他都叫作‘打开’。”（2010年10月2日）打开是相似动作的“类名称”。

7岁时，顶顶开始有一般物品的意识。“顶顶问：‘钢铁和石头哪个更硬？’爷爷说：‘石头有不同，有的石头比铁硬，有的石头没有铁硬。’顶顶又问：‘那一般的石头呢？’”（2013年1月7日）“一般的石头”，这是比较抽象的词语。除去各种具体石头的具体属性，就是“一般的石头”。

① ［德］恩格斯：《自然辩证法》，北京：人民出版社，1984年，第156页。

“顶顶看着报纸上的米老鼠图片，说：‘这是人类装扮的。’顶顶用的是‘人类’一词。”（2011年11月21日）“人类”是一个十分抽象的概念，也可看作千万个形形色色的人的“类名称”。人可见，人类不可见。从人到人类是抽象思维发展的一大步。

孩子形成初步概念思维形式的重要一步，就是非具象性想象的出现。想象是想出不在眼前或根本未出现的事物的形象。孩子具有丰富的想象力，大多是随意想象，自由度很高。把玩具想象为人或某种物，是儿童游戏的一大亮点。

我儿时曾用压岁钱买过一副竹子做的牌九，我把它当作玩具。由于是手工做的，因此圆点的布局不规则，在我的眼中它如同人的不同表情，于是我把牌九想象为不同的人。

顶顶把麻将当作在桌面上打仗的玩具。几张牌可以拼成一个军事装置，比如坦克、炮台。顶顶还把麻将想象为军人。他的想象力比我小时候的更加丰富。“今天顶顶的思维展现出两大亮点。其一，他同爷爷玩跳棋，过去一直是一颗棋子代表一个兵。可是今天他说：‘假马，假马①，一颗棋子代表六个兵。’后来又说：‘一颗棋子代表十二个兵。’顶顶的思维从具象性（一颗跳棋棋子的外形像一个，所以把它想象成一个兵）到具有一定的抽象性（一颗跳棋棋子像六个兵，甚至十二个兵）。他自己开始时就说‘假马，假马’，即这是想象、是虚构。这表明顶顶的想象力进一步提高了。”“顶顶还说：‘六颗跳棋棋子，代表三十个步兵。’”（2014年12月11日）六颗跳棋棋子同三十个步兵毫无相像之处。

在多次游戏中，各种非具象性想象层出不穷。“一颗跳棋棋子就是一辆坦克。”（2015年1月26日）“顶顶指着一颗有个小缺口的绿色跳棋棋子说：‘这是朱可夫。’‘一颗跳棋棋子代表一个坦克旅。’‘套纸圈的跳棋棋子是反坦克炮。’”（2015年5月11日）“绿色跳棋棋子是重型坦克旅。”（2015年5月15日）“三饼是君主轻型空降坦克。”（2016年5月29日）“七饼是潘兴重型坦克，六饼是克伦威尔中型坦克，五饼是M4谢尔曼‘萤火虫’坦克，谢尔曼的改版，四饼是M4谢尔曼坦克。”（2016年5月30日）

“顶顶叫爷爷同他用麻将玩《海岛奇兵》的游戏。‘红中是迫击炮，发财是机枪手，带框的白皮是登陆艇，不带框的白皮是战舰，一个东风代表五个兵。’”（2016年5月17日）这个游戏完全是在想象中完成的。

一张牌、一颗棋子的外形，很难想象它们像某位军事家或一个坦克旅。朱可夫的外貌有个性特征，坦克旅根本就无形。不像，但用顶顶的话说，可以“代表”。从具象的“相像”到非具象的“代表”，是想象能力的提高，也是对想象的超越。非具象的想象是“原始”的抽象。在顶顶的心中，这些玩具与其说是有形的物体，不如说是特殊的“符号”，它可以表征他想象中的各种人与物。于是，具象逐步发育成抽象。

顶顶学会的词语多了，他就开始注意相近词语之间的区别，从关注名称、词语的共性，到关注词语的个性，努力做到用词准确。“爷爷说：‘怪兽被我们打昏了。’顶顶说：‘不是打昏了，是打死了。打昏了

① 假马，南京话，意为假想。

还会醒，打死了就不会醒了。’”（2011年2月9日）“顶顶说：‘大多数人被打垮以后还活着，被打垮和活着没有什么区别。杀死同活着有区别。杀死了，就不会再活着了。假杀跟被打垮只有一点点区别。’”（2012年8月7日）

“顶顶说：‘手臂被蚊子叮了。’爷爷问：‘是什么时候叮的？’顶顶说：‘有两种可能。一种是刚刚起床时被叮的，另一种是昨天晚上睡觉时被叮的。’爷爷说：‘有这两个可能。’顶顶说：‘不是两个可能，是两种可能。’”（2011年8月22日）“两种”比“两个”更准确。“两种”表示一定有区别，“两个”表示可能相同。

“爷爷说：‘你慢慢地长大了。’顶顶说：‘不是慢慢地长大，而是渐渐地长大。’”（2011年12月12日）“慢慢地”是速度，“渐渐地”是过程，过程的含义比速度的含义丰富。

“顶顶问：‘什么叫忧伤？’爷爷说：‘就是不高兴的意思。’顶顶说：‘悲伤才是不高兴的意思。’”（2012年2月8日）“忧伤”有忧虑的含义，“悲伤”没有这层含义。

“爷爷唱：‘天上掉下个林顶顶。’顶顶唱：‘天上生下个林顶顶。’”（2012年2月19日）也许顶顶觉得“掉下”不安全，“生下”很正常。

“爷爷说：‘我生病了，没有精力。’顶顶说：‘不是没有精力，是没有精神。’”（2012年2月26日）“精力”指能力，“精神”指状态。

“不是大路上，而是大路口。”（2012年11月26日）“大路口”指的位置更精准。

“顶顶说：‘叫小偷不一定就是小偷，老王真的是老国王吗？’”（2013年3月1日）“爷爷问：‘水星上有水吗？’顶顶说：‘这不一定，水星只是名字。’”（2013年11月10日）“‘兵士不是名字，而是称呼。’顶顶分辨了名字和称呼。”（2014年5月27日）顶顶知道有的称呼不一定准确。

顶顶会从字面上猜测词语的含义，闹出笑话。“轮船就是有轮子的船。”（2014年2月8日）“汽车人[①]也是人，为什么汽车后面有个人字？”（2014年2月13日）

顶顶已经意识到一个词语会有几种含义，有多种用法。“顶顶把许多小而圆的东西称为‘果果’，类似他爸爸小时候说的‘棋’。可是今天顶顶看到了香蕉，他也称之为‘果果’，就是水果的意思。关于‘抱’，顶顶有两个意思。其一，是叫别人抱他；其二，是他抱别人或玩具。”（2009年5月27日）这里的“抱”已从具体的动作中抽象出来了。

有趣的是，一岁左右的顶顶自己创造了一个词语，也叫作“果果”。爷爷坐在书桌旁，顶顶坐在爷爷的双腿上，一声不响地看着爷爷在桌面上不断摆弄几种小物品。当时他还不知道动手参与。顶顶把这种游戏观察叫作果果。有一段时期，顶顶多次向爷爷发出两个音：果果，想要进行这种游戏观察。至于顶顶为什么发出这两个音，爷爷不知道。

有时顶顶会问一些常用词语的含义，比如“什么是他”（2010年7月15日），“什么叫明天”（2011年5月21日）。有的词语顶顶会用，虽不懂其含义，却用得恰到好处。“爷爷外出，带一把伞遮阳。阳光忽强忽弱，爷爷一会儿撑伞，一会儿收伞。顶顶

① 汽车人，这里指一类变形金刚。

说：‘太阳在捉弄我们。’爷爷问：‘什么是捉弄？’顶顶回答：‘不知道。’”（2013 年 8 月 23 日）“顶顶说：‘果然是一个木头人。’爷爷问：‘什么叫果然？’顶顶说：‘不知道。’但他会用。”（2013 年 12 月 5 日）

9 岁时顶顶已经能对一些词语作出定义式的解释。比如“结果是事情结束后是什么状态”（2017 年 8 月 29 日）。

枪与狙击枪的含义顶顶都很清楚，那他为什么会说“狙击枪不是枪”呢？他当时给出了理由：“狙击枪只是枪的一种，它不是枪。枪有许多种，你的答案不应当有许多种。”（2016 年 7 月 19 日）顶顶认为对一个问题的答案不能多，多了就不明确。枪是“多”，狙击枪是“一”。说枪太宽泛，说狙击枪才有针对性。

顶顶谈到过“地方”与“地图”的关系。“‘地方是一个，地图是很多地方。’妙！当爷爷问顶顶‘地方’同‘地图’有什么区别时，他如此说。”（2014 年 6 月 22 日）地图上有许多地方，而我们要找的是一个地方。找地图上的某个地方，是多中选一。在许多种枪中确定一种狙击枪，就如同在包含许多地方的地图中确定某一个地方，都是多中选一，顶顶向往的，就是这种多中选一的确定性。当然，顶顶那时还不可能想到概念可以有不同程度的抽象。

2018 年 11 月 4 日，顶顶在同爷爷简短讨论以后，写了一篇短文《什么东西最圆》。文章谈到中秋的月亮、车轮和圆规画的图形，都不是最圆；文章最后说：“还是圆最圆，真正的圆只是一个概念。”

概念的初步意识确立了，那时顶顶十岁半。

The Wonderfully Philosophical World of Young Children

Lin Dehong

Abstract: Children are born with certain philosophical thinking ability, their philosophical thinking refers to children's interesting thinking involving philosophical problems in their daily life. Many children have this potential, some through their own words, some have never been revealed, but as long as we pay a little attention, we will also find some philosophical signs. Children's primitive philosophical thinking is mainly produced in two ways: questioning and imagination. For children, the world around them is strange and interesting, resulting in an innate strong curiosity and deep interest in understanding the world. Imagination is also a natural thinking ability of children. Imagination is to come up with an image of something that is not in front of you or does not appear at all. An important step in children's initial development of conceptual thinking forms is the emergence of non-representational imagination. Children have rich imagination, most of which are random imagination with high degree of freedom. It is a highlight of children's play and life to imagine toys as people or objects.

Keywords: children; philosophy; imagination; heaven and earth; relative person

“航”行在未知的大海上

——幼儿成长现象描述

◎ 赵志毅[①]

摘　要： 儿童是天生的哲学家，亦是天生的现象学家。儿童的内心：语言、意识、情绪和交往蕴含着巨大的奥秘等待成人去挖掘、去探讨和去解释。幼儿的教育犹如海上行船，要求船长既艺高胆大，又充满智慧与热情。笔者从健康、语言、社会、科学和艺术五大领域与心理学的认知、情感、能力和个性四大板块勾勒出幼儿成长的20项内容，用48个真实的故事做成一串“教育糖葫芦”，揭示一个儿童两岁半至三岁半时的精神发育过程，对幼儿成长现象进行学术研究视角的观察、记录，以期为幼儿的爸爸、妈妈送上舌尖上的甜蜜和精神上的抚慰。

关键词： 儿童；成长；现象学；描述

儿童是最美的，一切个别特性在他们身上好像都还沉睡在未展开的幼芽里，还没有什么狭隘的情欲在他们的心胸中激动，在儿童的还在变化的面貌上，还见不出成人的繁复意图所造成的烦恼，但是儿童的活泼气象尽管显出一切可能性，在他的这种天真中却还缺乏较深刻的心灵的特征，还没有现出心灵的深思远虑，专心致志于重要目标的那种神情。[②]

——黑格尔

本质与现象究竟哪个更重要？就在所有的哲学家和科学家都不约而同地透过现象看本质的时候，胡塞尔和他同时期的哲学家却将目光投向了现象，提出了现象学（phenomenology）理论，他们关心的首先是耳闻目睹的现象，至于深潜其下的本质（如果说事物真的有所谓的本质）究竟是个什么东西，由于每个人的视角与见解大相径庭，争论的声音太过嘈杂，索性将之搁置起来。现象的确很重要，既然我们对事物本身——或者用唯物主义和其他本体论哲学家惯常使用的术语“本质”（das Wesen）——不可能有任何大家公认的掌握，我们的理性唯一能够把握的就只剩下现象了，因此我们能够或者必须研究的唯有存在的事物的现象本身了。其实胡塞尔并不满足于这样的设定。现象不

① 赵志毅，男，教育学博士，宿迁学院文理学院教授，杭州师范大学教授，博士生导师，教育部中小学校长培训专家库首批专家。曾任南京师范大学教育科学学院副院长，杭州师范大学图书馆馆长，台州学院教师教育学院（体育学院）院长，中国德育学术委员会副理事长。研究方向为教育学原理、学校德育、民族教育、教师教育、比较教育、幼儿教育、小学教育、家庭教育和高等教育等。

② ［德］黑格尔：《美学：全三卷》（第1卷），朱光潜译，北京：商务印书馆，2020年，第194页。

是事物对人类理性的作用,而是人类理性本身。没有经过人类理性筛选的现象是不存在的。胡塞尔把康德的哲学做了彻底的发展。胡塞尔一生所关心的都是精神(Geist)和意识(Bewusstsein),而现象正是在研究精神、意识时真正与唯一的对象。现象学主张只有现象(感觉材料)可以被认识,而在现象背后、引起现象的东西是不存在或不可知的。现象学的现象不是指同实在或本质严格区分的、仅仅通过感官才获得的经验,而是指包括感觉、回忆、想象和判断等一切认知活动的意识形式。秦元东认为:并非只有成人才有可能掌握与运用现象学的方法。由于幼儿较少“前设性”和“成见性”;由于幼儿在游戏中与事物融为一体,达到了接近事物并直接面对事物本身的状态;由于幼儿常常“固执己见”地摆脱权威中介,直接面对事物本身;由于幼儿的思维主要是动作思维和具体形象思维,故幼儿有其自己的现象学。其特点为自发性,易受主观性及自我中心思想的影响。研究幼儿现象学对幼儿研究和成人现象学研究具有重要的意义。他在《试论儿童的现象学》一文中指出“儿童较少‘前设性’和‘成见性’,能够在‘看’、在‘直观’中认识与把握事物本身。而成人则往往戴着一个有色镜头来认识与把握事物。(社会心理学家凯利认为,每个人头脑中都构成了一定的心理组织或心理结构,如同一个有色镜头,人们所看到的都要经过这个有色镜头的过滤。组成这有色镜头的因素有:一个人的经验、生活方式、文化背景和个人的需求。)所以说,儿童在认识与把握事物的过程中自发地运用了现象学的方法或说符合现象学方法的原则”①。受到卢梭、约翰·杜威和陈鹤琴的影响,以及读让·皮亚杰的《儿童心理学》受到的启示,笔者对幼儿成长的过程做存在论意义上的观察,进行现象的描述,为儿童心理学与学前教育学的研究尽可能详尽地积累第一手资料,于是便有了以下的文字。

女儿于2018年1月9日出生,好友刘沛教授依据杨万里咏杭州西湖的诗句“映日荷花别样红”给起名“映杭”。家母生前曾经留下话,今后如果政策放开,再生孩子无论男女就叫“大海”,因此女儿就有了“大海”的乳名。“杭”“航”谐音,寓意在人生的大海上勇往直前,因此就有了本文的题目。

《3—6岁儿童学习与发展指南》从健康、语言、社会、科学、艺术五大领域描述幼儿的学习与发展,分别对3至4岁、4至5岁、5至6岁三个年龄阶段幼儿应该知道什么、能做什么,大致可以达到什么发展水平提出了合理的期望。笔者将儿童发展的五大领域与儿童心理学的四大板块整理为表格,分别从20项内容描述女儿映杭从两岁半至三岁半的成长故事,对其进行分析提炼,期望为幼儿现象学的理论建构提供素材。

一、健康

健康包括身体和心理两个方面,是一种在身体上和精神上的完满状态及良好的适应能力。幼儿阶段是儿童身体发育和机能发展极为迅速的时期,也是形成安全感和乐观态度的重要阶段。发育良好的身体、愉快的情绪、强健的体质、协调的

① 秦元东:《试论儿童的现象学》,《南京师大学报》(社会科学版)2000年第3期,第72—76页。

儿童发展的五大领域与儿童心理学的四大板块

	健康	语言	社会	科学	艺术
认知思维	健康认知	语言认知	社会认知	科学认知	艺术认知
情感态度	健康情感	语言情感	社会情感	科学态度	艺术情感
能力技巧	健康能力	语言能力	社会能力	科学能力	艺术能力
个性品质	健康个性	语言个性	社会品质	科学品质	艺术品质

动作、良好的生活习惯和基本生活能力是幼儿身心健康的主要标志，也是其他领域学习与发展的基础。

（一）哮喘

2020年10月21日，星期三，凌晨。

昨晚11点多，熟睡中的女儿忽然剧烈地咳嗽起来，将自己咳醒了，又哭又闹。我和妻子怕她一口痰咳不出来，卡住嗓子眼，连忙驾车去余杭区第二人民医院看急诊。儿科的张大夫诊断女儿的病为哮喘急性发作。观察、验血、拍片，检查报告出来，发现有炎症，开了药，去做雾化。这个治疗过程并不复杂，但是雾化剂味苦气冲，女儿很不舒服，刚开始还自己拿着面罩做呼吸，一分钟不到就怎么也不肯做了，怎么哄都不行，又咳得厉害，实在没办法了，只好按住她的手脚强行治疗，前后约二十多分钟。雾化治疗结束后，带着医生开的药，驾车回到家中已是凌晨2点多了。唉，女儿从来不咳嗽，不知道为什么突然得了急性哮喘，又怕她传给别的小朋友，给陈老师发了一条请假短信，说明情况。

（二）风筝

2020年10月24日，星期六。

今天是周末，因为明天星期日我得去浙江大学华家池校区给吉林班（上午）和沭阳校长班（下午）讲课，而后天星期一上班时间得送女儿上幼儿园，之后的十多天安排得满满当当的，所以今天全家出去野外游玩，和女儿一起放风筝。上午10点，我驾车载着妻子、女儿沿苕溪堤坝走了一段路程，选了一个南北苕溪交界点，在农家乐停车场泊车。全家沿着堤坝专设的豁口台阶走了上去。顶上是一条约三米宽的专用车道，只给南来北往的电动车和摩托车通行。我撑开风筝，上好骨架，打开线轴，拴好线，试放起来，还不错，几次之后风筝迎风飞翔起来，越飞越高。女儿开心地跟在身后要体验一把，我将线轴交到她手上，拽着她一起往前跑，妻子则打开手机给我们拍视频。正当大家兴高采烈，尽情玩耍的时候，风向突然变化，风筝直接向堤坝下的公路栽了下去。我拼命拉线、抖线，却怎么也拉不起来。碰巧有一辆货车经过，风筝一个倒栽葱挂在了货车的前挡风玻璃上。骤然绷紧的风筝线勒痛了我的小指，那一刹那间我将线轴抛了出去。司机紧急刹车。风筝在线被拽断之后滑落到车轮底下。货车没有停下来，径直轧着风筝开了过去，带走了线轴。我被吓得不轻，心有余悸。妻子跑下堤坝，到空旷的车道上把断了线的风筝捡了回来。两个骑摩托车来钓鱼的人说："堤坝上不允许放风筝，你们难道不知道吗？"我们真不知道，并且也没有任何禁令指示牌。我认真反思自己的过错，告诉女儿以后不可以再犯类似的错误。妻子答应女儿回去购买新的线轴,全家以后去公园放风筝。之后,我们沿着堤坝内的小径下到庄稼地里,在田埂上认识各种庄稼。看到庄稼地里挂了许多红布条,女儿好奇地问妈妈那是什么,妻子解释说,红布条随风摆动,小鸟、飞虫就不敢来吃庄稼了。我们拍照留念,下午1点开车回家。这一次虽事出有因,但差点酿出祸端,教训是深刻的。每个公民、每个家庭都应遵规守纪,尤其是教师,更要严格遵守公共秩序和环境规定,做遵纪守法的好公民。

（三）划痕

2020年11月10日,星期二。

明天就是“双十一”了,凌晨4点50分起床做早餐。回忆昨天晚上犯的错误,懊恼,内疚,惭愧,悔恨不已。特此记录,以表警示。

昨天我和妻子去听彭老师和李老师的日语课,收获满满。午间去学校卫生院蒙医生处看感冒咳嗽,开了药,回工作室小睡半小时。下午3点,去学院办公室陈主任处借用笔记本电脑,请王同学帮忙连线主持人,为直播做准备。下午4点妻子到幼儿园接女儿去勤园教工餐厅吃晚饭。之后妻子去音乐学院404教室上邓老师的古琴课。我带着女儿在工作室备课。她边吃水果边画画,很乖巧听话。上完洗手间之后我们在校园里转了一大圈,回到107室。我在笔记本电脑上回复讲课邀请,一抬头发现女儿一只手持剪刀,一只手抓着笔记本电脑连接线和鼠标线正要剪下去。我厉声制止,一把将剪刀夺了过来。不料这一举动把女儿吓得不轻,愣愣地看着我。我一边暗自庆幸避免了可能造成的后果,一边赶紧哄着受到惊吓的女儿。过了很久,我才发现女儿的左嘴角处有一道半寸长的渗血的伤痕!我完全没有意识到是自己的行为所致,反而追问她在幼儿园是不是跟其他小朋友发生争执了,是不是被别人打了。她支支吾吾地说是与小朋友抢玩具时被抓破的。我问她疼不疼。她说不疼,我心里很难受。为了转移注意力,我们去室外散步,来到音乐学院楼下的木椅上吃饼干、讲故事,观看小溪对面大楼五光十色的霓虹灯光,等妻子下课归来。来来往往的大学生很有礼貌地跟我们打招呼。晚上8点多妻子下课后,我们一起开车回家。在路上,我把女儿嘴角处有伤痕的事告诉了妻子。她一口咬定下午去幼儿园接女儿时没发现女儿嘴角处的伤痕,表示明天要去跟老师问问清楚。我劝她说孩子之间玩耍失手实属正常,不必较真。

回家后我在书房备课,妻子来跟我说,女儿告诉她是被爸爸用剪刀划伤的。我才回过神来,是下午那个举动导致的,心里懊悔不已,到卧室跟女儿道歉。唉,做父亲真是不容易,可怜天下父母心!“宝贝,对不起,都是爸爸不好,让你受委屈了。”女儿盯着我,下意识地用小手摸了摸嘴角处的伤痕,说:“爸爸打的。”我顿时悲从心来,问道:“你为什么不告诉爸爸?”女儿只是摇摇头,并不作声。我一把将她搂入怀中,声音哽咽道:“我的女儿,爸爸不是故意的,真的不是故意的!”与女儿相拥而泣,老泪纵横……

(四)3岁

2020年11月26日,星期四。

从小看大,3岁看老。3岁,在人的成长过程中具有里程碑式的重要意义。2021年1月9日,是女儿3周岁生日。我将从衣、食、住、行、琴、棋、书和画八个方面总结女儿三年的成长经历。

衣:女儿穿衣已经有了非常明显而独特的审美倾向,可以用英文熟练地辨别不同的颜色。继承了亲戚、朋友家孩子的衣服和鞋子,她不挑剔、不厌旧,从小有节俭意识。衣服种类从衣裤鞋袜到裙子外套,有合适的、能穿的她就尽量穿,有自己的雨衣、雨鞋和雨伞。她喜欢穿着妈妈的鞋在家里走来走去,喜欢彩色,钟爱粉红色。

食:女儿可算是一个小美食家,喜欢吃新鲜有味、荤素搭配的食物。和妈妈口味一样,喜欢吃海鲜;和爸爸口味相仿,喜欢吃肉。烤鱼、烤肠、烤牛排,包子、面条、小馄饨,尤其喜爱阿香米线,每次去万达广场必吃。对水果更是情有独钟,从杨梅、枇杷、樱桃、荔枝、龙眼、菠萝蜜到西瓜、苹果、库尔勒梨、香蕉、山竹、猕猴桃,一概来者不拒。喜欢喝饮料,吃冰激凌,爱好草莓口味。喜欢吃爸爸做的拉面,妈妈烙的饼,爸爸、妈妈包的水饺,奶奶煮的粥,姥姥家的饭菜,阳澄湖的蟹,海底捞的火锅,盒马的海鲜,韩国的烤肉,日式的料理……

住:家住杭州老余杭花园小区,阳台上盆栽常绿,房前屋后绿树成荫。在家和妈妈住大卧室,舒适、干净,床单每周一换。在幼儿园里,中午睡觉的被褥每周都要拿回家换洗晾晒。春夏秋冬天天洗澡。回东北老家用专门为她准备的被褥,讲究个人卫生。

行:女儿在一岁两个半月时学会独立行走,喜欢在大自然里散步,喜欢坐婴儿车。她骑自行车,力度掌握得很到位,快起来,大人都赶不上,能及时刹车。在乘坐我开的车时,她有时会觉得闷,会晕车。她喜欢坐地铁,坐公共汽车。每年坐飞机回盖州姥姥家过年是女儿最大的期待。

琴:女儿很小的时候,我和妻子给她买了玩具吉他,民族乐器独塔尔、热瓦普。见到成人用的钢琴、扬琴和古琴等,女儿喜欢坐上去拨弄一番,尽管不成音调,但她表现出浓厚的兴趣。听到音乐响起女儿会做各种各样的舞蹈动作,有模有样,韵律感十足,节奏感较好。女儿喜欢听儿歌,诸如《鲨鱼一家》《笑起来真好看》《小燕子》等,并且百听不厌,跟着一起哼唱。为此,妻子在2020年10月开始跟着杭州师范大学音乐学院的邓老师学琴,每周一次,为女儿3岁学琴做准备。

棋:大概在两岁半的时候,女儿突然提出来要学围棋,可能是从电视节目上看来的吧。随后我买了围棋,她开始跟着我学起来,学得很认真,接受力比较强;但是据围棋专家讲,3岁以前不宜学围棋,还是作为玩具在玩。有时候我会和她下一盘围棋,但是完全不是正规的下法,纯粹是为了玩乐。她喜欢黑色棋子,执黑先行。

书:从出生开始,我就给女儿每天朗读德国哲学家写的儿童哲学故事。在女儿一岁左右时,每天晚上睡觉时,妻子会给她讲儿童绘本故事,到现在快3岁了,听了将近30种不同版本的儿童绘本故事,可以模仿故事中人物的语气、神态绘声绘色地讲述诸如《猴子捞月》《狼外婆》《卖火柴的小女孩》等儿童故事。生活中我会教给女儿一些动物、颜色等的英文单词。她会说二十多个单词了。

画:满周岁后,我教女儿作画。现在她快3岁了,能够画比较完整的圆圈、线段。她自己会说:这是星星,这是小船,这是树,这是花,这是妈妈,这是爸爸,这是宝贝。两岁十个月的时候女儿开始有了你、我的意识,知道这是你的,那是我的。

（五）拔牙

2021年1月14日，星期四。

起个大早，我们简单地吃了一点早饭。7点10分出门，我带着妻子、女儿到拱宸桥杭州师范大学附属医院口腔科给女儿看牙。她倒是挺有信心，乐意配合。按照医生的规定，在诊室里只能妈妈陪同。我拍了几张她躺在牙医躺椅上的照片之后，去到门外座椅上等候。片刻，里面传来了声嘶力竭的哭喊声。后来听妻子说是两颗门牙露出的部分已经烂了，医生不敢用成人麻醉剂，用的儿童麻醉剂，麻醉深度不够，使用牙钻在牙根部位各打个洞，用钳子将剩余的牙齿拔了出来。女儿痛得哭天喊地，在门外的我听得心都要碎了，但是没有办法。大概半小时之后，门开了，只见女儿嘴里咬着一块止血棉，不断抽泣着。我跑去缴费，大概90多元，又往女儿的医疗卡里充值了500元。全家离开诊室，下楼上车，在出口处交了10元停车费，开车回家。临走时，主治大夫说三个月后来医院复查，建议我们到时候给女儿装假牙，说是对孩子五六岁时换牙会有好处，那就再说吧！

（六）眼镜

2021年1月17日，星期日。

“爸爸，你为什么要戴眼镜啊？”女儿问我。“因为爸爸小时候看书把眼睛看坏了。”我回答。

“你是看哪一本书把眼睛看坏的呢？”

“哪一本呢？嗯，爸爸小时候看了很多书，像《红岩》《钢铁是怎样炼成的》《欧阳海之歌》，还有《雷锋日记》等，好多呢！”到底是哪一本把眼睛看坏的呢？对这样的问题，我真的难以回答。

女儿眨巴着明亮的大眼睛看着我，我也看着她，就这样，我们对视了一会儿，她扭头走了。

（七）鼻塞（惊险）

2021年3月23日，星期二。

从本月16日（上个星期二）开始，女儿患感冒，引起急性咽炎，发烧、鼻塞、咳嗽，距今已经一个星期了，去医院诊治做雾化，同时我用冰糖川贝粉蒸梨做辅助性治疗，病情开始好转。昨晚全家从万达广场吃晚饭回家，打开电视，正在播放43集《觉醒年代》之《幕后的声音》。女儿和我看了一会儿，她问我：“这是谁呀？”我说：“是陈独秀。”“那这个呢？”我说：“是李大钊。”“那个哥哥呢？”我说：“那个大哥哥是陈独秀的大儿子陈延年，那个小哥哥是陈独秀的小儿子陈乔年。”她又问我：“陈独秀是谁呀？李大钊是谁呀？”我说：“他们是爷爷的爸爸那辈人，是革命领袖。”她显然没有听懂。看了一会儿，她拿来了组装玩具配件包，要我跟她一起拼装。这款玩具是用指甲盖大小的配件拼装微型警车。我对照说明书一边拼装，一边饶有趣味地看电视。女儿在旁边玩着那些配件并不断递给我。就在快要拼装好的时候，她突然哇哇大哭起来。吓了我一跳，原来不知啥时候她竟然把一个黄豆大小的警车车灯配件塞进左鼻孔里，拿不出来了！我赶快叫来了正在卧室收拾东西的妻子。她用微型指甲钳轻轻地夹了出来，给女儿涂了点精油，有惊无险！这件事情给我敲响了警钟，一是跟孩子一起游戏时一定要专心致志，注意孩子的一举一动，防止出现意外；二是这种型号的微型拼装玩具不适合低幼儿童，容易造成伤害；三是尽量让孩子在家长的指导下自己动脑、动手，家长不要操之过急，更不要越俎代庖，要让孩子体验自己动手尝试直至成功的乐趣。须知每一次动手操作的成功对孩子来说都是一次手臂小肌肉群的锻炼，大脑思维与判断能力的考验，眼、耳、口、手感觉器官协调机制的培养。幼儿教育真的是一门科学。如何做一个合格的家长，真的是一门深奥的学问。我永远在学习的路上。

（八）玩沙

2021 年 5 月 3 日，星期一。

昨天，托二班家长群里李妈妈说杭州近郊闲林有一个新开发的宝寿山景区，很适合孩子玩耍。从李妈妈发送的照片来看，有山有水有沙滩，景色不错。晚上我和妻子商量带女儿去玩一次。天气预报说后天起江南普遍降雨，明天是晴天，遂决定全家一起开车前往。入夜，做预案，了解到宝寿山因宝寿禅寺、财神殿遗址而闻名。

今天吃完早饭之后，在小区门口的包子铺买了菜包、肉包、卤蛋、酸奶和矿泉水，自带水果、铲子、小桶和水枪等驾车出发，很快便到了宝寿山景区。中午气温较高，两个停车场全部停满，巧遇一车离开，我便停了进去。试营业期间门票每人 29 元，1 米以下儿童免票。购票进门，清一色的涂过沥青的旧枕木做成的人工栈道由近及远蜿蜒曲折通向山上的人造沙滩，把草坪和沙滩截然分开，泾渭分明。在景区瀑布下面的凉亭旁，我们支起自带的帐篷，去水边拍了几张照片。我回到帐篷，妻子陪女儿玩水、玩沙。游人如织，有不少外国人，大家都是带着孩子来的。下午 1 点多，我们在凉亭里享用自备的午餐。之后妻子带着女儿去往瀑布方向，我特别嘱咐她们注意安全。天热我想睡又睡不着，索性戴着耳机学习英语，120 个单词十多分钟便学完了。我四周转转，发现喜欢玩沙、玩水是孩子共同的天性，各家也都是有备而来，带着铲子、小桶、水枪和泳衣，任由孩子尽情玩耍。人造沙滩旁戴着墨镜的安全员坐在台子上向四面八方张望，不准游客下水游泳，却允许大家在水边嬉戏。妻子带女儿在秋千、平衡木和冲浪木马等儿童玩具上玩过之后，回到凉亭吃水果，喝酸奶。休息片刻，看天色已晚，女儿也累了，我和妻子收起帐篷，整理行装，下山驾车返回。归途倒是顺畅，闲林东路转天目山路，笔直向西，禹航路转弯，走狮山路，20 分钟到家。女儿在车上打呼噜。我将车停好后，妻子怕女儿没睡够醒了不舒服，便抱在怀里让她在车里继续睡，等睡醒之后再回家。我先行把行装搬回家，在手机上写女儿的成长日记。晚饭前女儿醒了，全家去宝林路吃烧烤。一顿美餐之后，女儿拉着妈妈踏着月色去了 500 米外万达广场的游乐场。自从 2020 年国庆节万达广场开业，女儿便喜欢去那里的游乐场玩耍。我回家继续写女儿的成长日记。

（九）游泳

2021 年 5 月 21 日，星期五。

昨天，碧海蓝天，一尘不染。全家吃完早饭后乘坐 25 路旅游专线去南山寺景区游览，门票每人 118 元，60 岁以上半价。乘坐小火车，每人 30 元。走了 6 个景点，山清水秀，花团锦簇。海上观音，一面是山，三面环海。午间原路返回酒店，肉、蛋泡面，水果佐餐。午休之后，下午 3 点全家换上泳衣去了酒店的露天游泳池。一开始女儿由我和妻子牵着，用她自己选购的彩虹游泳圈从台阶上小步挪到水里。

从站立挪步到漂浮蹬腿,再到借助游泳圈浮躺在水中,女儿用了不到一个小时。她的学习力还是蛮强的。正如生理学家所说,精子和卵子的结合是在母亲子宫内的液体里完成的。孩子喜爱水的天性与胎儿长达十月之久的子宫环境密切相关。我为女儿学习游泳保驾护航,教她仰头、呼吸、伸手和蹬腿,妻子在一旁录像、拍照。这是女儿第一次下水学习游泳,有如此不错的表现,我很高兴,对她的学习和进步充满信心。正如吃晚饭时老同学所言,我们养育孩子不是为了让他们将来孝敬我们、赡养晚年,而是和他们一起成长,体验生命。此言真理也！昨天回来,女儿念念不忘,还要再去游泳。今天上午原计划去西岛游玩,由于午后就要离开三亚市赴东方市,妻子提议去海边拍照,计划中的西岛就不去了,空出时间再让孩子去游泳池玩水。我问女儿是否可以。她欣然同意。上午9—11点,全家换上泳衣再次来到酒店的露天游泳池。女儿玩得不亦乐乎。奇怪的是,她来之前感冒咳嗽,两周未愈,昨夜还不断咳嗽,可是今天到了游泳池竟然奇迹般地不咳了！中午气温渐高,我们回屋洗澡后,妻子带女儿去儿童娱乐室玩耍,我打开手机写女儿今天的成长日记。

（十）游戏

2021年6月7日,星期一。

下午4点,接女儿回家,抄近道,走余杭塘路,向西一直到底,左转走东西大道,约200米右转到海潮路,红绿灯处右转,向前50米左转进入钱学森路,路尽头左拐进入狮山路,向前100米进小区大门,到家一看手表,耗时半小时。妻子忙着做晚饭,我陪女儿看动画片。今天看的是《猪猪侠之恐龙日记》,讲的是体壮力大的羽翼龙的故事,说鸟类是由其进化而来。我们一边看一边讨论,约定的40分钟很快就到了。女儿自己关了电视机,我陪她在客厅做游戏。(1)骑大马。女儿拿着《巴啦啦小魔仙》里的魔法棒,戴着公主头饰骑在我的背上,指挥着“大马”向“城堡”进发,兜了几圈之后下“马”休息。过了一会儿,她戴上遮阳帽拿起玩具枪上“马”。“赵司令,你这是要上哪儿啊?”我问。“打仗去。嘚儿,驾!”她学着电视剧里军人的口吻,挥动着玩具枪回答。(2)拼图《动物回家》。十几种动物造型她都认识并能取出打乱后再挑出、准确地放回去。我教她用英语识别,将打乱的动物卡片一一对应地放回模板的“家”里。她玩得很开心。我发现她学得快忘得也快,便有意识地让她多拼几次。这种玩中学,学中玩的游戏对托班的孩子很有效。(3)唱歌。她递给我一把绿颜色的玩具吉他,自己拿起塑料麦克风唱了起来。我拨动琴弦和着她的旋律“伴奏”。《妈妈妈妈我爱你》《小白兔拔萝卜》《葫芦娃》《两只老虎》《小燕子》,她一首接一首地唱着,每唱完一首,我都会鼓掌。最有意思的是,她唱着唱着竟然“编”起歌来:“两只老虎爱跳舞,小兔子乖乖拔萝卜。”有板有眼,还押韵呢！“三只老虎跑得快,跑得快,一只没有耳朵,一只没有尾巴,一只没有脑袋,真奇怪,真奇怪。”我听了忍俊不禁。(4)理发。她拿了小梳子和玩具小剪刀(没有刀片的那种),让我坐在地垫上,她坐在沙发上,一丝不苟地又梳又剪,感觉她拨开我的头发往里面吹气,我问她在做什么。她说:“吹风啊。”我感受着女儿清新的气息。我闭着眼睛享受着这个小理发师的“贴心服务”，心里好感动。（5）捶背。她拿起一个布榔头在我的头上、颈上轻轻地敲打！那种感觉真是难以用言语来表达，一丝淡淡的伤感油然而生……“吃饭啦！”餐厅传来妻子的呼唤。我们父女大手拉小手去了洗手间。我抱女儿上洗漱台，发现她又长高了一截！湿手，搓皂，冲洗，用毛巾擦干，抱着她走向餐桌。

二、语言

语言是交流和思维的工具。幼儿期是语言发展，特别是口语发展的重要时期。幼儿语言发展贯穿于身心发展的各个领域，对其他领域的发展有至关重要的影响。幼儿在运用语言进行交流时，也在发展自己的人际交往能力、对交往情境的判断能力和组织自己思想的能力等，并通过语言获取信息，逐步使学习超越个体的直接感知。

（一）萌芽

2020 年 12 月 21 日，星期一，冬至。

女儿的成长如果用日新月异来形容有点言过其实，但她每天的变化都会让我和妻子感到诧异是千真万确。垂直的父母子女血缘关系已经开始被环境中逐渐渗透进来的横向伙伴关系所影响。言谈举止中，日益增多的儿童名字成为主要的交际语言。依依、琪琪、姝垚、菲菲、嘉欣、跳跳和巴蒂等，满嘴都是一个又一个伙伴的名字。说明孩子与生俱来的自然属性正在为后天环境的社会属性所“蚕食”、所“改造”，家庭影响在社会影响的荡涤下趋向式微，幼儿园集体教育的效果初现端倪，这也正是孩子从自然走向社会的重要时期。女儿由初期的任性号叫变得越来越可以通过对话达至妥协、退让，她的理性思维的种子在和谐家庭与美好幼儿园教育的双重作用下开始萌芽了。攀比心理、从众心理也出现了，看到同班小朋友戴电子手表，与妈妈通话，羡慕极了，要求妈妈也给她买。如何正确引导是一个重要的问题，任重道远，慢慢来吧！

（二）庆生

2021 年 1 月 9 日，星期六。

女儿的生日分两天庆祝。1 月 8 日（星期五）上午，我开车和妻子一起带着前一天给女儿定做的粉红公主水果蛋糕，送女儿去幼儿园。在车上我教女儿屈原《楚辞》中的名句“路漫漫其修远兮，吾将上下而求索”作为送给她的生日礼物。她重复了两三遍之后便记住了，朗诵了两遍。抵达后，陈老师、任老师、黄老师和十个孩子给女儿过了一个简洁、热闹的生日会。老师拍了视频和照片，园长和托二班的家长纷纷发消息祝贺！这美好的时刻经过老师的拍摄，定格为永恒。午饭后，接女儿回家，全家在东北老家（饭庄）吃晚饭。1 月 9 日，我去杭州万向职业技术学院任浙江省小学教育专业师资考试教官，妻子在家做饭，为晚上的生日宴张罗。华灯初上，邀请邻居全家来给女儿庆祝生日。举杯致辞，音乐伴歌，分享蛋糕，女儿很开心。点蜡烛，许愿，吹蜡烛，致谢，一气呵成。3 岁，在女儿的人生中是真正意义上的社会化启蒙的门槛，在我和妻子的心中，其真正意义上的学龄前教育扬起了风帆，希望我们的女儿能够乘风远航，在品德、知识和素质等方面取得长足的进步，全面发展，成为一名合格的公民。我专门为女儿的 3 岁生日赋诗一首，将妻子、女儿的名字嵌入其中。家宴后，张妈妈和其子安安发来语音短信祝贺，女儿回语音短信表示感谢。

（三）鱼儿

2021年1月18日，星期一。

之所以取这个标题，是因为昨天晚上一件突发的事情引发了我的思考。

晚饭后，三楼的胡医生夫妇带着四年级的儿子和幼儿园小班4岁的女儿来我家做客。孩子在客厅玩，我与胡医生夫妇以及他们的儿子在书房里聊孩子教育的事情。送客时，他们的女儿对我女儿大海的金鱼和从池塘捕来的小鱼爱不释手。由于后天一大早我们全家就回东北姥姥家过年，妻子随口说了一句："喜欢就带回家吧！"他们的女儿听了，高兴地端起了鱼缸朝门外走去。大海见状，哭闹起来，不愿意将鱼送人。我意识到这件事情应该先征询大海的意见，大人怎么可以将她的东西随意送人呢？金鱼是女儿大海和妈妈从万达广场买来的，而小鱼是从塔山公园的池塘里捕来的。大海每天都要喂鱼，看着它们，跟它们说话！大海此时的态度弄得客人有一点尴尬，最后还是把鱼留了下来。两家约定，待到春暖花开一起去塔山公园池塘捕鱼玩。入夜，看着女儿熟睡的脸庞，我在想，刚满3岁的女儿跟小朋友玩得挺开心，当妈妈要把自家的鱼送给客人的时候，她立马表现出极大的不情愿，这种瞬间爆发出来的否定的情绪是一种发自内心的对自我利益维护的本能，还是小朋友之间的某种不信任而导致的呢？利他与利己到底哪一个是人的本性？抑或人的本性本身就存在双重性和多端性？人的本性原本就不可以用非此即彼来形容，而应该用既此又彼来表达？这不是一个简单的观念问题，而是观念背后的方法论问题，或者说这是一个思维方式问题，是关于思维的本质、语言的本质，以及思维与语言的关系的问题。

（四）童言

2021年2月6日，星期六。

休闲在家，一天吃两顿饭。午饭后，比女儿大4岁的表哥小龙背诵了一段课文：

"《元日》，宋，王安石。爆竹声中一岁除，春风送暖入屠苏。千门万户曈曈日，总把新桃换旧符。"大海接龙，重复了最后一句"总把新桃换旧符"。小龙(7岁)大叫："大海，鹦鹉学舌。"女儿回喊："我妈妈属蛇！"作为姑夫，我教小龙："书山有路勤为径，大海无涯苦作舟。"小龙插话："我妹妹有牙。嗯，新配的假牙！"女儿来了一句："我吃夜奶，两颗门牙快掉了。"大家笑喷。

（五）假发

2021年2月13日，星期六，正月初二。

"小猪皮格想知道假发是什么。它和爸爸穿过了森林后面的沙地，在一个被遗弃的房子里找到了一些东西。爸爸用头拱住那些东西，然后跑到小猪皮格的面前，说：'我戴了一顶假发。''真漂亮！爸爸，我也想要一顶短小杂乱的假发。'小猪皮格嚷着。爸爸也给它找了一顶假发，戴在头上。它和爸爸一起到小溪边去看自己的模样，一不小心，爸爸的假发掉进了水里。爸爸悲伤地说：'漂亮的东西总是不长久。'小猪皮格安慰爸爸，说：'没关系，还有我的呢！'"说完女儿便把自己的假发拿下来戴在我的头上。"最后小猪皮格跟着爸爸回家去了。走着走着，小猪皮格感觉累了。爸爸便把它举起来放在自己的肩膀上驮着它向家走去。回家以后，正在做饭的妈妈看到爸爸的样子吓了一跳，问道：‘怎么啦？’小猪皮格说：‘没什么。’接着它对妈妈讲了今天发生的事。然后说：‘不过是爸爸戴着我的假发而已，我们要吃晚饭了，请爸爸把假发拿下来吧！’全家人听了哈哈大笑，一起吃晚饭。小猪皮格说：‘妈妈，辛苦了！’饭后，妈妈洗了碗，然后去洗头发了，爸爸跟小猪皮格一起做游戏去了。”（本文前半部分是女儿根据德国儿童哲学家艾克·罗维所著儿童哲学启蒙书改编口述，后半部分由女儿讲述，我记录。）

（六）口误

2021 年 2 月 15 日，星期一，正月初四。

童言无忌，但如果把握不好，童言就会犯大忌，造成覆水难收的后果。这不，昨天给老师拜年，女儿就险些上演这么一出。正月初三，我给初中班主任任老师发消息拜年，很快任老师发消息过来：“过年好！在杭州吗？我想你不会回兰州。发一张你宝宝的照片给我。现在我家没有小孩，看见小孩我就喜爱。”我回消息，说：“任老师好，春节快乐！我在辽宁盖州岳母家过年，正月十六返回杭州。”随手发了几张照片过去，她很开心，用我女儿的照片做了个音乐视频回发给我并发了红包给我女儿。我请女儿自己打开红包。她甜甜地说了一声：“谢谢奶奶！”我挺感动，请她在手机上以语音的方式向爸爸的老师拜年，把同样的话再说一遍，她答应了。我把手机的语音输入端对着她的嘴巴，按下录制键。她迟疑了片刻，说：“爸爸，你的老师不是去世了吗？”我蓦然一惊，迅速取消了录制键，和她解释起来。我的博士生导师鲁洁先生在去年（2020 年）12 月 25 日仙逝，享年 90 岁。我特意赴南京殡仪馆参加遗体告别仪式，回家后连着几天心情沉重，跟妻子、女儿说原本打算 2021 年春节携妻子、女儿去南京给先生拜寿的，不料因先生去世成为遗憾。没想到的是，女儿想起了这件事，并在这个时候提了出来。我告诉她在爸爸的成长过程中有很多老师，幼儿园的老师、小学的老师、中学的老师、大学的老师，还有读研究生时候的老师，她以后也会遇到许多的老师。解释完之后，我又跟她练习了两遍，重新按下了语音录制键。“谢谢任奶奶，祝您新年快乐！”这稚嫩的问候声通过录音方式瞬间便传到了任老师的耳边。年近八旬的任老师随即回复：“嗯，好啊好啊，宝贝的声音很洪亮，和你小时候的声音一模一样，好听！好好地培养孩子，一定是一个不错的小宝贝。”我那颗悬着的心终于释然了。

（七）学习

2021 年 5 月 2 日，星期日。

上午，我运用智能汉字教学有声挂图对女儿进行对比、归类训练。她将西瓜、菠萝归为一类，将蛇、刺猬和大象归为一类，将绿叶和红叶归为一类，将喜鹊和孔雀归为一类，将蝌蚪和青蛙归为一类，将羊和牛归为一类，将乌龟和乌鸦归为一类（两者名字中都有“乌”）。经过我的引导，她将乌龟和白兔归为一类。“乌鸦呢？”我问。“乌鸦，就让它和自己的好朋友归为一类吧！”她回答。在诗词课上，她背诵贾岛的《寻隐者不遇》：“松下问童子，言师采药去。只在此山中，云深不知处。”我发现她其实并不认识字，谈不上诗句和字词之间的对应，而是听着学习机学会背诵的。“松下问童子，锄禾日当午。”对于这样的衔接，她自己也抿着嘴笑。这正是幼儿学习的特点。初级阶段,幼儿知识的学习主要以泛化为主。随着年龄的增长、经验的积累,幼儿知识的学习逐渐由泛化走向分化。在儿童的认知中,沙土状的零散的知识渐渐条理化、精细化和准确化,通过让·皮亚杰所说的“同化”和“顺应”,进而内化为儿童的认知结构。下午看图识字,女儿指着挂图上的鸽子、海鸥和雏鹰编故事:“那(鸽子)是爸爸,这(海鸥)是妈妈,这(雏鹰)是宝贝。爸爸(鸽子)去工作了,嗯,他上课去了。妈妈(海鸥)带着宝贝(雏鹰)去万达广场玩了。宝贝(雏鹰)跟着妈妈(海鸥)回家去了。妈妈(海鸥)做饭。爸爸(鸽子)回家了,和宝贝(雏鹰)看电视。全家一起吃饭。”故事编得有模有样,讲得绘声绘色。在接下来的围棋对弈中,女儿对双子夹一子即为吃子掌握得炉火纯青,把我“杀了个人仰马翻”。晚饭前,我陪女儿看英文版动画片《海底小纵队》。她很有兴致,我在一旁翻译,有拿不准的单词立马在手机上查询,比如海象“walrus”。当看到巴克队长有问题向章鱼教授请教,教授回答不了立马到书架上翻书查找时,女儿问我:“爸爸,章鱼教授爬到书架上做什么?”我说:“在查找资料呀!”女儿问:“为什么爸爸查找资料是在手机上,而章鱼教授要爬到书架上呢?”言外之意是,满屋子的书籍不见爸爸去查询,章鱼教授在通信那么发达的环境里为什么不用手机呢?我不知道这是编剧的纰漏还是有意为之。这个问题引发我的思考:通信技术如此发达的当代,满屋子的纸质书还有存在的价值吗?换言之,还需要不断购买、积累和收藏纸质书吗?入夜,我和女儿看撒贝宁主持的《典籍里的中国》之李时珍著《本草纲目》情景剧,感人至深。女儿的“三忙”让人忍俊不禁:坐在便桶上忙解手,端着盘子忙吃杧果,盯着屏幕忙看节目。“身如逆流船,心比铁石坚。望父全儿志,至死不怕难。”我将李时珍的脍炙人口的励志诗速记下来教女儿读。年初回东北盖州姥姥家过年时,外甥小龙说长大后当警察,女儿说长大后当医生,也许是受了奶奶的影响(奶奶年轻时是医院的医生),或是受了子怡姐姐(营口医院的护士,春节还在加班)的影响。观看此剧也算是对女儿有志当医生的启蒙和熏陶吧。

(八)邂逅

2021年5月4日,星期二。

上午依旧是和女儿的游戏课程:变魔术、看图识字、下围棋和讲故事。之后的体育课带女儿去庭院滑滑梯(顺便取回妻子的快递)。一起玩耍的三个孩子都比女儿大:A1是仓前小学三年级男生,带着在仓前幼儿园上大班的妹妹A2,A3是苕溪幼儿园中班男生。四个人一开始陌生、腼腆、羞怯,但很快就熟悉了。大家在一起滑滑梯、追逐、嬉闹,玩得不亦乐乎。不知啥时下起大雨来,还好是在架空层下,我站在一旁看两桌人打牌,同时关注女儿的安全。忽然听到女儿哇哇大哭,我问她怎么了,她说找不到爸爸了,我说爸爸就在这里啊。她脸上挂着泪珠扭头又和小朋友玩去了。(记得母亲曾说我小时候就是这样)后来,见大家玩累了,雨还没有停,A3的爸爸便提着那只在万达广场领的有一条金鱼的塑料袋蹲在地上,给他们讲动物的故事。大家听得很投入,不断有孩子插话,讨论金鱼是论个还是论条,女儿说论尾。又讨论金鱼吃什么,熊猫吃什么,你一言我一语,大家讨论得很热烈。金鱼吃鱼食和小虫子，熊猫吃竹子，A3 的爸爸说熊猫也吃肉。大家觉得好奇，问：“我们怎么没见到过？”A3 的爸爸给大家讲起了熊猫的故事。我打开手机将之记录下来。

很久很久以前，熊猫是森林中的王者，是吃肉的。随着时光的变迁、环境的变化，很多物种灭绝了，熊猫为了生存不得不改变饮食习惯。其实熊猫完全可以过上吃肉的生活，但是它们有一点儿懒，每天在吃、睡上花费很多时间，活动只是为了玩耍。由于环境的变化，加上竹子能适应恶劣的环境不断生长，熊猫吃了竹子后发现竹子是那么好吃，竹纤维能够填饱肚子又补充营养，何乐而不为呢？慢慢地熊猫变成无竹不欢的食素动物，友好又天真的它们在自然中变成一个与世无争的我们国家的宝贝动物，每天脑子里都是吃、睡，有好吃的竹子，有美好的阳光，渐渐地食肉动物的本性弱化了，但有时它们也会吃一些腐烂的羊肉和鼠肉。不过这种情况很少发生，现在它们之所以会爆发这种习性主要是因为环境的影响，比如怀孕的熊猫出于母性情绪，在它们感觉有危险来临的时候，食肉的冲动就会爆发。就像我们人一样，再善良的人也会有危机感，也会有自己的底线受到挑战的时候，当一切情绪都爆发的时候，自然就控制不住自己从而产生冲动。曾为王者的它们在这个地球上生存了那么多年，不断进化，从暴力者变成温柔可爱的乖宝宝，从当年的森林王者变成了如今人见人爱的宝贝动物，成为我们国家对外友好交流的使者。无论是吃肉还是吃素，对我们来说并没有多大的影响，我们在意的是如何更好地保护它们，永远做我们人类的好朋友。

A3 小朋友的爸爸真的是知识渊博，教育孩子的方式令人羡慕。疯狂的暴雨不知什么时候被这温柔的故事感动而变得细润起来，渐渐地停了。女儿跟小朋友说再见之后跟着我回家去了。

（九）叫卖

2021 年 5 月 5 日，星期三。

“卖瓜喽，卖瓜喽！”我问：“多少钱一斤？”女儿回答：“2 元一斤。”我说：“哦，那我给你 5 元买一斤，好不好？”女儿说：“不好，1 元一斤。”我说：“那我给你 10 元买一斤吧！”（凝视，少顷）女儿说：“好吧！”我诧异。这使我想起经济学历史上一个关于性恶还是性善的争论。性恶论者认为，人心是自私的，唯利是图。市场行为表现为卖者总是要抬高价格，而买者总是要压低价格，讨价还价的结果是大家在一个可以接受的价位上妥协、成交。反之，如果是性善论者，卖方尽量出低的价格，而买方尽量抬高价格（像上述我和女儿的例子），那么就会越来越背道而驰，交易就不可能达成，即便一方作出妥协，达成了交易，得利的一方也会永远背负一笔心理债、人情债和精神债。道德上的自责、内疚就开始发挥作用了，总想着要在实物形态上归还对方、报答对方，为此，人类社会是不是就越来越和谐，越来越文明？实在搞不清楚，女儿是性善论者，还是对这些市场规则一无所知？她不断出低的价格，是一种偶然、一种巧合，还是一种随遇而安的游戏呢？

三、社会

幼儿社会领域的学习与发展过程是幼儿社会性不断完善并奠定健全人格基础的过程，主要包括人际交往与社会适应。幼儿阶段是社会性发展的关键时期，良好的人际关系和社会适应能力对幼儿身心健康发展,以及知识、能力和智慧作用的发挥具有重要的影响。幼儿在与成人和同伴交往的过程中,不仅学习如何与人友好相处,而且学习如何看待自己、对待他人,不断发展适应社会生活的能力。

(一)龙井

2020年10月3日,星期六。

国庆长假第三天,清晨朗诵、抄写《楚辞》。全家人吃完了早饭,9点15分驾车出门,GPS导航走文一西路穿紫之隧道在之江路口出隧道到梅家坞,后又往前开了15千米,到龙井108号18御茶园与先行到达的张老师及其儿子安安会合。御茶园喝龙井茶,吃点心、水果,聊小学三年级《道德与法治》课堂案例教学之"问号后面的三句不知道"。我鼓励张老师将此现象仿着《中小学德育》杂志上的文章诉诸文字,修改之后由我推荐至《中小学德育》,争取发表。下午我带两个孩子爬龙井山,拾级而上,在毛泽东、周恩来当年采茶的地方拍照留念,之后折返下山。下山途中教孩子"Ch—a—茶",一时间山谷茶园、石阶小径回响着我们仨的声音,在那山谷、那云端和那茶丛中飘荡。蝴蝶、蜥蜴、小鸟和飞虫时不时在身旁舞动,呼吸着清新的空气,欣赏着漫山遍野的茶树,聆听着蛙鸣鸟语,让人恍惚真到了陶渊明笔下的世外桃源,不禁想起了《论语·先进》里孔子让子路、曾皙、冉有、公西华几个弟子各自说说自己的志向。轮到曾皙时,他说我和他们三个人想法不同。我的志向是:"莫春者,春服既成,冠者五六人,童子六七人,浴乎沂,风乎舞雩,咏而归。"曾皙所说的与子路等人完全不同,他既不讲从政,也不讲出使会盟,而是刻画一个场景。从这句充满诗情画意的描写中,曲折地表达自己的理想,显得那么从容不迫,甚至有点狂放不羁。思绪至此,我不免有些陶醉,感恩天地,感恩生活,感恩父母,感恩妻女,真是快意人生啊!下午3点多我去停车场开出车子,载着两家人沿龙井路出山,在玉泉路上的仿古一条街游玩。晚饭后,在晚霞中,瞻仰朱淑真铜像,阅读那首著名的《西窗桃花盛开》:"尽是刘郎手自栽,刘郎去后几番开。东君有意能相顾,蛱蝶无情更不来。"根据《断肠芳草远:朱淑真传》中所说,朱淑真在婚前有一个恋人,这人可能是她亲戚家的某一个男子,年龄比她略小。这首诗很可能是朱淑真为那个恋人写的。诗中的桃花也喻指作者的感情。"我"的爱情,"我"的相思,都是你亲手种下的,而今它们在"我"心中泛滥,你到哪儿去了呢?所以作者说"东君有意能相顾,蛱蝶无情更不来"。东君是主管春天的神,春天来了,东君使万物萌生,"我"的种种感情也跟着复苏了,表达了诗人美好的期盼。可是东君有意,蛱蝶无情。这么美好的花开了,就这么孤零零地开着,除了作者,竟没有人来欣赏。蛱蝶这样追寻花朵的生物,此时也是无情的,竟没有来。就好像诗人的相思萌发了,刘郎却不再归来。

与张老师母子在浙江大学玉泉校区北门口握别,张老师有意将安安的一套水彩笔送给女儿,女儿很喜欢,但是安安说啥也不愿意,我劝张老师一定要尊重安安的意愿。趁女儿睡了,我将水彩笔还给安安,安安和张老师打车回家。我驾车约一个小时于晚上6点半左右回到小区,从梦中醒来的女儿第一句话是还想和安安哥哥一起玩。我带着她去取回购买的《日本文化概论》,又去小区门口的干果店花了8元5角买了一根西瓜冰棍。妈妈带她去万达广场游玩,我伏案开始整理照片,写今天的游记。

（二）烤鱼

2020年10月17日,星期六。

昨天下午在浙江大学华家池校区中国矿业大学导师班的师德讲座之后我被专车径直送往杭州市五云山疗养院,参加一年一次的体检。今天上午体检结束打车回到浙江大学,下午在工作室加班,顺便在餐厅吃晚饭。回家途中妻子打来电话说女儿想去江枫渔火(餐馆)吃烤鱼,要我直接过去。抵达时,妻子和女儿已经点好菜喝着橙汁在等候了。女儿看见我来了很高兴,问爸爸去哪里了。我忙着跟她解释。不一会儿热腾腾、香喷喷的烤鱼端了上来。由于我已经吃过晚饭,我现在的任务就是把滋滋作响的鱼肉拣刺少肉厚的部分夹到餐盘里,边将鱼刺逐一挑出边吹凉,放到女儿的小盘子里。女儿自己持小勺大口大口地吃着。我一边挑刺,一边把热米饭放到女儿的小碗里吹凉。她一边吃烤鱼,一边吃米饭,一边喝橙汁,一副大快朵颐的样子。我的喜悦之情油然而生。忽然,她咳了两声,将嘴里的食物吐了出来,竟然是因为一根"漏网"的鱼刺,吓我一跳!幸好没被卡住,她自己把鱼刺吐了出来。我赶紧喂了她一口米饭,她没怎么嚼就吞了下去。一场虚惊!我更加仔细地扒拉着鱼肉,生怕再整出什么事情。这家餐馆经营得不错,有点小名气,晚饭时间常常座无虚席,得排队等号。烤鱼有很多种,蒜香、酱香和十三香,微辣、中辣和重辣,据说还有怪味的,不知道那个怪味是什么味,估计和四川怪味豆差不多吧!我们喜欢吃酱香的,不要辣。其间女儿不知是跟爸爸开玩笑,还是怎么的,几次突然要上厕所!急得我放下手里的碗筷,赶紧拉着她去厕所,可是她一蹲下就说不想拉了,我又得给她穿好,再领回来。好气又好笑,还真奈何不了她!也许这就是天伦之乐吧。这家餐馆的厨师手艺挺好,应了那句老话:"只要功夫深,铁杵磨成针。"致力于做一件事,不断打磨改进,就会出精品。吃好晚饭后,妻子将剩菜打包,准备回家。全家人偎依着行走在深沉的夜色里,街灯通明,丹桂花开,满街飘香,令人心旷神怡。

（三）闺密

2020年10月19日,星期一。

女儿在幼儿园托二班有两个好朋友,也可以说是闺密。一个是小久,一个是欧元。三个人是亲密无间的好朋友。三个人午休时的床也挨在一起。小久送了女儿一只小熊猫玩偶,女儿将自己喜欢的大熊猫玩具回送给小久。小久月份比欧元大,欧元月份又比大海大。女儿在三人中个头最高,却是小妹妹。从性格来看,小久勇敢,欧元温和,而大海相对懦弱一些,遇事不敢主动上前,总是躲在后边。女儿回到家总说在班上小久会护着她,有时候跟别人抢玩具,最后都是小久出面帮大海把喜欢的玩具抢回来。这么小的孩子就有与自己亲密无间的好朋友,这也是人类的本质的一种发生学的表现吧!马克思说,人类的本质就其现实意义来说是社会关系的总和。在托二班里,人类的本质表现得如此鲜明,还真是值得我们教育工作者深思。

（四）过错

2021年2月12日,星期五,正月

初一。

今天是2021年牛年春节正月初一。全家人起个大早，舅妈给了女儿一个200元的红包，妻子拿了一个新的红包袋把钱装进去回给了外甥小龙。女儿好奇地看着两张她称作“票”的钱，并不因得到钱又失去而感到恼怒和怨恨。比她大4岁的小龙指着钱，问我怎么能知道是不是假钱，我教了他几个辨别的方法。他答应把钱交给他妈妈。吃完饺子，大家一起去邻居家拜年。回来后，小龙在他妈妈的督促下开始写作业，女儿在一旁，一会儿要画画，一会儿要写字，还总是去拿表哥的铅笔、橡皮和尺子，小龙气得对她吼叫。可能是因为家里不断来人(拜年)，人来人往，女儿觉得没人跟她玩，心理不平衡，所以总是弄出点动静，搞点恶作剧，以引起大人的关注。她抢夺文具，掀翻炕桌，打翻茶水，撒了一炕的水果和瓜子皮，气得大人直想呵斥她。孩子有时候不懂事，会闯一些小祸，做一些让人哭笑不得的事。正月初一出现这种情况，千万不要吼孩子，不然会弄得孩子一个春节都不愉快，大人也难受，孩子有自尊心，要以教育为主。无奈之下，妻子和舅妈带着小龙和大海打车去城里儿童游乐城玩，憋在家里总不是个事儿，说好下午回来吃饭。

（五）公平

2021年2月25日，星期四，正月十四。

给女儿大海和外甥小龙(小学一年级学生)讲歇后语：猪鼻子插葱——装象。两个孩子听后竟相模仿起来。女儿将两支墨水笔插进鼻孔，小龙将两支铅笔嵌入鼻孔，像两头大象在原野上嬉戏。我教他们英语的象是“elephant”。女儿学过这个单词，连声叫着：“elephant，elephant。”小龙也跟着喊：“我是elephant。”我爬上炕去装作一头老象，他们装作两头小象，轮换着上来骑老象，玩“骑象游戏”。我们仨好开心。令我诧异的是，他们争先恐后地趴在炕上叫别人来骑自己！我仔细观察，发现在孩子内心深处有一种原始的公平追求，那就是“既然我骑了一回，那么我就应该当一回老象”。女儿是这样想的，也是这样做的，小龙也是。原来，孩子对公平的感受和渴望是与生俱来的！在孩子幼小的心灵中，公平是第一位的，这种角色的轮流担当，才有真正的存在感，以及油然而生的愉悦和幸福。这不正是我们幼儿教育工作者所期待的儿童品德教育的目的和效果吗？

（六）家务

2021年3月26日，星期五。

女儿开始主动帮助妻子和我做家务了，这使我倍感欣慰。妻子是一个勤快的人，爱干净，在家闲不住，不停地拖、扫、擦、洗、种菜和栽花，家里有条不紊，一尘不染。女儿跟在她屁股后边做这做那，憨态可掬。如果说在这之前女儿的举止是下意识地模仿，今天的行为已经有了明确的主观意向了。晚饭后，我在厨房收拾东西，女儿把餐厅的空碗空碟剩菜剩饭一盘盘送给我，说：“我帮爸爸洗碗吧！”发展心理学研究表明，从小做家务的孩子与不做家务的孩子在人生发展过程中，个性品质、人格养成有明显的差异性。做家务的孩子责任心强，有担当意识，知道体谅别人、怜悯弱者，生活幸福感强。而不做家务的孩子则有可能生活自理能力差，共情意识、责任感弱。身为教师，我看到自己的女儿在妻子的积极示范和引领下，3岁就有主动做家务的意识，顿觉意义深远、责任重大。家长要抓住这个契机，因势利导，潜移默化，努力培养孩子的劳动意识。

（七）化育

2021年3月28日，星期日。

“子曰：有朋自远方来，不亦乐乎。”（《论语·学而》）四十多年没见的张学姐和她的丈夫来杭州，我们在老余杭万达广场外婆家（餐馆）欢聚，品杭帮菜，饮稻花香（酒），畅述友情。相谈之下，才知张学姐是大连人，与我妻子娘家营口相邻，顿有“亲上加亲”之感。女儿奶声奶气地叫张学姐奶奶，张学姐说叫姑妈。也许在女儿眼中，年龄大的女性都是奶奶，对“姑妈”这一称谓颇感陌生，有点不知所措。在妻子的启发下，女儿略显羞涩，怯怯地叫了一声姑妈。张学姐非常喜欢这个聪明伶俐，大眼睛小嘴巴的侄女，塞给她一个200元红包。这可如何是好？张学姐年长我11岁，退休十多年了，与丈夫出来旅游，路上花费不少。推辞不过，恭敬不如从命，妻子便替女儿收下了，毕竟是张学姐的一份心意。能够在这美丽的西子湖畔与分别近半个世纪的张学姐重逢是莫大的缘分。是夜，在绿汀路地铁站与张学姐及其丈夫握别，互道珍重，相约今年8月8日兰州班级聚会时再相见。晚上，妻子洗澡，女儿给她搓澡。之后在女儿专用的澡盆里注入温水，妻子给女儿精油泡澡。我将女儿用过的洗澡水倒进一个大盆。这些洗澡水可以用来拖地、冲厕所。一水多用，节约资源，保护环境。全家人这样做对女儿是一种潜移默化的影响，而这种教育会内化成她的生活习惯，对她成年之后的个性品德与生活态度大有裨益。我希望女儿长大后继承自己的衣钵去做教师，若能如愿，我希望这种对自己、对他人、对社会认真负责的生活方式代代相传。“子曰：其身正，不令而行；其身不正，虽令不从。”（《论语·子路》）“子曰：‘善人为邦百年，亦可以胜残去杀矣。’诚哉是言也！”（《论语·子路》）

（八）警铃

2021年5月19日，星期三。

昨天上午，在王老师的综合英语课上收到浙派名师研究院翁老师介绍去海南省东方市讲学的邀请，欣然允诺。下午与西南大学基础教育集团刘老师商定星期五飞三亚市，星期六讲学，星期日返杭。晚饭时与妻子、女儿商量是否可以来一次说走就走的旅行。妻子说没去过三亚市，女儿咳嗽明显好转，但是辽宁营口和安徽六安等地近日又疫情反复。我当即向刚从海南驾车返回兰州的王兄咨询。他说海南没有疫情，正值旅游淡季，适合前往，建议我们全家早去几日在三亚市玩，遂与妻子、女儿决定明日便飞三亚市。与邀请方刘老师商量，他在网上帮我预订了机票、酒店，约好星期五晚上在东方市见面。这样我们一家可以有三天时间游玩。今天中午12点30分全家人打车到金星站乘地铁5号线，在打铁关站换乘地铁1号线抵达机场，全程43千米，耗时两小时。办好登机牌后，妻子带女儿去第三卫生间（为婴幼儿等特殊旅客专设）如厕。忽然铃声大作，卫生间门自动打开，妻子、女儿惊恐而出。原来是女儿在如厕洗手之后等待妈妈时，看到红色急救按钮，不明事理的女儿条件反射地按了下去。铃声引来一位上了年纪的清洁工，她跑进去想按下止鸣阀，却怎么也找不到！在铃声中一辆警车呼啸而至，下来5—6位荷枪实弹的警察,领头的警察询问发生了什么。女儿看到全副武装的警察吓得哇哇大哭!我一边哄她,一边向警察解释情况并道歉。几分钟后,铃声消失了,警察弄清楚事实后,倒是什么也没说,挥挥手上车走了。女儿惊魂未定,一脸沮丧。妻子严肃地告诫女儿以后不许乱碰按钮。女儿知道了自己的错误,乖乖地拖着她的粉红色行李箱跟着妈妈、爸爸向B34号登机口走去。

(九)尿渍

2021年6月14日,星期一,端午节。

今天过节,妻子在家剁菜调馅,和面,包菠萝叶饼。我带着女儿识字、下围棋和做游戏,之后到庭院滑滑梯。女儿惊叫道:“哇,滑梯上有一大泡尿。”我定睛一看,果然有,诧异地发现另外的滑梯上也有。几桌打牌的老人喧闹声不绝于耳,遂带女儿回家。下面是我们的对话:“刚才滑梯上的尿是谁尿的?”我问。“是小孩子尿的吧!”女儿回答。“有没有可能是动物尿的呢?”我问。“动物应该不会尿那么多,那么多(一大泡)尿可能是小孩子尿的吧!我也不确定,应该是人尿的。”女儿说。“如果是人尿的,是大人还是小孩子呢?”我问。“应该是小孩子吧!”女儿回答。“小孩子会尿那么多吗?有没有可能是大人尿的呢?”我又问。“有可能!”女儿说。“大人跑到儿童滑梯上去撒尿吗?那也太说不过去了吧!”我说。女儿喃喃自语:“会不会是猫尿的或者是狗尿的?猫不会尿那么多,嗯,肯定不会。到底是小孩子尿的还是大人尿的?应该查一查,我觉得应该是小孩子尿的。”我又问:“为什么大人不擦掉呢?”女儿回答:“大人可能觉得臭,就不去擦。”我又问:“那应该在公共场合撒尿吗?(任凭自家孩子撒尿而不去处理)其他小朋友去滑滑梯会怎么样呢?”女儿回答:“会把衣服弄湿,会感冒,尿沾到衣服上会臭。”我又问:“那你觉得是不是大人尿的呢?”女儿回答:“我觉得会是很大很大的动物尿的,也可能是人尿的。”我追问:“是什么人尿的呢?”女儿回答:“我也不知道,是不是其他爸爸尿的呀?应该是小孩子尿的,他们怎么不用纸巾擦干净呀?”我又问:“如果是你,会在滑梯上撒尿吗?”女儿回答:“我可不会。我会去厕所尿或者回家尿。”我问:“那我们看到那泡尿后该怎么办呢?”女儿说:“我们应该把它擦掉。”我说:“我们已经回来了,现在我们去擦吧!”女儿说:“不,现在不能去。”我又问:“为什么呢?因为它很臭,是不是?”女儿说:“我想让别人去擦。”我追问:“让谁去擦呢?”“谁啊?”女儿皱皱眉迟疑了一下,说,“那,那,让那个阿姨去擦吧!”我知道女儿说的是小区庭院里负责打扫卫生的清洁工。

(十)巴蒂

2021年6月18日,星期五。

巴蒂斯图塔是当今世界绿茵场上的超一流射手,阿根廷霹雳先锋,具有“战神”的美誉。杭州师范大学幼儿园的巴蒂,是托二班上的一个“小帅哥”。他爷爷是大学体育系的教授,给孙子起了一个球星名字,寄托了教授对中国足球的热爱和期望。这周星期二小朋友知道巴蒂生病后,给巴蒂打了电话,又做了慰问卡片送给他。女儿回到家说巴蒂生病了,没来上幼儿园,托二班的全体小朋友给巴蒂做了慰问卡片,祝福他早日恢复健康。小孩子经常会有头疼脑热的,今天家长才知道,原来是这么一回事儿,家长群里全是祝福的话语。巴蒂的爸爸曹老师说,巴蒂是在龙泉路的吉客蹦床公园玩的时候股骨骨折。5岁前千万别带娃去！如果要去，从高处滑落一定拉紧了。张闻璁妈妈说，去年暑假她大儿子也是这样受伤的。当时他大儿子是三岁半，在家里床上跳着玩，一不小心力没用均匀，肱骨骨折了！余杭区第二人民医院不治疗，让赶紧去浙江省儿童保健院！家长真的要留心，这个年龄的娃，胳膊、腿真的太脆了！回家后，我把这些讲给女儿听，嘱咐她以后玩游戏的时候一定要注意安全。女儿说等巴蒂好一点，要让爸爸、妈妈带她去看望巴蒂，还要跟他一起玩。我听后内心暖融融的，为托二班孩子之间纯真的友谊感到高兴。我微笑着点头答应了女儿。巴蒂，快点儿好起来呀！小朋友都想你。

四、科学

幼儿的科学学习是幼儿在解决实际问题的过程中发现和理解事物本质和事物之间关系的过程，主要包括科学探究和数学认知。幼儿在对自然事物的科学探究和运用数学解决实际生活问题的过程中，不仅获得丰富的感性经验，充分发展形象思维，而且在感知具体事物的基础上初步尝试归类、排序、概括和抽象，逐步发展逻辑思维能力，为其他领域的深入学习奠定基础。

（一）方向

2021年1月20日，星期三。

本月15日，午饭前带女儿去庭院用望远镜看大鸟，顺便滑滑梯。在回家的路上，女儿觉得方向不对。“应该是这边。”说完，她掉头向相反的方向走去，那正是我们来时的路。我愕然，女儿已经有了方向感。虽然她还说不清东南西北，但是在目的地与路径关系上有了明确的方位知觉。昨天（19日）早上8点10分，在杭州东站的站台上等候高铁列车入站时，女儿指着停在隔壁轨道上的两截相向而挂的高铁列车问我：“爸爸，为什么两个（车头）停在一起呢？如果这边的车头开动不就与那边的车头相撞了吗？”我解释：“两个车头挂在一起，在开动的时候，它们会同时发力，保证列车高速行驶。当一个往前开的时候跟它挂在一起的另一个就会向后退，保证大家都是朝着一个方向前进。”她疑惑地望着我。下午5点多，我们在锦州南换车。晚上8点钟进站准备乘坐列车去盖州西的时候，她又指着两截相向而挂的列车，问了相同的问题。我又比画着解释了一遍，她眨巴着眼睛做思考状。今天上午，在姥姥家的热炕上，她又提到两列相向而挂的列车会不会发生碰撞的问题，我又仔细解释了一遍，不知道这回她听懂了没有。通过这件事，我感觉女儿开始思考方位问题。这是孩子在社会化过程中一个重要的认知。反倒是我需要思考如何用3岁孩子能够听懂的语言，把这个问题解释清楚。

（二）识数

2021年1月23日，星期六。

晚上和女儿一起观看三只白鹅的视频，目的是想跟她一起数数，培养她的数字概念。我用讲故事的方式。“院子里来了一只白鹅，过了一会儿，它的好朋友，另一只白鹅走过来找它。现在院子里有几只白鹅啊？”女儿回答：“两只。”“过了一会儿，有一只白鹅来找妈妈。现在有几只白鹅了？”女儿回答：“三只。”“原来它们是一家呀，三只白鹅过得好开心啊。后来有一只白鹅到它们家做客。现在一共是几只白鹅?”女儿伸出四根手指,说:“四只。”“最后,又来了一只白鹅。现在一共是几只白鹅?”女儿伸出五根手指,喊道:“五只。”我不禁喜从心来。原来,孩子的数字意识也是要从零开始培养的。

(三)上课

2021年3月20日,星期六。

今天是二十四节气中的春分。“雪入春分省见稀,半开桃李不胜威。应惭落地梅花识,却作漫天柳絮飞。”(苏轼《癸丑春分后雪》)春分时节,在欢送雪和梅花的同时,分享春天的桃李和柳絮。周末,一天吃两顿饭,既省事儿,又可以减肥,还可以节省出时间多记几个句型。上午10点多,和女儿一起“上课”。“上课了,上课了。”女儿摇响了铃铛。随着清脆的铃声响起,大海习惯性地喊了一声:“Stand up。”我们起立互相鞠躬。“Good morning, sir。”她说。“Good morning, my daughter。”我回答。“Sit down, please!”她接着说。我们坐下来。第一节课是诗歌朗诵。她竟然会背诵骆宾王的《咏鹅》、孟浩然的《春晓》、李白的《静夜思》、李绅的《悯农》、王之涣的《登鹳雀楼》和李白的《望庐山瀑布》。我明白这是每天早晚往返幼儿园途中妻子在车里播放的《幼儿读诗词》里的内容。现在她都能背诵,这让我很开心。复习了熟悉的内容之后,我们一起学习杜牧的《清明》。第二节课是数数,用点读的方式从1数到10,她很快便掌握了。要求倒数回来(逆运算)时,她却觉得困难。我仍然用点读的方式教,但女儿要真的掌握还需要时间。第三节课是围棋,学习两子夹对方一子为吃子的内容。大约过了一刻钟,她提出要摆“造型”,只见她很快地用混色棋子在棋盘上摆出一条曲线,说:“这是小溪。”原来在她的心中小溪是这样的。接着在原来的基础上,她摆出一个丁字形图案,眨着眼睛,认真地对我说:“这是弓箭。”仔细端详,真有一点弓箭的样子。她强调棋子不能摆到(棋盘)外边去——规范意识显露——在低幼阶段训练孩子的规范意识相对容易。第四节课是英语。对着汉英对照的儿童识字动物图案,温习了之前学习的内容,然后是教新的内容。对于比如蚊子(mosquito)、海豚(dolphin)、企鹅(penguin)、喜鹊(magpie)、燕子(swallow)、鳄鱼(cayman)、斑马(zebra)、长颈鹿(giraffe)等一些发音奇怪的连我也没有掌握的动物名称,女儿会要求我在手机上查询好读音后播放给她听,她跟着复读。这种主动学习的劲头让我这个做教师的父亲有了一种全新的体验,那就是家长要随时关注丰富多彩的生活对孩子生命成长的积极影响,和他们一起学习,探明这些现象和符号蕴含的意思。儿童的学习具有很强的随意性、情境性、多发性和盲目性。孩子年龄小,记得快,忘得也快,要反复诵读,加深记忆,久而久之,学习效果便会显现出来,孩子的素质也会提升。每节课15—20分钟,今天四节课连着上。结束时我去了洗手间,妻子准备带她去万达广场的游乐场玩。女儿隔着门喊:“爸爸,你好了吗?我们还没敲下课铃,还没说‘Goodbye, sir’呢!你也没说‘Goodbye, little friend’呢!”

(四)失手

2021年3月23日,星期二。

自从上星期二女儿生病在家休息,去万达广场的游乐场玩便成为妻子和女儿的“必修课”。可今天晚饭后她们去了不一会儿就回来了。我在家刚学习了一下英语就听到女儿敲门的声音。我诧异地问道:“今天怎么这么快就回来了?”原来是女儿看到儿童用品专柜上的冰激凌造型双层透明塑料保温杯，很是好奇，随手拿来玩时掉到地上碎了。虽然当时货架旁并没有服务员，妻子还是带着女儿拿着摔坏的杯子到服务台道歉，履行赔偿义务，按照原价35元一个，付钱将杯子买回了家。途中，妻子批评了女儿不经大人同意擅自取下商品掉落摔坏的举动。女儿认识到自己的错误，没哭没闹，乖乖跟着妈妈回家来。我充分肯定了妻子的做法，孩子就是要从小教育她知错就改，为自己的行为承担责任，一次实际行动比说教更重要。接下来妻子用502胶水将摔裂的杯子一点点地粘好，在粘贴处撒上金粉，修复好后的杯子看起来比原来还要漂亮。女儿快乐地参与其中。这件事让我认识到：家长对孩子的过错要坚持正面引导，明确指出，一是一，二是二，不掩饰，不偏袒。生活中合情合理地批评教育，实事求是地说明是非，能在孩子幼小的心灵中播下公平、公正、主动承担的种子。在孩子日后的成长过程中，这粒种子会破土、发芽、开花、结果，最终成为孩子良好品德的一部分。教孩子识字、数数、学英语固然重要，但与开发智力同等重要的是培养孩子的规范意识、责任意识和担当意识。道德启蒙要从幼儿抓起，让孩子认识到由于自己行为不当造成的后果必须由自己承担，用实际行动去改正。虽然孩子现在没有承担责任的能力，但是这种意识要尽早培养。从小培养孩子的道德品质，为她将来走向社会，做奉公守法的合格公民奠定基础。

（五）月报

2021年4月2日，星期五。

为了全面促进幼儿健康发展，托二班老师和家长一起建立了儿童成长册，要求父母捕捉幼儿成长的瞬间并记录下来。内容分别是学习品质、同伴交往、身体健康、语言阅读、创造性艺术和科学探究。孩子学习，是否积极主动？是否有计划？遇到问题是如何想办法解决的？同伴交往，孩子是否有分享、合作的意愿？是如何表现的？遇到冲突是如何解决的？女儿喜欢听故事，每天晚上睡觉前总是要求妈妈给她讲故事。我给她买了一套儿童成长系列故事，比如《长颈鹿与小兔比高矮》《鸡妈妈与小宝宝》《傲慢的小孔雀》《好孩子懂礼貌》《小马过河》等。她常常会边听故事边提问题，直到睡着。此外从本周起，在接送孩子的途中，妻子将原先的听儿歌变为听儿童版的配乐唐诗宋词。将孩子的学习由碎片化向计划性靠拢，将教育渗透生活细节。父母和孩子一起下棋、游戏、看动画片（严格控制时间，选择内容），注重培养孩子的动手能力。比如有小朋友来家里玩，两人争夺玩具，发生冲突时，女儿会哭闹，但在妈妈的劝说下她会破涕为笑，跟小朋友重归于好，主动把玩具让给小朋友。女儿的童言稚语，主要是受《海底小纵队》《汪汪队立大功》《超级飞侠》等动画片的影响，令人忍俊不禁。外出时女儿喜欢打抱不平，对于不认识的小朋友的一些不礼貌行为会主动上前制止或纠正。在创造性艺术方面，女儿的审美情感显露出来，喜欢美的事物，穿衣服有自己的想法，喜欢粉红色，喜欢老师扎的辫子。“妈妈，别把我的头发弄乱了。”“你的这些衣服和高跟鞋不要穿了，留给我长大了穿吧！”喜欢画画，喜欢音乐、走秀，喜欢唱歌、跳舞。运动方面，玩滑板的技术明显提高，起步、加速、疾驶、转向、刹车和躲避,都做得很好。喜欢力所能及的体力劳动,帮助妈妈晾衣服、拖地,收拾衣橱,栽花种草,端碟送碗。对姐姐的旧衣服,虽然有的颜色不喜欢,但是她会穿,不排斥。

女儿的缺点是胆小。在看电视的时候被小朋友因为吃东西狼吞虎咽而被噎住的场面吓得哇哇大哭,表示不要看了,要求关掉电视机。音响声音过大她也会被吓哭。上星期日去杭州动物园看杂技表演,装扮美猴王的演员一出场,女儿竟然被吓哭了。常常晚上睡得晚,而早上又起不来,被妈妈催促起床时故意拖延。夜里总被吓醒,说做梦梦见大鸟了,大鸟就落在我们家的窗户上,她特别害怕那只梦中的大鸟。"我要拿石头把梦中的那只大鸟打死。"女儿愤怒地说。"为什么呢?"我问。"它会咬我。"女儿说。"它咬你了吗?"我又问。"没有。"女儿说。"对呀,你要真的把大鸟打死了,它的爸爸、妈妈多伤心啊!比如,你如果被人打了,爸爸、妈妈多伤心啊!"我继续说。妻子有针对性地进行教育,在动物园中指着猛禽园中的大鸟,说:"大鸟是人类的好朋友,人类要跟各种动物和平相处。"

(六)清明

2021年4月4日,星期日。

杜牧的《清明》脍炙人口,其意境、旨趣感人至深。学界至今流传着由于断句不同而形成不同体裁(诗体、词体与散文体)的佳话。诗体:清明时节雨纷纷,路上行人欲断魂,借问酒家何处有?牧童遥指杏花村。词体:清明时节雨,纷纷路上行人,欲断魂。借问酒家何处?有牧童遥指,杏花村。散文体:清明,时节雨,纷纷。路上,行人欲,断魂。借问,酒家何处?有牧童,遥指杏花村。今年清明节,我家纪念亲人的方式发生改变,不再去街头烧纸焚香,磕头跪拜,而是采用三种方式来表达哀思。一是应杭州师范大学纪律检查委员会的邀约写了《怀念父母》的文章,以纪念父亲去世四周年暨父亲百年诞辰,此文入选专集将由浙江大学出版社于今年7月正式出版。二是写了怀念我父亲和母亲的随笔《小茆和小表》,拟投《解放军文艺》,争取发表。三是在清明节之夜,全家人在爷爷、奶奶的戎装照片前肃立,一起背诵杜牧的《清明》,缅怀他们的养育之恩。我口述,女儿复述。"爷爷、奶奶,你们还好吗?我是你们的孙女大海,爸爸说奶奶在世时说过,若是以后生了孩子,就叫大海。虽然我没有见过你们,但是你们带给我美好的生活。我和爸爸、妈妈感恩你们,我们永远怀念你们。爷爷、奶奶,安息吧!一鞠躬,再鞠躬,三鞠躬。祭奠仪式结束。"以后每年的清明节,我们都将以这种文明、儒雅、简洁的方式纪念亲人,发扬中华民族的传统美德。

(七)提问

2021年4月11日,星期日。

儿童认识世界是从探究发现开始,进而提出问题,寻求答案。尤其是儿童3岁以后真正开始观察、感知、了解这个世界的时候,总是以问题为起点,以问题解决为终点,再提出新的问题,寻求新的解答,周而复始,不断循环,伴随儿童的成长,这也是儿童学习的本质所在。午饭前,我在厨房整理,妻子在做饭,女儿大海站在门口问道:"爸爸、妈妈,为什么(炉)火的下面是蓝色的,上面是黄色的?为什么胡萝卜是橙色的,菠菜是绿色的?为什么那个烧水壶是白色的?为什么蛋炒饭里的胡萝卜要去皮呢？为什么这个（灶头的）火要关掉，而那个（灶头的）火还开着呢？”女儿的问题像连珠炮似的“打”过来。妻子说这属于科学教育的范畴，请爸爸回答吧！女儿皱着眉头，瞪着眼睛，说：“爸爸，这些都是为什么呢？”“嗯，先说第一个问题吧，火之纯为蓝，海之阔为蓝，天之高为蓝，梦之深为蓝。”我想起了三十年前应邀去宿迁洋河酒厂参加座谈会时的情景（正是在那几天的讨论中产生了如今名震遐迩的蓝色经典洋河系列品牌），还没说完，妻子打断了我的话。“你这样解释太高深了，她听不懂，还是通俗一点吧！”“好，那我就通俗一点，火的下面是蓝色的，是因为火之纯为蓝。刚从煤气管道里出来的火焰很干净，没有杂质，燃烧时呈蓝色；空气中有杂质，火焰就变成黄色的了。胡萝卜之所以是橙色的，是因为胡萝卜里面含有一种叫胡萝卜素的成分。而菠菜是含有叶绿素的植物，所以它是绿色的。那个烧水壶之所以是白色的，是因为白色属浅色调，比较淡雅，给人一种干净的感觉。其实水壶有很多种颜色，可以满足不同人的喜好。做蛋炒饭或者炒菜时，胡萝卜一定要洗干净切成丝或块，去皮是因为根生长在土里，不容易洗干净，吃的时候口感也比较差，所以要把皮去掉，也是为了我们的安全和健康。做饭时一个火关着，另一个火开着，那是因为在这个灶头上面做的汤已经熟了，火就关了，而那个灶头上的菜还没有熟，还要继续炒，就得开着（火）呀。”儿童世界是由问题组成的，每一个孩子的认知发生、精神发育都遵循规律。记得我刚走上讲台时，父亲讲过一件我幼年时的事。5岁那年，有一次我坐在爸爸自行车的横梁上跟他去公司值班，行至半道，我指着一处墙壁上的标语问父亲：“爸爸，那上边（画着的）一个萝卜和一个苹果是什么意思？”爸爸好奇地停下自行车，倒退回去，看到路边居民住房的空白墙壁上有一句用红油漆写的口号“毛主席万岁”，五个字后面是一个酷似竖着的萝卜和圆圆的苹果组合的符号。父亲笑了，说那是感叹号，进而给我讲了感叹号所表达的意思。对这件事我全无印象，但父亲的话语在我脑海里留下了深刻的记忆。我有今天的生活与幼年时接受父母的谆谆教导直接相关。如今我正在自觉地将这一做法传递到女儿和学生的教育中去，让这种良好的家风代代相传，让我们的国家人才辈出。

（八）幼蚕

2021年4月27日，星期二。

春夏之交，按照教学安排，托二班老师给孩子每人发了两条幼蚕、一片桑叶。女儿马上给它们起了名字，一条叫毛毛虫，一条叫蚕宝宝。老师要求孩子仔细观察幼蚕的生长过程，给它们打扫蚕屋、换桑叶，和爸爸、妈妈一起去野外寻找、采摘桑叶，并和家长一起详细地记录下来。带回家的幼蚕第二天早上死了一条，女儿有一点伤感，说幼蚕可能是没有吃肉，饿死了。妻子说蚕宝宝不能吃肉，它们最喜欢吃桑叶。第二天放学时，老师又发了一条幼蚕，女儿欢天喜地地捧回家，坐在妈妈的古琴桌旁饶有兴致地观察了很长时间。晚上9点多，都睡在床上了，她想看看蚕宝宝和毛毛虫有没有睡觉，又爬起来跑到客厅看了好一会儿。今天是第三天，回家途中她都在谈论幼蚕。微信群里有不少家长上传了照片，都是孩子在观察幼蚕。一进家门，我带着女儿和她的幼蚕到书房做“作业”。两条像女儿小指指甲盖大小的蚕，一条直挺挺地立着，一条静悄悄地躺着。我们以为它们死了，轻轻地拿干毛笔触碰。哦，还活着，不知它们是在观望还是在思考，抑或是在睡觉？总之，它们是那样聚精会神，一动不动！桑叶被吃出了好几个洞。女儿拿着我准备的彩笔开始画蚕，我先用绿色的蜡笔画了一片巴掌大小的桑叶，她用红笔在桑叶上面画了一个圆圈，看上去像是被幼蚕咬出来的洞。女儿说那不是洞，是草莓。经她一说，看起来还真有一点绿叶上放了一颗草莓的感觉，继而她在红圆圈里点上杂乱的黑点，(这是我上个月教给她的画法，她完全记住了)越发像一颗鲜活的草莓。她不知在哪里找到了一块像她小指形状的商标牌，又有一点像蚕的形状。女儿把它放在绿叶上，围绕四周把轮廓线描画下来，真像是一条蚕！我把这一切都用手机拍摄下来。她再在那条蚕上画上小黑点，表示它的眼睛。她又指着草莓说，这是蚕的食物。“那它们吃了会不会拉肚子呀？”我问。“不会的，肯定不会。”女儿回答。一幅蚕莓图就这样完成了。“为什么只画了一条，还有一条呢？”我问，一扭头，发现女儿已经跑了。原来，她跑到餐厅吃妈妈煎的牛排去了。

（九）“养”猫

2021年6月15日，星期二。

去年7月女儿两岁半时，我去四川南充讲学，在著名教育家鲁洁先生的家乡阆中给女儿买了“摇篮猫”(一大一小两只毛绒猫在一只摇篮里，一碰就会喵喵叫)。至今快一年了，女儿对猫的迷恋竟然到了爱屋及乌的程度，经常会讲她“养”的猫多么好。我家阳台经常有几只流浪猫寄宿，女儿讲那是她“养”的。夜里她洗了精油浴，披着湿漉漉的头发来书房，讲她“养”的猫是一个“工作大师”，(猫)做了一支很大的冰激凌，还做了一只非常美丽的天鹅。喜欢猫说明她内心有一种情愫，一种向往。据说养狗的人和养猫的人具有完全不同的性格。养狗的人果敢，顽强。养猫的人温柔，善良。喜欢狗的人选择被爱和依赖。喜欢猫的人选择爱和被依赖。爱狗的人浪漫，比较宽容和幽默。爱猫的人精明，比较小心谨慎，观察力强。养狗的人恋家，喜欢运动，性格开朗，富有责任心。养猫的人现实，爱好艺术，性格内向，喜欢独来独往。喜欢狗的人喜欢热闹……我不知道这些说法是不是准确，感觉女儿两种性格兼有，稍微倾向于爱猫一族。我也想过买一只猫给女儿养，可是妻子坚决不同意。我知道，养猫比较费劲，要操持它的吃喝拉撒睡，还要给它洗澡、刷毛，有个感冒发烧什么的还要带它去宠物医院看医生，麻烦着呢，并且家里会有异味。妻子不许在家里养猫，女儿也就只能“养”玩具猫了。她只能空想自己是“爱猫主义者”，继续自己的美梦。

（十）混沌

2021年6月30日，星期三。

混沌的认知结构如同一团雾气、一块白板、一块泥巴和一块石膏，处于知识的泛化时期，这是三岁半儿童特有的一个阶段。这个时期的儿童非常喜欢尝试。按照巴甫洛夫的观点，探究意识的出现是一种条件反射。孩子看到任何新奇的东西都要伸手去拿，摸一摸，玩一玩；张嘴去吃，尝一尝，品一品。结果往往是，经孩子之手的东西，要么掉到地上打碎，要么撒得到处都是。心理学研究表明，这是一种特殊的泛化时期，小肌肉和大肌肉的精细化，还远远没有到来，出现这种结果，儿童没有预料到。如何让此时期的儿童能够学会为自己的行为负责？这不但是一个意识教育问题，而且是一个生理上小肌肉、大肌肉不断协调以适应生活的过程。喜欢画画，但是在画画的过程中随心所欲地乱涂乱抹，没有明确的主题，更谈不上什么章法，也许这就是童真的表现吧？昨天，妻子将朋友寄来的电子画板给女儿玩。打开之后，女儿找到按钮，一按这个按钮就可以将电子画板上涂鸦的痕迹抹去。只见她一边用笔反复地在画板上激烈地又戳又打，一边不断按消除涂鸦痕迹的按钮。这样的操作很容易损坏电子画板，我耐心地讲给她听，要求她按照说明书的规定去做。这个电子画板在她眼里就是一个玩耍的器具。经过一段时间适应之后，她便比之前"文明"一些了。她喜欢的美人鱼、金发公主和人偶玩具，也都经过了这样的时期，现在她都是轻拿、轻放，以礼待之。妻子发现了这一点，专门给女儿配备了硬塑质地的餐具，掉了再捡起来，不会打碎。看来，父母教育孩子，既是艺术，又是哲学；既是科学，又是美学。父母得集教育家、心理学家、材料学家、玩具学家、行为学家和气象学家于一体。养育孩子的过程，也是成人自己学习、完善的过程。

五、艺术

艺术是人类感受美、表现美和创造美的重要形式，也是表达自己对周围世界的认识和情感态度的特有方式。幼儿艺术领域的学习，关键在于充分创造条件和机会，在大自然和社会文化生活中使幼儿萌发对美的感受和体验，丰富其想象力和创造力，引导幼儿学会用心灵去感受和发现美，用自己的方式去表现美和创造美。

（一）野炊

2020年10月1日，星期四。

国庆长假第一天。早上5点30分起床，朗诵、抄写《楚辞》。早饭是红薯、馒头和麦片粥。9点多，陈继旭和女儿果果（小班），陈飞夫妇和儿子添添（二年级），与我们一家人驱车赴径山景区游玩。抵达时已经快11点了，我们在酒店吃午饭。三家欢聚，很开心。之后我们来到景区溪水旁的观景台，铺上垫子席地而坐，吃水果、零食，孩子讲故事、跳舞、做游戏，大人聊天，交流带娃的心得体会。看到微信群名字"弘毅学园"，忽然有一种太正式的感觉，我提议不如改成"继续飞"，张口即来，还与陈继旭的名字同音，而这个"飞"字最有意义，既是陈飞的名字，又寓意孩子和我们要不断奋斗。大家笑而不答，我就自作主张，在"弘毅学园"前加了个前缀"继续飞"，让两个名字并列。秋日暖阳，鸟语花香，一阵困意袭来，我沉沉睡去，一觉醒来，发现竟然睡了快一个小时。大海、添添和果果在附近的树林中拉起了吊床，孩子躺在吊床上，听故事，讲笑话，还一起采摘红豆。秋高气爽，好不惬意。下午3点多，大人觉得时辰不早了，玩得也差不多了，孩子却游兴未尽，乐不思归。果果说："野炊太好玩了，下次还要来。"在大人的催促下，孩子只好不情愿地上车，回家。

（二）作画

2020年10月2日，星期五。

国庆长假第二天拂晓，起床，朗诵、抄写《诗经》第185页到186页。7点背包出去，到塔山广场散步，顺路去了中国工商银行，然后去义乌小商品市场购买了不同型号的节能灯,步行回家,开始自己更换灯泡。女儿大海跑前跑后,忙得不亦乐乎,帮着爸爸递绝缘胶布,看爸爸修理灯,后来跟妈妈去了万达广场。我修了一个多小时,将女儿房间、自己卧室和走廊的灯都换好了,这是一件让人开心的事。午休之后,我带女儿去小区的儿童乐园散步、滑滑梯。女儿完全可以独立吃饭了,很大口,吃得很香,坐在儿童专用餐椅上,戴着她的围兜。9 月上幼儿园 22 天,没有一天缺勤,社会化程度明显提高。今天早上醒来,竟然吵着闹着要去上幼儿园,真是让妻子忍俊不禁。在去室外活动之前,她嚷嚷着要画画,我给她拿来纸、笔,她在上面画了三个箱子,里面有椭圆形圆圈,圆圈的后方画有像毛线团似的曲线,圆圈的前方画有两颗星星似的东西,仿佛是妈妈的侧脸。这三个箱子包含的圆圈,是不是爸爸、妈妈和女儿呢?不得而知,只是猜测。晚饭后,她和妈妈去了万达广场,我在家里写日记,备课。

(三)小辫子

2020 年 11 月 16 日,星期一。

2020 年 9 月开学到现在,一晃,两个多月过去了,女儿马上就要 3 岁了。她是 2018 年 1 月 9 日出生的,是班上年龄最小的孩子之一,入园时只有两岁八个月,现在她在幼儿园里玩得好、学得好、吃得好,个头是班上最高的,高出其他孩子半个脑袋。个子高、眼睛大、脸大、手脚大,是我家女儿的特征。一头黑发每天被老师轮流扎漂亮的辫子,清爽,好看!女儿很喜欢她的那一头辫子。回家路上,妈妈担心她天冷感冒,要给她戴上帽子,她怕帽子把辫子压坏了,坚决不戴。晚上洗澡时她怕把辫子弄散了,拒绝妈妈给她洗头。睡觉时也是带着辫子睡觉。到了早上,辫子凌乱了,她怎么都不肯让爸爸、妈妈帮她打理。也许,她真的很喜欢坐在小椅子上一边听老师讲故事一边由老师给她扎辫子。也许,在她幼小的心灵里老师给她扎的辫子有一种神圣的美感。每天下午,我们去幼儿园接她时,整整齐齐、漂漂亮亮的辫子又出现在她的小脑袋上。辫子越长越长,由两个“小羊角”变成了现在的“燕子尾巴”,由原来的各扎一根橡皮筋,到现在的每根辫子上扎着三至四根橡皮筋,还都是彩色的。花朵般的辫子衬托着花朵般美丽的女儿,全家人好开心。感谢托二班爱小朋友如自己孩子(也不知道几位老师有没有结婚)的陈老师、任老师和黄老师,感谢杭州师范大学幼儿园的全体老师,感谢园长对孩子的关爱。

(四)独舞

2020 年 11 月 25 日,星期三,小雨。

前天夜里穿着短袖从南宁飞回杭州,下飞机时赶紧穿上带着的毛衣,感觉一下子从炎热的夏天掉入了寒冷的冬天。昨天晚上,天出奇地冷,我提议去吃烤鱼,妻子在手机上预订了,去了便可以吃。伴着红红的炭火,吃着喷香的烤鱼,喝着酸甜的橙汁,全家人吃得很开心。晚饭之后回到家中,妻子在厨房炒椒盐银杏,为我准备止咳的食材。我和女儿在卧室里做游戏。她站在床上按动音乐盒,优美的歌曲在房间里弥漫。她拿着麦克风边唱边跳,一首接着一首,甚是优美、流畅。有趣的是,每唱(跳)完一首,她便会像明星一样点头、鞠躬,然后再按动按钮,播放下一首,继续边唱边跳。她的表现有模有样,舞姿丰富多彩,将她平日里听到的、看到的和学到的,都组织在一个过程、一种节奏和一段旋律中。我坐在铺着塑毡的地板上，为她鼓掌，为她喝彩。她为我这样一位观众——也许在她眼里，爸爸代表的是一群观众——唱着跳着，乐此不疲。音乐盒里有几十首歌曲，半个小时之后，她累了，从床上跳下来，坐在我的腿上玩小偶人。“这个是小久，这个是大海，这个是妈妈……”这角色转换得也太快了吧！她那扎满了辫子的脑袋上有一股淡淡的香味，和她身上散发出来的香味融为一体。我陶醉在这奇异的味道里，幸福感油然而生，情不自禁地微闭双眼，一遍遍地做着深呼吸，尽享这独特、惬意的天伦之乐！女儿是爸爸的精神寄托，女儿是爸爸的灵魂寓所，女儿是爸爸生命的延续，女儿是爸爸的小棉袄。有女儿的爸爸真是幸福的爸爸！（写于余杭书斋）

（五）演戏

2021 年 1 月 29 日，星期五。

中央电视台《跨过鸭绿江》播完后，我和孩子（3 岁的女儿大海和比她大 4 岁的表哥小龙）发明了一种“跨江作战”的游戏。具体是，在他们住的西屋（分卧室和耳房，中间用玻璃门隔开），我举着玩具步枪，唱着《跨过鸭绿江》的主题歌，“雄赳赳气昂昂，跨过鸭绿江，保和平为祖国就是保家乡”，从外屋走到里屋，两个孩子在里外相通的炕上拿着玩具手枪尖叫着躲避我的追赶和射击。我们每人还拿着几个毛绒玩具当作手榴弹，做了用牙齿咬手榴弹底部的保险盖，拉出导火索的动作以后，掷向对方，喊一声“砰”。游戏规则是，我从由外屋冲进里屋，向在阵地（炕）上的他们发起进攻，他们在阵地（炕）上狙击，然后转移到外屋阵地（炕），我再走出去向外屋阵地（炕）进攻，他们再跑进里屋去。大家一边唱着歌，一边尖叫着、呐喊着、挥舞着枪投入激烈的战斗中，玩得不亦乐乎。看着他们兴奋的样子，我也是开心不已。令人喷饭的是，女儿每次投手榴弹前就像啃萝卜似的把那个毛绒玩具咬得湿漉漉的，而已经是小学一年级学生的小龙知道这是模拟，只在嘴边比画一下就投出去了。儿童成长过程中的年龄特征让人忍俊不禁。游戏，学前教育专业称为课程，游戏课程。游戏源于生活，又高于生活，是对生活的模仿和写真，也是对生活情境的再造与艺术化。这个激动人心的游戏玩了两天之后，奶奶嫌太吵闹，我们便转移到了我的卧室兼书房的东屋。两个孩子在炕上用被子蒙住头伪装在坑道里作战，往外打枪、掷手榴弹。我一会儿转移阵地（书房），跑到客厅，一会儿冲进阵地（书房），唱着“雄赳赳气昂昂，跨过鸭绿江”。孩子一会儿从被子里爬出来向我射击、掷手榴弹，一会儿钻进被子躲进坑道作战。他们拿着围巾挡在自己的脑袋前面，总给人一种鸵鸟钻沙堆，顾头不顾尾的感觉，让我不禁想起“掩耳盗铃”的故事。尤其是女儿大海，她把围巾或者被子蒙到头上，以为自己藏进掩体里，敌人发现不了，便喊着：“爸爸，来吧，来找我吧。”我冲上阵地，拿枪管捅他们的屁股或是露在外面的腰、腿部分。他们就急速躲避，往被子里钻。最有意思的是，他们拿着玩具手枪在被子里，开动扳机，发出“啪啪”的响声和红色的光束，真有一种坑道战或夜战的感觉。游戏是孩子成长的生命体验，孩子的身体在不断创新的游戏中得以丰富和充实。孩子的游戏是生活的准备，也是生活本身。孩子的生活理应是游戏的、愉悦的和幸福的。

（六）玫瑰

2021 年 4 月 23 日，星期五。

傍晚从幼儿园回来，途中去加油站给汽车加了 250 元钱的 95 号汽油。到家后，妻子去厨房做饭，我陪女儿看 3 集《海底小纵队》。36 分钟之后做游戏，打排球，踢足球，跳方格，洗手，吃晚饭。晚饭后女儿跟着妈妈去万达广场，我在家学习英语，写日记，做教学课件。9 点多听到女儿在喊爸爸开门，我开门之后，一束橘红色的鲜艳的玫瑰花，出现在我的面前。女儿说："爸爸，给你的花，祝你身体健康！"我感动得俯下身在她的额头上轻轻地吻了几下。女儿的刘海中间有一种特有的香味，令我陶醉。玫瑰花在植物学上代表热情和真爱。我知道这是妻子的功劳，从女儿 3 岁起就教她知书达理，尊重长辈。

（七）盒马

2021 年 4 月 28 日，星期三。

下午 4 点，妻子开车到幼儿园接女儿，我驾车出校门左转直接去了盒马鲜生。离晚饭时间还早，人不多，妻子、女儿推着小车挨个点海鲜。各色海鲜玻璃缸把女儿吸引住了。这不和到海洋动物园差不多吗？女儿很兴奋，指指点点，问这问那，好在妻子自幼生长在渤海湾的营口盖州海边，吃海鲜长大，给女儿介绍海鲜还是能胜任的。妻子是行家里手，今晚的菜当然由她来"钦点"。既是为了开阔眼界，也是为了锻炼女儿。妻子教女儿识鱼、捞鱼、装袋和过秤，然后送去厨房前台计价烹饪。我们点了大竹蛏、鲜活鲍鱼、清水鲈鱼、波士顿龙虾和大连冷水生蚝，清蒸、蒜泥、葱油和红烧，现场加工。女儿嚷嚷着要吃烤羊排，32 元两块。年前我办理的周三会员卡今天正好派上用场，打八八折。女儿点的羊排首先上桌，我夹起一块大的吹凉递给女儿，她说了声"谢谢爸爸"，便大快朵颐起来。看到我在拍照，她撕下一条肥肉喂到我嘴里，嗯，味道好极了！昨天中午我吃前晚剩下的烤鱼拌饭，太油腻，吃坏了肚子，又是服用克痢痧，又是热敷，到现在腹中还隐隐作痛，不敢多吃油腻的东西。十多分钟后，手机铃声响起，微信通知海鲜烧好出锅了，妻子领着女儿去窗口柜台扫码取菜，和女儿一起把菜端上桌，这些在盒马鲜生都是自己动手。女儿喜欢得不得了。全家人其乐融融，吃得很开心，在快结束的时候出了点小意外，女儿将清水鲈鱼的盘子端起来，本意是想帮爸爸、妈妈把用过的盘子收拾一下，但不小心将葱油汁洒了一身，妈妈只得在现场给她脱下弄脏的衣服换上一件干净的。我倒是佩服妻子的双肩包里什么都准备着，随时能拿来用。

（八）劳动

2021 年 5 月 1 日，星期六。

今天是五一国际劳动节，用劳动的方式庆祝节日再恰当不过。关于劳动，恩格斯说（《劳动在从猿到人转变过程中的作用》）："以致我们在某种意义上不得不说，劳动创造了人本身。"①劳动是指人运用生产工具作用于劳动对象，创造物质财富和精神财富的有目的的活动。劳动从一开始就是脑力与体力的结合。在人类进化中脑力劳动逐渐占上风，形成今天的人工智能。凌晨起床开始脑力劳动——吟诵、抄写《论语·季氏》。40 分钟后从事体力

① 中共中央马克思恩格斯列宁斯大林著作编译局：《恩格斯自然辩证法》（第 3 分册），北京：人民出版社，1971 年，第 175 页。

劳动。机洗衣裤，晾晒阳台，和妻子吃早饭。之后，妻子把从幼儿园带回来的被褥拆洗晾晒。昨天妻子跟一家儿童影楼的杨老板（职业摄影师）电话约好今天上午给女儿拍3周岁纪念照，顺便拍一幅全家福。9点45分驾车上路，路边风景独好，一望无际的金色麦田被绿水青山映衬得分外好看。乡间公路上没什么人，车也不多，GPS导航，六七千米的路程十多分钟便到了。停好车，抬头看到杨老板在二楼阳台上冲我们打招呼。进入影楼，不禁感叹："那叫一个气派，欧式简约装修，尽显田园风格。"按照套餐流程，妻子挑选衣服时尽可能征求女儿的意见，粉色、红色、黑色各一条裙子和一套制服，四套服装挑选好之后，杨老板放到消毒柜里杀菌消毒。妻子给女儿换装打扮，熟悉环境，我们坐下来聊天。杨老板是老余杭镇人，美术专业出身，开儿童影楼有二十年了，以他高超的技术和热情的服务赢得了众多的回头客。女儿周岁拍纪念照时，我就是经人介绍到他的影楼来拍的，自那以后年年都在他这儿拍，全家人都从心里认同他的风格和服务，价格也比较实惠。去年因为疫情，生意停了四五个月，现在疫情防控已见成效，一切都恢复了，生意兴隆。杨老板的儿子去年考上了湖州师范学院美术学院美术设计专业。他儿子挺懂事的，知道爸爸和妈妈分开了，明确跟爸爸提出从大二开始学习之余自己兼职挣钱养活自己，不再跟爸爸要生活费了。杨老板苦笑着说，那就让他试试吧，孩子总归要长大，总归要独立，总归要去闯荡社会，该放飞的时候就放飞吧。大约10点30分，一切准备就绪，开拍。我在杨老板身后用手机拍摄现场情景。三岁三个多月的女儿跟去年两岁三个月时完全不一样了，不哭不闹，表现不错，跟摄影师配合得天衣无缝。杨老板自己做摄影师，轻车熟路，游刃有余，丰富的拍摄经验、高超的专业技巧、形式多样的语言引导与幽默滑稽的体态姿势，加上各种玩具的辅助作用，女儿从头到尾都很开心。拍摄进行得很顺利，大约十分钟换一个场景，女儿也随之换一套服装，所有的程序耗时一个小时，最后以我们的一幅全家福结尾。专业就是专业，我们这些业余摄影爱好者跟杨老板这样的专业摄影师完全不能比。他对拍摄对象情绪的调动、神情的捕捉、角度的选取、技法的运用和透视效果的把握，可以说达到了炉火纯青的地步。他那种沉浸其中的投入感使我为之动容，每一次的效果图都给人一种职业高手的震撼感，都有一种信（溢于言表的自信）、达（力透纸背的达观）、雅（举手投足的高雅）跃然纸上的视觉冲击力，让人赞叹不已。置身其中，真是一种美的陶冶、美的享受。今天感触最深的是女儿的表现，马上就要三岁四个月的她，表现得落落大方，通情达理，那种发自内心的表现欲与镜头感，自然天成的审美情趣让我这个专业教师出身的父亲心生喜悦，对她的未来充满信心。走笔至此，我忽发灵感：今天摄影师手中的照相机、妻子手中的服装、我举着的手机和女儿的出色表现不正是对经典作家关于劳动定义的具体诠释吗？自然界在运动变化中孕育了人类，人类在制造石器中诞生，在学会使用火的过程中脱离了动物界。之后，人类在劳动中学会运用脑力劳动改进体力劳动，从石器到铁器，从铁器到机器，再到电器、人工智能，走向高度文明。美国心理学家霍尔受达尔文进化论影响提出“复演说”，认为应该把个体心理的发展看作一系列或多或少复演种系进化的历史。他指出，凡是我们远祖所遗传的此等特征，富有伟大的动力。我们常可能把这种特征和后来发现的遗传特征明显地区分开来。在这种意义上来说，“儿童是成人之父”。他用人类的游戏运动与竞技来具体说明复演理论，认为儿童游戏是祖先运动的复演。主张儿童的教育应考虑个体心理发展复演种系进化的特点，例如，儿童多少带有一些野蛮性的本能，应在一定范围内让其自由表现。真正的教育应该引导儿童讲古代英雄故事，游览世界，在野外嬉戏，而非关在屋内静坐读书。归途中我们停车路边，游戏，拍照，尽情享受大自然的美，按照霍尔的说法，这比关在屋内静坐读书更符合教育的本义，当然，也更有益于儿童的身心发展。

（九）游园

2021 年 6 月 12 日，星期六。

起个大早，赶个晚集。黎明即起，收拾行装，正式出门是上午 9 点 45 分，驾车载全家奔向安吉县中南百草园（野生动物园）游玩。一路上风光旖旎，秀色可餐，饱览沿途风景，煞是赏心悦目。美中不足的是 GPS 导航歪打误撞地走到了径山竹林，感觉不大对劲，询问公路巡逻的警察，重新 GPS 定位，从径山入口上高速公路，行驶 31 千米到安吉出口下高速穿市区奔景区，又开了 20 多千米，抵达目的地。门票每人 150 元，60 岁以上半价，1. 20 米以下儿童免票。购票入园，乘游览车抵景点，每人 10 元，儿童全票。在动物园狒狒笼舍附近，一个眉清目秀的小姑娘走上前来，问道：“您是赵老师吗？”我有点愕然。她瓜子脸，弯眉毛，长睫毛，杏仁眼，一笑俩酒窝。我打趣地回答：“嗯，你是谁呀？你的睫毛怎么这么长啊？要是小鸟误以为是树枝，落在上边踩断了，该怎么办呢？”小姑娘抿嘴一笑，抬手指向山坡，放眼望去，原来是李老师一家。昨晚约好了两家一起游玩，因为早上照顾孩子，出来晚了，路上又出了点状况，迟到了。我们与李老师父母、她的丈夫高医生互致问候，两家人一起游览。李老师家上小学一年级的女儿有点腼腆，不苟言笑，知书达礼的模样为大家所喜爱。她对大海这个妹妹关爱有加，一会儿梳理她的头发，一会儿摸摸她的小手，非要推着坐在租来的代步车里的大海上下坡，不时地停下来，蹲下身去把大海伸到踏板下面的小脚拽回来放在踏板上以防擦伤。看得出来，这孩子小小年纪就有一种孔融的情怀，心地善良，令人刮目。女儿也非常喜欢这个漂亮的姐姐，两个人有说有笑，玩得很开心。令人忍俊不禁的一幕发生在山魈馆前，山魈老戏骨一般入木三分的表情转换吸引众人围观。高医生说：“《狮子王》中捧着幼狮辛巴向天祈祷的那只猴一样的动物就是山魈。瞧，屁股红红的，好像得了痔疮！”我附和道：“山魈啊！今天你有福了，遇到了医生，来，把腚撅过来，让医生给诊治诊治！”众人捧腹大笑。午间，我们在一块专为游人置备的石桌旁停下来，拿出食物共进午餐。高医生找来两条长木凳，大家欢声笑语，就地野餐，感觉好极了。餐后又在动物园里转悠了一个多小时，感觉有点累了，本来想去玩摩天轮的，临时改变了主意，乘坐电瓶车到出口，开车驶往李老师在网上预订的餐馆喝茶、吃饭，顺路给车加油。之后启程返杭，暴雨滂沱，高速路滑，高医生驾驶的黑色越野车闪着双跳灯为我引路，我聚精会神地驾车。行至杭州绕城分岔处，我连按三声喇叭表达谢意之后，驶往余杭北出口处。

结　语

幼儿对事物的感受和理解，以及表达认识和情感的方式有别于成人。他们稚嫩的心灵、动作和语言看似直率简洁，却蕴含丰富的内涵和深厚的情感，成人应对幼儿独特的表现给予充分的理解和尊重，不能拿自己的审美标准去刻板地评判幼儿，更不能为追求结果的完美而对幼儿进行苛刻的训练，那种培养"小大人"的想法和做法是万万要不得的。

Sailing on the Unknown Sea

—A Description of Child Growth Phenomenon

Zhao Zhiyi

Abstract: Children are born philosophers and phenomenologists. Their inner world of language, consciousness, emotions, and social interaction contains great mysteries waiting for adults to explore, discuss, and interpret. The education of young children is like sailing on the sea, requiring the captain to be not only skilled and brave, but also wise and passionate. In this article, the author outlines 20 aspects of child growth from the five areas of health, language, socialization, science, and art, and the four phycological areas of cognitive, emotional, behavioral, and personality development. Using 48 real-life stories, the author presents an "educational candy" that reveals the spiritual development history of a 2.5 to 3.5 years old child, and observes and records the child's growth phenomenon from an academic research perspective, with the aim of providing a sweet and comforting experience for parents of young children.

Keywords: children; growth; phenomenology; description

天使、魔鬼与孩子

——《我亲爱的甜橙树》导读

◎ 刘　莘[1]

孩子都是天使，大人常常这样说。孩子却爱追问："那么，魔鬼是从哪里来的呢？"有大人解释道："魔鬼是本来就有的。"孩子继续追问："那么，为什么上帝管不了魔鬼呢？"大人又解释道："魔鬼是堕落的天使，是他们自己要堕落的。"不依不饶的孩子继续追问："难道上帝不可以管住他们想要堕落的念头吗？上帝管住了那些不好的念头，就不会有堕落的天使，就不会有魔鬼了，不是吗？"大人被孩子逼到了墙角。聪明的孩子总会想，要么上帝没有管他该管的事，要么有些事上帝管不了。大人害怕这样的追问，因为大人害怕孩子，害怕自己的过去和自己曾经有的天真。

《我亲爱的甜橙树》[2]的主角是一个五岁多的男孩，他的名字叫"泽泽"。在泽泽生活的那个国家，人们普遍相信上帝、天使、魔鬼、圣母和圣婴。圣婴就是耶稣，他是上帝的儿子，被上帝派到人间来拯救受苦受难的人。圣婴的帮手是天使，他的敌人是魔鬼。在泽泽生活的那个国家，人们普遍相信，如果一个人干了坏事，他肯定是被魔鬼控制了。泽泽就是一个经常干坏事的小鬼。他干坏事时也总是认为，是魔鬼干爸在引诱和控制他。《我亲爱的甜橙树》以第一人称口吻"我"来叙述泽泽的成长经历。叙述者是一个名叫"若泽·毛罗·德瓦斯康塞洛斯"的近五十岁的男人。他在写这本书的过程中一定被天使吻过。在他的笔下，魔鬼带给泽泽和家人的苦难都变成了他帮助读者理解爱与温柔的契机。

《我亲爱的甜橙树》的第一段文字出现了男孩泽泽的自言自语："我没有挨揍才一两天，他们就又发现了我干的那些错事。于是，又开始骂我是小狗，是魔鬼，是褐色的赖皮猫。"[3]泽泽说的"他们"就是他的家人，有爸爸、妈妈，还有三个姐姐、一个哥哥和一个弟弟。除了弟弟，谁都可以在泽泽做坏事时打他，区别只是一些人打得重，一些人打得轻些罢了。一个调皮男孩的自言自语是不应该当真的，而《我亲爱的甜橙树》的叙事基调在开始时也相当温暖。年长几岁的哥哥托托卡牵着泽泽的手，兄弟俩喜欢在马路上溜达。哥哥会吹口哨，让泽泽很羡慕。泽泽听着哥哥的口哨声，他在心中默唱着更小的时候从妈妈那里听来的一首歌。泽泽的心思飞到了过去。"那时候，她常常站在洗衣池边，用毛巾系在头上遮太阳，腰上系着围裙，一连好几个小时双手泡在水里，把肥

---

① 刘莘，四川大学哲学系教授。

② ［巴西］若泽·毛罗·德瓦斯康塞洛斯：《我亲爱的甜橙树》，蔚玲译，北京：天天出版社，2010年。该书适合小学中高年级及以上的儿童阅读。

③ 同上，第3页。

皂变成好多好多泡泡。"①妈妈唱的歌是——

水手，水手，
忧伤的水手，
为了你，水手，
我不惜失去生命。
……

波浪滔滔，
拍打着沙滩，
远航的水手哟，
我是多么爱你。
……②

泽泽觉得，尽管他现在长大很多了，妈妈唱的这首歌还是让自己感到有一种无法理解的悲伤。在口哨声的伴随下，泽泽拉着哥哥的手，学着过马路。泽泽注视着马路上奔跑的卡车、大轿车、马车和自行车，他感到很害怕。但听到哥哥鼓励他是一个小男子汉后，泽泽鼓起勇气，一个人左看右看，第一次自己横穿了马路。兄弟俩随意交谈着，他们谈到了埃德蒙多伯伯，涉及的内容都是孩子之间有些傻里傻气的话。哥哥告诉泽泽，埃德蒙多伯伯的话不可全信，他有时候有点儿疯疯癫癫的。然后，泽泽突然问了哥哥一个问题，完全是魔鬼的提问方式。泽泽居然问哥哥，埃德蒙多伯伯是婊子养的吗？"婊子"是一个极刺耳的词，泽泽知道是骂人的话，但不知道这个词的具体含义。哥哥也不知道，他只是提醒泽泽，你就是老说脏话，才会被人打耳光。

泽泽肯定不是乖孩子，他淘气，说脏话，打架，偷东西，还特别喜欢恶作剧。《我亲爱的甜橙树》记录了泽泽的很多"案底"，他在魔鬼的引诱下干的那些坏事。有一天，泽泽带着弟弟路易斯在院子里玩，他们想象又小又窄的院子里有一个马戏团，还有狮子、豹子和猿猴。泽泽正带着弟弟在想象的乐园里畅游时，却听到了三姐格洛里亚与大姐拉拉的对话。格洛里亚对拉拉说，我们应该学泽泽，你看他对弟弟路易斯多有耐心啊。拉拉反驳格洛里亚说，路易斯多乖啊，而泽泽就是坏，已经不单是淘气了。格洛里亚只好顺着拉拉说，嗯，他天生就是一个魔鬼，可他很有趣啊。但拉拉还是不放过泽泽，还说她的鞋底随时准备好了要揍他。泽泽也觉得自己该挨揍。譬如有一次，泽泽从水沟钻进了邻居塞莉纳太太家的后院。泽泽被那根晾衣服的绳子迷住了，不同颜色的衣服、裤子挂在绳子上飘来飘去，就像很了不起似的。泽泽突然想，要是让那些衣服、裤子一起掉到地上来，肯定很好玩。泽泽感觉魔鬼在对他说话，而他也欣然同意了。于是泽泽在水沟中找到了一块很锋利的玻璃片，他偷偷爬到树上割断了绳子，却不幸被人发现了。

还有一次，泽泽捡来一只黑色女袜，他往里面塞东西，卷成长长的一条，然后用风筝线拉住，可以在地上摆动，很像一条蛇。泽泽把"蛇"放到院门口，自己躲在篱笆墙的阴影里等待时机。果然，有一个女人走了过来，泽泽拉动绳子，"蛇"

① ［巴西］若泽·毛罗·德瓦斯康塞洛斯：《我亲爱的甜橙树》，蔚玲译，北京：天天出版社，2010年，第4页。
② 同上，第4—5页。

慢慢滑向路中间。泽泽只听得那个女人大叫一声,手上拿的东西掉在了地下,她捂着肚子,不停呼救。原来这女人是一个孕妇,她受到如此惊吓,以为自己肚子里的孩子要保不住了。泽泽也吓得浑身颤抖,他赶紧跳到洗衣篮中躲了起来,却忘记扔掉手中的线。二姐冉迪拉毫不费力地找到了泽泽,拽着他的耳朵把他交给妈妈,泽泽的屁股只得无奈地迎着妈妈上下翻飞的拖鞋,痛了就只有求助于嘴的尖叫去转移注意力。每一次挨打,都会将泽泽心中的魔鬼暂时赶跑,但每一次挨打后,泽泽更加相信自己有一个魔鬼干爸在唆使自己干坏事。不为泽泽所知的是,真正的魔鬼是不会调皮的,它折磨着每一个人,它的丑陋和凶恶无影无形。

泽泽的爸爸失业相当长一段时间了,全家老小陷入可怕的贫困中。圣诞节要到了,别人家的孩子都有礼物和好吃的食物,泽泽家里别说给孩子买礼物了,就连基本生存都难以保障。五岁多的泽泽还不能理解"贫困"这个词的确切含义,但他能感受到生活中总有什么地方出了错。圣诞节前,泽泽准备带着弟弟路易斯到一个很远的商场去,据说那里可以碰运气得到旧玩具。为了增加可能的好运,泽泽专门为路易斯打扮了一番,他用油为路易斯抹头发,他觉得弟弟看起来像圣婴一般漂亮。他们在门口碰到了三姐格洛里亚,她把泽泽的头搂到自己怀里,自言自语地说:"我的上帝!为什么有些人的生活这样艰难?……"①由于路易斯太小,泽泽只得带着弟弟走走停停,兄弟俩满怀希望,可当到达商场的时候,活动已经结束,除了一地彩色的纸屑,只有兄弟俩都无法理解的难过。看着强忍着眼泪的路易斯,泽泽的胸膛都快要爆炸了。泽泽自言自语道:"'我发誓,我一定要买,就是去杀、去抢我都不怕……'……为什么会这样?为什么圣婴不喜欢我?他连马槽里的牛啦、驴啦都喜欢,就是不喜欢我。他要报复我,因为我是魔鬼的干儿子。他就是要报复我,不让我给弟弟礼物。可是,他不该这样对待路易斯,因为路易斯是天使。天上的天使也没有一个比得上他……"②这番自言自语并没有给泽泽以安慰,他发现自己的眼泪不争气地流了下来。

《我亲爱的甜橙树》是一本温柔的书,但书里承载着泽泽及家人遭受的很多痛苦。魔鬼化身贫穷入住了泽泽的家,它制造的苦难挑拨着泽泽与家人的关系,使有时被魔鬼控制的泽泽成为全家发泄怒火的对象,也使家人对贫穷的忍耐达到了极限。这个平安夜几乎没有吃的,电力公司还断掉了家里的电,屋内冷清昏暗的油灯与外面欢快灿烂的礼花形成了鲜明的对比。泽泽甚至这样说:"我真希望圣诞节到来的时候,我不调皮!我真希望在我死之前,哪怕就一次,为我降临的是圣婴,而不是小魔鬼。"③然后泽泽抱着最后一线希望,将自己的球鞋摆到门口,他希望有一个天使在他们睡着后能悄悄将礼物,哪怕是很小的礼物,放到他的球鞋里。第二天早上一醒来,泽泽迫不及待去看自己的鞋子,里面空空的,他失望极了。泽泽想着哥哥说的圣婴只喜欢有钱人,一股交织着

① [巴西]若泽·毛罗·德瓦斯康塞洛斯:《我亲爱的甜橙树》,蔚玲译,北京:天天出版社,2010年,第48页。
② 同上,第54页。
③ 同上,第56页。

愤恨、反叛和悲伤的情绪从他心中涌了上来。泽泽禁不住大叫道，有一个穷爸爸真是糟糕透顶！

然而爸爸正站在泽泽面前不远处，他看到爸爸的眼睛瞪得很大。爸爸一言不发地从泽泽身旁走过，爸爸眼神里欲哭无泪的悲痛把他吓坏了。哥哥托托卡又难过又生气，对泽泽说，你真是糟糕极了，就像蛇一样坏。泽泽申辩说自己没有看见爸爸在那里，但平时那个照顾他的哥哥不见了，哥哥好像被魔鬼控制了，他对泽泽吼道，你是个没用的东西，滚开！泽泽没有哭，他坐到床上，看着空空的球鞋，心里也是空空的。爸爸瞪得很大的眼睛一直浮现在泽泽的脑海里，哪怕他闭上了眼睛也不消失。泽泽难过极了，他没有跟任何人说就悄悄地背上了自己的擦鞋箱离开了家。圣诞节这天，街上行人寥寥，只有一些孩子在相互炫耀他们的新玩具。但坚定的泽泽用了一天的时间，通过擦鞋挣的几毛钱为爸爸买了两包香烟。泽泽回到家，当他把香烟交到爸爸手里，爸爸张开双臂把他温柔地搂在怀里的时候，泽泽痛哭地向爸爸道歉。泽泽边抽泣边对爸爸说，爸爸，你以后想打我的时候，我再也不抱怨了，你想打就打！这时的泽泽，完全就是一个小天使。

后来，泽泽一家人搬离了原来的房子，住到了一个破败的小院子里。爸爸仍然找不到工作，妈妈不得已去工厂当工人，要随时加夜班才能勉强使一家人不挨饿。在那个破败的小院子里，有一棵很不起眼的甜橙树，泽泽为这棵树取名为“明基诺”。他经常向这棵树述说自己的心里话，有时是魔鬼的想法，有时是天使的声音，更多的时候只是一个淘气的孩子打发无聊时间的方式。

截至目前，《我亲爱的甜橙树》的精彩故事情节还根本没有展开。淘气的泽泽有时候是小魔鬼，有时候是小天使，变成什么根本不由泽泽自己选择，完全受制于泽泽难以理解的环境和内心的冲动。泽泽的故事感人至深，发人深省，对教师和家长理解调皮孩子的复杂心理特别有帮助。为什么喜欢天使的泽泽，有时的言行就像是魔鬼的代言人，以至于痛恨魔鬼的家人在痛打泽泽时反而像是魔鬼附身？为什么被魔鬼控制的泽泽，竟可能在罪有应得的惩罚后与惩罚者建立起连天使都羡慕的爱与友谊？读完《我亲爱的甜橙树》，有心的读者难免会问，天使与魔鬼在孩子身上的转换，究竟遵循怎样的法则？

《我亲爱的甜橙树》非常适合师生共读或亲子共读。泽泽及其家人的命运令人牵挂，特别是泽泽，他本人仿佛就是天使与魔鬼之间永恒战斗的战场。泽泽很有天赋，他几乎无师自通地学会了识字，个子矮小的他提前进了小学，他打架勇敢，长期逃学，怪话连篇，但老师对泽泽特别温柔，认为他就是一个小天使。泽泽在逃学的过程中与卖歌单的流浪商人混熟了。聪明伶俐的泽泽居然靠着自己的童音和颇有商业天赋的点子，帮助流浪商人挣到了比预期更多的钱。泽泽也得到了奖励，除了获得送给三姐格洛里亚的歌单，还学会了好多动人的歌，包括“我想要一个裸体女郎，光溜溜身体的裸体女郎”这样的“黄色小调”。泽泽因为在不合时宜的场合重复唱这首“黄色小调”，惨遭魔鬼式的暴打，几乎被打残了。

正因为这场劫难，泽泽遭遇了真正的天使，一个曾经痛打泽泽的男人成为保护泽泽和守护爱的天使。泽泽的生活发生了翻天覆地的变化，温暖的阳光终于照进了泽泽深受魔鬼伤害的心灵。然而,幸福的时间太短了,泽泽的天使折翼了,魔鬼彻底笼罩了泽泽的生命。因为泽泽生命垂危,所有痛打过泽泽的人都变成了天使,他们共同努力,与试图剥夺泽泽生命的魔鬼进行艰难的较量。泽泽的生死令人揪心,但更令人揪心的是,小小的泽泽居然坠入了哀莫大于心死的境地。他心如死灰,曾经进入他内心的魔鬼干爸和天使圣婴都消失了。唯有院子里那棵孤独的甜橙树知道,天使、魔鬼与孩子其实是共生共灭的。这个秘密藏在《我亲爱的甜橙树》的字里行间,等待天真的孩子与没有完全丢失童真的大人一起去发现。

投稿指南

1. 来稿内容：立意新颖，观点明确，内容充实，论证严密，语言精练，资料可靠，能及时反映国内外儿童研究领域的最新理论与实践成果。本辑刊特别欢迎表达儿童研究新观点、新方法、新视角的稿件。

2. 撰写篇幅：一般原创论文、儿童研究名人访谈、儿童研究专家演讲报告、国内儿童研究政策或调研报告等以1—2万字为宜（可根据质量酌情增减）；研究动态和书评文章则以3 000—5 000字为宜；本辑刊接受外文译文（须同时提供外文原文和授权出版证明）。同时，欢迎学者组织儿童研究专题（3—4篇稿件），须向本辑刊提交专题方案，内容包括专题概要、每篇文章题目及摘要、作者及所在单位等信息。

3. 本刊长期组织的专栏包括：儿童学学科建设及原理研究、儿童哲学（童年哲学）、儿童史学、儿童社会学、儿童心理学、儿童文学、国外儿童学研究动态、国内儿童研究政策或调研报告等。海内外的学人可主要根据这些专栏投稿，也可根据自己的研究兴趣撰写其他儿童学热点话题文章，以开拓中国儿童研究的学术空间，推动中国的新儿童运动。

4. 来稿结构：标题、作者、单位、中文摘要、中文关键词、正文、注释或参考文献、英文摘要、英文关键词。

5. 注释和参考文献格式：注释与参考文献都放在当页，采用脚注形式处理，可参考《北京大学学报》（哲学社会科学版）格式。例如：

吕庆广：《60年代美国学生运动》，南京：江苏人民出版社，2005年，第22页。

Matthew Lipman, *Philosophy Goes to School*. Philadelphia: Temple University Press, 1988, p. 36.

［英］特纳：《身体与社会》，马海良译，沈阳：春风文艺出版社，2000年，第124页。

白倩：《马修斯儿童哲学的要旨与用境》，《全球教育展望》2017年第46卷第12期，第3页。

Laura Fingerson. Agency and the Body in Adolescent Menstrual Talk. *Childhood*, 2005, 12(1), p. 15.

叶圣陶：《杂谈我的写作》，见《叶圣陶论创作》，上海：上海文艺出版社，1982年，第151页。

汤才伯：《廖世承：重视教育实验的哲学博士》，《中国教师报》2015年7月1日第013版。

6. 通信署名：请在来稿末尾附上作者详细资料，方便稿费发放及辑刊邮寄，包括：姓名、籍贯、单位、主要研究方向、基金项目（如有）、通信地址、联系电话和邮箱地址等。

7. 审稿录用：本辑刊坚持"公平、公正、公开、客观"的审稿原则，来稿由编委会及出版社共同实行"三审三校"制度，一经录用即发用稿通知。

8. 学术规范：来稿作品须按学术研究规范，充分尊重他人知识产权，无任何违法、违纪和违反学术道德的内容，确保引文、注释和相关资料准确无误，如使用转引资料，应实事求是注明转引出处。

9. 联系我们：

地　　址：浙江省杭州市余杭区余杭塘路2318号　　邮　　编：311121

联 系 人：刘美文　　联系电话：021－61406769

投稿邮箱：childstudies@163.com

三个月未获通知，作者可另行处理稿件。

《新儿童研究》编辑部

广西师范大学出版社

二〇二二年八月